AF813449

Entscheidungen

des

Reichsgerichts.

Herausgegeben

von

den Mitgliedern des Gerichtshofes und
der Reichsanwaltschaft.

Entscheidungen in Civilsachen.

Dreiunddreißigster Band.

Leipzig,
Verlag von Veit & Comp.
1894.

Entscheidungen

des

Reichsgerichts

in

Civilsachen.

Dreiunddreißigster Band.

Leipzig,
Verlag von Veit & Comp.
1894.

Druck von Metzger & Wittig in Leipzig.

Inhalt.

A. Entscheidungen der vereinigten Civilsenate.

B. Senatsentscheidungen.

I. Reichsrecht.

II. Gemeines Recht.

III. Preußisches Recht.

IV. Rheinisches Recht.

V. Prozeßrecht.

A. Entscheidungen der vereinigten Civilsenate.

---

1. Findet der § 8 C.P.O. auch auf Räumungsklagen Anwendung, sofern der Klaganspruch darauf beruht, daß ein dem Pacht- oder Mietbesitze zu Grunde liegender Pacht- oder Mietvertrag von einer über den geltend gemachten Räumungszeitpunkt hinausgehenden Dauer nicht in rechtsverbindlicher Weise zustande gekommen oder vor Ablauf jener Dauer hinfällig geworden ist?

Beschl. v. 4. Juni 1894 i. S. Th. L. (Kl.) w. Fr. W. (Bekl.) Beschw.-Rep. V. 121/92.

I. Oberlandesgericht Hamm.

Der Beklagte befand sich im Pachtbesitze eines der Klägerin gehörigen Kolonates, welches er durch Vertrag vom 23. Juni 1887 auf die Dauer von 12 Jahren für einen von 1650—1950 *M* steigenden Pachtzins gepachtet hatte. Der Vertrag war „namens und kraft Vollmacht" der Klägerin von dem Rechtsanwalte Sch. abgeschlossen worden. Die Klägerin klagte mit dem Antrage, daß der Beklagte schuldig, das Kolonat am 1. Oktober 1892 zu räumen und ihr zurückzugewähren. Zur Begründung dieses Antrages machte sie geltend: 1. Der Rechtsanwalt Sch. sei zum Abschlusse des Vertrages nicht gehörig bevollmächtigt gewesen, eventuell 2. der Beklagte habe vertragswidrig Veränderungen in der Kulturart des Grundstückes vorgenommen, auch Devastationen verübt, infolgedessen sie zum Rücktritte vom Vertrage vor Ablauf der Pachtzeit berechtigt sei. Der Beklagte widersprach und beantragte die Abweisung der Klage, worauf auch in zwei Instanzen erkannt wurde.

Hierauf wurde durch von Amts wegen ergangenen Beschluß des Oberlandesgerichtes vom 11. November 1892 der Wert des Streitgegenstandes auf 1950 ℳ festgesetzt, wogegen der Prozeßvertreter des Beklagten Beschwerde erhob mit dem Antrage, unter Anwendung des § 8 C.P.O. den Wert des Streitgegenstandes auf 12—14000 ℳ festzusetzen.

Der V. Civilsenat hielt — entsprechend der von ihm schon früher in den Gründen des Beschlusses vom 29. Januar 1887,

vgl. Entsch. des R.G.'s in Civils. Bd. 17 S. 376,

vertretenen Meinung — die Anwendung des § 8 C.P.O. für geboten und demgemäß die Beschwerde für begründet, sah sich aber, derselben Folge zu geben, verhindert durch die Beschlüsse des VI. Civilsenates vom 20. Februar 1888 (Rep. VI. 19/88) und 2. Juni 1890 (Rep. VI. 81/90),

vgl. Entsch. des R.G.'s in Civils. Bd. 26 S. 431,

durch welche in — nach Auffassung des Senates — den vorliegenden, wesentlich gleichartigen Fällen die Anwendbarkeit des § 8 a. a. O. verneint worden ist. In den Gründen der zweiten Entscheidung ist der — auch dem oben erwähnten Beschlusse des Oberlandesgerichtes vom 11. November 1892 zu Grunde gelegte — Satz ausgesprochen, daß im Sinne des § 8 a. a. O. nur dasjenige als streitig angesehen werden könne, was nach Maßgabe der Parteianträge formell zum Gegenstande der von den Parteien verlangten Entscheidung bestimmt sei.

Der V. Civilsenat beschloß, über die Rechtsfrage: „Ist die Anwendung des § 8 C.P.O. dadurch bedingt, daß die Behauptung oder Negierung eines Pacht- oder Mietverhältnisses von bestimmter Dauer in den Anträgen der Klage oder Widerklage formell zum Ausdrucke gebracht ist?" gemäß § 137 G.V.G. in der Fassung des Reichsgesetzes vom 17. März 1886 die Entscheidung der vereinigten Civilsenate einzuholen.

Diese Entscheidung ist unter Beschränkung auf den Fall der Räumungsklage durch Bejahung der oben formulierten Rechtsfrage erfolgt.

Gründe:

„Unter dem Titel: „Sachliche Zuständigkeit der Gerichte" enthalten die §§ 3—9 C.P.O. Vorschriften, nach denen der Wert des Streitgegenstandes festzusetzen ist. Nach den gleichen Grundsätzen erfolgen die Berechnung des Wertes des Beschwerdegegenstandes bei Prüfung der Zulässigkeit der Revision (§ 508 Abs. 2 a. a. O.) und die Wertsberechnung zum Zwecke des Gebührenansatzes (§§ 8. 9 G.K.G., § 10 der Gebührenordnung für Rechtsanwälte). Von den das richterliche Ermessen bei Festsetzung des Wertes des Streitgegenstandes (§ 3 a. a. O.) regelnden und einschränkenden Vorschriften ist die des § 8 die einzige, die auf ein spezielles, auf vertraglicher Grundlage beruhendes Rechtsverhältnis sich bezieht. Sie lautet: „Ist das Bestehen oder die Dauer eines Pacht- oder Mietverhältnisses streitig, so ist der Betrag des auf die gesamte streitige Zeit fallenden Zinses und, wenn der fünfundzwanzigfache Betrag des einjährigen Zinses geringer ist, dieser Betrag für die Wertsberechnung entscheidend."

Angesichts des Zusammenhanges, in dem der § 8 mit den übrigen die Festsetzung des Wertes des Streitgegenstandes betreffenden Bestimmungen steht, kann es zunächst keinem Bedenken unterliegen, daß die Worte: „Ist das Bestehen oder die Dauer . . . streitig" dahin zu verstehen sind, daß das Bestehen oder die Dauer eines Pacht- oder Mietverhältnisses den Gegenstand des Rechtsstreites bilden muß. Danach liegen zweifellos Klagen auf Einzelleistungen aus einem streitigen Pacht- oder Mietverhältnisse ebenso außerhalb des Bereiches des § 8 a. a. O., wie andererseits Klagen auf Räumung oder Rückgewähr nach Ablauf der vertragsmäßigen Pacht- oder Mietzeit. Hierüber besteht kein Streit. Es fragt sich nun aber, unter welchen Voraussetzungen das Bestehen oder die Dauer des Pacht- oder Mietverhältnisses als Gegenstand des Rechtsstreites angesehen werden kann, und hierüber gehen die Meinungen auseinander. Während die einen den Wortlaut der Klage- (oder Widerklage-) Anträge allein entscheiden lassen und demzufolge die Anwendung des § 8 grundsätzlich auf Feststellungsklagen beschränken wollen,

vgl. die Kommentare zu § 8 von Hellmann, Förster, Reincke, Seuffert (in der 6. Auflage, anders in den früheren) ebenso Wilmowski u. Levy, vgl. auch Wach, Civilprozeß Bd. 1 S. 388 am Schluß,

lassen andere diese Beschränkung nicht gelten und erachten den § 8 für anwendbar auch auf Leistungsklagen, wenn die mit dem Antrage begehrte Verurteilung zugleich eine Entscheidung über das streitige

Bestehen oder die streitige Fortdauer des Pacht- oder Mietverhältnisses in sich schließt.

Vgl. die Kommentare zu § 8 von Gaupp, 2. Auflage, Struckmann u. Koch, 6. Auflage, Endemann, Bd. 1 S. 234.

Dieser letzteren Meinung, der die Auffassung zu Grunde liegt, daß für die Bestimmung, was Streitgegenstand, nicht die Klaganträge allein, sondern die Anträge in Verbindung mit dem Klagegrunde maßgebend sind, war (für den hier in Rede stehenden Fall der Räumungsklage) im Prinzipe beizutreten. Dabei ist jedoch festzuhalten, daß es sich um eine bestimmte Zeitdauer des streitigen Pacht- und Mietsverhältnisses handeln muß. „In der Klage muß eine bestimmte Dauer des Pacht- oder Mietverhältnisses . . . negiert sein",

vgl. Gaupp, a. a. O. Anm. 2,

d. h. diese Negierung muß den Klagegrund bilden. Hieraus folgt, daß der § 8 auf den Fall einer Räumungsklage nur Anwendung finden kann, wenn der Streit um das Bestehen eines über den Zeitpunkt der verlangten Räumung hinaus sich erstreckenden Pacht- oder Mietverhältnisses oder um dessen Fortdauer über diesen Zeitpunkt hinaus in der Begründung der Klage zum Ausdrucke gebracht ist. Läßt hierüber die Klagebegründung nichts erkennen, so bietet sich kein Anhalt für die Anwendung des § 8; es fehlt an dem Erfordernisse der streitigen Zeit. Durch die Rechtsverteidigung des Beklagten allein erleidet der Streitgegenstand als solcher keine Veränderung.

Im übrigen fällt die in Rede stehende Rechtsfrage wesentlich zusammen mit der Frage, inwieweit die auf derart begründete Räumungsklagen ergehende Entscheidung in Rechtskraft erwächst. In Rechtskraft erwächst aber nicht bloß das, was im Urteilstenor ausgesprochen ist. Tenor und Gründe zusammen bilden die Entscheidung.

Vgl. Dernburg, Preußisches Privatrecht Bd. 1 § 137; Förster-Eccius, Bd. 1 S. 288.

Wäre in dem hier vorliegenden Rechtsfalle, wo die Klage in erster Linie auf die Behauptung der Ungültigkeit des auf 12 Jahre abgeschlossenen Pachtvertrages gegründet war, der Beklagte nach dem Klagantrage zur Räumung verurteilt worden, so würde mit Eintritt der Rechtskraft ihm das Pachtrecht für die ganze Vertragsdauer rechtskräftig abgesprochen sein. Einer späteren Klage aus dem Vertrage auf Wiedereinräumung des Pachtbesitzes würde der Einwand der Rechtskraft entgegenstehen. Die Klägerin würde in diesem Falle ganz dasselbe erreicht haben, wie wenn sie etwa mit der Klage auf Räumung die Klage auf Feststellung des Nichtbestehens des Pachtverhältnisses verbunden hätte. Das wäre für die Frage der Rechtskraft ebenso gleichgültig, wie es im Ergebnisse gleichgültig ist, ob bei der rei vindicatio mit dem auf das Eigentum gestützten Antrage auf Herausgabe der Sache der Antrag auf Anerkennung des Eigentumes verbunden wird. In diesem, wie in jenem Falle erschöpft materiell der Klagantrag das zu Grunde liegende Recht, und dieses, nicht die geforderte Leistung ist daher als der wahre Gegenstand des Rechtsstreites anzusehen.

Vgl. Wach, a. a. O. S. 294.

Nicht wesentlich anders gestaltet sich die Sache im Falle der Abweisung der Klage. Freilich steht die rechtskräftige Abweisung der Anstellung einer neuen Klage auf dieselbe Leistung aus einem anderen Rechtsgrunde nicht entgegen. Dagegen würde aus demselben Grunde wie in dem rechtskräftig entschiedenen Prozesse eine neue Klage auf Räumung zu einem späteren Zeitpunkte nicht erhoben werden können, weil eben nicht bloß darüber, ob der Beklagte gerade zu dem in der Klage angegebenen Zeitpunkte zur Räumung verpflichtet war, sondern über den aus der behaupteten Ungültigkeit des Pachtvertrages (als condictio sine causa) hergeleiteten Anspruch selbst rechtskräftig entschieden ist.

Genau ebenso liegt die Sache, wenn nicht die Entstehung des Pachtverhältnisses bestritten, sondern — wie in der eventuellen Klagebegründung der vorliegenden Streitsache — die vorzeitige Auflösung desselben behauptet und demgemäß (mit der actio locati) Räumung verlangt oder — wie in den beiden, vom VI. Civilsenate entschiedenen Fällen — auf Feststellung der Räumungspflicht geklagt wird. Auch hier enthält eine Verurteilung des Beklagten zur Räumung eine Entscheidung über das Pacht- oder Mietrecht selbst, und zwar für die ganze im Streite befangene Zeit, d. h. für die ganze Zeit, die der Pächter oder Mieter im Besitze hätte bleiben können, wenn der Auflösungsgrund nicht eingetreten wäre, und wenn auch andererseits der aus materiellen Gründen abgewiesene Kläger, wie in dem Beschlusse des VI. Civilsenates,

vgl. Entsch. des R.G.'s in Civils. Bd. 26 S. 433,

hervorgehoben wird, durch die Rechtskraft der Entscheidung nicht gehindert sein würde, eine neue Klage auf Feststellung der Räumungspflicht zu einem späteren Zeitpunkte anzustellen, so trifft das doch nur insoweit zu, als er in der Lage ist, einen neuen Auflösungsgrund geltend zu machen; auf die durch rechtskräftige Entscheidung verworfenen Gründe eine neue Klage stützen kann er nicht, wenn nicht etwa die Klage nur als verfrüht (zur Zeit) abgewiesen war.

Gegen die einschränkende Auslegung des § 8 durch die Beschlüsse des VI. Civilsenates, namentlich aber gegen die Beschränkung seiner Anwendung auf Feststellungsklagen spricht auch die Vorgeschichte dieser Bestimmung, wobei von den entsprechenden Vorschriften des früheren preußischen Rechtes ausgegangen werden mag, wenngleich ein unmittelbarer Zusammenhang zwischen beiden nicht nachweisbar erscheint. Zu dem preußischen Gesetze vom 21. Juli 1843 „über die Grundsätze, wonach der Wert des Streitgegenstandes in Civilprozessen zu berechnen ist", in dessen § 4 sich die Bestimmung findet, daß auf bestimmte Zeit eingeschränkte periodische Nutzungen für die ganze Zeit ihrer Dauer jedoch nur soweit zusammengerechnet werden, daß der Kapitalswert der immerwährenden Nutzungen nicht überschritten werden darf, erging das nachstehende Präjudiz (Nr. 1940) des Obertribunales,

vgl. Koch, Pr. Ordn. 6. Auflage Bd. 1 S. 403 Anm. 15,

„wenn ein Mietvertrag für die Dauer mehrerer Jahre geschlossen ist und der Vermieter auf Exmission des Mieters klagt, so ist der Wert des Streitobjektes für die Revisibilität auch rücksichtlich des Vermieters schon dann dargelegt, wenn nur die bedungenen Mietzinsen für die ganze Zeit der streitigen Fortdauer des Mietvertrages zusammengerechnet einen revisiblen Betrag erreichen, insofern nur diese Summe den fünfundzwanzigfachen Betrag des einjährigen Mietzinses nicht überschreitet." Das gedachte Gesetz galt sowohl für den Kostenansatz als für die prozessualen Wirkungen der Höhe des Streitobjektes (§ 5). In dem Gesetze vom 10. Mai 1851, „betreffend den Ansatz und die Erhebung der Gerichtskosten", sind die, die Berechnung des Wertes des Streitgegenstandes betreffenden Bestimmungen lediglich wiederholt. Dagegen brachte die Novelle zu diesem Gesetze vom 9. Mai 1854 eine Änderung, indem darin bestimmt wurde, daß in Pacht- und Mietsprozessen, „wenn der Streit die Aufhebung oder Fortsetzung des Pacht- oder Mietverhältnisses betrifft", (höchstens) der einjährige Pacht- oder

Mietbetrag maßgebend sein sollte (Art. 3 Nr. 3). Auf die prozessuale Bedeutung des Wertes des Streitgegenstandes hatte diese lediglich den Kostenansatz betreffende Bestimmung keinen Einfluß.

Vgl. Striethorst, Archiv Bd. 21 S. 1.

Der sog. hannoversche Entwurf von 1864, der das Institut der Feststellungsklagen im jetzigen technischen Sinne nicht kennt, enthält schon eine dem § 8 C.P.O. ähnliche Vorschrift, die nach der ersten Lesung als § 7 Abs. 2 dahin lautet: „Insoweit die Zuständigkeit — durch den Wert des Streitgegenstandes bedingt ist, entscheidet: wenn es sich um Überlassung einer gepachteten oder gemieteten Sache zur Benutzung handelt, der Betrag des auf die betreffende Pacht- oder Mietzeit fallenden Zinses", nach der zweiten Lesung aber als § 6 Nr. 4 dahin abgeändert (verallgemeinert) erscheint: „wenn es sich um das Bestehen oder die Dauer eines Pacht- oder Mietverhältnisses handelt, der Betrag des auf die Pacht- oder Mietzeit fallenden Zinses jedoch in keinem Falle mehr als das fünfundzwanzigfache eines Jahresbetrages."

Ähnlich — jedoch unter Beschränkung auf die Pacht — heißt es in dem gleichzeitigen preußischen Entwurfe (§ 51): „Betrifft die Klage das Bestehen oder die Dauer eines Pachtverhältnisses, so wird der Wert des Streitgegenstandes durch den Betrag des Zinses für diejenige Zeit bestimmt, während welcher das Verhältnis nach der Angabe derjenigen Partei, welche das Bestehen oder die längste Dauer behauptet, bestehen oder fortdauern soll" (auch hier nicht über das fünfundzwanzigfache hinaus).

In dem norddeutschen Entwurfe von 1869 lautet (§ 4) die Vorschrift so: „Der Wert des Streitgegenstandes wird, soweit die Zuständigkeit . . . davon abhängig ist, bestimmt: 5. wenn das Bestehen oder die Dauer eines Pacht- oder Mietverhältnisses der Streitgegenstand ist, durch den Betrag des auf die gesamte Pacht- oder Mietzeit fallenden Zinses" (folgt die Beschränkung auf das fünfundzwanzigfache).

Ebenso im Entwurfe von 1870, während in dem im preußischen Justizministerium ausgearbeiteten Entwurfe von 1871 die inhaltlich gleiche Bestimmung dahin gefaßt ist: „Ist das Bestehen oder die Dauer eines Pacht- oder Mietverhältnisses streitig, so ist der Betrag des auf die gesamte streitige Pacht- oder Mietzeit fallenden Zinses oder der fünfundzwanzigfache Betrag des einjährigen Zinses ... für die Wertberechnung entscheidend."

In den weiteren Entwürfen erscheint dann die Vorschrift schon in der Fassung des Gesetzes.

Nirgends bei den verschiedenen Umformungen des Satzes (abgesehen von der vorübergehend beabsichtigten Beschränkung auf die Pacht) ist die Tendenz erkennbar, die Anwendung der von einem Entwurfe in den anderen übernommenen Regel einzuschränken, namentlich auf die als besondere Klageform erst neu geschaffene Feststellungsklage. Es ist in dieser Beziehung auch auf die Motive zur Civilprozeßordnung,

vgl. Hahn, Bd. 1 S. 148,

zu verweisen, wo es heißt: „Die §§ 6—9 stehen nicht im Widerspruche mit dem in § 3 für maßgebend erklärten Ermessen des Gerichtes. Sie geben die leitenden Grundsätze für die Wertsberechnung in einigen besonderen Fällen, in denen die Feststellung erfahrungsmäßig nach verschiedenen Grundsätzen erfolgt."

Es ergiebt sich hieraus, daß man nicht daran gedacht hat, für das damals noch unpraktische Institut der Präjudizialklagen eine besondere Norm aufzustellen. Es sollten vielmehr Normen gegeben werden für in der Praxis häufig vorkommende Fälle, in denen erfahrungsmäßig (also nach der bis dahin gemachten Erfahrung) die Wertsfeststellung nach verschiedenen Grundsätzen erfolgt. Das trifft zu bei Klagen auf Räumung des Pacht- oder Mietbesitzes, würde aber nicht zutreffen, wenn man die Anwendung des § 8 auf Feststellungsklagen beschränken wollte.

Es ist nicht zu verkennen, daß die Anwendung der Regel des § 8 auf den Kostenansatz zu großen Härten für die kostenpflichtige Partei führen kann. Dadurch erklärt sich die obenerwähnte Bestimmung in der Novelle zum preußischen Kostengesetz. Für die Auslegung des § 8 C.P.O. aber kann diese Erwägung schon deshalb nicht in Betracht kommen, weil dieser Paragraph an sich gar keine Kostenvorschrift ist, sondern in erster Linie zur Regelung der sachlichen Zuständigkeit der Gerichte dient.

Durch die Vorschrift des § 23 Ziff. 2 G.V.G., wonach ohne Rücksicht auf den Wert des Streitgegenstandes Streitigkeiten zwischen Vermietern und Mietern von Wohnungen wegen Überlassung, Benutzung und Räumung derselben zur Zuständigkeit der Amtsgerichte gehören, wird für die dort bezeichneten Mietstreitigkeiten die Anwendung des § 8 C.P.O. für die Frage der Zuständigkeit ausgeschlossen. Für die Auslegung des § 8 aber bietet jene Spezialvorschrift keinen Anhalt."

---

2. Welches Urteil ist mit der Vorschrift des § 66 A.L.R. I. 16 gemeint?

Beschl. v. 14. Juni 1894 i. S. des preußischen Eisenbahnfiskus (Bekl.) w. Sch. u. Gen. (Kl.) Rep. V. 290/93.

I. Landgericht Hagen.
II. Oberlandesgericht Hamm.

Zwischen dem V. Civilsenate einerseits und dem I. und VI. andererseits ist streitig geworden, welches Urteil mit dem im § 66 A.L.R. I. 16 gedachten gemeint sei. Die vereinigten Civilsenate haben dahin entschieden:

Unter dem „ergangenen Urteil" im § 66 A.L.R. I. 16 ist das erste — die Entschädigung in Gelde festsetzende — Urteil zu verstehen.

Gründe:

„Wie Bornemann (Preußisches Civilrecht 2. Aufl. Bd. 2 S. 186) bemerkt, und der preußische Gesetzrevisor (Pensum XIV Motive zu Tit. 14. 16 S. 84) bestätigt, ergeben die Materialien des Allgemeinen Landrechtes keine nähere Aufklärung über die Zweifel und Bedenken, zu denen § 66 I. 16 desselben Anlaß giebt. Die höchstrichterliche Rechtsprechung bewegt sich in der Richtung, die Anwendung des § 66, dessen unbestimmte Fassung, wie der Gesetzrevisor a. a. O. S. 83 sich ausdrückt, zu offenbaren Unbilligkeiten führen könnte, möglichst einzuschränken.

Der § 66 lautet wörtlich: „Wer aus einer unerlaubten Handlung zur Entschädigung verpflichtet ist, muß den nach Gelde festgesetzten Betrag desselben von dem Tage des ergangenen Urteiles an verzinsen." Unter unerlaubten Handlungen im Sinne dieses Paragraphen sollen zwar nicht bloß strafbare Handlungen, sondern auch Übertretungen von Civilgesetzen verstanden werden,

vgl. Striethorst, Archiv Bd. 24 S. 309,

doch soll der Paragraph nicht etwa um der ratio legis willen auf Entschädigung aus vertragsähnlichen Verhältnissen angewendet werden,

vgl. Entsch. des Obertribunales Bd. 53 S. 99,

auch nicht auf Ehescheidungsstrafen, wenn die Ehe wegen unüberwindlicher Abneigung getrennt ist.

Vgl. Striethorst, Archiv Bd. 38 S. 277.

Unerlaubte Handlungen sind nicht gefunden worden in dem staatlich genehmigten Eisenbahnbetriebe,

vgl. Striethorst, Archiv Bd. 92 S. 203; Entsch. des R.G.'s in Civils. Bd. 16 S. 82,

und im Bergbaubetriebe.

Vgl. Entsch. des R.G.'s in Civils. Bd. 11 S. 268.

Unter den unerlaubten Handlungen hat man von der Anwendung des § 66 ausgeschieden die verbrecherische Besitznehmung fremden Eigentumes,

vgl. Simon u. Strampff, Rechtssprüche Bd. 1 S. 19,

die Entziehung eines bestimmten Geldbetrages,

vgl. Gruchot, Beiträge Bd. 33 S. 1086,

wie denn überhaupt § 66 nur auf solche Entschädigungsansprüche anwendbar sein soll, deren Geldbetrag streitig ist.

Vgl. Striethorst, Archiv Bd. 25 S. 256, Bd. 48 S. 308.

Endlich hat das Reichsgericht in dem Bd. 8 S. 236 der Entscheidungen abgedruckten Urteile anerkannt, daß § 66 einen früheren Anfang der Verzinsung, insbesondere von der Klagezustellung ab, dann nicht ausschließt, wenn die Zinsen einen Teil des Schadensersatzes bieten.

Hinsichtlich der hiernach auf ein kleineres Anwendungsgebiet beschränkten Frage, welches Urteil im § 66 gemeint sei, ist man weiter darüber einig, daß das Urteil, in welchem die Entschädigungsverbindlichkeit dem Grunde, nicht aber dem Betrage nach festgestellt ist, für den Zinsenanfang nicht in Betracht kommt.

Vgl. Entsch. des Obertribunales Bd. 25 S. 129; Striethorst, Archiv Bd. 24 S. 309.

Gegenwärtig handelt es sich nur um die Frage, ob die Zinsen aus § 66 erst vom Tage der Rechtskraft oder schon vom Tage des ersten, die Entschädigung in Gelde festsetzenden Urteiles laufen. Das Obertribunal (Striethorst, Archiv Bd. 7 S. 244) und von den landrechtlichen Schriftstellern Bornemann (a. a. O. S. 188) und Rehbein (Entsch. des Obertribunales Bd. 3 S. 63) haben sich für die letztere Ansicht entschieden, Koch (Kommentar zum Landrecht Anm. 37 zu § 66), Grävell (Kommentar zu den Kreditgesetzen Bd. 4 Abt. 2 S. 411), Merckel (Kommentar zum Landrecht bei diesem Paragraphen) und Fischer (Lehrbuch des preuß. Privatrechtes S. 333) für den Tag der Rechtskraft. Förster-Eccius zählt in § 68g unter den Urteilszinsen, deren Beginn das Gesetz auf den Tag der Rechtskraft setzt, auch die Geldentschädigung aus einer unerlaubten Handlung auf (Bd. 1 S. 401), sagt aber in § 56 zu 1d nach Aufzählung der anderen Fälle von Judikatzinsen, in denen die Verzinsung mit dem Tage der Rechtskraft beginnt, wörtlich folgendes: „Einen etwas verschiedenen Charakter hat der Satz, daß, wer aus einer unerlaubten Handlung zur Entschädigung verpflichtet ist, die Summe vom Tage des Urteiles, welches ihren Betrag zuerst festgesetzt hat, verzinsen soll", und citiert in der Anmerkung 34 dazu (Bd. 1 S. 298) die vorgedachte Entscheidung des Obertribunales.

Der I. Civilsenat des Reichsgerichtes hat sich in dem Urteile vom 11. Januar 1888 (Rep. I. 329/87) dafür entschieden, daß auch im Falle des § 66 der Tag der Rechtskraft der maßgebende sei. Der V. Civilsenat will von dieser auch vom VI. Civilsenate in den Urteilen vom 14. November 1892 und 12. Oktober 1893 (Rep. VI. 184/92 und 159/93) geteilten Ansicht abgehen und den Zinsenlauf schon mit dem ersten, die Entschädigung in Gelde festsetzenden Urteile beginnen lassen.

Die vereinigten Civilsenate, deren Entscheidung durch den Beschluß des V. Civilsenates vom 11. November 1893 eingeholt ist, haben die Rechtsfrage im Sinne des V. Civilsenates entschieden.

Aus dem eingangs mitgeteilten Wortlaute des § 66 ist ein selbständiger Entscheidungsgrund nicht entnommen, wenn auch die Worte „ergangenes Urteil", rein sprachlich betrachtet, das Urteil nicht erst von der Rechtskraft ab, sondern schon von dem Augenblicke an bezeichnen, in welchem es in die äußere Erscheinung tritt. Jedenfalls aber gewinnt die im § 66 gewählte Bezeichnung eine höhere Bedeutung, wenn man sie mit dem Wortlaute derjenigen Paragraphen zusammenhält, die nach der vom I. Civilsenate vertretenen Ansicht in denselben Anschauungen wurzeln, wie § 66. Es sind dies zunächst: a) § 231 I. 7, welcher lautet: „Die an die Stelle der Früchte tretende Geldsumme muß der unredliche Besitzer von dem Tage an, wo die Festsetzung derselben rechtskräftig geworden ist, landüblich verzinsen";

b) § 821 I. 11, welcher lautet: „Wenn jemand zur Bezahlung eines Zinsenrückstandes verurteilt worden ist und vor Ablauf der im Urteil bestimmten Frist die Zahlung nicht leistet, so kann der Gläubiger auch von diesem Rückstande Zögerungszinsen seit dem Tage, wo das Erkenntnis rechtskräftig geworden ist, fordern."

Auch § 1079 I. 11 ist wegen des gleichen Anfangspunktes des Zinsenlaufes hier heranzuziehen. Er lautet: „Von geschenktem Gelde können erst nach ergangenem rechtskräftigen Erkenntnisse Zinsen gefordert werden."

Die Verschiedenheit des Wortlautes dieser drei Paragraphen von dem des § 66, namentlich aber die Häufung der Worte „ergangen" und „rechtskräftig" in § 1079 spricht an sich nicht dafür, daß mit dem „ergangenen Erkenntnisse" in § 66 dasselbe gemeint sein soll, wie mit dem rechtskräftigen Erkenntnisse der übrigen Paragraphen. Ob aber diese Paragraphen sämtlich und ebenso das neuere Gesetz vom 7. Juli 1833, nach welchem Fiskus Zögerungszinsen nur von dem Tage der in dem rechtskräftigen Erkenntnisse bestimmten Zahlungsfrist entrichten soll, in denselben Anschauungen wurzeln, auf demselben Grundgedanken beruhen, ist nur aus einer Prüfung der einzelnen Bestimmungen zu beurteilen.

Seitens der Vertreter der Ansicht des I. Civilsenates ist zwar versucht worden, diese einzelnen Bestimmungen unter den gemeinschaftlichen Gesichtspunkt der Judikatzinsen zu bringen. Allein abgesehen davon, daß besondere, von Verzugszinsen und von Prozeßzinsen unterschiedene Judikatzinsen, wie sie im justinianischen Rechte vorgesehen waren, auch im heutigen römischen Rechte nicht anerkannt sind, behandelt das Landrecht selbst die Prozeßzinsen lediglich unter dem Gesichtspunkte der Verzugszinsen, indem es die Behändigung der Klage als Ersatz des bestimmten Zahlungstages oder der Mahnung betrachtet (§§ 64. 67. 71 I. 16), und enthält, abgesehen von den vorerwähnten Einzelvorschriften, nur eine auf diese anwendbare allgemeine, aber rein negative Vorschrift. § 845 I. 11 bestimmt nämlich, daß Verzugszinsen, auf welche der Richter nicht erkannt hat, auch von dem Tage des ergangenen Urteiles an nicht nachgefordert werden dürfen, sobald über das Kapital ohne Vorbehalt quittiert worden ist. Wollte man aus dieser negativen Bestimmung die Anerkennung besonderer Judikatzinsen durch das Landrecht folgern, so sind diese in § 845 doch ausdrücklich unter den Begriff Verzugszinsen gebracht und sollen vom Tage des „ergangenen Urteiles“ einer besonderen Behandlung unterliegen. Die zwischen dem I. und V. Civilsenate streitige Frage, was unter dem ergangenen Urteile zu verstehen, würde dann nicht bloß für § 66, sondern allgemein zu lösen sein.

Geht man aber auf die einzelnen vorher erwähnten Bestimmungen näher ein, so haben sie das gemeinsam, daß sie — abgesehen zunächst von dem streitigen § 66 — sämtlich auf eine Begünstigung des Schuldners abzielen (§ 231 I. 7: Zinsen von Früchten; § 821 I. 11: Zins von Zins; § 1079 I. 11: Zinsen vom geschenkten Gelde aus einer gewissen Mißgunst gegen das Rechtsgeschäft; § 3 des Gesetzes vom 7. Juli 1833: Zögerungszinsen des Fiskus aus Rücksicht auf die Person des Schuldners). Aus der beabsichtigten Begünstigung des Schuldners wird es erklärlich, daß das Gesetz die früher entweder überhaupt nicht zulässige oder mindestens streitige und in anderen Rechtsgebieten noch heute ausgeschlossene Verzinsung (vgl. bezüglich des Fiskus § 26 Anh. zum A.L.R., bezüglich des Anatocismus § 679 sächsisch. Bürgerl. Gesetzb., wegen der Schenkungen § 742 daselbst) so spät als möglich, also erst mit der Rechtskraft des Urteiles oder gar mit Ablauf der in dem rechtskräftigen Urteile bestimmten Zahlungsfrist beginnen läßt.

Dem gegenüber liegt im Falle des § 66 jedes andere Motiv als das der Begünstigung des Schuldners, der aus einer unerlaubten Handlung in Anspruch genommen wird, näher, insbesondere das auch vom I. Civilsenate an sich, nur nicht als alleiniger Grund anerkannte Motiv der Unbestimmtheit des Betrages.

Von den vorerörterten landrechtlichen Bestimmungen sind in dem Urteile des I. Civilsenates, insbesondere die § 231 I. 7 und § 821 I. 11 als in denselben Anschauungen wurzelnd wie § 66 verwertet. Die beiden gedachten Paragraphen beruhen auf dem gemeinschaftlichen Gedanken, daß an sich so wenig von Früchten wie von Zinsen, welche die juristische Natur der Früchte an sich tragen, Zinsen gefordert werden können, und bestimmen als Ausnahme die Gewährung von Zinsen vom Tage der Rechtskraft. Dieser Gesichtspunkt, der also auf einer gewissen Mißgunst gegen die accessio accessionis beruht, kann im Falle des § 66, wie die Vertreter der gegnerischen Meinung anerkennen, nur insofern in Betracht kommen, als in der Schadenssumme schon entgangene Nutzungen zum Ansatze kommen können. Dies Motiv kann indes die Bestimmung des § 66 nicht rechtfertigen, weil es einmal auf die Fälle, in denen entgangene Nutzungen überhaupt nicht gefordert werden, nicht anwendbar ist, weil ferner in den Fällen, wo neben der Vergütung der Hauptsache der Ersatz entgangener Nutzungen gefordert wird, die Abneigung des Gesetzgebers gegen die Verzinsung von Zinsen oder Früchten nicht bloß diese, sondern auch die Hauptsache treffen würde. Es erscheint weder zulässig, den § 66 nur von dem Ersatze für entzogene Nutzungen zu verstehen noch den Gesichtspunkt der accessio accessionis auf Entschädigung für die Hauptsache anzuwenden. Läßt sich hiernach der obengedachte Gesichtspunkt zur Auslegung des § 66 nicht verwerten, so bleibt der andere auch vom I. Civilsenate anerkannte Gedanke, daß die zu zahlende Summe beim Schadensersatze häufig durchaus unbestimmt ist, als einziges Motiv übrig. Dem entspricht es, daß nach der eingangs zusammengestellten bisherigen Rechtsprechung § 66 nur auf solche Entschädigungsansprüche anwendbar sein soll, deren Geldbetrag streitig ist.

Die Unbestimmtheit der Summe kann aber nicht, wie die den anderen vorher besprochenen landrechtlichen Vorschriften zu Grunde liegende Begünstigung des Schuldners, zu einer möglichst weiten Hinausschiebung des Beginnes des Zinsenlaufes führen, fordert im Gegenteile den Anfang der Verzinsung von dem Augenblicke ab, wo der bisher streitige Geldbetrag zuerst festgestellt wird. Mangels einer ausdrücklichen Vorschrift, die in § 66 gerade im Vergleiche mit den anderen landrechtlichen Stellen nicht zu finden ist, liegt kein Grund vor, es von der Willkür des Beschädigers abhängig zu machen, „seine Verbindlichkeit durch unbegründete Rechtsmittel hinauszuziehen“.

Vgl. Bornemann, a. a. O.

Damit ergiebt sich doch eine gewisse Verwandtschaft des § 66 mit den §§ 770. 771 A.L.R. II. 1, wenn auch diese, wie in dem Urteile des I. Civilsenates bemerkt ist, auf besonderen Grundsätzen beruhen. Es ist dort von der Endigung des ehemännlichen Nießbrauches im Falle der Trennung der Ehe durch richterlichen Ausspruch die Rede. Die Zurückbeziehung des Zeitpunktes der Scheidung auf den Tag des in den folgenden Instanzen bestätigten ersten Urteiles aus dem Grunde, daß der schuldige Teil aus der Verzögerung der Rechtskraft durch ungegründete Rechtsmittel keinen Vorteil ziehen soll, mußte hier ausdrücklich ausgesprochen werden, weil es sich um vermögensrechtliche Wirkungen handelt, die in dem Ehescheidungsprozesse selbst nicht festgestellt werden, für die das Scheidungsurteil nur die materielle Voraussetzung bildet.

Diese Erwägungen haben zur Annahme des in der Beschlußformel ausgedrückten Rechtssatzes geführt."

B. Senatsentscheidungen.

I. Reichsrecht.

3. Verteilung des Vermögens einer aufgelösten Aktiengesellschaft, wenn voll eingezahlte Aktien mit Interimsscheinen konkurrieren.

I. Civilsenat. Urt. v. 17. Januar 1894 i. S. St. (Kl.) w. Deutsche Pflanzergesellschaft in Liquidation (Bekl.). Rep. I. 355/93.

I. Landgericht I Berlin.
II. Kammergericht daselbst.

Die beklagte Aktiengesellschaft war mit einem in 250 Aktien über je 1000 *M* zerlegten Grundkapitale errichtet. Vierzig Aktien waren voll eingezahlt, während auf die übrigen 210 Aktien nur Einzahlungen von je 650 *M* geleistet waren. Nachdem die Generalversammlung der Beklagten die Liquidation der Gesellschaft beschlossen hatte, stellte Kläger als Eigentümer von zehn voll eingezahlten Aktien den Antrag, zu beschließen, daß bei der Liquidation den Besitzern von Aktien oder Interimsscheinen, auf welche Volleinzahlungen geleistet seien, die Differenz zu den nicht voll eingezahlten Aktien oder Interimsscheinen vorweg erstattet werde. Gegen den seinen Antrag ablehnenden Beschluß legte er zum Protokoll der Generalversammlung Widerspruch ein und erhob demnächst Klage mit dem Antrage, die Beklagte zu verurteilen: a) anzuerkennen, daß der den Antrag des Klägers ablehnende Generalversammlungsbeschluß dem Kläger gegenüber unverbindlich sei; b) an den Kläger nach beendeter Liquidation aus der zur Verteilung unter die Aktionäre bestimmten Vermögensmasse vorweg 3500 *M* zu zahlen. Diesen Anträgen ist in der Revisionsinstanz stattgegeben worden.

Aus den Gründen:

„Das Berufungsgericht hält das Verlangen des Klägers für ungerechtfertigt, weil im § 24 des Gesellschaftsstatuts hinsichtlich der Gewinnverteilung bestimmt sei, daß nach Abzug von fünf Prozent für den Reservefonds, von vier Prozent Verzinsung für das eingezahlte Aktienkapital, von zehn Prozent für den Aufsichtsrat der übrig bleibende Gewinn an die Aktionäre nach Verhältnis ihrer Bareinlagen zu verteilen sei, und weil im Zweifel angenommen werden müsse, daß der für die Beteiligung am Gewinne festgesetzte Maßstab auch für die Teilnahme am Verluste und für die Verteilung des nach Tilgung der Schulden übrig bleibenden Reingewinnes zu Grunde zu legen sei. Die Begründung des angefochtenen Urteiles steht im Einklange mit derjenigen Auffassung, von welcher das Reichsoberhandelsgericht in der Entscheidung vom 8. September 1876 (Rep. 873/76, abgedruckt in Busch, Archiv für Handels- und Wechselrecht Bd. 34 S. 372 flg.) ausgegangen ist. Das Reichsgericht kann sich indes dieser Auffassung nicht anschließen und vermag den Schluß von der Verteilung des jährlichen Reingewinnes auf die Verteilung des Gesellschaftsvermögens nicht als zutreffend anzuerkennen.

Der jährliche Reingewinn hat die Natur einer Civilfrucht des Vermögens der Aktiengesellschaft. Es ist deshalb eine statutarische Vorschrift, welche vorschreibt, daß diese Frucht nach Maßgabe des Betrages zu verteilen sei, welchen jeder Aktionär zu dem werbenden Vermögen beigetragen hat, wohl verständlich. Daraus folgt jedoch nicht, daß auch eine Minderung des Vermögens in derselben Weise getragen werden müsse. Eine Vermögensminderung kann bei der Auflösung der Gesellschaft sich ergeben, obgleich fortdauernd Reingewinn verteilt worden ist, weil das Vermögen der Aktiengesellschaft nicht zu dem Betrage, zu welchem es in die Bilanz eingestellt ist, verwertet werden kann. Ebenso kann sich bei Auflösung der Gesellschaft eine Vermehrung des Vermögens ergeben, obgleich nie Gewinn hat verteilt werden können, z. B. bei der Wertsteigerung von Grundstücken, auf denen ein nicht lohnendes Gewerbe betrieben worden ist. Derartige Wertsteigerungen oder Minderungen betreffen das Kapitalvermögen der Aktiengesellschaft, nicht die mit demselben gewonnenen Früchte. An dem Kapitalvermögen der Aktiengesellschaft nimmt jeder Aktionär teil nach Verhältnis seines Aktienrechtes, gleichviel ob er seine Einlage schon voll geleistet hat oder einen Teil derselben noch schuldet. Dieser Rechtsstellung des einzelnen Aktionärs entspricht die gleiche Teilnahme aller an einer Vermögensminderung ohne Rücksicht auf die Höhe der geleisteten Einzahlung, während der Reingewinn nach dem Verhältnisse der thatsächlich hingegebenen Summen verteilt wird, deren anderweite Benutzung den einzelnen Einlegern entzogen ist. Wegen der ganz verschiedenen wirtschaftlichen Bedeutung des Reingewinnes als Frucht, welche an die Stelle des Zinsertrages treten soll, und des zur Verteilung gelangenden Kapitalvermögens ist es unrichtig, zu sagen, daß im Zweifel beides gleich behandelt werden müsse. Daß statutarisch eine Verteilung nach anderen Grundsätzen vorgeschrieben sein kann, ist nicht zu bezweifeln, aber eine solche Vorschrift liegt nicht vor.

Auf Grund dieser Erwägungen, die auch in der Litteratur des Aktienrechts mehrfach Billigung gefunden haben,

vgl. namentlich Petersen und v. Pechmann, Gesetz betreffend die Kommanditgesellschaften auf Aktien und die Aktiengesellschaften S. 582 flg.; Ring, Das Reichsgesetz, betreffend die Kommanditgesellschaften auf Aktien und die Aktiengesellschaften (2. Aufl.) S. 396,

mußte die Revision für begründet erachtet werden."

---

4. Was sind „Mengen von Sachen oder Waren" im Sinne der „Anmerkung" zur Ziff. 4B des Tarifes des Reichsstempelgesetzes vom 29. Mai 1885?

IV. Civilsenat. Urt. v. 18. Januar 1894 i. S. Stettiner Maschinenbauaktiengesellschaft Vulkan (Kl.) w. Fiskus (Bekl.). Rep. IV. 262/93.

I. Landgericht Stettin.
II. Oberlandesgericht daselbst.

Gründe:

„Die Parteien streiten darüber, ob der zwischen der Klägerin und dem Reichsmarineamte über die Herstellung von zwei Panzerschiffen geschlossene Vertrag vom $\frac{5.\ \text{Juli}}{8.\ \text{August}}$ 1890 ein Anschaffungsgeschäft über im Inlande von einem der Kontrahenten erzeugte oder hergestellte Mengen von Sachen oder Waren im Sinne der „Anmerkung" zu Ziff. 4 des Reichsstempelabgabengesetzes vom 29. Mai 1885 (R.G.Bl. S. 171) ist. Läge ein Anschaffungsgeschäft vor, so würde die Klage auf Rückzahlung von 65 535 M, welche die Klägerin als die von ihr für einen „Lieferungsvertrag" („Werkverdingungsvertrag") erforderte Stempelsteuer — vgl. das preußische Gesetz wegen der Stempelsteuer vom 7. März 1822 (G.S. S. 57) und das preußische Gesetz, betreffend die Stempelsteuer für Kauf- und Lieferungsverträge im kaufmännischen Verkehr und für Werkverdingungsverträge, vom 6. Juni 1884 (G.S. S. 279) — bezahlt hat, begründet sein. Denn nach § 11 des Gesetzes, betreffend die Erhebung der Reichsstempelabgaben, vom 1. Juli 1881 (R.G.Bl. S. 185) unterliegen die nach Ziff. 4 des Tarifes zu demselben stempelpflichtigen Schriftstücke in den einzelnen Bundesstaaten keiner weiteren Stempelabgabe. Damit sind, wie das Reichsgericht in dem Urteile vom 4. Oktober 1887 (Entsch. in Civils. Bd. 19 S. 176) ausgesprochen hat, die entgegenstehenden landesrechtlichen Vorschriften, namentlich in Preußen der Stempel für „Kaufverträge" und für „Lieferungsverträge", außer Kraft gesetzt worden, und diese Vorschriften sind, wie das Reichsgericht in demselben Urteile ausgesprochen hat, nicht wieder dadurch wirksam geworden, daß das spätere Gesetz, betreffend die Erhebung von Reichsstempelabgaben, vom 29. Mai 1885 die Bestimmungen des Gesetzes vom 1. Juli 1881 in Wegfall gebracht hat.

Der Annahme der Vorderrichter, daß der Vertrag vom $\frac{5.\ \text{Juli}}{8.\ \text{August}}$ 1890 kein Anschaffungsgeschäft über im Inlande von einem der Kontrahenten erzeugte oder hergestellte Mengen von Sachen oder Waren im Sinne der Anmerkung zu Ziff. 4 des Reichsgesetzes vom 29. Mai 1885 sei, war aber beizutreten. In diesem Vertrage hat sich die Klägerin verpflichtet, dem Reichsmarineamte gegen die festgesetzten Zahlungen und nach Maßgabe der dem Vertrage zugehörigen Bauvorschriften und Zeichnungen, sowie derjenigen Spezialvorschriften, welche hinsichtlich der Güte und Prüfung der Baumaterialien in den Bauvorschriften ausdrücklich in Bezug genommen werden, ferner in Übereinstimmung mit den seitens des Reichsmarineamtes bei dem

Fortschreiten des Baues zu gebenden Bestimmungen, Spezifikationen Plänen, Zeichnungen und Skizzen zwei Panzerschiffe (A und C) mit den dazu gehörigen Schiffsdampfmaschinen, Kesseln und Propellern, nebst den erforderlichen Hilfsmaschinen, Ventilatoren, Reserveteilen und Inventarienstücken zu liefern. Der § 2 erklärt als integrierende Bestandteile des Vertrages die unter den Buchstaben a bis p näher bezeichneten, „der Unternehmerin ausgehändigten, beziehungsweise auf Verlangen ihr auszuhändigenden Vorschriften", namentlich Bauvorschriften für den Schiffskörper, für Maschinen, Kessel und Zubehör, für die Prüfung und Abnahme der Stahlplatten, Profilstahle und für andere Schiffsteile, für die Prüfung und Abnahme des Stahlmaterials für Kessel, für die Abnahmeprüfung von Panzerplatten. Nach § 3 sind hinsichtlich des Baues der Schiffskörper die in der Bauvorschrift einzeln aufgeführten Zeichnungen und Baupläne für die Ausführung maßgebend. Es ist ferner eine besondere Zeichnung für die Maschinen und Kessel vorbehalten. Danach haben die Vorderrichter mit Recht verneint, daß ein Anschaffungsgeschäft über eine Menge von Sachen oder Waren im Sinne der „Anmerkung" zu Ziff. 4 des Reichsstempelabgabengesetzes vorliege. Das Reichsgericht hat sich über den Begriff eines solchen Anschaffungsgeschäftes wiederholt ausgesprochen. Es hat namentlich auch Werkverdingungsverträge, bei denen der Unternehmer das Material anzuschaffen hat, als Anschaffungsgeschäfte im Sinne der „Anmerkung" zu Ziff. 4 des Tarifes angesehen, aber es ist stets daran festgehalten worden, daß es sich, wie das Gesetz ausdrücklich fordert, um von einem der Kontrahenten erzeugte oder hergestellte „Mengen" von Sachen oder Waren handelt, also um eine Vielheit, eine größere Zahl, die im Sprachgebrauche des Lebens als Menge bezeichnet wird, von solchen gleichartigen Sachen, welche nach ihrer natürlichen Beschaffenheit und dem Willen der Kontrahenten als untereinander völlig gleichwertig, daher insoweit als vertretbar behandelt und im Verkehre nach Zahl, Maß oder Gewicht bestimmt zu werden pflegen.

Vgl. auch die Motive zu § 779 des Entwurfes eines bürgerlichen Gesetzbuches für das Deutsche Reich Bd. 3 S. 33.

In diesem Sinne hat sich das Reichsgericht in einer Anzahl ergangener Entscheidungen ausgesprochen. So in dem Urteile des

IV. Civilsenates vom 18. März 1889 (Rep. IV. 335/88), in welchem es sich um einen Werkverdingungsvertrag über Anfertigung und Lieferung von Stahlschienen und Achsen für eine preußische Eisenbahndirektion handelte, desgleichen in dem Urteile desselben Senates vom 18. März 1889 (Rep. IV. 36/89, Entsch. des R.G.'s in Civils. Bd. 23 S. 63), welches Mauersteine, in dem Urteile vom 25. März 1889 (Rep. IV. 6/89), welches aus einem inländischen Steinbruche zu brechende Decklagersteine, in den Urteilen des III. Civilsenates vom 5. April 1889 (Rep. III. 26/89 und 30/89), welche die von einer Aktiengesellschaft für Bergbau zu liefernden, von dieser zu erzeugenden Rostplatten und Laschen aus Gußstahl von bestimmter Form und Beschaffenheit betrafen, in dem Urteile des IV. Civilsenates vom 15. April 1889 (Rep. IV. 23/89), welches die Lieferung von Flachlaschen aus Gußstahl für Normalweichen, in dem Urteile des III. Civilsenates vom 10. Mai 1889 (Rep. III. 64/89), welches an die Staatseisenbahnverwaltung zu liefernde Telegraphenkabel betraf. In letzterem Urteile ist ausgesprochen, es handele sich um Mengen von Sachen, welche nach Gewicht, Maß oder Zahl gehandelt zu werden pflegen, wenngleich sie nach einer bestimmten Konstruktion angefertigt werden müssen; danach sei die Tarifbestimmung des preußischen Stempelgesetzes vom 7. März 1822 durch das Reichsgesetz vom 1. Juli 1881 außer Kraft getreten. In diesen und anderen Entscheidungen ist daran festgehalten, daß der Begriff „Menge" eine im Sprachgebrauche des Lebens als Menge bezeichnete größere Anzahl von solchen gleichartigen Sachen voraussetze, welche nach ihrer natürlichen Beschaffenheit und dem Willen der Kontrahenten als untereinander völlig gleichwertige und daher insoweit auch vertretbare in Betracht kommen, ohne daß auf das einzelne Stück für sich irgend ein Gewicht gelegt wird. Diese Voraussetzungen des Gesetzes sind in anderen Fällen nicht als vorliegend erachtet worden. So in dem Urteile des III. Civilsenates vom 5. April 1889 (Rep. III. 26/89) bei einem Vertrage über zwei Weichen, welche zum Preise von 919 ℳ für jede Weiche zu liefern waren. Es ist hier angenommen worden, daß die Weichen, welche nach beigefügten Zeichnungen, in verwickelter Konstruktion, angepaßt an örtliche Verhältnisse, herzustellen waren, nicht Mengen von Sachen oder Waren sind. Das gleiche muß auch für den vorliegenden Fall der zwei Panzerschiffe gelten. Es ist dem Berufungsgerichte darin beizutreten, daß Schiffe, insbesondere Panzerschiffe, nach Art der den Gegenstand des vorliegenden Vertrages bildenden, immer nur als Einzelsachen, nicht als Mengen angeschafft werden, und daß hierin dadurch nichts geändert wird, daß mehrere Schiffe gleicher Konstruktion und Größe zu gleichem Preise in Bestellung gegeben werden. In dem gleichen Sinne hat der III. Civilsenat des Reichsgerichtes in dem Urteile vom 23. September 1892 (Rep. III. 116/92) die Annahme des Berufungsgerichtes gebilligt, daß die den Gegenstand jenes Rechtsstreites bildenden beiden Schleppdampfer als eine Menge nicht gelten können, wenngleich diese Entscheidung wesentlich auf Feststellungen beruht, welche auf den näheren Inhalt des konkreten Baukontraktes sich gründeten. Dagegen hat der jetzt erkennende Senat bereits in dem Urteile vom 20. Oktober 1892 (Rep. IV. 178/92) in der Sache der jetzigen Klägerin wider den preußischen Steuerfiskus allgemein ausgesprochen, daß Dampfschiffe nach ihrer Bedeutung in dem heutigen Verkehrsleben nicht zu den Sachen gehören, die in Mengen gehandelt zu werden pflegen. Hieran ist auch in Beziehung auf den vorliegenden Vertrag über Herstellung der zwei Panzerschiffe festzuhalten.[1]

In der Berufungsinstanz hat sich die Klägerin auf ein Reskript des preußischen Finanzministers vom 17. Oktober 1889 (abgedruckt in dem Kommentare des deutschen Reichsgesetzes über die Reichsstempelabgaben von Gaupp, S. 264 Anm. 51a) bezogen, in welchem auch Lokomotiven zu den „Mengen von Sachen oder Waren" der „Anmerkung" zu Ziff. 4 des Reichsstempelabgabengesetzes vom 29. Mai 1885 gerechnet seien, und Vernehmung von Sachverständigen darüber beantragt, daß es vom technischen Standpunkte für die fabrikmäßige Herstellung an sich völlig gleichgültig sei, ob Lokomotiven oder Schiffe gebaut werden. Das Berufungsgericht ist auf diesen Beweis-

[1] Die gleichen Grundsätze hat der IV. Civilsenat des Reichsgerichtes in dem Urteile vom 15. März 1894 (Rep. IV. 332/93) auf die Anschaffung von acht zu dem Zwecke der Verwendung bei dem Neubaue des Königsberger Seekanales bestimmten und diesem Zwecke in ihrer vertragsmäßig festgesetzten Eigenart nach Tiefgang, Breite u. s. w. genau angepaßten Baggerprähmen angewendet, die hinsichtlich ihrer Bauart und der Beschaffenheit ihrer einzelnen Teile in eingehender Weise durch Vertragsbedingungen, Zeichnungen und Beschreibungen bestimmt waren. D. R.

antrag nicht eingegangen, wie anzunehmen, aus dem richtigen Grunde, weil der technische Gesichtspunkt die vorliegende Rechtsfrage nicht berührt. Ein Urteil des Reichsgerichtes, in dem Lokomotiven zu den Mengen von Sachen oder Waren im Sinne der Tarifnummer 4a des Reichsgesetzes vom 1. Juli 1881 oder zu den Mengen von Sachen oder Waren im Sinne der Anmerkung zur Tarifnummer 4 des Reichsstempelgesetzes vom 29. Mai, 3. Juni 1885 gerechnet werden, ist, soviel bekannt, nicht ergangen.

Hiernach war die Revision zurückzuweisen."

---

5. Distanzgeschäft oder Platzgeschäft?

I. Civilsenat. Urt. v. 7. Februar 1894 i. S. U. (Kl.) w. A. & Z. (Bekl.) Rep. I. 507/93.

I. Landgericht I Berlin.
II. Kammergericht daselbst.

Der in Berlin domizilierende Kläger hat im März 1891 von der Beklagten in Amsterdam durch einen mit dem Berliner Agenten derselben geschlossenen Vertrag Sumatratabak gekauft. Die Faktura der Beklagten vom 26. März 1891, dem Kläger mittels Schreibens vom 28. März übersandt, trägt an der Spitze den Vermerk: „Herr C. U., Berlin. Dbt. für an Sie verkaufte 20 Packen Tabak, welche wir zu ihrer Abforderung kostenfrei, nur gegen Feuersgefahr versichert, auf Lager halten und bei Absendung kostenfrei für Ihre Rechnung und Gefahr an die Verladungsstelle hierselbst liefern." Im Mai und August 1891 hat Kläger je fünf Ballen der von der Beklagten zu Lager genommenen Ware bezogen. Am 2. Januar 1892 ist der Kaufpreis der gesammten zwanzig Ballen von ihm bezahlt worden. Kläger hat hierauf die noch bei der Beklagten verbliebenen zehn Ballen beordert, die, wie er behauptet, am 25. Januar 1892 in Berlin eingetroffen sind. In einem Schreiben vom 28. Januar 1892 hat Kläger die mangelhafte Beschaffenheit von sechs der empfangenen Ballen gerügt und dieselben der Beklagten zur Verfügung gestellt. Im gegenwärtigen Prozesse fordert Kläger Rückerstattung des Kaufpreises für diese sechs Ballen nebst Zinsen seit 1. Januar 1892. In erster Instanz ist nach dem Klagantrage erkannt; das Berufungsgericht hat die Klage abgewiesen. Die Revision des Klägers ist zurückgewiesen aus folgenden

Gründen:

„Das angefochtene Urteil geht davon aus, daß das Rechtsverhältnis der Parteien nach dem in Berlin geltenden Rechte und nicht, wie die Beklagte in der Berufungsinstanz verlangt hatte, nach holländischem Rechte zu beurteilen sei. Diese Annahme beruht auf bedenkenfreier, seitens des Revisionsklägers nicht beanstandeter Würdigung des Parteienwillens, ist daher auch für die Revisionsinstanz zu Grunde zu legen. Unter Anwendung des einheimischen Rechtes hat das Berufungsgericht die Bemängelung der fraglichen sechs Ballen durch den Kläger für verspätet erklärt. In dieser Hinsicht ist mit Bezugnahme auf das in den Entscheidungen des Reichsoberhandelsgerichtes Bd. 9 S. 51 abgedruckte Urteil folgendes ausgeführt: Die Rüge des Klägers würde rechtzeitig gewesen sein, wenn ein Distanzgeschäft im Sinne des Art. 347 H.G.B. vorläge, und Berlin als Ablieferungsort anzusehen wäre. Art. 347 sei aber im vorliegenden Fall nicht anwendbar. Kläger habe die Faktura vom 26. März 1891, welche mit dem in dem seitherigen Geschäftsverkehre der Parteien üblichen Formulare übereinstimmte, widerspruchslos entgegengenommen und dadurch zu erkennen gegeben, daß er mit dem auf derselben befindlichen Vermerke einverstanden sei. Hiernach sei dadurch, daß Beklagte den dem Kläger verkauften Tabak gesondert zu Lager nahm und zur Verfügung des Klägers hielt, ein constitutum possessorium zustande gekommen. Die vom Kläger bezweifelte Rechtsgültigkeit eines solchen sei zu bejahen; es fehle nicht an der auch nach preußischem Rechte erforderlichen causa detentionis, da das Lagern des Tabakes alle Merkmale eines Verwahrungsvertrages enthalte. Durch die Lagerung der Ware bei der Beklagten seien mithin Besitz und Eigentum auf den Kläger übergegangen. Beklagte habe nunmehr ihre Verpflichtungen aus dem Kaufvertrage erfüllt gehabt und sei nur noch aus dem Verwahrungsvertrage verpflichtet gewesen, den Tabak kostenfrei zur Verladungsstelle in Amsterdam zu schaffen. Eine Übersendung der Waare im Sinne des Art. 347 H.G.B. habe demnach nicht stattgefunden. Es sei daher über die Frage, ob rechtzeitig gerügt worden, nach bürgerlichem Rechte zu entscheiden unter Abwägung der Interessen der Kontrahenten und unter Berücksichtigung der allgemeinen Bedürfnisse des Handelsstandes. Im Streitfalle ist erwogen, daß dem Kläger ein neunmonatliches Zahlungsziel (bis zum 2. Januar 1891) bewilligt war, und daß er spätestens in diesem Zeitpunkte hätte rügen müssen, da ihm bis dahin eine sehr geräumige Frist zu Gebote gestanden habe, um die Ware in Amsterdam untersuchen zu lassen. Die Bezugnahme des Klägers auf eine angeblich unter den Parteien bestehende, zu seinen Gunsten sprechende Übung ist für unzutreffend erachtet, weil sich aus den Behauptungen des Klägers nur ein Entgegenkommen der Beklagten in einzelnen Fällen ergebe.

Die gegen diese Begründung gerichteten Revisionsangriffe können nicht für zutreffend erachtet werden. Dem Berufungsgerichte ist zunächst darin beizutreten, daß ein Distanzgeschäft im Sinne des Art. 347 H.G.B. nicht vorliegt. Ein solches ist nur dann anzunehmen, wenn die Ware behufs Erfüllung des Kaufvertrages, d. h. behufs Erfüllung der dem Verkäufer obliegenden Pflicht zur Übergabe, von einem anderen Orte übersendet ist. In diesem Falle kommt es allerdings nicht darauf an, in welchem Zeitpunkte nach den Bestimmungen des bürgerlichen Rechtes Besitz und Eigentum auf den Käufer übergehen; vielmehr ist unter der gedachten Voraussetzung Art. 347 stets anwendbar, gleichviel ob der Übergang des Besitzes und Eigentumes bereits im Zeitpunkte der Absendung stattfindet oder sich während des Transportes oder erst nach Ankunft der Ware am Bestimmungsorte vollzieht. Dagegen ist der Thatbestand des Art. 347 nicht vorhanden, wenn die Tradition der Ware bereits vor der Absendung bewirkt worden ist, namentlich dann nicht, wenn zwischen dem Vollzuge der Tradition und der demnächst erfolgten Absendung ein längerer Zeitraum verstrichen ist. Alsdann liegt kein Distanzgeschäft, sondern ein Platzgeschäft vor, da der Käufer bereits vor der Absendung in der Lage war, über die Ware thatsächlich zu verfügen und deren Beschaffenheit zu untersuchen. Diese Grundsätze kommen auch dann zur Geltung, wenn, wie im vorliegenden Falle, die Übergabe vermittelst eines constitutum possessorium, durch Lagerung der Ware bei dem Verkäufer, bewirkt ist. Der Verkäufer tritt hier, wie das Berufungsgericht richtig ausgeführt hat, vom Vollzuge der Übergabe an dem Käufer gegenüber in die Stellung eines Verwahrers; die Ware befindet sich von da an für den Käufer in derselben Lage, wie wenn sie mit seinem Einverständnisse einer dritten Person zur Aufbewahrung übergeben und von dieser zu seiner Verfügung gehalten worden wäre. Vorstehende Auffassung muß auch Platz greifen, wenn der Verkäufer durch eine dem Kaufvertrage beigefügte Nebenabrede die Verpflichtung übernommen hat, nach geschehener Übergabe die Ware dem Käufer auf dessen Abforderung zu übersenden. Im Streitfalle ist diese Auffassung umsoweniger zu beanstanden, als die von der Beklagten übernommene Verpflichtung nur dahin ging, die Ware zur Verladungsstelle in Amsterdam zu schaffen.

Ist es hiernach gerechtfertigt, daß das Berufungsgericht den Art. 347 H.G.B. im vorliegenden Falle nicht zur Anwendung gebracht hat, so stehen auch dem weiteren Inhalte der angefochtenen Entscheidung keine gegründeten Bedenken entgegen. Es beruht auf einer durchaus angemessenen, den Anforderungen des Handelsverkehres und der Billigkeit entsprechenden Würdigung der konkreten Sachlage, wenn das Berufungsgericht annimmt, daß Kläger verpflichtet war, spätestens bis zum Ablaufe der ihm bewilligten Zahlungsfrist die bei der Beklagten lagernde Ware untersuchen zu lassen und der Beklagten von etwaigen Ausstellungen gegen die Beschaffenheit derselben Mitteilung zu machen. Die hieraus hergeleitete Folgerung, daß Kläger, indem er die gedachte Frist verstreichen ließ, ohne eine solche Untersuchung anzustellen, indem er ferner das Kaufgeld ohne Vorbehalt zahlte, sich des Rechtes begeben hat, die Mängel der mehrere Wochen nach Bezahlung des Kaufgeldes und länger als neun Monate seit Beginn der Lagerung abgeforderten Ware geltend zu machen, enthält keine unbillige Härte gegen den Kläger. Denn es liegt auf der Hand, daß er innerhalb der ihm zustehenden Frist die gedachte Untersuchung mit Leichtigkeit hätte beschaffen können. Der Standpunkt der Revision, daß die Untersuchungs- und Rügepflicht erst mit der Ankunft der jeweils abgeforderten Ware in Berlin ihren Anfang nehme, würde, da die Abforderung vom Belieben des Käufers abhing, im vorliegenden Falle dazu führen, die Verkäuferin auf unbestimmte Zeit hinaus in Unsicherheit zu lassen, ob die von ihr gelieferte Ware als empfangbar anerkannt werde oder nicht. Dieses Ergebnis steht mit dem auch den

Platzverkehr beherrschenden Grundsatze nicht in Einklang, daß der Verkäufer beanspruchen kann, thunlichst bald über etwaige Beanstandungen der Ware Gewißheit zu erlangen. Es ist nichts dafür beigebracht, daß die Parteien bei Eingehung des hier in Rede stehenden Vertrages von diesem Grundsatze abweichen wollten." ...

---

6. 1. Findet Art. 306 Abs. 1 H.G.B. dann Anwendung, wenn bewegliche Sachen durch constitutum possessorium unter der Verabredung in den Besitz des redlichen Erwerbers übergegangen sind, daß der letztere jederzeit berechtigt sein solle, sich auch körperlich ihrer zu bemächtigen, und wenn er dies sodann gethan hat?

2. Steht der Anspruch auf Einräumung des Mitbesitzes zu einer Quote zu dem Anspruche auf Herausgabe der Sache in dem Verhältnisse eines Teiles zum Ganzen?

VI. Civilsenat. Urt. v. 26. Februar 1894 i. S. Sch. (Kl.) w. Aktiengesellschaft B. B. (Bekl.) Rep. VI. 303/93.

I. Landgericht Hamburg.
II. Oberlandesgericht daselbst.

Aus den Gründen:

... „Der Kläger vindiziert eine Anzahl von Möbeln, welche er dem Gastwirte S. zu Hamburg ... vermietet hat, und welche sich jetzt im Besitze der Beklagten befinden. In der Berufungsinstanz ist nicht mehr streitig gewesen, daß diese Gegenstände jedenfalls früher, insbesondere zur Zeit der Vermietung und Hingabe an den S., im Eigentume des Klägers gestanden haben. Damit erscheint die Klage an sich als begründet. Es handelt sich gegenwärtig nur noch um die Einrede, daß der Kläger das Eigentum nach Maßgabe des Art. 306 H.G.B., welcher nach dem, durch § 11 der Kaiserlichen Verordnung vom 28. September 1879 für revisibel erklärten § 30 des hamburgischen Einführungsgesetzes vom 22. Dezember 1865 auf den gesamten bürgerlichen Verkehr Anwendung findet, infolge eines von S. vorgenommenen

Veräußerungsgeschäftes eingebüßt habe. Auf diese Einrede bezieht sich auch der den Mitgliedern des Vorstandes der Beklagten vom Oberlandesgerichte auferlegte Eid, insofern sie die Nichterlangung der Überzeugung beschwören sollen, daß zur Zeit des Abschlusses des fraglichen Veräußerungsvertrages oder auch nur zur Zeit der Besitzergreifung der betreffenden Sachen die damaligen Mitglieder des Vorstandes der Beklagten oder auch nur einer von ihnen Kenntnis davon gehabt hätten, daß die Sachen nicht S.'s, sondern fremdes Eigentum waren.

Diejenigen Rechtsgeschäfte, welche dem Oberlandesgerichte zur Grundlage für die Annahme gedient haben, daß unter der Voraussetzung, daß der gute Glaube der Vertreter der Beklagten zur erheblichen Zeit durch die Eidesleistung festgestellt werde, die Einrede aus Art. 306 H.G.B. begründet sei, sind schriftlich beurkundet. Es sind dies ein Vertrag vom 17. Oktober 1891, nach welchem, soweit sein Inhalt hier in Betracht kommt, die fraglichen Sachen durch Übergabe von S. der Beklagten und der Firma G. H. P. gemeinschaftlich zu Eigentum übertragen werden sollten, sei es zur Sicherheit für die diesen gegen S. zustehenden Forderungen, sei es auf Grund eines Verkaufes — dieser Punkt ist nicht ganz klar, aber, wie im Berufungsurteile mit Recht ausgeführt ist, für die jetzt zur Entscheidung stehenden Frage unerheblich —, indessen trotzdem einstweilen unter der Obhut des S. zu dessen Gebrauch belassen werden sollten, jedoch mit der Maßgabe, daß die Beklagte und die Firma P. jederzeit sie jenem wegzunehmen das Recht haben sollten; ferner eine am 20. Oktober 1891 mit Bezugnahme auf den ebenerwähnten Vertrag von S. vorgenommene sog. „Tradition" der Sachen an die Mitglieder des Vorstandes der Beklagten und an W. H., als den alleinigen Inhaber der Firma G. H. P., wobei S. die Sachen den letzteren „anwies", und diese einige davon, mit Hinblickung auf die übrigen, berührten, unter den gegenseitigen Erklärungen, hiermit Besitz und Eigentum übertragen, bezw. erwerben zu wollen. Das Berufungsgericht hat dahingestellt gelassen, ob durch diese Vorgänge unter Voraussetzung guten Glaubens der Vertreter der Beklagten der Kläger bereits das Eigentum an den von S. veräußerten Sachen verloren haben würde, hat aber angenommen, daß dies jedenfalls geschehen sein würde dadurch, daß die Beklagte kurze Zeit nachher auf Grund der von S.

im Vertrage erteilten Ermächtigung die Gegenstände körperlich in Besitz genommen hat.

Was die erstere Frage anlangt, so würde allerdings der gute Glaube H.'s, dem S. ja die Sachen gemeinsam mit der Beklagten zu Eigentum zu übergeben erklärte, nicht besonders festgestellt zu werden brauchen, weil der Kläger gar nicht behauptet hat, daß H. um das Nichteigentum des S. gewußt habe oder hätte wissen müssen. Das Reichsgericht muß aber an seiner zur Sache S. wider M. Wwe. u. Gen. (Rep. VI. 116/90, Entsch. des R.G.'s in Civils. Bd. 27 Nr. 7 und Hanseatische Gerichtszeitung, Jahrgang 1891, Beiblatt, Nr. 41) dargelegten Ansicht festhalten, wonach durch eine bloße Scheinübergabe, trotz welcher die Sachen bis auf weiteres im Gewahrsam des Tradenten verbleiben sollen, die also höchstens als constitutum possessorium aufrecht erhalten werden kann, den Voraussetzungen des Art. 306 H.G.B. nicht Genüge gethan wird.

Was die nachherige Besitzergreifung der Sachen betrifft, so hat das Berufungsgericht seine Entscheidung auf den Satz begründet, daß diejenige Besitzübergabe, worin der Eigentumsübertragungsvertrag seinen Ausdruck finde, nicht in einem unmittelbaren Verschaffen des Besitzes zu bestehen brauche, sondern ebensowohl in einem Gestatten der Inbesitznahme bestehen könne, wenn diese dann erfolge. Der Kläger hat diese Begründung vielleicht nicht mit Unrecht bemängelt; denn bei jenem gemeinrechtlichen Satze ist allerdings auch ein Wille des Veräußerers vorausgesetzt, wonach der Besitz- und Eigentumsübergang erst mit der Besitzergreifung durch den Erwerber stattfinden soll, während es sich jetzt um einen Fall handelt, wo der Wille dahin ging, daß Besitz und Eigentum schon mit der früheren sog. „Tradition" übergehen und nur die körperliche Innehabung erst später vom Erwerber ergriffen werden sollte. Indessen war die Entscheidung des Oberlandesgerichtes doch jedenfalls aufrecht zu halten. Denn hier steht eben auch nicht die gemeinrechtliche Eigentumsübertragung in Frage, sondern der originäre Eigentumserwerb, bezw. der Eigentumsverlust nach Maßgabe des Art. 306 H.G.B. Im Sinne dieser Bestimmung muß es jedenfalls genügen, wenn zu dem ausgesprochenen Willen des Besitzüberganges mit dem Willen des Veräußerers auch noch die körperliche Besitzergreifung durch den Erwerber hinzukommt; denn eine „Übergabe" im weiteren Sinne liegt dann zweifellos vor, und diejenigen geschichtlichen und praktischen Gründe, welche, wie das Reichsgericht in der oben angeführten früheren Entscheidung dargelegt hat, zu der engeren Auslegung des Art. 306 führen müssen, wonach ein bloßes constitutum possessorium noch nicht als „Übergabe" im Sinne desselben gelten kann, fallen nunmehr fort.

Nicht zur Sprache gekommen ist in den bisherigen Verhandlungen die Bedeutung des Umstandes, daß nach dem Vertrage vom 17. Oktober 1891 nicht die Beklagte allein das Eigentum erwerben und das Recht, die Sachen beliebig an sich zu nehmen, haben sollte, sondern die Beklagte und P., bezw. H. gemeinschaftlich. Daraus, daß der Kläger hierauf keine Einwendung gegründet hat, darf wohl geschlossen werden, daß unter den Parteien Einverständnis darüber besteht, daß die Beklagte bei der Besitzergreifung zugleich im Auftrage und Namen oder als Cessionarin des H. gehandelt habe. Sollte auch das Eigentum durch die Besitzergreifung nur zur einen Hälfte an die Beklagte, zur anderen aber an H. gekommen sein, so würde die Einrede dennoch durchgreifen, da der Kläger das Eigentum doch ganz verloren haben würde. Übrigens würde selbst das ausreichen, daß nur die Beklagte durch ihre mit Zustimmung des S. vorgenommene Besitzergreifung das Eigentum an den Sachen zu der ihr zugedachten Quote erworben hätte. Denn so weit würde dann jedenfalls der Kläger das Eigentum eingebüßt haben, möchte es auch zu der übrigen Quote ihm verblieben sein. Dann würde aber der Anspruch, daß die Beklagte ihm die Sachen herausgebe, welcher den alleinigen Gegenstand des Klagantrages und der in erster Instanz erfolgten Verurteilung gebildet hat, nicht aufrecht erhalten werden können. Der nichtbesitzende Miteigentümer hat allerdings gegen den besitzenden eine vindicatio partis auf Einräumung des Mitbesitzes; aber solche Einräumung ist der Herausgabe der Sachen gegenüber nicht etwa ein bloßes Minus, nicht bloß quantitativ von dieser verschieden, sondern etwas spezifisch anderes; wie auch in l. 72 pr. Dig. de V. O. 45, 1 die Stipulation „fundum tradi", also auf Übertragung des Besitzes, unter den auf etwas Unteilbares gerichteten aufgeführt wird." ...

7. Vereinigung zur gemeinschaftlichen Herausgabe einer Zeitschrift. Besteht, wenn einer der beiden Herausgeber stirbt, ein Miteigentum seiner Erben an der Zeitschrift?

I. Civilsenat. Urt. v. 28. Februar 1894 i. S. M. (Bekl.) w. W.'s Erben (Kl.). Rep. I. 439/93.

I. Landgericht Breslau.
II. Oberlandesgericht daselbst.

Der Erblasser der Kläger und der Beklagte hatten sich durch Vertrag vom 31. Dezember 1879 zur gemeinschaftlichen Herausgabe einer monatlich erscheinenden Zeitschrift verbunden. Die Zeitschrift war bis dahin vom Beklagten allein herausgegeben und von W. G. K. in Breslau verlegt worden. Mit Ablauf des Jahres 1879 war K. vom Verlage zurückgetreten. Der obige Vertrag war zunächst auf drei Jahre geschlossen mit der Abrede stillschweigender Verlängerung auf je ein Jahr, falls von der im Vertrage vorgesehenen Kündigungsbefugnis kein Gebrauch gemacht würde. Über die Verteilung der Redaktionsgeschäfte ist im Vertrage genaue Bestimmung getroffen, auch ist bestimmt, daß jeder Kontrahent jährlich neun Bogen Text zu liefern habe. Die Besorgung des Druckes, der Korrektur, der Expedition und was damit zusammenhängt, ebenso die Buchführung waren dem Beklagten gegen einen festen Satz für den Bogen übertragen, im übrigen sollte der jährliche Gewinn gleich geteilt werden. Die Zeitschrift ist vom Januar 1880 an bis zu dem am 19. Juli 1888 erfolgten Tode des Erblassers der Kläger dem Vertrage gemäß von beiden Redakteuren gemeinschaftlich herausgegeben worden und im eigenen Verlage der Redaktion erschienen; von da an hat Beklagter die Zeitschrift in alleinigem Namen weitergeführt. Über das Ergebnis des Jahres 1888 hat Beklagter den Klägern Rechnung gelegt, ihnen die Hälfte des nach seiner Angabe in diesem Jahre erzielten Gewinnes ausgekehrt, auch sich zur Auseinandersetzung hinsichtlich der beim Tode des Erblassers der Kläger vorhandenen, zum gemeinschaftlichen Gewerbebetriebe gehörigen körperlichen Sachen erboten. Dagegen sind die weitergehenden Ansprüche der Kläger von ihm abgelehnt worden. Dieselben beruhen auf dem Standpunkte, daß den Klägern, solange keine Auseinandersetzung stattgefunden habe, das Miteigentum an der Zeitschrift zustehe, daß demnach Beklagter verpflichtet sei, ihnen bis zur Auseinandersetzung über das jährliche Geschäftsergebnis Rechnung zu legen und ihnen den ihrem Erblasser zukommenden Gewinnanteil zu gewähren. Sie verlangen demnach im gegenwärtigen Prozesse Rechnungslegung über die Geschäftsführung der Zeitschrift seit dem 1. Januar 1889. In erster Instanz ist die Klage abgewiesen, in der Berufungsinstanz nach dem Klagantrage erkannt. Auf die Revision des Beklagten ist das Berufungsurteil aufgehoben, und die Berufung des Klägers gegen das landgerichtliche Urteil zurückgewiesen worden aus folgenden

Gründen:

... „Es ist davon auszugehen, daß durch den Vertrag vom 31. Dezember 1879 zwischen dem Erblasser der Kläger und dem Beklagten eine Gesellschaft begründet worden ist. Diese Gesellschaft ist mit dem Tode des Erblassers der Kläger oder, wenn man die einzelnen Jahrgänge der Zeitschrift als geschäftliche Einheiten betrachtet, mit dem Ablaufe des Jahres 1888 aufgelöst worden; denn sie war auf den gemeinsamen Betrieb eines gewerblichen Unternehmens gerichtet, und es war dabei nach dem im Thatbestande mitgeteilten Inhalte des Vertrages auf die persönliche Mitwirkung beider Gesellschafter gerechnet. Eine Fortsetzung der Gesellschaft mit den Erben seines Socius lag weder im Willen des Beklagten, noch konnte er auf Grund des Vertrages gegen seinen Willen hierzu genötigt werden. Daß die Gesellschaft mit dem 31. Dezember 1888 zu Ende gegangen ist, erkennt auch das Berufungsgericht an, nimmt aber gleichwohl an, daß Beklagter durch die Fortsetzung der Zeitschrift über den 1. Januar 1889 hinaus die Geschäfte einer zwischen ihm und den Klägern bestehenden Gemeinschaft geführt habe, und daß er auch noch ferner, bis eine rechtsgültige Auseinandersetzung stattgefunden haben werde, als Geschäftsführer der Gemeinschaft zu betrachten sei. Denn nachdem die Gesellschaft aufgelöst worden, sei doch der wirtschaftliche Wert der bis dahin von beiden Gesellschaftern gemeinsam herausgegebenen Zeitschrift im gemeinschaftlichen Eigentume der Parteien verblieben; zu diesem wirtschaftlichen Werte aber gehöre namentlich auch das Verlagsrecht an der Zeitschrift. Diese Erwägung verbindet unrichtige mit richtigen Gesichtspunkten. Das Verlagsrecht, auf welches das Berufungsurteil hinweist, kann nicht im Sinne des Rechtes aus einem bestehenden

Verlagsvertrage gemeint sein; ein solcher war hier gar nicht abgeschlossen, da die Zeitschrift seit 1880 im Selbstverlage der Redaktion erschienen ist. Das Berufungsgericht versteht hierunter vielmehr die Befugnis, diese Zeitschrift, d. h. eine Zeitschrift mit demselben Titel und für den gleichen Abnehmerkreis bestimmt, wie das frühere Unternehmen, sei es in eigenem oder in fremdem Verlage, erscheinen zu lassen. Diese Befugnis erscheint dem Berufungsgerichte, wenngleich sie nicht den Gegenstand eines geistigen Eigentumes oder Urheberrechtes bildet, doch als ein des Eigentumes im weiteren Sinne fähiges, Dritten gegenüber geschütztes Vermögensrecht. Ein Verlagsrecht in diesem Sinne, das darauf hinauslaufen würde, die Zeitschrift als gewerbliches Unternehmen gegen eine concurrence déloyale zu schützen, ist aber weder durch die Reichsgesetzgebung anerkannt, noch ist dasselbe aus dem preußischen bürgerlichen Rechte herzuleiten. Es beruht mithin auf einer rechtsirrtümlichen Auffassung, wenn das Berufungsgericht die Rechnungspflicht des Beklagten darauf gründet, daß Beklagter durch die fernere Herausgabe der Zeitschrift ein den Parteien gemeinschaftlich zustehendes Vermögensrecht verwaltet habe, bezw. noch jetzt verwalte.

Zutreffend ist dagegen, vorbehaltlich näherer thatsächlicher Prüfung, die Annahme, daß bei Auflösung der Gesellschaft die Zeitschrift als gewerbliches Unternehmen mit ihrem Abonnentenkreise und der Inseratenkundschaft einen Vermögenswert darstellte, der durch das Zusammenwirken beider Gesellschafter während des Bestehens der Gesellschaft geschaffen ist. Es liegt demnach die Möglichkeit vor, daß die Kläger in betreff dieses Vermögenswertes einen Anspruch gegen den Beklagten auf Grund des Sozietätsvertrages erheben können, ebenso wie ein solcher Anspruch besteht hinsichtlich der bei Auflösung der Gesellschaft vorhanden gewesenen, für den gemeinschaftlichen Gewerbebetrieb bestimmten oder aus demselben herrührenden körperlichen Sachen. Darüber aber, ob und in welchem Umfange ein Anspruch in dieser Richtung begründet sein würde, ist im vorliegenden Prozesse nicht zu entscheiden; denn ein dahin gehender Anspruch ist nicht geltend gemacht. Der Klagantrag wird durch den Vertrag vom 31. Dezember 1879 nicht gerechtfertigt. Nach diesem Vertrage sollte, wie bereits hervorgehoben, die Zeitschrift als gemeinschaftliches Unternehmen nur so lange bestehen, als sie von beiden Gesellschaftern gemeinsam herausgegeben wurde. Mit dem Ableben des Erblassers der Kläger fiel demnach nicht die Zeitschrift als solche, sondern nur der Vermögenswert, den sie damals repräsentierte, in die Gemeinschaft der Parteien. Hat Beklagter sich bei Fortsetzung der Zeitschrift die gewerbliche Stellung angeeignet, die unter Mitwirkung des Erblassers der Kläger für dieselbe errungen war, so folgt daraus doch wiederum nur, daß er sich in betreff jenes Vermögenswertes mit den Klägern auseinandersetzen muß. Der Anspruch der Kläger auf einen Anteil am Geschäftsergebnisse auch derjenigen Jahrgänge, die Beklagter allein für eigene Rechnung herausgegeben hat und noch künftig (bis zur Auseinandersetzung) herausgeben wird, ist weder juristisch zu begründen, noch entspricht derselbe den Anforderungen der Billigkeit." ...

---

8. 1. Inwiefern ist der Rechtsweg über die Frage ausgeschlossen, ob ein von der Berufsgenossenschaft eingeforderter Beitrag zur Unfallversicherung (§§ 71—74 des Reichsgesetzes vom 6. Juli 1884) noch rückständig oder bereits früher getilgt ist?

2. Zur Auslegung des § 9 des preußischen Gesetzes vom 24. Mai 1861 (G.S. S. 241).

VI. Civilsenat. Urt. v. 15. März 1894 i. S. B. (Kl.) w. Nordöstliche Baugewerksberufsgenossenschaft (Bekl.). Rep. VI. 325/93.

I. Landgericht I Berlin.
II. Kammergericht daselbst.

Der Sachverhalt ergiebt sich aus den folgenden

Gründen:

„Die beklagte Berufsgenossenschaft hat gegen den Kläger, der ihr als Mitglied angehört, wegen angeblich in Höhe von 304,45 ℳ rückständiger Beiträge aus den Jahren 1887—1889 die Zwangsvollstreckung im Verwaltungsverfahren vornehmen lassen und nach deren Erfolglosigkeit den Kläger zur Leistung des Offenbarungseides geladen. Der Kläger behauptet dagegen, die Beiträge aus den gedachten Jahren vollständig bezahlt zu haben, und ist auf Grund dieser Behauptung mit dem Antrage klagbar geworden, die Beklagte zu verurteilen, anzuerkennen, daß ihr gegen den Kläger ein auf der Mitgliedschaft beruhender Anspruch auf Leistung von Beiträgen oder Vorschüssen für die Zeit von 1887—1889 nicht zusteht, und daß die Beklagte demgemäß nicht berechtigt ist, aus dem der Zwangsvollstreckung zu Grunde liegenden Schuldtitel Zwangsvollstreckungsmaßregeln gegen den Kläger vorzunehmen. Beide Vorinstanzen haben, entsprechend dem Verlangen der Beklagten, die zugleich aus sachlichen Gründen der Klage widersprochen hatte, den Rechtsweg für unzulässig erklärt. Hierbei legte der erste Richter das entscheidende Gewicht darauf, daß nach § 74 des Unfallversicherungsgesetzes vom 6. Juli 1884 und § 2 der preußischen Verordnung vom 7. September 1879 (G.S. S. 591) der Rechtsweg hier nur unter den Voraussetzungen des § 9 des Gesetzes, betreffend die Erweiterung des Rechtsweges, vom 24. Mai 1861 (G.S. S. 241) zugelassen werden könnte, daß aber diese Voraussetzungen nicht vorlägen, da eine „Klage auf Erstattung des Gezahlten" nicht angestellt sei. Dagegen ist die Zurückweisung der Berufung in folgender Weise begründet. Gemäß §§ 71—73 des Unfallversicherungsgesetzes könne die dem Genossenschaftsvorstande übertragene Feststellung der Beiträge nur durch Widerspruch und sodann durch Beschwerde an das Reichsversicherungsamt angefochten werden, sodaß ein civilrechtlicher Anspruch auf Rückerstattung angeblich zuviel gezahlter Beiträge ausgeschlossen sei; wollte aber Kläger innerhalb des Zwangsvollstreckungsverfahrens die Einwendung der Zahlung erheben, so müsse diese Einwendung gemäß § 74 a. a. O. nach den für Gemeindeabgaben geltenden landesgesetzlichen Normen erledigt werden; maßgebend sei deshalb der § 160 des Gesetzes über die Zuständigkeit der Verwaltungs- und Verwaltungsgerichtsbehörden vom 1. August 1883 (G.S. S. 237), und durch diesen § 160 sei die Zuständigkeit der Verwaltungsbehörden auch insoweit für begründet erklärt worden, als bisher durch § 9 des Gesetzes vom 24. Mai 1861 der ordentliche Rechtsweg für zulässig erklärt war; danach könne auch auf die vorliegende Feststellungsklage von den ordentlichen Gerichten darüber nicht entschieden werden, ob eine einzelne Abgabenforderung bereits getilgt sei oder nicht.

Von der Revision wird hiergegen geltend gemacht, daß es sich im gegenwärtigen Rechtsstreite um keinen der in § 160 des Gesetzes vom 1. August 1883 angezogenen Fälle, namentlich nicht um den

Fall der Ziff. 2 des § 18 dieses Gesetzes handle, da dort von der Heranziehung oder Veranlagung zu den Gemeindelasten die Rede sei, während es sich hier frage, ob Kläger die Beiträge, zu denen er herangezogen und veranlagt worden, berichtigt hat. Dieser Angriff kann indessen für zutreffend nicht erachtet werden. Denn darin, daß die Beklagte vom Kläger die Summe von 304,45 ℳ als rückständig gebliebene Beiträge beansprucht hat, war nach dem gewöhnlichen Sprachgebrauche und der erkennbaren Absicht des preußischen Gesetzes vom 1. August 1883 unbedenklich eine „Heranziehung" des Klägers zu den Beiträgen im Sinne des § 18 Ziff. 2 zu erblicken, und als zu den Beiträgen „herangezogen" mußte der Kläger auch dann gelten, wenn seine Behauptung richtig wäre, daß er die beanspruchten Beiträge schon früher bezahlt habe.

Vgl. Entsch. des preußischen Oberverwaltungsgerichts Bd. 21 S. 157. 158, sowie auch Entsch. des R.G.'s in Civils. Bd. 17 S. 201.

Wäre also der § 160 des Gesetzes vom 1. August 1883 hier anwendbar, so müßte danach der Rechtsweg ohne weiteres für unzulässig erklärt werden.

Allein der Anwendung des § 160 auf den vorliegenden Fall liegt eine unrichtige Auffassung des Gesetzes zu Grunde. Unbeachtet ist dabei geblieben, daß der § 160 nur solche Fälle aufführt, in welchen das Verwaltungsstreitverfahren zugelassen ist, und daß er die Zuständigkeit für die nach § 79 A.L.R. II. 14 bezw. nach §§ 9. 10 des Gesetzes vom 24. Mai 1861 zu erlassenden Entscheidungen nicht, wie das Berufungsgericht meint, auf die Verwaltungsbehörden, sondern auf den Kreis-(Stadt-)Ausschuß, den Bezirksausschuß und das Oberverwaltungsgericht, als die mit der Verwaltungsgerichtsbarkeit betrauten Behörden, überträgt.

Vgl. §§ 7. 54 des Gesetzes über die allgemeine Landesverwaltung vom 30. Juli 1883 (G.S. S. 195), sowie auch das Ergänzungsgesetz zu § 7 vom 27. April 1885 (G.S. S. 127).

Für Streitigkeiten über die Verpflichtung zur Leistung von Unfallversicherungsbeiträgen ist nun aber das Verwaltungsstreitverfahren in den Gesetzen überhaupt nicht zugelassen, und die Zuständigkeit der in § 160 des Landesgesetzes vom 1. August 1883 bezeichneten Verwaltungsgerichtsbehörden nach keiner Richtung begründet.

Muß somit hier die Vorschrift des § 160 a. a. O. außer Betracht bleiben, so kann es sich nur fragen, ob die Vorentscheidung sich aus anderen Gründen als richtig darstellt. Der Umstand, daß die Verpflichtung zur Leistung der Unfallversicherungsbeiträge im öffentlichen Rechte wurzelt, ist, wie das Reichsgericht wiederholt dargelegt hat, für sich allein nicht geeignet, die Einrede der Unzulässigkeit des Rechtsweges zu rechtfertigen.

Vgl. Entsch. des R.G.'s in Civils. Bd. 11 S. 71 flg., Bd. 19 S. 70 flg., Bd. 21 S. 101. 102.

Gerade bei der Frage, ob einzelne Beiträge rückständig geblieben oder schon berichtigt sind, tritt das öffentliche Interesse an der Unfallversicherung hinter dem Privatinteresse des einzelnen Genossenschaftsmitgliedes weit zurück. Danach könnte die erhobene Einrede nur dann für begründet erachtet werden, wenn das Unfallversicherungsgesetz besondere Vorschriften enthielte, nach welchen der Rechtsweg für diese Frage als ausgeschlossen anzusehen wäre. Solche Vorschriften finden sich im gedachten Gesetze nicht und sind namentlich aus dessen §§ 73. 74 nicht zu entnehmen.

Zweifellos ist die Feststellung der Beiträge jeder Anfechtung im Rechtswege entzogen. Denn nach § 73 steht den Mitgliedern der Genossenschaften gegen die in Gemäßheit der §§ 71. 72 erfolgte Feststellung ihrer Beiträge nur ein Widerspruch bei dem Genossenschaftsvorstande, und gegen dessen Entscheidung nur die Beschwerde an das Reichsversicherungsamt zu, welches letztere gemäß § 88 Abs. 1 endgültig zu entscheiden hat. Um eine Anfechtung der Feststellung handelt es sich indessen bei der vorliegenden Klage nicht; vielmehr liegt der Klage die Behauptung zu Grunde, daß die für die Jahre 1887 bis 1889 endgültig festgestellten Beiträge, über deren Höhe an sich kein Streit besteht, vom Kläger vollständig berichtigt seien, während die Beklagte den Betrag von 304,45 ℳ, insoweit die Berichtigung bestreitend, als noch rückständig bezeichnet.

Wenn sodann der von der Beklagten hauptsächlich in Bezug genommene § 74 bestimmt, daß rückständige Beiträge in derselben Weise beigetrieben werden wie Gemeindeabgaben, so ist daraus nicht zu folgern, daß alle in den einzelnen Bundesstaaten bezüglich der Gemeindeabgaben geltenden Gesetzesvorschriften auch für die Unfallversicherungsbeiträge maßgebend sein sollten, daß namentlich nach diesen Vorschriften auch die Zulässigkeit des Rechtsweges über die Frage zu beurteilen sei, ob ein eingeforderter Beitrag rückständig geblieben ist oder nicht. Lediglich die Art der Beitreibung wird durch den § 74 geregelt, und zwar so, daß dabei in Preußen die Verordnung, betreffend das Verwaltungszwangsverfahren wegen Beitreibung von Geldbeträgen, vom 7. September 1879 (G.S. S. 591) zur Anwendung zu bringen ist. Nach § 2 dieser Verordnung findet über die Verbindlichkeit zur Entrichtung der geforderten Geldbeträge der Rechtsweg, sofern derselbe nach den in den einzelnen Landesteilen hierüber bestehenden Bestimmungen bisher zulässig war, auch ferner statt. Soweit nach dieser Richtung für die Unfallversicherungsbeiträge besondere Bestimmungen nicht bestehen, ist der Rechtsweg mit denjenigen Beschränkungen für zulässig zu erachten, die sich aus der Statthaftigkeit des Verwaltungszwangsverfahrens von selbst ergeben. Mit Rücksicht hierauf können die Gerichte eine Einstellung des zur Beitreibung der Beiträge anhängigen Verwaltungszwangsverfahrens nicht anordnen,

vgl. Entsch. des R.G.'s in Civils. Bd. 25 S. 406,

und überhaupt keinerlei Entscheidungen erlassen, mit welchen ein direkter Eingriff in das Exekutionsrecht der zur Zwangsvollstreckung befugten Behörden oder Institute verknüpft sein würde. Um eine derartige Entscheidung handelt es sich aber bei der vorliegenden Feststellungsklage nicht. Auch der zweite Teil des Klagantrages, nach welchem die Beklagte anerkennen soll, daß sie zur Vornahme von Zwangsvollstreckungsmaßregeln wegen der streitigen Beiträge nicht berechtigt sei, enthält keinen Eingriff in das Exekutionsrecht der Beklagten. Er verlangt nicht die sofortige Einstellung des anhängigen Zwangsverfahrens, sondern er will nur aus dem Nichtbestehen der Verbindlichkeit zur Entrichtung jener Beiträge die selbstverständliche Konsequenz gezogen wissen, daß mit der Rechtskraft eines zu Gunsten des Klägers ergangenen Urteiles das etwa alsdann noch schwebende Zwangsverfahren als erledigt anzusehen sei.

Vgl. auch den § 55 Abs. 1 des Krankenversicherungsgesetzes in der Fassung des Gesetzes vom 10. April 1892 (R.G.Bl. S. 379) und die Motive dazu.

Zu der hiernach gemäß § 13 G.V.G. gebotenen Zulassung des Rechtsweges für die vorliegende Klage würde man endlich auch dann gelangen müssen, wenn sich aus den §§ 10. 34 flg. 73. 74 des Unfallversicherungsgesetzes der Schluß ziehen ließe, daß die Unfallversicherungsbeiträge unter den Begriff der „allgemeinen Anlagen und Abgaben" im Sinne der §§ 78. 79 A.L.R. II. 14, §§ 36. 41 der Verordnung vom 26. Dezember 1808 (G.S. von 1817 S. 283) zu bringen seien,

vgl. Handbuch der Unfallversicherung Anm. 1 zu § 73 S. 339,

und wenn dann weiterhin anzunehmen wäre, daß die Zulässigkeit des Rechtsweges, beim Mangel der Zuständigkeit der Verwaltungsgerichte, nach dem § 9 des Gesetzes vom 24. Mai 1861 zu beurteilen sei. Allerdings ist in dieser Vorschrift nur von der Klage „auf Erstattung des Gezahlten" die Rede, allein die hieraus vom ersten Richter gezogene Folgerung kann bei einer näheren Betrachtung der Absicht und des Zusammenhanges des Gesetzes als richtig nicht anerkannt werden. Bei der Vorlegung des Gesetzentwurfes, betreffend die Erweiterung des Rechtsweges, ging die Staatsregierung nach den Motiven davon aus, „daß die Zulässigkeit des Rechtsweges überall da die Regel bilde, wo jemand in seinen Privatrechten, d. h. in seiner individuellen Rechtssphäre dem Gesetze gegenüber, verletzt zu sein behauptet, und daß, wo das bestehende Recht nach dieser Seite hin Beschränkungen statuiert habe, dieselben zu beseitigen seien, soweit dies mit dem öffentlichen Wohle vereinbar scheine". Bezüglich der Fälle des § 9 bemerkten sodann die Motive, die vor das Gericht zu bringende Frage sei hier völlig unabhängig von dem Rechtsgrunde der Forderung an sich, und es stehe nichts entgegen, über diese Fragen die Gerichte entscheiden zu lassen.

Vgl. Anlagen zu den Verhandlungen des Hauses der Abgeordneten 1861 Tl. I Nr. 89 S. 537 flg.

Wenn hiernach im Gesetzestexte die Klage auf Erstattung des Gezahlten ausdrücklich für zulässig erklärt wurde, so sollte damit augenscheinlich nur darauf hingewiesen werden, daß durch die Anstellung einer Klage das den Verwaltungsbehörden im öffentlichen Interesse eingeräumte Vollstreckungsrecht nicht beeinträchtigt werden dürfe, wie denn hierzu im Kommissionsberichte des Hauses der Abgeordneten bemerkt wird: „Da nun aber die Vollstreckungsbefugnis der Verwaltungsbehörde vorbehalten bleiben soll, so erscheint der Rechtsweg hier in Gestalt einer Klage auf Rückforderung."

Vgl. Anlagen a. a. O. Tl. III Nr. 132 S. 948.

Regelmäßig wird auch in den Fällen des § 9 bei Wahrung der Vollstreckungsbefugnis der Verwaltungsbehörde der Rechtsweg nicht anders beschritten werden können, als so, daß zunächst die zur Vollstreckung gestellte Forderung bezahlt, und dann auf Erstattung des Gezahlten geklagt wird. Wo aber die maßgebenden Gesetze eine Klage gewähren, mit welcher ohne einen Eingriff in das Exekutionsrecht nur das Nichtbestehen der Verbindlichkeit zur Entrichtung des geforderten Geldbetrages festgestellt werden kann, da muß für solche Klage, mag sie vor Beginn oder während der Dauer des Vollstreckungsverfahrens erhoben sein, auch der Rechtsweg als zulässig angesehen werden. In diesem Sinne hat schon Oppenhoff (Die preußischen Gesetze über die Ressortverhältnisse S. 553 Anm. 18) den § 9 des Gesetzes vom 24. Mai 1861 erläutert, und seiner Auffassung ist jetzt umsomehr beizupflichten, nachdem der § 231 C.P.O. die Anstellung einer Feststellungsklage in einem dem früheren Rechte unbekannten Umfange für statthaft erklärt hat. Da nun von der hier erhobenen Feststellungsklage die Vollstreckungsbefugnis der Beklagten nach dem oben Gesagten nicht berührt wird, so könnte für diese Klage, auch bei Anwendung des § 9 des Gesetzes vom 24. Mai 1861, der Rechtsweg nicht als verschlossen angesehen werden.

Demgemäß war, unter Aufhebung des angefochtenen Urteiles, auf die Berufung des Klägers die Einrede der Unzulässigkeit des Rechtsweges zu verwerfen, und nach § 500 Ziff. 2 C.P.O. die Sache zur weiteren Verhandlung an das Gericht erster Instanz zurückzuverweisen."

---

9. Darf ein Fusionsvertrag (Art. 215 Abs. 4 H.G.B.) zugleich dem Reichsstempel für Anschaffungsgeschäfte (Ziff. 4 A2 des Tarifes zum Reichsstempelgesetze vom 29. Mai 1885) und einem landesgesetzlich bestehenden Stempel für Kaufverträge unterworfen werden?

Reichsstempelgesetz vom 29. Mai 1885 § 17.

VI. Civilsenat. Urt. v. 21. März 1894 i. S. der Deputation für indirekte Steuern und Abgaben in Hamburg (Bekl.) w. die Dresdener Bank (Kl.). Rep. VI. 383/93.

I. Landgericht Hamburg.
II. Oberlandesgericht daselbst.

Nach dem Hamburger Gesetze, betreffend die Stempelabgabe, vom 5. Mai 1876 (G.S. S. 9) ist von schriftlich errichteten Kaufverträgen über Hamburger Immobilien und über Mobilien eine Stempelabgabe von 1 pro mille zu entrichten und hierbei als Kaufvertrag jeder Vertrag zu behandeln, „durch welchen eine Veränderung des Eigentums gegen eine Gegenleistung veranlaßt wird, wie auch die Lieferung oder die Gegenleistung bestimmt oder bedingt sein möge". Auf Grund dieser Bestimmungen erachtete die Beklagte den Fusionsvertrag vom 9. Juni 1892 für stempelpflichtig, durch den die Anglo-Deutsche Bank in Hamburg ihr gesamtes Aktiv- und Passivvermögen an die Dresdener Bank in Dresden gegen Gewährung von 9000000 *M* Aktien der Dresdener Bank übertragen hat. Die Dresdener Bank hat dann auch auf Aufforderung der Beklagten die von dieser auf 13500 *M* berechnete Stempelabgabe unter Vorbehalt des Rückforderungsrechtes entrichtet, beansprucht aber jetzt die Rückzahlung der 13500 *M* nebst Zinsen, indem sie geltend macht, daß der Fusionsvertrag ein Anschaffungsgeschäft über 9000000 *M* Aktien enthalte, daß demgemäß, was unstreitig, über die 9000000 *M* Aktien eine mit dem Reichsanschaffungsstempel versehene Schlußnote ausgefertigt worden, und daß hiernach der Landesstempel zufolge des § 17 des Reichsstempelgesetzes ausgeschlossen sei. Beide Vorinstanzen haben der Klage stattgegeben. Das Reichsgericht hat die Revision der Beklagten zurückgewiesen aus folgenden

Gründen:

„Das Landgericht ging bei der Verurteilung der Beklagten davon aus, daß der Fusionsvertrag vom 9. Juni 1892 nach seinem Inhalte an sich dem Hamburger Kaufstempel unterworfen sein würde, daß jedoch der Erhebung des Landesstempels der § 17 des Reichsstempelgesetzes vom 29. Mai 1885 (R.G.Bl. S. 171) entgegenstehe, weil in dem Fusionsvertrage ein Anschaffungsgeschäft im Sinne der Ziff. 4 A 2 des Tarifes zu finden und der Vertrag als ein einheitlicher, unter den Rechtsbegriff des Tausches zu bringender Rechtsakt anzusehen sei. Die Richtigkeit dieser Charakterisierung des Vertrages läßt der Berufungsrichter dahingestellt, indem er ausführt, es bedürfe keiner weiteren Prüfung, ob nicht Fusionsverträge lediglich in die Kategorie der Gesellschaftsverträge zu verweisen sein möchten, und ob es danach fiskalisch zulässig wäre, „solche Verträge in einer anderen Vertragskategorie zu besteuern, deren äußere Merkmale sich, obschon sie den Vertragsinhalt nicht erschöpfen und für den juristischen Charakter des Vertrages nicht entscheidend sind, auch im Vertrage vorfinden"; denn unter der Voraussetzung, daß diese Art der steuerrechtlichen Behandlung von Verträgen an sich unbedenklich wäre, fiele dasselbe Rechtsgeschäft, das die Beklagte dem Hamburger Urkundenstempel für schriftlich errichtete Kaufverträge unterziehen will, nämlich der Austausch des Vermögens der Anglo-Deutschen Bank gegen circa 9000000 ℳ Aktien der Dresdener Bank, zweifellos unter den von der Klägerin dafür entrichteten Reichsstempel, insofern eben das Eigentum an diesen Aktien von der Anglo-Deutschen Bank gegen Entgelt erworben worden sei; bei der Untrennbarkeit des Geschäftes dürfe deshalb neben dem Reichsanschaffungsstempel der Hamburger Kaufstempel nicht erhoben werden.

In dieser Ausführung erblickt die Revisionsklägerin eine Verletzung des Reichsstempelgesetzes, weil dessen § 17 nicht jeden Vertrag, in welchem ein dem Reichsstempel unterworfenes Anschaffungsgeschäft enthalten ist, vom Landesstempel befreie, vielmehr die Befreiung nur bezüglich des Anschaffungsgeschäftes selbst und des darüber errichteten Schriftstückes zur Vermeidung einer Doppelbesteuerung ausspreche, eine Doppelbesteuerung aber dann nicht vorliege, wenn ein Vertrag mehrere Bestandteile, namentlich eine dem Reichsstempel unterworfene entgeltliche Übertragung von Aktien und eine dem Landesstempel unterworfene Vermögensübertragung, enthält. Allein mit Recht hat hiergegen schon das Berufungsgericht darauf hingewiesen, daß der Fusionsvertrag sich nicht so, wie die Beklagte will, in zwei gesonderte Bestandteile zerlegen läßt. Wo ein Vertrag dahin geschlossen wird, daß das Eigentum an einzelnen Gegenständen oder an einem Vermögensinbegriffe von einem Kontrahenten auf den anderen zu einem bestimmten Preise übertragen, und daß der vorher vereinbarte Preis durch Hingabe von Wertpapieren berichtigt werden soll, da kann es fraglich erscheinen, ob nicht neben dem Reichsstempel für die zur Berichtigung des Überlassungspreises erfolgte Anschaffung der Wertpapiere der Landesstempel für Kaufverträge zu entrichten sein möchte.

So liegt aber die Sache nicht bei der sog. Fusion. Denn deren wesentliche Voraussetzung ist es nach Art. 215 Abs. 4 H.G.B., daß eine Aktiengesellschaft ihr Vermögen und ihre Schulden an eine andere Aktiengesellschaft gegen Gewährung von Aktien der letzteren überträgt. Hier handelt es sich also dem Gesetze zufolge um ein einheitliches untrennbares Geschäft, und wenn dieses Geschäft, wie die Revisionsklägerin selbst annimmt, nach Ziff. 4 des Tarifes des Reichsstempelgesetzes abgabepflichtig ist, so folgt aus dem § 17 des Gesetzes mit Notwendigkeit, daß dasselbe Geschäft sowie das darüber ausgestellte Schriftstück in dem Hamburger Staatsgebiete nicht noch außerdem dem Kaufstempel unterworfen sein kann. Gegenüber dieser reichsgesetzlichen Bestimmung ist kein Gewicht darauf zu legen, daß nach der Spezialvorschrift des § 9 a. E. der Hamburger Stempelordnung bei der Berechnung des Kaufstempels Tauschverträge als zweifache Kaufverträge zu behandeln sind, und zwar umsoweniger, als im übrigen auch das Hamburger Gesetz davon ausgeht, daß nur, wenn in einer Urkunde mehrere selbständige stempelpflichtige Geschäfte enthalten sind, für jedes derselben die volle Abgabe zu entrichten ist (§. 5). Gerade an der Selbständigkeit des Kaufvertrages gegenüber dem Anschaffungsgeschäfte fehlt es aber hier.

Vgl. auch Entsch. d. R.G.'s in Civils. Bd. 25 S. 64 flg. 68. 69.

Wenn danach der vorliegende Fusionsvertrag dem Hamburger Kaufstempel nicht unterworfen ist, so folgt daraus keineswegs ohne weiteres, wie die Revision meint, daß der Landesstempel für beurkundete Kaufgeschäfte immer dadurch umgangen werden könnte, daß die Kontrahenten das Entgelt, statt in barem Gelde oder anderen Werten, in solchen Papieren festsetzen, die dem Reichsstempel für Anschaffungsgeschäfte unterliegen. Nach der zutreffenden Ausführung des Berufungsgerichtes würde aber auch, selbst wenn solche Folgerung als richtig anzuerkennen wäre, zu einer anderen Auslegung des Reichsstempelgesetzes nicht zu gelangen sein." ...

10. Verliert ein in blanco acceptierter Wechsel dadurch seine Gültigkeit, daß er von dem Inhaber erst nach dem Tode des Acceptanten ausgefüllt und datiert ist?

W.O. Artt. 4. 7. 82.

I. Civilsenat. Urt. v. 28. März 1894 i. S. N. (Kl.) w. O. (Bekl.) Rep. I. 459/93.

I. Landgericht Allenstein.
II. Oberlandesgericht Königsberg.

Die Klägerin klagte auf Grund Blankogiros aus einem vom 1. Oktober 1890 datierten, von F. O. in blanco acceptierten Wechsel gegen den Beklagten als Testamentserben des am 12. August 1888 verstorbenen Acceptanten. Der Beklagte wendete namentlich ein, der Wechsel sei ungültig, weil er erst nach dem Tode des Acceptanten datiert sei. Das die Klage abweisende Berufungsurteil ist auf die Revision der Klägerin aufgehoben aus folgenden

Gründen:

... „Die angefochtene Entscheidung kann auch dann, wenn man mit dem Berufungsgerichte davon ausgeht, daß in der Wechselurkunde zur Zeit, als dieselbe vom Erblasser des Beklagten acceptiert wurde, das Ausstellungsdatum noch unausgefüllt war, und daß die Einrückung desselben erst nach dem Tode des Acceptanten erfolgt ist, nicht für gerechtfertigt erachtet werden. Einen Rechtsgrundsatz, daß die durch Hingabe eines Blankoacceptes begründete Ermächtigung zur Herstellung eines vollständigen Wechsels mit dem Tode des Blankoacceptanten erlösche, will das Berufungsgericht anscheinend nicht aufstellen; ein solcher Rechtssatz würde auch nicht zu billigen sein. Nach dem in der Rechtsprechung sowohl des Reichsoberhandelsgerichtes wie des Reichsgerichtes festgehaltenen Standpunkte erwirbt der Nehmer eines Blankoacceptes regelmäßig das unwiderrufliche, von einem Einspruche des Gebers nicht mehr abhängige Vermögensrecht, durch Ausfüllung des Wechselblankettes nach Maßgabe der erteilten Ermächtigung einen vollständigen Wechsel herzustellen. Wie dieses Recht nicht auf die Person des Wechselnehmers eingeschränkt ist, ebenso besteht dasselbe, wenn der Geber des Blankoacceptes verstorben ist, gegenüber seinem Rechtsnachfolger. Die Behauptung, daß der Empfänger des Blankoacceptes nicht zur Ausfüllung des Blankettes in der geschehenen Art ermächtigt gewesen sei, erscheint auch in diesem Falle als Einrede des Dolus, die in Gemäßheit des Art. 82 W.O. zu begründen ist.

Das Berufungsgericht hat sich, wie hervorgehoben, mit diesen Grundsätzen nicht direkt in Widerspruch gesetzt, meint aber, es sei unzulässig, ein dem Todestage des Acceptanten nachfolgendes Ausstellungsdatum einzurücken. Danach wäre der Empfänger des Blankoacceptes genötigt, ein objektiv unrichtiges Ausstellungsdatum anzugeben. Es giebt keinen Rechtssatz, der diese eigentümliche Konsequenz auferlegt. In beiden Fällen, mag der Wechsel mit einem dem Todestage des Acceptanten voraufgehenden oder nachfolgenden Ausstellungsdatum ausgefüllt sein, entsteht die Wechselverbindlichkeit nicht in der Person des Acceptanten, sondern erst in derjenigen seiner Erben. Das ist aber weder nach Wechselrecht noch nach bürgerlichem Rechte unstatthaft.

Bemerkt mag werden, daß das preußische Obertribunal in dem Bd. 52 S. 235 der Entscheidungen abgedruckten Falle, in welchem es sich um die Blankounterschrift des Trassanten handelte, zwar mit darauf Gewicht gelegt hat, daß die nachträgliche Ausfüllung mit einem dem Todestage des Ausstellers voraufgehenden Ausstellungstage geschehen war. In einer späteren Entscheidung (Striethorst, Archiv Bd. 62 S. 267), in welcher ein nach dem Tode des Ausstellers ausgefülltes Blankett eines eigenen Wechsels in Frage stand, ist dieser Umstand indes ausdrücklich für gleichgültig erklärt worden." ...

---

11. 1. Kann gegen die Vorschrift des § 48 Ziff. 1 K.O. vom Schuldner vor der Konkurseröffnung ein Kompensationsrecht vertragsmäßig eingeräumt werden?

2. Steht dem Konkursverwalter, welcher im Falle des § 17 Ziff. 2 K.O. nach der Konkurseröffnung entstandene Mietzinsen einklagt, ein Einwand aus einer vor der Konkurseröffnung an den Gemeinschuldner geleisteten Vorauszahlung entgegen?

III. Civilsenat. Urt. v. 30. März 1894 i. S. H. Konkurs (Kl.) w. G. (Bekl.) Rep. III. 53/94.

I. Landgericht Gera.
II. Oberlandesgericht Jena.

Aus den Gründen:

„Der Kaufmann H., über dessen Vermögen am 1. Juli 1892 unter Bestellung des Klägers zum Verwalter Konkurs eröffnet wurde, hatte mit dem Beklagten einen schriftlichen Vertrag geschlossen, nach dessen § 1 H. zur Aufstellung von mechanischen Webstühlen mehrere Räume vermietete, und in dessen § 2 er sich ferner zur Lieferung der Dampfkraft für 124 Webstühle verpflichtete. Die Vergütung war für beide Leistungen getrennt festgesetzt; diejenige für Dampfkraft erreichte einen höheren Betrag. Der § 7 des Vertrages lautete: „Falls der Vermieter seine eventuellen Accepte, vom Abmieter ausgestellt, nicht bezahlt, so ist bezw. sind deren Werte als vorausbezahlte Mieten im Sinne des vorstehenden Vertrages zu betrachten." Weitere Bestimmungen oder nur Andeutungen über den Wechselverkehr enthielt der Vertrag nicht.

Der Vertrag war für die Zeit vom 1. Januar 1891 bis 30. September 1894 fest abgeschlossen, und zur Zeit der Konkurseröffnung war der Beklagte im Besitze und Genusse der vermieteten Räume und sonstigen Leistungen. Der Konkursverwalter hat diese weiter gewährt und jetzt die Gegenleistung für eine nach der Konkurseröffnung liegende Zeit eingeklagt, wogegen Beklagter auf Grund des § 7 des Vertrages aufrechnen will. Beklagter hat nämlich vor der Konkurseröffnung gegen von H. acceptierte Wechsel diesem Deckung gewährt, die Wechsel aber nach der Konkurseröffnung mangels Zahlung des Acceptanten selbst einlösen müssen und hält sich berechtigt, mit seiner als Konkursforderung angemeldeten und zur Konkursmasse festgestellten Forderung aus diesem Rechtsverhältnisse gegen die der Konkursmasse zustehende Forderung aufzurechnen.

Nachdem das Landgericht den Beklagten nach dem Antrage verurteilt hatte, weil zwar die Einrede der Kompensation, richtiger Zahlung, an sich zulässig, aber dadurch ausgeschlossen sei, daß seine Forderung im Konkurse angemeldet und zur Tabelle rechtskräftig festgestellt sei, hat das Berufungsgericht die Klage abgewiesen. Es führt aus, daß der Konkursverwalter, wenn er wie hier nach § 15 K.O. den Mietvertrag erfüllte, dieselben Einreden wie der Kridar sich gefallen lassen müsse, also die Einrede der Zahlung, wenn die Leistung des Beklagten als solche angesehen werden könne, aber auch die der Kompensation, weil § 48 Ziff. 1 K.O. einer vor der Konkurseröffnung liegenden vertragsmäßigen Einräumung des Kompensationsrechtes nicht entgegenstehe. Auch die rechtskräftige Feststellung des Anspruches des Beklagten zur Tabelle würde die Aufrechnung nur aus dem Gesichtspunkte eines hier nicht anzunehmenden Verzichtes hindern.

Die gegen diese Entscheidung vom Kläger erhobene Revision ist begründet; sie führt zur Aufhebung der Entscheidung und zur Zurückweisung der gegen das Urteil erster Instanz eingelegten Berufung.

Die rechtliche Natur des abgeschlossenen Vertrages erregt zwar insofern Zweifel, als in § 1 eine Sachmiete, in § 2, wenn man ihn für sich allein betrachtet, entweder eine Dienstmiete oder ein unbenannter Vertrag vereinbart ist. Trotz der getrennten Festsetzung der Gegenleistungen ist jedoch ein einheitlicher Mietvertrag, und zwar eine Sachmiete, umsomehr anzunehmen, als die in § 2 vereinbarte Lieferung der Dampfkraft ohne die Sachmiete des § 1 nicht bestehen kann, daher trotz des höheren Wertes als Nebenleistung zur Gewährung des Gebrauches der Sachen erscheint. Das ohne Prüfung dieser Frage ebenfalls ein Mietverhältnis unterstellende Berufungsurteil irrt schon insofern, als es auf dieses den § 15 K.O. anwendet, während diese Bestimmung durch § 17 Ziff. 2 desselben Gesetzes hier ausgeschlossen ist; von entscheidender Bedeutung ist jedoch dieser Rechtsirrtum nicht, da in beiden Fällen ohne Abschluß eines neuen Vertrages der Gebrauch des Mietobjektes fernerhin aus der Konkursmasse gewährt und der Beklagte den Mietzins zur Konkursmasse schuldig geworden ist.

Für die weitere rechtliche Beurteilung der Einrede des Beklagten ist § 7 des Vertrages von Bedeutung. Der Beklagte selbst hat in den Vorinstanzen nur den Gesichtspunkt der Kompensation geltend gemacht und auch in der Revisionsinstanz diesen allein vertreten; das Berufungsgericht hat unentschieden gelassen, ob Kompensation oder Zahlung vorliege, und für beide Fälle die Einrede als begründet angesehen. Beide Ausführungen beruhen auf Rechtsirrtum.

Die Bestimmung des § 7, daß die Werte der vom Vermieter eventuell ausgestellten und nicht bezahlten Accepte als vorausbezahlte Mieten zu betrachten seien, ist unklar. Gegen die Verpflichtung des acceptierenden H., die Wechsel einzulösen, gewährte ihm der trassierende Beklagte als Deckung die Wechselbeträge, welche Beklagter durch Diskontierung der Wechsel wieder erlangte. Jene Deckung eventuell als Vorauszahlung der Miete anzusehen, liegt an sich fern. Denn wenn Beklagter die vom Kridar nicht bezahlten Wechsel einlöste, erwarb er die auch als Konkursforderung von ihm angemeldeten und festgestellten, als bedingte schon vor der Konkurseröffnung begründeten Wechselforderungen, neben welchen die gewährte Deckung nicht als Mietzahlung angerechnet werden konnte. Es kann dann in § 7 nur die Vereinbarung gefunden werden, daß die für den Beklagten eventuell entstehenden Wechselforderungen gegen den von ihm eventuell geschuldeten Mietzins kompensiert werden sollen.

Das Berufungsgericht giebt nun zwar zu, daß hier beide im § 48 Ziff. 1 K.O. aufgestellten Voraussetzungen der Unzulässigkeit der Kompensation vorliegen, Beklagter eine Forderung gegen den Gemeinschuldner erworben habe und nach der Konkurseröffnung etwas zur Konkursmasse schuldig geworden sei, hält aber jene Bestimmung für unanwendbar, weil sie, wie aus den Motiven des Gesetzes S. 234 und dem Zusammenhalte der §§ 48. 15 K.O. gefolgert wird, sich nur auf das gesetzliche, nicht auf das vertragsmäßig eingeräumte Kompensationsrecht beziehe. Die Motive beschäftigen sich auf S. 234 mit der vertragsmäßigen Aufrechnung überhaupt nicht, sondern schließen schon von der gesetzlichen Beschränkung als selbstverständlich den hier nicht vorliegenden Fall aus, wo nach der Konkurseröffnung aus demselben Rechtsgeschäfte des Gemeinschuldners Forderung und Gegenforderung entstehen; dann sind entweder für und gegen die Konkursmasse, wenn diese das Rechtsverhältnis fortsetzt, Forderung und Gegenforderung entstanden, oder beide nur für und gegen den Gemeinschuldner. — Vielmehr wird die vertragsmäßige Einräumung des Kompensationsrechtes auf S. 228 der Motive behandelt und gegenüber der als lex publica anzusehenden Beschränkung der §§ 48. 49 K.O. ohne Ausnahme für unwirksam erklärt. Das entspricht auch völlig dem Gesetze, welches erkennbar davon ausgeht, daß Rechte auf abgesonderte Befriedigung, welche zur Zeit der Konkurseröffnung noch nicht bestanden, nachher, abgesehen von den Erweiterungen des § 47, nicht mehr sollen erworben werden können.

Eine Kompensation des Beklagten ist daher umsomehr unzulässig, als Forderung und Gegenforderung, Mietforderung und Wechselforderung nicht, wie die Motive (S. 234) voraussetzen, aus demselben Rechtsgeschäfte entstanden sind, vielmehr nur bei Gelegenheit des Mietvertrages das Recht, mit Forderungen aus anderen Rechtsgeschäften zu kompensieren, eingeräumt ist.

Ist aber, was das Berufungsgericht unentschieden läßt, § 7 des Vertrages dahin auszulegen, daß die vom Beklagten gewährten Deckungen als solche nur für den Fall der Einlösung der Wechsel durch den Kridar dienen, eventuell aber nicht zurückgefordert, sondern als Vorausbezahlung entstehender Mietschulden des Beklagten angesehen werden sollten, so führt auch diese Auffassung nicht zu einem für den Beklagten günstigen Resultate. Ganz abgesehen von dem Zweifel, ob nicht auch dann nur ein Kompensationsrecht eingeräumt sein würde, tilgt eine solche Vorauszahlung die Forderung des klagenden Konkursverwalters nicht. Zwar muß dieser, wenn er nach § 15 K.O. sich für die Erfüllung eines vom Gemeinschuldner geschlossenen gegenseitigen Vertrages entscheidet, denselben regelmäßig in gleicher Weise wie der Gemeinschuldner selbst erfüllen, insbesondere eine bereits erfolgte Teilerfüllung der für den Mitkontrahenten entstandenen Verpflichtung, z. B. eine Teilzahlung auf den Kaufpreis, gegen sich gelten lassen. Anders liegt aber die Sache bei Mietverträgen, mietähnlichen, überhaupt solchen Verträgen, durch die ein dauerndes Rechtsverhältnis begründet wird, aus dem erst durch fortdauernde Vorleistungen die Verpflichtung zur Zahlung der einzelnen Mietraten entsteht. Mit der Konkurseröffnung verlor der Kridar die Befugnis, sein zur Konkursmasse gehöriges Vermögen zu verwalten und darüber zu verfügen. Von da an gewährte nicht er, sondern der Konkursverwalter aus der zur gemeinschaftlichen Befriedigung der Gläubiger bestimmten Konkursmasse den Gebrauch. Daher erwirbt auch der Konkursverwalter, welcher für die Gläubiger die Masse zu nutzen hat, als solcher das Recht auf die fernerhin entstehenden Mietforderungen mindestens dann, wenn wie hier eine Vorausbezahlung des Mietzinses nicht ausbedungen war; ob auch im entgegengesetzten Falle, bedarf keiner Entscheidung. Daß aber eine für die Konkursmasse entstehende Forderung nicht durch eine an den Gemeinschuldner geleistete Vorauszahlung getilgt werden kann, liegt auf der Hand.

Daß auch die Konkursordnung von diesen Grundsätzen ausgeht,

ergiebt sich schon daraus, daß nach § 17 Ziff. 2 und § 52 K.O. der Anspruch des Beklagten auf Fortgewährung der Mietobjekte, ohne daß der Konkursverwalter sich demselben nach § 15 entziehen kann, eine Masseschuld bilden soll, während bei anderer Auffassung der gegen den Gemeinschuldner zur Zeit der Konkurseröffnung bestehende Anspruch auf Erfüllung nur eine Konkursforderung begründen würde. Konsequent muß auch der durch Fortgewährung während des Konkurses entstehende Anspruch auf den Mietzins für die Konkursmasse entstehen und der Tilgung durch Vorauszahlung an den Kridar entzogen sein.

Der I. Civilsenat des Reichsgerichtes hat schon früher,

vgl. Entsch. des R.G.'s in Civils. Bd. 6 S. 109,

einen Vertrag für unwirksam erklärt, durch welchen vor der Konkurseröffnung der Gemeinschuldner nach derselben entstandene Mietforderungen abgetreten hatte. Mag auch die in diesem Urteile herangezogene Analogie des Verhältnisses der Hypothekengläubiger zu den Verfügungen des Eigentümers des verpfändeten Grundstückes nicht von entscheidender Bedeutung sein,

vgl. Oetker in der Zeitschrift für deutschen Civilprozeß Bd. 14 S. 42,

so sprechen doch die übrigen dort angeführten Gründe wie für die Unwirksamkeit der Cession, so in gleicher Weise für die der Vorauszahlung." ...

---

12. Zur Auslegung des § 168 des Genossenschaftsgesetzes vom 1. Mai 1889.

I. Civilsenat. Urt. v. 4. April 1894 i. S. Molkereigenossenschaft T.-U. (Kl.) w. Sch. (Bekl.) Rep. I. 9/94.

I. Landgericht Prenzlau.
II. Kammergericht Berlin.

Nach einem Protokolle vom 1. April 1889 traten der Beklagte Sch. und andere Personen auf Grund des Gesetzes vom 4. Juli 1868 zu einer Genossenschaft unter der Firma: Molkereigenossenschaft zu

T., eingetragene Genossenschaft, zusammen. Dabei wurde ein demnächst zu verabredendes Statut in Aussicht genommen. Die Molkerei-Genossenschaft sollte für gemeinschaftliche Rechnung die von den Genossen einzuliefernde Milch verwerten. Sch. hat das Protokoll mit unterzeichnet und dabei 50 Kühe gezeichnet. Das Statut ist vereinbart, aber von Sch. nicht unterzeichnet. Ebensowenig hat er eine weitere schriftliche Beitrittserklärung abgegeben. Als das Gesetz vom 1. Mai 1889 in Kraft getreten war, hat die Genossenschaft ihr Statut revidiert; auch dies neue Statut ist von Sch. nicht unterzeichnet. Gleichwohl ist derselbe in die erste gerichtliche Mitgliederliste der Genossenschaft eingetragen. Die Formalitäten der Anmeldung und Eintragung in das Genossenschaftsregister des zuständigen Amtsgerichtes sind erfüllt; die Genossenschaft hat am 1. Oktober 1890 ihren Betrieb eröffnet. Die durch das Gesetz vom 1. Mai 1889 (§ 165) angeordnete öffentliche Bekanntmachung ist erlassen. Sch. war in der in dieser Bekanntmachung in Bezug genommenen Mitgliederliste als Genosse aufgeführt und hat einen Widerspruch nicht erhoben. Nach den ersten Statuten ist „der Eintritt in die Genossenschaft geschehen durch Unterschrift des Protokolles über die Gründung der Genossenschaft am 1. April 1889". Innerhalb eines Jahres nach Eröffnung der Molkerei hatte jeder Genossenschafter das Recht, bis zu 50 Prozent Kühe mehr zu halten, als er gezeichnet hatte. Das Stimmrecht der Mitglieder war nach Verhältnis der von den einzelnen Mitgliedern gehaltenen Kühe geordnet. Nach einer dem Statute angehängten Geschäftsordnung war jeder Teilnehmer verpflichtet, die frischgemolkene Milch seiner Kühe täglich wenigstens einmal, und zwar dann morgens ... an die Molkerei zu liefern. Nach dem Statute wurde die Einnahme aus dem Erlöse der verkauften Molkereiprodukte nach Abzug der Betriebskosten und Amortisation unter die Interessenten nach Maßgabe der von ihnen gelieferten Milch und deren Fettgehaltes verteilt. Die Abzüge sollten 1 Pfennig für den Liter betragen. Das revidierte Statut vom 6. März 1890 hat die Verpflichtung der Genossen, die bei dem Eintritte gezeichnete Zahl der Kühe zu halten und deren Milch abzuliefern, in seinen Text aufgenommen und weitere Bestimmungen über die Verrechnung des zurückzuhaltenden einen Pfennigs getroffen.

Der Beklagte Sch. hat sein Rittergut verpachtet und weder selbst noch durch seinen Pächter Milch an die Genossenschaft geliefert. Die

Genossenschaft berechnete, wieviel Milch derselbe von 50 Kühen in der Zeit vom 1. Oktober 1890 bis 31. Dezember 1891 hätte liefern können und müssen. Danach würden der Genossenschaft 1562,50 ℳ an Abzügen zustehen, deren Zahlung sie in der Klage verlangt. Das Berufungsgericht hat die Klage abgewiesen, auf die Revision der Klägerin ist dies Urteil aber aufgehoben aus nachfolgenden

Gründen:

... „Ist anzunehmen, daß das Gründungsprotokoll vom 1. April 1889 nicht die ausreichenden Bestimmungen eines demnächst redigierten Statutes der Genossenschaft enthält, so würde unter Anwendung des in der reichsgerichtlichen Entscheidung vom 28. Januar 1893 (Rep. I. 377/92) ausgesprochenen Grundsatzes mit dem Berufungsgerichte allerdings anzunehmen sein, daß der Erblasser der Beklagten Mitglied der Genossenschaft bis zum 1. Oktober 1889 nicht gewesen ist. Die Sachlage wurde aber dadurch eine andere, daß in Gemäßheit des §. 165 des am 1. Oktober 1889 in Kraft getretenen Gesetzes vom 1. Mai 1889 von dem zuständigen Gerichte mittels öffentlicher Bekanntmachung eine allgemeine Aufforderung erlassen ist, inhalts deren die in der Liste aufgeführten Personen, welche behaupten, daß sie am Tage des Inkrafttretens des Gesetzes nicht Mitglieder der Genossenschaft gewesen seien, oder daß ihr Ausscheiden nicht richtig in die Liste eingetragen sei, ihren Widerspruch gegen die Liste bis zum Ablaufe einer Ausschlußfrist von einem Monate schriftlich oder zum Protokolle des Gerichtsschreibers zu erklären haben. Da Sch. in die maßgebende Liste eingetragen war und Widerspruch nicht erhoben hat, so ist nach §. 168 des Gesetzes für seine Mitgliedschaft am 1. Oktober 1889, und zwar nicht bloß dritten Personen, sondern auch der Genossenschaft selbst gegenüber jener Inhalt der Liste maßgebend geworden. Das Berufungsurteil glaubt indessen, daß damit für den klägerischen Anspruch nichts gewonnen sei. Denn für den Inhalt der Verpflichtungen eines so gewonnenen Mitgliedes gegenüber der Genossenschaft sei lediglich das Gesetz und das in demselben (§. 18) in Bezug genommene Statut maßgebend. Deshalb erscheine es unzulässig, auf das für den Beklagten unverbindliche Protokoll vom 1. April 1889, ausweislich dessen derselbe 50 Kühe gezeichnet hatte, zurückzugehen. Diese Argumentation entbehrt der logischen und juristischen Schlüssigkeit. War die Thatsache, daß Sch. das Statut der Gesellschaft nicht mit unterzeichnet hatte, der einzige Grund dafür, daß derselbe als Genosse nicht anzusehen war, und daß das Protokoll vom 1. April 1889 ihn nicht verpflichtete, so ist dieser Grund weggefallen, nachdem gegen den Beklagten die Rechtsbestimmung in Kraft getreten ist, daß er seit dem 1. Oktober 1889 als Mitglied der Genossenschaft gilt, und daß ihn das Statut verpflichtet. Die einfache Folge der Beseitigung jenes Hindernisses ist aber die, daß nun der Wirksamkeit des Protokolles vom 1. April 1889 kein Hindernis mehr entgegensteht, daß dasselbe also den Sch. für die Zeit vom 1. Oktober 1889 ab verpflichtete, gerade so, wie wenn er an diesem Tage das Statut unterzeichnet hätte.

Dies entspricht auch allein dem Zwecke des Gesetzes. Das wäre ja eine thörichte gesetzliche Bestimmung, welche eine abstrakte Mitgliedschaft von solchen Genossen in das Leben führen wollte, die weder Rechte noch Pflichten gegen die Genossenschaft hätten, sondern bei einer Genossenschaft mit unbeschränkter Haftung nur etwa den Gläubigern solidarisch hafteten. Vielmehr wird es der wesentliche Zweck des Gesetzes sein, diejenigen thatsächlichen Vorgänge zu sanktionieren, welche den Eintritt eines Genossen bezwecken, ohne daß die gesetzlichen Formen erfüllt waren, und die Zweifel an der Mitgliedschaft bezüglich der angeblich eingetretenen oder angeblich ausgeschiedenen Genossen, wie sie in vielen Prozessen thatsächlich hervorgetreten sind, zu beseitigen, damit aber für die in der Vergangenheit begründeten Verhältnisse einen klaren Rechtszustand für die Zukunft herbeizuführen. Ist ein Mitglied der Genossenschaft vor dem 1. Oktober 1889 ausgeschieden, aber in der Liste stehen geblieben, ist dieselbe auch demnächst nicht berichtigt, und ist gegen ein solches Mitglied das Präjudiz des §. 168 eingetreten: so besteht seine Ausscheidung nicht zu Recht, und er ist so Mitglied geblieben, wie er Mitglied vor seinem Ausscheiden war. Er ist nicht ein abstraktes Mitglied ohne Rechte und Verbindlichkeiten geworden. Und dementsprechend wird eine Person, gegen welche das Präjudiz des § 168 eintritt, obschon ihr Beitritt vorher juristisch ungültig war, nur so Mitglied, wie sie nach den thatsächlichen Vorgängen Mitglied werden wollte.

Wie der Fall zu entscheiden sein möchte, wenn gegen eine Person, bezüglich deren solche thatsächliche Vorgänge überhaupt nicht vorliegen, das Präjudiz eintritt, kann bis dahin auf sich beruhen bleiben, daß er einmal eintreten und in einem Prozesse zur Entscheidung gestellt wird.

Von solchem Falle kann in keiner Weise auf den vorstehenden Fall geschlossen werden, hier umsoweniger, als das Statut der Klägerin in den oben wiedergegebenen Bestimmungen auf die thatsächlichen Vorgänge der Gründung und des Beitrittes zurückverweist, welche vor seiner Errichtung lagen, und ebendamit jene Vorgänge in sich aufgenommen hat. Mußte Sch. also das Statut gegen sich gelten lassen, so muß er es eben wegen jener Bezugnahme auf die ihn berührenden früheren Vorgänge gegen sich gelten lassen. Da das Statut keine Genossen kennt, welche nicht verpflichtet sind, die Milch der von ihnen zu haltenden Kühe zu liefern, und Sch. in dem sanktionierten Gründungsprotokolle bezeichnet hat, wieviel Kühe er halten wollte, so mußte er seit 1. Oktober 1890 bis zum 31. Dezember 1891 die Milch der von ihm gezeichneten Kühe liefern, wenn er von dieser Lieferungspflicht nicht durch neuere Vorgänge befreit ist. Das behaupten die Revisionsbeklagten: darüber hat sich aber das Berufungsgericht noch nicht ausgesprochen, ebensowenig wie darüber, ob die eingeklagte Geldforderung in ihrer Höhe richtig ist. Das Berufungsurteil war demnach wegen Gesetzesverletzung aufzuheben, und die Sache zur anderweiten Verhandlung und Entscheidung an das Berufungsgericht zurückzuverweisen." ...

---

13. Zur Frage des Verzuges bei vertragsmäßig bedungener Lieferung eines Jahresquantums in Teillieferungen. H.G.B. Artt. 278. 279. 355.

I. Civilsenat. Urt. v. 4. April 1894 i. S. v. H. (Kl.) w. P. (Bekl.) Rep. I. 491/93.

I. Landgericht Breslau.
II. Oberlandesgericht daselbst.

Der Beklagte hatte sich verpflichtet, an die Klägerin vom 1. Juli 1891 in zwei Jahren 20000 Centner Treber in regelmäßigen Zwischenräumen, erstjährige Lieferung circa 10000 Centner, zu liefern. Er lieferte vom 1. Juli bis Ende Dezember 1891 in acht ungleichen und unregelmäßigen Posten 1800 Centner und trotzdem, daß die Klägerin im

Dezember, Februar und März Nachlieferung von zweimal 3100 Centnern, 1330 Centnern und 800 Centnern unter Androhung der Deckung und der Schadensforderung verlangte, bis Ende März nur noch 350 Centner. Mit Klage vom 2. Februar 1892 forderte Klägerin aus Deckungskäufen und an entgangenem Gewinn Zahlung von 12394,20 ℳ. Die Klage ist in den Instanzen abgewiesen, auf die Revision der Klägerin aber das Berufungsurteil aufgehoben aus nachfolgenden

Gründen:

„Der erste Richter erklärt, dem Ausdrucke „in regelmäßigen Zwischenräumen" in dem Vertrage sei eine Bedeutung überhaupt nur beizumessen, wenn bei Treberlieferung eine Usance bestehe, was nicht behauptet sei, oder im Geschäftsverkehre der Parteien sich eine bestimmte Geschäftsübung herausgestellt habe, was unstreitig nicht der Fall gewesen sei. Das heißt nichts, als die Bestimmung des Vertrages einfach streichen, womit gegen jede Auslegungsregel umsomehr verstoßen wird, als die Parteien selbst darüber gar nicht streiten, daß der Zusatz zu dem Schlußscheine auf Verlangen der Klägerin hinzugefügt ist, um sie gegen Hinausschiebung der Andienung und Lieferung bis zum Ende des Vertrages zu schützen.

Der Berufungsrichter führt aus: „regelmäßig" bedeute nicht „gleichmäßig"; der Beklagte sei deshalb durch die Stipulation nur so weit gebunden, als er mit den Lieferungen nie ganz habe aufhören dürfen, sondern nach und nach habe liefern müssen, bis am Ende des ersten Vertragsjahres das Quantum von ca. 10000 Centnern erreicht worden sei. Die Klägerin habe deshalb das Ende des Vertragsjahres, und ob bis dahin die 10000 Centner geliefert worden, abwarten müssen, aber weder Lieferfristen noch Quanta vorschreiben dürfen.

Das läuft ebenfalls darauf hinaus, der Vertragsbestimmung, daß das Jahresquantum in regelmäßigen Zwischenräumen zu liefern sei, jede Bedeutung zu nehmen und gegen den ausdrücklich erklärten und klar erkennbaren Vertragswillen die Klägerin für den Bezug des Jahresquantums innerhalb des Jahres ganz in die Hände des Beklagten und diesem innerhalb des Jahres volle Freiheit in der Lieferung zu geben. Dadurch sind die Artt. 278. 279 H.G.B. ebenso wie der §. 259 C.P.O. verletzt.

In dem Geschäftsverkehre der Parteien vom 1. Januar 1888 bis zum Ende der damaligen Abschlüsse am 1. Juli 1891 handelte es sich unstreitig um Jahreslieferungen von 10457, 8115 und 14039 Centnern. Davon ist unbestritten in allen drei Jahren in der Zeit vom 1. Juli bis 31. Dezember stets in unregelmäßigen Abschnitten und Raten mehr als die Hälfte oder doch fast die Hälfte geliefert worden. Daß die Klägerin durch die Stipulierung „regelmäßiger“ Zwischenräume habe schlechter gestellt werden sollen, ist völlig ausgeschlossen, vielmehr die Auslegung geboten, daß der Klägerin für den neuen Schluß die Lieferung in möglichst gleichmäßigen Zeitabschnitten und Raten hat gesichert werden sollen. Die Klägerin hat vorgetragen, daß sie die trockenen Treber als Futtermittel an Landwirte absetzt, in den Sommermonaten weniger gebraucht, als in den Wintermonaten, der Beklagte deshalb früher in den Sommermonaten nach Abrede die angedienten Quanta für sie auf Verlangen auf Lager genommen habe, und daß diese Abrede durch die Bestimmung am Ende des Zusatzes zu dem Schlußscheine vom 23. Juni 1891 auch für die Dauer dieses Vertrages aufrecht erhalten worden sei. Alles das ist anscheinend gar nicht streitig, aber ebenso unbeachtet geblieben wie die aus der Zusammenstellung in den Gründen des Berufungsurteiles selbst ersichtliche Thatsache, daß während der Dauer des früheren Abschlusses in den Sommermonaten fast nichts, in den Wintermonaten Tausende von Centnern geliefert sind. Dazu tritt der folgende allgemeine Gesichtspunkt:

Wenn ein Großhändler, wie die Klägerin, sich durch einen Abschluß ein Jahresquantum sichert, so will er sich dies Jahresquantum zur Deckung des Bedarfes seiner Kunden im Laufe des Jahres sichern. Ihm wird natürlich nicht gedient, wenn er das Jahresquantum ganz oder zum größten Teile am Ende des Jahres erhält, wo der Bedarf vorüber ist und gedeckt sein muß. Solche Lieferung ist keine Erfüllung für ihn. Wenn ein solcher Großhändler sich Lieferung des Jahresquantums in „regelmäßigen Zwischenräumen“, ausbedingt, so sind die Bedeutung und der Sinn solcher Stipulation für beide Kontrahenten völlig klar. Der Käufer soll die Ware weder am Anfange noch am Ende des Jahres auf einmal erhalten, weil er sie so nicht gebrauchen kann, der Lieferant die Ware auch vielleicht so zu liefern nicht imstande ist. Die Ware soll, eben weil sie einem laufenden Bedarfe dient, in regelmäßigen Zwischenräumen, d. h. in möglichst gleichen Raten, geliefert werden. Darüber würde niemand im Zweifel sein, wenn der Vertrag besagte, daß das Jahresquantum wöchentlich, monatlich oder vierteljährlich zu liefern sei. Niemand würde dann auf den Gedanken kommen, daß in elf Monaten je ein Centner, im letzten Monate der Rest von 9990 Centner geliefert werden könne. Wenn der Vertrag hier von „regelmäßigen Zwischenräumen" spricht, ohne die Zwischenräume zu bezeichnen, so kann das weder dahin führen, der Bestimmung jede Bedeutung abzusprechen, noch dahin, dem Belieben der Kontrahenten die Bestimmung von Zeit und Quantum zu überlassen; vielmehr ist der Richter berufen, ex bona fide und unter Berücksichtigung aller Umstände zu ermitteln, wie der Vertrag zu erfüllen ist. Nun ist unstreitig, daß der Beklagte auf den in Rede stehenden Abschluß von dem Jahresquantum von ca. 10000 Centnern in den ersten sechs Monaten in ganz unregelmäßigen Zeitabschnitten und Raten nur 1900 Centner und in den ersten neun Monaten, d. h. gerade in der Hauptbedarfszeit, nur 2250 Centner geliefert hat, und zwar trotz wiederholter Mahnung und Drohung.

Es liegt auf der Hand, daß dies keine Vertragserfüllung ist, daß der Beklagte in Verzug geriet, als er auf die Aufforderung vom 29. Dezember einfach jede Lieferung in der Nachfrist bis 10. Januar ablehnte, nicht einmal statt des geforderten Quantums ein geringeres anbot, und auch in den folgenden drei Monaten trotz wiederholter Mahnungen nur unbedeutende Quanta, im März 20 Centner, lieferte, sodaß er am 1. April, d. h. nach Ablauf der Hauptbedarfszeit, von den am 30. April fälligen ca. 10000 Centner noch mit ca. 7250 bis 7500 Centnern im Rückstande war. Das entsprach dem Vertrage ganz offensichtlich nicht. Richtig ist nur, daß aus dem Vertrage nicht zu begründen ist, daß der Beklagte monatlich gleiche Quanta zu liefern hatte, und daß deshalb der Berechnung des Rückstandes im Januar, welche die Klägerin unter Zugrundelegung eines monatlichen Quantums von 833$^1/_3$ Centnern aufmacht, nicht ohne weiteres zu folgen ist.

Aber die Klägerin hat bereits in der Berufungsschrift selbst nachgegeben, daß der Gerichtshof ein anderes Quantum arbitriere. Darüber und über die von dem Beklagten selbst noch aufgestellten zahlreichen Behauptungen, welche bisher noch nicht geprüft sind, sowie über die streitige Höhe des verlangten Schadensersatzes ist zwischen den Parteien noch zu verhandeln, und die Sache zu diesem Zwecke und zur anderweiten Entscheidung an das Berufungsgericht zurückverwiesen." ...

---

14. Kann derjenige, der auf Zahlung des Schlußsaldos aus einer Rechnung über An- und Verkäufe beklagt ist, einwenden, daß die Käufe und Verkäufe reine Differenzgeschäfte seien, gleichzeitig aber widerklagend den aus einem dieser Geschäfte für ihn sich ergebenden Gewinn fordern, weil der Kläger behauptet hat, daß sämtliche Geschäfte effektive Käufe und Verkäufe gewesen seien? Replik der Arglist.

I. Civilsenat. Urt. v. 11. April 1894 i. S. Filiale der Unionsbank zu Tr. (Kl.) w. K. R. (Bekl.) Rep. I. 50/94.

I. Landgericht Ratibor.
II. Oberlandesgericht daselbst.

Aus einer im Jahre 1889 zwischen den Parteien bestandenen Geschäftsverbindung, deren Gegenstand der Ankauf und Verkauf von Wertpapieren war, hat die Klägerin gegen den Beklagten vier größere Forderungen, darunter einen Saldo von 6362,55 Gulden aus einer Rechnung vom 1. Januar bis 20. Juli 1889 eingeklagt. Der Beklagte hat in erster Instanz mehrfache Erinnerungen gegen die klägerischen Rechnungen vorgetragen und widerklagend die Verurteilung der Klägerin zur Bezahlung von 2351,69 Gulden beantragt. Diese Forderung entstand aus folgender Berechnung: Der Beklagte forderte aus Gewinnposten zusammen 16655,50 Gulden und zog hiervon von ihm anerkannte Verlustforderungen der Klägerin im Gesamtbetrage von 14303,81 Gulden ab. Unter den 16655,50 Gulden Gewinnposten ist auch ein solcher von 5166 Gulden aufgeführt, der auf folgenden Thatsachen beruht: In der Rechnung, welche mit dem eingeklagten Saldo von 6362,55 Gulden zu Gunsten der Klägerin abschließt, ist der Beklagte unterm 5. April mit dem Ankaufspreise von 9802 Gulden für 200 Alpinaktien belastet, wogegen ihm unterm 18. April ein

Verkaufspreis für ebendiese Papiere von 14968 Gulden gutgeschrieben ist.

Das Landgericht hat den Beklagten zur Bezahlung eines Teiles jener 6362,55 Gulden in Höhe von 5963,75 Gulden sowie noch von drei weiteren Summen verurteilt und die Widerklage, soweit sie auf Bezahlung von 2351,69 Gulden gerichtet war, abgewiesen. Der Beklagte hat Berufung eingelegt und in der Berufungsinstanz die neue Behauptung aufgestellt, daß die eingeklagten Forderungen aus nicht klagbaren Differenzgeschäften herrühren. Den Antrag der Widerklage hat er in der Hauptsache auf Verurteilung zur Bezahlung von 5115 Gulden gerichtet.

Das Oberlandesgericht hat zunächst nur auf die Klage erkannt und dieselbe abgewiesen, weil es den Einwand, daß nur Differenzgeschäfte vorliegen, für bewiesen erachtet. Die dagegen eingelegte Revision ist durch Urteil des Reichsgerichtes zurückgewiesen worden. Durch das jetzt angegriffene Urteil des Oberlandesgerichtes ist sodann über die Widerklage erkannt, und die Klägerin ist verurteilt worden, an den Beklagten 5092,04 Gulden mit Zinsen aus einzelnen Summen zu bezahlen. Die Urteilssumme von 5092,04 Gulden ergiebt sich daraus, daß an den oben erwähnten 5166 Gulden die Beträge von 22,96 Gulden und 51 Gulden in Abzug gebracht worden sind.

Auf die Revision der Klägerin ist das Urteil aufgehoben, und die Widerklage abgewiesen worden aus folgenden

Gründen:

... „Dagegen ist die Revision deshalb begründet, weil bei richtiger Beurteilung der Sachlage Klägerin nicht wie geschehen verurteilt werden konnte. Wie aus vorstehendem Thatbestande sich ergiebt, ist die Forderung des Beklagten von 5166 Gulden die Differenz zwischen einer Belastung des Beklagten mit 9802 Gulden und einer Gutschrift für denselben von 14968 Gulden in ebenderjenigen Rechnung vom Januar bis 20. Juli 1889, aus welcher die Klägerin den Saldo von 6362,55 Gulden eingeklagt hat. Mit dieser Forderung ist Klägerin, nachdem solche durch das erstinstanzliche Urteil vom 15. Juni 1891 auf 5963,75 Gulden gemindert worden war, durch das Urteil des Oberlandesgerichtes vom 20. März 1893 abgewiesen worden, weil „hinsichtlich der in der Klage gedachten, zwischen den Parteien abgeschlossenen Geschäfte alle Voraussetzungen der reinen Differenzgeschäfte vorliegen.“ Die Klägerin hatte nun allerdings bestritten, daß nur Differenzgeschäfte abgeschlossen worden seien, und konnte folgerichtig auch der Widerklage einen solchen Einwand nicht entgegensetzen; sie hat jedoch mit Recht geltend gemacht, daß der Anspruch des Beklagten ein herausgerissener Posten aus dem zwischen den Parteien bestandenen Kontokorrentverhältnisse sei. Dieser Einwand stellt sich, wenn auch ein eigentliches Kontokorrentverhältnis unter den Parteien nicht anzunehmen ist, dennoch als eine wohlbegründete exceptio doli dar. Der Beklagte verfährt arglistig, wenn er gleichzeitig einerseits den Saldo einer Rechnung bestreitet, weil die Geschäfte, als deren Ergebnis er eingeklagt wurde, reine Differenzgeschäfte seien, andererseits aber eins dieser Geschäfte, bei dem er gewonnen hat, zu seinem Vorteile als effektives Geschäft darstellt. Nicht in dem Herausgreifen eines einzelnen Postens aus einer Rechnung besteht die Arglist des Beklagten, sondern darin, daß er bezüglich aller einzelnen Posten die Rechtswirksamkeit der Geschäfte bestreitet, soweit er als Schuldner in Anspruch genommen wird, bezüglich eines Postens aber die Gültigkeit behauptet, um daraus einen Anspruch für sich herleiten zu können. Es lag für das Berufungsgericht kein Grund vor, den Einwand der Widerbeklagten nur nach der formellen Seite zu beurteilen, ob ein eigentliches Kontokorrentverhältnis bestanden habe. Gerade einer der Gründe, aus denen der so beurteilte Einwand verworfen worden ist, mußte zu der weiteren Erwägung führen, ob er nicht gleichwohl als Einrede der Arglist begründet sei. Es wird nämlich gesagt, daß, wie in dem rechtskräftigen Urteile vom 20. März 1893 ausgeführt sei, die sämtlichen in dem Kontokorrente aufgeführten Forderungen der Klägerin aus reinen Differenzgeschäften, daher aus gesetzlich verbotenen und deshalb ungültigen Rechtsgeschäften herrühren, daß daher denselben rechtliche Wirksamkeit nicht beigelegt werden könne, und deshalb auch der angebliche Saldo als nicht vorhanden zu betrachten sei. Mit dieser Ausführung steht es in sichtlichem Widerspruche, wenn gleichwohl ein Anspruch des Beklagten, Widerklägers, aus einem einzelnen der in der Rechnung aufgeführten Geschäfte zugelassen worden ist. Dazu kommt noch, daß die Umstände, aus welchen hergeleitet wird, daß das hier in Betracht kommende Geschäft über die 200 Alpinaktien ein effektives gewesen sei, teils unerheblich, teils aus den Akten gar nicht zu entnehmen sind.“ ... (Dies wird noch weiter ausgeführt.)

15. Erstreckt sich das Recht der Schiffahrtsbehörde auf die Deckung der Kosten für die Beseitigung eines gesunkenen Schiffswrackes auf den Erlös von Wrack und Ladung auch dann, wenn die Ladungsinteressenten die Ladung haben bergen wollen? Ist die Behörde befugt, der Bergung der Ladung zu widersprechen?

Strandungsordnung vom 17. Mai 1874 § 25.

I. Civilsenat. Urt. v. 14. April 1894 i. S. St. Br. & Co. (Kl.) w. die Deputation für Handel und Schiffahrt in H. (Bekl.) Rep. I. 2/94.

I. Landgericht Hamburg.
II. Oberlandesgericht daselbst.

Am 7. Oktober 1891 war ein mit Reis beladener Dampfer im Fahrwasser der Elbe gesunken und wrack geworden. Die Rhederei abandonnierte das Wrack. Am 15. Oktober 1891 teilte der Vertreter der Beklagten dem Vertreter von Schiff und Ladung mit, daß mit der Beseitigung von Wrack und Ladung binnen dreimal 24 Stunden begonnen werden müsse, die einseitige Fortschaffung der Ladung aber nicht geduldet werden würde. W. A. L. & Komp. waren als Vertreter der Ladungsinteressenten am 15. und 16. Oktober behufs Bergung der Ladung mit dem Strandvoigte K. in Verbindung getreten. Derselbe hat mit der Bergung der Ladung begonnen, dieselbe aber demnächst sistiert, und Wrack und Ladung sind durch die Beklagte beseitigt. Den Erlös der Ladung hat die Beklagte zur Deckung der mehr betragenden Bergungskosten von Wrack und Ladung verwendet. Die Klägerin fordert als Eigentümerin der Ladung Erstattung des Erlöses derselben von der Beklagten. Die Klägerin ist in beiden Instanzen abgewiesen, und ihre Revision zurückgewiesen worden aus nachfolgenden

Gründen:

„Mit den Instanzrichtern ist davon auszugehen, daß § 25 der Reichsstrandungsordnung vom 17. Mai 1874 auf die hier in Frage kommende Örtlichkeit, das Fahrwasser der Elbe oberhalb Finkenwärder, Anwendung findet. Im Berufungsurteile ist zutreffend ausgeführt, daß die gedachte Bestimmung ihrem Prinzipe nach auf den von Seeschiffen befahrenen unteren Teil des Elbstromes zu beziehen ist, welcher die Zufahrtstraße zum Hamburger Hafen bildet. Die im

§ 25 enthaltenen Worte „im Fahrwasser eines Hafens" sind in diesem Sinne auszulegen.

Ein die Anwendung des § 25 begründendes Hindernis der Schiffahrt war hier unzweifelhaft vorhanden, ebenso besteht kein Zweifel über die Zuständigkeit der beklagten Behörde, auf Grund des § 25 einzuschreiten. Die von der Beklagten getroffene Anordnung, durch welche den Ladungsinteressenten die Bergung der Ladung untersagt worden ist, falls sie nicht zugleich geeignete Anstalten zur Hebung des Wracks treffen würden, findet allerdings im § 25 der Reichsstrandungsordnung keine unmittelbare Stütze. Die diesem Verlangen zu Grunde liegende Auffassung, daß, wenn Schiff und Ladung gemeinschaftlich gesunken sind, die Behörde befugt ist, beide als ein einheitliches Hindernis und alsdann auch in Bezug auf die Deckung der Kosten als eine einheitliche Masse zu behandeln, entspricht aber der Natur der Sache. Es kann auch in dieser Hinsicht auf die Begründung der Instanzurteile verwiesen werden. Ein gewichtiges Argument dafür, daß die vorstehende Auffassung sachgemäß ist, gewährt das englische Gesetz vom 28. Juni 1877 (40 u. 41 Vict. c. 16), mitgeteilt bei Abbot, Treatise on the Law relative to Merchant Ships, 13. Ed. p. 1149, welches der zuständigen Behörde in ähnlicher Weise wie unser § 25 die Befugnis einräumt, Hindernisse der Schiffahrt in einem Hafen oder dem Zugange zu einem solchen zu beseitigen, die beseitigten Gegenstände zu verkaufen und den Erlös soweit erforderlich zur Deckung der Kosten zu verwenden; dabei ist bestimmt: The provisions of this act shall apply to every article or thing or collection of things, being or forming part of the tackle, equipment, stores or ballast of the vessel in the same manner as if it were included in the term vessel, and for the purposes of this act any proceeds of sale arising from a vessel or from the cargo thereof, shall be considered as a common fund.

Hier ist also der Standpunkt, den die Beklagte im vorliegenden Falle einnimmt, ausdrücklich anerkannt. Die Ladungsinteressenten (die Klägerin und die Versicherer der Ladung), die sämtlich Engländer sind, würden sich demnach in einem gleichen Falle in ihrer Heimat keiner günstigeren Behandlung zu erfreuen gehabt haben, als ihnen in Hamburg zu Teil geworden ist. Auch bei anderen seefahrenden Nationen ist die Geltung desselben Prinzipes nachzuweisen, so z. B.

in Spanien nach der Ley de puertos vom 7. Mai 1880 art. 33 (Coleccion legislativa de España Tom. 124 p. 794).

Ergiebt sich hieraus eine Bestätigung dafür, daß das von dem Vertreter der Beklagten in dem Schreiben vom 15. Oktober 1891 gestellte Verlangen, Schiff und Ladung einheitlich zu beseitigen, gerechtfertigt war, so ist den Instanzrichtern auch darin zuzustimmen, daß Beklagte befugt war, die Frist, innerhalb deren mit der Fortschaffung zu beginnen sei, nach ihrem Ermessen festzusetzen. Daß durch die Bemessung dieser Frist auf dreimal 24 Stunden von den Interessenten etwas verlangt worden sei, was sie nicht erfüllen konnten, hat Klägerin nicht dargethan; vielmehr haben die Instanzrichter aus zutreffenden thatsächlichen Erwägungen angenommen, daß die gedachte Frist keine zu kurze gewesen sei. Ebenso ist in unanfechtbarer Weise festgestellt, daß die Hamburger Vertreterin von Schiff und Ladung, W. A. L. & Komp., bis zum 20. Oktober 1891, also bis nach Ablauf jener Frist, keine Schritte zur Fortschaffung des Wrackes unternommen, auch keine ernstliche Bereitschaft hierzu kundgegeben hat.

Damit erledigt sich der Anspruch der Klägerin, soweit er auf Zahlung von 1600 ℳ als eines Teiles des Erlöses der auf Veranlassung der Beklagten geborgenen Ladung gerichtet ist.

Aber auch bezüglich der ferner eingeklagten 2507,30 ℳ konnte die Revision nicht für begründet erachtet werden. Am 15. Oktober 1891 teilte der Vertreter der Beklagten dem Anwalte von W. A. L. & Komp. mit, die beklagte Behörde verlange, daß binnen dreimal 24 Stunden mit der einheitlichen Fortschaffung von Schiff und Ladung begonnen werde, und verband hiermit die Erklärung, daß eine einseitige Fortschaffung nur der Ladung nicht geduldet werden würde. Daß diese Mitteilung die Notifikation einer von der Beklagten in ihrer Eigenschaft als Hafenpolizeibehörde getroffenen Anordnung enthielt, ist nicht zu bezweifeln; das Schreiben ist auch in diesem Sinne vom Adressaten entgegengenommen worden, wie sich aus der Antwort desselben und der weiter hierauf folgenden Korrespondenz ergiebt. Die Rechtsgültigkeit einer derartigen Notifikation ist in den Vorinstanzen von den Parteien nicht beanstandet und auch gerichtsseitig angenommen worden. Da hierüber das Hamburger Recht entscheidet, so kann in dieser Hinsicht eine Nachprüfung in der Revisionsinstanz nicht stattfinden. Die vorgedachte Anordnung setzte eine dreimal

24stündige Frist, um mit der Beseitigung von Schiff und Ladung zu beginnen; das Verbot, nur die Ladung zu bergen, sollte dagegen sofort in Wirksamkeit treten. Das geht aus dem Inhalte des Schreibens vom 15. Oktober 1891 deutlich hervor. War mithin jenes Verbot seinem Inhalte nach berechtigt, und ist auch anzunehmen, daß dasselbe in gehöriger Form zur Kenntnis von W. A. L. & Komp. gebracht worden ist, so folgt daraus, daß Beklagte einen Anspruch auf Herausgabe derjenigen Teile der Ladung hatte, die seit Bekanntgebung des Verbotes im Auftrage von W. A. L. & Komp. geborgen waren. Wäre der Erlös dieser Gegenstände von dem Strandvogte K. der letztgenannten Firma ausgeliefert worden, so würde der Beklagten eine condictio ex lege zur Abforderung desselben zugestanden haben. Sie ist daher auch nicht verpflichtet, den auf ihre Anweisung von dem Strandvogte K. an sie selber abgeführten Betrag der Klägerin herauszugeben. Fraglich könnte nur sein, ob in den obigen 2507,30 ℳ nicht auch der Erlös solcher Ladungsteile steckt, die bereits vor dem Verbote von der Unfallsstelle entfernt worden waren. Das Reichsgericht tritt indes dem Berufungsrichter auch darin bei, daß die bezügliche Behauptung der Klägerin zu unbestimmt ist, um berücksichtigt zu werden. Eine Veranlassung zur Ausübung des richterlichen Fragerechtes in Gemäßheit des § 130 C.P.O. war nicht vorhanden, nicht bloß, weil es sich nach der Lage der Sache hierbei immer nur um einen sehr geringen Betrag handeln könnte, sondern auch weil anzunehmen ist, daß die Parteien in den sehr eingehenden Prozeßverhandlungen das gesamte ihnen zu Gebote stehende thatsächliche Material zum Vortrage gebracht haben. Die Revision hat auch in dieser Hinsicht keine Rüge erhoben, sondern beschwert sich darüber, daß der Klägerin das Recht auf den Erlös der bis zum 20. Oktober 1891 geborgenen Ladung versagt worden ist. Diese Rüge aber beruht auf der rechtsirrtümlichen Voraussetzung, daß die Hamburger Vertreterin der Ladungsinteressenten das in dem Schreiben vom 15. Oktober enthaltene Verbot einer einseitigen Fortschaffung der Ladung habe unbeachtet lassen dürfen, und daß dieses Verbot erst durch die am 20. Oktober erfolgte Inhibition der im Auftrage von W. A. L. & Komp. unternommenen Bergungsarbeiten wirksam geworden sei." ...

16. Ist nach dem Genossenschaftsgesetze vom 1. Mai 1889 die statutarische Bestimmung zulässig, daß ein Genossenschafter im Falle seines Ausscheidens ein Austrittsgeld zu zahlen hat?

III. Civilsenat. Urt. v. 20. April 1894 i. S. Genossenschaftsmeierei W. (Kl.) w. F. (Bekl.) Rep. III. 16/94.

I. Landgericht Kiel.
II. Oberlandesgericht daselbst.

Der Beklagte war aus der klagenden Genossenschaft zum Betriebe der Meierei nach zuvoriger ordnungsmäßiger Kündigung am 1. Januar 1893 ausgetreten. Der § 14 Nr. 6 der Genossenschaftsstatuten legte jedem Genossenschafter die Pflicht auf: „eine bei der Kündigung sowie bei nach §§ 7. 8 erfolgtem Ausscheiden fällige Einlage in den Reservefonds zu entrichten, deren Höhe unter Zugrundelegung der in den letzten fünf Jahren — und, falls die Genossenschaft noch nicht so lange besteht, der seit dem Bestehen derselben ermittelten Kuhzahl — nach dem angeliehenen Kapitale, soweit dasselbe noch nicht amortisiert ist, berechnet wird." Die nicht amortisierte Anleihe der seit $4^1/_2$ Jahren bestandenen Genossenschaft betrug 70500 ℳ, die durchschnittliche Kuhzahl $435^1/_2$, an welcher Beklagter mit 14 Kühen beteiligt war. Die von ihm nach § 14 Nr. 6 zu leistende Zahlung ist danach auf 2265,46 ℳ berechnet und von der Genossenschaft eingeklagt. Das Landgericht verurteilte den Beklagten nach dem Klagantrage; doch wurde auf seine Berufung die Klage vom Oberlandesgerichte abgewiesen. Die Revision der Klägerin ist zurückgewiesen aus folgenden

Gründen:

„Das Berufungsgericht hat die gegen den Beklagten geltend gemachte Forderung im Sinne einer für den Fall des Austrittes aus der Genossenschaft stipulierten Konventionalstrafe beurteilt und angenommen, daß der § 14 Nr. 6 der Statuten im Widerspruche zu den §§ 63. 71 des Genossenschaftsgesetzes vom 1. Mai 1889 stehe und daher nach § 18 des Gesetzes ungültig sei. Die Revision rügt dagegen eine Verkennung des Begriffes der Konventionalstrafe und bestreitet die Unvereinbarkeit der gedachten statutarischen Vorschrift mit den gesetzlichen Normen, da die Art und Weise der Bildung eines Reservefonds dem Ermessen der Genossenschaften überlassen sei, und denselben daher frei stehe, diesen Fonds durch Erhebung eines Eintritts- und Austrittsgeldes anstatt durch jährliche Beiträge der Mitglieder aufzubringen.

Es ist anzuerkennen, daß die im § 14 Nr. 6 der Statuten bestimmte Verpflichtung der Genossenschafter, die dort normierte Zahlung zum Reservefonds zu leisten, keinem rechtlichen Bedenken unterliegen würde, wenn dieselbe gemäß den Ausführungen der Revision eine lediglich neben den Normen des Genossenschaftsgesetzes bestehende Vorschrift enthielte, sondern nur dann für ungültig erachtet werden dürfte, sofern sie mit dem Gesetze in Widerspruch stände. Für die Entscheidung der Frage, ob ein solcher Widerspruch vorliegt, kann aber nicht mit Joël (Kommentar zum Genossenschaftsgesetz S. 591 unter I. 2) als maßgebend angesehen werden, daß das Gesetz keine das Austrittsgeld ausdrücklich verbietende Anordnung enthält, sondern es ist mit Parisius und Crueger (Kommentar zum Genossenschaftsgesetz S. 246) und Maurer (Kommentar S. 271 N. 5) die Unzulässigkeit des Austrittsgeldes daraus zu folgern, daß dasselbe nach seinem Zwecke und Inhalte mit zwingenden gesetzlichen Normen unvereinbar ist.

Nach § 71 des Gesetzes bildet die Bilanz die Grundlage der Auseinandersetzung zwischen der Genossenschaft und dem ausscheidenden Genossen, die bloße Thatsache des Austrittes begründet keinen Anspruch wider ihn auf eine besondere Leistung. Wird die Verpflichtung zu einer Zahlung beim Austritte statutenmäßig an denselben geknüpft, so läuft solche Vorschrift dem durch § 63 des Gesetzes gewahrten Rechte der Genossen auf freien Austritt aus der Genossenschaft zuwider und ist daher nichtig. Der § 63 gestattet nur, daß die Minimalfrist zur Kündigung von drei Monaten vor Ablauf des Geschäftsjahres statutenmäßig auf zwei Jahre erhöht wird; im übrigen darf der Genosse nicht zum Verbleiben in der Genossenschaft gezwungen oder sein Austritt im Interesse der Stabilität der Genossenschaftsverhältnisse von lästigen Bedingungen abhängig gemacht oder durch Vermögensnachteile erschwert werden. — Die Unzulässigkeit des fraglichen § 14 Nr. 6 der Statuten ist daher mit Recht angenommen, falls derselbe eine Konventionalstrafe für den Fall des Ausscheidens bestimmt hat.

Vgl. Entsch. des R.G.'s in Civils. Bd. 30 S. 81.

Für diese Annahme des Berufungsgerichtes spricht die unverhältnismäßige Höhe der vom Beklagten geforderten Zahlung von 2265,46 ℳ im Vergleiche zum Bestande des Reservefonds, welcher nach § 40 der Statuten mindestens 1000 ℳ betragen sollte und sich beim Ausscheiden des Beklagten auf etwa 1500 ℳ belief. Indessen auch wenn man mit der Revision davon ausgehen wollte, daß diese Zahlung wirklich, wie sie bezeichnet ist, als Beitrag zum Reservefonds gedacht und gewollt ist, würde sich die gleiche rechtliche Beurteilung ergeben; denn auch dann würde ein an das Ausscheiden aus der Genossenschaft geknüpfter erheblicher Vermögensnachteil vorliegen, welcher das gesetzliche Recht des freien Austrittes in unzulässiger Weise erschwert und daher auf rechtliche Anerkennung keinen Anspruch hat.

Für die Zulässigkeit des Austrittsgeldes kann auch nicht angeführt werden, daß ein Eintrittsgeld ohne Anstand zugelassen wird. Der Rückschluß von diesem auf jenes ist nicht statthaft; denn das Recht auf freien Austritt aus der Genossenschaft besteht in gesetzlich geschütztem Umfange, während es kein Recht auf den Eintritt in eine Genossenschaft giebt, welches durch das Verlangen der Mitgliedschaft verletzt werden könnte. Überdies hat der Eintretende die Aussicht, am Vermögen der Genossenschaft teilzuhaben, während für den Ausscheidenden kein Anlaß zu weiteren Aufwendungen vorliegt." . . .

---

17. 1. Ist der sog. indirekte Kollisionsschade, welchen der Rheder dadurch erleidet, daß er seinerseits den einem Dritten zugefügten Schaden zu ersetzen hat, ausschließlich von dem Versicherer des Kasko zu ersetzen, oder haftet dieser nur pro rata unter Mitberücksichtigung der Fracht?

2. Wird hieran etwas durch den Umstand geändert, daß die Fracht definitiv vorausbezahlt ist und auch im Falle des Verlustes von den Befrachtern nicht zurückgefordert werden kann, oder durch den Umstand, daß der Rheder auf die Fracht keine Versicherung genommen hatte? Inwiefern bleibt definitiv vorausbezahlte Fracht ein versicherbares Interesse?

3. Ist die Ersatzpflicht bezüglich des indirekten Kollisionsschadens auf die Versicherer von Schiff und Fracht ganz unabhängig von dem Gesichtspunkte der Haftung von Schiff und Fracht nach

Artt. 451. 452 H.G.B. zu verteilen oder nach Verhältnis des Wertes von Schiff und Fracht?

4. Ist dabei der Wert des Schiffes beim Antritte der Reise oder nach dem Eintritte der Kollision und die Brutto- oder die Nettofracht maßgebend?

H.G.B. Artt. 824 Ziff. 7. 451. 452.

Allgemeine Seeversicherungsbedingungen § 69 Ziff. 7.

I. Civilsenat. Urt. v. 23. September 1893 i. S. Norddeutsche Versicherungsgesellschaft u. Gen. (Bekl.) w. Deutsche Dampfschiffsrhederei (Kl.). Rep. I. 157/93.

I. Landgericht Hamburg.
II. Oberlandesgericht daselbst.

Der mit seinem auf 240000 ℳ taxierten Kasko bei den Beklagten versicherte deutsche Dampfer der Klägerin, Lydia, ist durch Schuld seines Führers auf der versicherten Seereise mit dem englischen Dampfer Asama zusammengestoßen, hat diesen beschädigt und ist selbst beschädigt worden. Der Schade der Asama, der ihr von der Klägerin ersetzt ist, betrug 86778,21 ℳ, der eigene Schade der Klägerin 55440,99 ℳ. Von dem Gesamtbetrage mit 142219,20 ℳ haben die Beklagten der Klägerin 120000 ℳ ersetzt. Den Rest mit 22219,20 ℳ, den die Klägerin einklagt, wollen sie nicht ersetzen, weil der Schade der Asama auf das Kasko der Lydia nach seinem Werte nach der Kollision und auf die der Klägerin unstreitig vorausgezahlte und verbliebene Bruttofracht verhältnismäßig zu verteilen, und nur jener Betrag von ihnen zu ersetzen sei. Der erste Richter hat nach dem Klagantrage erkannt, der Berufungsrichter dagegen auf die Berufung der Beklagten zwar die Mithaftung der Nettofracht angenommen und die Klägerin deshalb mit 2017 ℳ abgewiesen, die Beklagten aber im übrigen verurteilt. Auf die Revision der Beklagten ist das Urteil aufgehoben aus folgenden

Gründen:

„I. ...

II. Das Berufungsgericht hat ... mit Recht angenommen, daß das Verlangen der Beklagten, auch die Fracht sei zur Tragung des Schadens der „Asama“ mit heranzuziehen, gerechtfertigt sei. Wie nämlich vom Berufungsgerichte zunächst auf Grund der Entstehungsgeschichte der Bestimmung des Art. 824 Ziff. 7 H.G.B. (mit welcher die Bestimmung des § 69 der Allgemeinen Seeversicherungsbedingungen unter 7 wörtlich übereinstimmt) durchaus zutreffend ausgeführt wird, stellt sich diese Bestimmung, nach welcher der Versicherer insbesondere auch die Gefahr des Zusammenstoßes von Schiffen trägt, und zwar ohne Unterschied, ob der Versicherte infolge des Zusammenstoßes unmittelbar, oder ob er mittelbar dadurch einen Schaden erleidet, daß er den einem Dritten zugefügten Schaden zu ersetzen hat, als eine aus reinen Zweckmäßigkeitsgründen, namentlich mit Rücksicht auf fremde Rechte (vornehmlich auf englisches Recht) beliebte Ausnahme von dem Grundsatze dar, daß Schäden Dritter, für welche der versicherte Rheder mit seinem Schiffsvermögen haftet, seinem Versicherer nicht zur Last fallen. Mit Recht wird sodann vom Berufungsrichter ausgeführt, der Zweck der hier fraglichen Bestimmung sei kein anderer als der des Schutzes des Versicherten auch gegen die Vermögenseinbuße, welche er erleiden würde, wenn bei einer Kollision seines Schiffes mit einem anderen ihm nur der Schade seines Schiffes, nicht aber auch der dem Rheder des anderen Schiffes von ihm zu erstattende Schade ersetzt würde. Daß aber die Abwendung dieser Vermögenseinbuße von dem versicherten Rheder ausschließlich dem Versicherer des Kasko obliegen müsse, lasse sich aus der Erstreckung der regelmäßigen Haftung des Versicherers auch auf diese Gefahr nach ihrem angegebenen Zwecke nicht herleiten, da unter dem Ausdrucke „Versicherer" im Eingange des Art. 824 H.G.B. und des § 69 der Allgemeinen Seeversicherungsbedingungen an und für sich jeder Versicherer — sei es auf Schiff, Fracht oder Ladung — zu verstehen sei, und eine Schiffskollision an sich jeden Versicherer, welcher das Interesse jemandes an dem Bestehen der Gefahren der Schiffahrt durch ein Schiff versichert, in die Lage bringen könne, nach Maßgabe des Art. 824 Ziff. 7 auch für den mittelbar durch eine Kollision dem Versicherten erwachsenden Schaden einstehen zu müssen, also den Frachtversicherer ebensogut wie den Kaskoversicherer.

Nicht minder erscheint es auch als zutreffend, wenn das Berufungsgericht ferner erwägt, der Umstand, daß der Versicherer auf behaltene Ankunft des Schiffes für solche Schäden nicht haftet, obwohl auch diese Versicherung das Interesse decken soll, daß das Schiff die Gefahren der Seeschiffahrt besteht, habe in Art. 854 H.G.B. und § 102 der Allgemeinen Seeversicherungsbedingungen nicht besonders hervorgehoben zu werden brauchen, weil es schon durch die eigentümliche Natur dieser Versicherung ausgeschlossen sei. Dasselbe gilt von der Ausführung, daß der Frachtversicherer die anteilweise Haftung für mittelbaren Kollisionsschaden auch nicht etwa deshalb ablehnen und dem Kaskoversicherer den ganzen Schaden allein aufbürden könne, weil von dem Schiffsvermögen des versicherten Rheders nur das Kasko zur Deckung des dem anderen Schiffe zu ersetzenden Schadens in Anspruch genommen sei; denn in dem Schiffsvermögen des Rheders seien Schiff und Fracht zu einem einheitlichen Werte verschmolzen; und wenn von diesem Werte nur ein Bestandteil zur Befriedigung eines Schiffsgläubigers herangezogen werde, so mindere sich deshalb um den entsprechenden Betrag das Schiffsvermögen, nicht der allein in Angriff genommene Bestandteil dieses Gesamtwertes, was umsomehr gelten müsse, wenn — wie im vorliegenden Falle — der Schiffsgläubiger von dem versicherten Rheder des ersatzpflichtigen Schiffes freiwillig befriedigt ward, sodaß er gar nicht in die Lage kam, aus dem einen oder dem anderen Bestandteile des ihm haftenden Schiffsvermögens Befriedigung suchen zu müssen.

III. Auch die fernere Frage, ob hierin durch die definitive Vorausbezahlung der Fracht etwas geändert wird, ist vom Berufungsgerichte mit Recht verneint. Denn durch die Vorausbezahlung scheidet, wie dasselbe zutreffend ausführt, die Fracht ebensowenig aus dem Schiffsvermögen aus, wie in dem Falle, wenn der Schiffsgläubiger die nicht vorausbezahlte Fracht deshalb nicht in Beschlag nehmen kann, weil sie nicht mehr aussteht, sondern es wird dadurch nur bewirkt, daß der dingliche Anspruch des Schiffsgläubigers verloren geht, während die persönliche Haftung des Rheders mit der Fracht nach Art. 774 H.G.B. bestehen bleibt, was aber für die Frage, welcher Wert durch Befriedigung eines Schiffsgläubigers (hier der Rhederei der „Asama") seitens der klagenden Rhederei der „Lydia" belastet wird, das allein Entscheidende ist.

Ebenso erachtet das Berufungsgericht die Frage, ob die Fracht versichert war, und ob und in welcher Weise auf dieselbe gegen die Gefahr, für mittelbare Kollisionsschäden mit in Anspruch genommen zu werden, Versicherung genommen werden konnte, mit Recht aus dem Grunde für gleichgültig, weil der für Kollisionsschäden eines Dritten ersatzpflichtige Rheder, wenn er für die ihm definitiv vorausgezahlte Fracht nicht versichert war, bei erfolgreicher Inanspruchnahme seines Kaskoversicherers für den ganzen, dem Dritten bezahlten indirekten Kollisionsschaden seinen Frachtverdienst ungeschmälert behalten und zugleich vollen Ersatz seiner, durch den ihm zur Last fallenden indirekten Kollisionsschaden erlittenen Vermögenseinbuße erlangen würde, während doch die letztere seinem, durch die Fracht mitgebildeten Schiffsvermögen, also anteilsweise auch der Fracht als einem Bestandteile dieses Gesamtwertes, mitzubelasten war.

Auch führt das Berufungsgericht auf Grund der Entstehungsgeschichte des Art. 824 Ziff. 7 H.G.B. richtig aus, daß man den sogenannten indirekten Kollisionsschaden dem Versicherer nicht nur in dem Falle zur Last legen wollte, wenn derselbe von dem versicherten Rheder auf Grund seiner beschränkten Haftung mit Schiff und Fracht in Gemäßheit der Artt. 451 und 452 H.G.B. und nach den Bestimmungen der Artt. 736 flg. H.G.B. zu ersetzen sein würde, sondern auch dann, wenn er nach abweichenden fremden Rechten dafür in Anspruch genommen werden sollte, z. B. nach dem hierbei ins Auge gefaßten englischen Rechte, welches damals ebensowenig wie jetzt eine beschränkt unpersönliche Haftung des Rheders gekannt habe, nach welchem vielmehr der Rheder bis zum Belaufe eines bestimmten, per ton seines Schiffes bemessenen Betrages auch dann hafte, wenn sein Schiff bei der Kollision gesunken war, also von Schiff und Fracht, welche für den Schaden hafteten, gar nicht die Rede sein könnte, sodaß sich für die Beantwortung der Frage, ob für einen von dem versicherten Rheder dem Dritten gezahlten Kollisionsschaden nur der Kasko oder auch die Fracht hafte, aus dem Umstande, daß dem Dritten sowohl das Schiff wie die Fracht haften, nichts entnehmen lasse, und noch weniger aus dem oft ganz zufälligen Umstande, ob der Dritte sich an das Schiff oder an die Fracht gehalten hat. Es ist hierbei mit Recht darauf hingewiesen, daß durch die in zweiter Lesung gewählte Fassung des Art. 827 Ziff. 7 H.G.B. absichtlich die Annahme hat ausgeschlossen werden sollen, daß der Versicherer nur hafte, soweit ein deutscher Rheder nach deutschem Rechte von einem Dritten für Kollisionsschäden in Anspruch genommen werde.

Das Berufungsgericht nimmt ferner ganz richtig an, daß definitiv vorausbezahlte Fracht zwar als solche für den Verfrachter (wie in § 20 Abs. 3 der Allgemeinen Seeversicherungsbestimmungen ausdrücklich bestimmt ist) nicht versicherbar sei, daß aber der Grund dieser Bestimmung nur der sei, daß der Verfrachter diese Fracht definitiv verdient hat, und daß sie daher mit Rücksicht auf die Bestimmung des Art. 824 Ziff. 7 H.G.B. auch für den Rheder insofern ein versicherbares Interesse bleibe, als die Vermögensminderung, welcher der Rheder infolge seiner Verpflichtung zur Erstattung eines Kollisionsschadens an einen Dritten ausgesetzt ist, eine Gefahr der Seeschiffahrt sei, welche der Versicherer zu tragen habe.

Ist hiernach die Annahme, daß die Beklagten als Versicherer des Kasko den von der Klägerin der „Asama" ersetzten Kollisionsschaden nicht allein zu tragen haben, sondern daß sie eine Heranziehung auch der Fracht, obwohl dieselbe bereits definitiv (ship lost or not lost) vorausbezahlt war, zu verlangen berechtigt sind, durchaus gerechtfertigt, womit die Anschließungsbeschwerde der Klägerin und Revisionsbeklagten, soweit sie hiergegen gerichtet ist, sich ebenfalls als hinfällig erweist, so kann dagegen

IV. die Art der Verteilung dieses Schadens auf Schiff und Fracht, wie das Berufungsgericht sie vornehmen zu müssen geglaubt hat, nicht gebilligt werden.

Den Ausgangspunkt der desfallsigen Ausführungen des Berufungsgerichtes bildet die Annahme, das Gesetz wolle, daß in allen Fällen die Ersatzpflicht des Versicherers hinsichtlich des vom Versicherten einem Dritten bezahlten Kollisionsschadens gleich behandelt werden solle, unbeeinflußt von dem Gesichtspunkte der Verhaftung von Schiff und Fracht für den Anspruch des Dritten. Daraus wird dann gefolgert, es bleibe nur die Lösung, daß man, soweit es sich um den einem Dritten zu vergütenden Kollisionsschaden handele, das ganze Vermögen des versicherten Rheders in tantum als der Seegefahr des Schiffes und der durch dasselbe zu verdienenden Fracht ausgesetzt behandele, da dieses Vermögen von den Gefahren der See betroffen werde, gleichviel ob Schiff und Fracht wohlbehalten geblieben sind oder nicht, ob sie dem Dritten haften oder nicht, ob der Versicherte Schiff $\frac{\text{und}}{\text{oder}}$ Fracht zur Bezahlung des Schadens verwendet oder abandonniert, oder ob er aus seinem sonstigen Vermögen den Schaden bezahlt. Dann fehle es aber nicht nur an jedem Grunde, weshalb die vom Gesetze dem Versicherer auferlegte Haftung für die allgemeine Vermögensverminderung des Versicherten durch die ihm obliegende Vergütung des Kollisionsschadens eines Dritten nur dem Kaskoversicherer, nicht auch dem Versicherer, bei welchem in gleicher Weise das Interesse des Rheders an dem glücklichen Ausgange des Seeunternehmens durch Versicherung der Fracht gedeckt sei, oder — im Falle der Nichtversicherung der Fracht — dem Rheder selbst als sogenanntem Selbstversicherer zur Last fallen solle, sondern es ergäben sich daraus weiter auch die Grundzüge für die Ermittelung des Wertes, mit welchem Schiff und Fracht an der Tragung des indirekten Kollisionsschadens zu beteiligen seien, was nach den weiteren Ausführungen des Berufungsgerichtes dahin führen soll, daß im vorliegenden Falle der von der Klägerin bezahlte Kollisionsschade der „Asama" von den Beklagten als Kaskoversicherern und von der Klägerin für die ihr vorausgezahlte Fracht im Verhältnisse des Wertes der „Lydia" beim Antritte der Reise zu dem Betrage ihrer wirklich verdienten Nettofracht zu tragen sei.

Allein diese ganze Argumentation scheitert daran, daß der Vordersatz, nach dem Willen des Gesetzes sei in allen Fällen die Ersatzpflicht des Versicherers in betreff des vom Rheder einem Dritten bezahlten Kollisionsschadens gleich zu behandeln, in der ihm beigelegten Allgemeinheit nicht als richtig anerkannt werden kann. Denn aus der Entstehungsgeschichte des Art. 824 Ziff. 7 H.G.B.,

vgl. Protokolle S. 3224 u. S. 4332,

folgt zwar, daß der Versicherer den indirekten Kollisionsschaden auch dann zu tragen haben soll, wenn ein fremdes Schiff, dessen Rheder nicht nach den in Artt. 736 flg. des deutschen Handelsgesetzbuches aufgestellten Grundsätzen mit Schiff und Fracht, sondern nach anderen Normen dem Dritten haftet, und ebenso dann, wenn der Rheder eines deutschen Schiffes etwa (im Auslande) in die Lage kommen sollte, Dritten einen Kollisionsschaden nach den Grundsätzen eines fremden Rechtes vergüten zu müssen, während er dazu nach deutschem Rechte überhaupt nicht oder doch nur in geringerem Umfange verpflichtet gewesen sein würde. Daraus ergiebt sich aber gerade umgekehrt, daß die Verfasser des Handelsgesetzbuches sich sehr wohl bewußt waren, die in Art. 824 Ziff. 7 dem Versicherer von Schiff oder Fracht auferlegte Gefahr des indirekten Kollisionsschadens habe nicht nur von vornherein je nach der Nationalität des Schiffes rechtlich einen materiell ganz verschiedenen Inhalt, sondern sie könne sich auch thatsächlich insofern verschieden gestalten, als z. B. einem versicherten deutschen Rheder ein Kollisionsschade könne ersetzt werden müssen, obgleich der Rheder nach deutschem Rechte und nach dem Grundsatze der Haftung nur mit Schiff und Fracht für diesen Schaden dem Dritten überall nicht oder doch nur zu einem geringeren Betrage haften würde. Daß die Ersatzpflicht des Versicherers für indirekten Kollisionsschaden inhaltlich immer die gleiche sei und thatsächlich immer zu demselben Ergebnisse führen müsse, kann mithin das Gesetz gar nicht angenommen und gewollt haben. Es geht vielmehr davon aus, daß dieselbe sich schon von vornherein je nach der Nationalität des Schiffes verschieden gestalten kann, und für die Annahme des Berufungsgerichtes, daß wegen der Möglichkeit einer den Versicherer im einzelnen Falle (z. B. wegen der persönlichen Haftung des Rheders auch mit seinem übrigen Vermögen nach englischem Rechte) unabhängig von dem deutschrechtlichen Gesichtspunkte der Haftung des Rheders nur mit Schiff und Fracht treffenden Ersatzpflicht bei der Frage der Repartierung des indirekten Kollisionsschadens auf Schiff und Fracht von diesem Grundsatze abgesehen werden müsse, und vielmehr das ganze Vermögen des versicherten Rheders in tantum als der Seegefahr des Schiffes und der durch dasselbe zu verdienenden Fracht ausgesetzt zu behandeln sei, liegt am allerwenigsten ein Grund vor in dem hier vorliegenden, den Verfassern des Gesetzes als dem regelmäßigen vorschwebenden Falle, wo es sich um die Versicherung eines deutschen Schiffes und um die von einem deutschen Gerichte anzuwendenden Grundsätze über die Haftung des Rheders dem Dritten gegenüber sowie über die Ersatzpflicht des Versicherers handelt. Es ist vielmehr diese Frage in dem vorliegenden Falle lediglich nach den Grundsätzen des deutschen Rechtes, nach welchen der Rheder dem Dritten nur mit Schiff und Fracht haftet, und nach den damit in Verbindung stehenden Bestimmungen des Handelsgesetzbuches in dem Titel von den Schiffsgläubigern zu beurteilen, womit die Konsequenzen, welche das Berufungsgericht aus dem von ihm aufgestellten Vordersatze für die Ermittelung des Wertes, mit welchem Schiff und Fracht an der

Tragung des indirekten Kollisionsschadens zu beteiligen sind, sich ohne weiteres als hinfällig erweisen.

Hiernach gelangt man aber zu folgendem Ergebnisse. Es ist davon auszugehen, daß die Bestandteile des Schiffsvermögens, mit welchem der Rheder Dritten für Kollisionsschaden haftet, — das Schiff und die Fracht — eine Einheit bilden, und daß daher der Dritte, welchem nach Art. 757 Ziff. 10 verglichen mit Artt. 758 und 759 H.G.B. ein gesetzliches Pfandrecht an Schiff und Fracht zusteht, sich an jeden dieser Bestandteile des Schiffsvermögens für seine ganze Forderung halten kann, daß beide Bestandteile dem Dritten mithin solidarisch haften. Es ist also allerdings nicht zutreffend, wenn Voigt (Deutsches Seeversicherungsrecht S. 436) die Verteilung des indirekten Kollisionsschadens auf die von dem Schiffe und der Fracht erhalten gebliebenen Wertbeträge nach Maßgabe der Größe derselben damit zu rechtfertigen sucht, daß die zu zahlende Entschädigungssumme pro rata auf den beiden obligierten Werten hafte. Die Verteilung auf beide Werte überhaupt — abgesehen von der Frage, nach welchem Maßstabe dieselbe zu geschehen hat, — rechtfertigt sich aber schon durch das oben unter II Bemerkte sowie aus den Grundsätzen über die negotiorum gestio und aus der analogen Anwendung der Grundsätze über die Solidarhaft, nach welchen demjenigen, der mit einem Anderen zusammen aus fremdem Verschulden haftet, die Einrede der Teilung und, wenn er mehr geleistet hat, als er eigentlich zu leisten brauchte, gegen den Mitschuldner der Rückgriff sowie gegen den befriedigten Gläubiger der Anspruch auf Abtretung der Forderung desselben zusteht.

Vgl. Windscheid, Pandekten § 298.

Was nun den für die Verteilung des indirekten Kollisionsschadens auf Schiff und Fracht anzuwendenden Maßstab anlangt, so ist auch hierin der Ausführung von Voigt (a. a. O. S. 435 flg.) beizutreten. Es kann hierbei nur das Interesse zum Grunde gelegt werden, welches der Rheder daran hat, dadurch, daß er Dritten einen diesen durch die Kollision mit seinem Schiffe zugefügten Schaden ersetzen muß, keinen Verlust zu erleiden. Denn dieses Interesse ist im Falle der Versicherungsnahme — soweit es sich um die hier in Frage stehende Ersatzpflicht des Versicherers handelt — auch zugleich das versicherte Interesse. Dasselbe besteht aber, da der Rheder dem

Dritten nach Art. 736 in Verbindung mit Artt. 451 und 452 H.G.B. nur mit Schiff und Fracht haftet, da er mithin über deren derzeitigen Wert hinaus durch die Inanspruchnahme wegen eines Kollisionsschadens nicht benachteiligt wird und daher auch kein versicherbares Interesse darüber hinaus hat, in dem Werte, welchen Schiff und Fracht zur Zeit, d. h. nach der Kollision, noch besitzen. Nach demselben Maßstabe ist dann der indirekte Kollisionsschade selbstverständlich auch zwischen dem Versicherer des Schiffes und dem Versicherer der Fracht (bezw. dem Rheder als Selbstversicherer derselben) zu verteilen, da jeder von ihnen Anspruch auf gleichmäßige Behandlung hat.

Thatsächlich kann dieses Prinzip allerdings zu sehr verschiedenen Gestaltungen des Beitragsverhältnisses führen.

Hat das versicherte Schiff selbst weder vor noch bei der Kollision Beschädigungen erlitten, und ist auch die volle Fracht verdient, so wird der indirekte Kollisionsschade einfach nach dem ursprünglichen Wertverhältnisse zwischen Schiff und Fracht beim Antritte der Reise verteilt, wobei aber selbstverständlich, falls der dem Dritten zu ersetzende Schade den Wert von Schiff und Fracht übersteigt, von dem Rheder nur bis zu diesem Werte gehaftet wird, und (wie in dem in § 69 der Allgemeinen Seeversicherungsbedingungen in Bezug genommenen § 92 Abs. 4 daselbst ausdrücklich hervorgehoben ist) auch der Versicherer immer nur bis zur Höhe der Versicherungssumme haftet.

Hat dagegen auch das eigene Schiff des Rheders (vor oder bei der Kollision) einen dem Versicherer zur Last fallenden Schaden erlitten, oder ist die Fracht teilweise (vor oder bei der Kollision) verloren gegangen, oder ist beides der Fall, so kann sich dadurch das ursprüngliche Beitragsverhältnis in der verschiedensten Weise ändern, wobei es gleichgültig ist, ob der Rheder auch für die Fracht Versicherung genommen hat oder nicht, da die Sache auch in letzterem Falle so zu behandeln ist, als ständen sich der Versicherer des Kasko und der Versicherer der Fracht gegenüber. In allen diesen Fällen haftet der Versicherer des Kasko für den von diesem selbst erlittenen (direkten) Schaden allein und zum vollen, und ebenso haftet der Versicherer der Fracht allein und voll für den entstandenen Frachtverlust, während beide gemeinschaftlich, und zwar pro rata der erhalten gebliebenen Werte der von ihnen versicherten Gegenstände, für den indirekten Kollisionsschaden aufzukommen haben. Eine gleichmäßige, das Interesse beider Versicherer ins Auge fassende Verteilung des indirekten Kollisionsschadens ist nur in dieser Weise möglich.

Die Verteilung desselben nach dem Verhältnisse der erhalten gebliebenen Werte hat daher namentlich auch in einem Falle der vorliegenden Art einzutreten, wo der dem Rheder aus der Kollision erwachsene Gesamtschade die Versicherungssumme, bis zu deren Höhe die Versicherer des Kasko ihm an sich für beide Schäden — den direkten und den indirekten Kollisionsschaden — haften, noch nicht erreicht. Denn man kann für die gegenteilige Ansicht nicht etwa geltend machen, der Kollisionsfall, durch welchen der doppelte Schade verursacht ist, sei ein einheitlicher Akt, und es dürfe daher nicht zuerst berechnet werden, wofür der Versicherer des Kasko allein haftet, und sodann, wofür er neben dem Versicherer der Fracht (oder dem Rheder als Selbstversicherer derselben) haftet. Es ist vielmehr ein ganz zufälliger Umstand, ob bei der Kollision auch das versicherte Schiff selbst Schaden erlitten hat; und der Umstand, daß der Versicherer des Kasko auch einen direkten Schaden des versicherten Schiffes zu erstatten hat, kommt hier nur insofern in Betracht, als der Versicherer für den direkten und indirekten Kollisionsschaden zusammen immer nur bis zum Belaufe der Versicherungssumme zu haften hat, während es für seine Beitragspflicht bezüglich des indirekten Schadens im übrigen nur darauf ankommen kann, in welchem Wertverhältnisse das Schiff in seinem beschädigten Zustande zu der erhalten gebliebenen Fracht steht. Dabei erscheint es auch als gleichgültig, ob die Beschädigung und die daraus entstandene Wertverminderung des versicherten Schiffes ebenfalls durch die Kollision oder aber durch ein anderes (früheres oder späteres) Ereignis herbeigeführt wurde; es ist auch nicht einmal erheblich, ob der direkte Schade, welcher dem Rheder durch die Wertsverminderung seines Schiffes erwachsen ist, dem Kaskoversicherer überhaupt zur Last fällt oder nicht. Nicht minder unzutreffend würde auch der Gesichtspunkt sein, daß dem Rheder des durch die Kollision beschädigten fremden Schiffes das versicherte Schiff und die Fracht überhaupt nicht in einem bestimmten Verhältnisse, sondern daß ihm beide Bestandteile des Schiffsvermögens bis zu ihrem ganzen Werte haften, und daß deshalb, sofern der Wert des versicherten Schiffes auch nach seiner eigenen Schädigung zur Deckung der dem Dritten zu ersetzenden Summe ausreicht, die eingetretene Wertsverminderung des Schiffes für das Beitragsverhältnis nicht in Betracht komme. Denn dieser Gesichtspunkt würde zu dem, auch vom Berufungsgerichte als unrichtig abgelehnten Ergebnisse führen, daß den Versicherern von Schiff und Fracht einander gegenüber ein Anspruch auf Verteilung des indirekten Kollisionsschadens überhaupt zu versagen sei, soweit sie wegen Ersatzes desselben und des sie treffenden direkten Schadens nicht — unzulässigerweise — über die Versicherungssumme hinaus in Anspruch genommen worden sind.

Es ist hiernach als erster Faktor bei der streitigen Verteilung des im vorliegenden Falle der „Asama" ersetzten Kollisionsschadens von 86778,21 ℳ nicht, wie vom Berufungsgerichte geschehen, der Wert der „Lydia" beim Antritte der Reise, sondern vielmehr deren Wert nach der Kollision zum Grunde zu legen.

Nach dem vorstehend Ausgeführten ist es aber auch nicht richtig, daß das Berufungsgericht als den zweiten Faktor für diese Verteilung die Nettofracht der „Lydia" angenommen hat, wozu es ebenfalls nur durch die Ansicht gelangt ist, daß von dem Gesichtspunkte der Verhaftung von Schiff und Fracht ganz abzusehen, und vielmehr das ganze Vermögen des Rheders als der Seegefahr ausgesetzt zu behandeln sei. Vielmehr ist hier nach der ausdrücklichen Bestimmung des Art. 759 H.G.B. der Betrag der vollen Bruttofracht entscheidend, was auch sachlich und wirtschaftlich als gerechtfertigt erscheint, da zu der der Seegefahr ausgesetzten fortune de mer des Rheders nicht nur der nach Deckung der Auslagen übrig bleibende reine Gewinn (die Nettofracht) gehört, sondern auch derjenige Betrag, der dazu bestimmt ist, die gemachten Auslagen wieder zu ersetzen.

Die Revision der Beklagten erscheint hiernach als begründet.

Über die Höhe dieser Bruttofracht sowie darüber, daß sie der Klägerin definitiv vorausbezahlt, also von ihr verdient war und mithin ungeachtet der Beschädigung auch der „Lydia" durch die Kollision ungeschmälert geblieben ist, herrscht nun freilich kein Streit. Angesichts des Umstandes, daß der andere Faktor für die Verteilung des indirekten Kollisionsschadens (der Wert der „Lydia" nach der

Kollision) noch nicht feststeht, kann jedoch ein Endurteil noch nicht erfolgen; es war vielmehr die Sache zur anderweiten Verhandlung und Entscheidung in Gemäßheit der vorstehend unter IV entwickelten Grundsätze in die Berufungsinstanz zurückzuverweisen.

Aus obigem ergiebt sich zugleich, daß die Anschließung der Klägerin auch im übrigen unbegründet ist, und daß vielmehr für die Klägerin bereits zu günstig erkannt war." ...

---

18. 1. Sind durch § 54 des hamburgischen Einführungsgesetzes zum Handelsgesetzbuche, nach welchem die Artt. 736—741 H.G.B. auch auf Flußschiffe anwendbar sind, auch die Bestimmungen des Art. 777 H.G.B. auf dieselben ausgedehnt?

2. Setzt Art. 777 H.G.B. das Anerkenntnis der Forderung des Schiffsgläubigers seitens des Rheders oder dessen rechtskräftige Verurteilung voraus?

3. Bezieht die beschränkte Haftung des Rheders für Schiffsschulden nach Artt. 451. 452 H.G.B. sich auch auf die Prozeßzinsen und auf die Kosten des Rechtsstreites, oder haftet der Rheder hierfür persönlich?

4. Haften Mitrheder aus Art. 777 H.G.B. solidarisch oder nach Art. 474 H.G.B. nur pro rata ihrer Schiffsparten?

I. Civilsenat. Urt. v. 29. November 1893 i. S. K. u. K. (Bekl.) w. B. (Kl.) Rep. I. 257/93.

I. Landgericht Hamburg.
II. Oberlandesgericht daselbst.

Am 23. März 1891 ist im Hamburger Hafen ein Flußkahn von dem Flußdampfer der Beklagten, „Silesia", angerannt, zum Sinken gebracht, und die dem Kläger gehörige Salpeterladung beschädigt worden. Die Beklagten sind durch Erkenntnis vom 23. Oktober 1891 rechtskräftig verurteilt, dem Kläger den ihm durch den Zusammenstoß entstandenen Schaden nach Maßgabe der Artt. 451. 452 H.G.B. zu ersetzen. Im Laufe des weiteren Rechtsstreites über den Betrag des Schadens, den der Kläger mit 18649,58 ℳ nebst Zinsen seit der Klagezustellung, dem 28. März 1891, verlangte, ist der Dampfer, den die Beklagten am 6. Oktober 1891 für 17250 ℳ an W. verkauft hatten, in den Händen des W. auf Grund des ersten Urteiles, welches die Beklagten zur Zahlung des verlangten Betrages nach Maßgabe der Artt. 451. 452 H.G.B. verurteilt hatte, im Wege der Zwangsvollstreckung verkauft, und sind von dem Erlöse von 11721,15 ℳ an den Kläger 10883,73 ℳ gezahlt worden. In der Berufungsinstanz hat Kläger beantragt, die Beklagten persönlich und solidarisch zur Zahlung des Ausfalles von 7765,85 ℳ nebst den Zinsen und in die Kosten zu verurteilen. Der Berufungsrichter hat festgestellt, daß der Dampfer zur Zeit der Kollision einen Wert von 17250 ℳ gehabt hat. Er hat deshalb die Beklagten persönlich und solidarisch zur Zahlung von noch 5121,84 ℳ nebst Zinsen von 16005,57, bezw. 5121,84 ℳ und in die Kosten der ersten Instanz und zwei Drittel der Kosten der Berufung verurteilt. Die Revision der Beklagten ist zurückgewiesen aus folgenden

Gründen:

... „Vor dem Eingehen auf die Frage, ob die Berufung materiell begründet sei, hat das Berufungsgericht mit Recht 1. geprüft, ob, den Schadensersatzanspruch selbst anlangend, dem Kläger nicht bereits durch das angefochtene Urteil erster Instanz dasjenige, was er von den Beklagten beansprucht hat, in vollem Umfange zugesprochen, und aus diesem Grunde die Berufung hinsichtlich des Hauptanspruches zu verwerfen sei. Dabei erkennt das Gericht an, daß insofern für den Kläger ein Grund zur Beschwerde über die angefochtene Entscheidung materiell nicht vorliege, als ihm gemäß der rechtskräftigen Entscheidung vom 23. Oktober 1891 unter der sich aus Artt. 451. 452 H.G.B. ergebenden Beschränkung der von ihm geforderte Betrag zuerkannt sei. Es erachtet aber damit den Inhalt der dem Kläger gegen die Beklagten zustehenden Ansprüche aus dem Zusammenstoße der Schiffe in dem vorliegenden Falle, wo der Verkaufserlös aus dem nach Art. 736 H.G.B. dem Kläger zunächst haftenden Schiffe der Beklagten zur Deckung des Anspruches des Klägers nicht ausgereicht hat, nicht für erschöpft mit Rücksicht auf die Bestimmung des Art. 757 Ziff. 10 H.G.B., nach welcher Forderungen aus dem Verschulden einer Person der Schiffsbesatzung (Artt. 451 und 452 Ziff. 3) die Rechte eines Schiffsgläubigers gewähren, und mit Rücksicht auf den Art. 777 H.G.B., nach welchem den Schiffsgläubigern unter gewissen Voraussetzungen die Möglichkeit gewährt ist, den Rheder auch persönlich in Anspruch zu nehmen in Höhe desjenigen Betrages, welcher für den Gläubiger sich ergeben haben würde, wenn der Wert des Schiffes bei Antritt einer neuen Reise nach der gesetzlichen Rangordnung verteilt worden wäre. Das Berufungsgericht führt zunächst a) aus, daß es sich hier zwar um den Zusammenstoß von Flußschiffen handele, und daß der § 54 des hamburgischen Einführungsgesetzes zum Handelsgesetzbuche, welcher die Bestimmungen der Artt. 736—741 sowie die auf dieselben sich beziehenden Vorschriften in dem (von der Verjährung handelnden) zwölften Titel des V. Buches auch auf Flußschiffe für anwendbar erklärt, nicht ausdrücklich hervorhebt, daß den aus einem Zusammenstoße von Flußschiffen Berechtigten die gleichen Rechte wie Schiffsgläubigern (von denen der zehnte Titel des V. Buches handelt) im Falle des Zusammenstoßes von Seeschiffen zustehen sollen, daß sich aber aus der Ausdehnung der Bestimmungen des Titels 12 auf die Forderungen aus einem Zusammenstoße von Flußschiffen die Absicht des Gesetzgebers ergebe, diesen Forderungen diejenige Qualität zu verleihen, welche den Forderungen eines Schiffsgläubigers beigelegt wird, welche Absicht auch in dem Berichte der hamburgischen Kommission zur Prüfung des Entwurfes des Handelsgesetzbuches (Hirsch, S. 99) dahin Ausdruck gefunden habe:

> daß es in der Natur der Sache liege, daß die richtigeren Normen, nach welchen das Handelsgesetzbuch die aus Kollisionen von Schiffen erwachsenden Rechtsverhältnisse ordnet, auch den Flußschiffen und der Flußschiffahrt zu gute kommen müssen.

Hiernach sei der Kläger beim Vorliegen der Voraussetzungen des Art. 777 H.G.B. hinsichtlich des Ausfalles an seiner Forderung beim Verkaufe des Schiffes der Beklagten als berechtigt anzusehen, die Beklagten mit der sich aus Art. 777 ergebenden Beschränkung persönlich in Anspruch zu nehmen.

Nach § 11 der Kaiserlichen Verordnung vom 28. September 1879 gehört nun zwar der gedachte § 54 des hamburgischen Einführungsgesetzes zu den revisiblen Gesetzen. Eine Verletzung desselben durch rechtsirrtümliche Auslegung kann aber in der obigen Ausführung des Berufungsgerichtes nicht gefunden werden. Daß der Art. 777 H.G.B. eine Ausnahmebestimmung in betreff der Haftung des Rheders gegenüber den Schiffsgläubigern enthält, steht dem nicht entgegen, da die Bestimmungen dieses Artikels ein der an sich bloß dinglichen Haftung des Rheders mit dem Schiffsvermögen gegenüber zum Schutze des Schiffsgläubigers notwendiges Korrelat bilden und nach der Absicht des Gesetzes bilden sollten. Auch in dem auf die Beschwerde des W. ergangenen Beschlusse vom 7. Januar 1893 hat sich das Reichsgericht keineswegs im entgegengesetzten Sinne, sondern nur dahin ausgesprochen, daß sich aus dem § 54 nicht die Ausdehnung der Anwendbarkeit des ganzen, von den Schiffsgläubigern handelnden 10. Titels des V. Buches ergebe, während diese Anwendbarkeit dort für Art. 758 H.G.B. bereits ausdrücklich anerkannt ist.

b) Wenn sodann das Berufungsgericht auch die Frage bejaht, ob im vorliegenden Falle die thatsächlichen Voraussetzungen des Art. 777 H.G.B. vorliegen, so enthalten auch die desfallsigen Ausführungen keinen Rechtsirrtum. Die Voraussetzung, daß der Rheder, nachdem er von der Forderung eines Schiffsgläubigers, für welche er nur mit Schiff und Fracht haftet, Kenntnis erhalten hat, das Schiff, ohne daß dies im Interesse des Schiffsgläubigers geboten war, zu einer neuen Reise „in See sendet", findet das Berufungsgericht im vorliegenden Falle, wo der Dampfer der Beklagten ein Flußschiff ist, mit Recht dadurch gegeben, daß die Beklagten zugestanden haben, das Schiff auch ferner auf der Elbe seiner Bestimmung (als Schlepp- und Passagierschiff) entsprechend verwendet und schließlich verkauft zu haben. Denn die dem Art. 777 H.G.B. zu Grunde liegende ratio,

vgl. Protokolle S. 1631 flg. und S. 3790 flg.,

daß das Schiff durch eine neue Reise der Gefahr der Verschlechterung und des Unterganges sowie der Entstehung neuer, nach Art. 771 H.G.B. bevorrechteter Forderungen ausgesetzt, und dadurch die Gefährdung des dem Schiffsgläubiger dinglich verhafteten Exekutionsobjektes herbeigeführt werde, trifft auch hier, wo die weiteren Reisen des Schiffes nicht über See gingen, sondern sich auf den Flußverkehr beschränkten und der Beschaffenheit des Schiffes nach beschränken mußten, vollkommen zu. Eine Überschreitung der Grenze der analogen Rechtsanwendung liegt darin nicht. Der Einwand der Beklagten, daß sie erst durch das am 27. Februar 1892 verkündete

Urteil des Reichsgerichtes von der Existenz des klägerischen Anspruches Kenntnis erhalten hätten, ist unbegründet. Die Kenntnis, welche Art. 777 H.G.B. voraussetzt, erfordert nicht, daß der Rheder die betreffende Forderung anerkannt hat, oder daß dieselbe ihm gegenüber im Falle des Bestreitens rechtskräftig festgestellt ist, sondern es genügt schon der Umstand, daß der Dritte unter Aufstellung der zur Begründung seines Anspruches als Schiffsgläubiger erforderlichen thatsächlichen Behauptungen einen solchen Anspruch erhoben hatte, oder daß dem Rheder anderweitig solche Thatsachen bekannt geworden waren, welche zur Begründung der Forderung eines Schiffsgläubigers geeignet erscheinen.

2. Das Berufungsgericht erkennt ferner zutreffend an, daß der klägerischen Berufung allerdings nur dann entsprochen werden könne, wenn der Anspruch des Klägers auf die beschränkt persönliche Haftung der Beklagten nach Art. 777 H.G.B. dem Kläger nicht schon durch das Urteil erster Instanz zuerkannt sei, es sich auch nicht um einen neuen Anspruch, dessen Geltendmachung in der Berufungsinstanz durch § 491 Abs. 2 C.P.O. ausgeschlossen sei, handele, und endlich in der Geltendmachung dieses Anspruches nicht eine nach § 489 C.P.O. unzulässige Klagänderung liege. Die Ausführung des Berufungsgerichtes, daß diese Voraussetzung hier vorliegt, enthält aber keinen Rechtsirrtum und erscheint vielmehr den desfallsigen Revisionsangriffen gegenüber ganz zutreffend, womit sich auch der Angriff erledigt, daß das Berufungsgericht den § 499 C.P.O. verletzt habe, weil wegen des jetzt geltend gemachten persönlichen Anspruches die Sache noch nicht an die Berufungsinstanz devolviert sei.

3. Hat dem Vorstehenden zufolge das Berufungsgericht die Voraussetzungen des Art. 777 H.G.B. ohne Rechtsirrtum als im vorliegenden Falle gegeben erachtet, so hat es auch mit Recht die Beklagten für die Klageforderung in Höhe desjenigen Betrages zugleich als persönlich verpflichtet angesehen, welcher für den Kläger sich ergeben haben würde, falls der Wert, welchen die „Silesia“ bei der Fortsetzung ihrer Verwendung zu Schlepp- und Passagierfahrten gleich nach der Kollision hatte, unter die Schiffsgläubiger nach der gesetzlichen Rangordnung verteilt worden wäre, wobei bis zum Beweise des Gegenteiles anzunehmen ist, daß der Kläger bei dieser seine vollständige Befriedigung erlangt haben würde.“ (Folgt die Aus-

führung, daß die Annahme des Berufungsgerichtes, die „Silesia" habe unmittelbar nach der Kollision einen Wert von 17250 ℳ gehabt, gerechtfertigt sei.)

4. Die Berechnung des Berufungsgerichtes, daß unter Zugrundelegung eines Wertes des Schiffes von 17250 ℳ der Anteil, welcher dem Kläger von dieser Summe bei der Verteilung unter die Schiffsgläubiger zugefallen sein würde, sich, da neben der Forderung des Klägers von 18649,58 ℳ nur noch eine Forderung der Stromfahrzeugversicherungsgesellschaft von 1450 ℳ in Betracht komme, auf 16005,57 ℳ belaufe, und daß mithin der Kläger, da er aus dem Nettoverkaufserlöse bei der Zwangsversteigerung nur 10883,73 ℳ erhalten, die Beklagten persönlich noch auf einen Betrag von 5121,84 ℳ in Anspruch nehmen könne, während er mit dem Mehrbetrage seines Hauptanspruches von 2644,01 ℳ abzuweisen sei, bildet lediglich die ziffermäßige Konsequenz der vorhergehenden Ausführungen.

5. Die dagegen gerichtete Revisionsbeschwerde, daß das Berufungsgericht die Beklagten auch für Zinsen des oben gedachten Betrages von 16005,57 ℳ sowie für die Prozeßkosten als dem Kläger persönlich haftbar angesehen hat, kann nicht für begründet erachtet werden. Bei dem Zinsenanspruche des Klägers handelt es sich nur um Prozeßzinsen (seit dem Tage der Klagerhebung); und das Berufungsgericht motiviert seine Ansicht damit, daß, soweit der Klaganspruch schon zur Zeit der Klagerhebung begründet war, d. h. soweit der Kläger für seine Forderung aus dem Werte des Schiffes der Beklagten hätte Befriedigung erhalten können, und soweit mithin die persönliche Haftung der Beklagten reiche, die Beklagten, auch wenn ihnen ein Verschulden in dem Bestreiten der Klageforderung nicht zur Last falle, schon aus dem Gesichtspunkte hafteten, daß ihnen der Aufschub in der Berichtigung der Klageforderung keinen Vorteil bringen dürfe; diese, sich als eine Folge der Prozeßführung darstellende Verpflichtung der Beklagten, dem Kläger das volle Interesse, die omnis causa, zu ersetzen, bestehe unabhängig von den den Hauptanspruch begründenden Thatsachen und werde nicht von denjenigen Beschränkungen betroffen, welchen der Hauptanspruch zufolge spezieller gesetzlicher Vorschrift unterliege; zu ihrer Befriedigung könne daher auch dasjenige Vermögen des Schuldners herangezogen werden, welches zur Begleichung des Hauptanspruches nicht oder doch nur in beschränktem

Maße in Anspruch genommen werden könne. Die persönliche und unbeschränkte Haftung der Beklagten für die ihnen zur Last fallenden Prozeßkosten wird damit begründet, daß auch in dieser Hinsicht die Verpflichtung der Beklagten auf anderen Voraussetzungen und auf einem anderen Verpflichtungsgrunde beruhe als die Hauptforderung, nämlich auf den Bestimmungen der §§ 87 flg. C.P.O., und daß sie demgemäß ebenfalls von den Beschränkungen, welchen die Hauptforderung etwa unterliegt, nicht betroffen werde.

Diese Ausführungen erscheinen als durchaus zutreffend. Der dagegen von den Beklagten erhobene Einwand, aus der Natur der Prozeßzinsen könne vielmehr nur abgeleitet werden, daß sie mit der Hauptforderung auf gleicher Stufe stehen, und daß daher auch in Bezug auf sie nur eine dingliche Haftung des Schiffsvermögens bestehe, ist nicht stichhaltig, da die Prozeßzinsen zwar (wie übrigens auch vom Berufungsgerichte nicht verkannt wird) insofern ein Accessorium der Hauptforderung bilden, als sie eine solche voraussetzen und selbständig nicht geltend gemacht werden können,

vgl. Entsch. des R.O.H.G.'s Bd. 1 S. 135 flg.,

dies aber nicht zu dem Schlusse berechtigt, daß auch die Zinsforderung, welche eine Folge der Prozeßführung, also eines neu hinzutretenden Verpflichtungsgrundes, ist, und für welche die den Hauptanspruch begründende Thatsache an sich als unerheblich erscheint, denjenigen Beschränkungen unterliegen, welchen vermöge spezieller gesetzlicher Vorschriften der Hauptanspruch unterworfen ist.

Der persönlichen Haftung der Beklagten für die Prozeßzinsen und für die Kosten des Rechtsstreites steht auch nicht etwa der von der Nebenintervenientin geltend gemachte Gesichtspunkt entgegen, daß der Anspruch aus einer Schiffskollision nach Art. 736 verglichen mit Artt. 451. 452 H.G.B. an sich gegen den Rheder nur als Repräsentanten eines Sondergutes — des Schiffsvermögens, dem der Rheder sogar auch seinerseits als Gläubiger gegenüberstehen kann — gerichtet, und daß der Rheder an sich für die Forderungen der Schiffsgläubiger nicht persönlich, sondern nur in jener Eigenschaft Schuldner ist. Denn der wegen einer Schiffsschuld verklagte Rheder ist nicht etwa der Repräsentant eines fremden Vermögens (dessen persönliche Haftung für Prozeßzinsen und Kosten hier dahingestellt bleiben kann), sondern er vertritt dem Gläubiger gegenüber das Schiffsvermögen, wenngleich dasselbe die Natur eines aus dem übrigen Vermögen des Rheders ausgeschiedenen Sondergutes hat, als dessen Eigentümer, also in seinem eigenen Interesse und für seine eigene Rechnung, und es ist unerfindlich, weshalb der Umstand, daß der Gläubiger wegen seiner Befriedigung zunächst auf das ihm als Pfand haftende Schiffsvermögen beschränkt ist, eine Ausnahme von der gesetzlichen Regel begründen sollte, daß die in Beziehung auf die Prozeßzinsen und Kosten mit der Prozeßführung verbundene Gefahr von dem unterliegenden Beklagten zu tragen ist. Insbesondere folgt dies nicht aus der von der Nebenintervenientin angezogenen Bestimmung des Art. 763 H.G.B., nach welcher das einem Schiffsgläubiger zustehende Pfandrecht nicht nur für das Kapital, sondern auch für Zinsen und Kosten gilt, da hierdurch selbstverständlich in Ansehung der Zinsen und Kosten ebensowenig als in Ansehung des Kapitales eine noch daneben aus besonderen Gründen eintretende persönliche Haftung des Rheders ausgeschlossen wird.

Vgl. auch Ehrenberg, Beschränkte Haftung des Schuldners S. 40. 41. 125 und 176. 177.

Übrigens wird die persönliche Haftung der Beklagten für Zinsen und Kosten im vorliegenden Falle auch noch aus einem anderen Grunde gerechtfertigt. Der hier, wie oben ausgeführt worden, in Anwendung kommende Art. 777 H.G.B. statuiert zwar keine unbeschränkte persönliche Haftung des Rheders, aber er bezweckt, für den Schiffsgläubiger denselben Zustand herbeizuführen, als wenn der Wert, welchen das Schiff beim Antritte der neuen Reise hatte, nach der gesetzlichen Rangordnung unter die Schiffsgläubiger verteilt worden wäre, und dieser Erfolg wird nur dann erreicht, wenn die beschränkte persönliche Haftung des Rheders, welcher es durch ungerechtfertigte Bestreitung der Forderung des Schiffsgläubigers bewirkt, daß dieser dasjenige, was er sonst zu jener früheren Zeit erhalten haben würde, erst verspätet und unter Aufwendung der Kosten eines Rechtsstreites erhält, sich nicht nur auf die Forderung selbst, sondern auch auf die Prozeßzinsen und Kosten erstreckt. Es ist daher anzunehmen, daß die Bestimmung des Art. 777 H.G.B. sich nicht nur auf die betreffende Forderung selbst, sondern auch auf die gedachten Zinsen und Kosten beziehen soll.

Was endlich 6. die solidarische Verurteilung der Beklagten in die Hauptsumme nebst Zinsen und Kosten anlangt, so hat das Berufungsgericht dieselbe zwar nicht weiter begründet; doch war der hierauf gerichtete Berufungsantrag von den Beklagten auch gar nicht bestritten, und nur die Nebenintervenientin hatte in ihrem, am Ende des Thatbestandes des angefochtenen Urteiles in Bezug genommenen Schriftsatze eine solidarische Haftung der Beklagten ohne jede Motivierung und ohne ersichtliches eigenes Interesse an diesem Punkte als unzulässig bezeichnet. Auch der gegen diese Entscheidung erhobene Revisionsangriff ist aber nicht gerechtfertigt.

Einen Zweifel in dieser Beziehung erregt allerdings der Art. 474 H.G.B., nach welchem die Mitrheder als solche Dritte, wenn ihre persönliche Haftung eintritt, nur nach Verhältnis der Größe ihrer Schiffsparten haften. In der That nimmt auch Lewis (Kommentar zum deutschen Seerecht, Anm. 5 zu Art. 774, Anm. 2 zu Art. 776 und Anm. 4 zu Art. 777) an, daß, insoweit nach Artt. 774. 776. 777 H.G.B. eine persönliche Haftung des Rheders eintritt, beim Vorhandensein einer Rhederei für die Haftung der einzelnen Mitrheder der Art 474 H.G.B. entscheidend sei. Dieser Ansicht kann aber nicht beigetreten werden. Schon bei der Beratung des Art. 474,

vgl. Protokolle S. 1612,

wurde ohne Widerspruch hervorgehoben, die Worte „als solche" sollten andeuten, daß es sich hier ausschließlich um die Regelung derjenigen Verbindlichkeiten handele, welche aus dem gewöhnlichen Geschäftsbetriebe der Rhederei hervorgehen, und daß hiermit denjenigen Fällen nicht präjudiziert werde, in denen wegen besonderer Thatsachen eine solidarische Haftbarkeit der Mitrheder angenommen werden müsse. Nun mag zwar der Begriff der Haftung der Mitrheder „als solcher" nicht schon dadurch ausgeschlossen sein, daß sie oder (im Falle der Bestellung eines solchen) der Korrespondentrheder die Fracht oder das Kaufgeld des Schiffes einziehen, oder daß sie das Schiff zu einer neuen Reise in See senden. Aber unter der „persönlichen" Haftung der Mitrheder, bei deren Eintritt sie nach Art. 474 H.G.B. nur nach Verhältnis der Größe ihrer Schiffsparten haften sollen, wird man nur die Haftung der Mitrheder für solche Verbindlichkeiten verstehen dürfen, für welche der Rheder an sich schon von vornherein und unbeschränkt auch persönlich haftet (z. B. für die Forderungen der zur Schiffsbesatzung gehörenden Personen aus Dienst- und Heuerverträgen). Der Art. 474 ist daher nicht anwendbar auf eine beschränkt persönliche Haftung des Rheders, wie solche nach Artt. 774. 776. 777 H.G.B. erst nachträglich unter den dort angegebenen besonderen Voraussetzungen eintritt. Denn diese Bestimmungen haben den ausgesprochenen Zweck, den Schiffsgläubigern, welchen durch das betreffende Verhalten des Rheders das ihnen zur Sicherung für ihre Forderung dienende Pfandrecht ganz oder teilweise entzogen oder gefährdet wird, durch die dem Rheder auferlegte persönliche Haftung thunlichsten Ersatz zu gewähren. Ist nun aber eine Rhederei vorhanden, so würde dieser Ersatz nur ein sehr unvollkommener sein, wenn die Schiffsgläubiger, welchen durch willkürliche Handlungen der Mitrheder oder des Korrespondentrheders die Möglichkeit genommen ist, sich für ihre ganze Forderung unmittelbar aus dem Schiffsvermögen zu befriedigen, sich an die einzelnen Mitrheder nur pro rata der Schiffsparten derselben halten könnten. Es ist daher anzunehmen, daß das Gesetz durch Artt. 774. 776. 777 H.G.B. eine solidarische Haftung der Mitrheder in diesen Fällen hat statuieren wollen, und daß es mithin auf die hier in Frage kommende persönliche Haftung der Mitrheder den Art. 474 nicht angewendet wissen will. Mit dieser Ansicht stimmen im Resultate überein: Wagner, Seerecht S. 188; Ehrenberg, Beschränkte Haftung S. 319—321; das in Seuffert, Archiv Bd. 29 Nr. 66 abgedruckte Urteil des Appellationsgerichtes Celle.

Da hiernach für die Beklagten in betreff der Hauptsache materiell eine Solidarverbindlichkeit der Beklagten begründet ist, liegt eine solche auch wegen der Prozeßkosten vor.

Vgl. Entsch. des R.G.'s in Civils. Bd. 15 S. 381."

---

19. Voraussetzungen der Regreßklage der Berufsgenossenschaften aus § 96 des Gesetzes vom 6. Juli 1884 und § 117 des Gesetzes vom 5. Mai 1886. Darf der Civilrichter trotz strafgerichtlicher Verurteilung des Beklagten dessen Entschädigungspflicht wegen mangelnden Verschuldens oder wegen konkurrierenden Verschuldens des Verletzten nach den Grundsätzen des Civilrechtes verneinen?

VI. Civilsenat. Urt. v. 9. April 1894 i. S. Cr. (Bekl.) w. Landwirtschaftliche Berufsgenossenschaft der Provinz Sachsen (Kl.). Rep. VI. 416/93.

I. Landgericht Halle a. S.
II. Oberlandesgericht Naumburg a. S.

Aus den Gründen:

... „Nach § 117 des Gesetzes vom 5. Mai 1886 „haften diejenigen Betriebsunternehmer ..., gegen welche durch strafgerichtliches Urteil festgestellt worden ist, daß sie den Unfall vorsätzlich oder durch Fahrlässigkeit mit Außerachtlassung derjenigen Aufmerksamkeit, zu der sie vermöge ihres Amtes, Berufes oder Gewerbes besonders verpflichtet sind, herbeigeführt haben, für alle Aufwendungen, welche infolge des Unfalles auf Grund dieses Gesetzes oder des Gesetzes, betreffend die Krankenversicherung der Arbeiter, vom 15. Juni 1883 von den Genossenschaften ... gemacht worden sind." Diese, mit § 96 des Unfallversicherungsgesetzes vom 6. Juli 1884 ... gleichlautende Bestimmung kann mit dem Reichsversicherungsamte,

vgl. Bescheid desselben vom 1. April 1885, Amtliche Nachrichten des Reichsversicherungsamtes von 1885 S. 123 Ziff. 33,

nur dahin verstanden werden, daß das Strafurteil nicht bloß — abgesehen von den Fällen des § 118 des Gesetzes — die Voraussetzung, sondern auch die einzige Voraussetzung für die Verbindlichkeit der Betriebsunternehmer und der ihnen gleich gestellten Personen zum Ersatze der nach Maßgabe des Gesetzes festgestellten und von der Betriebsgenossenschaft zu zahlenden Entschädigung ist. Der Wortlaut der Bestimmung würde selbst dann keine andere Auffassung zulassen, wenn die Motive zu § 96 des Gesetzes vom 6. Juli 1884 (§ 93 des Entwurfes) nicht bemerkten, daß nach der Bestimmung „die Entscheidung über die Regreßfrage, vorbehaltlich eines nachfolgenden Civilprozesses über die Höhe des Schadensersatzes, durch die Feststellungen des Strafgerichtes unmittelbar getroffen wird." Die Annahme, daß der Betriebsunternehmer trotz strafgerichtlicher Verurteilung nicht hafte, wenn der Civilrichter bei selbständiger Prüfung die Entschädigungspflicht nach den Grundsätzen des Civilrechtes verneint, erscheint durch die Fassung des § 117 ausgeschlossen. Der Civilrichter hat danach weder die Schuldfrage selbständig zu entscheiden, noch darf er wegen konkurrierender Fahrlässigkeit des Verletzten — die nach § 5 des Gesetzes vom 5. Mai 1886 dessen Anspruch an die Berufsgenossenschaft nicht ausschließt — die Klage der Berufsgenossenschaft zurückweisen. Ein Zweifel darüber, daß dies der Sinn der Bestimmung sei, hat auch bei den Beratungen über das Unfallversicherungsgesetz vom 6. Juli 1884 nicht obgewaltet. In der Kommission des Reichstages wurden im Interesse der Betriebsunternehmer Bedenken gegen die Bestimmung geltend gemacht, und allerdings sind die Betriebsunternehmer durch die Bestimmung insofern ungünstig gestellt, als dem Betriebsunternehmer nicht zusteht, im Civilprozesse seine Regreßpflicht wegen mangelnden Verschuldens zu bestreiten oder sonstige Einwendungen dagegen vorzubringen. Von anderer Seite wurde indessen eine Ausgleichung dieses Nachteiles darin gefunden, daß die Regreßpflicht von der vorherigen strafgerichtlichen Feststellung abhängig gemacht sei. Das Ergebnis war, daß es bei der Bestimmung belassen wurde.

Vgl. den Bericht der VII. Kommission vom 11. Juni 1884, Nr. 115 der Drucksachen, 5. Legislaturperiode IV. Session S. 57.

Diese Verhandlungen sprechen also keineswegs, wie die Revision auszuführen gesucht hat, gegen die obige Auffassung der Bestimmung, sondern bilden einen Beleg für deren Richtigkeit. Ebensowenig können die dagegen in der Litteratur erhobenen Bedenken,

vgl. Riesenfeld, Das besondere Haftpflichtrecht S. 177 flg.,

Berücksichtigung finden. Daß die Bestimmung mit § 14 Ziff. 1 des Einführungsgesetzes zur Civilprozeßordnung nicht harmoniert, kann zugegeben werden. Dies war jedoch kein Hindernis für den Gesetzgeber, die Regreßpflicht des Betriebsunternehmers abweichend von den sonstigen materiellrechtlichen und civilprozessualen Vorschriften zu regeln.

Es erübrigt nur noch zu bemerken, daß im Vorstehenden darüber nicht entschieden ist, ob die Feststellung der Vorsätzlichkeit oder Fahrlässigkeit des Betriebsunternehmers im strafgerichtlichen Urteile zur Annahme der Regreßpflicht genügt, oder ob die Verurteilung zu einer Strafe hinzukommen muß.

Vgl. Riesenfeld, a. a. O. S. 161.

Hierüber Entscheidung zu treffen, giebt die vorliegende Sache keinen Anlaß, da hier der Klage eine strafrichterliche Verurteilung des Beklagten vorausgegangen ist." ...

20. Umwandelung einer Aktiengesellschaft in eine Gesellschaft mit beschränkter Haftung. Kann ein Aktionär, der sich mit einem Teile seiner Aktien an der Gesellschaft mit beschränkter Haftung beteiligt, gleichwohl die Beschlüsse der Generalversammlung der Aktionäre, durch welche die Auflösung der Aktiengesellschaft zum Zwecke ihrer Umwandelung in eine Gesellschaft mit beschränkter Haftung ohne Liquidation auf Grund einer bestimmten Bilanz beschlossen ist, auf Grund der Aktien, mit denen er sich an der neuen Gesellschaft nicht beteiligt, anfechten?

Gesetz vom 20. April 1892 §§ 78 flg.

I. Civilsenat. Urt. v. 18. April / 5. Mai 1894 i. S. des Vorstandes und der Aufsichtsratsmitglieder der Aktiengesellschaft Norddeutsche Kartoffelmehlfabrik zu C. (Bekl.) w. R. (Kl.) Rep. I. 13/94.

I. Landgericht Landsberg a. d. W.
II. Kammergericht Berlin.

Der Kläger war mit zehn Aktien an einer Aktiengesellschaft beteiligt. Die Generalversammlung der Aktionäre beschloß am 23. Juni 1892, unter Genehmigung einer Bilanz für den 1. Oktober 1891, daß die Aktiengesellschaft zum Zwecke der Umwandelung in eine Gesellschaft mit beschränkter Haftung aufzulösen sei, daß Aktiva und Passiva vom 1. Oktober 1891 ab auf die neue Gesellschaft übergehen, alle Aktionäre aber den Gewinn des Geschäftsjahres vom 1. Oktober 1891 bis 30. September 1892 ausgezahlt erhalten sollten. Der Kläger erhob gegen die Genehmigung der Bilanz und die damit zusammenhängenden weiteren Beschlüsse Widerspruch, trat aber der an demselben Tage begründeten, demnächst in das Handelsregister eingetragenen neuen Gesellschaft mit fünf Aktien bei. Er ist sodann gegen die Vorstands- und Aufsichtsratsmitglieder der aufgelösten Aktiengesellschaft mit dem Antrage klagbar geworden, die Beschlüsse, betreffend die Auflösung der Aktiengesellschaft und Umwandelung derselben, die Genehmigung der Bilanz und die Gewinnverteilung für ungültig zu erklären, weil eine Bilanz für den 1. Oktober 1891 nicht habe zum Grunde gelegt werden dürfen, sondern eine wahre Liquidationsbilanz, die einen viermal größeren Wert des Vermögens der Aktiengesellschaft ergeben haben würde. Der erste Richter erkannte auf

Ungültigkeit nur des Beschlusses, betreffend die Genehmigung der Bilanz, während der Berufungsrichter auf die Berufung beider Teile sämtliche Beschlüsse für ungültig erklärte, nachdem er den Antrag der Beklagten auf Aussetzung des Verfahrens abgelehnt hatte.

Auf die Revision der Beklagten ist die Klage abgewiesen aus folgenden

Gründen:

„1. Dem Antrage auf Aussetzung des Verfahrens, der mit Rücksicht auf die Beendigung der Amtsdauer des Vorstandes C. W. bereits in der Berufungsinstanz gestellt worden ist, konnte auch in dieser Instanz keine Folge gegeben werden. Die Beklagten fungieren zwar im gegenwärtigen Prozesse als gesetzliche Vertreter der nach Auffassung des Klägers zu Unrecht aufgelösten Aktiengesellschaft. Diese ihre Eigenschaft ist aber nach Lage der Sache durch den Ablauf ihrer Amtsdauer nicht ohne weiteres in Wegfall gekommen. Die Beklagten stehen auf dem Standpunkte, daß die Umwandelung der Aktiengesellschaft in die Gesellschaft mit beschränkter Haftung rechtsgültig ist; sie haben es infolgedessen bisher unterlassen, eine Generalversammlung der Aktionäre behufs Neuwahl des Vorstandes und Aufsichtsrates einzuberufen, auch nicht zu erkennen gegeben, daß sie hierzu bereit seien. Ebensowenig sind aus dem Kreise der Aktionäre Schritte in dieser Richtung unternommen. Der Kläger, dessen Aktien nicht den zehnten Teil des Grundkapitales darstellen, ist nicht in der Lage, die Einberufung zu erzwingen. Unter diesen Umständen muß in Bezug auf die Stellung der Beklagten der status quo, wie er bei Erhebung der gegenwärtigen Klage bestand, als fortdauernd betrachtet werden; die Beklagten sind trotz des Ablaufes ihrer Amtsdauer thatsächlich in ihren Ämtern verblieben, da weder von ihnen selbst, noch von der Aktiengesellschaft eine Änderung herbeigeführt ist. Zu einer Anwendung der §§ 219. 223 C.P.O. liegt demnach keine Veranlassung vor.

2. Die Befugnis des Klägers zur Anfechtung der fraglichen Generalversammlungsbeschlüsse ist dadurch ausgeschlossen, daß der Kläger sich mit fünf Aktien an der Gesellschaft mit beschränkter Haftung beteiligt hat. Das Berufungsgericht hält den hierauf bezüglichen Einwand der Beklagten nicht für durchgreifend, weil Kläger erst, nachdem die Umwandelung der Aktiengesellschaft in eine Gesellschaft mit beschränkter Haftung

gegen seinen Widerspruch beschlossen war, sich, wie er nicht anders konnte, vorläufig diesem Mehrheitsbeschlusse gefügt habe; er habe vorläufig mit diesem Beschlusse als mit einer vollendeten Thatsache rechnen müssen und würde nach der Auffassung des Berufungsgerichtes seinen Rechten nichts vergeben haben, wenn er unter dem Drucke dieser Verhältnisse mit seinem ganzen Aktienbesitze der neuen Gesellschaft beigetreten wäre und versucht hätte, dieselbe auf alle Fälle seinen Wünschen entsprechend zu gestalten. Das Berufungsgericht erachtet es aber auch für zulässig, daß Kläger jetzt nur mit fünf Aktien die Anfechtung betreiben zu wollen erkläre, da gesetzlich jede Aktie ein selbständiges Recht begründe, welches durch Abstimmung und eventuell durch Anfechtung geltend gemacht werden könne.

Diesen Erwägungen ist nicht zuzustimmen.

Das Gesetz vom 20. April 1892 kennt keine bloß vorläufige Beteiligung an einer Gesellschaft mit beschränkter Haftung. Wer den Vertrag über Errichtung einer solchen Gesellschaft unter Übernahme eines oder mehrerer Stammanteile unterzeichnet, erkennt damit den Gesellschaftsvertrag und folglich auch die Errichtung der Gesellschaft selbst als rechtsbeständig und für sich verbindlich an. Vorbehalte und Einschränkungen, die der Beitrittserklärung beigefügt werden, entkräften dieselbe; ein in der Beteiligungserklärung nicht zum Ausdrucke gebrachter Vorbehalt ist der Gesellschaft gegenüber unwirksam. Dies ergiebt sich aus den auf die Gesellschaft mit beschränkter Haftung analog anzuwendenden Grundsätzen des Aktienrechtes. Es folgt hieraus aber ferner, daß der vom Berufungsrichter verneinte Widerspruch in dem Verhalten des Klägers allerdings vorhanden ist. Der Kläger bekämpft mit seinem Antrage, die von der Generalversammlung der Aktionäre gefaßten Beschlüsse für ungültig zu erklären, zugleich den Rechtsbestand der von ihm selbst unbedingt und vorbehaltlos anerkannten neuen Gesellschaft.

Hiergegen könnte geltend gemacht werden: es sei zu unterscheiden zwischen den Erklärungen, die Kläger in der Generalversammlung der Aktionäre abgegeben hat, und der bei Errichtung der neuen Gesellschaft von ihm abgegebenen Erklärung. Die im vorliegenden Prozesse beklagte Aktiengesellschaft könne aus letzterer Erklärung einen Einwand nicht herleiten, da dieselbe nicht ihr gegenüber abgegeben sei. Dieser Einwurf würde indes nicht stichhaltig sein. Auflösung der alten und Errichtung der neuen Gesellschaft sind im vorliegenden Falle zwei Akte eines einheitlichen Rechtsgeschäftes: der Umwandelung der Aktiengesellschaft in eine Gesellschaft mit beschränkter Haftung. Kläger hat sich an letzterer Gesellschaft in seiner Eigenschaft als Aktionär der aufgelösten Aktiengesellschaft beteiligt; er hat in betreff der Aktien, mit denen er der neuen Gesellschaft beigetreten ist, seine Aktienrechte in die neue Gesellschaft eingeworfen und hat dafür Anteile am Stammkapitale der letzteren erhalten. Es ist daher kein Einwand aus dem Rechte eines Dritten, wenn die Beklagten geltend machen, daß die Beteiligung des Klägers an der Gesellschaft mit beschränkter Haftung unvereinbar sei mit der gegenwärtig erhobenen Anfechtungsklage.

Unterstellt man mit dem Berufungsgerichte, daß der Kläger mit seinem gesamten Aktienbesitze der neuen Gesellschaft beigetreten wäre, so würde ihm die Befugnis zur Anfechtung der fraglichen Generalversammlungsbeschlüsse auch deswegen zu versagen sein, weil er sich in diesem Falle aller seiner Aktienrechte zu Gunsten der neuen Gesellschaft entäußert hätte, also trotz der von ihm bewirkten Hinterlegung des Aktienscheines überhaupt nicht mehr Aktionär sein würde. Fraglich kann hiernach nur sein, ob Kläger sich dadurch, daß er der neuen Gesellschaft nur mit fünf Aktien beigetreten ist, das Anfechtungsrecht hinsichtlich der ihm verbleibenden fünf Aktien gewahrt hat. Auch dies ist aber zu verneinen. Anfechtungskläger ist der Aktionär in Person, nicht die einzelne Aktie, für welche das Stimmrecht in der Generalversammlung ausgeübt, bezw. Protest erhoben ist. Das Anerkenntnis der Umwandelung, welches aus der Beteiligung des Klägers an der neuen Gesellschaft zu entnehmen ist, steht daher der Anfechtungsklage auch bezüglich der Aktien entgegen, mit denen der Beitritt nicht erfolgt ist.

Vorstehendes Ergebnis wird nicht dadurch bedenklich, daß dasselbe dem Beitritte des Klägers zur Gesellschaft mit beschränkter Haftung eine offenbar von ihm selbst nicht beabsichtigte Bedeutung beilegt. Offenbar war es nicht die Absicht des Klägers, sich der Befugnis zur Anfechtung der von der Generalversammlung der Aktionäre gefaßten Beschlüsse zu begeben; er war vielmehr der Ansicht, daß er in dieser Hinsicht für die ihm verbleibenden fünf Aktien freie Hand behalte. Kläger hat sich indes hierbei in einem Rechtsirrtume über die Folgen seiner Erklärung befunden. Gewollt war von ihm die Erklärung, daß er sich an der neuen Gesellschaft mit fünf Aktien beteilige; diese Erklärung ist in rechtsbeständiger Weise von ihm abgegeben. Die sich hieraus ergebenden Konsequenzen, namentlich die Konsequenz, daß hierdurch sein Protest gegen die Generalversammlungsbeschlüsse unwirksam geworden ist, sind unabhängig von seinem Willen und treten von Rechts wegen ein.

Auf die übrigen Streitpunkte ist hiernach nicht einzugehen. Es war vielmehr aus den dargelegten Gründen unter Aufhebung des angefochtenen Urteiles auf Abweisung der Klage zu erkennen." ...

---

21. 1. Kann der Verkäufer im Wege des sog. Selbsthilfeverkaufes (Art. 343 H.G.B.) nur solche Ware öffentlich verkaufen lassen, welche sich in seinem Besitze befindet oder doch seiner thatsächlichen Verfügung unterworfen ist?

2. Ist in dieser Beziehung den gesetzlichen Voraussetzungen genügt, wenn der Verkäufer die von ihm öffentlich verkauften Coaks zwar bei einer Zeche bestellt hatte und nach erfolgter Abrufung beziehen konnte, die Abrufung zur Zeit des Verkaufes aber noch nicht erfolgt war?

3. Hat das Gericht, wenn die Klage lediglich auf Art. 343 H.G.B. gestützt wurde, auf Grund des vorgetragenen Thatbestandes zu prüfen, ob nicht nach freiem Ermessen auf Schadensersatz zu erkennen sei?

4. Muß den Anforderungen in Art. 343 H.G.B. auch dann genügt werden, wenn ein Zahlungsverzug vorliegt, und der Verkäufer sich bei Ausübung seines Wahlrechtes für den Selbsthilfeverkauf entschieden hat?

II. Civilsenat. Urt. v. 20. Februar 1894 i. S. Sch. (Kl.) w. P. (Bekl.) Rep. II. 6/94.

I. Landgericht Halle a. S.
II. Oberlandesgericht Naumburg a. S.

Die Klägerin hat dem Beklagten eine größere Menge Coaks verkauft und ist, als die Ware ungeachtet ihrer Aufforderung nicht abgenommen wurde, zu drei Selbsthilfeverkäufen geschritten. In der Klage hat sie Ersatz des Mindererlöses verlangt. Der Beklagte hat u. a. geltend gemacht, daß die gesetzlichen Voraussetzungen zur Vornahme eines Selbsthilfeverkaufs nicht vorgelegen hätten. Der erste Richter hatte die Klage zuerkannt. Vom Oberlandesgerichte wurde sie dagegen abgewiesen. Die Revision der Klägerin wurde zurückgewiesen.

Aus den Gründen:

„1. Das Oberlandesgericht hat die Klage abgewiesen, weil die von der Klägerin vorgenommenen Selbsthilfeverkäufe nach Art. 343 H.G.B. nicht wirksam seien, und die Klägerin deshalb auch nicht von dem Beklagten Bezahlung des Mindererlöses verlangen könne, der sich bei diesen Verkäufen ergeben habe. Dessen Auffassung ist durchaus zutreffend. Durch die erwähnte Vorschrift wird dem Verkäufer für den Fall, daß der Käufer mit der Empfangnahme der Ware im Verzug ist, die Befugnis eingeräumt, diese Ware auf dessen Gefahr und Kosten in einem öffentlichen Lagerhause oder bei einem Dritten niederzulegen oder sie nach vorgängiger Androhung (für Rechnung des Käufers) öffentlich verkaufen zu lassen. Dadurch wird ihm die Möglichkeit gewährt, sich der ihm durch Art. 343 Abs. 1 auferlegten Verpflichtung zur Aufbewahrung der Ware zu entledigen und sich ihrer entweder ganz zu entäußern oder doch das Lager, auf dem sie sich befindet, dadurch zu räumen, daß er sie anderswo niederlegt. Aus Wortlaut und Zweck dieser Vorschrift ergiebt sich mit voller Deutlichkeit, daß die von dem sogenannten Selbsthilfeverkaufe handelnde Vorschrift nur insoweit Anwendung finden kann, als es sich um den Verkauf von wirklich vorhandener, im Besitze des Verkäufers befindlicher oder doch zu dessen thatsächlicher Verfügung stehender Ware handelt; denn nur insoweit kann von einer Verpflichtung zur Aufbewahrung und von einer Niederlegung der Ware die Rede sein. Vom Reichsoberhandelsgerichte wie vom Reichsgerichte wurde denn auch stets an dieser Auffassung, insbesondere daran festgehalten, daß ein bloßer, dem Verkäufer zustehender Anspruch, vermöge dessen er von einem Dritten die Lieferung einer bestimmten Warenmenge verlangen kann, ihn nicht berechtige, in Gemäßheit des Art. 343 durch Selbsthilfeverkauf diesen Anspruch auf einen Dritten zu übertragen oder sich auf diesem Wege Dritten gegenüber lediglich zur Lieferung einer Ware zu verpflichten, die noch gar nicht vorhanden, jedenfalls nicht seiner thatsächlichen Verfügung unterworfen ist.

Vgl. Entsch. des R.O.H.G.'s Bd. 8 S. 375 flg., Bd. 21 S. 73, Bd. 22 S. 5 flg., ferner die Urteile des Reichsgerichtes vom 24. September 1881, 21. September 1883 und 4. Mai 1892, Entsch. des R.G.'s in Civils. Bd. 5 S. 58 flg., besonders S. 65. 66, Bd. 11 S. 111 flg., besonders S. 114, Juristische Wochenschrift 1892 S. 276.

Um Selbsthilfeverkäufe der letzteren Art handelt es sich aber im vorliegenden Falle. Der Klägerin stand zwar gegenüber der Zeche Dannenbaum ein Anspruch auf Lieferung einer größeren Menge Coaks von derjenigen Beschaffenheit zu, wie sie der Beklagte von ihr zu beziehen hatte. Aber sie hatte, als sie die Selbsthilfeverkäufe vornahm, diese Coaks noch nicht bezogen, ja noch nicht einmal abgerufen. Es standen hiernach solche nicht zu ihrer thatsächlichen Verfügung. In mehreren Urteilen des Reichsoberhandelsgerichtes und des Reichsgerichtes ist zwar dargelegt worden, ein Selbsthilfeverkauf im Sinne des Art. 343 H.G.B. werde nicht dadurch ausgeschlossen, daß mit der zu verkaufenden Ware noch gewisse Manipulationen vorgenommen werden müßten; Gegenstand eines solchen könnten z. B. auch noch nicht geförderte Kohlen sein. Aber auch wenn man sich auf diesen Standpunkt stellt, wie es das Oberlandesgericht gethan hat, sind die von der Klägerin vorgenommenen Selbsthilfeverkäufe nicht als ordnungsmäßige im Sinne des Art. 343 anzusehen, weil die Klägerin es unterlassen hat, vorher eine bestimmte Menge Coaks bei der Zeche Dannenbaum „abzurufen" und dann diese von ihr abgerufenen Coaks zum Verkaufe zu bringen. So lange eine solche Abrufung nicht erfolgt war, standen die verkauften Coaks, die übrigens bei dem Verkaufe weder in Beziehung auf ihre Beschaffenheit, noch bezüglich der Bezugsquelle genauer bezeichnet wurden, jedenfalls nicht zur thatsächlichen Verfügung der Revisionsklägerin. Diese macht zwar geltend, da gelagerte Coaks nicht als „Primaware" gelten, sei sie nicht in der Lage gewesen, anders zu verfahren, als geschehen sei. Aber dies ist nicht anzuerkennen, da keineswegs festgestellt worden ist, daß die Coaks auch durch ein ganz kurzes Lagern die Eigenschaft als Primaware verlieren, und es der Klägerin unbenommen war, die ihr zu liefernden Coaks kurz vor der Ausführung des Selbsthilfeverkaufes abzurufen und dadurch dem Käufer die Möglichkeit zu gewähren, ganz frische Ware zu beziehen. Außerdem würde, wenn Selbsthilfeverkäufe bei den gegebenen Verhältnissen nicht ausführbar gewesen wären, daraus nur folgen, daß die Kläger diese hätten unterlassen und ihre Ansprüche auf anderem Wege verfolgen sollen. Die Annahme, daß der Verkäufer nach Art. 343 H.G.B. Ware verkaufen lassen könne, die er weder bezogen noch abgerufen hat, läßt sich ebensowenig rechtfertigen, wie diejenige, nach welcher es überhaupt nicht darauf ankomme, ob bezüglich der verkauften Ware ein Lieferungskauf abgeschlossen sei. In beiden Fällen wird nicht, wie Art. 343 H.G.B. voraussetzt, wirklich vorhandene, der thatsächlichen Verfügung des Verkäufers unterworfene Ware verkauft, sondern es erstreckt sich der Selbsthilfeverkauf nur auf Ware, die der Verkäufer erst künftig beziehen will, und über die er thatsächlich zur Zeit noch nicht verfügen kann.

2. Der zweite Angriff der Revisionsklägerin geht dahin, das Oberlandesgericht hätte, auch wenn die Selbsthilfeverkäufe nach seiner Auffassung nicht dem Art. 343 H.G.B. entsprochen hätten, nach § 260 C.P.O. prüfen müssen, ob sich daraus nicht immerhin ein hinlänglicher Beweis für den von der Klägerin behaupteten Schaden ergebe. Dieser Angriff scheitert schon daran, daß nach den obigen Darlegungen keineswegs feststeht, ein Selbsthilfeverkauf sei überhaupt unmöglich gewesen. Aber auch abgesehen davon ist er nicht begründet. Die Klägerin hat ihre Klage lediglich auf Art. 343 H.G.B. gestützt und der Sache nach nicht Schadensersatz, sondern Vertragserfüllung durch Bezahlung des von dem Beklagten geschuldeten Kaufpreises verlangt, soweit sie nicht schon durch den Erlös aus den für seine Rechnung vorgenommenen Selbsthilfeverkäufen befriedigt worden ist. Das Oberlandesgericht war hiernach nicht befugt, der Klägerin an Stelle dieses Restkaufpreises unter Anwendung des § 260 C.P.O. Schadensersatz wegen Nichterfüllung des Vertrages zuzusprechen, den diese gar nicht verlangt hatte. Es kann deshalb dahingestellt bleiben, ob die Klägerin bei der gegebenen Sachlage solchen Schadensersatz hätte verlangen dürfen.

3. Als ungerechtfertigt erscheint endlich noch der letzte Angriff der Revisionsklägerin, nach welchem das Oberlandesgericht mit Unrecht angenommen haben soll, daß ein Zahlungsverzug von der Klägerin nicht behauptet worden sei, und die Anwendung des Art. 354 H.G.B.

für gerechtfertigt erklärt wird. Auch wenn man annehmen wollte, die Klägerin habe einen Zahlungsverzug behauptet, und ein solcher liege wirklich vor, würde dadurch an der rechtlichen Beurteilung der Sache nichts geändert. Nach dieser Annahme hat die Revisionsklägerin von dem ihr nach Art. 354 H.G.B. zustehenden Wahlrechte in der Weise Gebrauch gemacht, daß sie Selbsthilfeverkäufe vornehmen ließ, und in der Klage Bezahlung des ihr noch zukommenden (in Art. 354 ungenau als Schadensersatz bezeichneten) Restkaufpreises beantragt. Diesen kann sie aber nur fordern, wenn die Selbsthilfeverkäufe den Vorschriften des Art. 343 H.G.B. entsprechen. Der Umstand, daß sie nicht vorhandene Ware verkauft hat, würde der Klage daher auch dann entgegenstehen, wenn sie nicht bloß auf Art. 343, sondern auch auf Art. 354 gestützt worden wäre."

---

22. Anmeldung und Beschreibung eines Modelles behufs der Eintragung in die Gebrauchsmusterrolle. Bedeutung des Inhaltes der Anmeldung bei Differenz zwischen Anmeldung und Modell. Gesetz vom 1. Juni 1891 §§ 1. 2. 4.

I. Civilsenat. Urt. v. 26. Mai 1894 i. S. W. (Kl.) w. Aktiengesellschaft für Federstahlindustrie vorm. A. H. (Bekl.) Rep. I. 4/94.

I. Landgericht Hanau.
II. Oberlandesgericht Kassel.

Für den Kläger ist in der Gebrauchsmusterrolle auf Grund des Gesetzes vom 1. Juni 1891 ein Modell für „aus Draht gewundene und gepreßte Federn zum Ersatze für Fischbein" eingetragen worden. Die Anmeldung giebt als neue Gestaltung und Anordnung der Feder an: daß über einen in Schraubenlinie gewundenen Draht im entgegengesetzten Drehsinne ein zweiter Draht in Schraubenlinie gewunden ist, und dann beide ineinander fest und flach gepreßt sind. Das Modell zeigt abweichend davon zwei selbständige Federn, die seitwärts ineinander geschoben und alsdann glatt geschlagen sind und sowohl in fertigem wie unfertigem Zustande seitwärts wieder auseinander geschoben werden können, während die Drahtfedern nach der Anmeldung sich seitlich nicht auseinander ziehen lassen, da die Drahtwindungen miteinander verkettet sind.

Die Beklagte fabriziert und vertreibt unstreitig Federn, die dem Modelle entsprechen.

Der Kläger ist deshalb auf Unterlassung der gewerbsmäßigen Nachbildung und des Vertriebes solcher Federn bei Strafe klagbar geworden. Der erste Richter hat die Klage abgewiesen, und die eingelegte Berufung ist verworfen. Die Revision ist zurückgewiesen aus folgenden

Gründen:

„Beide Instanzrichter weisen die Klage wegen der Nichtübereinstimmung des Modelles mit der in der Anmeldung enthaltenen Beschreibung ab. Der Berufungsrichter stellt fest, daß bei der hinterlegten Nachbildung des Modelles eine Feder in den Windungen der anderen läuft, während nach der Beschreibung der Anmeldung eine Feder sich über der anderen winden soll, und daß die Nachbildung dieser Beschreibung ein anderes Aussehen zeigt, als die hinterlegte Nachbildung. Er führt aus, das Gesetz wolle die Möglichkeit nicht eröffnen, daß eine neue Gestaltung angemeldet, und der Schutz für eine alte Gestaltung dadurch erreicht werde, daß eine Nachbildung mit alter Gestaltung überreicht werde. Es bleibe überdies ungewiß, welches Gebrauchsmuster geschützt werden solle, das in der Anmeldung bezeichnete, dessen Nachbildung nicht hinterlegt sei, oder das hinterlegte Modell, dessen Gestaltung mit der Anmeldung nicht übereinstimme. Solche Verschiedenheit lasse auch die Identität des angemeldeten und eingetragenen Gebrauchsmusters mit dem, dessen Schutz verlangt werde, zweifelhaft.

Diesen Ausführungen ist im Ergebnisse beizustimmen. Die Angriffe, welche die Revision dagegen erhebt, sind nicht begründet.

Nach § 1 des Gesetzes vom 1. Juni 1891 werden Modelle als Gebrauchsmuster geschützt, insoweit sie dem Arbeits- und Gebrauchszwecke durch eine neue, noch nicht beschriebene oder offenkundig benutzte Gestaltung, Anordnung oder Vorrichtung dienen sollen. Nach § 2 sind sie schriftlich anzumelden, die Anmeldung muß die neue Gestaltung oder Vorrichtung angeben, und eine Nach- oder Abbildung des Modelles ist beizufügen. Nach § 4 bewirkt die Eintragung den Schutz gegen gewerbsmäßige Nachbildung und gegen gewerbsmäßigen Vertrieb. Eingetragen wird das Gebrauchsmuster gemäß § 2 des Gesetzes nach der Bezeichnung, welche die Anmeldung dem Modelle giebt.

Eingetragen ist hier als Modell: „Aus Draht gewundene und gepreßte Federn zum Ersatze für Fischbein." Welches konkrete Gebrauchsmuster geschützt ist, läßt sich aus dieser Eintragung mit Sicherheit nicht ersehen. Sie ergiebt die Gestaltung der Feder nur ganz allgemein. Die Eintragung, die regelmäßig nur eine kurze Bezeichnung des Modelles wiedergiebt, wird auch nie so vollständig sein können, daß aus ihr allein im Streitfalle die Identität des angemeldeten und des als Nachbildung verfolgten Modelles erkannt werden kann. In welcher Gestaltung der Schutz gewollt und durch die Eintragung bewirkt ist, wird deshalb regelmäßig nur die der Anmeldung nach § 2 Abs. 3 des Gesetzes notwendig beizufügende Ab- oder Nachbildung des Modelles ergeben. Objekt des Schutzes ist deshalb grundsätzlich dies Modell. Dies Modell ist nach dem Willen und der Erklärung des Anmeldenden das Muster, von dessen Schutz der § 4 des Gesetzes spricht. Darum ist eine Nach- oder Abbildung des Modelles nach § 2 Abs. 3 der Anmeldung beizufügen, und sie kann, abweichend von der Vorschrift im § 9 des Gesetzes vom 11. Januar 1876, betreffend das Urheberrecht an Mustern und Modellen, nicht versiegelt niedergelegt werden. Richtig ist auch, daß weder das Gesetz noch eine im § 2 Abs. 4 des Gesetzes dem Patentamte überlassene Bestimmung eine Beschreibung des Musters fordert. Aber die Frage, welche Bedeutung einer solchen Beschreibung, wenn sie der Anmelder für erforderlich oder dienlich gehalten hat, und der Thatsache beizulegen ist, daß solche Beschreibung von der der Anmeldung beigefügten Nach- oder Abbildung des Modelles abweicht, braucht nicht entschieden zu werden. Denn die nach § 2 Abs. 2 des Gesetzes mit der Anmeldung notwendig verbundene Angabe der neuen Gestaltung oder Vorrichtung ist nicht nur Beschreibung (demonstratio) des angemeldeten Modelles, sondern integrierender Bestandteil der Anmeldung. Sie beschreibt nicht, sondern sie charakterisiert das Modell. Auf sie trifft in besonderem Maße das zu, was in den Motiven des Gesetzes (S. 11) als Zweck und Bedeutung einer der Anmeldung etwa beigegebenen Beschreibung bezeichnet wird:

„daß sie bei der Rechtsverfolgung das Vorhandensein einer Neuerung und die Identität des eingetragenen Gegenstandes mit dem Gegenstande, für welchen der Schutz des Gesetzes in Anspruch genommen werden soll, außer Zweifel stellt."

Ist aber die Angabe der Anmeldung über das, was die neue Gestaltung oder Vorrichtung des Modelles sein soll, wesentlicher Bestandteil der Anmeldung, so kann als das angemeldete, eingetragene und geschützte Modell auch nur das Modell angesehen werden, welches diese neue Gestaltung oder Vorrichtung zeigt, und als Nachbildung dieses Modelles nur ein Gegenstand, welcher diese neue Gestaltung oder Vorrichtung enthält. Daran ist um so strenger festzuhalten, als der § 3 Abs. 5 des Gesetzes vom 1. Juni 1891 die Einsicht der Rolle und der Anmeldungen, auf Grund deren die Eintragungen erfolgt sind, jedermann freistellt. Die beteiligten Gewerbetreibenden sind dadurch in die Lage versetzt, sich durch Einholung einer Abschrift der Eintragung und Anmeldung ohne Kenntnisnahme von der niedergelegten Nach- oder Abbildung selbst, welche oft Reisen nach dem Sitze des Patentamtes und Kosten erfordern würde, Sicherheit darüber zu verschaffen, worin die Neuheit des Modelles besteht. Sie müssen sich dann aber auch darauf verlassen können, daß nur ein Modell geschützt ist, welches diese Neuheit zeigt, und daß sie in das geschützte Recht nur dann eingreifen, wenn sie dieses Neue reproduzieren.

Nun hat der Kläger als das Neue seines Modelles in der Anmeldung angegeben: „daß über einem in Schraubenlinie gewundenen Draht im entgegengesetzten Drehsinne ein zweiter Draht in Schraubenlinie gewunden ist, und beide ineinander fest und flach gepreßt sind," und es ist festgestellt, auch unstreitig, daß die hinterlegte Nachbildung und die derselben entsprechende Feder der Beklagten das in der Anmeldung als neu angegebene charakteristische Merkmal, daß zwei Drähte übereinander gewunden sind, nicht zeigen. Danach ist mit Recht verneint, daß die Beklagte das angemeldete und geschützte Gebrauchsmuster in Benutzung genommen hat. Die Klage ist deshalb mit Recht abgewiesen, und die Revision unbegründet." ...

23. Ist die gewerbliche Verwertbarkeit der patentierten Erfindung eine stillschweigende Bedingung des Lizenzvertrages?

III. Civilsenat. Urt. v. 5. Dezember 1893 i. S. U. (Kl.) w. Gebr. K. (Bekl.) Rep. III. 181/93.

I. Landgericht Hannover.
II. Oberlandesgericht Celle.

Nach Annahme des Berufungsgerichtes gehört, abgesehen von besonderen die Vermutung eines gewagten Geschäftes rechtfertigenden Gründen, zu den Voraussetzungen eines Lizenz- wie Überlassungsvertrages, daß die Erfindung, über welche der Vertrag geschlossen wird, bereits eine gewerblich verwertbare Gestalt gewonnen hat, d. h. in einer für den gewerblichen Zweck, welchem sie dienen soll, brauchbaren Weise praktisch dargestellt werden kann. Auf Grund dieser Annahme ist der zwischen dem Kläger als Patentinhaber und dem Beklagten als Lizenzträger abgeschlossene Vertrag ausgelegt, und nach der Feststellung, daß die dem Kläger zum Pulsometer patentierte Erfindung einen erkennbaren Unterschied ihrer Wirkung im Vergleiche zu dem gewöhnlichen — nicht patentierten — Pulsometer thatsächlich nicht aufweise, die auf Erfüllung des Vertrages gerichtete Klage des Klägers abgewiesen worden.

Jener Annahme ist das Revisionsgericht unter Aufhebung des Berufungsurteiles entgegengetreten aus folgenden

Gründen:

... „Sind nach dem Patentgesetze Patente nur für solche neue Erfindungen zu erteilen, welche eine gewerbliche Verwertung gestatten, so kann bei Abschluß des Lizenzvertrages der Lizenzträger allerdings davon ausgehen, daß die patentierte Erfindung auf ihre gewerbliche Verwertbarkeit geprüft worden ist, und daß diese Prüfung zur Annahme solcher Verwertbarkeit geführt hat. Den Gegenstand des Lizenzvertrages bildet aber allein die dem Lizenzträger gewährte Erlaubnis zur Benutzung der patentierten Erfindung; der Patentträger will dem Lizenzträger gegenüber von seinem Verbietungsrechte keinen Gebrauch machen. Solange das Patent nicht für nichtig erklärt ist, hat der Patentträger das Recht, Dritte von der gewerbsmäßigen Herstellung ꝛc des Gegenstandes der Erfindung auszuschließen, und auf dieses Ausschließungsrecht verzichtet der Patentträger gegenüber dem Lizenznehmer. Selbstverständliche Voraussetzung für den Lizenzvertrag ist daher, daß dem die Erlaubnis zur Benutzung der Erfindung Gewährenden das Patent in der That erteilt worden ist, der Gewährende also die Befugnis hat, Dritte von der gewerblichen Benutzung rc auszuschließen. Nicht aber ist Voraussetzung des Vertrages das Vorhandensein derjenigen Eigenschaften einer Erfindung, welche das Gesetz für die Patentierung der Erfindung fordert; denn auch beim Fehlen dieser Eigenschaften besteht das Patent bis zur Nichtigkeitserklärung, gewährt mithin auch dem Patentträger die rechtliche Befugnis, dem Lizenzträger zu gewähren, was er ihm versprochen hat. Die hier zur Frage stehende gewerbliche Verwertbarkeit der Erfindung ist daher keine stillschweigende Bedingung des Lizenzvertrages, und ihr Nichtvorhandensein begründet für den Lizenzträger nicht die Befugnis, unter Berufung auf Irrtum vom Vertrage zurückzutreten; der Irrtum des Lizenzträgers über die Verwertbarkeit der Erfindung ist nur ein Irrtum im Beweggrunde, nicht ein Irrtum über den Vertragsgegenstand selbst. Wenn aber das Berufungsgericht für die Annahme einer stillschweigenden Bedingung davon ausgeht, daß der Lizenzträger, sofern nicht besondere Gründe für die Vermutung eines gewagten Geschäftes sprechen, nicht die Absicht habe, das Risiko für die gewerbliche Verwertbarkeit zu tragen, so ist diese Annahme aus der Natur des Lizenzgeschäftes nicht zu begründen. Die Übernahme der gewerblichen Ausbeutung einer patentierten Erfindung ist selbst dann ein mit Verlustgefahr verbundenes Spekulationsgeschäft, wenn dem Patentträger nicht eine feste oder doch im Minimalbetrage begrenzte Rente gewährt, vielmehr nur Prämie für jeden nach dem Patente hergestellten und verkauften Gegenstand versprochen wird. Der Lizenzträger hat, sofern nicht der Vertrag eine andere Bestimmung trifft, die nicht selten sehr erheblichen Kosten für die gewerbliche Herstellung und die Inverkehrbringung des Gegenstandes der Erfindung aufzuwenden, und trotz aller sinnreichen Eigenschaften kann die Erfindung im Erfolge schließlich doch nicht die gewerbliche Verwertung gestatten oder, wenn sie auch eine gewerblich verwertbare Gestalt gewonnen hat, doch im Interessentenkreise keinen Beifall finden oder durch eine andere noch bessere Erfindung in Kürze überholt werden. Wer die Ausbeutung eines Patentes übernimmt, weiß dieses oder muß es doch wissen; und will er die Gefahr überhaupt nicht oder doch nicht allein tragen, so mag er bei Abschluß des Vertrages die ihm erforderlich erscheinenden Kautelen vereinbaren. Der Lizenzvertrag als solcher bietet keine rechtliche Handhabe, dem Lizenzträger beim Mißlingen der Spekulation zu Hilfe zu kommen." ...

---

24. 1. Übergabe von Inhaberpapieren, welche keinen Talon besitzen, und deren Koupons erschöpft sind, zur Besorgung des Umtausches, bezw. neuer Koupons an einen Bankier. Können gegenüber einem zweiten Bankier, an welchen die Papiere zu dem gleichen Zwecke weitergegeben sind, die ihm ausgelieferten neuen Stücke seitens des Eigentümers der alten Stücke vindiziert werden, und zwar auch dann, wenn nicht zu ermitteln ist, welche speziellen Stücke der Bankier an Stelle der alten Stücke des Klägers erhalten hat?

2. Pfandrecht des zweiten Bankiers an den Papieren wegen seiner Forderungen an den ersten Bankier. Erwirbt er dasselbe auch an den neuen Stücken und in welchem Zeitpunkte?

3. Steht dem Erwerbe des gesetzlichen Pfandrechtes auf Grund des Art. 374 H.G.B. entgegen, daß, einer unter Bankiers bestehenden Übung entsprechend, für solche Besorgung eine spezielle Vergütung nicht berechnet wurde?

4. Vertragsmäßiges Pfandrecht an allen für Rechnung seines Geschäftsfreundes bei dem Bankier „ruhenden" Wertstücken. Voraussetzungen der Redlichkeit des Bankiers beim Erwerbe des Pfandrechtes. Ist die Eideszuschiebung über seine Kenntnis von der Nichtberechtigung des Anderen zur Verpfändung zulässig?

I. Civilsenat. Urt. v. 17. Februar 1894 i. S. D. (Bekl.) w. H. u. R. (Kl.) Rep. I. 413/93.

I. Landgericht Frankfurt a. M.
II. Oberlandesgericht daselbst.

Die Klägerin H. und der Kläger R. waren Eigentümer von je zwei Stücken italienischer Rente, deren Zinskoupons am 1. Juli 1891 erschöpft waren. Zur Beschaffung neuer Zinskoupons werden die

Stücke bei dem von der italienischen Regierung damit beauftragten Bankhause M. A. v. Rothschild & Söhne in Frankfurt a. M. eingereicht, und neue Stücke mit Zinskoupons gegen die alten Stücke umgetauscht. Beide Kläger haben ihre Stücke dem Bankhause W. R. Nachfolger in Darmstadt zur Besorgung der neuen Zinskoupons übergeben, und dieses hat die Stücke zugleich mit anderen Stücken der beklagten Bankfirma, mit der es seit Jahren in Geschäftsverbindung stand, im eigenen Namen zum Umtausche, bezw. zur Kouponbesorgung übersandt. Die Beklagte hat den Umtausch durch M. A. v. Rothschild & Söhne für sich besorgen lassen und im Januar 1892 die neuen Stücke mit neuen Nummern und neuem Datum erhalten. Spesen hat sie dafür usancemäßig dem Bankhause W. R. Nachfolger nicht berechnet.

Über das Vermögen von W. R. Nachfolger wurde im Dezember 1891 der Konkurs eröffnet, und die Beklagte hat die im Januar 1892 erhaltenen Rententitres wegen ihrer Forderungen gegen W. R. Nachfolger aus laufender Rechnung in Kommissionsgeschäften im Betrage von etwa 90000 ℳ zurückbehalten.

Die Kläger haben deshalb auf Herausgabe der alten Stücke oder von Stücken gleicher Art nebst den Zinskoupons Klage erhoben, welcher die Beklagte widersprochen hat, weil das Eigentum der Kläger an den alten Stücken untergegangen sei, sie selbst das Eigentum der neuen Stücke oder doch an denselben ein Pfandrecht aus Artt. 306. 374 H.G.B. erworben habe. Die Kläger haben dies und den guten Glauben der Beklagten bestritten.

Der erste Richter hat die Klage abgewiesen, der zweite Richter hat auf die Klage der Klägerin H. die Beklagte verurteilt, die Entscheidung über die Klage des R. aber von einem Eide der Beklagten darüber abhängig gemacht, daß sie die Nichtberechtigung des Bankhauses W. R. Nachfolger zur Verpfändung beider Stücke nicht gekannt habe.

Auf die Revision der Beklagten ist das Berufungsurteil bezüglich der Entscheidung auf die Klage des H. aufgehoben, und die Sache an das Berufungsgericht zurückverwiesen, dagegen die Revision des Klägers R. zurückgewiesen aus nachfolgenden

Gründen:

... „Die erhobene Eigentumsklage anlangend ist zunächst unstreitig, daß Kläger bei der Hingabe der Papiere an W. R. Nachfolger Eigentümer derselben waren. Auch legt das Berufungsgericht ohne Rechtsirrtum die Klausel der zwischen der gedachten Firma und der beklagten Bankfirma vereinbarten sog. Kontokorrentbedingungen, nach welcher die letztere befugt ist, die von ihr aufzubewahrenden Objekte „ihren eigenen Beständen einzureihen", dahin aus, daß dieselbe sich gar nicht auf die Übertragung des Eigentumes beziehe, sondern nur bedeute, daß die Beklagte nicht verpflichtet sei, besondere Maßregeln zum Schutze der ihr anvertrauten Papiere zu treffen, und daß sie vielmehr berechtigt sei, diese an demselben Orte mit ihren eigenen Beständen und vermischt mit diesen aufzubewahren, woraus dann mit Recht gefolgert wird, daß das Eigentum der Kläger an den hier fraglichen Papieren nicht schon durch die Einreihung derselben in die eigenen Bestände der Beklagten untergegangen sei.

Daß ferner die Beklagte die ihr von W. R. Nachfolger eingesandten Stücke nicht mehr besitze und, da sie mit denselben dem ihr erteilten Auftrage gemäß verfuhr, auch nicht etwa demjenigen, qui dolo possidere desiit, gleich zu achten sei, ist ebenfalls richtig, und es fragt sich daher weiter, ob die (hiernach allein in Betracht kommende) eventuelle Vindikation neuer Stücke gleicher Gattung, welche die Beklagte von dem Hause M. A. Rotschild & Söhne statt der ursprünglichen erhalten hat, begründet ist. Diese Frage ist aber vom Berufungsgerichte, welches zutreffend ausführt, daß diese neuen Stücke im Verhältnisse zwischen Gläubiger und Schuldner der durch die Papiere repräsentierten und verkörperten Forderungen nach dem Willen der Beteiligten vollständig in die Rechtsstellung der alten Papiere eingerückt seien, und daß auch die gewollte Thätigkeit der Beklagten sich gerade auf diesem Gebiete bewegt habe, mit Recht aus dem Grunde bejaht, weil vernünftigerweise die Absicht der Kontrahenten nicht dahin gegangen sein könne, daß das alte Forderungsrecht untergehe, und durch die Ausgabe der neuen Papiere ein neues von gleicher Höhe entstehen solle, sondern vielmehr nur dahin, daß für das fortbestehende Recht eine neue, die Verwirklichung der Forderung ermöglichende Urkunde ausgestellt werden solle, wofür mit Recht auf das Urteil des Reichsgerichtes vom 22. Juli 1886,

vgl. Entsch. desselben in Civils. Bd. 18 S. 6 flg.,

Bezug genommen ist. Der hiergegen erhobene Einwand, daß, wenn auch im Verhältnisse zwischen der Ausstellerin der Papiere — der italienischen Regierung — und den Klägern als Gläubigern die neuen Stücke an die Stelle der alten getreten seien, daraus doch noch nicht folge, daß die Kläger Eigentümer der neuen Papiere geworden seien, erscheint als unzutreffend. Denn bei Schuldurkunden, welche auf den Inhaber lauten, bildet das Papier als solches keinen selbständigen Gegenstand des Eigentumes. Es ist nur um der Forderung willen vorhanden, und der Gläubiger, welchem die in dem Papiere verkörperte Forderung zusteht, ist daher in der Regel rechtlich auch als der Eigentümer des Papieres anzusehen.

Da das Berufungsgericht den Willen der Kontrahenten zutreffend dahin auffaßt, daß die an die alten Papiere geknüpften Rechtsverhältnisse durch die Ausgabe der neuen Papiere unmittelbar von jenen auf diese übertragen werden sollten, so nimmt es auch mit Recht an, daß von einem Tausche (wie die Beklagten wollen) im Rechtssinne nicht die Rede sein könne, und daß die Beklagten die Besitzer der vindizierten Papiere seien.

Der fernere Einwand der Beklagten, daß mit der rei vindicatio lediglich eine bestimmte Spezies verlangt werden könne, und daß deshalb der eventuelle Klagantrag unbegründet sei, weil feststehendermaßen die hier fraglichen Papiere mit vielen anderen vermischt von der beklagten Firma bei M. A. v. Rothschild & Söhne eingereicht seien, und nicht erkennbar sei, welche speziellen Stücke aus der Zahl der von M. A. v. Rothschild & Söhne der Beklagten übergebenen neuen Stücke an die Stelle der klägerischen Stücke getreten seien, ist vom Berufungsgerichte zutreffend durch Bezugnahme auf § 28 Inst. de rerum divisione (2, 1) und l. 5 § 1 Dig. de rei vind. (6, 1) widerlegt.

Vgl. auch Entsch. des R.G.'s in Civils. Bd. 4 S. 40. 41.

Ebenso ist die Berufung der Beklagten auf ein ihr der, dem Vorstehenden zufolge an sich begründeten Klage gegenüber nach Art. 313 H.G.B. zustehendes Retentionsrecht aus zutreffenden Gründen vom Berufungsgerichte verworfen.

Anlangend das von den Beklagten an den Papieren beanspruchte Pfandrecht geht sodann das Berufungsgericht mit Recht davon aus, daß diesem gegenüber das Eigentum der Kläger nach Artt. 306. 307

H.G.B. nicht geltend gemacht werden könne, und daß die Beklagten ihrerseits die Umstände darzuthun haben, durch welche für sie ein Pfandrecht entstanden sei, wogegen die Kläger die Beweislast für die mala fides der Beklagten treffe.

Dagegen verletzt das Berufungsgericht die Artt. 360. 374 H.G.B., auf Grund welcher die Beklagten zunächst ein ihnen gesetzlich zustehendes Pfandrecht in Anspruch genommen haben, durch die Annahme, daß die Voraussetzungen dieser Gesetzesbestimmungen hier nicht vorlägen, in welcher Beziehung es ausführt, mit Rücksicht auf den unstreitigen Umstand, daß die Beklagten der Firma W. R. Nachfolger für diese und ähnliche Kouponsbesorgungen keine spezielle Vergütung berechneten, sei in der Besorgung des Umtausches der hier fraglichen Papiere kein Kommissionsgeschäft, sondern ein bloßer Gefälligkeitsakt zu erblicken, da es für die rechtliche Charakterisierung eines Geschäftes nicht auf den von den Kontrahenten mit demselben verfolgten wirtschaftlichen Zweck, sondern auf seine Form ankomme, weshalb in ähnlicher Weise, wie die bei Kaufverträgen vielfach üblichen Gratiszugaben, obgleich sie nicht aus Wohlwollen gegen den Kunden erfolgen, als Schenkungen zu betrachten seien, auch hier die unentgeltliche Besorgung der Koupons keine Kommission, sondern etwas dem Precarium Ähnliches enthalte.

Dies erscheint als rechtsirrtümlich. Es ist vielmehr dem Landgerichte darin beizutreten, daß es zu den von Bankiers gewerbsmäßig betriebenen Kommissionsgeschäften auch gehört, im eigenen Namen für Rechnung der Auftraggeber den Umtausch von Wertpapieren und die Besorgung von Koupons zu vermitteln, daß im vorliegenden Falle die Firma W. R. Nachfolger zweifellos voraussetzte, die beklagte Firma werde (wie dies auch thatsächlich geschehen ist) bei den hier fraglichen Besorgungen in ihrem eigenen Namen handeln, daß die von der beklagten Firma besorgten Geschäfte daher Handels-, und zwar Kommissionsgeschäfte waren, und daß mithin die hier fraglichen Papiere, da sie auf Grund solcher Geschäfte in den Besitz der Beklagten gelangten, im Sinne des Art. 374 H.G.B. Kommissionsgut sind, an welchem ihnen nicht nur wegen der auf das Gut verwendeten Kosten, der Provision u. s. w., sondern auch wegen aller ihrer Forderungen an die Firma W. R. Nachfolger aus laufender Rechnung in Kommissionsgeschäften ein Pfandrecht zusteht, vorausgesetzt, daß sie sich beim Erwerbe desselben in gutem Glauben befunden haben.

Vgl. Entsch. des R.O.H.G.'s Bd. 15 S. 421 flg., Bd. 20 S. 86 flg.

Die Entgeltlichkeit ist kein unbedingtes Erfordernis der Kommission. Denn dem Kommissionär steht zwar an sich ein Recht auf Provision zu. Dieser Anspruch kann aber für einen einzelnen Fall, wie auch für eine bestimmte Gattung von Fällen ausgeschlossen werden, ohne daß das Geschäft dadurch allein seine Natur verändert. Denn solche Geschäfte können trotzdem sehr wohl als im Betriebe des Handelsgewerbes des Kommissionärs abgeschlossen angesehen werden, und in den meisten Fällen ist die Unentgeltlichkeit der Besorgung solcher Geschäfte auch nur eine scheinbare, indem sie entweder auf Gegenseitigkeit zwischen zwei Bankierhäusern beruht oder in der Erwartung geübt wird, dadurch in anderer Weise aus der Verbindung mit dem Kommittenten Vorteil zu ziehen.

Vgl. v. Hahn, Kommentar zu Art. 306 H.G.B. § 3 Anm. 6. 7, wo die entgegengesetzte Ansicht zutreffend widerlegt wird, sowie Staub, Kommentar S. 855 § 7.

Von den seitens des Berufungsgerichtes angezogenen Entscheidungen des Reichsoberhandelsgerichtes betrifft, wie die Revision richtig bemerkt hat, diejenige in Bd. 9 S. 425 flg. ein Geschäft, welches nach der übereinstimmenden Absicht der Beteiligten als eine außerhalb ihres kaufmännischen Verkehres liegende Angelegenheit aus bloßer Gefälligkeit besorgt werden sollte, während in Bd. 13 S. 133 flg. nur von dem Erfordernisse der Entgeltlichkeit beim Frachtvertrage, und zwar nur mit Rücksicht auf einen ganz besonders gestalteten Fall, die Rede ist.

Die von den Beklagten der Mitklägerin H. gegenüber eingelegte Revision erscheint mithin schon hiernach an sich als begründet.

Mit Recht rügt aber die Revision der Beklagten, daß das Berufungsgericht auch die Entstehung des von ihr auf Grund der zwischen ihr und W. R. Nachfolger vereinbarten sog. Kontokorrentbedingungen in Verbindung mit der Übergabe der hier fraglichen Papiere in zweiter Linie geltend gemachten vertragsmäßigen Pfandrechtes der Mitklägerin H. gegenüber aus rechtsirrtümlichen Gründen verneint hat. In diesen Bedingungen heißt es: „Alle für Ihre

Rechnung bei mir ruhenden Wertstücke ..., mögen solche aus Kommissionsgeschäften oder anderen Verhältnissen herrühren, dienen mir für alle Forderungen ... als Faustpfand." Das Berufungsgericht hat nun zwar den Einwand der Kläger, daß nach hessischem Rechte eine Generalverpfändung unzulässig sei, und deshalb die Beklagten auf Grund dieser Bestimmung ein Pfandrecht an den hier fraglichen Papieren nicht hätten erwerben können, aus den von ihm gebilligten zutreffenden Gründen des Landgerichtes verworfen. Aber es vermißt das Vorliegen der Voraussetzung der gedachten Geschäftsbedingungen, weil die Firma W. R. Nachfolger in concreto nach ihrem Schreiben vom 1. Juli 1891 die Papiere der Beklagten nur „zum gefälligen Umtausche, bezw. Kouponsbesorgung" ohne jede anderweite Bestimmung und insbesondere nicht zur Aufbewahrung übersandt habe, die Papiere also nicht zum „Ruhen" bei der Beklagten bestimmt gewesen seien, und lediglich bei der Beklagten „ruhende" Papiere nach den Geschäftsbedingungen dem Pfandrechte unterworfen sein sollten.

Hierin muß eine Verletzung des Art. 278 H.G.B. gefunden werden. Denn das Berufungsgericht hält sich bei seiner Auslegung des hier fraglichen Passus der Geschäftsbedingungen streng an den Wortsinn derselben, ohne sich zu bemühen, den wirklichen Willen der Kontrahenten zu erforschen, und es verkennt dabei die sich aus dem letzteren ergebende Bedeutung des Wortes „ruhenden". Da die Tendenz der hier fraglichen Bestimmung erkennbar dahin geht, der beklagten Firma zur Sicherheit für alle ihre Forderungen an den betreffenden Geschäftsfreund oder Kunden an allen für Rechnung desselben in den Besitz der Beklagten gelangten Werten ein Pfandrecht zu verschaffen, wobei die ursprünglich beabsichtigte Dauer des Besitzes der Beklagten als gleichgültig erscheint, so können vielmehr die Worte „alle bei mir ruhenden Wertstücke" nur den Sinn haben, daß darunter alle sich zur Zeit in dem Besitze der Beklagten befindenden und deshalb — sei es auf längere oder kürzere Zeit — ihrer Aufbewahrung unterliegenden Wertstücke zu verstehen sind. Auch fehlt es an jedem Anhalte dafür, mit dem Berufungsgerichte unter den bei der Beklagten ruhenden Wertstücken nur die zum Ruhen bestimmten Wertstücke zu verstehen, wobei es zugleich unklar bleibt, ob für eine solche Bestimmung lediglich der Wille des Dritten oder eine desfallsige Vereinbarung mit der Beklagten als maßgebend gedacht ist. Daß der mit dem Schreiben der Firma W. R. Nachfolger vom 1. Juli 1891 der Beklagten erteilte Auftrag „zum gefälligen Umtausch, bezw. Kouponsbesorgung" die Erwerbung eines Faustpfandes nicht ausschließt, da die Ausführung desselben den Besitz der Papiere, bezw. die Verfügung über dieselben der Beklagten nicht entzog, hat schon das Landgericht zutreffend ausgeführt; und dies ist bei der Entscheidung über den Anspruch des Mitklägers R. auch vom Berufungsgerichte stillschweigend gebilligt. Überdies hat das Berufungsgericht bei seiner Negierung des Verpfändungswillens in betreff der hier fraglichen Papiere der Mitklägerin H. mit Unrecht das Antwortschreiben der Firma W. R. Nachfolger vom 1. Juli 1891 außer acht gelassen, in welchem sie den Empfang der Papiere mit dem Zusatze anzeigt, daß sie dieselben für die Adressatin asserviere, um seiner Zeit Nötiges zu besorgen. Denn dadurch erklärte die Beklagte, daß sie die Papiere einstweilen bei sich „ruhen" lassen und erst in einem späteren Zeitpunkte (mit anderen solchen Stücken zusammen) zum Umtausche einreichen werde. Die Klägerin, welche dieses Antwortschreiben ihrerseits beigebracht hat, behauptet nun aber gar nicht, daß die Firma W. R. Nachfolger dagegen moniert habe, und es ist mithin unstreitig, daß diese sich mit dem Inhalte des Schreibens stillschweigend einverstanden erklärt hat.

Wenn die Kläger auch in der Revisionsinstanz zu deduzieren suchen, daß, wenn die Beklagte auch an den ihr von W. R. Nachfolger übersandten Stücken italienischer Rententitres ein Pfandrecht erworben haben sollte, dieses doch durch deren Einreichung an die Emittentin und darauf erfolgte Kassation untergegangen sein würde, da die der Beklagten statt dessen von der Emittentin ausgelieferten neuen Stücke keineswegs ohne weiteres in das an den alten Stücken bestehende Pfandrecht eingerückt seien, so genügt es, zur Widerlegung dieser Ansicht auf das oben betreffs des Eigentumsüberganges Gesagte Bezug zu nehmen. Denn auch den Gegenstand des Pfandrechtes bildet nicht das betreffende Stück Papier, sondern die durch dasselbe verkörperte Forderung, und da diese trotz des Wechsels der darüber ausgestellten Urkunde als zwischen Gläubiger und Schuldner unverändert fortbestehend anzusehen ist, erlischt auch das an den alten Stücken bestandene Pfandrecht nicht, sondern es setzt sich dasselbe vielmehr an den an ihrer Stelle in den Besitz des Pfandgläubigers gelangten neuen Stücken unmittelbar fort. Es kommt daher auch — was die Kläger mit Unrecht bestreiten — nur darauf an, ob die Beklagte sich beim Erwerbe des Pfandrechtes an den alten Stücken in gutem Glauben befunden hat, und es steht daher der Beklagten auch nicht entgegen, daß sie die neuen Stücke von dem Hause Rothschild erst im Januar 1892 ausgeliefert erhalten hat, also zu einer Zeit, wo die Firma W. R. Nachf. bereits in Konkurs geraten war. Da das Berufungsgericht sodann auch den von den Klägern gegen den Erwerb eines Pfandrechtes an den hier fraglichen Papieren erhobenen Einwand, daß dieselben, weil sie keine Talons besäßen, nach Erschöpfung der Koupons nicht mehr die Eigenschaft eigentlicher Inhaberpapiere gehabt hätten, sondern nur noch einfache Legitimationspapiere gewesen seien, aus zutreffenden Gründen widerlegt hat, so unterliegt die der Klägerin H. gegenüber ergangene Entscheidung der Aufhebung. Zur Endentscheidung ist die Sache jedoch noch nicht reif. Denn zunächst hat das Berufungsgericht die unter Bezugnahme auf das Gutachten Sachverständiger aufgestellte Behauptung der Kläger, daß nach Handelsgebrauch wegen der ganz besonderen Natur eines Auftrages zur Kouponsbesorgung die Zurückbehaltung der zu solchem Zwecke übersandten Papiere als Faustpfand ungeachtet des Bestehens eines Kontokorrentverkehres ausgeschlossen sei, der Klage des Mitklägers R. gegenüber aus dem zutreffenden Grunde für bedeutungslos erachtet, weil in diesem Falle nach dem Schreiben der Firma W. R. Nachfolger vom 1. Oktober 1891 der der beklagten Firma bei Übersendung der hier fraglichen Papiere erteilte Auftrag nicht nur auf die Kouponsbesorgung, sondern ausdrücklich auch auf die Beifügung der Papiere „m/Depots“, d. h. zu meinem Depot, gerichtet gewesen sei, und weil das Wort „Depot“ nicht nur im allgemeinen kaufmännischen Verkehre der technische Ausdruck für Faustpfand, sondern auch in der übergebenen Korrespondenz zwischen der Firma W. R. Nachfolger und der Beklagten in dieser Bedeutung regelmäßig gebraucht sei. Da aber eine solche ausdrückliche Verpfändung in betreff der Papiere der Mitklägerin H. nicht vorliegt, so kann ihr gegenüber der gedachten Behauptung, welche das Berufungsgericht von seinem Standpunkte aus, nach welchem die Beklagte an diesen Papieren überhaupt kein Pfandrecht erworben hatte, unerwogen lassen konnte, mit Rücksicht auf Art. 279 H.G.B.

nicht von vornherein jede Bedeutung abgesprochen werden. Andererseits würde hierbei indessen auch wieder in Betracht zu ziehen sein, daß — wie Beklagte unter Beweisantritt gegenüber der Behauptung, daß die Firma W. R. Nachfolger die Papiere der Mitklägerin H. gar nicht habe verpfänden wollen, geltend gemacht hat — die Firma W. R. Nachfolger allmonatlich eine Aufstellung ihrer für ihre Kontokorrentschuld verpfändeten Papiere erhalten haben soll, daß darin pro ultimo Juli, August, September und Oktober 1891 auch die der Beklagten am 1. Juli 1891 übersandten Italiener aufgeführt sein sollen, und daß der Inhaber der Firma W. R. Nachfolger diese Aufstellungen stets sorgfältig geprüft, jedoch wegen der Aufnahme der hier fraglichen Papiere in dieselben niemals moniert haben soll. Denn sollte sich dies bewahrheiten, und daraus der Schluß zu ziehen sein, daß die Beteiligten den konkreten Willen gehabt haben, auch an den hier fraglichen Papieren ein Faustpfand zu bestellen, bezw. zu erwerben, so würde dem gegenüber das sonst im Verkehre allgemein Übliche nicht in Betracht kommen. Es war daher schon aus diesen Gründen die Sache, soweit es sich um die Klage der Frau H. handelt, zur anderweiten Verhandlung und Entscheidung in die Berufungsinstanz zurückzuverweisen, was übrigens auch deshalb notwendig ist, weil die außerdem noch in Betracht kommende Frage, ob der Beweis der Unredlichkeit oder eines groben Verschuldens der Beklagten beim Erwerbe des Pfandrechtes erbracht sei, von dem Berufungsgerichte nur dem Mitkläger R. gegenüber geprüft, und der den Beklagten zugeschobene Eid, auf dessen Leistung erkannt worden, nur dem entsprechend (für den Zeitpunkt des 1. Oktober 1891) normiert ist.

Was dagegen die Revision des Mitklägers R. anlangt, so sind seine Angriffe gegen das angefochtene Urteil schon in dem vorstehenden zum größeren Teile widerlegt. Das Berufungsgericht hat danach insbesondere ohne Rechtsirrtum angenommen, daß in betreff der dem R. gehörigen Papiere eine durch das Schreiben von W. R. Nachfolger vom 1. Oktober 1891 speziell und ausdrücklich erfolgte Verpfändung vorliegt, welcher gegenüber der von den Klägern behauptete allgemeine Handelsgebrauch unerheblich sein würde, und daß das durch dieses Schreiben der Beklagten an den ihr eingesandten alten Stücken bestellte Pfandrecht unmittelbar auch die an Stelle derselben der Beklagten von M. A. v. Rothschild & Söhne ausgelieferten neuen Stücke ergriffen hat.

Anlangend sodann die Frage, ob das Eigentum des Klägers R. an den hier fraglichen Papieren oder das der Beklagten von einem Nichteigentümer bestellte Pfandrecht durchdringe, nimmt das Berufungsgericht mit Recht — zu Gunsten des Klägers — an, daß die Redlichkeit der Beklagten nicht nur durch die Kenntnis derselben von dem Mangel des Verfügungsrechtes auf seiten der Firma W. R. Nachfolger, sondern auch schon dann ausgeschlossen sei, wenn ihre Unkenntnis auf grober Fahrlässigkeit beruhe. Bei Würdigung der klägerischerseits vorgebrachten Momente geht es aber mit Recht davon aus, daß es für die Gutgläubigkeit der Beklagten nur auf den Zeitpunkt des Erwerbes des Pfandrechtes (den 1. Oktober 1891) ankomme, und daß deshalb die angeblichen Vorfälle bei der Besprechung der Parteien im November 1891 nicht zu berücksichtigen seien. Wenn sodann das Berufungsgericht bei Prüfung aller hiernach in Betracht kommenden Momente zu dem Ergebnisse gelangt, daß die vom Kläger vorgebrachten Thatsachen in keiner der beiden angegebenen Richtungen den dem Kläger obliegenden Beweis zu erbringen geeignet seien, so ist auch bei dieser im wesentlichen thatsächlichen Feststellung die Verletzung irgend welcher Rechtsnormen nicht erfindlich, wie denn auch ein desfallsiger Angriff vom Kläger nicht erhoben ist.

Daß endlich das Berufungsgericht auch den von den Beklagten für ihre Redlichkeit unternommenen Gegenbeweis nicht für erbracht angesehen und deshalb auf den vom Kläger den beiden mitbeklagten Inhabern der beklagten Firma zugeschobenen und von diesen angenommenen Eid erkannt hat, vermag die Revision schon deshalb nicht zu begründen, weil dies dem, im übrigen beweisfälligen Kläger nur zum Vorteile gereichen könnte. Die Rüge, daß der Eid der Beklagten in einem anderen Sinne, als er normiert worden ist, zugeschoben sei, erweist sich aber angesichts des Thatbestandes der Vorderurteile auch als unbegründet, und der Rüge gegenüber, daß der Eid unzulässig sei, weil er ein Urteil enthalte, genügt eine Verweisung auf das vom Berufungsgerichte angezogene Urteil des Reichsgerichtes.

Vgl. Entsch. desselben in Civils. Bd. 7 S. 2 flg.

Die Revision des Klägers R. war hiernach als unbegründet zurückzuweisen."

---

25. Inwiefern hat der Konkursverwalter einen Absonderungsanspruch, welcher auf Grund von § 41 Ziff. 2 K.O. an sämtlichen Gegenständen der Konkursmasse geltend gemacht wurde, bei Fortsetzung des Konkursverfahrens zu berücksichtigen? Kann der Absonderungsberechtigte mit seinem Anspruche an den Erlös der vom Verwalter verwerteten Massegegenstände auf die Schlußverteilung verwiesen werden?

II. Civilsenat. Urt. v. 10. April 1894 i. S. de R. de M. (Kl.) w. J. K.'s Konkursmasse u. K. (Bekl.) Rep. II. 27/94.

I. Landgericht Saargemünd.
II. Oberlandesgericht Kolmar.

Über das Vermögen des J. K., Gutspächters auf dem Gute W., wurde am 21. Dezember 1889 das Konkursverfahren eröffnet, und der Notariatssekretär K. zum Konkursverwalter ernannt. Die Klägerin berechnete in einer schriftlichen Anmeldung vom 19. Januar 1890 ihre Forderung auf 20650 ℳ, machte das ihr als Verpächterin gemäß § 41 Ziff. 2 K.O. zustehende Recht auf abgesonderte Befriedigung aus dem Erlöse der eingebrachten Sachen und der Früchte des Pachtgutes geltend und beanspruchte für den Ausfall verhältnismäßige Befriedigung aus der Konkursmasse. Nach dem Eintrage in der Konkurstabelle wurde vom Verwalter eine Pachtzinsforderung von 5054,59 ℳ mit Absonderungsrecht anerkannt, weitergehende Ansprüche wurden bestritten, weshalb die Verpächterin noch im März 1890 Klage gegen die Konkursmasse auf Anerkennung der bestrittenen Forderung nebst Absonderungsrecht erhob, auf welche ihr durch Urteile vom 15. April und 11. November 1891 außer den anerkannten 5054,59 ℳ eine Pachtzinsforderung von 9347,07 ℳ gegen die beklagte Konkursmasse mit dem Rechte auf abgesonderte Befriedigung aus den Früchten und eingebrachten Sachen des Pachtgutes W. rechtskräftig zuerkannt wurde. Weitere Meinungsverschiedenheiten zwischen Verpächterin und Konkursverwalter über die Auflösung des Pachtvertrages und den Erntebezug führten zu einem neuen Rechtsstreite. Bereits am 9. Januar 1890 war das Vieh mit Ackergeräte durch Notar S. mit einem Erlösergebnisse von 11863,49 ℳ versteigert worden, andere Veräußerungen durch den Konkursverwalter folgten, und es wurden an die Klägerin 7900 ℳ gezahlt. Nach der Schlußrechnung beliefen sich die Massekosten und

Masseschulden auf 5675,51 ℳ und die mit Absonderungsrecht versehenen Forderungen auf 14633,60 ℳ, woraus sich eine Summe von 20309,11 ℳ ergiebt, während die Aktivmasse nur 16266 ℳ beträgt. Der Fehlbetrag von 4043,11 ℳ ist an dem absonderungsberechtigten Anspruche der Klägerin in Abzug gebracht, und nach dem Schlußverteilungsplane soll die noch vorhandene Barschaft von 1962,85 ℳ an die Klägerin ausbezahlt werden, auch wird ihr eine ausstehende Forderung von 495,70 ℳ überwiesen. Das Amtsgericht genehmigte die Vornahme der Schlußverteilung und setzte den Schlußtermin an, in welchem jedoch mit Rücksicht auf die am 21. Januar 1893 von der Klägerin 1. gegen die Konkursmasse und 2. gegen Notariatssekretär K. persönlich erhobene Klage auf Auszahlung des restlichen Erlöses bezw. Ersatz von 6255,35 ℳ nebst Zinsen dem Antrage der Klägerin gemäß und mit Zustimmung des Verwalters beschlossen wurde, die Ausschüttung der Masse und den Schlußtermin abzusetzen, bis über den gegenwärtigen Rechtsstreit entschieden sei. Das Landgericht hat insoweit nach dem Antrage dieser Klage erkannt, als verurteilt wurden, an die Klägerin zu bezahlen: 1. die beklagte Konkursmasse den Barbestand von 2558,55 ℳ, 2. der beklagte Konkursverwalter persönlich den Betrag von 3567,81 ℳ. Das Berufungsurteil, welches die Klage völlig abwies, ist auf die Revision der Klägerin aufgehoben worden aus folgenden

Gründen:

„Die Revision der Klägerin war als begründet anzuerkennen.

Der Klägerin steht für ihre Pachtzinsforderung von 14401,66 ℳ gemäß § 41 Ziff. 2 K.O. das Recht auf abgesonderte Befriedigung aus den Früchten und eingebrachten Sachen des dem J. K., gegen welchen am 21. Dezember 1889 das Konkursverfahren eröffnet wurde, verpachteten Gutes W. zu, und es ist festgestellt, daß die Konkursmasse nur aus solchen dem Vorzugsrechte der Verpächterin unterworfenen Gegenständen bestand. Nach § 3 Abs. 2 K.O. erfolgt die abgesonderte Befriedigung unabhängig vom Konkursverfahren. Da aber auch die dem Absonderungsrechte unterliegenden Gegenstände zur Konkursmasse gehören, haben die Absonderungsberechtigten ihre Ansprüche dem Konkursverwalter gegenüber geltend zu machen. Zugleich kann der Gläubiger, welcher abgesonderte Befriedigung beansprucht, nach § 57 K.O. die Forderung, wenn wie hier der Gemeinschuldner persönlich für sie haftet, zur Konkursmasse geltend machen, um für den Betrag, mit welchem er bei der abgesonderten Befriedigung ausgefallen sein wird, verhältnismäßige Befriedigung aus der Konkursmasse zu erhalten. Beides ist von seiten der Klägerin geschehen. Sie hat mit der schriftlichen Anmeldung vom 19. Januar 1890 das ihr als Verpächterin gemäß § 41 Ziff. 2 K.O. zustehende Recht auf abgesonderte Befriedigung aus dem Erlöse der Früchte und eingebrachten Sachen für ein aus dem Pachtvertrage herrührendes Guthaben von 14430 ℳ in Anspruch genommen und zugleich für den etwaigen Ausfall verhältnismäßige Befriedigung aus der Konkursmasse verlangt. Diese Ansprüche kamen im Prüfungstermine vom 8. März 1890 zur Erörterung, der Konkursverwalter erkannte jedoch nur eine Forderung von 5054,59 ℳ mit Absonderungsrecht an, und die Klägerin ließ daher bei dem Landgerichte S. die Feststellungsklage vom 19. März 1890 erheben, auf welche ihr mit rechtskräftig gewordenem Urteile des Oberlandesgerichtes zu C. vom 11. November 1891 eine Pachtzinsforderung von 14401,66 ℳ mit dem Rechte auf abgesonderte Befriedigung aus den Früchten und eingebrachten Sachen des Pachtgutes W. zugesprochen wurde. Mit der Geltendmachung dieses Absonderungsrechtes gegenüber dem Konkursverwalter ist aber für diesen die Verpflichtung begründet worden, das Vorzugsrecht zu berücksichtigen. Hätte er den ganzen Anspruch anerkannt, so wäre es selbstverständlich seine Pflicht gewesen, jede anderweite Verwendung der mit dem Vorzugsrechte behafteten Gegenstände oder des bereits daraus erzielten Reinerlöses als zur Befriedigung der Klägerin zu unterlassen und zu verhindern. Der Konkursverwalter konnte sich aber auch durch bloße Bestreitung des erhobenen oder später zur richterlichen Anerkennung gelangten Anspruches seiner Pflicht zur Sicherstellung und späteren Befriedigung des Absonderungsberechtigten nicht entziehen. Diese Verpflichtung des Konkursverwalters, welche aus dem Mangel jeder Berechtigung der Masse- und Konkursgläubiger auf Befriedigung aus Gegenständen folgt, an welchen Absonderungsrechte bestehen und in Anspruch genommen sind, sofern nicht nach Befriedigung der Absonderungsgläubiger ein Übererlös zurückgeblieben ist, hat das Berufungsgericht verkannt. Dasselbe nimmt nicht etwa an, daß die Klägerin ihr Absonderungsrecht eingebüßt oder darauf verzichtet habe, erkennt vielmehr an, daß ihr ein Recht auf vorzugsweise

Befriedigung auch am Erlöse der vom Konkursverwalter verwerteten Absonderungsgegenstände gemäß § 117 K.O. zustehe, billigt aber gleichwohl das Verfahren des Konkursverwalters, welcher diesen Erlös großenteils zur Bestreitung von durch die Konkurseröffnung veranlaßten Kosten und Auslagen verwendete, und rechnet die an die Klägerin gemachten Zahlungen zunächst auf denjenigen Teil ihrer Forderung auf, welcher zugleich Masseschuld ist. Es ist gleichgültig, ob die Klägerin einen so hohen Erlös aus den Absonderungsgegenständen erwartete, daß noch ein Überschuß für die Konkursgläubiger blieb, und ob sie sich deshalb nicht bemühte, die Einstellung des Konkursverfahrens auf Grund des § 190 K.O. herbeizuführen. Übrigens war die Klägerin schon dadurch veranlaßt, sich auch am Konkursverfahren zu beteiligen, weil ihr Absonderungsrecht bestritten war, und die theilweise Bestreitung ihrer Forderung hätte auch einem etwaigen Versuche entgegengestanden, wegen Mangels an freier Masse auf Einstellung des Verfahrens hinzuwirken. Daß die Klägerin nicht mit Anträgen auf Erlaß von Arresten oder einstweiligen Verfügungen gegen den Konkursverwalter vorgegangen ist, hat nur insofern Bedeutung, als anzuerkennen ist, daß der Konkursverwalter das Absonderungsrecht von Amts wegen nicht zu berücksichtigen hatte. Allein die Klägerin hat, wie bereits ausgeführt, ihr Recht auf vorzugsweise Befriedigung aus dem Erlöse der Absonderungsgegenstände gegenüber dem Konkursverwalter geltend gemacht, und dieser war infolgedavon nicht mehr berechtigt, diesem Erlöse eine andere Verwendung zu geben. Die Massegläubiger stehen zu den Absonderungsberechtigten in keiner Rechtsbeziehung und erhalten ihre Befriedigung nur aus dem nach Befriedigung der geltend gemachten Absonderungsansprüche verbleibenden Massebestande.

Was speziell die Abweisung der Klägerin mit der ihr unter 1 des landgerichtlichen Urteiles zugesprochenen Forderung von 2558,55 ℳ angeht, so liegt kein Grund vor, den Beklagten zu 1 nicht zur Ausfolgung der noch vorhandenen Masse an die Klägerin, welcher das Oberlandesgericht selbst noch eine mit Absonderungsrecht versehene Forderung in Höhe von 6501,66 ℳ zuerkennt, zu verurteilen. Von der Verteilung der Konkursmasse wäre Klägerin nur als Masse- oder Konkursgläubigerin abhängig; die abgesonderte Befriedigung erfolgt unabhängig vom Konkursverfahren, und wenn die Klägerin bei der Verhandlung vom 22. März 1893 beantragt hat, die Ausschüttung der Masse bis zur Erledigung des gegenwärtigen Rechtsstreites zu verschieben, so hat sie dies gerade zur Wahrung ihrer Rechte als Absonderungsgläubigerin gethan. Das angefochtene Urteil war daher in betreff dieser Entscheidung aufzuheben, die Sache mußte aber, da die Feststellung des Betrages des noch vorhandenen Erlöses weitere Erörterung erfordert, an das Berufungsgericht zurückverwiesen werden.

In gleicher Weise war auch hinsichtlich der Entscheidung gegenüber dem Beklagten zu 2 und der Kostenentscheidung zu erkennen, da die Abweisung des Klaganspruches auf persönliche Haftbarkeit des Konkursverwalters in erster Linie auch auf den in obiger Ausführung als rechtsirrtümlich erklärten Gründen, nämlich auch auf der Anerkennung eines objektiv richtigen Verfahrens des Konkursverwalters beruht. Es bleibt zu prüfen, ob ein Verlust bis zu 3567,81 ℳ für die Klägerin durch nach den oben dargestellten Grundsätzen unberechtigte Verausgabung des Erlöses der Absonderungsgegenstände durch den Konkursverwalter herbeigeführt wurde, und ob auch das nach den Artt. 1382. 1383 B.G.B. erforderliche subjektive Moment einer zum Schadensersatze verpflichtenden Verschuldung des Beklagten vorliege.

Die Entscheidung über die Kosten der Revisionsinstanz war dem künftigen Urteile des Berufungsgerichtes vorzubehalten." ...

---

26. 1. Ist die Anfechtung eines Veräußerungsvertrages aus § 24 Ziff. 1 K.O. ausgeschlossen, wenn das Entgelt dem Werte der veräußerten Gegenstände völlig entspricht?

2. Unter welchen Voraussetzungen ist bei einem sog. Deckungsgeschäfte anzunehmen, daß der Schuldner in der Absicht, seine Gläubiger zu benachteiligen, gehandelt habe?

VI. Civilsenat. Urt. v. 14. Juni 1894 i. S. Konkursmasse von B. Nachlaß (Kl.) w. Sch. (Bekl.) Rep. VI. 70/94.

I. Landgericht Hamburg.
II. Oberlandesgericht daselbst.

Der Beklagte stand mit dem am 12. Dezember 1891 verstorbenen Gerbermeister K. J. B. in dauernder Geschäftsverbindung auf Grund eines Abkommens, wonach er die Produktion der Gerberei des B. in Kommission zu übernehmen und dagegen dem B. Barvorschüsse in Höhe von drei Vierteln des Wertes des Kommissionslagers und von 30000 ℳ außerdem zu geben hatte. Die dem B. hiernach geleisteten Vorschüsse betrugen Ende November 1891 etwa 49000 ℳ mehr, als der Beklagte zu geben verpflichtet war. Für den Monat Dezember sollte der Beklagte nach der von ihm nicht beanstandeten Aufgabe des B. weitere 115000 ℳ in bestimmten Raten vorschießen. Nachdem B. Ende November schwer erkrankt war, schloß der Beklagte am 5. Dezember 1891 mit dem Generalbevollmächtigten des B., K., einen notariellen Vertrag ab, nach welchem 1500 Stück Rohhäute des B. im Fakturenwerte von 67178,85 ℳ mit 2 Prozent Aufschlag an den Beklagten verkauft und zu Eigentum übertragen, einstweilen jedoch, behufs der Verarbeitung zu Leder gegen Gerbelohn, im Gewahrsam des B. belassen wurden, und zwar dergestalt, daß die Zahlung von 68522,40 ℳ in dieser Höhe an Stelle der für Dezember zu leistenden Vorschüsse treten sollte. Nach dem Tode des B. wurde dessen Geschäft für seine Erben weitergeführt, und die Geschäftsverbindung mit dem Beklagten in der bisherigen Weise fortgesetzt. Namentlich leistete der Beklagte die für Dezember bestimmten Zahlungen, die ersten 68522,40 ℳ jedoch nicht als Vorschüsse, sondern als Kaufpreis. Dagegen wurden ihm auch die gekauften Häute, zu Leder verarbeitet, überliefert, und zwar zum größten Teile nach der am 5. Februar 1892 erfolgten Eröffnung des Konkurses über den B.'schen Nachlaß durch den Konkursverwalter. Nachträglich hat indessen der Verwalter den Vertrag vom 5. Dezember 1891 als den Gläubigern gegenüber unwirksam angefochten und auf Verurteilung des Beklagten zur Zahlung von 67178,85 ℳ oder zur Rücklieferung der gekauften Häute angetragen. Beide Vorinstanzen haben auf Abweisung der Klage erkannt. Das Berufungsgericht geht davon aus, daß die Anfechtung nur dann durchdringen könnte, wenn die Benachteiligung der Gläubiger durch die angefochtene Rechtshandlung selbst verursacht wäre, und daß diese Voraussetzung nicht vorliege, da für die verkauften Häute ein volles Äquivalent gewährt worden sei; zwar sei der Beklagte von weiterer Vorschußleistung in Höhe von 68522,40 ℳ befreit worden, dadurch seien aber die Gläubiger nicht benachteiligt, weil anfangs Dezember 1891 der Beklagte, wegen der damals eingetretenen wesentlichen Veränderung der Umstände mit Bezug auf die Kreditwürdigkeit des B., zur weiteren Erfüllung des pactum de mutuo dando nicht verpflichtet gewesen sei. Das Reichsgericht hat die Revision des Konkursverwalters zurückgewiesen aus folgenden

Gründen:

„Die Gründe, die das Berufungsgericht zur Abweisung des auf das Kaufgeschäft vom 5. Dezember 1891 bezüglichen Anfechtungsanspruches veranlaßt haben, beruhen zum Teil, wie der Revision zuzugeben ist, auf einer unrichtigen Auffassung des Gesetzes.

Daß am 5. Dezember 1891 eine Zahlungseinstellung des K. J. B. vorgelegen habe, ist weder von der Klägerin behauptet noch in dem angefochtenen Urteile festgestellt worden. Nach dem Inhalte dieses Urteiles war sogar am 31. Januar 1892 die Zahlungseinstellung noch nicht erfolgt. Die Klägerin hat denn auch die Anfechtung des gedachten Kaufgeschäftes nicht auf eine der Bestimmungen des § 23 K.O., sondern gemäß § 24 Ziff. 1 K.O. lediglich auf die Behauptung gestützt, daß der Bevollmächtigte des B. das Kaufgeschäft in der dem Beklagten bekannten Absicht, die Gläubiger des B. zu benachteiligen, vorgenommen habe. Über die Richtigkeit oder Unrichtigkeit dieser Behauptung spricht sich das Berufungsgericht nicht besonders aus. Es erachtet vielmehr die Anfechtung schon deshalb für ungerechtfertigt, weil *durch die angefochtene Rechtshandlung* selbst eine Benachteiligung der Gläubiger des B. nicht verursacht sei. Diesem Abweisungsgrunde stehen die dafür in Bezug genommenen, in den Entscheidungen des Reichsgerichtes in Civilsachen Bd. 27 S. 98 und Bd. 29 S. 77 abgedruckten Urteile nicht zur Seite. Bei beiden Urteilen handelte es sich um die Anwendbarkeit des ersten Satzes der Ziff. 1 des § 23 K.O., der nach seinem Wortlaute voraussetzt, daß die Konkursgläubiger *durch die Eingehung* des anzufechtenden Rechtsgeschäftes benachteiligt worden sind. Ebenso unterliegen der Anfechtung aus der Ziff. 2 des § 24 K.O. nur solche entgeltliche Verträge, *durch deren Abschluß* die Gläubiger des Gemeinschuldners benachteiligt werden. Eine derartige Beschränkung der Anfechtbarkeit ist aber aus der Vorschrift des § 24 Ziff. 1 K.O. nicht zu entnehmen. Allerdings setzt jede Anfechtung des Konkursverwalters voraus, daß infolge der anzufechtenden Rechtshandlung eine Verminderung der zur Befriedigung der Konkursgläubiger dienenden Konkursmasse und damit eine Benachteiligung der Konkursgläubiger eingetreten ist; allein ob solche Benachteiligung vorliegt, ist, abgesehen von den Ausnahmefällen des § 23 Ziff. 1 und des § 24 Ziff. 2, nicht nach dem Zeitpunkte der Eingehung des angefochtenen Rechtsgeschäftes, sondern nach dem Zeitpunkte der Konkurseröffnung zu beurteilen. Stellt sich also heraus, daß die Konkursmasse sich ohne das Dazwischentreten der angefochtenen Rechtshandlung für die Konkursgläubiger günstiger gestaltet haben würde, so ist die zur Anfechtung aus § 24 Ziff. 1 K.O. erforderliche Benachteiligung gegeben, auch wenn dem Gemeinschuldner für das, was er aus seinem Vermögen veräußert, weggegeben oder aufgegeben hat, eine dem Werte entsprechende Gegenleistung gewährt war. Dabei macht es keinen Unterschied, ob die Gegenleistung dem Befriedigungsrechte der Gläubiger durch spätere Verfügungen des Gemeinschuldners oder durch Zufall entzogen worden ist. Daß durch die Angemessenheit des Entgeltes die Anfechtung aus § 24 Ziff. 1 K.O. nicht ausgeschlossen wird, ist aus den Worten dieser Vorschrift im Gegensatze zur Fassung der Ziff. 2 desselben Paragraphen und der Ziff. 1 des § 23 sowie aus den §§ 30. 31 K.O. zu entnehmen und in den Motiven zur Konkursordnung ausdrücklich hervorgehoben.

Vgl. Motive S. 108 flg. 114 und dazu Entsch. des R.G.'s in Civils. Bd. 10 S. 8. 9 mit den dortigen Citaten; Cosack, Anfechtungsrecht S. 62. 63; Petersen und Kleinfeller, Konkursordnung Anm. II. 1 zu § 22, II. 2 zu § 23, I. 4 und II. 1 zu § 24; v. Wilmowski, Konkursordnung Anm. 1 zu § 22, Anm. 3 zu § 23 und Anm. 4 zu § 24; endlich auch Jäckel, Die Anfechtung, wo auf den in der Vorentscheidung angezogenen S. 105 flg. sowie S. 98 flg. von § 3 Ziff. 2 des Gesetzes vom 21. Juli 1879 und § 23 Ziff. 1. § 24 Ziff. 2 K.O., dagegen S. 68 flg. von der Benachteiligung bei sonstigen Anfechtungen die Rede ist.

Hiernach mußte in der Verneinung einer Benachteiligung der Konkursgläubiger eine Verletzung der §§ 22. 24 Ziff. 1. 30 K.O. erblickt werden, da das Berufungsgericht nicht festgestellt hat und, soweit ersichtlich, nicht feststellen konnte, daß die dem Gemeinschuldner für die verkauften Häute gewährte Gegenleistung in vollem Umfange zur Konkursmasse gelangt sei.

Die Vorentscheidung stellt sich indessen aus anderen Gründen als richtig dar. Wenn auch die Frage, ob der Bevollmächtigte des B., K., das Geschäft vom 5. Dezember 1891 in der dem Beklagten bekannten Absicht, die B.'schen Gläubiger zu benachteiligen, vorgenommen hat, einer ausdrücklichen Erörterung nicht unterzogen worden ist, so ergeben doch die Ausführungen über den Zweck des Geschäftes, über die Angemessenheit der Gegenleistung, sowie über den Wegfall der Verpflichtung des Beklagten zu weiteren Vorschüssen, daß das Berufungsgericht auch eine Benachteiligungsabsicht auf seiten des K. sowie eine Kenntnis davon auf seiten des Beklagten als ausgeschlossen angesehen hat und ohne Gesetzesverletzung ansehen durfte. Von vornherein war schon für das Vorhandensein der Benachteiligungsabsicht aus den Anführungen der Klägerin ein genügender Anhalt nicht zu entnehmen. Zur Begründung der Anfechtungsklage wurde vorgetragen, der Beklagte habe das Geschäft nur geschlossen, um sich Deckung zu verschaffen zum Nachteile der übrigen Gläubiger, und diese Absicht habe K. gekannt und geteilt. Unter Darlegung der Sachlage fand sodann die Klägerin die Bedeutung des Geschäftes darin, „daß Beklagter für seine gegenwärtige und zukünftige Forderung an B. eine teilweise Deckung durch die Häute erhalten sollte"; „auch das spätere Verhalten des Beklagten zeige deutlich, wie es ihm lediglich darum zu thun gewesen, sich zu decken und alle irgendwie wertvollen Aktiva in seine Hände zu bekommen". Endlich hob die Klägerin noch im Berufungsverfahren hervor, es sei dem Beklagten in der Absicht, die übrigen Gläubiger zu benachteiligen, eine Deckung für seine Forderungen gewährt worden. Wenn sie glaubte, mit diesem Vorbringen die Anwendbarkeit des § 24 Ziff. 1 K.O. zu rechtfertigen, ging sie offensichtlich von der Ansicht aus, es genüge zur Feststellung der Benachteiligungsabsicht das bloße Bewußtsein des Schuldners, daß durch die Befriedigung oder Sicherung des einen Gläubigers den übrigen Gläubigern die Möglichkeit ihrer Befriedigung entzogen werde. Die Unrichtigkeit dieser Ansicht ist indessen schon wiederholt vom Reichsgerichte dargethan worden.

Vgl. Entsch. des R.G.'s in Civils. Bd. 20 S. 180, Bd. 23 S. 9; Jurist. Wochenschrift 1891 S. 417 Nr. 26; Gruchot, Beiträge Bd. 36 S. 1136 u. 1138; Urteile vom 18. Mai 1893 Rep. VI. 224/92 und 29. März 1894 Rep. VI. 390/93.

Liegt hier ein Deckungsgeschäft vor, so hatte die Klägerin besondere Umstände nachzuweisen, die ergeben, daß der damit verfolgte Zweck nicht auf Befriedigung oder Sicherung des Beklagten, sondern auf Vereitelung des Befriedigungsrechtes sonstiger Gläubiger gerichtet war. Solche Umstände hat die Klägerin nicht angegeben; vielmehr läßt ihr Vorbringen erkennen, daß beide Teile nur bezweckt haben, den Beklagten wegen seiner bereits entstandenen und wegen der aus der Geschäftsverbindung noch künftig entstehenden Forderungen zu befriedigen bezw. zu sichern. Selbst wenn beide Teile sich dabei bewußt gewesen wären, daß durch diese Befriedigung und Sicherung andere Gläubiger des B. benachteiligt würden, würde daraus auf das Vorhandensein der in § 24 Ziff. 1 K.O. vorausgesetzten fraudulosen Absicht nicht geschlossen werden können.

Muß schon hiernach die Abweisung des auf das Kaufgeschäft vom 5. Dezember 1891 bezüglichen Anfechtungsanspruches gerechtfertigt erscheinen, so bedarf es keines weiteren Eingehens auf die Frage, ob der Konkursverwalter, und zwar derjenige Verwalter, von dem Klage angestellt war, auf diesen Anspruch dadurch wirksam verzichtet hat, daß er den größten Teil der am 5. Dezember 1891 verkauften und dann gegen Gerbelohn bearbeiteten Rohleder nach der Konkurseröffnung an den Beklagten ausgeliefert und nicht behauptet hat, erst nachträglich von den die Anfechtbarkeit begründenden Umständen Kenntnis erlangt zu haben.

Vgl. Cosack, Anfechtungsrecht S. 352. 353." ...

---

27. Zur Begriffsbestimmung der offenen Handelsgesellschaft. Gesellschaft und Betrieb fremden Geschäftes auf gemeinschaftlichen Gewinn und Verlust.

I. Civilsenat. Urt. v. 23. Mai 1894 i. S. O. W. in Firma A. H (Kl.) w. Heinrich R. (Bekl.) Rep. I. 65/94.

I. Landgericht I Berlin.
II. Kammergericht daselbst.

Parteien haben einen schriftlichen Vertrag geschlossen, laut dessen Heinrich R., welcher ein Fabrikgeschäft mit Metallwaren betrieb, den

Fabrikationsbetrieb an O. W. in Firma A. H. überträgt R. überläßt seine Maschinen, Werkzeuge und Utensilien der Firma A. H. für die Dauer des Vertrages zur Benutzung mit der Maßgabe, daß diese Gegenstände nach Beendigung des Vertrages in dem Zustande zurückgenommen werden müssen, in welchem sie sich alsdann befinden werden. R. überweist die ihm erteilten Aufträge und die ihm während der Dauer des Vertrages zugehenden Aufträge der Firma A. H. zur Ausführung. Bei Ausführung der Aufträge gilt der Grundsatz, daß die Firma A. H. der Firma Heinrich R. den Metallwert oder den Wert anderer zur Verwendung kommender Materialien zum Kostenpreise berechnet, ebenso die auf dem Fabrikate ruhenden Arbeitslöhne und die zur Verwendung kommenden Emballagen und von diesen Beträgen noch $12\frac{1}{2}$ Prozent für Unkosten. Den sich ergebenden Messingabfall verpflichtet sich die Firma A. H. der Firma Heinrich R. entweder zum Verkaufswerte gutzuschreiben oder zu behalten und dagegen auf vorstehende $12\frac{1}{2}$ Prozent zu verzichten. Die Firma A. H. verauslagt alle zum Betriebe der Fabrikation erforderlichen Geldmittel und bewirkt auch vorschußweise die Zahlung aller Löhne. Ebenso verpflichtet sie sich, die sämtlichen nach ihrem Ermessen zum Fabrikationsbetriebe erforderlichen Neuanschaffungen von Maschinen und Werkzeugen, sowie die vorkommenden Reparaturen für Rechnung der Firma Heinrich R. zu machen. R. überträgt der Firma A. H. die ausschließliche Führung der Korrespondenz, der Handlungsbücher und der Geschäftskasse, verpflichtet sich auch, der Firma A. H. General- und Spezialvollmacht zu erteilen. Am Gewinne und Verluste nehmen beide Kontrahenten in gleicher Weise teil. Der Vertrag enthält Bestimmungen, in welcher Weise die Inventur aufgestellt, der Gewinnanteil an R., der Verlust an die Firma A. H. gezahlt werden soll, sowie über die Zeitdauer und ein Kündigungsrecht jedes Kontrahenten. An demselben Tage, an welchem der Vertrag notariell rekognosziert ist, hat Heinrich R. als „alleiniger Eigentümer der in das Handelsregister unter der Firma Heinrich R. eingetragenen Handlung" dem Kaufmanne O. W. in Firma A. H. „Handlungsvollmacht" zum Betriebe seines ganzen Handelsgewerbes erteilt. Die Vollmacht bezeichnet die Handlungen, zu deren Vornahme der Bevollmächtigte befugt sein soll. Der Vertrag hat am 30. Juni 1892 durch Kündigung sein Ende gefunden. Kläger hat Inventur und Bilanz aufgenommen. Dieselbe hat einen Verlust ergeben. Die Klage ist auf Verurteilung zur Anerkennung dieser Bilanz und Zahlung von 11800,93 M samt Zinsen erhoben. Der erste Richter hat die Klage abgewiesen, und die Berufung des Klägers ist zurückgewiesen. Auf die Revision des Klägers ist das Berufungsurteil aufgehoben, und die Sache in die Instanz zurückverwiesen worden aus folgenden

Gründen:

„Die Kammer für Handelssachen hat angenommen, die Parteien hätten eine Gesellschaft errichtet, welche zwar nach außen nicht als eine offene Handelsgesellschaft in die Erscheinung treten, nach innen aber nach den für diese geltenden Grundsätzen beurteilt werden sollte. Danach hätte nach Auflösung der Gesellschaft zunächst eine Liquidation des Gesellschaftsvermögens nach Analogie der für die offene Handelsgesellschaft geltenden Vorschriften eintreten müssen. Kläger hätte auch Inventur und Bilanz nicht allein aufstellen dürfen; die Bilanz sei vom Beklagten nach Art. 30 H.G.B. zu unterschreiben und von dem Beklagten deshalb, wenn sie vom Kläger allein aufgestellt wurde, vorher zu prüfen gewesen. Es hätten ihm deshalb die Handelsbücher, deren Einsicht auf der Gerichtsschreiberei ihm nicht zuzumuten sei, ausgeantwortet werden müssen. Übrigens werde auch die Bilanz dem Vertrage nicht gerecht; die Beträge, welche Kläger zum Betriebe aufgewendet hat, seien als Forderungen behandelt, während sie Gesellschaftseinlagen seien und sich erst nach Liquidation und Auseinandersetzung feststellen lassen. Das Kammergericht nimmt an, es habe zwischen den Parteien eine offene Handelsgesellschaft bestanden, deren Aktiva, namentlich die Maschinen, zunächst durch Liquidation zu verwerten seien. Erst danach werde sich ergeben, ob und in welchem Umfange ein Verlust entstanden, und zu welchem Betrage Beklagter denselben zu tragen habe.

Die rechtlichen Konstruktionen der beiden Vorderrichter stehen in völligem Widerspruche mit dem im Thatbestande wiedergegebenen Inhalte des zwischen den Parteien errichteten Vertrages. Zunächst spricht dieser Vertrag in Verbindung mit der „Handlungsvollmacht", welche Beklagter dem Kläger erteilt hat, auf das Deutlichste aus, daß die Firma Heinrich R. niemals eine beiden Parteien gemeinschaftliche gewesen ist, vielmehr hat jeder Teil während des Vertragsverhältnisses seine Firma behalten. Es kann also zwischen den Parteien keine offene

Handelsgesellschaft bestanden haben. Denn eine solche ist nach Art. 85 H.G.B. nur vorhanden, wenn zwei oder mehrere Personen das Handelsgewerbe unter gemeinschaftlicher Firma betreiben. Allerdings sollten beide Kontrahenten am Gewinne und Verluste des Geschäftsbetriebes in gleicher Weise teilnehmen. Aber das war nur eine Vereinbarung über das Resultat der Geschäftsführung. Aus dem Vertrage ergiebt sich mit voller Deutlichkeit, daß der Kläger weder eine Einlage zu machen hatte, noch daß die Maschinen, Werkzeuge und Utensilien, welche bei Beginn des Vertragsverhältnisses vorhanden waren oder demnächst angeschafft wurden, gemeinschaftlich werden sollten, noch daß die Erträgnisse an erworbenen Forderungen ꝛc gemeinschaftlich wurden oder als gemeinschaftliches Eigentum gelten sollten. Die einzige Bestimmung, welche dagegen zu sprechen scheint, daß, wie das Gewerbe für Rechnung und im Namen seines einzigen Inhabers, des Beklagten, betrieben wurde, dieser auch alleiniger Eigentümer blieb, ist die des § 3. Danach übereignete R. der Firma A. H. sämtliche ihm gehörigen Materialienvorräte, sowie die angefangenen und fertigen Waren laut besonderer Aufstellung zum Selbstkostenpreise. „Der sich hiernach ergebende Nettobetrag ist dem Konto des R. gutzuschreiben.“ Da aber nach § 5, wie im Thatbestande wiedergegeben, die Firma A. H. der Firma Heinrich R. den Metallwert oder den Wert anderer zur Verwendung kommender Materialien zum Kostenpreise zu berechnen und nach § 6 alle zum Betriebe der Fabrikation erforderlichen Geldmittel zu verauslagen hatte, so hatte auch die Firma A. H. die bei Beginn des Vertragsverhältnisses vorgefundenen Materialienvorräte, welche sie in dem Geschäftsbetriebe verwendete, nachdem ihr Selbstkostenpreis dem Beklagten gutgeschrieben war, wieder demselben zur Last zu schreiben, das heißt zu berechnen, wie sie die von ihr gekauften Materialien, welche ihr ein Dritter lieferte, dem Beklagten zum Selbstkostenpreise berechnete.

Ob der Kläger solche von einem Dritten angekaufte Materialien im eigenen Namen erwarb und durch die Verwendung im Geschäfte des Beklagten auf diesen zu Eigentum übertrug, oder ob er sie von vornherein für Rechnung des Beklagten erwarb, ist für die Frage, ob das zwischen den Parteien bestandene Verhältnis nach den Grundsätzen eines Gesellschaftsverhältnisses zu beurteilen ist, ohne alle Bedeutung. Denn auch ein Mandatar, welcher nur für Rechnung des

Auftraggebers anschafft, kann zunächst im eigenen Namen anschaffen, um dann das Eigentum auf den Auftraggeber zu übertragen, wie es von seiten des Kommissionärs geschieht, oder er kann im Namen des Auftraggebers erwerben. Deshalb war es auch für die hier zu beantwortende Frage unerheblich, ob die vorgefundenen Materialienvorräte ꝛc Eigentum des Beklagten blieben, um nur nach dem Selbstkostenpreise zu seinen Gunsten berechnet zu werden, oder ob sie zunächst Eigentum des Klägers wurden, um dann wieder durch die Verwendung Eigentum des Beklagten zu werden. Daß sie gemeinschaftliches Eigentum der Parteien geworden wären oder als solches angesehen werden sollen, ist eben nicht bestimmt. Daß aber die neuen Maschinen für Rechnung des Beklagten angeschafft werden sollten, also demselben, so wie sie waren, nach Auflösung des Vertrages verblieben, sagt der Vertrag auf das deutlichste. Die Bestimmung des § 9, welche Prozente bei der Inventur von dem Anschaffungspreise der Maschinen und Werkzeuge abgeschrieben werden sollten, hat nur eine Bedeutung für die Gewinn- oder Verlustberechnung. Hiernach bietet der Vertrag auch keinen Raum für die Auffassung der Kammer für Handelssachen.

Auch eine stille Gesellschaft lag nicht vor. Denn der Kläger machte keine Einlage, sondern er machte nur Auslagen. Auch sollte er dem Beklagten nicht für den Verlust mit einer bestimmten Summe haften, sondern unbeschränkt. Ebensowenig lag eine Gesellschaft im Sinne der §§ 169 flg. A.L.R. I. 17 vor. Denn es gab für die Parteien kein gemeinschaftliches Eigentum.

Aller dieser Gesellschaftsformen bedarf man auch gar nicht, um das Verhältnis der Parteien und die sich aus demselben ergebenden Konsequenzen rechtlich zu beurteilen. Für diese rechtliche Beurteilung genügt der Inhalt des Vertrages. Denn daß ein Unternehmen, welches Gewinn oder Verlust bringen kann, zunächst von einer Partei, sei es im eigenen Namen, sei es im Namen der anderen Partei, betrieben wird, indem dabei Vermögensbestandteile dieser anderen Partei benutzt werden, und daß das Entgelt, welches der anderen Partei für die Benutzung oder von dieser an den, welcher die Unternehmung leitet, für dessen Dienste zu leisten ist, nicht in fester Summe ausgeworfen wird, kommt mehrfach vor. Wird statt dessen ein Anteil am Bruttoertrage oder ein Anteil am Reingewinne oder sogar Anteil am Gewinne und Verluste verabredet, so bleibt das Geschäft innerhalb des Rahmens, welcher dem sonstigen Inhalte des Vertrages entspricht, ohne daß man deshalb eine Spezialität anzunehmen hätte.

Ein bekanntes Beispiel bietet die colonia partiaria dar, welche so abgeschlossen sein kann, daß der Verpächter am Gewinne und Verluste des Pächters beteiligt wird, ohne einen festen Pachtzins zu erhalten. (l. 25 § 6 Dig. locati conducti 19, 2). In dieser Weise hätten Parteien den Vertrag so abschließen können, daß Kläger als Pächter des Etablissements den Betrieb in eigenem Namen führte, die Maschinen ꝛc benutzte und dem Beklagten die Hälfte an dem etwa erzielten Gewinne als Pachtzins zahlte, während Beklagter zugleich das Risiko anteilig übernahm, dem Kläger also den Verlust zur Hälfte zu erstatten versprach. Statt dessen haben sie den umgekehrten Weg eingeschlagen, der ebenso gangbar ist. Der Beklagte ist Betriebsunternehmer geblieben, der Kläger hat ihm Dienste geleistet, indem er den Betrieb im Namen und für Rechnung des Beklagten geführt hat. Der Kläger sollte für diese Dienste durch die Hälfte des Gewinnes entschädigt werden, übernahm aber zugleich die Leistung der Vorschüsse für die Betriebsauslagen und das Risiko des Verlustes zur Hälfte. Zu liquidieren ist danach zwischen den Kontrahenten überhaupt nichts. Vielmehr ist der Beklagte Geschäftsinhaber, Eigentümer und Betriebsunternehmer nach wie vor.

Dem Vertrage entsprechend hatte Kläger, da er die Geschäfte für den Beklagten geführt hat, diesem Rechnung zu legen. Die Rechnung hat er gelegt. Er hat dabei auf die von ihm für den Kläger geführten Bücher Bezug genommen und diese Bücher auf der Gerichtsschreiberei vorgelegt. Ob der Beklagte diese Bücher auf der Gerichtsschreiberei einzusehen hat, oder ob er zu beanspruchen hat, daß ihm dieselben zur Prüfung der gelegten Rechnung ausgeantwortet werden, präjudiziert dem Anspruche des Klägers auf Anerkennung der gelegten Rechnung und Zahlung des sich danach ergebenden Saldos nicht. Darüber mag in einem Zwischenverfahren entschieden werden, wenn Beklagter Ausantwortung der Bücher begehrt, und Kläger derselben wider Erwarten widersprechen sollte. Ebenso kann Beklagter Vorlegung der Belege beanspruchen und die nicht belegten Auslagen und Wertansätze bestreiten. Hierüber ist aber innerhalb dieses Prozesses zu verhandeln und zu entscheiden. Erachtet das Berufungsgericht es für angemessen, ein vorbereitendes Verfahren nach Maßgabe der Vorschriften der Civilprozeßordnung anzuordnen, so mag dazu geschritten werden. Aber ein Grund, die Klage abzuweisen, liegt, soweit sich die Sachlage zur Zeit übersehen läßt, nicht vor. Jedenfalls beruht die von dem Berufungsgerichte aus den Gründen des Berufungsurteiles bestätigte Klagabweisung auf Gesetzesverletzung." ...

---

28. Annahme einer von einem Agenten ohne Nennung des Verkäufers übermittelten Verkaufsofferte unter der Bedingung, daß der Verkäufer ein „prima" Ablader sein müsse. Wird dadurch das Geschäft bereits perfekt, oder ist seine Perfektion bedingt? Materielle Bedeutung der Bedingung.

I. Civilsenat. Urt. v. 30. Mai 1894 i. S. G. (Kl.) w. H. (Bekl.) Rep. I. 73/94.

I. Landgericht Bremen.
II. Oberlandesgericht Hamburg.

Die Klägerin behauptet, der Beklagten eine Dampferladung Roggen fest verkauft zu haben. Die Beklagte hat dies bestritten, indem sie behauptet, nur unter der, bei der Klägerin nicht zutreffenden Bedingung abgeschlossen zu haben, daß der Verkäufer prima Ablader sei. Klägerin hat infolgedessen die Ware öffentlich verkaufen lassen und verlangt von der Beklagten Zahlung der Differenz zwischen dem Kaufpreise und dem Auktionserlöse. Beklagte hat Abweisung der Klage beantragt. Nach Beschränkung der Verhandlung auf den Grund des Anspruches und Erhebung eines Zeugenbeweises hat der erste Richter die Klägerin abgewiesen. Ihre Berufung ist zurückgewiesen. Auf die Revision der Klägerin ist das Berufungsurteil aufgehoben, und die Sache in die Instanz zurückverwiesen aus folgenden

Gründen:

„Nach den Behauptungen der Klage hat die in Königsberg i. Pr. domizilierte Klägerin durch Vermittelung der Firma F. H. daselbst und Chr. M. in Bremen am 17. Januar 1893 an die Beklagte, welche an letztgedachtem Platze ihre Handelsniederlassung hat, eine Dampferladung Roggen cif Dampfer Bremen-Stadt, zollfrei, Abladung prompt nach Eröffnung der Schiffahrt in Königsberg, mit der Abrede verkauft, daß die Zahlung durch zwei Monatsrembours auf prima Bankier gegen Abladedokumente und versiegelte Abladeprobe zu erfolgen habe. Die Beklagte bestreitet den Abschluß dieses Kaufvertrages, indem sie angiebt, der Agent Chr. M. sei am gedachten Tage bei ihr mit der Eröffnung erschienen, daß er den Auftrag habe, für eine solche Ladung zu den angegebenen Bedingungen einen Käufer zu suchen, M. sei aber nicht in der Lage gewesen, den Namen des Verkäufers zu nennen, und die Beklagte habe deshalb den Abschluß des Kaufvertrages von der Bedingung abhängig gemacht, daß der Verkäufer prima sein müsse. Nachdem kurze Zeit darauf M. der Beklagten die Klägerin als Verkäuferin aufgegeben, habe Beklagte sofort Erkundigungen über dieselbe angestellt und auf Grund der erhaltenen ungünstigen Auskunft über die Vermögenslage der Klägerin (deren thatsächliche Einzelheiten näher angegeben werden) dem M. alsbald erklärt, daß sie die Klägerin nicht als prima anerkennen könne und daher den Kontrakt als nicht geschlossen betrachte. Klägerin hat in erster Linie ihre Behauptung eines unbedingten Kaufabschlusses aufrecht erhalten, eventuell aber geltend gemacht, daß die von der Beklagten behauptete Bedingung erfüllt sei, da — wie unter Beweisantritt thatsächlich näher ausgeführt wird — die Klägerin als prima Abladerin gelten müsse. Beklagte hat die für die letztgedachte Behauptung angeführten Thatsachen bestritten und als unschlüssig bezeichnet.

Wenn nun das Berufungsgericht zunächst ausgeführt hat, daß in der eventuellen Begründung der Klage eine unzulässige Klagänderung nicht enthalten sei, so bedarf diese, überdies der Klägerin günstige Entscheidung keiner Nachprüfung, da nach § 242 C.P.O. die Anfechtung dieser Entscheidung unstatthaft ist.

Die Sache selbst anlangend hat sodann das Berufungsgericht ohne Verletzung von Rechtsnormen und vielmehr aus guten Gründen in Übereinstimmung mit dem Landgerichte als erwiesen angenommen, daß ein unbedingter und vorbehaltloser Kaufabschluß, wie Klägerin ihn principaliter behauptet hat, nicht erfolgt ist. Unstreitig sind die Verhandlungen über das Geschäft nicht unter den Parteien selbst, sondern durch Vermittelung der Firmen F. H. in Königsberg und Chr. M. in Bremen geführt und nach der Aussage des Zeugen M. der Beklagten gegenüber dadurch eingeleitet, daß, nachdem F. H. die Verkaufsofferte der Klägerin ohne Nennung des Verkäufers dem M. übermittelt hatte, dieser sie seinerseits der Beklagten übermittelte, welche von vornherein erklärt hatte, daß sie nur von einem prima Ablader kaufen wolle, und zwar, wie M. ausdrücklich hervorgehoben hat, in dem Sinne, daß dies eine Vertragsbedingung des Geschäftes sein sollte. Wenn nun die Beklagte nach Abgabe dieser Erklärung die ihr von M. ohne Nennung des Verkäufers übermittelte Offerte acceptierte, so kann darin unmöglich ein unbedingter Abschluß des Geschäftes mit irgend einem ihr demnächst von M. zu bezeichnenden Verkäufer, sondern vielmehr nur eine bedingte Annahme der Offerte in dem Sinne gefunden werden, daß die Perfektion des Geschäftes von der Qualifikation des unbekannten Verkäufers als eines prima Abladers abhängig sein solle. Mit Recht macht das Berufungsgericht geltend, daß dies sich auch schon von vornherein als sehr wahrscheinlich darstelle, da es den Gepflogenheiten eines vorsichtigen Kaufmannes nicht entsprechen würde, einen Kauf über so erhebliche Werte, wie sie hier in Frage stehen, abzuschließen, ohne die Person des Gegenkontrahenten zu kennen und ohne Garantie dafür, daß der Verkäufer auch bei steigender Konjunktur willens und in der Lage sein werde, seine Verpflichtungen aus dem Vertrage zu erfüllen, was hier noch umsomehr ins Gewicht fällt, als die Beklagte schon gegen Aushändigung der Verladungsdokumente für den Kaufpreis Bankierrembours geben, mithin dem Verkäufer ein großes Vertrauen schenken sollte.

Die Ausführung der Klägerin, daß die Bestimmung, der Verkäufer solle ein prima Ablader sein, nicht in dem Sinne zu verstehen sei, daß dies einen Teil des Inhaltes des abzuschließenden Vertrages bilden solle, für welchen der Verkäufer in ähnlicher Weise wie für die Güte der Ware Gewähr zu leisten habe, ist freilich, da dies etwas sehr Ungewöhnliches sein, und ein anständiger Kaufmann sich schwerlich darauf einlassen würde, als richtig anzuerkennen. Sie erscheint aber als unerheblich, da auch die Vorinstanzen die Bestimmung in diesem Sinne gar nicht verstanden, sondern vielmehr darin eine durch den Vorbehalt der Beklagten bedingte Annahmeerklärung auf die ihr übermittelte Offerte eines Unbekannten, infolge deren die Perfektion des Vertrages vorläufig suspendiert blieb, gefunden haben. Wenn aber die Klägerin weiter auszuführen sucht, daß die von der Beklagten gestellte Bedingung lediglich als eine dem Agenten M. gestellte aufzufassen sei, vermöge deren dieser für die Eigenschaft des Verkäufers als prima Abladers einzustehen verpflichtet sein solle und folglich, falls der Klägerin diese Eigenschaft fehlen sollte, dafür aufzukommen habe, mithin als eine für den dritten Kontrahenten unwirksame bloße Instruktion an den Agenten, nur mit einem prima Ablader abzuschließen, so hat das Berufungsgericht die abermalige Vernehmung des Zeugen M. darüber, daß dies der Sinn der hier in Betracht kommenden Erklärung der Beklagten gewesen sei, der bestimmten Aussage des Zeugen bei seiner ersten Vernehmung gegenüber mit Recht abgelehnt. Denn diese Aussage bietet auch bei Berücksichtigung der darin enthaltenen weiteren thatsächlichen Angaben des Zeugen, auf welche die Klägerin Gewicht legt, durchaus keinen Anhalt dafür, daß er, und daß — worauf es in erster Linie ankommen würde — die Beklagte die Sache so aufgefaßt habe." (Das wird näher ausgeführt.)

„In betreff der eventuellen Klagebegründung kommt es sodann zunächst darauf an, welche Bedeutung der einem Vermittler von dem Kauflustigen gestellten Bedingung beizulegen ist, daß der ungenannte Verkäufer „prima" sein müsse. Auch in dieser Beziehung ist aber dem Berufungsgerichte beizutreten, wenn dasselbe einerseits davon ausgeht, daß zwar die öffentliche Erörterung und Beweiserhebung über die Kreditwürdigkeit eines Kaufmannes und die zu diesem Zwecke erforderliche Aufdeckung privater und intimer Beziehungen desselben leicht zu bedenklichen Konsequenzen und zur Gefährdung des Kredits führen kann, und daß deshalb nicht anzunehmen ist, daß ein solches, den Gewohnheiten des Handelsverkehres fremdes Verfahren beabsichtigt gewesen sei, wenn es aber andererseits hieraus nicht folgert, daß diese Beredung für das Vertragsverhältnis der Parteien überhaupt nicht in Betracht kommen könne und nur eine Instruktion für den Geschäftsvermittler gewesen sei, sondern vielmehr darin ausgedrückt findet, daß bei Beurteilung der Frage, ob der Verkäufer als prima Ablader zu gelten habe, das subjektive Ermessen des Käufers den Ausschlag geben solle, daß der Käufer nicht mit irgend einer ihm von dem Vermittler aufzugebenden Person, sondern nur mit einem ihm — dem Käufer — konvenierenden und genügende Sicherheit bietenden Verkäufer abschließen wolle, daß also die Perfektion des Vertrages aufgeschoben war, bis die Person des Verkäufers der Beklagten aufgegeben und von ihr als prima Ablader anerkannt und genehmigt war, und daß folglich der Vermittler M. nicht als bevollmächtigt gelten kann, für die Beklagte mit einem prima Verkäufer bindend abzuschließen, sondern nur als beauftragt, den Geschäftsabschluß mit dem noch unbekannten Dritten zu betreiben und zu vermitteln.

Nun könnte man — wie dies die Beklagte in der Revisionsinstanz auch gethan hat — zwar geneigt sein, hieraus weiter zu folgern, daß die Beklagte bei dieser Auslegung der von ihr dem Vermittler gestellten Bedingung ganz willkürlich jedem ihr aufgegebenen Verkäufer gegenüber ihr Einverständnis versagen und somit die Perfektion des Vertrages auch ohne jeden subjektiven Grund zur Ablehnung des Verkaufes vereiteln könne, also durch ihre dem Vermittler gegebene Erklärung unter keinen Umständen dem ihr aufgegebenen dritten Verkäufer verpflichtet sei. Allein dies würde der Verpflichtung zu Treue und Glauben, welche die Beklagte sowohl gegen den Vermittler als gegen den dritten Gegenkontrahenten hat, den dieser als einen prima Ablader ansehen zu dürfen glaubte, zuwiderlaufen, und die Beklagte selbst hat durch ihr früheres Verhalten zu erkennen gegeben, daß sie die Sache in diesem Sinne nicht aufgefaßt hat, indem sie nach ihrer eigenen Angabe auf die Anzeige des M., daß Klägerin die Verkäuferin sei, zunächst Erkundigungen über dieselbe eingezogen und erst dann, als diese angeblich ungünstig ausgefallen waren, dem M. erklärt haben will, daß sie die Klägerin nicht als prima Abladerin anerkenne und den Kontrakt als nicht geschlossen betrachte. Das Berufungsgericht hat daher ferner mit Recht angenommen, die Beredung sei übrigens dahin zu verstehen, daß die Beklagte ihr Einverständnis mit dem ihr aufzugebenden Verkäufer rein willkürlich und offenbar schikanös nicht verweigern könne, sondern daß sie sich einen Verkäufer gefallen lassen müsse, gegen den weder in betreff seiner Solvenz noch in sonstiger Beziehung Zweifel bestehen.

Hiernach liegt die Sache so, daß zwar die Klägerin, wenn sie geltend macht, daß die Voraussetzung eines prima Abladers objektiv bei ihr zutreffe, nicht gehalten ist, dafür einen förmlichen Beweis zu erbringen, daß aber andererseits auch die Beklagte den Beweis des Gegenteils nicht zu erbringen braucht. Die Klägerin kann jedoch von der Beklagten die Angabe und die Darlegung eines vernünftigen, plausiblen Grundes verlangen, aus welchem die Beklagte sich bona fide weigern zu dürfen glaube, sie als prima Abladerin anzuerkennen, da nur auf die Weise ermittelt werden kann, ob die Weigerung der Beklagten, den Vertrag zur Perfektion zu bringen, nicht etwa wider besseres Wissen aus reiner Willkür und Schikane erfolgt ist. Um diese letztere Annahme als ausgeschlossen zu betrachten, würde es nun allerdings mit dem Berufungsgerichte schon als genügend anzusehen sein, wenn die Beklagte von einer für solche Erkundigungen geeigneten Auskunftsstelle über die Klägerin in Erfahrung gebracht hätte, was die Beklagte als das Ergebnis ihrer Erkundigung detailliert mitgeteilt hat, da hierdurch die Beklagte sehr wohl zu der subjektiven Annahme gelangen konnte, daß die Klägerin nicht als prima Abladerin gelten könne, mochte diese Annahme objektiv auch nicht berechtigt oder die ihr gewordene Auskunft unrichtig sein.

Mit Recht macht aber die Revision geltend, daß die thatsächliche Voraussetzung, auf Grund welcher das Berufungsgericht die Erklärung der Beklagten, daß sie sich an das Geschäft nicht gebunden erachte, für berechtigt hält, daß nämlich Beklagte auf die von ihr eingezogene Erkundigung die behauptete Auskunft erhalten habe, prozessualisch nicht gerechtfertigt ist, da die Klägerin ausweise ihres, auch im Thatbestande des Berufungsurteiles ausdrücklich in Bezug genommenen Schriftsatzes nicht nur — was allerdings unerheblich ist — die Richtigkeit der Auskunft, sondern speziell auch die Behauptung bestritten hat, daß Beklagte diejenige Auskunft erhalten habe, welche sie erhalten haben wolle. Die Sache bedurfte hiernach noch einer weiteren Ermittelung in thatsächlicher Beziehung, woraus sich die Notwendigkeit ergiebt, das angefochtene Urteil aufzuheben und die Sache in die Instanz zurückzuverweisen." ...

29. Anstiftung zur Verletzung des Markenrechtes und Teilnahme an der Verletzung. Inhalt und Umfang des Klagerechtes dagegen. Gesetz vom 30. November 1874 §§ 13. 14.

I. Civilsenat. Urt. v. 20. Juni 1894 i. S. N. (Bekl.) w. die Société anonyme de la distillerie de la Bénédictine etc. (Kl.) Rep. I. 112/94.

I. Landgericht Stettin.
II. Oberlandesgericht daselbst.

Die Beklagte vertreibt außer anderen Fabrikaten auch eine sog. „Benediktineressenz", aus welcher durch entsprechende Verdünnung ein Liqueur hergestellt wird. Von der so bezeichneten Essenz hat die Beklagte neben anderen Kunden auch dem Kaufmanne W. kleinere Quantitäten verkauft und demselben auf sein Verlangen eine Anzahl von Etiketten übersandt, welche mit den für die Klägerin unter Nr. 73. 74. 76 im Zeichenregister des Amtsgerichtes zu Leipzig für einen Liqueur, genannt Bénédictine, eingetragenen Handelsmarken übereinstimmen. W. hat diese Etiketten auf denjenigen Flaschen angebracht, in denen er den aus der „Benediktineressenz" der Beklagten hergestellten Liqueur feilhält. Von den Etiketten stellt die eine eine kreisrunde, mit einer schwarzen Verzierung geränderte Scheibe dar, auf der sich die Buchstaben D. O. M., darunter ein Kreuz und unter diesem die Unterschrift le directeur A. L. mit einem Schnörkel befinden; die zweite Etikette stellt ein längliches Rechteck mit gleicher Randverzierung dar, innerhalb deren sich die Inschrift befindet: Liquor Monachorum Benedictinorum Abbatiae Fiscanensis, die dritte endlich ein kleineres längliches Rechteck mit schwarzen Linien, Umrahmung und der Aufschrift: Véritable Liqueur Bénédictine, Brevetée en France et à l'Étranger, nebst der Unterschrift: A. L. aîné mit einem Schnörkel.

Die Klägerin behauptet, daß die Beklagte durch ihre Handlungsweise ihr — der Klägerin — Markenschutzrecht verletze, und hat deshalb Klage gegen dieselbe erhoben mit dem Antrage, zu erkennen, daß die Beklagte nicht berechtigt sei, 1. die Bezeichnung Liquor Monachorum Benedictinorum Abbatiae Fiscanensis für ihr Fabrikat zu gebrauchen, 2. Essenzen zur Bereitung von Liqueur mit den drei vorbeschriebenen Etiketten in Verkehr zu bringen oder feilzuhalten.

Der erste Richter hat die Beklagte nach dem Klagantrage verurteilt, und die Berufung der Beklagten ist zurückgewiesen worden. Auf die Revision der Beklagten ist das Berufungsurteil aufgehoben, und die Sache in die Instanz zurückverwiesen aus folgenden

Gründen:

„Die Klage des Markeninhabers aus § 13 des Reichsgesetzes vom 30. November 1874 über den Markenschutz ist, wie das Reichsgericht bereits wiederholt dargelegt hat, eine Negatorienklage zur Abwehr der Störung seines absoluten Rechtes auf ausschließliche Benutzung des geschützten Zeichens.

Vgl. Entsch. des R.G.'s in Civils. Bd. 18 S. 36. 37, Bd. 25 S. 378.

Aus dieser Natur der Klage folgt, daß sie nur gegen denjenigen erhoben werden darf, der eine Störung des Rechtes vorgenommen hat, und daß ihr Antrag auf Unterlassung dieser Störung gerichtet sein muß. Hieraus ergiebt sich ohne weiteres die Grundlosigkeit des ersten Klagantrages, nach welchem die Nichtberechtigung der Beklagten, für ihr Fabrikat die Bezeichnung Liquor Monachorum Benedictinorum Abbatiae Fiscanensis zu gebrauchen, ausgesprochen werden soll; denn die Beklagte hat eine Störung des klägerischen Schutzrechtes in der Art, daß sie die von ihr fabrizierte Essenz mit der vorgedachten Bezeichnung versehen und so in den Verkehr gebracht oder feilgehalten hätte, nicht vorgenommen, vielmehr ihr Fabrikat unter der eine Verletzung des klägerischen Markenrechtes nicht enthaltenden Bezeichnung „Benediktineressenz" verkauft. Der erste Klagantrag ist aber auch aus dem weiteren Grunde unberechtigt, weil der Klägerin ein ausschließliches Recht zur Benutzung jener wörtlichen Bezeichnung im allgemeinen nicht zusteht. Nach § 8 des Markenschutzgesetzes hat die Klägerin das ausschließliche Recht, die Verpackung des von ihr hergestellten Liqueurs mit dem unter Nr. 74 angemeldeten Warenzeichen, d. i. mit der von ihr angemeldeten figürlichen Darstellung, in welcher auch die Inschrift Liquor Monachorum Benedictinorum Abbatiae Fiscanensis Platz gefunden hat, zu versehen. Sie kann deshalb jedem Dritten die Benutzung dieser Inschrift in derselben figürlichen Erscheinung und Umrahmung untersagen; dagegen steht ihr ein Recht auf Schutz im ausschließlichen Gebrauche jener Worte in beliebiger Gestalt zur Warenbezeichnung nicht zu.

Aber auch im übrigen kann das Berufungsurteil nicht aufrecht erhalten werden. Das Berufungsgericht nimmt an, daß die Beklagte zwar nicht selbst die geschützten Zeichen auf der Verpackung des aus ihrer Essenz hergestellten Liqueurs angebracht habe, wohl aber durch einen Anderen habe anbringen lassen, nämlich in der Art, daß sie, wissend, W. wolle die den klägerischen Warenzeichen nachgebildeten Etiketten zur Bezeichnung des aus ihrer Essenz hergestellten Liqueurs verwenden, diesem die Nachbildungen verschafft habe. Das Berufungsgericht führt ferner aus, daß die Beklagte durch diese Handlung, wenn nicht Mitthäterin, so doch Anstifterin der von W. begangenen Rechtsverletzung geworden und deshalb für die von der Klägerin erhobene Klage passiv legitimiert sei. Diesen Erwägungen fehlen jedoch die notwendigen thatsächlichen Grundlagen. Wenn die Störung des klägerischen Markenrechtes, gegen welche der zweite Klagantrag gerichtet ist, von der Beklagten durch einen Anderen begangen sein soll, so muß eine Beziehung zwischem diesem Anderen und der Beklagten bestehen, welche ergiebt, daß die Beklagte die Urheberin oder doch die Miturheberin der störenden Handlung gewesen sei. Dazu genügt nicht, daß die Beklagte bei der Übersendung der nachgebildeten Etiketten gewußt hat, W. wolle dieselben zur Bezeichnung des aus der Benediktineressenz hergestellten Liqueurs verwenden. Ist W. aus eigenem Antriebe zu dem Entschlusse gelangt, den hergestellten Liqueur mit den klägerischen Marken nachgebildeten Etiketten zu bezeichnen, und hat er diesen eigenen Entschluß ausgeführt, nachdem er auf sein Verlangen die Etiketten von der Beklagten zugesandt erhalten hatte, so war er allein der Urheber der störenden Handlung, und die Thätigkeit der Beklagten nur die eines Gehilfen. Anders könnte die Sache liegen, wenn etwa die Beklagte, um den Absatz ihrer Essenz zu fördern, den Kaufmann W. darauf hingewiesen hätte, daß er den daraus hergestellten Liqueur mit den in Rede stehenden Nachbildungen der klägerischen Marken bezeichnen und in Verkehr bringen könne, und sich erboten hätte, ihm zu deren Beschaffung behilflich zu sein. Allein eine solche oder ähnliche Beziehung zwischen der Beklagten und W. ist bisher nicht ersichtlich gemacht. Von einer der Beklagten zur Last fallenden Mitthäterschaft oder Anstiftung im strafrechtlichen Sinne kann solange nicht die Rede sein, als nicht festgestellt ist, daß die Beklagte und W. gewußt hätten, es handle sich um die widerrechtliche Veränderung von Nachbildungen geschützter Warenzeichen (§ 14 des Gesetzes vom 30. November 1874). Eine solche Feststellung fehlt bisher. Für dieselbe lag auch keine Veranlassung vor, da weder die Bestrafung der Beklagten noch eine gegen sie erhobene Entschädigungsforderung in Frage steht, sondern lediglich ihre objektive Nichtberechtigung zur Benutzung der Warenzeichen der Klägerin.

Kann aber eine Urheberschaft oder Miturheberschaft des Beklagten für die Verwendung der nachgebildeten Marken durch W. nicht festgestellt werden, so ist auch der zweite Klagantrag nicht begründet, weil die Beklagte diejenige Störung des klägerischen Rechtes, gegen welche der Antrag sich richtet, nicht vorgenommen hat. Es kann nur noch eine Verurteilung der Beklagten nach einem beschränkten Klagantrage in Frage kommen, welcher der Thätigkeit der Beklagten als Gehilfin des W. bei dessen in das Markenrecht der Klägerin eingreifender Handlung anzupassen wäre. Die Zulässigkeit eines solchen Antrages erscheint unbedenklich. Wenn derselbe auch nicht unmittelbar aus § 13 des Gesetzes vom 30. November 1874 hergeleitet werden kann, so rechtfertigt er sich doch aus der Befugnis der Klägerin, die Untersagung jeder auf Störung ihres ausschließlichen Rechtes abzielenden Handlung fordern zu können, gleichviel, ob diese Handlung für sich allein schon die vollendete Verletzung ihres Rechtes darstellt oder nur eine Mitwirkung bei einer solchen enthält, und gleichviel, ob sie im eigenen Interesse des Handelnden vorgenommen wird, oder nicht.

Vgl. Kohler, Recht des Markenschutzes S. 344.

Die nachträgliche Änderung des Klagantrages in dem angedeuteten Sinne würde auch, als bloße Beschränkung des ursprünglichen Antrages, eine Änderung der Klage nicht enthalten (§ 240 Ziff. 2 C.P.O.).

Hiernach mußte das Berufungsurteil in seinem ganzen Umfange aufgehoben, und die Sache zur anderweiten Verhandlung und Entscheidung nach den vorbezeichneten rechtlichen Gesichtspunkten in die Vorinstanz zurückverwiesen werden."

30. Konventionalstrafe bei Konkurrenzverbot. Ist in solchem Falle die Konventionalstrafe als Wandelpön zu betrachten? H.G.B. Art. 284.

I. Civilsenat. Urt. v. 30. Juni 1894 i. S. S. (Bekl.) w. H. (Kl.) Rep. I. 130/94.

I. Landgericht Oppeln.
II. Oberlandesgericht Breslau.

Der Beklagte hat sein Speditionsgeschäft zu O. an den Kläger mit der Verpflichtung verkauft, bei Vermeidung einer Konventionalstrafe von 10000 ℳ in O. und Umkreis kein Speditionsgeschäft zu errichten oder an solchem teilzunehmen. In zwei Vorprozessen ist der Beklagte zur Zahlung dieser Konventionalstrafe verurteilt, weil er 1880 in O. ein Speditionsgeschäft errichtet hat. Im jetzigen Prozesse hat der Kläger beantragt, den Beklagten unter Strafandrohung zu verurteilen, sich der Ausübung des Speditionsgeschäftes in O. zu enthalten. Der erste Richter hat die Klage abgewiesen, der Berufungsrichter den Beklagten verurteilt. Auf die Revision des Beklagten ist das erste Urteil wiederhergestellt aus folgenden

Gründen:

„Der Vertrag vom 21. August 1889, aus welchem geklagt wird, ist ein Handelsgeschäft, da beide Kontrahenten Spediteure, also Kaufleute, waren. Die in dem Vertrage enthaltene Strafstipulation ist also nach Art. 284 H.G.B. zu beurteilen. Der zweite Absatz dieses Artikels schreibt vor, daß der Schuldner „im Zweifel" nicht berechtigt sei, sich durch Erlegung der Konventionalstrafe von der Erfüllung zu befreien, schließt also nicht aus, daß die Entrichtung der Strafe dennoch diese Wirkung hat, wenn dies dem Vertragswillen der Kontrahenten entspricht. Der Berufungsrichter hat nun zwar geprüft, ob der Vertragswille der Parteien dahin gegangen ist, den Anspruch auf Erfüllung des Vertrages neben der Strafleistung auszuschließen; allein der Standpunkt, von dem er bei dieser Prüfung ausgegangen ist, ist ein rechtsirrtümlicher.

Der Berufungsrichter geht davon aus, daß dem Beklagten der Beweis dafür obliege, daß die Strafe in dem vorliegenden Falle die Bedeutung einer Wandelpön haben sollte, und nimmt nach Würdigung des erhobenen Zeugenbeweises an, daß der vom Beklagten zu führende Beweis nicht erbracht sei. Hierbei übersieht der Berufungsrichter, daß die Konventionalstrafe nur „im Zweifel“ nicht als Wandelpön gelten soll, es also eines Gegenbeweises nicht bedarf, wenn schon aus der Sachlage hervorgeht, daß die Strafe diese Natur haben soll, ein Zweifel darüber also nicht besteht. Eine Prüfung der Sachlage nach dieser Richtung hat aber der Berufungsrichter unterlassen und so den Art. 284 H.G.B. verletzt. Da seine Entscheidung auf dieser Rechtsverletzung beruht, unterliegt das Berufungsurteil der Aufhebung. Es bedarf jedoch der Zurückverweisung der Sache in die Vorinstanz nicht, da dieselbe, ohne daß es neuer thatsächlicher Feststellungen bedarf, zur Endentscheidung reif ist (§ 528 C.P.O.).

Der Klaganspruch ergiebt sich schon aus der unstreitigen Sachlage als unbegründet. Wie der erste Richter zutreffend hervorgehoben hat, spricht schon die Fassung, in welcher die Strafandrohung dem Konkurrenzverbote angehängt ist („und zwar bei Vermeidung einer Konventionalstrafe von 10000 *M*“) für die Absicht der Kontrahenten, daß mit Zahlung der Strafe der Bruch des Verbotes gesühnt sein sollte. Es entspricht aber auch dem Wesen der Verträge vorliegender Art und der regelmäßigen Verkehrsanschauung, daß das volle Interesse des Berechtigten an der Vertragserfüllung durch die Strafe erschöpfend gesichert werden, und andererseits der Verpflichtete in die Lage versetzt werden soll, durch die Leistung der Strafe sich von der ihm auferlegten Beschränkung seiner Erwerbsfreiheit frei zu machen. Namentlich ist dies als gewollt anzunehmen, wenn die Höhe der Strafe ersehen läßt, daß durch dieselbe das volle Vertragsinteresse des Berechtigten gedeckt wird. Daß dies hier der Fall ist, kann nicht bezweifelt werden, wenn die Kaufsumme von 22500 *M* der auf die fünfjährige Konkurrenzenthaltung gesetzten Strafe von 10000 *M* gegenübergestellt wird. Das Ergebnis des Zeugenbeweises steht dieser sich aus der unstreitigen Sachlage ergebenden Auffassung des Vertrages nicht entgegen. Der Berufungsrichter stellt nur negativ fest, daß durch die Zeugenaussagen der Beweis für die Rechtsnatur der stipulierten Strafe als einer Wandelpön nicht erbracht sei, nicht aber, daß das Gegenteil erwiesen sei. Andererseits bestätigt die Aussage des Zeugen S. über die Äußerungen des Zeugen J. bei den unter den Parteien gepflogenen Vorverhandlungen die Richtigkeit dessen, was oben als die Verkehrsanschauung über die Bedeutung einer auf die Zuwiderhandlung gegen ein Konkurrenzverbot angedrohten Strafe bezeichnet ist.

Vgl. hierzu Bolze, Praxis des Reichsgerichts Bd. 16 N. 385, und Staub, Kommentar zum Handelsgesetzbuch (2. Aufl.) § 8 zu Art. 59.

Es bedarf deshalb keiner Erörterung, ob die Zeugenaussagen von dem Berufungsrichter erschöpfend und in ihrem Zusammenhange gewürdigt sind. Der weitere Inhalt des Vertrages kann zu einer anderen Auslegung desselben nicht führen. Daß das Konkurrenzverbot und die Strafstipulation ihre Gültigkeit verlieren sollen, wenn der Erwerber des Geschäftes dasselbe aufgiebt, zeigt nur, daß in diesem Falle das Interesse des Erwerbers an der Aufrechthaltung dieser Vertragsbestimmungen wegfiel, und wenn der Beklagte sich verpflichtet hatte, dem Kläger während der ersten vier Wochen mit Rat und That unentgeltlich an die Hand zu gehen, so kann daraus nur geschlossen werden, daß die Absicht der Parteien darauf gerichtet gewesen ist, den Kläger nach jeder Richtung in die Kundschaft und den Betrieb des erworbenen Geschäftes einzuführen, woraus dem Beklagten eine Erschwerung für die demnächstige Eröffnung eines Konkurrenzbetriebes erwachsen mußte. Weitere Folgerungen lassen sich aus diesen Vertragsbestimmungen nicht ziehen. Auch aus der Bezeichnung der Strafe als Konventionalstrafe können bei der vorliegenden Sachlage Schlüsse auf deren rechtliche Natur nicht gezogen werden.

Hiernach war die Berufung des Klägers gegen die klagabweisende Entscheidung des ersten Richters zurückzuweisen."

---

31. Voraussetzungen der Wechselvindikation gegen den wechselrechtlich und gegen den civilrechtlich legitimierten Wechselbesitzer. Unter welchen Voraussetzungen kann der Wechselbesitzer, dem die Wechselforderung unter Übergabe des Wechsels von dem wechselrechtlich Legitimierten cediert worden, von dem wahren Eigentümer zur Herausgabe des Wechsels angehalten werden?

W.O. Artt. 10. 14. 36. 48. 55. 74. 82.

A.L.R. I. 15 §§ 24 flg., I. 20 §§ 80 flg. 91.

I. Civilsenat. Urt. v. 14. Juli 1894 i. S. L. (Kl.) w. Dr. (Bekl.) Rep. I. 147/94.

I. Landgericht I Berlin.
II. Kammergericht daselbst.

Der Kläger war im Besitze von drei Wechseln über 3000, 1300 und 3300 ℳ, welche von der Frau L.-U. auf E. v. L. an eigene Order gezogen, von diesem acceptiert und von ihr in blanco giriert sind. Er hat diese Wechsel nach Verfall im Januar 1891 der L.-U. zum Inkasso im Konkurse des Acceptanten übergeben, die L.-U. aber hat den Wechsel über 1300 ℳ an R. veräußert und die Wechsel über 3000 und 3300 ℳ der Frau G. überlassen. R. hat den Wechsel über 1300 ℳ mit seinem Blankogiro und einer Cession vom 31. Januar 1891 dem Beklagten zum Inkasso gegeben. Die Wechsel über 3000 und 3300 ℳ, von denen letzterer am 26. Januar 1891 für den Kläger mangels Zahlung protestiert ist, hat die G. dem Beklagten für frühere Forderungen desselben an sie im Betrage von etwa 1800 ℳ verpfändet und auf Verlangen des Beklagten demselben zwei Cessionen der L.-U. auf ihn nebst den Wechseln übergeben. Der Beklagte hat die Wechsel im Konkurse des Acceptanten zur Anmeldung und Feststellung gebracht. Der Kläger ist als Eigentümer der Wechsel gegen ihn auf Abtretung der Konkursforderungen und Herausgabe der Wechsel klagbar geworden.

Der erste Richter hat die Entscheidung von einem Eide des Beklagten abhängig gemacht, daß er die Wechsel nicht von der L.-U. mit der Mitteilung, daß sie dieselben für den Kläger einziehen sollte, erhalten habe. Der Berufungsrichter hat den Beklagten zur Herausgabe des Wechsels über 3300 ℳ verurteilt und die Klage im übrigen abgewiesen. Auf die Revision des Klägers ist der Beklagte auch zur Herausgabe des Wechsels über 3000 ℳ verurteilt, im übrigen das Berufungsurteil aufrecht erhalten aus folgenden

Gründen:

„Der Berufungsrichter stellt fest, daß der Kläger die drei streitigen Wechsel im Januar 1891 der Frau L.-U. zum Inkasso übergeben hat und damals der wechselrechtlich legitimierte Eigentümer der Wechsel war. Diese Feststellung ist nicht angegriffen. Die erhobene Eigentumsklage ist danach und nach Art. 74 W.O. gegen den unstreitig im Besitze der Wechsel befindlichen Beklagen begründet, wenn der Beklagte nicht beweist, daß er das Eigentum der Wechsel nach Wechselrecht oder doch den Besitz der Wechsel von einer wechselrechtlich legitimierten Person mit Wirkung gegen den Kläger erworben hat, oder wenn der Kläger beweist, daß der Beklagte den Besitz in bösem Glauben oder unter grober Fahrlässigkeit erworben hat. Das Berufungsurteil weist die Klage bezüglich der Wechsel über 1300 und 3000 *M* ab, weil der Beklagte sie von einer wechselrechtlich legitimierten Person erworben habe, und weder böser Glaube noch grobe Fahrlässigkeit dabei erwiesen sei, verurteilt den Beklagten dagegen bezüglich des Wechsels über 3300 *M*, weil der Beklagte diesen Wechsel von einer wechselrechtlich nicht legitimierten Person erworben habe.

1. Die Revision des Klägers betrifft die Entscheidung über die beiden Wechsel über 1300 und 3000 *M*.

a) Den Wechsel über 1300 *M* hat der Beklagte, wie er behauptet hat, und wie der Berufungsrichter feststellt, durch den Schuhmacher R. mit dessen Blankogiro und der Cession vom 31. Januar 1891 zum Inkasso für R. erhalten. R. hat dies, und daß er den Wechsel von der Frau L.-U. erworben, bestätigt. Er hat bekundet, daß er den Wechsel schon vor dessen Verfalltage, dem 21. November 1890, erworben zu haben g l a u b e. Nach der Feststellung des Berufungsrichters, daß der Kläger den Wechsel am 22. Januar 1891 der L.-U. zum Inkasso gegeben, ist dies ausgeschlossen, und nur möglich, daß R. den Wechsel nach dem 22. Januar 1891 von der L.-U. erworben hat. Es kommt darauf indessen nicht an. Denn die L.-U. war durch den Besitz des Wechsels und ihr eigenes Blankoindossament noch nach dem Verfalle des Wechsels zur Begebung des Wechsels an R. unter Benutzung des Blankoindossaments wechselrechtlich befugt. Nur für den v e r f a l l e n e n und p r o t e s t i e r t e n Wechsel ist dies gegen die Ansicht des Reichsoberhandelsgerichtes,

vgl. Entsch. desselben Bd. 18 S. 4,

vom Reichsgerichte,

vgl. Entsch. desselben in Civils. Bd. 2 S. 73,

verneint. Hat danach R. wechselrechtlich das Eigentum des Wechsels erworben, wenn er nicht in bösem Glauben war oder grob fahrlässig handelte, so ist auch der Beklagte durch das Blankogiro und die Cession des R. wechselrechtlich und civilrechtlich legitimierter Besitzer.

Und dafür, daß R. den Wechsel mala fide oder grob fahrlässig erworben hat, hat der Kläger nichts vorgebracht. Alles, was er vorgebracht hat, bezieht sich auf die mala fides des Beklagten bei dem Erwerbe von der G. und der L.-U.

Darauf, daß der Beklagte zugiebt, daß seine Legitimation dem R. gegenüber nur eine formelle ist, insofern er Eigentumsindossament und Cession zum Inkasso erhalten hat, kommt es dem Kläger gegenüber rechtlich nicht an, ebensowenig wie darauf, daß R. sich auf die Streitverkündung seitens des Beklagten nicht eingelassen hat. Der Beklagte ist befugt, sein formelles Recht dem Kläger gegenüber solange geltend zu machen, als ihm selbst oder R. gegenüber nicht der Mangel des materiellen Rechtes in der Person des R. dargethan ist. Und an solchem Nachweise fehlt es ganz. Die Rüge der Revision, daß R. nicht beeidigt worden, obwohl er Rechtsvorgänger des Beklagten sei, ist bedeutungslos, selbst wenn sie begründet wäre, weil damit der Mangel jeden Vorbringens bezüglich der mala fides des R. nicht beseitigt werden würde. Bezüglich dieses Wechsels ist die Klage danach mit Recht abgewiesen, und die Revision unbegründet.

b) Bezüglich des Wechsels über 3000 *M*, der am 23. Oktober 1890 fällig war, das Blankoindossament der L.-U. trägt und am 28. Januar 1891 von der L.-U. an den Beklagten cediert ist, behauptet der Beklagte, daß er ihn von der G. zur Sicherheit für Forderungen an die G. erhalten habe. Daß ihm solche Forderungen gegen die G. im Betrage von weit mehr als 3000 *M* bei Hingabe des Wechsels zustanden und noch zustehen, ist vom Berufungsrichter ohne prozessualen Verstoß ebenso festgestellt, wie daß der Wechsel dem Beklagten zum Pfande gegeben ist. Dagegen sind auch keine Angriffe erhoben. Die G. war durch das Blankogiro der L.-U. legitimierte Wechseleigentümerin. Aber das Verhalten des Beklagten beweist, daß er ihrer materiellen Berechtigung oder wechselrechtlichen Legitimation nicht getraut hat. Denn ohnedies würde er sich die Cession vom 28. Januar 1891 durch die L.-U. als die Blankoindossantin nicht haben erteilen lassen. Diese Cession stellt die Sachlage rechtlich so her, als ob die L.-U. den Wechsel direkt dem Beklagten zum Eigentume in securitatem für fremde Schuld übertragen hat.

Auf die Legitimation durch das Blankogiro der L.-U. auf die G. kann der Beklagte sich nicht berufen, weil er nach seiner eigenen

Darstellung den Wechsel auf Grund dieses Blankogiros und der Legitimation der G. durch dasselbe nicht hat erwerben wollen und nicht erworben, sondern ihn der G. zum Zwecke der Beschaffung der Cession der L.-U. zurückgegeben und mit dieser Cession zurückerhalten hat. Kann aber der Beklagte seine Legitimation nur auf die Cession der L.-U. stützen, so ist die Vindikation dieses Wechsels begründet. Nach der Feststellung des Berufungsrichters war die L.-U. nicht Eigentümerin des Wechsels. Der Cessionar erwirbt die Wechselforderung und mit ihr das Wechseleigentum nur aus dem Rechte seines Auktors, des Cedenten, das heißt die Rechte des Cedenten aus dem Wechsel, nicht wie der Indossatar kraft des Indossaments (Art. 10 W.O.), das Recht aus dem Wechsel nach Maßgabe des Inhaltes der Wechselurkunde und das Eigentum des Wechsels als eigenes Recht. Da die Artt. 10. 14 W.O. auf den Cessionar nicht Anwendung finden, kann er die Wechselforderung nur soweit geltend machen, als sie seinem Cedenten zustand, und muß sich abweichend von Art. 82 W.O. alle Einreden entgegensetzen lassen, welche gegen seinen Cedenten bestehen. Daraus folgt rechtlich zugleich mit Notwendigkeit, daß auch die Artt. 36. 74 W.O. auf den Cessionar keine Anwendung finden, daß er sich für seine Person auf die Präsumtion der Artt. 17. 36. 74 W.O. für das Eigentum des wechselrechtlich legitimierten Besitzers nicht berufen kann. Nachdem im vorliegenden Falle diese Präsumtion für das Eigentum der Cedentin des Beklagten durch den Nachweis, daß der Kläger Eigentümer des Wechsels war, als der Beklagte den Wechsel von der L.-U. erhielt, beseitigt ist, kann der Beklagte nur diejenigen Rechte an dem Wechsel geltend machen, die dem redlichen Besitzer auch gegen den wahren Eigentümer zustehen. Der Art. 306 H.G.B., auf den der Revisionsbeklagte sich beruft, findet schon deshalb keine Anwendung, weil die L.-U. nicht Kaufmann war. Über die Rechte des redlichen Besitzers enthält die Wechselordnung keine Vorschriften. Der Art. 74 W.O. regelt nicht die ganze Lehre von der Wechselvindikation und besagt nicht, daß die Vindikation des Wechsels unbedingt gegen den stattfindet, der den Wechsel nicht durch einen Wechselakt, sondern durch einen civilrechtlichen Akt der Eigentumsübertragung erworben hat. Er schließt nur die Vindikation des Wechsels gegen den wechselrechtlich Legitimierten aus, der nicht im bösen Glauben und grob fahrlässig erworben hat. Im übrigen richtet sich die Vindikation nach den Vorschriften des bürgerlichen Rechtes. Nach den hier zur Anwendung kommenden Bestimmungen des preußischen Rechtes (§§ 24 flg. A.L.R. I. 15, §§ 80 flg. 91 I. 20) hat der redliche Erwerber die vom Nichteigentümer erworbene Sache gegen Erstattung dessen herauszugeben, was er für die Sache gegeben oder geleistet hat. Der Beklagte hat aber für den Wechsel nach seinem eigenen Vortrage nichts gegeben oder geleistet. Er hat den Wechsel und die Wechselforderung deshalb herauszugeben, ohne daß es auf die Untersuchung ankommt, ob er ihn in bösem Glauben oder grob fahrlässig erworben hat.

2. Aus vorstehendem ergiebt sich zugleich die Entscheidung bezüglich des Wechsels über 3300 *M*. Der Berufungsrichter hat den Beklagten zur Herausgabe dieses Wechsels verurteilt, weil er nicht gemäß Art. 36 W.O. legitimierter Wechselbesitzer sei.

Davon ist richtig, daß die G. durch den Besitz des für den Kläger protestierten Wechsels zur Eigentumsübertragung oder Verpfändung des Wechsels nicht legitimiert war, da sie nicht im Wechselverbande stand und deshalb, selbst wenn sie den Wechsel im Regreßwege eingelöst hätte, was nicht der Fall ist, ohne Giro des Klägers nicht legitimiert war.

Vgl. Entsch. des R.G.'s in Civils. Bd. 2 S. 75.

Aber der Beklagte hat nicht nur die rechtlich unwirksame Übergabe des Wechsels nebst Protest durch die G., sondern die Cession durch die L.-U. auf Grund des protestierten Wechsels für sich. Damit liegt die Sache rechtlich auch hier so, als ob die L.-U. dem Beklagten die Wechselforderung zur Sicherheit für fremde Schuld in securitatem cediert und zu diesem Zwecke den Wechsel zum Eigentume übergeben hätte. Und die L.-U. war, weil sie als Ausstellerin und erste Indossantin im Wechselverbande stand, und der Besitz des Wechsels und Protestes dafür sprach, daß sie den Wechsel im Regreßwege eingelöst hatte, nach Artt. 48. 55 W.O. wechselrechtlich legitimiert, das Recht aus dem Wechsel geltend zu machen oder es durch Cession nebst dem Eigentume an dem Wechsel zu übertragen, wie die Anschlußrevision mit Recht ausführt.

Im Ergebnisse ist die Entscheidung des Berufungsrichters aber aus den unter 1b entwickelten Gründen richtig. Kann sich der Beklagte nur auf seine Legitimation durch die Cession der L.-U.

berufen, so kann er, nachdem das Eigentum des Klägers an dem Wechsel festgestellt ist, auch hier nur die Rechte des redlichen Besitzers geltend machen und muß den Wechsel und die Wechselforderung herausgeben, da er für dieselben nichts gegeben oder geleistet hat. Die Anschließung an die Revision ist danach unbegründet." . . .

---

32. 1. Abhängigkeitspatent und teilweise nichtiges Patent.

2. Fällt die Erteilung eines Abhängigkeitspatentes unter die Bestimmung des § 3 des Patentgesetzes vom 7. April 1891 „Erteilung eines Patentes in entsprechender Beschränkung", und ist der Civilprozeßrichter im Patentverletzungsprozesse an die vom Patentamte bei der Erteilung ausgesprochene Auffassung gebunden?

3. Ist das Patentamt zuständig, im Nichtigkeitsverfahren auf Abhängigkeit eines Patentes zu erkennen?

4. Verhältnis der Begründung des Gesetzentwurfes und des Berichtes einer Kommission des Reichstages zum Gesetzestexte.

I. Civilsenat. Urt. v. 7. Juli 1894 i. S. der Handelsgesellschaft C. & Sch. (Bekl.) w. W. Br. Comp. lim. zu London (Kl.). Rep. I. 119/94.

I. Kaiserliches Patentamt.

Dem G. F. zu Dortmund ist vom 5. September 1891 ab das Patent 62224 „Auslaßventil für Luftbremsen" erteilt, dessen Patentanspruch so lautet:

„Bei dem durch Anspruch 1 gekennzeichneten Ventil ist der kleine Durchgangsquerschnitt h Fig. 3 für den Übertritt der Hilfsbehälterluft nach dem Bremscylinder in Zusammenwirkung mit dem sehr viel größeren Durchgangsquerschnitt der vollen Muschelhöhlung 1 des Schieberteiles S_1 für den Übertritt der Leitungsluft nach dem Bremscylinder, wodurch ein reichliches Überströmen von Leitungsluft nach dem Cylinder und eine schnelle Fortpflanzung der Druckverminderung in der Leitung erzielt wird."

Der in Bezug genommene Patentanspruch 1 lautet so:

„Eine für Einkammerbremsen geeignete Ausführungsform des durch Patent Nr. 58906 geschützten Ventiles, gekennzeichnet durch eine

Gestaltung des Schiebers derart, daß durch das Zusammenwirken des die Auslaßöffnung f aus dem Bremscylinder in der Ruhestellung (bei gelöster Bremse) schließenden Schieberteiles S_2 mit der schmalen, kleiner als f ausgeführten Öffnung i des Schieberteiles S_1 während des Abblasens von Cylinderluft Druckausgleich auf beiden Seiten der Membrane erzeugt werden kann, sodaß die Feder F_1 die Schieber in ihre Mittelstellung zurückdrücken und dadurch eine Unterbrechung des Abfließens von Druckluft herbeiführen kann."

Das Patent ist auf die Handelsgesellschaft C. & Sch. übertragen. Die W. Br. Company limited in London hat wider die Handelsgesellschaft C. & Sch. bei dem Kaiserlichen Patentamte Klage erhoben mit dem Antrage, das Patent 62224 in seinem Anspruch 3 zu vernichten oder in Abhängigkeit vom Patent 43111 des G. W. zu erklären. Das Patent 43111 ist dem letzteren vom 29. März 1887 ab erteilt. Sein Anspruch lautet nach dem Urteile des Reichsgerichtes vom heutigen Tage, ergangen in Sachen Sch. und P. wider W.:

„Bei Ventilapparaten, welche Luftleitungsröhre, Hilfsbehälter und Bremscylinder verbinden: Zu den in der Patentbeschreibung angegebenen Zwecken die Steuerung eines zwischen Luftleitungsröhre und Bremscylinder eingeschalteten Schiebers oder Ventiles durch einen auf der einen Seite vom Hilfsbehälter, auf der anderen Seite von der Leitungsröhre aus beeinflußten Kolben oder ein Diaphragma derart, daß der Schieber bezw. das Ventil durch einen größeren Druckunterschied weiter bewegt wird, als für die gewöhnliche Wirkung der Bremsen nötig ist, und hierdurch die direkte Verbindung zwischen Luftröhre und Bremscylinder herstellt."

Das Kaiserliche Patentamt hat mittels Entscheidung vom 2. November 1893 nach dem über die mündliche Verhandlung aufgenommenen Protokolle den Antrag auf Vernichtung des Anspruches 3 des Patentes 62224 abgewiesen, die Abhängigkeit des Patentanspruches vom Patente 43111 „dagegen anerkannt".

In der Entscheidung lautet die Formel:

„Der Anspruch 3 des Patentes Nr. 62224 wird für abhängig von dem Patent 43111 erklärt."

Nach der Begründung ist der weitergehende Antrag auf Nichtigkeitserklärung abgelehnt werden.

Diese Entscheidung ist von der Klägerin nicht angefochten. Dagegen hat die Beklagte Berufung eingelegt. Derselben ist stattgegeben aus folgenden

Gründen:

„Daß vor dem Patentgesetze in der Fassung vom 7. April 1891 Abhängigkeit und teilweise Richtigkeit als verschiedene Dinge anzusehen waren, daß das Kaiserliche Patentamt als nicht zuständig erachtet wurde, auf bei demselben erhobene Klage auf Abhängigkeit eines Patentes zu erkennen, ist bekannt. Es wird deshalb auf die Urteile des Reichsgerichtes in den Entscheidungen Bd. 12 Nr. 27 Bezug genommen. Hieran ist durch das Gesetz in der neuen Fassung nichts geändert. Nach § 3 des neuen Gesetzes hat auf die Erteilung des Patentes derjenige Anspruch, welcher die Erfindung zuerst nach Maßgabe dieses Gesetzes angemeldet hat. Eine spätere Anmeldung kann den Anspruch auf ein Patent nicht begründen, wenn die Erfindung Gegenstand des Patentes des früheren Anmelders ist. Trifft diese Voraussetzung teilweise zu, so hat der spätere Anmelder nur Anspruch auf Erteilung eines Patentes in entsprechender Beschränkung.

Es giebt zahlreiche Fälle, in denen der spätere Erfinder seine Erfindung überhaupt nicht oder nach gewisser Richtung nicht anders benutzen kann, als daß er in ein bestehendes Patent eingreift, und dennoch darf man nicht sagen, daß die zweite Erfindung auch nur teilweise Gegenstand jenes früheren Patentes wäre. Nachdem eine Maschine patentiert ist, welche zu einem bestimmten Zwecke gebraucht werden soll, kann ein Zweiter ein dem ersten Erfinder und aller Welt bis dahin unbekanntes Verfahren erfinden, jene Maschine zu einem anderen Zwecke anzuwenden. Da der erste Patentinhaber nach § 4 des Patentgesetzes ausschließlich befugt ist, den Gegenstand seiner Erfindung, das ist die Maschine, zu gebrauchen, so kann der zweite Erfinder seine Erfindung nicht ausbeuten, ohne in das Patent des früheren Erfinders einzugreifen. Sein Patent ist also abhängig von dem älteren Patent, aber seine Erfindung ist nicht Gegenstand des früheren Patentes, auch nicht teilweise. Das ergiebt sich schon daraus, daß der frühere Patentinhaber die Maschine zu dem dem späteren Anmelder patentierten Verfahren nicht gebrauchen darf, daß sich also auf diesen Gegenstand sein Patent nicht erstreckt. Umgekehrt kann zur Vornahme eines patentierten Verfahrens eine neue Maschine erfunden werden. Auch bei gewaltsamster Anwendung der deutschen

Sprache kann man nicht die neue Maschine zum Gegenstande des Patentes auf jenes Verfahren machen. Sie kann nur ein Mittel sein, dieses Verfahren anzuwenden. Da dem älteren Patentträger aber das Recht auf die Anwendung solchen Verfahrens ausschließlich zusteht, so darf der zweite, so lange das ältere Patent besteht, seine Maschine zwar bauen und verkaufen, aber sie darf nicht zu jenem Verfahren angewendet werden. Nicht anders liegt die Sache, wenn die erste Erfindung ein Produkt betraf, z. B. Tropfenzähler mit drehbarem, eingeschliffenem Glasstöpsel oder eine zur Aufnahme kohlensäurehaltiger Flüssigkeiten bestimmte Flasche mit einem durchbohrten Glasstöpsel, aus welcher, ohne den Stöpsel abzunehmen, bloß infolge von dessen Drehung ausgegossen, und der Ausfluß durch anderweite Drehung wieder unterbrochen werden kann. Erfindet danach ein anderer ein neues Verfahren, in Glasflaschen und Glasstöpsel Rinnen anzubringen oder die letzteren zu durchbohren, so können durch Anwendung solchen Verfahrens die jenem ersten Erfinder patentierten Tropfenzähler, Selterwasserflaschen und dergleichen auf eine billigere Weise hergestellt werden, aber der zweite Erfinder darf sein Verfahren zu diesem Zwecke nicht gewerbsmäßig anwenden, weil er damit in das Patent des ersten Erfinders eingreifen würde. Soweit würde also das zweite Patent abhängig von dem ersten Patente sein, aber die zweite Erfindung ist auch nicht teilweise Gegenstand jenes früheren Patentes. Alle diese Fälle hat also der Gesetzgeber mit der Vorschrift des § 3 des Patentgesetzes nicht getroffen. Hätte er sie treffen wollen, so hätte er sich anders ausdrücken müssen. Was der Gesetzgeber getroffen hat, sind Fälle ganz anderer Art.

Ist dem ersten Erfinder ein neues chemisches Verfahren patentiert, durch welches ein neuer Stoff dargestellt wird, so darf diesen Stoff, so lange ein anderes Verfahren mit demselben Erfolge nicht gefunden wird, kein anderer gewerbsmäßig herstellen. Findet nun ein anderer ein Verfahren, durch Bearbeitung jenes neuen Stoffes ein anderes für das Gewerbe wertvolles Produkt darzustellen, so setzt die Anwendung dieses zweiten Verfahrens das erste voraus. Da das erste Verfahren in einem Produkte ausläuft, das in den Handel gelangt, so kann der zweite sein Verfahren ausüben, wenn er das von dem ersten oder seinen Lizenzträgern dargestellte Produkt kauft. Ein Bedürfnis, dies in seinem Patente, dessen Beschreibung das Vorhandensein des ersten Produktes voraussetzt, zum Ausdrucke zu bringen, besteht nicht.

Hätte aber der zweite Erfinder ein Gesamtverfahren in der Patentbeschreibung dargestellt, von welchem das dem ersten Erfinder patentierte Verfahren einen Teil bildete, so würde hier ein Fall vorliegen, in welchem derselbe nur Anspruch auf Erteilung eines Patentes in entsprechender Beschränkung hat. Dieser Beschränkung kann in verschiedener Weise entsprochen werden. Ihr wird im Sinne des Gesetzes entsprochen, wenn durch den Patentanspruch zum Ausdrucke gelangt, daß nur das Gegenstand des Patentes ist, was der zweite zur Erfindung des ersten hinzugethan hat, die Verbesserung oder die Weiterführung, sodaß dasjenige, was der erste gefunden hat, nach Erlöschen des diesem erteilten Patentes Gemeingut wird. Das ist aber etwas anderes als die Abhängigkeit vom Patente des ersten; das ist die teilweise Verweigerung des beantragten Patentes.

Ein Gesamtverfahren kann so verlaufen, daß es nicht ausführbar ist ohne ein in dasselbe aufgenommenes Teilverfahren, aber als Gesamtverfahren auf einer Erfindung von gewerblicher Verwertbarkeit beruht. Eine Maschine kann so zusammengesetzt sein, daß sie ohne einen in bestimmter Weise gestalteten Teil nicht gebaut werden kann. War jenes Teilverfahren oder dieser körperliche Teil der Maschine zur Zeit der Anmeldung des Gesamtverfahrens oder der Maschine im Sinne des § 2 des Patentgesetzes bekannt und durch ein Patent nicht geschützt, so ist das dem Erfinder erteilte Patent nur eben auf das Ganze des Verfahrens rc erteilt, auch wenn dies nicht besonders zum Ausdrucke gebracht ist. Würde aber der Erfinder auch einen besonderen Patentanspruch auf jenes Teilverfahren oder jenen körperlichen Teil formuliert haben, so würde derselbe auf Grund des § 3 des Patentgesetzes zu streichen sein. Bestand dagegen zu der Zeit, als das Gesamtverfahren oder der körperliche Teil zur Patentierung angemeldet wurde, noch ein früher auf das Teilverfahren oder den Bestandteil der Maschine erteiltes Patent zu Recht, so ist das auf das Gesamtverfahren oder die Maschine erteilte Patent in dem Sinne von jenem früheren Verfahren abhängig, daß der zweite Erfinder seine Erfindung trotz des ihm erteilten Patentes nicht ohne Zustimmung des ersten Patentträgers gewerblich gebrauchen darf.

Das sieht man auch außerhalb Deutschlands als vollkommen

selbstverständlich an, wennschon im zweiten Patente ein Vorbehalt der Rechte des ersten Patentträgers nicht gemacht ist. Denn durch die zweite Patenterteilung kann dem ersten Patentträger von den ihm einmal erteilten Rechten nichts wieder genommen werden.

Vgl. Robinson, The law of patents Boston, 1890 Bd. 3 S. 54 ... und Pouillet, Brevets d'invention § 737. ...

Läuft das ältere Patent ab, oder erlischt es aus einem anderen Grunde, so hat nun zwar der Inhaber des jüngeren Patentes die Befugnis, sein Gesamtverfahren oder seine Maschine gewerblich zu verwerten, ohne daß er einen Einspruch befürchten müßte; aber als patentiert gilt immer nur das Gesamtverfahren oder die Maschine als Ganzes, nicht auch das Teilverfahren oder der einzelne Bestandteil der Maschine, welche zur Zeit der Anmeldung bekannt waren, und bezüglich deren dieser Patentinhaber nicht der erste Anmelder war. Hat aber ebendieser Erfinder einen besonderen Patentanspruch auf den Bestandteil oder das Teilverfahren formuliert und dadurch zum Ausdrucke gebracht, daß er nicht bloß das Ganze als solches, sondern auch den Teil als Gegenstand seiner Erfindung angesehen wissen will, so hat nun die patenterteilende Behörde Veranlassung, von dem § 3 des Patentgesetzes Gebrauch zu machen. Sie wird ihm das Patent unter Streichung dieses Patentanspruches, also „mit Beschränkung" auf das Ganze erteilen. Hätte aber die patenterteilende Behörde jenes frühere Patent übersehen oder sein Verhältnis zu dem eben gedachten Patentanspruche unrichtig beurteilt und danach auf die spätere Anmeldung das Patent so erteilt, wie es beantragt war, so würde der zweite Patentinhaber so lange, als nicht der Patentanspruch auf den Teil vernichtet ist, ein Verbietungsrecht gegen jeden Dritten auch wegen des Teiles ausüben können. Der ältere Patentinhaber würde aber berechtigt sein, dem zweiten Patentinhaber sowohl die Benutzung seiner Erfindung des Ganzen zu untersagen, weil derselbe diese Erfindung nicht anders benutzen kann als durch Benutzung auch der Erfindung des älteren Patentinhabers, als auch die Benutzung des Patentes bezüglich des Teiles, weil dies direkt mit dem älteren Patente kollidiert; der ältere Patentinhaber würde auch, wie jeder Dritte, die Vernichtung des Patentanspruches auf den Teil beantragen können. Würde endlich das ältere Patent ablaufen, so würde damit die Abhängigkeit des jüngeren Patentes auf das Ganze hinwegfallen, die Nichtigkeitsklage auf Vernichtung des Patentanspruches auf den Teil aber begründet bleiben.

Ganz ähnlich ist das umgekehrte Verhältnis zu behandeln, wenn der zweite Anmelder einen Teil an einer bereits patentierten Maschine zweckmäßiger gestaltet und nun ein Patent auf die ganze Maschine mit einem Patentanspruche auf den Teil anmeldet. Wird das Patent erteilt, so wie es beantragt ist, so ist das Patent auf das Ganze nichtig, und der Anspruch auf den Teil abhängig von dem früher erteilten Patente auf die Maschine. Das Patent ist also „mit Beschränkung" auf den neu gestalteten Teil zu erteilen, auf die Maschine als Ganzes aber zu versagen.

Noch deutlicher ergiebt sich dieses Verhältnis von teilweiser Nichtigkeit und Abhängigkeit aus § 10 des Patentgesetzes in der Fassung vom 7. April 1891. Der § 10 handelt nur von der Nichtigkeit eines Patentes; die Erklärung „der Nichtigkeit" soll durch entsprechende Beschränkung des Patentes erfolgen, wenn eine die Nichtigkeit begründende Voraussetzung nur teilweise vorliegt. Da Abhängigkeit keine Nichtigkeit ist, so kann also eine Abhängigkeitserklärung nicht auf Grund des § 10 des Patentgesetzes ausgesprochen werden. Für eine Abhängigkeitserklärung können die Voraussetzungen, welche im § 10 unter Ziff. 1 und Ziff. 3 aufgeführt werden, überhaupt nicht verwendet werden. Denn hier ist es nicht ein bestehendes Patent, welches die teilweise Nichtigkeit begründet, sondern die frühere Veröffentlichung oder offenkundige Benutzung der Erfindung oder ein anderer Umstand, welcher mit einer früheren Patentierung nichts zu thun hat, auf welcher die teilweise Nichtigkeit des Patentes beruht. Aber auch im Falle des § 10 Ziff. 2 bezeichnet das Gesetz nicht den Umstand, daß das Patent eines früheren Anmelders, dessen Gegenstand die spätere Anmeldung (teilweise) ist, besteht, als Grund, die Erklärung der Nichtigkeit durch entsprechende Beschränkung des Patentes auszusprechen. Besteht das Patent nicht mehr, war es aber erteilt, wenn schon zur Zeit der späteren Anmeldung noch nicht veröffentlicht, so reicht der Umstand, daß nach § 3 auf die Erteilung des Patentes nur derjenige Anspruch hat, welcher die Erfindung zuerst angemeldet hat, aus, um die Nichtigkeitsklage ein für allemal gegen den zweiten Anmelder, welchem der Vorschrift des § 3 zuwider ein Patent erteilt ist, zu begründen. Das Patent wird also für nichtig erklärt, wenn und soweit sich ergiebt, daß die Erfindung Gegenstand des, wenn auch schon bereits erloschenen Patentes eines früheren Anmelders ist. Ist aber der Umstand, daß ein früheres Patent erteilt ist, ein Grund für die Abhängigkeit des später erteilten Patentes, so müßte das frühere Patent noch bestehen, wenn das zweite für abhängig erklärt werden sollte.

Ganz klar ergiebt sich dies Verhältnis, daß die Abhängigkeit keine Voraussetzung für eine auch nur teilweise Nichtigkeit eines Patentes sein kann, aus dem französischen Gesetze vom 5. Juli 1844. Dasselbe behandelt die Nichtigkeiten im Titel 4 Sektion 1. Als Nichtigkeit wird in Art. 30 unter anderem bezeichnet die mangelnde Neuheit, nicht aber der Fall des Art. 19:

quiconque aura pris un brevet pour une découverte, invention ou application se rattachant à l'objet d'un autre brevet, n'aura aucun droit d'exploiter l'invention déjà brevetée, et réciproquement le titulaire du brevet primitif ne pourra exploiter l'invention objet du nouveau brevet.

Das ist das Verhältnis der Abhängigkeit.

Das französische Gesetz hat eine besondere Bestimmung, welche dem Patentinhaber binnen eines Jahres das Recht sichert, seine Erfindung zu vervollkommnen (Art. 18). Das Verbesserungspatent, welches Dritte zu einem bestehenden Patente innerhalb eines Jahres beantragen, bleibt bis zum Ablaufe des Jahres unter Verschluß deponiert. Ein Fall der Nichtigkeit ist es auch, wenn ein Patent gegen diese Vorschrift des Art. 18 erlangt ist (Art. 30 Ziff. 7). Sind die Vorschriften des Art. 18 aber inne gehalten, so ist das Verbesserungspatent des Dritten nicht nichtig. Nur darf er wegen der Vorschrift des Art. 19 dasselbe, so lange das frühere Patent besteht, nicht ausüben; er behält aber das Recht, dem früheren Erfinder ebenso wie jedem Dritten die Benutzung der jenem späteren Erfinder patentierten Verbesserung zu verbieten.

Vgl. Pouillet, a. a. O. § 164.

Daß die Abhängigkeit keine Nichtigkeit sein kann, ergiebt sich ferner daraus, daß jede Nichtigkeitserklärung absolut wirkt. Ist ein Patent gemäß des § 10 des deutschen Patentgesetzes einmal für ganz oder teilweise nichtig erklärt, so besteht dasselbe so weit nicht mehr, und es kann nicht wieder aufleben, wenn sich die Verhältnisse ändern.

Das abhängige Patent tritt aber in volle Wirksamkeit, wenn das Patent, von welchem es abhängt, hinwegfällt.

Nach § 28 des deutschen Patentgesetzes ist im Falle des § 10 Ziff. 3 nur der Verletzte zu dem Antrage berechtigt. Diese Beschränkung besteht nicht für den Fall der Ziff. 2 des § 10, daß die Erfindung Gegenstand des Patentes eines früheren Anmelders ist. Sollte diese Vorschrift wider ihren deutlichen Wortsinn dahin verstanden werden, daß das Patent auf erhobene Nichtigkeitsklage für nichtig zu erklären ist, wenn die Erfindung Gegenstand des Patentes eines früheren Anmelders ist, für abhängig, wenn die zweite Erfindung nicht benutzt werden kann, ohne in das frühere Patent einzugreifen, so müßte eine solche Abhängigkeitserklärung ausgesprochen werden, wenn irgend ein Dritter die Nichtigkeitsklage wegen eines Abhängigkeitsverhältnisses erhebt. Das wäre aber eine durchaus unverständige Einrichtung. Denn die Abhängigkeit interessiert nur die beiden Patentinhaber. Pouillet bemerkt über dies Verhältnis a. a. O.:

Le législateur a espéré, que de cette situation, également fausse pour le premier breveté et pour l'auteur du perfectionnement, naîtra, la plupart du temps, un accord, qu'ils se rapprocheront et s'entendront pour réunir leurs brevets et les exploiter concurremment.

Haben sie sich aber verständigt, oder läßt auch nur der ältere Patentinhaber den jüngeren Anmelder thatsächlich unbehelligt, weil er dessen angeblicher Erfindung keinen Wert beilegt und überzeugt ist, daß ihm derselbe nicht schaden kann, auch wenn er sein Patent ohne Genehmigung des älteren Patentinhabers auszunutzen versucht, so hat es keinen Sinn, daß ein Dritter eine Nichtigkeitsklage auf ausdrückliche Abhängigkeitserklärung, also auf einen Ausspruch dahin erhebt, daß der Zweite seine Erfindung nicht ohne Genehmigung des Ersten gebrauchen dürfe. Eine Klage, welche lediglich die Rechtsverhältnisse zweier Personen zu einander zu entscheiden und zu regeln bestimmt ist, überläßt man nach den elementarsten Grundsätzen des Privatrechtes der Verhandlung zwischen diesen Personen. Es würde als ein dem gesunden Menschenverstande widersprechendes Verfahren angesehen werden, wenn irgend ein Bürger einer Stadt ohne jedes eigene Interesse eine Klage dahin erheben wollte, daß der Eigentümer eines Hauses am Markte in den Giebel dieses Hauses kein Fenster einbrechen dürfe ohne Genehmigung seines Nachbars. Die Nichtigkeitsklage, welche ein Dritter auf Abhängigkeitserklärung bezüglich des Patentes eines Anderen von dem Patente eines Ersten erhebt, hat aber keinen anderen, das heißt, sie hat überhaupt keinen Sinn. Denn für die Verhältnisse dieses Dritten zu dem Anderen ist es gänzlich gleichgültig, ob das Patent des Anderen von dem Patente des Ersten abhängig ist oder nicht; und ob dasselbe, wenn es in solchem Abhängigkeitsverhältnisse stünde, für abhängig erklärt ist oder nicht. Dem Dritten kann der zweite Patentinhaber in jedem dieser Fälle den Gebrauch seiner Erfindung untersagen. Daß der Gesetzgeber trotz dieses Sachverhaltes eine so unbegreifliche Bestimmung gegeben haben sollte, würde sich nur dann annehmen lassen, wenn das Gesetz dieses mit deutlichen Worten sagte. Das ist aber nicht der Fall; vielmehr müßte man den Worten Gewalt anthun, um aus den §§ 3 und 10 eine Abhängigkeitserklärung herauszulesen. Ebensowenig ist aber an irgend einer anderen Stelle des Gesetzes von einer Abhängigkeitserklärung die Rede.

Hiernach entbehrt die Entscheidung des Kaiserlichen Patentamtes, insoweit dieselbe eine Abhängigkeitserklärung ausspricht, der gesetzlichen Grundlage.

Allerdings ist der Berufungsklägerin zuzugeben, daß die Verfasser der seiner Zeit dem Reichstage gemachten Vorlage nach der dieser Vorlage beigegebenen Begründung und daß die Kommission des Reichstages nach dem dem Reichstage erstatteten Berichte weitergehende Absichten gehabt haben. Nach jenem Entwurfe lautete der zweite Satz des § 3 so: „Eine spätere Anmeldung kann nur insoweit den Anspruch auf ein Patent begründen, als die Erfindung nicht Gegenstand des Patentes des früheren Anmelders ist." Durch diesen Satz soll, wie in der Begründung gesagt ist, klar gestellt werden, daß die Aufgabe des Patentamtes, das durch die frühere Anmeldung begründete Recht im Erteilungsverfahren zur Geltung zu bringen, nicht nur dann Platz greife, wenn der Gegenstand der späteren Anmeldung mit dem Gegenstande jenes Rechtes vollkommen sich decke. Dies ist vollkommen richtig. Die Begründung fährt dann aber fort: „sondern auch dann, wenn nur ein teilweises Ineinandergreifen vorhanden ist, derart, daß die spätere Erfindung nicht ohne Beeinträchtigung des Rechtes des früheren Anmelders in Benutzung genommen werden kann ..., in (diesem) zweiten Falle hat es (das Patentamt) das Patent nur unter Wahrung des älteren Patentrechtes, also in entsprechender Beschränkung zu erteilen, indem es entweder den Patentanspruch inhaltlich beschränkt oder die Benutzung des neuen Patentes von der Zustimmung des Inhabers des älteren Patentes für abhängig erklärt." Allein klar gestellt war durch den obigen Satz nichts weiter, als daß eine spätere Anmeldung den Anspruch auf ein Patent nur insoweit begründen sollte, als die Erfindung nicht ganz oder teilweise Gegenstand des Patentes des früheren Anmelders sei, das heißt, als sich die Gegenstände der beiderseitigen Patente nicht ganz oder teilweise deckten. Klar war ferner, daß in dem neuen Satze weder von der Gefährdung noch von der Wahrung des Rechtes des früheren Anmelders durch ein dem zweiten Anmelder erteiltes Patent die Rede war. Klar war weiter, daß der Satz kein Wort von einer Abhängigkeitserklärung enthielt. Klar war endlich, daß der Satz nicht den Willen zum Ausdrucke brachte, zwei so verschiedene Dinge, wie die inhaltliche Beschränkung eines Patentanspruches und die Abhängigkeitserklärung zu identifizieren. In diesen Beziehungen ist auch durch die etwas abweichende Fassung, welche das Gesetz infolge der Kommissionsberatung erhalten hat, nichts anderes erreicht.

Die Begründung enthält weiter den Satz: „Die von dem Patentamte in Gemäßheit der Bestimmung des § 3 Abs. 1 festgestellte Beschränkung eines Patentes bleibt für die Tragweite desselben ebenso maßgebend, wie sonstige Beschränkungen, welche das Amt dem Inhalte der Anmeldung gegenüber, sei es durch Fassung des Titels, sei es durch die Formulierung des Patentanspruches, festgestellt hat". Der Satz ist vollkommen zutreffend, wenn das Kaiserliche Patentamt in Gemäßheit der richtig verstandenen Vorschrift des § 3 des Patentgesetzes verfahren ist. Ist ein Patent nicht in dem von dem Anmelder beanspruchten Umfange erteilt, ist dasselbe also zu einem Teile versagt, so hat der Erfinder soweit, als ihm das Patent versagt ist, ein Patent nicht erlangt.

Das Gesetz enthält aber keine dahingehende Bestimmung, daß, wenn das Kaiserliche Patentamt zwar das beantragte Patent im vollen Umfange erteilt, aber zugleich in der Patenturkunde ausspricht, das erteilte Patent sei von einem älteren Patente abhängig, dieser Ausspruch auch dann, insonderheit für den Civilprozeßrichter im Patentverletzungsprozesse, maßgebend sei, wenn er sich der Sachlage nicht entsprechend herausstellen sollte. Namentlich steht das nicht im § 3 des Patentgesetzes vom 7. April 1891, so wenig wie es in dem § 3 des Entwurfes stand.

Die Begründung spricht weiter aus: „Andererseits ist, wenn die Patentierung ohne einen Vorbehalt im Sinne des § 3 Abs. 1 erfolgte, dem Inhaber des Patentes eben damit die Befugnis zur unbeschränkten Ausnutzung der Erfindung gewährleistet (§ 4), und hieraus folgt, daß, so lange das Patent in dieser Gestalt besteht, der Inhaber desselben und seine Rechtsnachfolger gegen das Verbietungsrecht des Inhabers gedeckt sind." Diese Begründung läßt deutlich erkennen, daß ihre Verfasser eine Bestimmung des eben wieder gegebenen Inhaltes nicht haben treffen wollen, weil sie geglaubt haben, dieser Inhalt ergebe sich als Folge aus den vorgeschlagenen §§ 3 und 4. Diese Folge ergiebt sich aber nicht, und deshalb besteht ein Satz dieses Inhaltes nicht zu Recht. Aus § 3 ergiebt sich die Folge nicht, weil, wenn jemand eine Erfindung macht, welche nur im Verhältnisse der Abhängigkeit zu einem bereits erteilten Patente steht, er in Beziehung auf das, was er erfunden hat, immer der erste Anmelder sein kann, wennschon seine Erfindung nicht ausgeführt werden kann, ohne daß er in das einen anderen Gegenstand betreffende Patent eines anderen eingreift. Wenn ihm also auch ein Patent erteilt wird, welches das Abhängigkeitsverhältnis nicht erwähnt, so wird ihm doch nicht mehr erteilt, als ihm gebührt. Aus § 4 ergiebt sich die gezogene Folge nicht, weil auch der Inhaber eines abhängigen Patentes ausschließlich befugt ist, gewerbsmäßig den Gegenstand seiner Erfindung herzustellen, in Verkehr zu bringen, feilzuhalten oder zu gebrauchen. Daß er das nicht ausführen darf ohne Genehmigung des Inhabers von dem Patente, von welchem sein Patent abhängig ist, folgt nicht daraus, daß solches in seiner Patenturkunde steht, sondern aus dem objektiven Verhältnisse, in welchem die beiden Erfindungen zu einander stehen, und daraus, daß der andere der frühere Anmelder ist. Und darum tritt jene Folge ein, auch wenn in der Patenturkunde der Vorbehalt einer Abhängigkeit nicht gemacht ist. Wie denn das Reichsgericht diese Folge auch schon vor dem Gesetze vom 7. April 1891 aus jenem realen Verhältnisse und aus der Thatsache, daß das erste

Patent früher erteilt war, als Revisionsgericht immer gezogen hat, auch wenn in der Patenterteilungsurkunde das Abhängigkeitsverhältnis nicht ausgesprochen war, und wie von den Gerichten anderer Staaten in ganz derselben Weise geurteilt wird.

Die Begründung des Gesetzentwurfes nimmt mit einer weiteren unrichtigen Folgerung an, es ergebe sich von selbst, daß die von ihr bezeichnete Feststellung, namentlich also die Feststellung eines Abhängigkeitsverhältnisses durch das Patentamt, die Gerichte ebenso binde, wie alle sonstigen auf den Inhalt des Patentes bezüglichen Feststellungen. Eben weil hier die Begründung wieder nur, und zwar eine falsche Folgerung zieht, ohne daß der Entwurf einen neuen, von dem bisherigen Rechtszustande abweichenden Rechtssatz vorschlägt, und weil auch das Gesetz eine dahingehende Bestimmung nicht getroffen hat, deshalb ist es bei dem bis dahin bestehenden Rechtszustande geblieben. Die ordentliche streitige Gerichtsbarkeit wird durch die Amtsgerichte, Landgerichte, Oberlandesgerichte und das Reichsgericht ausgeübt (§ 12 G.V.G.). Vor die ordentlichen Gerichte gehören alle bürgerlichen Rechtsstreitigkeiten, für welche nicht entweder die Zuständigkeit von Verwaltungsbehörden oder Verwaltungsgerichten begründet ist, oder reichsgesetzlich besondere Gerichte bestellt oder zugelassen sind (§ 13 a. a. O.).

Aus der Erteilung eines Erfinderpatents entspringt ein Privatrecht; Streitigkeiten über die Rechte aus erteilten Patenten gehören also vor die ordentlichen Gerichte, auch die Streitigkeiten über das Verhältnis der miteinander kollidierenden Rechte aus verschiedenen Patenten. Denn das Patentgesetz vom 7. April 1891 hat eben unterlassen, eine Bestimmung darüber zu treffen, daß solche Streitigkeiten von dem Patentamte zu entscheiden seien. Und es hat nicht minder unterlassen, eine Bestimmung darüber zu treffen, daß das Patentamt im Erteilungsverfahren endgültig eine Feststellung über das Verhältnis verschiedener Patente zu einander zu treffen habe.

Mit dem Satze der Begründung: „es erscheine nicht erforderlich, über den Begriff und die Tragweite der Abhängigkeitspatente noch besondere Bestimmungen vorzusehen", ist das Bekenntnis abgelegt, daß solche besondere Bestimmungen nicht getroffen seien. Daß solche Bestimmungen aber nicht folgen aus dem, was die Verfasser des Entwurfes vorgeschlagen haben, ist im vorstehenden nachgewiesen.

Auch in der Begründung zu § 10 werden wiederum nur unrichtige Folgerungen aus Prämissen gezogen, welche diese Folgerungen nicht ergeben. Gesetzgeber waren weder die Verfasser des Entwurfes, noch die Verfasser von dessen Begründung, noch die Kommission des Reichstages. Vielmehr beruht die deutsche Reichsgesetzgebung auf den Beschlüssen des Reichstages, des Bundesrates und der Ausfertigung und Verkündigung des Kaisers. Diese Handlungen haben aber den Gesetzentwurf und das Gesetz in bestimmter Fassung zum Gegenstande, nicht die Folgerungen, welche der Verfasser der Begründung aus den vorgeschlagenen und angenommenen Bestimmungen gezogen hat, nicht die Absichten, welche die Urheber des Gesetzentwurfes und die Kommission bei den gewählten Formulierungen verfolgt haben. Jene Absichten und Folgerungen sind also auch durch die Beschlüsse des Bundesrates und des Reichstages nicht sanktioniert. Begründung und Reichstagsverhandlungen können ja unter Umständen zur Auslegung dunkler und zweideutiger Bestimmungen eines Reichsgesetzes als Hilfsmittel benutzt werden. Sie sind aber nicht geeignet, als Ersatz dessen zu dienen, was nicht ausgesprochen ist, weil es irrtümlich als selbstverständlich oder als Folge des Ausgesprochenen angesehen wurde.

Hätten die Urheber des Patentgesetzes vom 7. April 1891 den Erfolg erreichen wollen, daß über die Abhängigkeit eines Patentes in einem erstinstanzlich vor dem Kaiserlichen Patentamte zu verhandelnden Prozesse zu entscheiden sei, so mußte das Gesetz so gefaßt werden, daß eine Bestimmung über die Abhängigkeit getroffen, daß zum Verfolg der Abhängigkeit eine Klage eingeführt, und daß diese Klage an das Patentamt verwiesen wurde, wie die Nichtigkeitsklage an diese Behörde verwiesen ist. Diese Bestimmungen sind im Gesetze nicht getroffen, und deshalb ist es soweit beim alten geblieben.

Die Entscheidung des Kaiserlichen Patentamtes ist rechtskräftig geworden, soweit sie die Nichtigkeitsklage der Berufungsbeklagten abweist. Das Reichsgericht befindet sich deshalb nicht in der Lage, statt auf Abhängigkeit auf eine teilweise Vernichtung des Patentanspruches 3 zu erkennen. In lite befindet sich jetzt nur noch der Ausspruch des Kaiserlichen Patentamtes auf Abhängigkeit des Patentanspruches 3. Einen solchen Ausspruch zu machen, stand dem Kaiserlichen Patentamte auf Grund des Gesetzes nicht zu. Die Enscheidung des Kaiserlichen Patentamtes ist deshalb, soweit sie von der Beklagten angefochten ist, aufzuheben."

33. Begriff der offenkundigen Benutzung im § 1 Abs. 2 des Gesetzes vom 1. Juni 1891.

I. Civilsenat. Urt. v. 22. September 1894 i. S. R. (Bekl.) w. A. (Kl.) Rep. I. 263/94.

I. Landgericht Altenburg.
II. Oberlandesgericht Jena.

Für den Beklagten ist auf Grund des Gesetzes vom 1. Juni 1891 ein Muster für Bobinenhalter eingetragen, dessen Vernichtung und Löschung der Kläger verlangt, weil es vor der Anmeldung von ihm selbst hergestellt und in seinem Gewerbebetriebe zum Kaufe angeboten sei. In den Instanzen wurde festgestellt, daß der Kläger mit dem eingetragenen Muster identische Bobinenhalter vor der Anmeldung einer Anzahl von Spinnereibesitzern, für deren Gewerbebetrieb der Bobinenhalter bestimmt ist, und einem Werkmeister eines derselben vorgezeigt und, wenn auch erfolglos, zum Kaufe angeboten hat. Auf Grund dieser Feststellung ist in beiden Instanzen nach dem Klagantrage erkannt. Die Revision des Beklagten ist zurückgewiesen aus folgenden

Gründen:

... „Die Revision richtet sich nur gegen die Annahme der Vorderrichter, daß in dem, was festgestellt ist, eine offenkundige Benutzung des Modelles im Sinne des § 1 Abs. 2 des Gesetzes vom 1. Juni 1891 enthalten sei. Den Vorderrichtern ist darin aber durchaus beizutreten.

Die Vorschrift des § 1 Abs. 2 a. a. O. stimmt wesentlich mit der entsprechenden Bestimmung im § 2 Abs. 1 des Patentgesetzes überein. Sie hat nichts anderes besagen sollen (Motive S. 10). Das Modell gilt nicht als neu, wenn es bereits offenkundig benutzt ist. Die offenkundige Benutzung ist der Beschreibung in öffentlichen Druckschriften gleichgestellt. In beiden Fällen gilt das Modell nicht als neu, weil und insofern es durch die Beschreibung oder offenkundige Benutzung einem unbestimmten Kreise von Personen bekannt gegeben ist. Dazu kann für die Benutzung gehören, daß der Gegenstand des Modelles in den Betrieb genommen ist, für den er bestimmt ist. Aber die Ausführung des Beklagten, daß Benutzung des Modelles im Sinne des Gesetzes notwendig Benutzung im Betriebe voraussetze, ist in dieser Allgemeinheit unrichtig. Kann das Neue, das Wesen, die Eigenschaft des Modelles auch ohne Benutzung im Betriebe erkannt werden, und dies stellt der Berufungsrichter fest, so ist jede Benutzung geeignet, es bekannt zu machen, wenn sie offenkundig ist. Im Wortsinne und im Sinne des Gesetzes kann deshalb schon die Herstellung des Gegenstandes nach dem Modelle, wenn sie offenkundig geschieht, eine offenkundige Benutzung des Modelles darstellen. Für das Gebiet des Patentgesetzes ist dies vom Reichsgerichte wiederholt ausgesprochen. Noch weniger kann darüber ein Zweifel sein, daß das Feilbieten des Mustergegenstandes wenigstens dann der offenkundigen Benutzung gleichsteht, wenn es nach der Natur des feilgebotenen Gegenstandes das allgemeine Bekanntwerden des Neuen ermöglichte. Der Berufungsrichter verweist dafür mit Recht auf die §§ 4. 9 des Gesetzes vom 1. Juni 1891, aus denen folgt, daß als eine Benutzung des Musters auch das Feilbieten vom Gesetzgeber angesehen wird. Die Offenkundigkeit dieser Art von Benutzung aber entnimmt der Berufungsrichter ohne Verletzung des Gesetzes daraus, daß der Kläger die Bobinenhalter in verschiedenen Comptoiren von Gewerbetreibenden in jedermann zugänglichen Räumen, ohne Geheimhaltung zu verlangen, vorgelegt hat, und zwar Sachverständigen, welche das Wesentliche des Modelles sofort erkennen konnten. Dadurch war die Möglichkeit des allgemeinen Bekanntwerdens gegeben. Das Urteil des Reichsgerichtes vom 26. Januar 1884 betraf einen wesentlich anders liegenden Fall und beruht hauptsächlich darauf, daß es bei den früheren Offerten des Gegenstandes des damals angefochtenen Patentes sich um Objekte handelte, die im Auslande zur Ausführung desselben Erfindungsgedankens hergestellt waren, aber nur einen mißlungenen, demnächst aufgegebenen und nicht weiter verfolgten Versuch der Ausführung derselben Idee enthielten. Dies Urteil steht deshalb der jetzigen Entscheidung nicht entgegen." ...

II. Gemeines Recht.

34. Steht der Anspruch auf Einräumung des Mitbesitzes zu einer Quote zu dem Anspruche auf Herausgabe der Sache in dem Verhältnisse eines Teiles zum Ganzen?

VI. Civilsenat. Urt. v. 26. Februar 1894 i. S. Sch. (Kl.) w. Aktiengesellschaft B. B. (Bekl.) Rep. VI. 303/93.

I. Landgericht Hamburg.
II. Oberlandesgericht daselbst.

Die Entscheidung ist oben unter „Reichsrecht" Nr. 6 S. 27 abgedruckt.

---

35. 1. Ist die Zuwendung von Geld oder Geldeswert oder die Übernahme der Verbindlichkeit zu einer solchen, wenn sie zu dem Zwecke geschieht, damit der Empfänger das Empfangene zu einer Verbesserung seines eigenen Hauses verwende, notwendig als eine Beschenkung des Empfängers aufzufassen?

2. Falls eine solche Beschenkung darin liegt, und diese sich unter Ehegatten ereignet hat, wie ist dann der Gegenstand der ungültigen Schenkung abzugrenzen?

VI. Civilsenat. Urt. v. 1. März 1894 i. S. N. Wwe. (Kl.) w. die minderjährige N. (Bekl.) Rep. VI. 351/93.

I. Landgericht Bremen.
II. Oberlandesgericht Hamburg.

Die Klägerin, zweite Ehefrau des nunmehr verstorbenen N., hat gegen die Beklagte, ihre Stieftochter aus der ersten Ehe des N., welche sich als alleinige Erbin im Besitze des N.'schen Nachlasses befindet, zunächst gewisse erbrechtliche Ansprüche erhoben, welche ihr in den vorderen Instanzen und jetzt auch ungeachtet der von ihr eingelegten Revision aberkannt sind, und auf die es hier nicht ankommt, sowie außerdem einen Anspruch auf Zahlung einer angeblichen Schuld ihres verstorbenen Ehemannes, des Erblassers der Beklagten. Da der letztere Anspruch der Klägerin in der Berufungsinstanz zugesprochen worden ist, so hat hiergegen die Beklagte Revision eingelegt. Das Reichsgericht hat insoweit das Berufungsurteil aufgehoben und die Sache in die vorige Instanz zurückverwiesen.

Aus den Gründen:

... „Die Revision der Beklagten bezog sich auf die der Klägerin vom Landgerichte bedingt, vom Berufungsgerichte aber unbedingt zuerkannten 4070,50 *M* nebst Zinsen. Nicht streitig ist, daß der verstorbene Ehemann der Klägerin und Vater und Erblasser der Beklagten aus dem von ihm verwalteten Vermögen der Klägerin mit Genehmigung der letzteren jene Summe zur Bestreitung der Kosten des Anbaues einer Veranda und eines Weinkellers an sein in W. belegenes Haus verwandt hat. Nach der Darstellung der Klägerin hätte sie nur die „einstweilige Verwendung" vorschußweise gestattet, während die Beklagte behauptet, daß ihr Vater den Anbau nur auf den Wunsch der Klägerin und gegen Übernahme der Kosten von ihrer Seite bewirkt habe. Da die Klägerin, welcher von der Beklagten über diese Behauptung in der ersten Instanz der Eid zugeschoben worden war, sich nur zu beschwören bereit erklärt hat, daß sie die Tragung der Kosten des Anbaues nicht übernommen habe, im übrigen aber die Erklärung auf die Eideszuschiebung verweigert hat, so hat es nach § 429 Abs. 2 vgl. mit § 417 Abs. 2 C.P.O. als feststehend zu gelten, daß der verstorbene N. den Anbau nur auf Wunsch der Klägerin vorgenommen hat. Das Landgericht hat bei dieser Sachlage auf den Eid der Klägerin erkannt, daß sie ihrem verstorbenen Ehemanne gegenüber nicht übernommen habe, die Baukosten der Veranda und des Weinkellers für sein Haus in W. zu tragen. Das Oberlandesgericht hat dagegen die Replik für durchgreifend erachtet, daß das von der Beklagten behauptete Versprechen der Klägerin als Schenkung unter Ehegatten ungültig sein würde. Hierdurch erscheinen nun aber die gemeinrechtlichen Normen über Schenkungen unter Ehegatten als verletzt.

Zwar die von der Beklagten in dieser Instanz angerufenen Sätze, daß keine ungültige Schenkung unter Ehegatten vorliegt, wenn zum Zwecke einer Verwendung gegeben ist, durch welche die durch die Hingabe bewirkte Vermögensvermehrung wieder aufgehoben worden ist, oder nur um dem Empfänger eine zur Erhaltung seines Vermögens nicht gerade nötige Ausgabe zu ersparen, kommen hierbei nicht in Betracht. Stellen, wie l. 5 § 9 Dig. de J. D. 23, 3, l. 5 §§ 8—12. 17. l. 7 § 1. l. 50 § 1 Dig. de don. int. v. et ux. 24, 1, setzen, insofern sie die nichtige Schenkung verneinen, voraus, daß bei dem Empfänger keine Bereicherung verblieben ist; für den entgegengesetzten Fall entscheiden l. 13 § 2. l. 31 § 10 Dig. de don. int. v. et ux. 24, 1 eben anders. Im vorliegenden Falle ist aber ohne Zweifel das Haus des verstorbenen N. durch den Anbau der Veranda und des Weinkellers wertvoller geworden. Immerhin würde auch von diesem Standpunkte aus das Oberlandesgericht mit Unrecht ohne weiteres die Beklagte zur Zahlung der ganzen Summe von 4070,50 ℳ verurteilt haben. Es hätte vielmehr für den Fall, daß die Klägerin wirklich diese Summe ihrem Ehemanne zum Zwecke der Bewirkung des Anbaues geschenkt haben sollte, erst festgestellt werden müssen, daß das Haus durch den letzteren auch eine mindestens ebenso hohe Wertsteigerung erfahren habe; denn nur die erzielte Werterhöhung bis zu jenem Höchstbelaufe könnte unter diesen Umständen als der wahre Gegenstand der ungültigen Schenkung angesehen werden.

Führt schon dieser Grund zur Aufhebung des angefochtenen Urteiles, soweit es den jetzt in Rede stehenden Anspruch betrifft, so kommt noch hinzu, daß, wenn sich die Behauptungen der Beklagten in vollem Umfange bewahrheiten sollten, das Berufungsgericht überhaupt mit Unrecht den Vorgang als Schenkung aufgefaßt haben würde. Denn nach jenen Behauptungen soll der verstorbene N. den Anbau überhaupt nur gegen die Übernahme der Kosten durch die Klägerin unternommen haben: danach wäre also die Zuwendung der 4070,50 ℳ von seiten der Klägerin an ihren Ehemann nur in Erfüllung einer von ihr übernommenen Verbindlichkeit erfolgt, und zwar nicht einer unentgeltlich, sondern einer gegen eine Gegenleistung ihres Ehemannes übernommenen. Als Leistungen an einen Anderen können nämlich

Handlungen aller Art gelten, wenn nur die Kontrahenten die Vorstellung haben, daß sie im Interesse dieses Anderen geleistet werden sollen, und ein solches Interesse vernünftigerweise überhaupt denkbar ist. So lag nun hier die Sache nach der Darstellung der Beklagten. Es leuchtet ohne weiteres ein, daß der Klägerin sehr wohl daran gelegen sein konnte, mit ihrem Ehemanne in einem Hause zu wohnen, das eine Veranda und einen Weinkeller habe. Es steht fest, daß ihr Mann diesen Anbau auch nur auf ihren Wunsch unternommen hat. Er konnte dies einfach auf eigene Kosten thun, um ihr gefällig zu sein; behauptet ist aber, daß er sich nicht so verhalten, sondern als Gegenleistung sich die Übernahme der Kosten durch die Klägerin ausbedungen habe. Hätte er sich gleichzeitig auch seinerseits der Klägerin gegenüber verpflichtet, den Anbau auszuführen, so würde ein gegenseitiger obligatorischer Vertrag zustande gekommen sein, an dessen bindender Kraft zu zweifeln kein Grund ersichtlich sein würde. Ebenso gut, wie die Übernahme der Verpflichtung zur Bewirkung des Anbaues, konnte aber nach dem Willen der Kontrahenten auch unmittelbar die Ausführung des Anbaues selbst in das Verhältnis der Gegenleistung zur Übernahme der Verpflichtung zur Kostentragung von seiten der Klägerin gesetzt werden.

Andererseits muß freilich darauf hingewiesen werden, daß das Landgericht bei seiner Eidesformulierung wesentliche Punkte der betreffenden Behauptungen der Beklagten beiseite gelassen hatte. In der Eidesnorm müßte deutlich hervortreten, daß die Klägerin die Tragung der Baukosten vor Ausführung des Anbaues übernommen haben müßte, wenn auch nur derjenige Betrag, um den etwa die aufgewendeten 4070,50 ℳ die Werterhöhung des Hauses übersteigen, nicht als ungültig geschenkt gelten soll. Soweit es sich aber darum handelt, den Schenkungscharakter der Kostenübernahme überhaupt als ausgeschlossen erscheinen zu lassen, würde der Klägerin der Eid sogar etwa dahin aufzuerlegen sein, daß es nicht wahr sei, daß ihr verstorbener Ehemann zur Ausführung des fraglichen Anbaues nur durch ihre Erklärung, die Kosten desselben zu übernehmen, bewogen worden sei. Durch solche Auffassung der Sachlage würde man sich dann auch nicht etwa mit l. 13 § 2 Dig. de don. int. v. et ux. 24, 1 in Widerspruch setzen. Dort heißt es allerdings, wenn ein Ehegatte dem anderen etwas zur Erbauung eines Landhauses oder zur Bestellung eines Feldes gebe, so sei das darum nicht weniger eine ungültige Schenkung, weil der Empfänger etwa ohne die Gabe des Anderen die Aufwendung gar nicht gemacht haben würde; aber damit ist bloß die Regel ausgesprochen, wie sie sich als solche in der That aus dem Umstande, daß der Empfänger durch die Erbauung des Landhauses, durch die Bestellung des Feldes allemal bereichert sein wird, ohne weiteres ergiebt; nicht ist dadurch ausgeschlossen, daß ausnahmsweise, wenn jene Erbauung oder jene Bestellung ausschließlich im Interesse des Gebers geschieht, der Vorgang des Schenkungscharakters entbehrt. Dies würde aber, da schon feststeht, daß der Anbau lediglich auf den Wunsch der Klägerin bewirkt worden ist, hier der Fall sein, wenn außerdem auch noch festgestellt würde, daß der verstorbene N. sich dazu nur auf Grund der Übernahme der Kosten von seiten der Klägerin entschlossen habe." ...

---

36. Haftet derjenige, welcher durch Vertrag die Herbeiführung eines bestimmten Erfolges übernommen hat, für das Verschulden der von ihm verwendeten Gehilfen?

I. Civilsenat. Urt. v. 4. April 1894 i. S. Ad. J. M. (Bekl.) w. A. & H. (Kl.) Rep. I. 487/93.

I. Landgericht Hamburg.
II. Oberlandesgericht daselbst.

Der Beklagte hatte im Auftrage der Klägerin den Verkauf einer Schiffsladung Mais in Kopenhagen besorgt und sich dabei einer Firma in Kopenhagen als Vermittlerin bedient. Diese hatte dem Käufer Bedingungen aufgegeben, die mit den ihr, dem Auftrage der Klägerin gemäß, durch den Beklagten mitgeteilten nicht übereinstimmten. Infolgehiervon hat das Geschäft sich zerschlagen, und die Klägerin fordert Ersatz ihres Schadens, über dessen Betrag unter den Parteien kein Streit besteht. Der Beklagte ist zum Ersatze verurteilt, und die gegen das Berufungsurteil eingelegte Revision zurückgewiesen aus folgenden

Gründen:

„Der Beklagte betreibt gewerbsmäßig die Vermittelung von Handelsgeschäften. Aus dieser Stellung des Beklagten und der übereinstimmenden Darstellung beider Teile, wonach dem Beklagten vom Kläger die Dampferladung von Mais zum Verkaufe fest an die Hand gegeben, und er daraufhin zum festen Abschlusse berechtigt worden ist, hat das Berufungsgericht ohne Gesetzesverletzung hergeleitet, daß das zwischen den Parteien begründete Rechtsverhältnis nicht nach den Grundsätzen des Mandates zu beurteilen sei, da der Beklagte nicht bestimmte Verrichtungen für den Kläger, sondern die Herbeiführung eines Erfolges übernommen hat. Beurteilt man dieses Rechtsverhältnis nach den Grundsätzen der locatio et conductio operis, so ist mit dem Berufungsgerichte der herrschenden Ansicht beizutreten, daß der Übernehmer des Werkes für seine Gehilfen zu haften hat.

Vgl. Entsch. des R.O.H.G.'s Bd. 13 S. 76 und das Urteil des Reichsgerichtes vom 21. Juni 1883 in Seuffert, Archiv Neue Folge Bd. 9 Nr. 11.

Die diesem Urteile beigefügten, der Natur der Sache entnommenen und entsprechenden Gründe, daß der Übernehmer eines Werkes sich nicht zu einzelnen Handlungen verpflichte, die nach den konkreten Umständen des Falles von ihm persönlich als Unternehmer erwartet werden können, und wozu etwa auch eine sorgfältige Auswahl und nach Umständen auch Beaufsichtigung der Hilfspersonen gehören mag, sondern sich unmittelbar zur Herstellung des Ergebnisses im ganzen verpflichte, daß aber der in solcher Weise Kontrahierende es mit sich selbst abzumachen habe, wenn er aus irgend einem Grunde nicht in der Lage ist, das fragliche Ergebnis durch seine alleinige eigene Thätigkeit herbeizuführen, und daß er daher alle Hilfspersonen auf seine eigene Gefahr annehme, — diese Gründe führen überhaupt dazu, die Haftung für den Gehilfen nicht auf die eigentliche locatio et conductio operis zu beschränken, sondern für jede auf Herbeiführung eines Erfolges gerichtete Verpflichtung anzuerkennen, wenn auch in anderen Beziehungen das Vertragsverhältnis nicht nach den Grundsätzen der locatio et conductio operis beurteilt werden könnte. Dieser Grundsatz ist auch in mehrfachen Entscheidungen des Reichsgerichtes ohne Bezugnahme auf die locatio et conductio operis angewendet worden. So in einem Urteile vom 10. Oktober 1885 (Bolze, Bd. 6 Nr. 610. 920) und vom 20. Juni 1891 (Bolze, Bd. 12 Nr. 256). Die dagegen angeführte Entscheidung vom 15. Februar 1887 (bei Bolze Bd. 5 Nr. 647) steht nicht entgegen, weil nach dem ihr unterliegenden Sachverhalte es sich nicht um die Haftung für einen Gehilfen handelte, welcher an Stelle des Vermittlers thätig war, sondern um die Haftung für eine Person, welche sich neben dem die Provision fordernden Kläger an den Verhandlungen sowohl über den Provisionsvertrag, als auch über den zu vermittelnden Tauschvertrag beteiligt hatte.

Hiernach ist ohne Gesetzesverletzung die Haftung des Beklagten für das Verschulden seines Vertreters in Kopenhagen ausgesprochen worden." ...

---

37. Inwieweit liegt einem wegen böslicher Verlassung auf Scheidung klagenden Ehegatten, wenn an und für sich die bösliche Verlassung feststeht, noch der Nachweis anderweitiger Klagevoraussetzungen, bezw. die Ableistung von Eiden ob?

VI. Civilsenat. Urt. v. 19. April 1894 i. S. R. (Bekl. u. Widerkl.) w. seine Ehefrau (Kl. u. Widerbekl.) Rep. VI. 41/94.

I. Landgericht Hamburg.
II. Oberlandesgericht daselbst.

Die Ehefrau R. klagte gegen ihren Ehemann, von dem sie getrennt lebte, auf Trennung von Tisch und Bett; letzterer erhob Widerklage auf Scheidung vom Bande wegen böslicher Verlassung. Nachdem das Landgericht gänzlich zu Gunsten der Klägerin erkannt hatte, wurde in der Berufungsinstanz zunächst durch Teilurteil das Urteil erster Instanz in Ansehung der Vorklage aufgehoben, und die letztere abgewiesen, auch zugleich ein Rückkehrbefehl an die Klägerin erlassen. Da sie diesem nicht Folge leistete, machte durch ein weiteres bedingtes Urteil das Berufungsgericht die Entscheidung über die Widerklage von dem dem Beklagten auferlegten richterlichen Eide abhängig, es sei nicht wahr, daß er der Klägerin begründete Veranlassung gegeben habe, ihn zu verlassen, bezw. sich von ihm fernzuhalten, und es liege auch dieser Verlassung und Fernhaltung keine zwischen ihm und der Klägerin getroffene Verabredung zu Grunde. Die Entscheidungsgründe paßten nicht zu dem ersten Teile dieses Eides, sondern setzten vielmehr einen Eid voraus, daß der Beklagte sich nicht bewußt sei, der Klägerin begründete Veranlassung zur Verlassung oder Fernhaltung gegeben zu haben; ein solcher Eid wurde als in Hamburg bei Scheidungsklagen wegen böslicher Verlassung üblich bezeichnet. Auf Revision des Beklagten hob das Reichsgericht dieses Urteil auf. In den Gründen wird zunächst dargelegt, daß der erste Teil des auferlegten Eides sowohl auf einem inneren Widerspruche mit den Entscheidungsgründen, als auch, insofern er dem Beklagten die Abgabe eines Urteiles über die Gesamtheit des von ihm selbst der Klägerin gegenüber beobachteten Verhaltens ansinne, auf einem Verstoße gegen § 437 C.P.O. beruhe. Dann heißt es weiter in den

Gründen:

... „Übrigens würde aus anderen Gründen auch eine wirklich auf jenes Bewußtsein gerichtete Eidesauflage nicht zu billigen gewesen sein. Denn nach gemeinem protestantischen Eherechte ist es für das Vorliegen einer die Ehescheidung rechtfertigenden böslichen Verlassung an sich unerheblich, was für ein Bewußtsein der die Scheidung begehrende Ehegatte in Beziehung auf seine Schuld oder Unschuld im Verhältnisse zum anderen Ehegatten hat; nur als Indicium für oder gegen irgend eine andere Thatsache, die ihrerseits in den Bereich der Merkmale der böslichen Verlassung oder der Fundamente einer hier einschlagenden Einrede fiele, könnte jene Thatsache des Bewußtseins möglicherweise von Bedeutung sein; allein von der Unterstellung einer solchen Beziehung ist aus den Entscheidungsgründen des Berufungsgerichtes nichts zu entnehmen. Daß aber im hamburgischen Partikularrechte der Ehescheidungsgrund der böslichen Verlassung, welcher in den Statuten Teil 2 Titel 11 Art. 8 nur kurz im allgemeinen anerkannt ist, in dieser Hinsicht anders beschaffen sei, als im gemeinen Rechte, ist weder vom Berufungsgerichte festgestellt, noch sonst anzunehmen.

Mit Recht hat übrigens der Beklagte weiter auch darin einen Widerspruch zwischen den Gründen und der Entscheidung des Oberlandesgerichtes gefunden, daß es nach den ersteren schon als feststehend zu gelten hatte, daß der Beklagte der Klägerin zur Verlassung jedenfalls keine begründete Veranlassung gegeben habe, während der auferlegte Eid dennoch auch diesen Punkt mitumfaßt und sich nicht auf die Verneinung begründeter Veranlassung zur weiteren Fernhaltung beschränkt. Es sagt nämlich das Berufungsgericht nicht nur zu Anfang der Gründe, die Merkmale einer böslichen Verlassung im natürlichen Sinne seien mit genügender Bestimmtheit zu Tage getreten, sondern verweist weiterhin auch auf das rechtskräftig gewordene Teilurteil, durch welches die Klägerin mit ihrer auf Trennung von Tisch und Bett gerichteten Klage aus Gründen abgewiesen worden ist, mit denen die Annahme eines die Verlassung rechtfertigenden Verhaltens des Beklagten unvereinbar wäre.

Ob die Bedeutung dieses rechtskräftigen Teilurteiles für die jetzt in Rede stehende Widerklage auf Scheidung wegen böslicher Verlassung nicht sogar so weit sich erstreckt, daß für die Zeit bis zum Tage der mündlichen Verhandlung, auf welche es ergangen ist, ... jedes die Verlassung oder die Fernhaltung der Klägerin rechtfertigende Verhalten des Beklagten ohne weiteres als endgültig verneint zu gelten hat, kann dahingestellt bleiben, weil überhaupt der Standpunkt, welchen das Berufungsgericht materiellrechtlich in Ansehung des als Klagegrundes bei der Ehescheidungsklage wegen böslicher Verlassung zu betrachtenden Thatbestandes eingenommen hat, dem gemeinen protestantischen Eherechte nicht entspricht. Schon das läßt sich nicht sagen, daß zur Begründung einer solchen Klage außer der Darlegung der böslichen Verlassung selbst auch noch die Negative gehörte, daß der Verlassene sich vorher nichts Erhebliches gegen den Verlasser habe zu schulden kommen lassen. Wo möglich noch weniger aber braucht in solchem Falle der Ehescheidungskläger diese Negative für die Zeit nach der Verlassung darzuthun. Allerdings ist das Verhalten, welches der verlassene Ehegatte dem Verlasser gegenüber während dieser Zeit beobachtet, keineswegs unerheblich. Denn auf Scheidung wegen böslicher Verlassung darf nicht erkannt werden, wenn nicht auch noch während des Prozesses eine hartnäckige, andauernde Pflichtwidrigkeit des Verlassers vorliegt.

Vgl. v. Scheurl, Eherecht S. 328 flg.

Nicht nur kann nun von einer solchen so lange nicht die Rede sein, als der Verlassene dem Verlasser durch sein augenblickliches Verhalten einen gerechten Grund zur Fernhaltung giebt; sondern auch darüber hinaus müssen jedenfalls in den Gebieten, wo, wie in Hamburg, Trennungen von Tisch und Bett auf unbestimmte Zeit herkömmlich sind, der Scheidungsklage wegen böslicher Verlassung gegenüber solche Einreden durchgreifen, deren Fundament auch als Fundament einer jetzt zu erhebenden Klage auf zeitweilige Trennung von Tisch und Bett würde dienen können.

Vgl. Entsch. des R.G.'s in Civils. Bd. 31 S. 150 flg.

Aber dazu werden eben wirkliche Einreden mit substanziierter thatsächlicher Grundlage erfordert, für welche an sich den Beklagten (hier also die Klägerin als Widerbeklagte) die Beweislast treffen würde, und welche allerdings nach Maßgabe des § 581 C.P.O. auch von Amts wegen berücksichtigt werden dürften, aber doch immer nur in dem Sinne, daß dann bestimmte Beweisgründe für bestimmte Einredethatsachen in den Entscheidungsgründen dargelegt werden müßten. Das Reichsgericht hat bereits in dem Urteile vom 24. Februar 1885,

vgl. Entsch. des R.G.'s in Civils. Bd. 15 S. 203 flg.,

die Voraussetzungen der Scheidung wegen böslicher Verlassung in einer Weise bestimmt, die keinen Raum für das Verlangen des Nachweises der hier in Rede stehenden allgemeinen Negative läßt, und hat später,

vgl. ebenda Bd. 18 S. 226 flg. und Bd. 20 S. 209 flg.,

ein solches Verlangen in noch ausdrücklicherer Weise für unberechtigt erklärt.

Aus allen diesen Gründen erschien der bisher besprochene Teil des dem Beklagten auferlegten Eides als unhaltbar, und wenn es sich allein um diesen Punkt gehandelt hätte, so würde nichts im Wege gestanden haben, bei Aufhebung des vorigen Urteiles sogleich auf Scheidung wegen böslicher Verlassung von seiten der Klägerin zu erkennen. Aber das Oberlandesgericht hat auch gemeint, daß einiger, wenn auch nur geringer, Grund zu der Annahme gegeben sei, daß der Verlassung und Fernhaltung der Klägerin eine mit dem Beklagten getroffene Verabredung zu Grunde liegen möchte, was es nach § 581 C.P.O. von Amts wegen zu berücksichtigen befugt war, da dadurch die Böslichkeit der Verlassung dennoch als ausgeschlossen erscheinen würde, und hat deshalb auch hierauf den dem Beklagten auferlegten richterlichen Eid erstreckt. Der hauptsächliche Grund, den das Oberlandesgericht für seinen schwachen Kollusionsverdacht angegeben hat, erscheint freilich als hinfällig. Er besteht in dem Umstande, daß die Klägerin, trotz rechtskräftiger Zurückweisung ihrer Klage, dem Verlangen des Beklagten nach ihrer Rückkehr bisher nicht entsprochen hat. Nun könnte aber ohne beharrliche Weigerung der Rückkehr der Klagegrund der böslichen Verlassung überhaupt nie vorliegen: also kann unmöglich darin zugleich der Grund gefunden werden, weshalb gerade in diesem besonderen Falle eine Kollusion, mithin die Nichtböslichkeit der Verlassung mehr oder weniger wahrscheinlich werden soll. Vollends ist unverständlich, wie dadurch, daß die Klägerin sogar ihrerseits vergeblich auf Trennung von Tisch und Bett geklagt hat, eine Kollusion nicht nur nicht unwahrscheinlicher, sondern sogar wahrscheinlicher geworden sein könnte. Da es aber nicht sachgemäß erschien, dem Berufungsgerichte die Möglichkeit, seinen Kollusionsverdacht in anderer Weise zu begründen, abzuschneiden, so mußte bei Aufhebung des vorigen Urteiles die Sache nach Maßgabe von § 528 Abs. 1 C.P.O. an jenes Gericht zurückverwiesen werden." ...

---

38. Korporativ organisierter Verein. Mitgliedschaftsrecht; Zulässigkeit der Geltendmachung des Mitgliedschaftsrechtes gegenüber von der Generalversammlung beschlossenen Änderungen der Bedingungen der Mitgliedschaft.

VI. Civilsenat. Urt. v. 12. April 1894 i. S. U.-V. f. B. u. Schr. in W. (Bekl.) w. F. u. Gen. (Kl.) Rep. VI. 408/93.

I. Landgericht Stuttgart.
II. Oberlandesgericht daselbst.

Aus den Gründen:

„Der Unterstützungsverein für Buchdrucker und Schriftgießer in Württemberg hat sich in den sechziger Jahren durch Verschmelzung verschiedener älterer Hilfskassen mit dem Zwecke der Unterstützung seiner Mitglieder besonders in Invaliditäts- und Sterbefällen gebildet. Den Mitgliedern und deren Witwen und Waisen ist statutenmäßig gegen Leistung gewisser Beiträge ein Rechtsanspruch auf die betreffenden

Unterstützungen gewährleistet. Bedingung der Mitgliedschaft ist Zugehörigkeit zum Allgemeinen Deutschen Buchdruckergehilfenvereine. Dieser wurde im Jahre 1866 in Leipzig unter dem Namen „Deutscher Buchdruckerverband" gegründet mit dem Zwecke, die materielle und geistige Hebung seiner Mitglieder zu fördern und die Interessen der Angehörigen des Buchdruckergewerbes allseitig zu vertreten. Später nahm er den Namen „Unterstützungsverein Deutscher Buchdrucker" (U. V. D. B.) an. Das aus Anlaß der Verlegung des Sitzes nach Berlin neuredigierte Statut erlangte unterm 30. August 1888 in Gemäßheit des preußischen Gesetzes vom 17. Mai 1853, betreffend den Geschäftsverkehr von Versicherungsanstalten, bezw. des § 360 Ziff. 9 St.G.B. staatliche Genehmigung. Als Mittel zur Erreichung des bezeichneten Zweckes sind (wie früher) in § 1 dieses Statutes genannt: a) Erzielung möglichst günstiger Arbeitsbedingungen auf gesetzlichem Wege; b) strenge Aufrechthaltung der mit den Prinzipalen getroffenen Vereinbarungen in Bezug auf Arbeitspreise und Arbeitszeit; . . . d) Unterstützung bei Arbeitslosigkeit, auf der Reise und am Orte, zu welcher in bestimmtem Betrage nach Leistung einer gewissen Zahl von Wochenbeiträgen die Mitglieder berechtigt sind. Die Ausschließung eines Mitgliedes erfolgt u. a., wenn dasselbe dem jeweilig gültigen Tarife fortgesetzt zuwiderhandelt. Alle Statutenänderungen sollten fortan der staatlichen Genehmigung bedürfen. Durch eine im Juli 1892 abgehaltene außerordentliche Generalversammlung wurde die Umwandlung des U. V. D. B. in den „Verband der Deutschen Buchdrucker" mit neuen Statuten beschlossen. Die Bezeichnung des Zweckes blieb im wesentlichen dieselbe. Als Mittel zur Erreichung desselben sind nun genannt: a) wie seither; b) strenge Durchführung und Aufrechthaltung der vom Vorstande des Verbandes als maßgebend anerkannten Bestimmungen in Bezug auf Arbeitspreise und Arbeitszeit; . . . h) Unterstützung bei Arbeitslosigkeit, sowie bei vorübergehender und dauernder Arbeitsunfähigkeit. In betreff dieser Unterstützungen wird jedoch ein gerichtlich klagbares Recht oder ein sonstiger Rechtsanspruch der Mitglieder, welche übrigens nach wie vor die statutenmäßigen Beiträge zu leisten haben, nicht mehr anerkannt; über die Höhe und Dauer der „freiwilligen" Unterstützungen entscheidet der Verbandsvorstand. Die Ausschließung eines Mitgliedes erfolgt u. a., wenn dasselbe den statutenmäßigen Anordnungen des Verbandsvorstandes nicht Folge leistet. Die Bestimmungen über staatliche Genehmigung der Statutenänderungen sind beseitigt. Auf Verlangen der preußischen Behörden wurde im November 1892 die Aufhebung des U. V. D. B. nach Maßgabe der seitherigen Vorschriften auch formell beschlossen. Am 1. Januar 1893 trat der „Verband" in Thätigkeit. Von den etwa 16500 Mitgliedern des U. V. D. B. sind weitaus die meisten dem Verbande beigetreten. Zu den Nichtbeigetretenen gehören die 44 Kläger, sämmtlich alte Mitglieder des deutschen und des württembergischen Vereines.

Im Anschlusse an diese Umwandelung des deutschen Vereines wurden im Dezember 1892 in einer Generalversammlung des württembergischen Vereines dessen Statuten revidiert. Beschlossen wurde, und zwar unter Widerspruch der Kläger, daß Mitglied nur sein und bleiben könne, wer dem „Verbande Deutscher Buchdrucker" angehöre. Mit dem freiwilligen oder unfreiwilligen Ausscheiden aus dem Vereine gehen alle und jede Ansprüche an das Vereinsvermögen, sowie auf Rückzahlung der geleisteten Beiträge verloren. Die Kläger haben nachträglich noch förmlichen Protest gegen die Anwendung dieser Bestimmung auf sie „unter Wahrung ihrer wohlerworbenen Rechte" eingelegt. Die Vereinskasse hat aber auf Weisung des Vorstandes die Annahme weiterer Beiträge der Kläger verweigert. Gegen den hiermit kundgegebenen Ausschluß aus dem württembergischen Vereine wendet sich die gegen letzteren erhobene Klage, gerichtet auf Feststellung der andauernden Mitgliedschaft der Kläger und der Verpflichtung des Vereines, den Klägern gegen fernere Entrichtung der statutenmäßigen Beiträge die den Mitgliedern nach den Statuten zukommenden Unterstützungen eintretenden Falles zu gewähren.[1]

Das Landgericht hat den verklagten Verein nach dem Klagantrage verurteilt. Die Berufung ist von dem Oberlandesgerichte zurückgewiesen. Auch die Revision kann nicht für begründet erachtet werden.

Das angefochtene Urteil beruht auf der Rechtsanschauung, daß eine, wenngleich in formell gültiger Weise beschlossene, wesentliche, und die zur Zeit vorhandenen Mitglieder beschwerende Veränderung in

[1] Gleiche Klage haben Kläger gegen die (selbständige) Centralinvalidenkasse des Deutschen Buchdruckergehilfenvereins erhoben; in erster Instanz ist zu ihren Gunsten erkannt. D. E.

betreff der Bedingungen der Zugehörigkeit zu einem Vereine der Rechtswirksamkeit gegenüber den dissentierenden Mitgliedern jedenfalls dann entbehre, wenn hierdurch wohlerworbene Vermögensrechte dieser Mitglieder gegen den Verein verletzt werden. Die Revision bezeichnet dies als rechtsirrtümlich: nach dem hier maßgebenden gemeinen Rechte können, meint Revisionskläger, die statutarischen Bedingungen der Mitgliedschaft wie jede andere Statutenbestimmung abgeändert werden; ein Recht der Mitgliedschaft als Sonderrecht sei nicht anzuerkennen. Für diese Ansicht beruft sich die Revision auf die Abhandlung Laband's in Hirth, Annalen 1874 S. 1502, in welcher dieser Schriftsteller sich mit dem Versuche befaßt, den Begriff der jura singulorum gegenüber einer Korporation zu bestimmen. Hierbei stellt er allerdings die sogenannten Mitgliedschaftsrechte in Gegensatz zu den Sonderrechten der Einzelnen, welche nicht durch Majoritätsbeschluß, sondern nur mit Genehmigung des Berechtigten verändert werden könnten, und als Hauptbeispiel eines Mitgliedschaftsrechtes nennt er das Recht auf Dividende am Gewinne, welchem das Recht des Aktionärs auf die einmal statutenmäßig festgestellte Dividende als Sonderrecht (jus quaesitum) gegenübergestellt wird.

Vgl. Entsch. des R.G.'s in Civils. Bd. 22 S. 114.

Daß hiermit von dem genannten Schriftsteller ein allgemeiner Satz des von der Revision behaupteten Inhaltes für alle Korporationen und Vereine ohne Rücksicht auf die große Mannigfaltigkeit ihres Charakters und ihrer Zwecke aufgestellt werden wollte, kann nicht angenommen werden. Auch Laband will die „wohlerworbenen Rechte" schützen. Ob ein Recht ein wohlerworbenes ist, muß im Einzelfalle festgestellt werden. So betont auch Stobbe (Handbuch des deutschen Privatrechts Bd. 1, 3. Aufl. § 53), daß das Recht der Korporation, Beschlüsse mit Majorität zu fassen, eingeengt sei durch die Rechte, welche den einzelnen Mitgliedern als solchen gegenüber der Gesamtheit und dem Vermögen derselben zustehen, und unterscheidet in dieser Hinsicht zwischen den verfassungsmäßigen Rechten der Mitglieder innerhalb der Korporation und den vermögensrechtlichen Rechten, welche ihnen gegen die Korporation zustehen, und welche (als jura singulorum) gegen Veränderung oder Aufhebung durch die Korporation (d. h. durch Majoritätsbeschluß) sichergestellt seien, während er (§ 61 a. a. O.) in Ansehung der korporativ organisierten Vereine (ohne juristische

Persönlichkeit) auf die hier durch die eigenartige Organisation und den dauernden, von den jeweiligen Mitgliedern unabhängigen Bestand solcher Vereine modifizierten Grundsätze über die societas hinweist. Desgleichen ist Gierke (Genossenschaftstheorie S. 185 flg. 237) weit entfernt, den von der Revision als angeblich gemeinrechtliche Norm behaupteten Satz anzuerkennen, insofern er, sogar abgesehen von vermögensrechtlichen Interessen der Mitglieder, die Möglichkeit der Konstituierung eines im Rechtswege verfolgbaren Rechtes auf Zulassung als Mitglied oder auf Beibehaltung der einmal erworbenen Mitgliedschaft einräumt. Das Berufungsgericht stellt übrigens den allgemeinen Satz, gegen den der Revisionsangriff eigentlich gerichtet ist, nicht auf. Es läßt vielmehr die Frage als generelle ausdrücklich dahingestellt und will nur für den vorliegenden Fall im Hinblicke auf den Charakter des verklagten Vereines und die Natur der den Mitgliedern gegen denselben zustehenden Ansprüche eine Entscheidung geben. In dieser Begrenzung kann aber die Entscheidung nur gebilligt werden. Durch ihren Beitritt zu dem verklagten Vereine, welcher erfolgte auf Grund bestimmter, insbesondere den Erwerb und den Verlust der Mitgliedschaft regelnder Statuten, sowie durch die Zahlung der statutenmäßigen Beiträge haben die Kläger gegen den Verein den Anspruch auf die in den Statuten bezeichneten Leistungen, auf Invalidenunterstützung, Witwen- und Waisenunterstützung und Beiträge zu den Beerdigungskosten, erworben. Dieser Anspruch ist ein jus quaesitum oder, wenn man den Ausdruck gebrauchen will, ein Sonderrecht vermögensrechtlicher Natur der Kläger (als Mitglieder) gegen den Verein, welcher nach heutiger Rechtsanschauung vermöge seiner besonderen Organisation als Subjekt der entsprechenden Verbindlichkeit anzusehen ist.

Vgl. Entsch. des R.G.'s in Civils. Bd. 8 S. 121.

Unerheblich ist in dieser Beziehung, daß es sich um bedingte oder betagte Ansprüche handelt; dies liegt in der Art der von dem Vereine seinen Mitgliedern gewährleisteten Unterstützungen. Der Anspruch auf dieselben ist in gleicher Weise zu beurteilen, wie bei einer auf Gegenseitigkeit beruhenden Versicherungsgesellschaft der Anspruch der Versicherten auf die Versicherungssumme bei Eintritt des Falles, in Beziehung auf welchen die Versicherung lautet. Hieran kann der Umstand nichts ändern, daß der beklagte Verein, namentlich durch das besondere Verhältnis, in welchem er zu dem Allgemeinen Deutschen Buchdruckergehilfenvereine steht, auch ideale Zwecke verfolgt. In erster Linie ist er seit seiner Gründung nach der deutlichen, auch bei der Revision der Statuten vom Dezember 1892 beibehaltenen Zweckbestimmung ein Unterstützungsverein für gewisse in den Statuten vorgesehene Fälle. Von den Vertretern des Vereines ist zudem im Laufe des Prozesses dieser Charakter des Vereines und der Ansprüche der Mitglieder nie in Abrede gestellt worden, und auch die Revision zieht nicht in Zweifel, daß den Klägern wohlerworbene Ansprüche gegen den Verein in dem bezeichneten Sinne zustehen. Diese Ansprüche sind aber zudem, wie der Anspruch des Versicherten auf die Versicherungssumme, vertragsmäßiger Natur und können als solche den Mitgliedern gegen ihren Willen nicht im Wege der Statutenänderung, selbst wenn diese formell gültig beschlossen ist, entzogen werden. Dafür spricht sich auch für Fälle der vorliegenden Art Theorie und Praxis überwiegend aus.

Vgl. Gierke, a. a. O. S. 239; Entsch. des R.O.H.G.'s Bd. 8 S. 180 flg.; Entsch. des R.G.'s in Civils. Bd. 25 S. 158—160.

Das Berufungsgericht prüft sodann die Frage, ob durch die im Dezember 1892 beschlossene Statutenänderung, betreffend die Zugehörigkeit zu dem verklagten Vereine, in unstatthafter Weise die gekennzeichneten wohlerworbenen Rechte der Kläger verletzt worden, diese Statutenänderung den Klägern gegenüber also rechtsunwirksam sei. Hierbei geht es zunächst davon aus, daß der U. V. D. B. mit dem 31. Dezember 1892 zu bestehen aufgehört habe, und der „Verband" ein neuer, mit dem 1. Januar 1893 ins Leben getretener Verein, mit dem U. V. D. B. nicht identisch sei, vielmehr eine von diesem erloschenen Vereine verschiedene Rechtspersönlichkeit darstelle, wenn der Verband auch, zumal infolge der Übernahme des Vermögens des U. V. D. B., als dessen Rechtsnachfolger in vermögensrechtlicher Beziehung anzusehen sein möge, sowie daß infolge der Auflösung des U. V. D. B. die Bestimmung in den alten Statuten des verklagten Vereines, wonach die Mitgliedschaft abhängig sein soll von der Zugehörigkeit zum U. V. D. B., gegenstandslos geworden sei, und eine als Bedingung der Mitgliedschaft die Zugehörigkeit zu dem neuen Verbande setzende Bestimmung nur im Wege eigentlicher Statutenänderung habe beschlossen werden können. Der Verband sei aber auch materiell in wesentlichen Beziehungen ein anderer Verein als der U. V. D. B., und es sei sonach nicht bloß formell, sondern auch sachlich im Verhältnisse zu denjenigen Statutenbestimmungen, auf Grund welcher die Kläger Mitglieder des verklagten Vereines geworden, durch die Beschlüsse vom Dezember 1892 die Bedingung der Zugehörigkeit zum verklagten Vereine geändert worden. Diese Änderung aber könne, weil sie den Klägern unter dem Präjudize des Ausschlusses und des Verzichtes auf ihre wohlerworbenen Ansprüche eine in den alten Statuten nicht vorgesehene und den Gesinnungen der Kläger zuwiderlaufende Handlung, nämlich den Beitritt zu dem wesentlich verschiedenen Verbande, zumute, als statthaft und für die Kläger rechtsverbindlich nicht angesehen werden. Mit Unrecht bemängelt die Revision zunächst die Auffassung des Berufungsgerichtes, daß der Verband ein neuer, von dem U. V. D. B. verschiedener Verein sei, und daß mit der Auflösung des U. V. D. B. die erwähnte alte Statutenbestimmung des verklagten Vereines gegenstandslos geworden sei, als eine lediglich formale und rechtsirrige. Das Berufungsgericht belegt in Widerlegung der Behauptung des Beklagten, es habe sich hierbei „nur um eine Statutenänderung" gehandelt, im übrigen sei alles beim alten geblieben, seine Auffassung nicht nur mit der Thatsache, daß der U. V. D. B. als Versicherungsverein auf Verlangen der preußischen Behörden sich förmlich aufgelöst hat, sondern auch durch die Hinweisung auf eine Bekanntmachung des Vereinsvorstandes (im Dezember 1892), inhaltlich deren den dem neuen Verbande beitretenden seitherigen Mitgliedern des U. V. D. B. die zu letzterem geleisteten Beiträge in Bezug auf etwaige Gewährung von Unterstützungen in Anrechnung gebracht werden sollen, worin das Berufungsgericht ohne Rechtsirrtum die Ansicht des Vorstandes ausgedrückt findet, daß eine ausdrückliche oder stillschweigende Beitrittserklärung dieser Mitglieder zum Erwerbe der Mitgliedschaft des Verbandes erforderlich sei. Abgesehen hiervon, geht das Berufungsgericht in der Folge auf die wesentlichen sachlichen Unterschiede zwischen dem U. V. D. B. und dem Verbande ein. In dieser Beziehung genügt hier hervorzuheben, daß durch die Umwandelung der deutsche Verein den rechtlichen Charakter eines Versicherungsvereines mit Rechtsansprüchen seiner Mitglieder auf die statutenmäßigen Unterstützungen abgestreift hat und ein freier Gewerkverein ohne solchen Rechtsanspruch der Mitglieder geworden ist. Hiermit ist dieser Verein in seinem Wesen verändert. Wie eine solche Veränderung mit Wirkung gegenüber den dissentierenden Mitgliedern durch einfache Statutenänderung hätte vollzogen werden können, ist überhaupt nicht abzusehen (vgl. auch Stobbe, a. a. O. § 53 Ziff. II). Unbeachtlich ist auch die Behauptung des Beklagten, daß es sich bei dieser Umwandelung lediglich um eine Rückbildung auf den früheren Charakter des deutschen Vereines gehandelt habe. Dies trifft nur insoweit zu — ist aber auch insoweit unerheblich —, als zufolge der Umwandelung das Erfordernis der staatlichen Genehmigung des Vereines und von Statutenänderungen in Wegfall kam. Es ist aber nicht festgestellt und auch sonst nicht ersichtlich, daß vor der Statutenrevision, welche aus Anlaß der Verlegung des Sitzes des deutschen Vereines nach Berlin (1888) stattfand, die Mitglieder keine Rechtsansprüche auf die statutenmäßigen Leistungen gehabt hätten. Hiernach erscheint auch die von dem Berufungsgerichte gezogene Folgerung, daß mit der im Juli 1892 beschlossenen, bezw. am 1. Januar 1893 in das Leben getretenen Umwandelung des deutschen Vereines die das Verhältnis der Mitglieder zum U. V. D. B. betreffende Bestimmung der alten Statuten des verklagten Vereines gegenstandslos geworden sei, nicht als rechtsirrtümlich. Die betreffende Bedingung konnte, nachdem der U. V. D. B. zu existieren aufgehört hatte, von den Mitgliedern nicht mehr erfüllt werden, und es verstand sich, wie der verklagte Verein durch die entsprechende Statutenänderung selbst gezeigt hat, keineswegs von selbst, daß seine Mitglieder ohne weiteres dem neuen Verbande beizutreten hatten. Gegenüber dem weiteren Einwande der Revision, daß, falls jene Statutenbestimmung als gegenstandslos geworden anzusehen wäre, der verklagte Verein unmittelbar hätte zur Auflösung schreiten müssen, kommt die von den Parteien nicht bezweifelte Thatsache in Betracht, daß der württembergische Verein sich eben nicht aufgelöst hat, sondern fortbesteht und nur geglaubt hat, die neue Bedingung der Mitgliedschaft durch einfachen Majoritätsbeschluß allen, auch den dissentierenden Mitgliedern auflegen zu können. Mit diesem gegebenen Sachverhältnisse hatte das Berufungsgericht zu rechnen.

Die Bestimmungen der Statuten eines Vereines der vorliegenden Art über die Bedingungen des Erwerbes und des Verlustes der Mitgliedschaft müssen (wie schon angedeutet) als wesentliche Verfassungsbestimmungen des Vereines betrachtet werden (vgl. Entsch. des R.G.'s in Civils. Bd. 25 S. 158. 160). Das Berufungsgericht legt nun unter Eingehen auf die Inhaltsverschiedenheiten der Statuten des U.V.D.B. und derjenigen des Verbandes dar, daß mit der mehrerwähnten im verklagten Vereine im Dezember 1892 beschlossenen Statutenänderung den dissentierenden Klägern unter Verletzung ihrer Rechte, welche sie durch ihren Beitritt gemäß den alten Statuten (und durch die Leistung ihrer Beiträge) erworben haben, eine neue, sie in unstatthafter Weise beschwerende Bedingung auferlegt worden sei. In dieser Beziehung hebt das Berufungsgericht einmal die schon bezeichnete Umwandelung des deutschen Vereines aus einer (staatlich genehmigten) Versicherungsgesellschaft in einen freien Gewerkverein (ohne Rechtsanspruch der Mitglieder auf die in den Statuten genannten Unterstützungen) hervor, legt aber noch besonders Gewicht auf den Rücktritt von der seit jeher bestandenen Tarifgemeinschaft mit den Prinzipalen und die nun an deren Stelle getretene Unterwerfung der Mitglieder unter die Verfügungsgewalt des Verbandsvorstandes hinsichtlich der Arbeitszeit und der Arbeitspreise, und gerade in der Zumutung an die Kläger, sich dieser neuen Bestimmung zu unterwerfen — bei Verlust der Mitgliedschaft und der wohlerworbenen Ansprüche an den Verein —, erblickt das Berufungsgericht vorzugsweise die Auferlegung einer neuen, von der früheren wesentlich verschiedenen und die Kläger in unstatthafter Weise belastenden Bedingung. In der That haben die Kläger zur Klagebegründung neben jener Änderung des rechtlichen Charakters des deutschen Vereines hauptsächlich geltend gemacht, derselbe habe durch die Aufgebung des früheren Prinzipes, im Wege friedlicher Verständigung mit den Prinzipalen die soziale Besserstellung zu erreichen, seinen Charakter vollständig verloren, er sei ein Kampfverein geworden, und die Mitglieder seien nun zufolge der Machtstellung, welche dem Verbandsvorstande in Ansehung der Bestimmung über Arbeitspreis und Arbeitszeit eingeräumt worden, in diesen wichtigsten Beziehungen kurzweg dem Vorstande auf Gnade und Ungnade überliefert, sofern es diesem freistehe, zu jeder ihm als passend erscheinenden Zeit Vorschriften über den Arbeitspreis und die Arbeitszeit, bezw. über die Arbeitseinstellung zu erteilen, denen sich die Mitglieder bei Verlust der Mitgliedschaft fügen müßten, ohne daß die Statuten, zumal beim Überwiegen der jüngeren, kampflustigen Genossen, hiergegen einen Schutz gewähren; in diese Bahnen einzulenken, welche mit ihren sozialen Anschauungen im Widerspruche stehen, hätten sie — durchweg alte Mitglieder — sich mit Recht geweigert. In dieser Hinsicht tritt ihnen also das Berufungsgericht bei, mit gutem Grunde. Die Vergleichung der alten Statuten mit denjenigen des Verbandes ergiebt in der That, daß die Mitglieder gegen früher hinsichtlich der Arbeit in volle Abhängigkeit von dem Verbandsvorstande gesetzt sind. Eine solche Bestimmung, welche die individuelle Freiheit in der wichtigsten Beziehung geradezu aufhebt, kann aber schon nach allgemeinen Grundsätzen den widerstrebenden Mitgliedern nicht mit Rechtswirksamkeit auferlegt werden, und es kann keinem Zweifel unterliegen, daß die neue statutarische Bestimmung des verklagten Vereines, welche die Unterwerfung der dissentierenden Kläger unter jene ihre Freiheit aufhebende Gewalt des Verbandsvorstandes bezweckt und verlangt, eine sie wesentlich belastende, unstatthafte Veränderung der Bedingung ihrer Mitgliedschaft enthält. . . . Das Berufungsgericht hat auch das von der Revision betonte alte Kartellverhältnis zwischen dem deutschen und dem württembergischen Vereine nicht übersehen; es stellt vielmehr in dieser Hinsicht die zutreffende Erwägung an, daß aus diesem Zusammenhange ein Recht des verklagten Vereines, nachträglich seinen Mitgliedern den Beitritt zu einer anderen Gehilfenvereinigung, ohne Rücksicht auf das Wesen und den Charakter derselben, aufzuerlegen, nicht gefolgert werden dürfe. Trotz dieses Zusammenhanges bleibt der Verein ein Unterstützungsverein, gegen welchen die Mitglieder die gewährleisteten Rechtsansprüche haben." . . .

---

39. 1. Schuldübernahme; Voraussetzungen der Entstehung eines selbständigen Forderungsrechtes des Gläubigers gegen den Übernehmer;[1] Zulässigkeit von Einreden aus dem Vertrage zwischen Schuldner und Übernehmer.

2. Verpflichtung des Cedenten zur urkundlichen Erklärung über den Umfang der Cession.

[1] Vgl. Entsch. des R G.'s in Civils. Bd. 32 Nr. 40 S. 156 flg. D. E.

VI. Civilsenat. Urt. v. 24. Mai 1894 i. S. E. (Bekl.) w. Cln. Erben (Kl.). Rep. VI. 5/94.

I. Landgericht Hamburg.
II. Oberlandesgericht daselbst.

Aus den Gründen:

... „Chr. Cl. zu Hamburg schloß mit dem Beklagten E. einen Vertrag, inhaltlich dessen Cl. ... „hierdurch an E. seine zu H. und W. belegenen Kieswerke ꝛc mit allem Zubehör und sämtlichen darauf bezüglichen Kontrakten, sie mögen Namen haben wie sie wollen, zu freiem Eigentume überläßt und überträgt", wogegen E. hierfür 10000 ℳ bar zu zahlen hatte und ferner die Forderungen mehrerer Gläubiger des Cl., darunter eine solche des J. H. Cln. in Hamburg „als eine von E. selbst kontrahierte Schuld" übernahm. Die Erben des am 13. Dezember 1889 gestorbenen J. H. Cln. haben nun gegen Cl. und E. Klage erhoben mit dem Antrage, die Beklagten solidarisch zur Bezahlung der Cln.'schen Forderung von 18000 ℳ zu verurteilen. Diesen Klagantrag haben Kläger in der ersten Verhandlung vor dem Gerichte erster Instanz auf den Beklagten E. beschränkt, mit der Erklärung, vorerst gegen Cl. nicht verhandeln zu wollen, worauf gegen letzteren die Verhandlung auf unbestimmte Zeit vertagt wurde. Das Landgericht hat den Beklagten E. klagegemäß zur Bezahlung von 18000 ℳ verurteilt. Die Berufung des E. ist von dem Oberlandesgerichte zurückgewiesen.

Kläger haben zur Klagebegründung vorgetragen: der Beklagte E. habe sich in dem Vertrage mit Cl. nicht nur diesem gegenüber zur Übernahme der Cln.'schen Forderung als eigener Schuld verpflichtet, sondern auch dem Erblasser Cln. gegenüber verpflichtet, diese ganze Schuld als seine eigene mitzuübernehmen und zu bezahlen; Kläger hätten durch diese Schuldübernahme ohne weiteres das jetzt geltend gemachte Recht erlangt. Überdies habe Cl. dem Cln., oder vielmehr, wie in zweiter Instanz geltend gemacht wurde, den Klägern seine bezüglichen Rechte aus dem Vertrage noch ausdrücklich übertragen. Der Beklagte E. bestritt, daß er unbedingt und unbegrenzt die Schuld des Cl. gegen Cln. (und die anderen Gläubiger) übernommen, insbesondere daß er dies dem Cln. gegenüber gethan habe, sowie daß „das Schuldbekenntnis" acceptiert worden sei. Nach dem Vertrage habe er eine Forderung des Cln. nur bedingt als eigene Schuld anerkannt. In zweiter Instanz hat Beklagter, da, wie er behauptete, die Kläger nur als Cessionare des Cl. klagen, in pessimum eventum noch eine Retentionseinrede gegen die Klage vorgeschützt, weil, wie er näher darlegte, Cl. die im Vertrage übernommene Verpflichtung zur Abtretung der auf die Kieswerke bezüglichen Kontrakte nicht erfüllt habe.

Das Landgericht findet in der Klagebegründung die Aufstellung zweier verschiedener Klagegründe, einmal die in dem Vertrage zwischen Cl. und E. vereinbarte „Schuldübernahme", sodann die ausdrückliche Anerkennung des verstorbenen Cln. durch E. als seines Gläubigers. Daß eine solche Anerkennung erfolgt sei, erachtet das Landgericht nicht als erwiesen. Bezüglich des ersten Klagegrundes ist aber im Urteile erster Instanz ausgeführt: durch die Schuldübernahme abseiten eines Dritten erwerbe der Gläubiger gegen diesen dritten Schuldübernehmer ein — neben das ursprüngliche tretendes — Forderungsrecht, wenn er dem Schuldübernahmevertrage beitrete. Dieser Beitritt könne unter anderem auch dadurch geschehen, daß er gegen den Schuldübernehmer auf Zahlung Klage erhebe, wie hier abseiten der Kläger geschehen sei. Bewiesen sei, daß E. in dem Vertrage die Cln.'sche Forderung gegen Cl. im Betrage von 18000 ℳ vorbehaltlos übernommen habe. Das Oberlandesgericht billigt zunächst die Ausführungen des Landgerichtes und spricht sich, was die aus dem Vertrage zwischen Cl. und E., dessen Abschluß es etwa auf August 1891 verlegt, für die Kläger als Rechtsnachfolger des verstorbenen Cln. sich ergebenden Rechte betreffe, dahin aus, in diesem Vertrage sei nicht bloß eine Entfreiung des Cl. von den darin erwähnten Schulden durch E. bezielt, sondern auch eine wirkliche Übernahme dieser Schulden den Gläubigern gegenüber gewollt, da solche wie selbstkontrahierte des E. angesehen werden sollten. Durch Anstellung der Klage hätten die Kläger zu erkennen gegeben, daß sie die ihnen zugedachten Vorteile des Vertrages für sich in Anspruch nehmen wollen, als wenn sie den Vertrag selbst mitgeschlossen hätten. Daher sei die Klage rechtlich begründet, und komme es auf den zweiten Klagegrund — Anerkennung des Beklagten gegenüber Cl. — nicht weiter an. Auch sei die Behauptung der Kläger wegen einer Cession der Rechte des Cl. aus dem Vertrage bedeutungslos. Auch abgesehen von einer solchen Cession wäre Beklagter mit der Retentionseinrede zu hören; diese sei aber thatsächlich nicht begründet. . . .

Mit Recht macht . . . die Revision . . . gegen das angefochtene Urteil geltend, es fehle an den genügenden thatsächlichen Feststellungen dafür, daß den Klägern ein direktes Klagerecht gegen E. zustehe. Wenn auch nach Absicht der Kontrahenten in dem fraglichen Vertrage der Beklagte sich dem Cl. gegenüber verpflichtet habe, die Cln.'sche Forderung zu berichtigen, bezw. dieselbe übernommen habe, so ergebe sich hieraus noch nicht jenes direkte Klagerecht.

Der Beklagte hat das Recht der Kläger, ihn aus dem von ihm mit Cl. geschlossenen Vertrage, oder aus einem anderen Grunde auf die Bezahlung der eingeklagten Forderung in Anspruch zu nehmen, unzweideutig in Abrede gezogen. Dies folgt daraus, daß er den Mangel einer Acceptation des Vertrages seitens des Cln. oder seiner Erben gerügt und die klägerische Behauptung, er habe den Cln. als seinen Gläubiger anerkannt, bestritten hat. Diesen Standpunkt haben die Beklagten in zweiter Instanz nicht aufgegeben. Es steht fest, daß Cln. bei Abschluß des Vertrages nicht mitgewirkt hat. Wenn der Vertrag, wie das Berufungsgericht annimmt, im August 1891 geschlossen wurde, so ist die Annahme, daß Cln. hierbei mitgewirkt oder auch nur Kenntnis von dem Abschlusse des Vertrages erhalten hätte, ohnehin ausgeschlossen; denn Cln. ist schon im Dezember 1889 gestorben. Aber auch die Kläger, seine Erben, haben bei Abschluß des Vertrages nicht mitgewirkt, und es fehlt jede Feststellung darüber, daß und in welcher Weise sie von dem Vertrage Kenntnis erhalten haben. Die Kläger leiten ihr Klagerecht gegen E. nach der Auffassung der Vorderinstanzen — von der Cession abgesehen — aus zwei selbständigen Rechtsgründen ab, einmal aus dem Inhalte des Vertrages, soweit er die Übernahme der Cln.'schen Forderung durch E. als eine von diesem selbst kontrahierte Schuld ausspricht, sodann aus der angeblichen Anerkennung des Cln. als seines Gläubigers durch E. Das Berufungsgericht pflichtet nun augenscheinlich bei Beurteilung des Vertrages dem Richter erster Instanz bei, spricht sich aber über seine rechtliche Auffassung doch selbständig in der schon angegebenen Weise aus. Es ist hiernach nicht über jeden Zweifel erhaben, ob das Berufungsgericht in gleicher Weise wie die Kläger, welche ihren diesbezüglichen Standpunkt durch die Klagerhebung gegen

E. und Cl. zu erkennen gegeben haben, und wie das Landgericht, davon ausgeht, daß nach der Absicht der Kontrahenten durch den Vertrag die Gläubiger an E. neben Cl. einen weiteren Schuldner erhalten sollten. Es folgt dies auch nicht mit Notwendigkeit aus der Annahme des Berufungsgerichtes, Kläger hätten durch die Anstellung der Klage gegen den Beklagten zu erkennen gegeben, daß sie die ihnen zugedachten Vorteile des Vertrages für sich in Anspruch nehmen wollen, als ob sie den Vertrag selbst mitgeschlossen hätten. Eher kann auf eine mit derjenigen der Klage und des Richters erster Instanz übereinstimmende Auffassung des Berufungsgerichtes daraus geschlossen werden, daß dasselbe die von dem Beklagten vorgeschützte Retentionseinrede für zulässig erklärt. Diese Einrede, entnommen aus dem zwischen dem Schuldner Cl. und dem Beklagten E. bestehenden Schuldverhältnisse, dem zwischen diesen beiden abgeschlossenen Kaufvertrage über die Kieswerke, müßte dem Beklagten gegenüber den Klägern dann jedenfalls versagt werden, wenn Cl. und E. nicht eine kumulative Schuldübernahme des letzteren verabredet, sondern eine Schuldübernahme an Stelle des Cl. im Sinne einer Sondernachfolge in die Schuld,

vgl. Windscheid, Pandekten § 338,

im Auge gehabt hätten. Denn solchenfalls soll der Unternehmer in die passive Seite der Obligation an die Stelle des seitherigen Schuldners dergestalt eintreten, daß er die Schuld so, wie sie gegen den Schuldner begründet war, dem Gläubiger gegenüber übernimmt. Es folgt hieraus ohne weiteres, daß der Übernehmer Einreden, die ihm aus dem zwischen ihm und dem Schuldner abgeschlossenen, der Schuldübernahme zu Grunde liegenden Vertrage gegen den Schuldner zustehen, dem Gläubiger nicht entgegenhalten kann, sowenig als der Schuldner gegen den Cessionar sich auf Umstände berufen kann, welche aus dem der Cession zu Grunde liegenden Vertrage dem Cedenten gegen den Cessionar eine Einrede an die Hand geben würden. Beide, Cession (Forderungsübertragung) und Schuldübertragung, haben insoweit einen abstrakten Charakter.

Vgl. auch Entwurf eines Bürgerlichen Gesetzbuches für das Deutsche Reich I. Lesung § 316, II. Lesung § 360.

Umstände, welche die Gültigkeit der Übertragung selbst beeinflussen, stehen hier außer Frage. Eine derartige Schuldübertragung kann nun allerdings auch durch Vertrag zwischen dem bisherigen Schuldner und dem „Übernehmer" (dem neuen Schuldner) vereinbart werden. Dieser Vertrag bedarf, da hiermit über die Rechte des Gläubigers verfügt wird, zu seiner Wirksamkeit selbstverständlich der Zustimmung des Gläubigers. Diese Zustimmung kann ausdrücklich oder stillschweigend erfolgen. Allein es kann nicht zugegeben werden, daß der Gläubiger diese Zustimmung oder Genehmigung ohne weiteres wirksam erteilen könnte, wenn er auch nur zufällig von dem Vertrage Kenntnis erhalten hat. Es würde hierdurch in die Rechte und Interessen der Vertragschließenden in nicht zu rechtfertigender Weise eingegriffen. Derartige Vereinbarungen zwischen dem Schuldner und dem dritten Übernehmer sind regelmäßig Bestandteil eines anderweiten zwischen denselben geschlossenen Vertragsverhältnisses, häufig eines Kaufvertrages, wobei der Kläger behufs gänzlicher oder teilweiser Tilgung des Kaufpreises den Eintritt in Schulden des Verkäufers verspricht. Den Vertragschließenden muß freistehen, das zwischen ihnen beredete Vertragsverhältnis zu ändern oder aufzuheben. Es ist deshalb ein unbeschränktes Zugriffsrecht des Gläubigers keineswegs zu präsumieren, und insbesondere nicht schon ohne weiteres in dem Abschlusse des Vertrages etwa eine Kollektivofferte der Kontrahenten an den Gläubiger zu erblicken. Die Genehmigung des Gläubigers (mit der Wirkung, daß er den Dritten als seinen Schuldner in Anspruch nehmen kann) ist vielmehr voraussetzlich davon abhängig zu machen, daß ihm die Vertragschließenden, bezw. mindestens einer derselben, von der zwischen ihnen vereinbarten Schuldübertragung Mitteilung gemacht haben.

Vgl. auch den genannten Entwurf I. Lesung § 315, II. Lesung § 358.

Daß vorliegenden Falles eine solche Mitteilung an die Kläger erfolgt wäre, ist nicht festgestellt. In Betracht kommen könnte auch insoweit die von dem Berufungsgerichte noch nicht gewürdigte Behauptung der Kläger, E. habe den Erblasser Cln. als seinen Gläubiger anerkannt, vorausgesetzt, daß diese Behauptung dahin zu verstehen ist, diese Anerkennung sei den Klägern als Rechtsnachfolgern des Cln. gegenüber erfolgt, indem hieraus unter Umständen gefolgert werden könnte, daß die Kläger von dem zwischen Cl. und E. geschlossenen Vertrage durch diese Kontrahenten oder einen derselben in Kenntnis gesetzt worden seien. Wäre die erfolgte Mitteilung erweisbar, so käme es noch auf die Feststellung an, ob die Kläger der Schuldübertragung zugestimmt haben, ihre Zustimmung insbesondere in der Klagerhebung zu finden ist. Von dem Erfordernisse der Mitteilung von der vereinbarten Schuldübertragung seitens der Kontrahenten an den Gläubiger könnte unter Umständen nur abgesehen werden, wenn man in dem zwischen dem Schuldner und dem Dritten geschlossenen Schuldübernahmevertrage einen Vertrag zu Gunsten des Gläubigers (pactum in favorem tertii) erblicken dürfte. Allein da bei der Schuldübertragung der Gläubiger ein Recht gegen den Dritten als Schuldner nur unter Aufgabe seiner vertragsmäßigen Rechte gegen den seitherigen Schuldner erlangen soll, so muß es, für die Regel wenigstens, bedenklich erscheinen, in einem derartigen Vertrage eine Bestimmung zu Gunsten des Gläubigers zu erblicken. Nur besondere Umstände könnten hier die Annahme eines Vertrages zu Gunsten des Gläubigers rechtfertigen. — Die angefochtene Entscheidung kann aber auch dann, wenn, was allerdings wahrscheinlich ist, ihr die Auffassung zu Grunde läge, daß nach dem fraglichen Vertrage die in diesem genannten Gläubiger des Cl. neben diesem in dem Beklagten einen weiteren Schuldner erhalten sollten, nicht aufrecht erhalten werden. An sich gewinnt aus einer solchen, dem Schuldner gegenüber erklärten Schuldübernahme der Gläubiger einen Anspruch gegen den Schuldübernehmer noch nicht. Letzterer wird eben dem Schuldner hierdurch zur Befreiung, eventuell (wegen Nichterfüllung) zum Schadensersatze verpflichtet. Läge der Fall nur so, daß nach dem Vertrage der Schuldübernehmer (wenn man den Dritten solchenfalls in dieser Weise bezeichnen kann) ausschließlich dem Schuldner in der angegebenen Weise verpflichtet werden soll, so ist ein Klagerecht des Gläubigers gegen den Schuldübernehmer ohnedies ausgeschlossen, und deshalb für die Frage, ob der Übernehmer dem Gläubiger Einreden aus dem mit dem Schuldner geschlossenen Vertrage entgegenhalten kann, überhaupt kein Raum. Soll aber nach dem Vertrage der Gläubiger wirklich den Schuldübernehmer als weiteren Schuldner gewinnen, so kann gleichfalls, wofern nicht der Vertrag thatsächlich als Vertrag zu Gunsten eines Dritten (des Gläubigers) aufzufassen ist, dem Gläubiger ein unmittelbares Zugriffsrecht, welches sich auch in der Klagerhebung geltend machte, nicht beigemessen werden. Der Gläubiger kann das Klagerecht gegen den Schuldübernehmer nur gewinnen, wenn er dem zwischen seinem Schuldner und dem Dritten geschlossenen Vertrage beitritt, worauf er als Mitkontrahent die Klage gegen den Schuldübernehmer erheben kann. Dieser Beitritt muß aber auch hier, wie bei der Schuldübernahme im Sinne der Schuldübertragung, davon abhängig erklärt werden, daß dem Gläubiger von den Kontrahenten, mindestens einem derselben, von dem Vertrage behufs Herbeiführung seiner Erklärung, ob er beitrete, Mitteilung gemacht wird. Durch seine entsprechende Erklärung nimmt der Gläubiger den in jener Mitteilung liegenden Vertragsantrag an. Die Rücksicht auf die Interessen des Schuldners und des Schuldübernehmers sowie auf die vermutliche Intention derselben verbieten auch hier in dem zwischen denselben abgeschlossenen Vertrage ohne weiteres (ohne besondere Begründung in den thatsächlichen Verhältnissen) eine Vertragsofferte an den Gläubiger zu erblicken. Auch diese Schuldübernahme soll gewöhnlich, wie im vorliegenden Falle, die Gegenleistung des Übernehmers oder einen Teil derselben für die ihm nach dem Vertrage gebührende Leistung des Schuldners bilden. Es muß deshalb den Kontrahenten die Möglichkeit, nachträglich über die Gegenleistung, bezw. über die Art der Bewirkung derselben in anderer Weise zu disponieren, den Vertrag in anderer Weise abzuschließen oder aufzuheben, offen gehalten bleiben, gerade wie in dem Falle der Schuldübertragung. Interessen der verschiedensten Art können den Kontrahenten eine Änderung des Vertrages erwünscht erscheinen lassen. Die Möglichkeit solcher Änderung wird aber ausgeschlossen oder mindestens eingeengt, wenn der Gläubiger dem Vertrage beigetreten ist und dadurch vertragsmäßige Rechte gegen den Schuldübernehmer erlangt hat. Die Annahme der Vorinstanzen, daß der Gläubiger ohne weiteres beitreten und diesen Beitritt durch Klagerhebung gegen den Schuldübernehmer erklären könne, hat auch in der Rechtsprechung des Reichsgerichtes keine Stütze,

vgl. Entsch. des R.G.'s in Civils. Bd. 17 S. 96 flg.,

insbesondere nicht in dem von dem Gerichte erster Instanz citierten Urteile des III. Civilsenates (mitgeteilt in Entsch. Bd. 19 S. 254 flg.). Hier war vielmehr thatsächlich festgestellt, daß dem Gläubiger der auf die Schuldübernahme bezügliche Inhalt des zwischen seinem Schuldner und dem Dritten geschlossenen Kaufvertrages vor der Klagerhebung gegen letzteren mitgeteilt worden war, und stand die hier nicht in

Betracht kommende Frage zur Entscheidung, ob in der auf dieser Basis erfolgten Erhebung der persönlichen Klage des Gläubigers gegen den Schuldübernehmer eine Entlassung des Urschuldners aus dem Schuldverbande erblickt werden könne. Daß und auf welche Weise die Kläger von dem Vertrage zwischen dem Beklagten und dem Schuldner Cl. Kenntnis erhalten haben, ist, wie bemerkt, nicht festgestellt. Als genügend kann in dieser Richtung auch der Umstand nicht angesehen werden, daß Kläger eine Abschrift des Vertrages vorzulegen in der Lage waren. Ist nach diesen Gesichtspunkten das unmittelbare Klagerecht der Kläger gegen den Beklagten zu begründen, so fragt sich weiter, ob der Beklagte den Klägern die aus dem zwischen ihm und Cl. geschlossenen Kaufvertrage entnommene Einrede, letzterer habe seine vertragsmäßigen Leistungen noch nicht erfüllt, entgegenzuhalten berechtigt ist. Bei einer kumulativen Schuldübernahme, welche erfolgt aus Anlaß eines zwischen dem Schuldner und dem Übernehmer geschlossenen gegenseitigen (entgeltlichen) Vertrages mit dem Charakter des von dem Übernehmer zu leistenden Äquivalentes, wird man nicht davon ausgehen dürfen, daß der Übernehmer sich dem Gläubiger gegenüber unbedingt (abstrakt) zur Zahlung der Forderung desselben verpflichten wolle, daß also dem Schuldübernehmer als solchem die Geltendmachung einer Einrede der bezeichneten Art gegenüber dem Gläubiger versagt sein sollte, wiewohl nicht zu verkennen ist, daß Umstände besonderer Art den Ausschluß solcher Einreden gegenüber dem Gläubiger rechtfertigen können. Solche Umstände sind aber vorliegenden Falles nicht ersichtlich. — Das unmittelbare Klagerecht des Gläubigers — im Falle kumulativer Schuldübernahme — gegen den Schuldübernehmer kann sich aber auch daraus ergeben, daß der Vertragswille der Kontrahenten (des Schuldners und des Übernehmers) darauf gerichtet ist, der Schuldübernehmer wolle und solle unmittelbar (d. h. unabhängig von weiteren Voraussetzungen, als dem Bestehenbleiben dieses Vertrages) Schuldner des Gläubigers werden, mit anderen Worten, daß die Kontrahenten insoweit einen Vertrag zu Gunsten eines Dritten (des Gläubigers) abgeschlossen haben. Daß die Kontrahenten in dieser Weise einen das unmittelbare Gläubigerrecht des Dritten bezielenden Vertrag abgeschlossen haben, muß im Einzelfalle thatsächlich festgestellt werden, was hier bisher nicht geschehen ist. Eine solche Feststellung kann insbesondere in der Bemerkung des Berufungsgerichtes, Kläger hätten durch die Klaganstellung zu erkennen gegeben, daß sie die ihnen zugedachten Vorteile des Vertrages für sich in Anspruch nehmen wollen, als wenn sie den Vertrag selbst mitgeschlossen hätten, nicht gesehen werden. Ist ein Vertrag zu Gunsten eines Gläubigers in diesem Sinne als abgeschlossen anzusehen, so muß ihm für das heutige gemeine Recht die Bedeutung beigemessen werden, daß die Kontrahenten zwar (Fälle von besonderer Qualifikation ausgenommen) bis zum Beitritte des Dritten (Gläubigers) den Vertrag wieder aufheben können, der Dritte aber, wenn dies nicht geschehen ist, mit nachträglichem Beitritte zu dem Vertrage direkt ein Forderungsrecht gegen den Promittenten (den Schuldübernehmer) gewinnt. Einer Aufforderung zur Erklärung oder einer Offerte an den Gläubiger bedarf es bei einem solchen zu seinen Gunsten geschlossenen Vertrage nicht; insofern ist sein Forderungsrecht ein selbständiges, von einer weiteren Erklärung der Kontrahenten unabhängiges. Der Beitritt kann in jeder Weise, welche diesen Willen des Gläubigers erkennen läßt, ausdrücklich oder durch konkludente Handlungen, auch durch Klagerhebung, ausgesprochen werden. Andererseits bedarf auch der Wille der Kontrahenten, für den Dritten in dieser Weise ein Forderungsrecht zu begründen, nicht notwendig einer ausdrücklichen Erklärung, kann vielmehr auch aus der gesamten Sachlage sich ergeben. Das Forderungsrecht, welches der Dritte aus einem zu seinen Gunsten abgeschlossenen Vertrage erwirbt, ist aber mindestens in dem Falle, wenn der Promittent das Versprechen der Leistung an den Dritten als Äquivalent für die ihm nach dem Vertrage seitens des Promissars gebührende Leistung gegeben hat, voraussetzlich nicht als ein selbständiges in dem Sinne anzusehen, daß der Promittent dem Dritten Einreden, welche ihm aus dem Vertrage gegen den Mitkontrahenten zustehen und das Gegenseitigkeitsverhältnis betreffen, nicht entgegenhalten dürfte. Es kann, von besonderer thatsächlicher Gestaltung des Falles abgesehen, nicht angenommen werden, daß nach der Intention der Kontrahenten der Promittent eine unbedingte, von den vertragsmäßigen Beziehungen zu dem Promissar losgelöste Verpflichtung zur Leistung an den Dritten, den Gläubiger des letzteren, übernehmen wollte oder sollte.

Das angefochtene Urteil muß hiernach aufgehoben werden. In der Sache selbst kann aber von dem Revisionsrichter nicht entschieden werden. Das Berufungsgericht hat vielmehr weiter zu verhandeln und nach den ausgehobenen Gesichtspunkten die erforderlichen Feststellungen zu treffen, eventuell erst über die weiteren von den Klägern zur Stütze des prätendierten Forderungsrechtes aufgestellten Gründe zu erkennen.

Die Revision beschwert sich ferner mit Recht darüber, daß das Berufungsgericht auf der Basis, daß Beklagter die geltend gemachte „Retentionseinrede" an sich den Klägern entgegenzuhalten berechtigt sei, die Einrede zurückgewiesen hat, und über die Begründung dieser Zurückweisung. Beklagter hat behauptet: Cl. habe seine vertragsmäßige Verpflichtung, die Kieswerke H.-W. mit allen darauf bezüglichen Kontrakten zu übertragen, nicht erfüllt; Cl. habe nämlich zu dem Zwecke der Anlegung einer Seilbahn mit verschiedenen, namhaft gemachten Grundbesitzern daselbst Verträge über die Benutzung geschlossen. In diese Verträge einzutreten, müsse Beklagter befugt sein. Cl. habe aber bisher trotz wiederholter Aufforderung seine Einwilligung zum Eintritte des Beklagten in die Verträge nicht gegeben. Kläger haben im allgemeinen die Behauptungen des Beklagten bestritten und noch angeführt, nur vorsichtshalber sei Cl. veranlaßt gewesen, den Klägern diejenigen Rechte zu cedieren, die Cl. etwa habe, um den Beklagten zur Erfüllung des Vertrages anzuhalten. Dies habe nicht den Beklagten befugen sollen, Einreden gegen Cl. auch den Klägern entgegenzuhalten. Das Berufungsgericht nimmt auf letztere Einwendung der Kläger keine Rücksicht, weist aber den Einwand des Beklagten zurück, weil in § 1 des Vertrages bereits alle auf die Kieswerke bezüglichen Kontrakte auf den Beklagten übertragen seien, die Einwilligung, welche Cl. angeblich jetzt hintanhalten soll, von ihm bereits erteilt sei; ob aus besonderen Gründen oder unter besonderen Umständen noch ein weiteres Verlangen gegen Cl. erhoben werden könnte, dürfe dahingestellt bleiben, da in derartiger Richtung keinerlei Behauptungen von dem Beklagten aufgestellt worden seien. Diese Begründung kann nicht als genügend angesehen werden, ganz abgesehen davon, daß das Berufungsgericht hiermit über das Vorbringen der Kläger selbst hinausgeht. Der Beklagte hat augenscheinlich die Einrede in dem Sinne aufgestellt, daß nach dem fraglichen Vertrage Cl. mit der in § 1 ausgesprochenen Übereignungserklärung nicht alles gethan habe, was ihm in Ansehung der Übertragung der Kontrakte auf den Beklagten zu thun obliege, daß vielmehr Cl. dem Beklagten noch eine spezielle, die Abtretung seiner Rechte aus den auf die Kieswerke bezüglichen, speziell aus den mit den bezeichneten Grundbesitzern abgeschlossenen Verträgen bekundende Erklärung in die Hand zu geben verpflichtet sei. Hatte das Berufungsgericht bezüglich der Bedeutung der Einwendung des Beklagten noch einen Zweifel, so mußte es nach Lage der Sache das Fragerecht (§ 130 C.P.O.) ausüben. Jene Auffassung der Einwendung liegt aber hier um so näher, als an sich schon im Hinblicke auf die allgemeine, vage Fassung des § 1 des Vertrages zweifelhaft erscheint, ob Cl., wenn diese Fassung auch ihm und dem Beklagten für ihr Verständnis des Vertragsverhältnisses genügend erscheinen mochte, hiermit in Beziehung auf die verschiedenen einzelnen Verträge seine Vertragspflicht vollständig erfüllt hat, insbesondere ob die verschiedenen Personen, mit denen er solche auf die Kieswerke bezüglichen Kontrakte abgeschlossen hat, lediglich angesichts des § 1 mit Sicherheit den Übergang der Kontraktsrechte des Cl. auf den Beklagten zu beurteilen in der Lage sind. Dazu kommt hier, daß, wie als feststehend anzunehmen ist, Beklagter sich nicht im Besitze des Originales des Vertrages befindet. Die von dem Berufungsgerichte vermißten besonderen Umstände, welche das Verlangen des Beklagten rechtfertigen, scheinen somit schon jetzt vorhanden zu sein. Nach der Behauptung des Beklagten hat Cl. überdies den Eintritt des Beklagten in die erwähnten Verträge durch Verweigerung einer entsprechenden Erklärung hintertrieben, was wieder darauf hinweisen würde, daß die dritten Kontrahenten die Berechtigung des Beklagten auf Grund des § 1 nicht für nachgewiesen erachten. Nach allgemeinen Grundsätzen ist aber der Cedent verpflichtet, dem Cessionar alles zu seiner Legitimation gegenüber dem Schuldner Dienliche, insbesondere eine genügende, klare Erklärung über die erfolgte Übertragung und den Umfang derselben, an die Hand zu geben. Dies versteht sich zumal bei einer auf Kauf beruhenden Cession ex fide bona.

Vgl. auch Entwurf eines Bürgerlichen Gesetzbuches für das Deutsche Reich I. Lesung §§ 301. 359. 462, II. Lesung §§ 346. 385. 206.

Auch insoweit konnte das angefochtene Urteil demnach nicht aufrechterhalten werden, und das Berufungsgericht hat erforderlichen Falles die von dem Beklagten vorgeschützte Retentionseinrede nach Maßgabe der ausgehobenen Gesichtspunkte weiterer Beurteilung zu unterziehen." . . .

---

40. Erwirbt der uneheliche Vater auch dann durch nachfolgende Eheschließung mit der Mutter die väterliche Gewalt über das Kind, wenn das letztere inzwischen von einem Dritten rechtsgültig adoptiert worden ist?

VI. Civilsenat. Urt. v. 5. Juli 1894 i. S. E. (Kl.) w. D. (Bekl.) Rep. VI. 108/94.

I. Landgericht Lübeck.
II. Oberlandesgericht Hamburg.

Aus den Gründen:

„Nach der Behauptung des Klägers ist die unmündige Adoptivtochter des Beklagten, deren Herausgabe er von dem letzteren verlangt, identisch mit einem von ihm selbst erzeugten, von seiner jetzigen Ehefrau im Jahre 1886 unehelich geborenen und durch die nachträgliche Eheschließung legitimierten Kinde. Das Oberlandesgericht hat die Richtigkeit der thatsächlichen Angaben des Klägers über diese Identität ebenso dahingestellt gelassen, wie die Frage, ob der Legitimation ... volle Rechtswirkung beizulegen sein würde, und hat auch bei der Unterstellung, daß die Klage an sich thatsächlich und rechtlich begründet sein sollte, doch die Einrede, daß der Beklagte vor der die Legitimation des Kindes bewirkenden Eheschließung durch Adoption, und zwar hier also nach gemeinrechtlichem Sprachgebrauche durch Arrogation, rechtsgültig die väterliche Gewalt über das Kind erworben habe, für durchgreifend erachtet.

Mit Recht hat mit Beziehung hierauf der Kläger hervorgehoben, daß, während das Berufungsgericht eine besondere Erörterung der Frage, ob nicht, wenn ein uneheliches, von einem Dritten adoptiertes Kind hinterher durch Verehelichung seiner Erzeuger legitimiert werde, auch die inzwischen vollzogene Adoption damit ihre Rechtswirkung wieder verliere, nicht für erforderlich gehalten, sondern den ganzen Streit mit der Feststellung der Rechtsgültigkeit der Adoption ohne weiteres als zu Gunsten des Beklagten erledigt angesehen hat, doch die Entscheidung jener Frage nicht für unzweifelhaft gelten könne. Dabei ist zu bemerken, daß es für dieselbe hier nur auf das gemeine deutsche Recht ankommt.... Die gemeinrechtlichen Quellen nun gewähren keinen unmittelbaren Anhalt zur Entscheidung der Frage, ob die Legitimation auch über solche uneheliche Kinder, die nicht mehr gewaltfrei, sondern von einem Dritten adoptiert sind, dem Erzeuger die väterliche Gewalt verschafft, zugleich also der väterlichen Gewalt des Adoptivvaters ein Ende macht. Der Wortlaut der sämtlichen hier in Betracht kommenden Quellenstellen (aus dem römischen Rechte l. 10. 11 Cod. de nat. lib. 5, 27; § 13 Inst. de nupt. 1, 10; Nov. 12 c. 4; Nov. 18 c. 11; Nov. 74 pr.; Nov. 78 c. 3 und Nov. 89 c. 8, aus dem kanonischen c. 1. c. 6 X qui filii sint legit. 4, 17) ist von der Beschaffenheit, daß danach alle unehelichen Kinder durch die Heirat ihrer beiden Erzeuger zu ehelichen werden, und, soweit überhaupt die väterliche Gewalt darin erwähnt wird, daß sie auch in die Gewalt ihres natürlichen Vaters kommen sollen. Ohne Zweifel ist dabei aber auch nur an gewaltfreie Kinder, und gar nicht an die Möglichkeit gedacht, daß ein uneheliches Kind etwa schon in der väterlichen Gewalt eines Dritten stehen könnte; daher findet sich eine ausdrückliche Entscheidung eines solchen Falles in keiner jener Stellen. Vollends führen die Quellen ebensowenig irgendwo, wo von den Aufhebungsgründen der väterlichen Gewalt die Rede ist, unter diesen in Ansehung der Gewalt eines pater arrogator die Legitimation des Kindes durch nachfolgende Ehe auf. Man ist mithin lediglich auf innere Gründe angewiesen. Diese führen nun zunächst dahin, die Verwandlung der unehelichen Kinder in eheliche als eine ausnahmslose Rechtswirkung der nachfolgenden Ehe anzuerkennen, da deswegen das Recht des pater arrogator noch nicht im mindesten beeinträchtigt zu werden braucht; denn auch ein ehelich geborenes Kind könnte nachträglich durch datio in adoptionem oder durch Arrogation nach voraufgegangener Emanzipation in die väterliche Gewalt des Dritten gelangt sein. Ebendeshalb scheint es nun aber allgemeinen Grundsätzen zu entsprechen, das einmal erworbene Recht des pater arrogator durch die legitimatio per subsequens matrimonium nicht wieder beseitigen zu lassen, sodaß also diese Legitimation die Entstehung der väterlichen Gewalt beim natürlichen Vater in einem solchen Falle ausnahmsweise nicht mit sich bringen würde. Dagegen ließe sich freilich einwenden: wenn volle Gleichstellung des legitimierten Kindes mit dem ehelich geborenen stattfinden solle, dann müsse die Sache so angesehen werden, als wäre das Kind von Anfang an ehelich gewesen; es müsse also eine Rückziehung der Wirkung der Legitimation eintreten, vermöge deren sich für unseren Fall nachträglich herausstellen würde, daß die Arrogation, die ja eben keine datio in adoptionem von seiten des natürlichen Vaters war, von Anfang an ungültig gewesen sei. Zur Annahme einer solchen Rückziehung geben jedoch die Quellen hier keinen genügenden Anhalt, und da die Rückziehung immer eine Ausnahme bleibt, welche einer besonderen gesetzlichen Grundlage bedarf, so muß die Rücksicht auf Schonung des erworbenen Rechtes den Ausschlag geben. Somit ist allerdings anzunehmen, daß infolge einer legitimatio per subsequens matrimonium der natürliche Vater eines inzwischen arrogierten Kindes ausnahmsweise **nicht** die väterliche Gewalt erwirbt, sondern diese in solchem Falle beim Adoptivvater bleibt." ...

---

41. 1. Können subjektive Rechte unmittelbar durch Gewohnheitsrecht entstehen?

2. Können für alle Angehörige einer Personenklasse (Häuslinge, Anbauer) servitutische Rechte an der Gemeinheit dadurch entstehen, daß die Rechte von einer größeren Zahl jener Personen in der gesetzlichen Ersitzungszeit ausgeübt werden?

III. Civilsenat. Urt. v. 6. Juli 1894 i. S. Forstgen. N. (Bekl.) w. d. Anbauer u. Häuslinge zu N. (Kl.) Rep. III. 104/94.

I. Landgericht Hildesheim.
II. Oberlandesgericht Celle.

Aus den **Gründen**:

„Das Berufungsgericht stellt ohne Begründung an die Spitze seiner Ausführungen den Satz, es könne sich ein lokales Gewohnheitsrecht, ein Herkommen, des Inhaltes bilden, daß jeder, der zur Klasse der in der Gemeinde wohnenden Häuslinge oder zur Klasse der in der Gemeinde mit einer Anbauerstelle Angesessenen gehöre, berechtigt sei, die den Reiheberechtigten der Gemeinde allein oder mit denjenigen anderer Gemeinden gemeinschaftlich gehörige Gemeinheit, insbesondere auch Forsten, in bestimmter Weise zu nutzen; das subjektive Recht eines einzelnen komme dann auf Grund eines solchen gewohnheitsrechtlichen Rechtssatzes zur Entstehung, sobald er die Eigenschaft eines Anbauers oder Häuslings erlangt habe.

Dieser — nach dem Zusammenhange nur dahin, daß das Gewohnheitsrecht bezüglich solcher Nutzungsrechte an einer einzelnen Gemeinheit sich bilden könne, zu verstehende — Satz ist falsch, steht auch im Widerspruche mit den in Theorie und Praxis herrschenden Ansichten über die rechtliche Natur des Gewohnheitsrechtes; mit ihm fallen alle weiteren Ausführungen des angefochtenen Urteiles, das im Anschlusse an diesen Satz nach Prüfung des Beweisergebnisses als erwiesen ansieht, es bestehe ein Herkommen des Inhaltes, daß die Anbauer und die Häuslinge des Kirchspieles N., mithin der Ortschaften N. und H., berechtigt seien, aus der N.'er Wartschaftsforst trockenes Leseholz in einem dem jeweiligen Bedürfnisse ihrer Haushaltungen entsprechenden Umfange zu entnehmen.

Gewohnheitsrecht kann seiner Natur nach nur Quelle des objektiven Rechtes, einer Rechtsnorm, sein, und auch das Berufungsgericht scheint diesen Satz nicht zu bezweifeln. Weder das römische Recht, noch dessen Weiterentwickelung in Deutschland geben für eine andere Auffassung einen Anhalt, man darf nur nicht aus den vieldeutigen Worten „consuetudo" dort und „Herkommen" hier zwingende Schlüsse ziehen wollen, während z. B. Herkommen sehr häufig im Sinne der unvordenklichen Verjährung oder in anderem Sinne gebraucht wird.

Vgl. Entsch. des R.G.'s in Civils. Bd. 11 S. 212.

Das Wesen des Gewohnheitsrechtes besteht ebenso wie das des Gesetzes darin, daß es einen auf alle oder doch auf alle einem bestimmten Kreise angehörigen Personen, Sachen oder Rechtsverhältnisse des Geltungsgebietes anzuwendenden Rechtssatz enthält; für einen solchen Rechtssatz fehlt es an jedem Raume, wenn es sich wie hier um die, für alle anderen Grundstücke unwirksame Entstehung servitutischer Rechte an einem einzigen Grundstücke handelt. Gewiß kann sich in einer Gemeinde das Gewohnheitsrecht bilden, daß jeder Grundbesitzer gewisse Eingriffe der Nachbarn oder auch aller Bewohner in sein Grundstück dulden muß; dieser Rechtssatz findet dann Anwendung auf alle zur Gemeinde gehörigen Grundstücke. Aber es kann nicht durch Gewohnheitsrecht die Belastung eines einzelnen Grundstückes entstehen, einer Person oder einer Mehrzahl von Personen die Entnahme von

Wasser, Holz u. s. w. zu gestatten. Auch die in neuerer Zeit anerkannte sog. Gemeindeservitut, welche der Gemeinde als juristischer Person auf beschränkte Benutzung eines bestimmten Grundstückes durch sämtliche Gemeindeglieder oder noch weitere Kreise zusteht, bildet nur ein einziges subjektives Recht, dessen Erwerb zwar auf unvordenkliche Verjährung, aber nicht auf Gewohnheitsrecht gestützt werden kann.

Daß man früher nicht selten angenommen hat, auch subjektive Rechte könnten unmittelbar durch Gewohnheitsrecht entstehen, liegt wesentlich daran, daß man, verleitet durch die Mehrdeutigkeit und Unklarheit des Ausdruckes „Herkommen", nicht scharf gesondert hat. Auszuscheiden sind vor allem, sei es im Gebiete des öffentlichen oder des Privatrechtes, alle bereits angedeuteten Fälle, in denen selbst in kleinen territorialen Kreisen, z. B. Gemeinden, Rechtsnormen für alle oder doch für gewisse Arten von Grundstücken entstehen. So kann die Verpflichtung sämtlicher Anlieger, die Deichlasten oder Wegelasten zu tragen, ferner für den Bezirk einer Parochie oder einer Schulgemeinde die Dinglichkeit der Kirchen- oder Schullasten durch Gewohnheitsrecht begründet werden, dagegen nicht die Verpflichtung einer einzelnen Grundbesitzung, z. B. des Rittergutes, sämtliche Lasten der betreffenden Kirchengemeinde zu tragen, während wiederum ein Gewohnheitsrecht für einen weiteren Kreis, daß in allen Parochien das Rittergut die Kirchenlasten allein tragen müsse, nicht völlig ausgeschlossen ist. So würde im vorliegenden Falle für einen größeren Bezirk, eine Provinz, ein Gewohnheitsrecht möglich sein des Inhaltes, daß in allen Gemeinden Anbauer und Häuslinge, obgleich nicht Besitzer von Reihestellen, doch Nutzungsrechte an der Gemeinheit ihres Wohnortes haben; dagegen kann es nicht entstehen beschränkt auf das Recht an der Forst einer einzelnen Realgemeinde.

Vgl. unter den zahlreichen, in Seuffert, Archiv abgedruckten Urteilen namentlich den ganz gleichen Fall in Bd. 28 Nr. 98 und ferner Bd. 10 Nr. 190.

Auszuscheiden sind aber ferner alle Fälle — und durch diese ist die ganze Lehre am meisten verwirrt — in denen durch sog. Herkommen Rechte überhaupt nicht entstehen, sondern die lange Übung einen Grund für die richterliche Überzeugung bildet, daß ein bereits bestehendes konkretes Rechtsverhältnis, sei es durch frühere oder spätere ausdrückliche oder stillschweigende Vereinbarung (Anerkennung) in den der thatsächlichen Übung entsprechenden Grenzen vertragsmäßig festgestellt sei. Schon das römische Recht zeigt solche Fälle, z. B. in l. 6 Dig. de usur. 22, 1. Die hier angenommene Zinsverpflichtung für ein einzelnes Darlehn ist früher von manchen auf Gewohnheitsrecht zurückgeführt worden; sie kann aber, wie jetzt allgemein anerkannt ist, weder durch dieses noch durch Ersitzung entstehen, sondern der Kaiser gewinnt aus dem Umstande, daß der Schuldner lange Jahre hindurch stets Zinsen gezahlt hat, die Überzeugung, daß er sich zur Zahlung von Zinsen rechtsgültig verpflichtet habe. Hierher gehört auch der von diesem Senate entschiedene, in Entsch. des R.G.'s in Civils. Bd. 11 S. 212 abgedruckte Fall, wo in gleichem Sinne der Ausdruck „Herkommen" gebraucht ist.

Das auf Rechtsirrtum beruhende Berufungsurteil mußte daher aufgehoben werden; denn die Voraussetzungen der für die Entstehung solcher subjektiver Rechte zulässigen Ersitzung oder unvordenklichen Verjährung decken sich nicht mit denen des Gewohnheitsrechtes. Da nicht einmal genügende Behauptungen für die Entstehung durch Ersitzung oder unvordenkliche Verjährung aufgestellt sind, mußte sogar ohne Zurückverweisung der Sache an das Berufungsgericht die eingelegte Berufung als unbegründet zurückgewiesen werden.

Subjektive Rechte der vorliegenden Art können nur für ein bestimmtes Rechtssubjekt oder zu Gunsten eines bestimmten Grundstückes für den jedesmaligen Eigentümer desselben entstehen. Dadurch, daß für eine Person, ein Grundstück oder eine Mehrzahl das Recht erworben wird, entsteht es noch nicht für andere, auch wenn diese in sonst gleicher Lage sich befinden; dadurch unterscheidet sich gerade die weiter reichende Wirkung des durch Gewohnheitsrecht entstandenen Rechtssatzes. Auch bei sog. Gemeindeservituten steht das Recht nur einem Subjekte, der juristischen Person der Gemeinde, zu, auch wenn die Nutzung unmittelbar durch die Gemeindeglieder erfolgt. Daß eine solche Gemeindeservitut hier vorliege, ist in keiner Weise angedeutet, sodaß es keiner Prüfung bedarf, ob in solchem Falle die Kläger zur Vertretung befugt sein würden; die Behauptung, daß irgend eine korporative Verbindung zwischen den Klägern oder einem Teile derselben bestehe, ist von ihnen ausdrücklich zurückgenommen, sie kommen also nur als einzelne Rechtssubjekte in Betracht.

Das Recht kann daher nur für diejenigen einzelnen Kläger

durch Ersitzung oder unvordenkliche Verjährung entstanden sein, welche für ihre Person oder ihre Anbauerstelle eine für die Entstehung genügende Ausübung des Rechtes behaupten und beweisen. Es ist aber nicht einmal der Versuch gemacht, für einen einzigen Kläger bestimmte Behauptungen aufzustellen, so daß es an jedem Anhaltspunkte in der allein möglichen Richtung fehlt."

---

42. Kann der im Ehescheidungsurteile für den schuldigen Teil erklärte Ehegatte das gegen die Entscheidung an sich zulässige Rechtsmittel mit Erfolg zu dem Zwecke einlegen, daß, während die erkannte Ehescheidung selbst unangefochten bleibt, der Ausspruch des Gerichtes über die Schuldfrage beseitigt werde?

III. Civilsenat. Urt. v. 10. Juli 1894 i. S. T. (Bekl.) w. T. (Kl.) Rep. III. 100/94.

I. Landgericht Stade.
II. Oberlandesgericht Celle.

Aus den Gründen:

„Auf den Antrag des Klägers ist in erster Instanz die Ehe der Parteien dem Bande noch getrennt, und Beklagte für den schuldigen Teil erkannt worden. In der von ihr betretenen Berufungsinstanz hat Beklagte ausdrücklich erklärt, das Urteil nicht anfechten zu wollen, soweit es auf Ehescheidung laute. Dagegen hat sie Aufhebung des Urteiles, soweit es sie für den schuldigen Teil erklärt, sowie ferner beantragt, den Kläger und Widerbeklagten für den schuldigen Teil zu erklären, und auszuführen gesucht, daß sie ihren Ehemann nicht böslich verlassen, dieser vielmehr sie mißhandelt und dadurch gerechten Grund zu ihrem Fortgehen gegeben habe; eine Widerklage auf Ehescheidung hat sie nicht erhoben. Das Berufungsgericht hat die Berufung zurückgewiesen; die gegen diese Entscheidung gerichtete Revision ist nicht begründet.

Zwar konnte die Beklagte die von ihr eingelegte Berufung formell, so wie geschehen, beschränken, da ihr gegen jeden sie beschwerenden Teil der Entscheidung — abgesehen von § 94 C.P.O. — das Rechtsmittel zustand. Die Folge jener Beschränkung ist aber, daß die vom Landgerichte ausgesprochene Ehescheidung unbedingt bestehen bleibt. Es kann sich daher nur fragen, ob das materielle Eherecht und das Wesen der Ehe die Möglichkeit zulassen, daß für die Ehescheidung selbst der Ehescheidungsgrund als vorhanden, für die Entscheidung über die Schuldfrage als nicht vorhanden in demselben Prozesse angenommen wird. Auch für das gemeine Recht ist dies ebenso wie für das preußische Landrecht,

vgl. Entsch. des R.G.'s in Civils. Bd. 27 S. 196,

zu verneinen. Im gemeinen Rechte ist der Ausspruch über die Schuld eine notwendige Folge der auf den Antrag einer Partei erfolgten Ehescheidung; ist die Ehe getrennt, weil die Beklagte ihren Ehemann böslich verlassen hat, so ist sie auch der schuldige Teil; die Revision ist daher, wenngleich formell zulässig, sachlich unbegründet. Der IV. Civilsenat scheint zwar in der angeführten Entscheidung (Bd. 27 S. 196) und später für das preußische Recht angenommen zu haben, daß auch ohne Erhebung einer Widerklage die Entscheidung über die Schuldfrage allein dann mit Erfolg angegriffen werden könne, wenn ein anderer, die erfolgte Ehescheidung ebenfalls rechtfertigender, aber eine abweichende Beurteilung der Schuldfrage zulassender Ehescheidungsgrund nachgewiesen werde, und für das preußische Recht mag dies durch dessen besondere Bestimmungen über das Abwägen der Schuld der Parteien geboten sein. Für das gemeine Recht kann dagegen dieser Satz nicht als richtig anerkannt werden; es steht auch dann fest, daß die Ehe nur wegen einer der Beklagten zur Last fallenden böslichen Verlassung getrennt ist, und daraus folgt ihre Schuld; eine Untersuchung, ob auch auf Grund einer Verschuldung des Klägers die Ehe hätte getrennt werden können, kann daran nichts ändern. Auch aus der zwingenden Natur des Eheprozesses ergeben sich erhebliche Bedenken. So könnte die zur Aufrechthaltung der Ehe in § 581 C.P.O. getroffene Bestimmung auf diesem Wege völlig umgangen werden, wie schon der vorliegende Fall zeigt, wo nachträglich gegen die Zulässigkeit der nicht angegriffenen Ehetrennung Einwendungen erhoben werden. Würde ferner gegenüber der mit Recht angestellten Ehetrennungsklage in erster Instanz, um eine günstigere Entscheidung über die Schuldfrage zu erreichen, eine ebenfalls begründete Widerklage wegen gleicher Verschuldung erhoben, so könnte der Richter diesen Umstand im Wege der Kompensation zur Abweisung beider Klagen verwenden. Diese Möglichkeit wird abgeschnitten, wenn erst in der Berufungsinstanz dieser Grund, einerlei ob im Wege der Widerklage oder nicht, vorgebracht, und nur die Entscheidung über die Schuldfrage angegriffen wird."

---

43. 1. In welchem Umfange haftet der Staat für ungenügende Kontrolle des Depositenwesens durch seine Aufsichtsorgane? 2. Wann ist in solchem Falle die actio legis Aquiliae wegen Unterlassungen begründet?

III. Civilsenat. Urt. v. 18. September 1894 i. S. H. (Kl.) w. Herz. Fin. Koll. zu Br. (Bekl.) Rep. III. 123/94.

I. Landgericht Braunschweig.
II. Oberlandesgericht daselbst.

Aus den Gründen:

„Die Kläger haben in drei von ihnen geführten Prozessen zwecks der gerichtlich angeordneten Sicherheitsleistung bares Geld beim Prozeßgerichte, dem Landgerichte Br., hinterlegen wollen, das Geld jedoch nicht an die nach dem braunschweigischen Gesetze vom 1. April 1879 bestellten Depositalrichter, sondern an den ersten Gerichtsschreiber A. eingezahlt und nur von diesem, wie sie behaupten, unter dem Namen und mit dem Siegel des Landgerichtes ausgestellte Quittungen erhalten. Nach A.'s Tode hat sich von den an die Depositalrichter nicht gelangten Geldern nur wenig vorgefunden, und die Kläger fordern nunmehr vom Staate Ersatz des Fehlenden, indem sie ihre Ansprüche sowohl auf mit A. als Vertreter des Staates abgeschlossene Verträge als auch auf das Verschulden von Beamten stützen. Beide Vorinstanzen haben die Klagen abgewiesen, die gegen das Berufungsurteil eingelegte Revision konnte keinen Erfolg haben.

1. Das Berufungsgericht führt aus, daß nach dem braunschweigischen Partikularrechte, insbesondere dem § 13 des Gesetzes

vom 1. April 1879 (Gesetz- und Verordnungssamml. Nr. 11) derartige Depositalverträge, möge man sie als dem Gebiete des öffentlichen Rechtes oder des Privatrechtes angehörige Rechtsverhältnisse ansehen, nur durch die dazu bestellten Depositalrichter abgeschlossen werden können, daß es daher in den vorliegenden Fällen, wo die Gelder weder sogleich noch später an die Depositalrichter gelangt seien, an für den Staat verbindlichen Verträgen fehle. Ob diese Auslegung des Partikularrechtes sachlich richtig ist, entzieht sich der Nachprüfung des Revisionsgerichtes; die Begründung läßt einen Rechtsirrtum nicht erkennen, insbesondere nimmt das Berufungsgericht selbst an, daß die Ausstellung von Depositenscheinen zur Gültigkeit der Verträge nicht erforderlich sein würde.

Die Kläger haben zwar geltend gemacht, daß die zu hinterlegenden Gelder dem A. nicht für seine Person, sondern in seiner Eigenschaft als Beamten angeboten und von ihm angenommen, und daß von Anfang an die Depositalrichter nicht in Thätigkeit getreten seien, vielmehr stets bei A. hinterlegt, und dies nie von den Behörden beanstandet, — daß sogar vom Landgerichtspräsidenten unter Kenntnis und Billigung der Justizverwaltungsbehörde die Gerichtsschreiberei, insbesondere der erste Sekretär A., diesem, den Depositalrichtern, den Anwälten und anderen gegenüber als die Ablieferungsstelle für Depositen bezeichnet sei. Sie folgern daraus, daß A. zum Vertreter oder doch Gehilfen der Depositalrichter bestellt, daher mit der Ablieferung der zu hinterlegenden Gelder an ihn ein den Staat zur Rückzahlung verpflichtender Hinterlegungsvertrag abgeschlossen sei. Allein gegenüber den klaren gesetzlichen Bestimmungen würde in solchem Verhalten der höheren Justizbehörden nur die Gestattung einer die Hinterlegung erleichternden Vermittelung, nicht aber die Ermächtigung des A. zu finden sein, für den Staat rechtsgültig die Verträge abzuschließen. Aber auch wenn dies beabsichtigt sein sollte, würde der Staat dadurch nicht verpflichtet werden. Die wiederholten Entscheidungen auch dieses Senates, daß der Staat durch Handlungen und Unterlassungen seiner Willensorgane verpflichtet werde, setzen stets voraus bei Unterlassungen, daß die gesetzlich oder vertragsmäßig dem Staate selbst obliegenden Pflichten vernachlässigt sind, und bei positiven Handlungen, daß die Organe innerhalb ihrer Zuständigkeit sich befanden. Hier aber ist die Vertretung des Staates durch das Gesetz fest geordnet; daran konnte nach den Ausführungen des Berufungsgerichtes in Br. nur auf verfassungsmäßigem Wege, nicht durch den Willen selbst der höchsten Staatsbehörden geändert werden.

2. Auch der Umstand, daß A. die ihm anvertrauten Gelder unterschlagen hat, verpflichtet allein den Staat noch nicht zum Ersatze. Selbst wenn man annehmen wollte, daß A. infolge der behaupteten Ermächtigung des Landgerichtspräsidenten zur vorläufigen Entgegennahme der zu deponierenden Gelder zuständig war, erledigt sich dieser Klagegrund schon dadurch, daß im Gebiete des gemeinen Rechtes, wie in dem Urteile vom 8. April 1884,

vgl. Entsch. des R.G.'s in Civils. Bd. 11 S. 206,

näher ausgeführt ist, eine allgemeine Haftung des Staates Dritten gegenüber für Delikte seiner Beamten nicht anerkannt werden kann.

3. Derselbe Grund steht auch entgegen, sofern die Klage auf ein Verschulden der Depositalrichter und der Aufsichtsbeamten als solcher gestützt werden soll. Es bleibt also nur zu prüfen, ob etwa den Staat selbst ein zum Ersatze verpflichtendes Verschulden, begangen durch seine Willensorgane, trifft. Daß die für die ordnungsmäßige Hinterlegung erforderlichen Einrichtungen beim Landgerichte Br. getroffen waren, ist vom Berufungsgerichte zutreffend begründet; die Kläger machen aber namentlich geltend, daß die Aufsichtsbehörden es an der nötigen Kontrolle des Depositalwesens hätten fehlen lassen, welche, wenn ausgeübt, den langjährigen ungesetzlichen Zustand klargelegt und namentlich gezeigt haben würde, daß ein großer Teil der Gelder von einem unzuständigen Beamten angenommen und nicht gebucht sei.

Bei Beurteilung dieses Klagegrundes geht das Berufungsgericht zunächst von dem richtigen Satze aus, daß juristische Personen auch außerkontraktlich in demselben Umfange haften wie physische, und nimmt in Übereinstimmung mit wiederholten Entscheidungen dieses Senates an, daß eine Haftung wegen fahrlässiger Vermögensbeschädigung nicht ganz allgemein, sondern nur in einzelnen Fällen auf Grund besonderer gesetzlicher Bestimmungen besteht. Auch für die Haftung des Staates müssen diese Sätze zu Grunde gelegt werden; aus dem Staatszwecke und dem öffentlichrechtlichen Verhältnisse des Staates zu seinen Angehörigen läßt sich seine allgemeine Haftung für Schadensersatz nicht begründen. Besondere Rechtspflichten in der hier in Betracht kommenden Richtung sind für das Herzogtum Braunschweig nicht behauptet und, wie das Berufungsgericht ausdrücklich erklärt, nicht vorhanden; es bleibt also nur übrig die auch vom Berufungsgerichte erörterte actio legis Aquiliae.

Das Berufungsgericht nimmt sämtliche Voraussetzungen dieser Klage als vorliegend an und bestätigt das die Klage abweisende Urteil des Landgerichtes nur wegen konkurrierenden Verschuldens der Vertreter der Kläger, ohne welches der Schade nicht hätte eintreten können; es führt dabei aus, daß diese Vertreter als Rechtsanwälte die gesetzlichen Vorschriften über das Depositenwesen hätten kennen und auch sonst bei nur geringer Aufmerksamkeit sich hätten sagen müssen, daß einem einzelnen Gerichtsschreiber die Entgegennahme von Depositen mit den Staat verpflichtender Wirkung nicht wohl habe überlassen sein können. Es mag sein, daß auch diese Begründung die angegriffene Entscheidung rechtfertigen würde; einer näheren Prüfung bedarf sie jedoch nicht, da die Vorfrage, ob die actio legis Aquiliae an sich begründet sei, zu verneinen ist.

Zwar mag mit Rücksicht auf die späteren Erweiterungen dieser Klage, insbesondere die Entscheidung in l. 50 § 4 Dig. de furtis 47, 2, darin, daß Gelegenheit zu der Unterschlagung gegeben wurde, eine der Sachbeschädigung gleichstehende Behandlung der dem Eigentümer dadurch entzogenen Geldstücke gefunden werden können; das Berufungsgericht übersieht aber, daß die außerkontraktliche Haftung des Staates hier lediglich auf das passive Verhalten der Aufsichtsbehörden, insbesondere darauf gestützt wird, daß diese den ungesetzlichen Zustand geduldet und jede Kontrolle des Depositenwesens unterlassen haben.

Die actio legis Aquiliae wird regelmäßig nur durch positive Handlungen begründet, durch Unterlassungen auch in ihrer weiteren Entwickelung nur dann, wenn eine Verpflichtung zum Handeln, sei es im Anschlusse an eine vorhergegangene Thätigkeit oder sonst gesetzlich oder durch bestehendes Vertragsverhältnis begründet war. Dies liegt nicht schon dann vor, wenn etwa den Beamten in ihrem Verhältnisse zum Staate von diesem solche Pflichten auferlegt sind, sondern nur dann, wenn der Staat selbst den Klägern gegenüber zur Vornahme der unterlassenen Handlung verpflichtet war. Einer solchen Verpflichtung fehlt es an jeder gesetzlichen Grundlage, und ein Vertragsverhältnis bestand, wie bereits ausgeführt ist, nicht. Der § 79 des braunschweigischen Gesetzes vom 1. April 1879 ordnet nur im allgemeinen, wem das Recht der Dienstaufsicht zusteht, und den Instanzenzug; aber auch wenn eine Pflicht der Aufsichtsbeamten zur Kontrollierung des Depositenwesens anzunehmen ist, so folgt daraus nicht eine gleiche Pflicht des Staates Dritten gegenüber. Es handelt sich hier nicht um eine Kontrollierung der Verwaltung ordnungsmäßig deponierter Gelder — für diese haftet der Staat aus dem Vertrage —, sondern um die Sorge dafür, daß die Gelder deponiert wurden oder doch an die zuständigen Depositalrichter gelangten. Dafür zu sorgen, war Sache der Kläger, nicht Pflicht des Staates, welcher den Parteien gegenüber seine Vertretung durch gesetzliche Bestimmung klar geordnet und dementsprechend die Vertreter bestellt hatte." . . .

III. Preußisches Recht.

44. 1. Begriff der „Schenkung" im Sinne des § 38 der preußischen Vormundschaftsordnung.

2. Haftung der Vormünder, welche der Vorschrift des § 39 ebenda zuwider Mündelgelder auf Hypothek ohne vorangegangene Abschätzung des Pfandgrundstückes angelegt haben, für den bei der Zwangsversteigerung eingetretenen Ausfall.

IV. Civilsenat. Urt. v. 12. Februar 1894 i. S. A. u. F. (Bekl.) w. Geschw. Th. (Kl.) Rep. IV. 295/93.

I. Landgericht Lyck.
II. Oberlandesgericht Königsberg i. P.

Bei der Regulierung des Nachlasses des im Jahre 1882 verstorbenen Gutsbesitzers Th. übernahm die hinterbliebene Witwe die Nachlaßgrundstücke Kutten Nr. 6 und 86 für den Preis von 100000 ℳ zum Alleineigentum. Der Vatererbteil der aus der Ehe hervorgegangenen drei noch minderjährigen Kinder, der jetzigen Kläger, im Betrage von 27499,98 ℳ wurde auf die Nachlaßgrundstücke hinter den bereits bestehenden Hypotheken von 37500 ℳ eingetragen. Nachdem sich die Witwe Th. mit dem Gutsbesitzer Ad. verheiratet hatte, nahmen die A.'schen Eheleute von der Witwe W. ein Darlehn von 12000 ℳ auf. Diesem Darlehn, dessen Eintragung auf die Grundstücke im Juli 1885 erfolgte, räumten die Beklagten, von welchen A. der Vormund, F. der Gegenvormund der Kläger war, namens der Mündel das Vorrecht vor der Erbteilsforderung von 27499,98 ℳ ein. Nach der Enthebung der Beklagten von der Vormundschaft bestellten die Ab.'schen Eheleute mit den Grundstücken eine zweite Darlehnshypothek von 12000 ℳ, der von den neu bestellten Vormündern gleichfalls das Vorrecht vor den Mündelgeldern eingeräumt wurde. Im Jahre 1891 gelangten die Grundstücke zur Zwangsversteigerung; es wurde ein Meistgebot von 58600 ℳ erzielt; bei der Belegung der Kaufgelder kam die W.'sche Hypothek einschließlich der Zinsen und Kosten mit 12979,60 ℳ voll zur Hebung; für die zweite Darlehnshypothek von 12000 ℳ verblieb ein Kaufgelderrest von 1195,13 ℳ, sodaß die Kläger mit ihrer Erbteilsforderung ganz ausfielen. Die Kläger haben im gegenwärtigen Rechtsstreite die Beklagten wegen Zahlung von 12979,60 ℳ nebst Zinsen in Anspruch genommen, indem sie behauptet haben, daß die Beklagten durch Einräumung des Vorrechtes zu Gunsten der W.'schen Hypothek ihre Pflichten als Vormünder verletzt haben. Beide Instanzrichter haben verurteilend erkannt. Das Reichsgericht hat die Revision der Beklagten zurückgewiesen.

Aus den Gründen:

„Der Berufungsrichter hat den Klaganspruch für begründet erachtet, indem er festgestellt hat, daß die Beklagten die nach dem Gesetze (§ 32 der Vormundschaftsordnung) von dem Vormunde und dem Gegenvormunde zu beobachtende Sorgfalt eines ordentlichen Hausvaters verabsäumt, auch den besonderen Vorschriften der §§ 38 und 39 der Vormundschaftsordnung zuwidergehandelt haben, und daß der Schade, den die Kläger erlitten haben, durch das pflichtwidrige Verhalten der Beklagten verursacht sei. Diese Annahmen lassen eine die Entscheidung beeinflussende Rechtsnormverletzung nicht erkennen.

Nach § 38 der Vormundschaftsordnung darf der Vormund Schenkungen für den Mündel nicht vornehmen, und nur ausnahmsweise sind Schenkungen zulässig, die üblich sind oder durch die Vermögensverwaltung begründet werden. Das Gesetz versteht, wovon der Berufungsrichter zutreffend ausgegangen ist, unter „Schenkungen" nicht bloß Schenkungen im engeren juristischen Sinne, bei welchen der eine Teil durch Übereignung eines in seinem Vermögen befindlichen Gegenstandes ärmer, der andere Teil um diesen Gegenstand reicher wird, sondern jeden positiven Freigebigkeitsakt. Unter den § 38 a. a. O. fallen daher auch Verzichtleistungen auf bereits erworbene Rechte, mithin, wie hier, der Verzicht auf eine dem Mündel bestellte Sicherheit, sofern die Aufgabe der Rechte den Charakter der Freigebigkeit hat.[1] Daß letzteres hier zutrifft, hat der Berufungsrichter festgestellt, indem er als unstreitig konstatiert hat, daß den Klägern ein Äquivalent für die Vorrechtseinräumung nicht gegeben worden sei. Er verneint aber auch, daß, was von den Beklagten geltend gemacht ist, das eigene Interesse der Kläger durch die Bewilligung des Vorrechtes gefördert worden und daher insofern durch diese bedingt gewesen sei." ... (Es folgt die Ausführung, daß die gegen diese Annahme erhobenen Angriffe der Revision unbegründet sind.)

„Der Berufungsrichter hat aber auch, abgesehen von dem Verstoße gegen das Verbot des § 38 der Vormundschaftsordnung, ein vertretbares Verschulden der Beklagten insofern für vorliegend angenommen, als dieselben es der Anweisung des § 39 ebenda entgegen unterlassen haben, sich davon zu überzeugen, daß die Erbteilsforderung der Kläger nach der Vorrechtseinräumung noch pupillarisch sicher stehen würde. Nach dieser Richtung ist dem Vorderrichter gleichfalls zu folgen.

Die Vorschrift des § 39 der Vormundschaftsordnung hat zwar unmittelbar nur den Fall der neuen Belegung von Mündelgeldern im Auge, findet aber unbedenklich auch Anwendung auf Fälle der vorliegenden Art, wenn es sich um eine Änderung in der Sicherheitsbestellung handelt. Die Vorschrift macht es dem Vormunde sowie dem Gegenvormunde zur Pflicht, die Mündelgelder, wenn eine Ausleihung auf Grundbesitz erfolgen soll, auf sichere Hypotheken oder Grundschulden anzulegen, und als sicher ist eine Hypothek oder Grundschuld zu erachten, wenn sie bei ländlichen Grundstücken innerhalb der ersten zwei Dritteile des durch ritterschaftliche, landschaftliche, gerichtliche oder Steuertaxe, bei städtischen innerhalb der ersten Hälfte des durch

[1] Vgl. Dernburg, Preuß. Privatrecht Bd. 3 § 83 Anm. 16; Dernburg-Schultzenstein, Vormundschaftsrecht S. 270 flg.; Loewenstein, Vormundschaftsordnung Anm. 140 zu § 38, Anm. 162 zu § 41; Anton, Vormundschaftsordnung Anm. 87 zu § 38, Anm. 110 zu § 41; Wachler, Vormundschaftsordnung Anm. 1 zu § 38, Anm. 5 zu § 41; Hesse, Vormundschaftsordnung Anm. 1 zu § 38, Anm. 6 zu § 41; Neumann, Vormundschaftsordnung Anm. zu § 38; Koch, Landrecht Anm. 50 zu § 38 der Vormundschaftsordnung; A. M.: Eccius, Theorie und Praxis Bd. 2 § 122 Anm. 8 und 156, Bd. 4 § 232 Anm. 7; Erörterungen aus dem Gebiete des Vormundschaftsrechtes S. 15.

Taxe einer öffentlichen Feuerversicherungsgesellschaft oder durch gerichtliche Taxe zu ermittelnden Wertes zu stehen kommt. Dieser Vorschrift haben die Beklagten, als sie die Vorrechtseinräumung bewilligten, ohne sich vorher durch Vorlegung einer Taxe die Überzeugung zu verschaffen, daß die Erbteilsforderung der Kläger auch nach dem Vortritte der W.'schen Hypothek von 12000 ℳ innerhalb der gesetzlichen Wertsgrenze stehen würde, zuwidergehandelt. Sie haben also eine dem Vormunde und dem Gegenvormunde durch das Gesetz auferlegte besondere Pflicht verletzt. Es ist nun zwar, wie das Reichsgericht in dem vom Berufungsrichter in Bezug genommenen Urteile vom 3. April 1884,

vgl. Entsch. des R.G.'s in Civils. Bd. 11 S. 307 flg.,

ausgeführt hat, dem auf Schadensersatz in Anspruch genommenen Vormunde der Rechtsbehelf nicht zu versagen, daß der Schade auch bei Beobachtung der Vorschrift des § 39 der Vormundschaftsordnung entstanden sein würde. Ein Grundstück kann eine dergestalt zweifellose Sicherheit für den Mündel bieten, daß die Aufnahme einer Taxe in Wahrheit nur als eine überflüssige Förmlichkeit erscheinen würde. Tritt in einem solchen Falle infolge ungünstiger Konjunkturen dennoch ein Ausfall am Kapitale ein, so wird sich der Vormund von der Verantwortlichkeit dem Mündel gegenüber durch den Nachweis frei machen können, daß die Kapitalanlage, wenn das Grundstück zur Zeit derselben ordnungsmäßig abgeschätzt worden wäre, sich als völlig sicher ergeben haben würde. Solchenfalls müßte angenommen werden, daß es an einem ursächlichen Zusammenhange zwischen der Zuwiderhandlung gegen den § 39 und dem Schaden des Mündels gebräche. Auf diesen Standpunkt hat sich auch das Berufungsgericht gestellt. Es ist der Behauptung der Beklagten, daß die Pfandgrundstücke zur Zeit der Vorrechtseinräumung einen Wert von 117408,95 ℳ gehabt haben, näher getreten. Die Beklagten haben zur Unterstützung ihrer Behauptung eine Beschreibung der Grundstücke zur Zeit der Vorrechtseinräumung überreicht und Sachverständige benannt, denen die Grundstücke seit länger als 16 Jahren bekannt sein sollen, und die auf Grund der in der Beschreibung gemachten Angaben und angetretenen Beweise begutachten würden, daß die Grundstücke nach den Grundsätzen für gerichtliche und landschaftliche Taxe im Jahre 1885 mehr als 115500 ℳ wert gewesen seien. Ferner haben sie eine von zwei

Kreistaxatoren aufgenommene Taxe vom 3. Mai 1892 vorgelegt, inhalts deren die Grundstücke einschließlich der Gebäude und des Inventars im Jahre 1885 einen Wert von 117408,95 *M* gehabt haben. Endlich haben die Beklagten den der Versicherung des Mobiliars, des Inventars und der Ernte in Höhe von 83580 *M* zu Grunde liegenden Antrag vom 17. Mai 1885 sowie eine Zusammenstellung des gegen Feuersgefahr versicherten und des bei Einleitung der Zwangsverwaltung am 10. Februar 1891 vorhanden gewesenen lebenden und toten Inventars zum Nachweise, daß die Grundstücke seit dem 15. Mai 1885 eine Entwertung von 57700 *M* erlitten hätten, eingereicht und unter Zeugenbeweis gestellt, daß den Ad.'schen Eheleuten im Mai 1885 für die Grundstücke ein Preis von 120000 *M* geboten worden sei. Der Berufungsrichter hat jedoch dieses Vorbringen nicht für ausreichend und geeignet erachtet, um die Überzeugung zu verschaffen, daß, wenn die Beklagten damals eine vorschriftsmäßige Taxe erwirkt hätten, diese einen ebenso hohen Wert, wie den jetzt angegebenen, ausgewiesen haben, also eine der Vorschrift des § 39 der Vormundschaftsordnung entsprechende Grundlage für die Vorrechtseinräumung vorhanden gewesen sein würde. Nach der Annahme des Berufungsrichters bietet für den Wert der Grundstücke im Jahre 1885 die sieben Jahre später aufgenommene Taxe keinen sicheren Anhalt, auch steht danach diese Taxe mit den anderweitigen Wertsermittelungen im Widerspruche." ... (Es folgt die Ausführung, daß die gegen diese Annahme des Berufungsrichters erhobenen Revisionsangriffe unbegründet sind.)

---

45. Sind verziehene Ehevergehen, die als Scheidungsursachen nicht mehr gerügt werden können, bei Entscheidung der Schuldfrage zu berücksichtigen?

A.L.R. II. 1 §§ 720. 721.

IV. Civilsenat. Urt. v. 26. Februar 1894 i. S. E. (Bekl.) w. Ehefrau (Kl.). Rep. IV. 309/93.

I. Landgericht Magdeburg.
II. Oberlandesgericht Naumburg a. S.

Das Berufungsgericht hat die Ehe der Parteien auf Grund des § 704 A.L.R. II. 1 getrennt, indem festgestellt ist, der Beklagte sei durch strafgerichtliches Urteil vom 24. Februar 1891 wegen schwerer Urkundenfälschung und Untreue in Verbindung mit Unterschlagung unter Aberkennung der bürgerlichen Ehrenrechte auf fünf Jahre zu einem Jahre Gefängnis verurteilt, welche Strafe er nach Anrechnung eines Teiles der Untersuchungshaft am 24. Dezember 1891 verbüßt habe. Die Schuldfrage ist dem Antrage des Beklagten entgegen dahin entschieden, daß dieser der allein schuldige Teil sei. Das Reichsgericht hat die Revision des Beklagten zurückgewiesen, und zwar, soweit es sich um die Entscheidung über die Schuldfrage handelt, aus folgenden

Gründen:

... „Was die Schuldfrage anlangt, so hat der Beklagte behauptet, daß die Klägerin in den Jahren 1868 bis 1870 mit dem demnächst im Kriege von 1870/71 gefallenen Lieutenant v. S. Ehebruch getrieben habe, und dieses Ehevergehen der Klägerin, das als Scheidungsgrund nicht mehr geltend gemacht werden könne, gegen die ihn treffende Schuld in Aufrechnung gestellt. Der Berufungsrichter hat den Einwand nicht für durchgreifend erachtet. Gegen diese Annahme richtet sich die Revision ohne Grund.

Das preußische Obertribunal hat ausgesprochen, daß Beleidigungen, die nach § 720 A.L.R. II. 1 verziehen oder nach § 721 ebenda als verziehen zu achten sind und daher als Ehescheidungsursachen nicht ferner gerügt werden dürfen, bei der Entscheidung der Schuldfrage berücksichtigt werden können,

vgl. Präjudiz Nr. 1776 vom 27. August 1846 (Präj.-Samml. Bd. 1 S. 156); Striethorst's Archiv Bd. 7 S. 113, Bd. 82 S. 75; ferner Entsch. des Obertrib. Bd. 20 S. 239, Bd. 25 S. 435, Bd. 61 S. 166,

und dieser Auffassung hat sich das Reichsgericht angeschlossen,

vgl. u. a. das Urteil vom 30. Mai 1881 in Gruchot, Beiträge Bd. 26 S. 406.

Der Berufungsrichter hat jenen Rechtssatz nicht verkannt. Er geht aber davon aus, daß dem Satze nicht unbedingt und ohne Beachtung der Lage des einzelnen Falles Geltung zu geben sei, und erklärt die Anwendung desselben im gegenwärtigen Rechtsstreite mit Rücksicht auf die hier vorliegenden Umstände, insbesondere die Thatsache, daß seit dem angeblichen Ehebruche der Klägerin mehr als zwanzig Jahre verflossen sind, für ausgeschlossen. Nach seiner Ausführung würde eine gegenteilige Annahme für das Resultat des Rechtsstreites unverständlich erscheinen müssen, indem die Ehe wegen einer neuerlichen Bestrafung des Beklagten getrennt werde, ein Übergewicht der Schuld aber auf der Seite der Klägerin durch einen weit zurückliegenden Ehebruch begründet werden sollte. Dieser Standpunkt ist rechtlich nicht zu beanstanden. Der Sinn des Gesetzes, wie er in dem Rechtssatze Ausdruck gefunden hat, geht dahin: ein verziehenes Ehevergehen solle nicht um deswillen, weil es nicht ferner als Scheidungsgrund gerügt werden könne, auch für die Entscheidung über die Schuldfrage nicht verwertbar sein dürfen. Svarez und v. Grolman äußerten mit Bezug auf ein die streitige Frage betreffendes Monitum gegen den Entwurf: bereits verziehene Beleidigungen seien, wenn sie gleich als Ehescheidungsgrund nicht mehr vorgebracht werden könnten, dennoch bei der Frage, ob beide Teile für gleich schuldig zu achten seien, zu berücksichtigen, da man in dieser Hinsicht auf das ganze Betragen der Eheleute sehen müsse. Eine entsprechende ausdrückliche Vorschrift findet sich im Landrechte nicht, wohl aus dem Grunde, weil in der Lehre von den Ehescheidungsstrafen, wohin Svarez den Satz verwies, daran nicht mehr gedacht worden ist.

Vgl. Gesetzesrevision Pens. XV, Motive zu Abschnitt 8 § 46 des Entwurfes S. 388.

Aus jener Äußerung ist aber nicht zu folgern, daß jedes verziehene Vergehen bei der Entscheidung der Schuldfrage zu berücksichtigen sei. Es kommt auf das Verhalten der Eheleute während der Dauer der Ehe im allgemeinen und auf die sich daraus ergebende Feststellung an, ob beiden Teilen oder nur einem Teile, sei es allein oder überwiegend, die Schuld an der Zerrüttung des Ehebundes zur Last fällt. Haben sich beide Eheleute eines Vergehens schuldig gemacht, so muß vorweg die Annahme Raum gewinnen, daß, wenngleich das Vergehen des einen Ehegatten verziehen ist, und die Ehescheidung nur wegen des Vergehens des anderen Ehegatten erfolgt, beide Teile durch ihr Verhalten auf die Lösung des ehelichen Verhältnisses hingewirkt haben. Dies setzt aber voraus, daß zwischen dem verziehenen Vergehen des einen Teiles und dem die Scheidung begründenden Verschulden des anderen Teiles eine, wenn auch noch so entfernte, Beziehung besteht. Ist jede Beziehung zwischen den beiderseitigen Vergehen für ausgeschlossen zu achten, so kann folgerecht dem verziehenen Vergehen eine Bedeutung bei der Beurteilung der Schuldfrage nicht beigelegt werden. Inwieweit letzteres zutrifft, hat der Richter in jedem einzelnen Falle nach Bewandtnis der obwaltenden Umstände zu prüfen. Die Rücksichtnahme auf den Zeitpunkt, wann das verziehene Vergehen begangen, ist jedenfalls an sich geeignet, die streitige Beurteilung zu beeinflussen, und deshalb fällt dem Berufungsrichter kein rechtlicher Verstoß zur Last, wenn er den angeblichen Ehebruch der Klägerin im Hinblicke darauf, daß derselbe mehr als zwanzig Jahre hinter dem jetzt zur Trennung der Ehe führenden Vergehen des Beklagten zurückliegt, bei der Entscheidung über die Schuldfrage unbeachtet gelassen hat." ...

---

46. 1. Inwiefern ist der Rechtsweg über die Frage ausgeschlossen, ob ein von der Berufsgenossenschaft eingeforderter Beitrag zur Unfallversicherung (§§ 71—74 des Reichsgesetzes vom 6. Juli 1884) noch rückständig oder bereits früher getilgt ist?

2. Zur Auslegung des § 9 des preußischen Gesetzes vom 24. Mai 1861 (G.S. S. 241).

VI. Civilsenat. Urt. v. 15. März 1894 i. S. B. (Kl.) w. die Nordöstliche Baugewerksberufsgenossenschaft (Bekl.). Rep. VI. 325/93.

I. Landgericht I Berlin.
II. Kammergericht daselbst.

Die Entscheidung ist oben unter „Reichsrecht" Nr. 8 S. 34 abgedruckt.

---

47. Sind die §§ 482. 483 A.L.R. I. 20 auf die vor dem 1. Oktober 1872 eingetragenen Hypotheken noch ferner anwendbar?

Eig.=Erw.=Ges. vom 5. Mai 1872 § 30.
Grundbuchordnung vom 5. Mai 1872 § 73.

V. Civilsenat. Urt. v. 17. März 1894 i. S. Sch. (Kl.) w. R. (Bekl.) Rep. V. 324/93.

I. Landgericht Landsberg a. d. W.
II. Kammergericht Berlin.

Aus den Gründen:

... „Während nach §§ 482. 483 A.L.R. I. 20 der Hypothekengläubiger sich wegen der von dem eingetragenen Kapitale vorbedungenen Zinsen (nicht auch wegen Zögerungszinsen) an das Grundstück halten kann, auch wenn ihrer im Eintragungsvermerke nicht besonders Erwähnung geschehen ist,

vgl. Erkk. des vormal. Obertrib. in Rechtspr. Bd. 1 S. 98, Entsch. Bd. 1 S. 212, Bd. 8 S. 337, Striethorst, Archiv Bd. 21 S. 14; sowie Förster=Eccius, Preuß. Privatrecht Bd. 3 § 199 Anm. 40; Dernburg, Preuß. Hypothekenrecht S. 90. 191,

haftet nach § 30 Eig.=Erw.=Ges. das Pfandgrundstück für Zinsen, vorbedungene oder Zögerungszinsen nur dann, wenn sie im Grundbuche eingetragen sind. Da das streitige Geldlehn vor dem Geltungsanfange der Grundbuchgesetze vom 5. Mai 1872 ohne Erwähnung von Zinsen eingetragen ist, entsteht zunächst die Frage, ob die Haftung des Pfandgrundstückes für Zinsen nach dem früheren oder nach dem jetzt geltenden Rechte zu beurteilen ist; denn bei Bejahung der letzteren Alternative würde der Klaganspruch auch als dinglicher unbegründet sein. Daraus, daß den Grundbuchgesetzen von 1872 weder allgemein, noch dem § 30 Eig.=Erw.=Ges. insbesondere rückwirkende Kraft beigelegt ist, folgt, daß der Umfang der Forderungen, wofür das Pfandgrundstück haftet, nach den zur Zeit der Entstehung des Hypothekenrechtes geltenden Gesetzen zu beurteilen ist, daß somit das Pfandgrundstück auch für die nicht eingetragenen vorbedungenen Zinsen eines vor dem 1. Oktober 1872 eingetragenen Kapitales haftet,

vgl. A.L.R. Einl. § 14, Publik.=Patent von 1794 § VIII.

Diesen Satz, welchen Dernburg (Preuß. Privatrecht Bd. 1 § 331

Anm. 2, Hypothekenrecht S. 191), **Bahlmann** (S. 124 Anm. 1a), **Oberneck** (S. 68 Anm. 1), anscheinend auch **Rehbein** (Entsch. des Obertribunals Bd. 3 S. 576 Anm.) und **Rintelen** (Über den Einfluß neuer Gesetze rc S. 160. 38) festhalten, suchen die Kommentatoren des Zwangsvollstreckungsgesetzes vom 13. Juli 1883 **Krech** und **Fischer** (Anm. 3 zu § 35) und **Jäckel** (Anm. 3 zu § 35), sowie jetzt auch **Willenbücher** (2. Aufl. S. 77 Anm. 1, anders in 1. Aufl. S. 73 Anm. 1a) mit dem Argumente vergeblich zu erschüttern, daß die neue Bestimmung des § 30 Eig.-Erw.-Ges. nach dem im § 73 der Grundbuchordnung aufgestellten Prinzipe mit rückwirkender Kraft auch auf frühere Eintragungen zu beziehen sei. In dem § 73 der Grundbuchordnung ist aber keineswegs eine Vorschrift enthalten, die als ein Grundsatz allgemeiner Natur der analogen Anwendung fähig wäre; vielmehr verfolgt der § 73, wie vom Reichsgerichte in dem Urteile vom 20. Mai 1882,

vgl. Entsch. desselben in Civils. Bd. 7 S. 249,

aus dessen Entstehungsgeschichte überzeugend nachgewiesen ist, lediglich den Zweck, dem § 12 Eig.-Erw.-Ges. rückwirkende Kraft zu verleihen, nicht aber den, für Rechtsverhältnisse, welche im § 12 nicht berührt sind, eine Rechtsregel aufzustellen. Demgemäß kann der § 73 der Grundbuchordnung als Übergangsbestimmung nur auf die dinglichen Rechte des § 12 Eig.-Erw.-Ges. zur Anwendung gelangen. Hätte den zu einer Hypothekenforderung vorbedungenen, aber nicht eingetragenen Zinsen die ihnen nach dem früheren Rechte gebührende dingliche Kraft entzogen werden, hätten die vor dem Inkrafttreten der Grundbuchgesetze von 1872 eingetragenen Gläubiger ihr durch das Vorbedingen von Zinsen und durch das Eintragen des Kapitales wohlerworbenes Recht auf Befriedigung auch aus dem Grundstücke wegen der Zinsen verlieren sollen, für welche Annahme sich übrigens in den Materialien der Grundbuchgesetze nicht der geringste Anhalt findet, so hätte es dazu einer ausdrücklichen allgemeinen oder besonderen Vorschrift bedurft. Aus einer andere Rechtsverhältnisse betreffenden exceptionellen Vorschrift kann eine so einschneidende, mit dem allgemeinen Prinzipe der Nichtrückwirkung neuer Gesetze im Widerspruche stehende Bestimmung nicht abgeleitet werden.

Hiernach ist dem § 482 A.L.R. I. 20 die fernere Anwendbarkeit nicht zu versagen." ...

48. Begriff der Konventionalstrafe. Konventionalstrafe als Zwangsmittel. Fortfall bei Unmöglichkeit der Erfüllung.

A.L.R. I. 5 §§ 292. 360.

I. Civilsenat. Urt. v. 14. April 1894 i. S. St. (Kl.) w. Sch.'sche Konkursmasse (Bekl.). Rep. I. 17/94.

I. Landgericht I Berlin.
II. Kammergericht daselbst.

Sch. hatte dem Kläger für ein Darlehn von 25000 *M* zwei Lebensversicherungspolicen verpfändet und sich bei einer Konventionalstrafe von 150 *M* für jeden Fall verpflichtet, die fälligen Prämien binnen acht Tagen zu entrichten und die Entrichtung dem Kläger durch Vorlegung der Quittungen nachzuweisen. Nachdem Sch. in Konkurs verfallen war, hatte der Kläger den Konkursverwalter aufgefordert, die bis dahin regelmäßig gezahlten Prämien bei Vermeidung der Strafe weiterzuzahlen; der Verwalter hat dies abgelehnt, vielmehr die Policen gekündigt. Die verabredeten Rückkaufswerte sind an den Kläger gezahlt. Derselbe hat im Konkurse den von ihm auf 6000 *M* berechneten Betrag derjenigen Konventionalstrafen, welche Sch. bei nicht rechtzeitiger Zahlung der Prämien während der Dauer seines Lebens zu zahlen gehabt haben würde, als Forderung geltend gemacht und auf Feststellung dieser Forderung geklagt. Die Klage ist in beiden Instanzen abgewiesen, und die Revision zurückgewiesen worden aus folgenden

Gründen:

„Das Berufungsurteil hat zutreffend angenommen, daß die im Pfandvertrage bestimmte Konventionalstrafe nicht die Bedeutung hat, daß damit im voraus das Interesse festgestellt war, welches der Darlehnsgläubiger daran hatte, daß die beiden ihm verpfändeten Lebensversicherungspolicen durch Zahlung der Prämien überhaupt aufrechterhalten wurden, und ihm neben der Darlehnsforderung die Pfandsicherheit bewahrt blieb. Eine Konventionalstrafe von 150 *M* für die unterlassene Zahlung einer Prämie war völlig ungeeignet, dieses Interesse zu vergüten. Denn, wenn auch nur eine Prämie überhaupt unbezahlt blieb, verfiel die Lebensversicherungspolice, für welche die Prämie zu bezahlen war. Starb aber der Versicherungsnehmer, bevor weitere Prämien fällig wurden, so konnte, auch abgesehen von dem Umstande, daß nach Verfall der Police eine weitere Prämienzahlung nicht mehr stattfindet, auch von dem Standpunkte aus, auf welchen sich der Revisionskläger gestellt hat, von weiteren Prämienzahlungen und von einem Verfalle von Konventionalstrafen, die für Nichtzahlung von Prämien verabredet waren, nicht mehr die Rede sein. Denn mit dem Tode des Versicherten war ja der Versicherungsfall eingetreten. Wie die Prämie in solchem Falle nicht weiterzuzahlen sein würde, auch wenn die Police vorher nicht verfallen gewesen wäre, so hätte der Kläger nicht auf der präsumtiven Lebensdauer des Versicherten eine Verpflichtung der Erben aufbauen können, infolge der von ihrem Erblasser verschuldeten Unterlassung einmaliger Prämienzahlung die Konventionalstrafe so lange fortzuzahlen, wie der Erblasser die Prämie hätte weiterzahlen müssen, wenn er nicht bloß jene frühere Prämienzahlung nicht unterlassen hätte, sondern auch nicht gestorben wäre. Der Kläger wäre also in solchem Falle auf die Forderung der einmaligen Konventionalstrafe von 150 ℳ beschränkt geblieben, obwohl sein Pfandrecht zu einem viel höheren Betrage den Wert verloren hatte.

Andererseits sollte die Konventionalstrafe auch dann gezahlt werden, wenn der Versicherte zwar die Prämie gezahlt und dadurch die Lebensversicherungspolice in Kraft erhalten hatte, wenn aber die Zahlung nicht binnen acht Tagen nach dem Fälligkeitstage erfolgt war, oder wenn der Versicherte, obwohl er gezahlt hatte, nur unterlassen hatte, seinem Gläubiger durch Vorlegung der Prämienquittung die Zahlung nachzuweisen. In diesem Falle bestand eine Interesseforderung des Klägers nach der Richtung, daß die Lebensversicherungspolice nicht aufrecht erhalten sei, überhaupt nicht. Sie war ja aufrecht erhalten. Die Konventionalstrafe muß im vorliegenden Falle also eine andere Bedeutung haben, und diese liegt klar zu Tage. Offenbar war sie ein Zwangsmittel gegen den Schuldner. Damit derselbe die Prämien pünktlich zahle und zugleich den Gläubiger darüber vergewissere, daß er gezahlt habe, sollte er sich bewußt werden, daß, wenn er diese von ihm übernommenen Verpflichtungen nicht erfüllte, er dem Gläubiger für jeden Fall der Zuwiderhandlung 150 ℳ zu zahlen habe, und sich dadurch bestimmen lassen, die Prämien pünktlich zu zahlen und die Quittungen vorzulegen, damit er der Strafe nicht verfalle. Die Strafe war hoch genug, daß sie geeignet war, den Willen des Schuldners zu bestimmen, und sie war nicht so hoch, daß ihre Einziehbarkeit, neben der eventuellen Einziehung des Darlehns, für einen Schuldner, der für ein so erhebliches Darlehn keine weitere Sicherheit, als die zwei Lebensversicherungspolicen, bieten konnte und demnächst denn auch wirklich in Konkurs verfallen ist, unwahrscheinlich geworden, und deshalb auch den Schuldner gegen ihren Verfall gleichgültig zu machen geeignet gewesen wäre. Daneben konnte die Konventionalstrafe dem Gläubiger eine Sicherung dafür bieten, daß er nicht genötigt war, sich bei jedem Fälligkeitstermine persönlich danach umzuthun, ob der Schuldner auch die Prämien wirklich gezahlt habe, und, wenn sie im einzelnen Falle verfiel, dem Gläubiger das Interesse erstatten, was er daran hat, daß ihm die persönlichen Bemühungen und die eigene Verauslagung der Prämien nicht erspart geblieben sind. Daß die Konventionalstrafe trotz der Fassung des § 292 A.L.R. I. 5 die Bedeutung eines Zwangsmittels haben kann, ist in dem Urteile des Reichsoberhandelsgerichtes in dessen Entscheidungen Bd. 16 S. 397 flg. in ausführlicher Begründung nachgewiesen. Daß sie diese Bedeutung hier hatte, ergiebt sich daraus, daß die Bestimmung nur so einen verständigen, für alle Fälle und auf den ganzen Inhalt der Strafbestimmung passenden Sinn giebt.

Sollte aber die Konventionalstrafe den Schuldner zwingen, die ihm obliegende Naturalerfüllung zu gewähren, so hat ihre Einforderung keinen Sinn, wenn die Naturalerfüllung selbst, d. h. die Zahlung der Prämie, nicht mehr gefordert werden kann. Dabei ist es völlig gleichgültig, ob diese Naturalerfüllung durch einen von dem Schuldner nicht zu vertretenden Zufall oder ob sie durch dessen Verschuldung unmöglich geworden ist. Denn wenn die Erfüllung durch Verschuldung des Verpflichteten unmöglich geworden ist, so kann der Gläubiger eben nicht mehr die Erfüllung, sondern nur das Interesse fordern (A.L.R. I. 5 § 360). Unmöglich ist aber die weitere Zahlung der Konventionalstrafe dadurch geworden, daß die Policen infolge der Weigerung des Beklagten, die Prämien zu zahlen, und da sich auch der Kläger selbst nicht bereit gefunden hat, einstweilen die Prämienzahlung zu übernehmen, verfallen sind. Die Lebensversicherungsgesellschaft nimmt für eine nicht mehr bestehende Versicherung keine Prämie an.

Eine unmögliche Leistung zu erzwingen ist unmöglich, und deshalb ist die Anwendung von Zwangsmitteln unzulässig. Die Bestimmung über eine zur Erzwingung der rechtzeitigen Zahlung der Prämien und Vorlegung der über die Zahlung ausgestellten Quittungen angedrohte Konventionalstrafe ist also in sich zusammengefallen. Dem Kläger verblieb allein seine Darlehnsforderung und, wenn er glaubte, daneben eine Interesseforderung daraus ableiten zu können, daß ihm durch die Verschuldung des Gemeinschuldners oder durch die Weigerung des Konkursverwalters die Pfandsicherheit in einem die als Darlehn gezahlte Summe übersteigenden Werte entzogen sei, die Befugnis, diese Interesseforderung geltend zu machen." ...

---

49. In welcher Zeit verjährt nach dem preußischen Allgemeinen Landrechte der Anspruch des Mieters auf Ersatz des Schadens, welcher ihm von dem Vermieter durch unbefugte Ausübung seines Pfandrechtes an den eingebrachten Sachen zugefügt ist? Ist dieses Pfandrecht nach dem preußischen Allgemeinen Landrechte ein vertragsmäßiges oder ein gesetzliches?

VI. Civilsenat. Urt. v. 5. Februar 1894 i. S. G. (Kl.) w. A. (Bekl.) Rep. VI. 343/93.

I. Landgericht I Berlin.
II. Kammergericht daselbst.

Aus den Gründen:

„Der Kläger hatte in Gemeinschaft mit seinem damaligen Sozius, dem Tischlermeister M., in dem Hause des Beklagten Wohn- und Arbeitsräume mietweise inne. Wegen verspäteten Anbietens des Mietzinses wurden die beiden Mieter auf Grund gerichtlichen Erkenntnisses am 5. Mai 1888 exmittiert. Der Beklagte retinierte eine Anzahl Hobelbänke sowie sonstige Werkzeuge und Möbel des Klägers und des M. für Ansprüche wegen angeblicher Beschädigungen der vermieteten Räume. Nach der Exmission machte der Beklagte seine Ansprüche, die er auf 259,50 ℳ bezifferte, gerichtlich geltend, wurde aber bis auf den angebotenen und sofort anerkannten Betrag von 10,50 M abgewiesen.

Kläger hat unter der Behauptung, daß die Ansprüche des M. auf ihn übergegangen seien, zunächst diejenigen Forderungen erstritten, die aus der durch schuldhaftes Verhalten des Beklagten herbeigeführten Verschlechterung und Wertsverminderung der zurückbehaltenen Sachen entstanden waren. Gegenwärtig macht er weitere Entschädigungsansprüche geltend. ...

Die zweite Instanz hat den Kläger mit seinem Anspruche abgewiesen, indem sie die von dem Beklagten vorgeschützte Einrede der Verjährung für begründet hält. Sie führt folgendes aus: wenn auch zwischen den Parteien ein Mietverhältnis bestanden, und der Beklagte die Retention auf dieses Vertragsverhältnis gegründet habe, so stehe doch hier ein kontraktlicher Schade nicht in Frage, denn das Mietverhältnis habe schon durch den Rücktritt des Beklagten und die Vollstreckung der Exmission sein Ende erreicht. Der Beklagte habe dadurch, daß er wegen vermeintlicher Forderungen aus dem Mietverhältnisse das Vermieterpfandrecht objektiv unrechtmäßig ausübte, nicht eine ihm aus dem Mietvertrage obliegende Verpflichtung verletzt; für den Vermieter werde durch den Mietvertrag im wesentlichen nur die Verbindlichkeit begründet, dem Mieter während der Mietzeit den vertragsmäßigen Gebrauch der Sache zu gewähren; durch die Retention der Sachen habe Beklagter sich ein Recht angemaßt, das ihm nach dem Vertrage und den obwaltenden Verhältnissen nicht zugestanden; er hafte dem Kläger für den hierdurch entstandenen Schaden nicht aus dem Mietvertrage und nach Maßgabe desselben, sondern nach den Bestimmungen des 6. Titels des I. Teiles des Allgemeinen Landrechtes; daß der Vermieter, sobald seine Ansprüche aus dem Vertrage getilgt seien, die Sachen des Mieters nicht retiniere, werde nicht erst durch den Mietvertrag vereinbart, sondern sei schon darin enthalten, daß niemand ohne Recht in das Recht eines Anderen eingreifen und ihm Schaden zufügen dürfe; es handele sich somit um eine außer dem Falle eines Kontraktes entstandene Beschädigung, sodaß der § 54 A.L.R. I. 6 und die Deklaration vom 31. März 1838 zur Anwendung kämen. ...

Die Revision erhebt hiergegen den Angriff, es sei rechtsirrtümlich, wenn das Berufungsgericht annehme, daß der in Frage stehende

Anspruch unter die Bestimmungen des § 54 A.L.R. I. 6 und der Deklaration vom 31. März 1838 falle; es handele sich um einen Anspruch aus dem Mietvertrage. Dieser Angriff ist begründet.

Es ist in der Rechtsprechung anerkannt, daß das dem Vermieter wegen des Zinses und anderer Forderungen aus dem Mietvertrage eingeräumte Recht an den von dem Mieter eingebrachten Sachen und Effekten, obgleich der Mieter im vollständigen Besitze derselben verbleibt, ein wahres Pfandrecht ist, daß es insbesondere nicht bloß als ein Retentionsrecht oder als ein Recht, die Wegführung der Sachen zu verbieten, angesehen werden kann.

Vgl. Entsch. des Obertribunals Bd. 1 S. 24, Bd. 19 S. 288, Bd. 72 S. 207; Entsch. des R.O.H.G.'s Bd. 6 S. 69; Entsch. des R.G.'s in Straff. Bd. 3 S. 57, Bd. 4 S. 43, Bd. 18 S. 80.

Dieses Pfandrecht entsteht durch den Mietvertrag in Verbindung mit der Thatsache, daß der Mieter seine Sachen in die gemietete Wohnung einbringt. Durch den Mietvertrag unterwirft der Mieter die Gegenstände, welche er in die gemieteten Räume einbringen würde, dem Pfandrechte des Vermieters für die Ansprüche, welche demselben aus dem Mietverhältnisse entstehen; der Mietvertrag enthält danach zugleich einen Pfandvertrag. Wenn das Pfandrecht des Vermieters als ein gesetzliches bezeichnet zu werden pflegt, so erklärt sich solches dadurch, daß das Pfandrecht nicht besonders ausbedungen zu werden braucht, sondern sich aus dem Mietvertrage in Verbindung mit der Thatsache des Einbringens der Gegenstände in die gemieteten Räume ohne weiteres ergiebt. Daraus nun, daß das Pfandrecht des Vermieters auf einem Vertrage beruht, folgt, daß der Vermieter in Beziehung auf die Ausübung desselben dem Mieter vertragsmäßig verpflichtet ist. Der Mieter hat aus dem Miet- und Pfandvertrage den Anspruch gegen den Vermieter, daß derselbe das ihm eingeräumte Pfandrecht nicht vertrags- und rechtswidrig ausübe, daß er ihn insbesondere nach Beendigung des Mietverhältnisses mit seinen Sachen und Effekten unbehindert ziehen lasse, soweit er selbige nicht zur Deckung etwaiger Ansprüche aus dem Mietvertrage in Anspruch nehmen kann. Verletzt der Vermieter diesen Anspruch, so haftet er aus dem Vertrage für das von ihm zu vertretende Versehen. Rechtsirrtümlich ist die Ansicht des Berufungsgerichtes, daß der Mietvertrag für den Vermieter im wesentlichen nur die Verbindlichkeit begründe, dem Mieter während der Mietzeit den vertragsmäßigen Gebrauch der Sache zu gewähren. Diese Verbindlichkeit ist zwar seine hauptsächlichste, aber nicht seine einzige Verpflichtung. Der Mietvertrag verpflichtet ihn daneben, nach Ablauf der Mietzeit den Mieter mit seinen Sachen und Effekten unbehindert ziehen zu lassen, soweit er nicht auf Grund seines Pfandrechtes zur Retention berechtigt ist. In dem vorliegenden Falle handelt es sich um einen Anspruch auf Ersatz des Schadens, der dem Mieter durch ungerechtfertigte Ausübung des Pfandrechtes seitens des Vermieters entstanden ist. Dieser Anspruch gründet sich nach dem Vorstehenden auf den Mietvertrag; es ist also rechtsirrtümlich, wenn das Berufungsgericht ihn für einen außerkontraktlichen erklärt.

... Hieraus folgt, daß die Vorschriften des § 54 A.L.R. I. 6 und der Deklaration vom 31. März 1838 auf den klägerischen Anspruch keine Anwendung finden." ...

---

50. Ist der Hausbesitzer verpflichtet, die zu den vermieteten Wohnungen führenden Zugänge, Treppen u. dgl. während der Dunkelheit zu beleuchten?

VI. Civilsenat. Urt. v. 12. Februar 1894 i. S. D. (Bekl.) w. Z. (Kl.) Rep. VI. 290/93.

I. Landgericht Halle a. S.
II. Oberlandesgericht Naumburg a. S.

Aus den Gründen:

„Die Klägerin wohnte bei dem Beklagten zur Miete. Am 23. Oktober 1891, als sie abends nach 7 Uhr in ihre Wohnung zurückkehren wollte, fiel sie auf dem Hofe des Beklagten in einem Gange, welchen sie zu passieren hatte, über eine dort stehende Kiste. Die verehelichte D. hatte dieselbe am Nachmittage des Tages dort hingestellt, um sich darauf zu setzen, und vergessen, sie wieder wegzunehmen. Klägerin behauptet, durch den Fall einen Beinbruch erlitten zu haben, und nimmt die verehelichte D. und den Revisionskläger solidarisch auf Schadensersatz in Anspruch. Dem letzteren macht sie zum Vorwurfe, daß er es an einer genügenden Beleuchtung des Ganges habe fehlen lassen. In erster Instanz ist der Anspruch gegen ihn dem Grunde nach für gerechtfertigt erklärt. Die hiergegen eingelegte Berufung ist zurückgewiesen.

In dem Berufungsurteile wird dem Revisionskläger ein grobes Versehen zur Last gelegt, weil er unterlassen habe, für die Beleuchtung des Ganges Sorge zu tragen und die Kiste aus dem Wege zu schaffen. Zunächst führt das Berufungsgericht folgendes aus: aus dem Mietvertrage habe der Mieter den Anspruch auf den gemeingewöhnlichen Gebrauch der vermieteten Sache; die Klägerin habe nicht nur auf Benutzung der ihr von dem Beklagten vermieteten Wohnung, sondern auch der dahin führenden Zugänge, der Treppen, des Hausflures, des Hofes und des Eingangsthores ein Recht gehabt; diese Benutzbarkeit habe der Beklagte während der ganzen Vertragszeit zu gewähren; jede Beeinträchtigung des Rechtes des Mieters, erfolge sie durch den Vermieter selbst oder einen Dritten mit Vorwissen des Vermieters, erzeuge einen Anspruch auf Schadensersatz; dazu komme die allgemeine Pflicht des Beklagten, sein anderen Personen zugängliches Grundstück, das von solchen, namentlich von seinen Mietern, betreten werden müsse, während der allgemeinen Verkehrszeiten in einem Stande zu erhalten, welcher keine Gefahr für Leben und Gesundheit der dort verkehrenden Personen mit sich bringe; in der Thatsache, daß die Klägerin in dem Hause des Beklagten seit längerer Zeit wohne, ohne eine Beleuchtung beansprucht zu haben, sei kein Verzicht auf ihre Rechte zu finden; ebenso unerheblich sei es für die Pflichten des Beklagten, ob in G. der Gebrauch bestehe, die Höfe, auch wenn sie den Zugang zu den Wohnungen bildeten, nicht zu beleuchten; ein solcher Gebrauch befreie den Beklagten nicht von der nach allgemeinen Grundsätzen bestehenden Schadensersatzpflicht; der Beklagte habe durch Unterlassung der Beleuchtung des Hofes gegen die ihm obliegenden Pflichten verstoßen und sich dadurch eines groben Versehens schuldig gemacht.

Mit Recht erhebt die Revision hiergegen den Angriff, daß aus dem Mietvertrage an sich die Verpflichtung des Vermieters zur Beleuchtung der vermieteten Räume nicht hergeleitet werden könne. Es ist richtig, daß nach § 272 A.L.R. I. 21 der Verpächter oder Vermieter die verpachtete oder vermietete Sache in brauchbarem Stande zu erhalten hat. Zur Unterhaltung eines Hauses gehört aber die Beleuchtung nicht. Der Vermieter hat namentlich auch die dem Mieter zum alleinigen Gebrauche überlassenen Räume zu unterhalten; aber soweit für ihn eine Beleuchtung derselben nötig oder erwünscht ist, hat der letztere selbst auf eigene Kosten dafür zu sorgen, es wäre denn, daß ausnahmsweise der Vermieter eine solche Leistung übernommen hätte.

Bezüglich der Beleuchtung der Zugänge zu den vermieteten Wohnungen und der dahin führenden Treppen kann es, wenn in dem Mietvertrage hierüber nichts bestimmt ist, zuweilen zweifelhaft sein, ob der Vermieter stillschweigend übernommen hat, hierfür zu sorgen. Diese Frage ist nach den Umständen zu entscheiden. Es kommt namentlich auf den Ortsgebrauch bei derartigen Mietverhältnissen an. Daneben kann auch das Verhalten der Kontrahenten, insbesondere der Umstand von Erheblichkeit sein, daß der Mieter den Mietvertrag nach Ablauf der ursprünglich vereinbarten Zeit ohne Remonstration erneuert oder fortgesetzt hat, obgleich er wußte, daß der Vermieter die Zugänge und Treppen zu beleuchten nicht willens war. Auch die Höhe des Mietzinses kann einen Schluß auf die Absicht der Kontrahenten rechtfertigen. Die ausbedungene Miete kann eine so geringe sein, daß schon hieraus erhellt, daß der Vermieter die Beleuchtung der zu der Wohnung führenden Zugänge und Treppen während der üblichen Verkehrszeiten nicht hat übernehmen sollen. Dabei ist indessen zu berücksichtigen, daß, wenn in größeren Häusern dieselben Zugänge und Treppen zu mehreren Wohnungen führen, die von einem einzelnen Mieter zu zahlende Miete nicht entscheidend ist, und daß es auch vorkommen kann, daß der Vermieter die Zugänge und Treppen in seinem eigenen Interesse beleuchten muß oder zu beleuchten pflegt, in welchem Falle die Übernahme einer solchen Leistung in einem Mietvertrage eine besondere Ausgabe für ihn nicht erforderlich machen würde.

Das Berufungsgericht beruft sich für seine Ansicht auf Niendorff, Das preußische Mietsrecht (3. Aufl.) S. 56. Hier ist allerdings unter der Überschrift „Reparaturpflicht" bemerkt: „Wer ferner als Hauswirt sein Haus dem Gebrauch der Mieter und anderer Personen überläßt, ist aus diesem Grunde verpflichtet, dasselbe in allen seinen Teilen im Stande zu halten und zu beleuchten." Allein eine

Rechtsquelle ist für diese Behauptung nicht angegeben. Nach der Überschrift wird selbige anscheinend auf die „Reparaturpflicht" gestützt. Außerdem widerspricht die Ansicht, daß der Vermieter das Haus „in allen seinen Teilen" zu beleuchten habe, auch dem allgemeinen Gebrauche. Danach übernimmt der Vermieter nicht die Beleuchtung der vermieteten Räume.

Das Berufungsgericht nimmt ferner eine allgemeine Pflicht des Beklagten an, sein anderen Personen zugängliches Grundstück, welches von solchen, namentlich seinen Mietern, betreten werde, während der allgemeinen Verkehrszeiten in einem Zustande zu erhalten, welcher keine Gefahr für Leben und Gesundheit der dort verkehrenden Personen mit sich bringe, und dasselbe zu diesem Zwecke insbesondere auch zu beleuchten. Ein Rechtssatz, welcher einem Hausbesitzer, der Wohnungen in seinem Hause vermietet, im öffentlichen Interesse die Verpflichtung auferlegt, die Zugänge zu den Mietwohnungen während der allgemeinen Verkehrszeiten zu beleuchten, existiert nicht. Ein solcher Rechtssatz würde auch, wenn in einem Hause nur eine oder wenige kleine Mietswohnungen vorhanden sind, zu einer verhältnismäßig erheblichen Steigerung der Mietspreise führen müssen.

Dagegen kann es bei größeren Häusern, in denen eine Anzahl Mietswohnungen vorhanden sind, und in welchen, namentlich in den großen Städten, auch des Abends nach eingetretener Dunkelheit die Zugänge und Treppen nicht bloß von den Mietern und deren Hausgenossen, sondern auch von Fremden vielfach betreten werden, im Interesse der öffentlichen Sicherheit geboten sein, daß für eine genügende Beleuchtung derartiger Räume gesorgt wird. In solchen Fällen, in denen, wie man es ausgedrückt hat, ein Verkehr in dem Hause eröffnet ist, kann sich für den Hauswirt aus den Umständen eine Zwangspflicht zur Beleuchtung im Sinne des § 9 A.L.R. I. 6 ergeben, deren Vernachlässigung ihn haftbar macht für den dadurch entstandenen Schaden.

Etwas Anderes ist auch in den von dem Berufungsgerichte angezogenen Entscheidungen des Reichsgerichtes nicht ausgesprochen. In dem in Bd. 14 S. 362 flg. der Sammlung der Entscheidungen in Strafsachen abgedruckten Urteile handelt es sich um die Beleuchtung der Treppen in einem von vielen anderen Personen außer dem Hausbesitzer bewohnten Hause in Stettin. Der erste Richter hatte aus den

Umständen entnommen, daß der Hausbesitzer die Treppe hätte beleuchten lassen sollen. Dieses wurde in der Revisionsinstanz für nicht rechtsirrtümlich erklärt. In dem Urteile des Reichsgerichtes findet sich die Bemerkung: „Wenn ein Hauseigentümer ... Mitbewohner aufnimmt und dadurch oder auf andere Weise einen Verkehr in dem Hause herstellt, so hat er die Pflicht, dafür Sorge zu tragen, daß bei dem von ihm hergestellten Verkehre Andere durch die Anlagen des Hauses an ihrem Körper nicht Schaden erleiden." Die bei Bolze, Praxis Bd. 4 Nr. 338, erwähnte Entscheidung betrifft ein zu Gerichtszwecken benutztes Gebäude, zu welchem das Publikum Zutritt hatte. Auch hier ist Gewicht darauf gelegt, daß der Justizfiskus einen Verkehr für Andere in dem Hause eröffnet hatte. Das in Gruchot's Beiträgen Bd. 36 S. 447 abgedruckte Urteil, in welchem es sich um ein sog. „Familienhaus" handelt, hebt ausdrücklich hervor, daß der Hausbesitzer zu prüfen gehabt hätte, ob eine Beleuchtung des Hausflures vorgeschrieben oder sonst erforderlich sei. Das Urteil nimmt also eine allgemeine Verpflichtung des Hausbesitzers, für die Beleuchtung der Zugänge zu den vermieteten Wohnungen zu sorgen, nicht an.

Darnach hängt hier die Entscheidung davon ab, ob sich aus den Umständen eine Verpflichtung des Beklagten ergiebt, den Gang, in welchem die Klägerin gefallen ist, zu der fraglichen Zeit beleuchten zu lassen." ...

---

51. 1. Inwieweit wird derjenige, welcher als Käufer eines Grundstückes eine darauf haftende nicht eingetragene Reallast übernommen hat, durch diese Übernahme dem Berechtigten gegenüber verpflichtet?

2. Kann die Eintragung des Mit- oder Nachfolgerechtes der (künftigen) Ehefrau eines Altsitzers dadurch ersetzt werden, daß im Eintragungsvermerke auf die betreffende Vertragsbestimmung verwiesen ist?

Grundbuchordnung § 76.

V. Civilsenat. Urt. v. 4. April 1894 i. S. C. S. (Kl.) w. B. (Bekl.) Rep. V. 333/93.

I. Landgericht Königsberg i. Pr.
II. Oberlandesgericht daselbst.

Die Klägerin ist die Witwe des Ausgedingers Ch. S. Für diesen stand auf dem jetzt dem Beklagten gehörigen Grundstücke ein „in den §§ 4—6 des Kaufvertrages vom 16. Oktober 1862 näher angegebenes" Ausgedinge eingetragen. In § 5 des gedachten Vertrages ist bestimmt: Sollte sich der Verkäufer nochmals verheiraten, so verpflichtet sich der Käufer, das in § 4 festgesetzte Ausgedinge auch der Ehefrau desselben, jedoch, soweit es teilbar ist, nur zur Hälfte bis an deren Tod zu gewähren. In § 6 verpfändet der Käufer für das Ausgedinge das erkaufte Grundstück. Im Jahre 1877 — nachdem inzwischen Ch. S. verstorben war — erwarb der Beklagte das gedachte Grundstück und übernahm in dem Kaufvertrage das darauf haftende Ausgedinge der Klägerin. Das für Ch. S. eingetragene Ausgedinge wurde auf Antrag des Beklagten am 3. Januar 1892 gelöscht. Hierauf klagte im gegenwärtigen Prozesse die Klägerin zunächst mit dem Antrage, den Beklagten zu verurteilen, darein zu willigen, daß das Ausgedinge für sie auf Grund des Vertrages vom 16. Oktober 1862 eingetragen werde. Diesem Begehren hat der Beklagte insoweit entsprochen, daß er die Eintragung des Ausgedinges für die Klägerin bewirkt hat. Die Klägerin hielt sich hierdurch nicht für befriedigt, weil die neue Eintragung dem Ausgedinge wegen der seit 1862 auf dem Grundstücke eingetragenen Hypotheken nicht die gleiche Sicherheit gewähre, wie die frühere, und verlangte unter Erweiterung des Klagantrages, daß der Beklagte ihr das Vorrecht vor diesen Eintragungen verschaffe. Mit diesem Begehren ist die Klägerin in beiden Instanzen abgewiesen, und ihre Revision zurückgewiesen worden aus folgenden

Gründen:

... „Ein Vertragsrecht steht der Klägerin gegen den Beklagten nicht zu. Die Übernahme des Ausgedinges durch den Beklagten in seinem Erwerbsvertrage hat nur bewirkt, daß der Beklagte nicht als ein Dritter im Sinne des § 12 Eig.-Erw.-Ges. anzusehen ist, vielmehr das Ausgedinge als eine dingliche Last auch ohne Eintragung gegen sich gelten lassen und der Berechtigten die dasselbe bildenden Leistungen gewähren muß, auch auf deren Verlangen — wie geschehen — die Eintragung bewilligen mußte.

Vgl. Entsch. des R.G.'s in Civils. Bd. 27 S. 230.
Aber diese Verpflichtungen beruhen lediglich auf dem dinglichen Boden der Reallast; eine persönliche Verpflichtung aus dem Vertrage, durch welchen das Altenteil konstituiert worden (dem Kaufvertrage vom 16. Oktober 1862), ist durch die Übernahme der Last auf den Beklagten nicht übergegangen, und ebensowenig ist der Klägerin aus dem Vertrage, durch den der Beklagte das Grundstück erwarb, ein persönlicher Anspruch gegen den letzteren erwachsen. Ihr Verhältnis zu dem Beklagten ist lediglich das des Realberechtigten zu dem Besitzer des belasteten Grundstückes. Aus diesem Gesichtspunkte ist auch nur der vorliegende Anspruch zu beurteilen. Danach kann der Anspruch nur darauf gegründet werden, daß der Beklagte in das dingliche Recht der Klägerin eingegriffen habe, und zwar kommt in dieser Beziehung in Betracht: 1. die Löschung des für Ch. S. eingetragenen Ausgedinges, 2. die Belastung des Grundstückes mit Hypotheken, soweit diese der Beklagte bewirkt hat.

Offenbar hinfällig ist der zweite Klagegrund. Ein dingliches Recht, welches zu seiner Wirksamkeit gegen Dritte der Eintragung bedarf, schließt zwar, wie schon oben bemerkt, die Befugnis ein, die Eintragung von dem Konstituenten oder demjenigen, der durch die Übernahme der Last als dinglich Verpflichteter an dessen Stelle getreten ist, zu verlangen, gewährt aber, solange die Eintragung nicht begehrt ist, an sich keinen Anspruch auf ein besonderes Vorrecht. Der Beklagte war daher durch die Übernahme des Ausgedinges nicht gehindert, sein Grundstück zu verpfänden und zu belasten. Hat er das gethan, so liegt hierin kein Eingriff in das dingliche Recht der Klägerin. In Ansehung der aus der Verpfändungserklärung sich ergebenden persönlichen Verpflichtung, die versprochene Sicherheit zu gewähren, ist, wie oben näher dargelegt, der Beklagte nicht an die Stelle des Konstituenten getreten.

Dagegen würde allerdings in der Löschung des für Ch. S. eingetragenen Ausgedinges ein den Beklagten zur Wiederherstellung des früheren Zustandes verpflichtender Eingriff in das dingliche Recht der Klägerin zu finden sein, wenn angenommen werden müßte, daß durch die Eintragung des Ausgedinges für Ch. S. auch das Teilnahme- und Nachfolgerecht der Ehefrau Dritten gegenüber gedeckt wurde. Es genügt aber zur Begründung dieser Annahme nicht, daß das Ausgedinge, welches die Klägerin nach dem Tode ihres Ehemannes bezieht, kein anderes, als das ursprünglich für diesen eingetragene und nur in den teilbaren Leistungen auf die Hälfte eingetragen ist; entscheidend ist, ob die durch das Nachfolgerecht der Ehefrau bedingte Mehrbelastung des Grundstückes aus dem Grundbuche erkennbar war. Die Eintragungsformel selbst erwähnt die Ehefrau des Ausgedingers nicht, dagegen enthält dieselbe einen Hinweis nicht bloß auf den die Festsetzung des Ausgedinges enthaltenden § 4 des Vertrages, sondern auch auf die §§ 5 und 6, auf die (insbesondere § 5) das Recht der Klägerin sich gründet. Durch diesen Hinweis wird aber die Eintragung dieses Rechtes im Grundbuche nicht ersetzt. Nach § 76 der Grundbuchordnung ist bei der Eintragung des Altenteiles auf die zu den Grundakten in beglaubigter Form einzureichende Festsetzung des Altenteiles zu verweisen. Diese Vorschrift bezieht sich aber bloß auf den Inhalt des Rechtes, d. h. auf die dem Berechtigten zu gewährenden Leistungen. Dafür spricht nicht nur der Wortlaut des § 76, insbesondere dessen Schlußsatz: „einer Eintragung der einzelnen Leistungen bedarf es nicht", — sondern noch mehr der Zusammenhang mit der früheren Gesetzgebung. Im § 2 des Gesetzes vom 24. Mai 1853 war bestimmt: „In dem Eintragungsvermerk ist statt der Angabe der einzelnen zu dem Altenteile gehörigen Rechte nur auf die Stelle der Urkunde, durch welche das Altenteil begründet wird, Bezug zu nehmen." Damit war also klar ausgesprochen, daß die Verweisung auf die Begründungsurkunde nur die Angabe der einzelnen Leistungen ersetzen sollte. Wie die Motive zur Grundbuchordnung,

vgl. Werner, Die preußischen Grundbuch- und Hypothekengesetze Teil 2 S. 156,

ergeben, ist aber die fragliche (unverändert aus dem Entwurfe in das Gesetz übergegangene) Vorschrift der Grundbuchordnung aus dem § 2 des Gesetzes vom 24. Mai 1853 übernommen mit der alleinigen Änderung, daß an Stelle der Vertragsurkunde, deren Einreichuug es nicht bedarf, die zu den Grundakten in beglaubigter Form einzureichende Festsetzung des Altenteiles in Bezug zu nehmen ist.

Vgl. Turnau, Grundbuchordnung 5. Aufl. S. 297; Werner, a. a. O. S. 172.

Hiernach kann unter Festsetzung des Altenteiles in § 76 der Grundbuchordnung nichts anderes verstanden werden, als die Festsetzung der im Altenteile enthaltenen Rechte und Leistungen. Nur diese Festsetzung bildet einen integrierenden Teil der Eintragung; eine Vertragsbestimmung dagegen, die das berechtigte Subjekt betrifft und erweitert, dadurch aber die Belastung des Grundstückes vermehrt, kann durch Bezugnahme der betreffenden Stelle der Vertragsurkunde in der Eintragungsformel nicht zu einem Teile der letzteren gemacht werden.

Danach stand der Klägerin zur Zeit, als der Beklagte die Löschung des für Ch. S. eingetragenen Ausgedinges bewirkte, ein durch diese Eintragung geschütztes, gegen Dritte wirksames Recht nicht zu, mithin auch kein Vorrecht vor den seit Begründung oder Eintragung des Ausgedinges eingetragenen Hypotheken. Es enthielt daher auch jene Löschung keine Benachteiligung der Klägerin, mithin keinen Eingriff in ihr dingliches Recht." ...

---

52. 1. Kann der vor Zustimmung der Stadtverordneten und der Ortspolizeibehörde erfolgten Mitteilung einer von dem Magistrate beschlossenen Fluchtlinie an den Grundbesitzer die Bedeutung einer nach § 7 des Gesetzes vom 2. Juli 1875 erlassenen Bekanntmachung beigelegt werden?

2. Wird das Verlangen der Stadtgemeinde auf Abtretung der zu Straßen und Plätzen bestimmten Grundflächen (§ 13 Ziff. 1 des Gesetzes vom 2. Juli 1875) dadurch ersetzt, daß diese Flächen infolge polizeilicher Anordnung oder Vorschrift zur Herstellung der Straße verwendet worden sind und als Teil der Straße thatsächlich dem öffentlichen Verkehre dienen?

V. Civilsenat. Urt. v. 18. April 1894 i. S. Reichspostfiskus (Kl.) w. die Stadtgemeinde Burg (Bekl.). Rep. V. 355/93.

I. Landgericht Magdeburg.
II. Oberlandesgericht Naumburg a. S.

Im Jahre 1888 hatte der Kläger ein in der Stadt Burg an der Ecke der Kammmacherstraße und des Marktes belegenes bebautes Grundstück zum Zwecke der Errichtung eines neuen Postgebäudes erworben.

Unterm 27. Februar 1889 richtete der von der örtlichen Postbehörde mit Aufnahme eines Situationsplanes und Eintragung der für die genannte Straße und den Markt „eventuell“ festgesetzten Fluchtlinie beauftragte Maurermeister O. unter Beifügung eines Situationsplanes ein Schreiben an den Magistrat, enthaltend die Bitte, „die neue Fluchtlinie recht bald feststellen zu wollen“. Der Magistrat übersandte hierauf mittels Schreibens vom 6. März 1889 den Situationsplan, in dem die neuen Fluchtlinien rot eingezeichnet waren, der Postbehörde; in dem Übersendungsschreiben heißt es: „Dem Kaiserlichen Postamte teilen wir ergebenst mit, daß wir die neuen Baufluchtlinien der Kammmacherstraße festgesetzt haben, wie folgt.“ . . . Das in dem Gesetze vom 2. Juli 1875 vorgeschriebene Verfahren für die Festsetzung neuer Fluchtlinien hatte damals noch nicht stattgefunden. Erst am 12. Mai 1890 genehmigten die Stadtverordneten den Plan. Am 3. Juni 1890 gab die Polizeiverwaltung ihre Zustimmung, worauf am 21. Juli 1890 die erste Offenlegung (§ 7 dieses Gesetzes) und am 2. März 1891 die förmliche Feststellung des Planes erfolgte. Inzwischen war das auf dem Grundstücke stehende alte Gebäude abgebrochen worden, und es hatte der Kläger den Baukonsens bei der Polizeiverwaltung nachgesucht, der ihm unterm 7. Juni 1890 zu Händen des mit der Bauleitung beauftragten Baumeisters erteilt wurde mit der Aufforderung, sich die durch Beschluß der städtischen Behörden festgestellte Fluchtlinie vor Inangriffnahme des Baues durch den Stadtbaumeister vorweisen zu lassen, und ferner mit dem Auftrage, den Bürgersteig an der Kammmacherstraße sowie am Markte in der näher angegebenen Breite und Art herzustellen. Durch die Innehaltung der neuen Fluchtlinie bei Ausführung des Baues ist der zwischen der alten und neuen Fluchtlinie liegende Teil des klägerischen Grundstückes unbebaut geblieben und ist demnächst zur Herstellung des Bürgersteiges verwendet worden.

Der Kläger glaubt für das infolge der Fluchtlinienfestsetzung der Bebauung entzogene, gegenwärtig dem öffentlichen Verkehre dienende Land nach Maßgabe des Gesetzes vom 2. Juli 1875 Entschädigung verlangen zu dürfen und hat, da die Beklagte den Entschädigungsanspruch zur Zeit nicht anerkennt, Klage erhoben mit dem in zweiter Instanz dahin modifizierten Antrage: die Beklagte zu verurteilen, ihm für die von dem Postgrundstücke abgeschnittene Fläche von 306,85 Quadratmetern schon jetzt Entschädigung zu gewähren und behufs Ermittelung der ihm zu gewährenden Entschädigung die Einleitung des gesetzlichen Verfahrens gemäß §§ 24 flg. des Gesetzes vom 11. Juni 1874 in Antrag zu bringen. Kläger ist mit seiner Klage in beiden Vorinstanzen abgewiesen und seine Revision zurückgewiesen worden.

Gründe:

„Der Anspruch des Klägers auf eine im Enteignungsverfahren festzustellende Entschädigung gründet sich lediglich auf das Gesetz vom 2. Juli 1875. Nach § 13 dieses Gesetzes kann wegen Entziehung oder Beschränkung des von der Festsetzung neuer Fluchtlinien betroffenen Grundeigentums Entschädigung nur in drei bestimmten Fällen gefordert werden, von denen hier nur die beiden ersten in Betracht kommen, nämlich: 1. wenn die zu Straßen und Plätzen bestimmten Grundflächen auf Verlangen der Gemeinde für den öffentlichen Verkehr abgetreten werden; 2. wenn die Straßen- oder Baufluchtlinie vorhandene Gebäude trifft, und das Grundstück bis zur neuen Fluchtlinie von Gebäuden freigelegt wird. Was zunächst diesen zweiten Fall betrifft, so hängt die Entscheidung lediglich davon ab, welche Bedeutung der Kundgebung des Magistrates in dem Schreiben vom 6. März 1889 beigelegt wird. Denn als die endgültige Festsetzung der Fluchtlinie der Kammmacherstraße erfolgt war und gemäß § 8 a. a. O. veröffentlicht wurde, traf sie kein Gebäude des Klägers mehr, da damals schon das der Fluchtlinie folgende neue Postgebäude im Bau begriffen war.

Nun hat zwar das Reichsgericht die Vorschriften der §§ 13 und 14 a. a. O. (zu Gunsten der Stadtgemeinde) auch dann für anwendbar erachtet, wenn vor Offenlegung des förmlich festgesetzten Planes, jedoch nach der im § 7 a. a. O. vorgeschriebenen ersten Veröffentlichung ein Baukonsens nachgesucht und wegen Überschreitung der im Bebauungsplane enthaltenen Fluchtlinie versagt worden ist.

Vgl. Entsch. des R.G.'s in Civils. Bd. 21 S. 212.

Es kann auch keinem Bedenken unterliegen, daß einer gemäß Abs. 2 des § 7 a. a. O. in Einzelfällen an den Grundeigentümer erlassenen Mitteilung die gleiche Bedeutung beigemessen werden muß, als der ersten Veröffentlichung des Bebauungsplanes. Es fragt sich aber, ob diejenige Mitteilung, die dem Kläger durch das Schreiben vom

6. März 1889 und die gleichzeitige Einzeichnung der neuen Fluchtlinie in den von dem Maurermeister O. eingezeichneten Lageplan gemacht wurde, eine solche ist, wie sie der Abs. 2 des § 7 als Ersatz für die erste Offenlegung des Planes gestattet. Der Berufungsrichter hat das mit Recht verneint.

Der Berufungsrichter spricht der erwähnten Antwort des Magistrates auf die Anfrage des Maurermeisters O. die Eigenschaft eines innerhalb des gesetzlich vorgeschriebenen Verfahrens gethätigten Aktes zunächst aus dem Grunde ab, weil damals noch sowohl die Zustimmung der Gemeinde (der Stadtverordneten) als auch der Polizeiverwaltung gefehlt habe (§§ 1 und 7 a. a. O.). Dem ist beizutreten.

Wenn die Einschränkung, welche das Grundeigentum durch die Feststellung von Fluchtlinien erleidet (§ 11 des Gesetzes), schon vor dem in diesem Paragraphen bestimmten Zeitpunkte vorläufig in Geltung treten soll, so kann diese Wirkung nur an den Eintritt eines bestimmten Stadiums des gesetzlich vorgeschriebenen Verfahrens geknüpft werden, und zwar an denjenigen Zeitpunkt, wo durch Offenlegung — oder Spezialbekanntmachung — des gemäß § 1 des Gesetzes festgesetzten Planes derselbe den Einwendungen der Beteiligten freigegeben wird. In welcher Weise diese Bekanntmachung zu erfolgen hat, bestimmt das Gesetz. Bis diese Kundmachung in der vorgeschriebenen Art erfolgt ist, ist der Plan als nicht vorhanden anzusehen, auch dann nicht, wenn er schon vor der formellen Kundgebung zur Kenntnis der Beteiligten gelangt, ja selbst dann nicht, wenn er den Anlaß zur Versagung einer von einem Beteiligten nachgesuchten Bauerlaubnis gegeben hätte.

Vgl. Entsch. des R.G.'s in Civils. Bd. 28 S. 276.

Mag also auch, wie die Revision geltend macht, die vom Gesetze vorgeschriebene Zustimmung der Gemeinde und der Ortspolizeibehörde als ein der Kontrolle der Beteiligten sich entziehendes Internum der Gemeindeverwaltung angesehen werden, und mag ferner durch die ihm erteilte Auskunft der Kläger veranlaßt worden sein, den Neubau unter Freilassung der durch die ihm mitgeteilte neue Fluchtlinie abgeschnittenen Fläche aufzuführen, so folgt daraus noch nicht, daß die fragliche Auskunft als Kundmachung der beschlossenen Fluchtlinie im Sinne des § 7 Abs. 2 a. a. O. erteilt worden ist. So wenig nach damaliger Sachlage, wo noch nicht einmal das erste Stadium der Fluchtlinienfestsetzung beschritten war (§ 1 des Gesetzes), der Magistrat sofort zu einer Offenlegung des Planes gemäß § 7 Abs. 1 hätte schreiten können, so wenig konnte er mit der dem Kläger erteilten Auskunft den Zweck verfolgen, den die im § 7 vorgeschriebene Bekanntmachung hat, nämlich die Beteiligten in den Stand zu setzen, innerhalb einer Ausschlußfrist ihre Einwendungen gegen den Plan zu erheben. In der That entbehrt auch, worauf der Berufungsrichter mit Recht Gewicht legt, das Schreiben vom 6. März 1889 der im § 7 des Gesetzes vorgeschriebenen Aufforderung zur Anbringung etwaiger Einwendungen. ...

Wenn also auch der Kläger durch die ihm gewordene Mitteilung veranlaßt worden ist, in der neuen Fluchtlinie zu bauen und die darüber hinausliegenden Teile seines Grundstückes frei zu lassen, so kann er doch einen Entschädigungsanspruch auf § 13 Abs. 2 a. a. O. nicht stützen, weil zu jener Zeit die aus der Fluchtlinienfestsetzung sich ergebende Beschränkung des Grundeigentumes weder endgültig eingetreten noch, wie in dem Falle der oben erwähnten Reichsgerichtsentscheidung (Bd. 21 S. 212), vorläufig in Wirksamkeit gesetzt war. Als sodann am 7. Juni 1890 dem Kläger die nachgesuchte Bauerlaubnis durch die Polizeiverwaltung erteilt wurde, war die erste Offenlegung des Bebauungsplanes auch noch nicht erfolgt; es würde daher, selbst wenn in der die Bedingung der Innehaltung der neuen Fluchtlinie geknüpften Bauerlaubnis eine Beschränkung des Klägers enthalten wäre, ein hieraus etwa herzuleitender Entschädigungsanspruch nicht auf das Gesetz vom 2. Juni 1875 gestützt werden können.

Vgl. Entsch. des R.G.'s in Civils. Bd. 28 S. 276.

Auch die Voraussetzungen des § 7 Abs. 1 sind vom Berufungsrichter mit Recht verneint worden. Die beklagte Gemeinde hat die Abtretung der zur Straße (und dem Markte) bestimmten Flächen bisher nicht verlangt. In der Mitteilung vom 6. März 1889 kann ein solches Verlangen ebensowenig gefunden werden, wie in der Fluchtlinienfestsetzung selbst, auch wenn man, worauf die Revision Gewicht legt, in Betracht zieht, daß nach der örtlichen Baupolizeiordnung die unbebaut bleibenden Landstreifen zur Herstellung des Bürgersteiges, also für den öffentlichen Verkehr verwendet werden mußten und verwendet worden sind. Ebensowenig vermag die dem Kläger von der Polizeiverwaltung bei Erteilung des Baukonsenses gestellte Bedingung, den Bürgersteig in der dort angegebenen Weise herzustellen, das Abtretungsverlangen der Gemeinde zu ersetzen.

Vgl. Friedrichs, Das Gesetz vom 2. Juli 1875 zu §§ 13 und 14 Anm. 6 S. 103/4, 3. Aufl.

Auch die infolgedessen eingetretene thatsächliche Einverleibung der fraglichen Flächen in die Straße bezw. den Marktplatz, deren Bestandteil der Bürgersteig bildet, kann dem Falle nicht gleichgestellt werden, daß die zur Straße bestimmten Flächen auf Verlangen der Gemeinde abgetreten werden. Der in dem von Friedrichs a. a. O. erwähnten Urteile des Reichsgerichtes, 2. Hilfssenates, ausgesprochenen entgegengesetzten Ansicht konnte nicht beigetreten werden. Die Inanspruchnahme der Flächen für den öffentlichen Verkehr durch die Polizeigewalt bedingt noch keinen Wechsel im Eigentume, der Bürgersteig kann auch im Eigentume der Straßenanlieger stehen, welches in diesem Falle mit einer öffentlichrechtlichen Servitut belastet ist. Entsteht aus dieser Belastung ein Entschädigungsanspruch gegen die Gemeinde, so kann dieser nur auf § 75 Einl. z. A.L.R., nicht aber auf die Vorschriften des Gesetzes vom 2. Juli 1875 gegründet werden. Einen Zwang gegen die Gemeinde, die Abtretung des Eigentumes zu verlangen, kennt dieses Gesetz (abgesehen von den Fällen der Ziff. 2 und 3 des § 13) nicht." ...

---

53. Unter welchen Voraussetzungen gilt ein Ehescheidungsgrund durch Ablauf der einjährigen Frist des § 721 A.L.R. II. 1 auch dann als verziehen, wenn thatsächliche Trennung der Ehegatten stattgefunden hat?

III. Civilsenat. Urt. v. 24. April 1894 i. S. S. (Bekl.) w. S. (Kl.) Rep. III. 21/94.

I. Landgericht Meiningen.
II. Oberlandesgericht Jena.

Aus den Gründen:

„Das Berufungsgericht verletzt den § 721 A.L.R. II. 1, nach welchem ein Ehevergehen nur während eines Jahres nach erlangter

Kenntnis als Ehescheidungsursache gerügt werden kann. Das Gericht erkennt an, daß diese Frist abgelaufen sein, daher der Klage eine wirksame Einrede entgegenstehen würde, wenn nach dem Sinne des Gesetzes eine nur thatsächliche Trennung der Ehegatten den Ablauf der einjährigen Frist nicht hindert. Im Widerspruche mit wiederholten Entscheidungen des IV. Civilsenates des Reichsgerichtes,

vgl. Entsch. des R.G.'s in Civils. Bd. 15 S. 291; Jur. Woch. 1890 S. 155, 1892 S. 70 46,

sucht es aber auszuführen, daß nach dem Gesetze im Falle thatsächlicher Trennung der Ehegatten die Vermutung der Verzeihung nicht eintrete. Das erkennende Gericht tritt jedoch in vollem Umfange der auch durch die Entstehungsgeschichte unterstützten Ansicht des IV. Civilsenates bei, daß nur die Erhebung der Ehescheidungsklage oder die Beantragung des Sühneversuches den Lauf der Frist des § 721 unterbreche. Es handelt sich hier nicht, wie das Berufungsgericht unter Berufung auf Förster-Eccius (Preuß. Privatrecht 6. Aufl. Bd. 4 S. 106 Anm. 37) anzunehmen scheint, um eine aus den Thatsachen zu ziehende — etwa durch Gegenbeweis zu widerlegende — Vermutung des Verzeihungswillens, sondern das Gesetz stellt die einjährige Fortsetzung der Ehe unbedingt und unwiderleglich der ausdrücklichen Verzeihung gleich, ohne Rücksicht darauf, ob der Ehegatte in der Absicht zu verzeihen oder aus anderen Gründen die Ehe fortsetzte.

Da das Berufungsurteil auf diesem Rechtsirrtume beruht, mußte es zwar aufgehoben werden; doch ist seinen eventuellen Ausführungen beizutreten, daß die Frist des § 721 dann nicht abgelaufen ist, ja nicht einmal zu laufen begonnen hat, wenn die Beklagte von ihrem Manne in Fortsetzung ihrer Weigerung der ehelichen Pflicht sich fern hält. Die angeführten Entscheidungen des IV. Civilsenates beziehen sich nur auf solche Ehescheidungsgründe, welche, wie Ehebruch und Mißhandlungen, regelmäßig mit den einzelnen Vorfällen abgeschlossen sind, während im Falle der böslichen Verlassung,

vgl. Erler, Ehescheidungsrecht S. 122 Anm. 15,

unbedenklich anzunehmen ist, daß, solange dies stets aufs neue einen Ehescheidungsgrund begründende Verhalten dauert, die Frist nicht zu laufen beginnt. Die Versagung der ehelichen Pflicht steht zwischen beiden Arten. Sie dauert fort, wenn aus den Umständen auf den fortgesetzten Weigerungswillen als fortwirkende Ursache geschlossen werden kann; dagegen ist aus der Thatsache allein, daß die Beklagte ihren Mann verlassen hat, diese Richtung ihres Willens nicht mit Sicherheit erkennbar.

Das Berufungsgericht stellt nun fest, daß das Fortgehen der Beklagten sich zeitlich an ihre wiederholte und halsstarrige Weigerung anschloß, und will hieraus, falls nicht die Beklagte einen anderen Grund nachweisen kann, die Überzeugung gewinnen, daß die Beklagte die gemeinschaftliche Wohnung nur deshalb verlassen habe, weil sie die bereits vorher bethätigte Versagung der ehelichen Pflicht durch gänzliche Aufhebung der ehelichen Gemeinschaft auch für die Zukunft bethätigen wollte. Diese Folgerung zeigt ebensowenig einen Rechtsirrtum wie die fernere, daß der Nachweis, Kläger habe die Beklagte am Tage ihres Fortgehens aus dem Hause weggewiesen, jene Überzeugung hindern und vielmehr zu der Annahme führen würde, daß die Beklagte nicht freiwillig zwecks Fortsetzung ihrer Weigerung, sondern auf das bestimmte Verlangen des Klägers fortgegangen sei, und daß dann wegen Ablaufes der einjährigen Frist dieser Klagegrund nicht mehr geltend gemacht werden könne." ...

---

54. Kann eine Observanz, welche zur Zeit des Inkrafttretens des ostpreußischen Provinzialrechtes bestand, ihre Geltung ohne einen Akt der Gesetzgebung wieder verlieren?

IV. Civilsenat. Urt. v. 15. Februar 1894 i. S. S. u. Gen. (Bekl.) w. die Kirchengemeinde L. (Kl.) Rep. IV. 300/93.

I. Landgericht Bartenstein.
II. Oberlandesgericht Königsberg i. Pr.

Aus den Gründen:

„Zu dem, noch mehrere andere Ortschaften umfassenden Sprengel der evangelischen Kirche zu L. in Ostpreußen gehört die Dorfschaft Z., in welcher die Beklagten und außer diesen noch ein bäuerlicher Wirt, Namens R., Grundstücke besitzen. Zwei der Beklagten bekennen sich zum evangelischen Glauben. Die übrigen acht Beklagten sind katholisch. Einige von ihnen wohnen außerhalb des Kirchensprengels. Die klagende Kirchengemeinde behauptet, daß die Beklagten als Besitzer ihrer in Z. belegenen Grundstücke verpflichtet seien, nach Verhältnis ihrer Hufen 1. in Gemeinschaft mit dem Besitzer R., welcher den Anspruch der Klägerin anerkannt hat, den zur Pfarre in L. gehörigen Schuppen neu zu bauen und zu unterhalten, auch das Material dazu aus eigenen Mitteln anzuschaffen, und 2. in Gemeinschaft mit den übrigen Grundbesitzern des Kirchspieles die Hand- und Spanndienste bei den Bauten und Reparaturen der Kirche und der Gebäude der Geistlichkeit zu leisten. Die Beklagten sind dem auf Feststellung dieser Verpflichtung gerichteten Klagantrage entsprechend in zweiter Instanz verurteilt worden. Zur Begründung dieser Entscheidung wird vom Berufungsrichter ausgeführt: Die Kirchenbaulast habe zwar an sich, sowohl nach den in Ostpreußen geltend gewesenen älteren Gesetzen wie nach den Bestimmungen des preußischen Allgemeinen Landrechtes und des ostpreußischen Provinzialrechtes, die Natur einer den Eingepfarrten obliegenden persönlichen Last, jedoch sei die Bildung einer abweichenden Observanz in Ostpreußen bis zum 1. September 1802 (dem Zeitpunkte des Inkrafttretens des bezüglichen Teiles des ostpreußischen Provinzialrechtes) rechtlich möglich gewesen. Demgemäß habe sich auch in dem Kirchspiele L., wie nach dem näher erörterten Ergebnisse der Beweisaufnahme anzunehmen sei, schon vor dem 1. September 1802 eine über diesen Zeitpunkt hinaus in Übung gebliebene Observanz ausgebildet gehabt, nach welcher die Grundbesitzer, ohne Rücksicht auf ihr Glaubensbekenntnis oder ihren Wohnsitz, zu den streitigen Leistungen nach dem Verhältnisse der Hufenzahl dinglich verpflichtet seien, und zwar die Grundbesitzer des ganzen Kirchspieles zu den Hand- und Spanndiensten und die Grundbesitzer von Z. überdies zu der ihnen allein obliegenden Ausführung des Baues und der Unterhaltung des Pfarrschuppens, einschließlich der Beschaffung des nötigen Materiales. Diesem Gewohnheitsrechte gegenüber habe sich nach dem 1. September 1802, unter der Herrschaft des ostpreußischen Provinzialrechtes, eine widersprechende Observanz weder bilden noch fortbilden können. Unerheblich erscheine es daher, daß in späterer Zeit, nachdem einzelne Grundstücke seit dem Jahre 1860 in den Besitz von Katholiken übergegangen gewesen, diese katholischen Grundbesitzer infolge von Entscheidungen der Verwaltungsbehörden von Beiträgen der fraglichen Art freigeblieben seien, und daß in den letzten Jahrzehnten auch die Heranziehung einzelner evangelischer Grundbesitzer unterblieben sein möge. Gegen diese Ausführungen sind Bedenken nicht zu erheben. Zunächst ist dem Berufungsrichter darin beizutreten, daß sich die fragliche Observanz mit der Wirkung ausbilden konnte, daß die jedesmaligen Besitzer der in Betracht kommenden Grundstücke zu den streitigen Leistungen dinglich verpflichtet wurden. Hierzu würde es allerdings noch nicht genügt haben, wenn sich in dem Kirchspiele L. nur bezüglich der Art, wie die Parochiallasten zwischen den Eingepfarrten verteilt werden sollten, eine Übung dahin ausgebildet hätte, daß gewisse Lasten ausschließlich von denjenigen Eingepfarrten getragen werden müßten, welche mit Grundstücken angesessen seien. Der Berufungsrichter hat jedoch festgestellt, daß die fraglichen Leistungen observanzmäßig von den Grundbesitzern als solchen, ohne Rücksicht auf ihr Glaubensbekenntnis und ihren Wohnort, zu entrichten sind. Dies rechtfertigt die Annahme der Dinglichkeit jener Lasten. Auch läßt diese Feststellung, welche unter eingehender Berücksichtigung einer großen Zahl, teilweise bis in das vorige Jahrhundert zurückreichender urkundlicher Erklärungen getroffen worden ist, eine Rechtsnormverletzung nicht erkennen....

Der fernere Ausspruch des Berufungsrichters, daß seit dem Inkrafttreten des ostpreußischen Provinzialrechtes im Herrschaftsgebiete desselben eine die fragliche Baulast betreffende Observanz sich nicht mehr habe bilden oder fortbilden können, ist nach §§ 511. 525 C.P.O. unanfechtbar. Übrigens hat auch das Reichsgericht in dem vom Berufungsrichter angezogenen Urteile vom 9. Februar 1882 in der vor dem 1. Oktober 1879 anhängig gewordenen Sache P. u. Gen. w. P. Rep. IV. 191/81 denselben Grundsatz aufgestellt und näher begründet.[1]

---

[1] In den Urteilsgründen ist folgendes ausgeführt: „Der § 60 Einl. zum A.L.R. enthält die Bestimmung, daß durch Gewohnheiten neue Gesetze nicht eingeführt werden können. Sicher hat der Gesetzgeber dabei nicht bloß an den gewiß seltenen Fall gedacht, wo etwa observanzmäßig das Gesetz eines anderen Staates oder einer anderen Provinz in einem Gebiete, wo es nicht promulgiert ist, angewendet worden ist. Man muß vielmehr unter „Gesetz" hier überhaupt jede Rechtsnorm verstehen und den § 60 auch auf den Fall beziehen, wo behauptet wird, es sei durch Gewohnheitsrecht eine

Danach erscheint auch die weitere Folgerung gerechtfertigt, daß diejenige Observanz, welche nach der Feststellung des Berufungsrichters zur Zeit des Inkrafttretens des ostpreußischen Provinzialrechtes bestanden hat, nur durch Gesetz wieder beseitigt oder abgeändert werden kann; denn jede Änderung eines Gewohnheitsrechtes, welche im Wege der auf Rechtsüberzeugung beruhenden Übung der Beteiligten ohne Hinzutreten eines Aktes des Gesetzgebers erfolgt, erscheint als die

---

neue Rechtsnorm zur Geltung gekommen. Indessen diesen Satz des § 60 suspendiert das Publikationspatent zum Allgemeinen Landrechte bis zum Zeitpunkte der Publikation des Provinzialgesetzbuches. Denn dort ist im § VII angeordnet, daß bei Entwerfung der Provinzialgesetzbücher auf die Gewohnheiten und Observanzen, welche bisher stattgefunden haben, die erforderliche Rücksicht zu nehmen ist. Dies kann nur den Sinn haben, daß auf die Observanzen Rücksicht zu nehmen ist, welche bis zur Zeit, wo das Provinzialgesetzbuch abgefaßt wird, stattgefunden haben. Denn überhaupt denken sich die Redaktoren des Landrechtes die Satzungen der neuen Gesetzgebung erst als abgeschlossen mit dem Erlasse des Provinzialgesetzbuches. Das ist der ganze Sinn und Zweck des § VII, und wenn es darin ferner von den Gewohnheiten praeter legem heißt: „es mag dabei ... auch ferner sein Bewenden haben", so muß man dies dahin verstehen, daß es auch bei den nach Publikation des Allgemeinen Landrechtes, aber vor Publikation des Provinzialgesetzbuches entstandenen Observanzen sein Bewenden haben solle....

Was die Frage betrifft, ob sich nach Publikation des ostpreußischen Provinzialrechtes eine Observanz fortbilden oder neubilden konnte, so wird dies durch die Bestimmung des § 60 Einl. zum A.L.R. ausgeschlossen. Denn diese Bestimmung ist an sich eine absolute; sie ist nur in dem Maße, wie oben dargelegt, das heißt, bis zur Publikation des Provinzialgesetzbuches, suspendiert gewesen. Der § VII des Publikationspatentes zum Allgemeinen Landrechte hat überhaupt den Zeitpunkt der Entwerfung des Provinzialgesetzbuches im Auge; es soll dabei auf die Observanzen, welche bisher stattgefunden haben, Rücksicht genommen werden. Es ist daher die Folgerung berechtigt, daß das Provinzialrecht, wenn es demnächst neben den dem Provinzialrechte einverleibten, also bei dessen Entwerfung bestehenden Observanzen auch diejenigen zuläßt, auf welche das Gesetz ausdrücklich als prinzipale Rechtsquelle hinweist, dabei ebenfalls diesen Zeitpunkt im Auge gehabt hat. Diese Auffassung drückt sich auch in der ferneren Bestimmung des Publikationspatentes zum Allgemeinen Landrechte aus, daß es bei denjenigen Observanzen, welche nicht wider die Gesetze sind, sondern nur etwas bestimmen, was in den Gesetzen unentschieden gelassen ist, nach Maßgabe des § 4 Einl. zum A.L.R. nach Ablauf des vorgedachten Zeitraumes (das heißt nach Publikation des Provinzialgesetzbuches) bis zum Erfolge einer anderen gesetzlichen Bestimmung noch ferner sein Bewenden haben soll. Denn mit dem Ausdrucke „sein Bewenden haben" kann der Gesetzgeber nur etwas bereits Bestehendes (nicht etwas künftig erst Entstehendes) gemeint haben."

Ausbildung einer neuen Observanz, gleichviel ob es sich dabei um eine Fortbildung oder um eine Beseitigung des bestehenden ungeschriebenen Rechtes handelt. Beim Mangel eines abändernden Gesetzes würde also jene vom Berufungsrichter festgestellte Observanz selbst dann in Kraft geblieben sein, wenn inzwischen eine Zeit lang die ursprüngliche Rechtsüberzeugung, welche zur Bildung der Observanz geführt hatte, aus dem Bewußtsein der Beteiligten geschwunden gewesen wäre, und wenn sich infolgedessen sogar eine neue, von der alten abweichende Übung ausgebildet haben sollte. Mit Recht hat deshalb der Berufungsrichter die Erhebung des nach dieser Richtung angetretenen Beweises abgelehnt." . . .

---

55. 1. Pflichtwidrigkeit eines Richters bei Behandlung der zur Terminsbestimmung vorgelegten Klage.
2. Finden § 70 Abs. 3 G.V.G. und § 39 Abs. 3 des preußischen Ausführungsgesetzes zum Gerichtsverfassungsgesetze Anwendung auf Klagen gegen Beamte, welche vor der Klagezustellung die Beamteneigenschaft verloren haben?

IV. Civilsenat. Urt. v. 12. März 1894 i. S. Sch. (Bekl.) w. Sch. (Kl.) Rep. IV. 368/93.

I. Landgericht II Berlin.
II. Kammergericht daselbst.

Aus den Gründen:

„Der Rechtsanwalt P. zu S. hatte Ende Oktober 1890 ohne Beifügung einer Prozeßvollmacht, aber mit dem Versprechen, solche nachzubringen, bei dem Königlichen Amtsgerichte zu Alt-Landsberg eine Klage namens des Bauergutsbesitzers Sch. gegen den Viehhändler B. wegen Gewährleistung aus dem Verkaufe einer Kuh zum Zwecke der Terminsbestimmung eingereicht. Der Beklagte, welcher damals als Amtsrichter bei dem gedachten Gerichte angestellt war, und dem die Erledigung dieser Sache nach der Geschäftsverteilung zufiel, beschränkte sich darauf, zu verfügen, daß diese Klageschrift eventuell nach vierzehn Tagen zu reproduzieren sei. Bei dieser Sachlage unterblieb die Klagezustellung, welche zur Wahrung der sechsmonatlichen Frist des § 343 A.L.R. I. 5 bis zum 7. November 1890 hätte erfolgen müssen. Infolgedessen ist das Klagerecht bezüglich jenes Gewährleistungsanspruches durch Verjährung verloren gegangen. Wegen des hierdurch entstandenen Schadens ist nunmehr der Beklagte in Anspruch genommen und vom Berufungsrichter verurteilt worden, den in den Prozeß eingetretenen Erben des während des Rechtsstreites verstorbenen Bauergutsbesitzers Sch. 250 ℳ nebst 5 Prozent Zinsen seit dem 20. Juli 1892 zu zahlen. Der Beklagte war bereits zur Zeit der Zustellung dieser Klage aus dem Staatsdienste geschieden. Es ist deshalb in Rücksicht auf die Bestimmungen der §§ 508. 509 C.P.O. zunächst zu prüfen, ob die Landgerichte für Klagen der vorliegenden Art ohne Rücksicht auf den Wert des Streitgegenstandes auch dann ausschließlich zuständig sind, wenn der wegen einer Pflichtwidrigkeit in Anspruch zu nehmende Beamte inzwischen seine Beamteneigenschaft verloren hat. Diese Frage muß bejaht werden. Der § 70 Abs. 3 G.V.G. bestimmt: „Der Landesgesetzgebung bleibt überlassen, ... Ansprüche gegen Beamte wegen Überschreitung ihrer amtlichen Befugnisse oder wegen pflichtwidriger Unterlassung von Amtshandlungen, ... ohne Rücksicht auf den Wert des Streitgegenstandes, den Landgerichten ausschließlich zuzuweisen." Hieran schließt sich der Wortlaut des § 39 Abs. 3 des preußischen Ausführungsgesetzes vom 24. April 1878 an, insofern danach die Landgerichte in bürgerlichen Rechtsstreitigkeiten ausschließlich zuständig sind: „für die Ansprüche gegen öffentliche Beamte wegen Überschreitung ihrer amtlichen Befugnisse oder wegen pflichtwidriger Unterlassung von Amtshandlungen." Schon diese Fassung, nach welcher das Gesetz nicht von Klagen spricht, die gegen Beamte erhoben werden, sondern nur die den Landgerichten überwiesenen Ansprüche bezeichnet, läßt die Annahme gerechtfertigt erscheinen, daß vom Gesetzgeber nicht beabsichtigt worden ist, den Beamten für die Dauer ihrer aktiven Dienstzeit ein persönliches Vorrecht zu gewähren, sondern daß alle Ansprüche der fraglichen Art aus objektiven Gründen einer Ausnahmebestimmung haben unterworfen werden sollen. Die Richtigkeit dieser Auffassung ergiebt sich auch aus der Entstehungsgeschichte jener Gesetzesvorschriften. Der dem § 70 G.V.G. entsprechende § 50 des Entwurfes enthielt weder die in Frage stehenden Worte im Abs. 3, noch die jetzt im § 70 unter Ziff. 2 des zweiten

Absatzes befindliche Bestimmung bezüglich der Ansprüche gegen Reichsbeamte. Die jetzige Fassung dieser Teile des § 70 beruht auf Anträgen, welche in der Kommission des Reichstages gestellt und damit begründet worden sind, daß es sich bei Prozessen der in Rede stehenden Art oft um wichtige staatsrechtliche Fragen handele, weshalb es im Interesse des Staates liegen müsse, solche Prozesse ohne Rücksicht auf die Höhe der Streitsumme den für die Entscheidung geeigneteren Kollegialgerichten zu überweisen und damit den Rechtszug, behufs Erzielung einer gleichmäßigen Rechtsprechung, bis in die höchste Instanz offen zu lassen.

Vgl. Hahn, Materialien zum Gerichtsverfassungsgesetz S. 787 u. 788. Dementsprechend bemerken die Motive zum Entwurfe des preußischen Ausführungsgesetzes vom 24. April 1878 (S. 56) bei der Begründung der Bestimmung des § 39 (§ 31 des Entwurfes): „Den reichsgesetzlichen Vorschriften des § 70 Abs. 3 G.V.G. und des § 509 Abs. 2 C.P.O. liege die Erwägung zu Grunde, daß bei Rechtsstreitigkeiten der bezeichneten Art vielfach das öffentliche Recht berührt werde, und daß es daher für die einzelnen Bundesstaaten zweckmäßig sein könne, wenn in solchen Sachen zur Aufrechterhaltung einer einheitlichen Rechtsprechung in allen Fällen die Revision an das Reichsgericht zulässig sei.“ Dies stimmt auch mit der Ausführung der Motive zum Entwurfe der Civilproceßordnung überein, in welchen zur Rechtfertigung der Ausnahmebestimmung des § 509 Abs. 2 (§ 485 Abs. 2 des Entwurfes) hervorgehoben wird, daß durch die Interessen des Reiches und der einzelnen Bundesstaaten eine einheitliche Rechtsprechung bei den fraglichen Rechtsstreitigkeiten mit gebieterischer Notwendigkeit gefordert werde. An die Schaffung eines persönlichen Privilegiums ist hiernach nicht gedacht worden; der leitende Gesichtspunkt aber, daß bei der Syndikatsklage oft Fragen staatsrechtlicher Art konkurrieren, trifft auch in dem Falle zu, wenn die Klage gegen einen inzwischen inaktiv gewordenen Beamten erhoben wird. Hiernach erscheint die Revision als zulässig.

In der Sache selbst ist dem Berufungsrichter zunächst darin beizutreten, daß der Beklagte pflichtwidrig gehandelt hat, indem er weder in Gemäßheit der Vorschrift des § 193 Abs. 2 C.P.O. einen Termin bestimmte, noch den Rechtsanwalt P. abschlägig beschied, sondern lediglich anordnete, daß die zur Terminsbestimmung eingereichte Klage nach Ablauf von vierzehn Tagen seitens der Gerichtsschreiberei wieder vorgelegt werden solle. Wenn der Beklagte der Ansicht war, daß von ihm die Legitimation des Rechtsanwaltes P. schon in diesem Stadium zu prüfen sei, und daß die Terminsbestimmung wegen der fehlenden Prozeßvollmacht unstatthaft erscheine, so hätte er dies dem Rechtsanwalt P. eröffnen müssen. Von dieser Verpflichtung wurde der Beklagte auch nicht durch die Erklärung des Rechtsanwaltes P. entbunden, daß die Vollmacht nachgebracht werden solle; denn mit Rücksicht darauf, daß die Klage zur Terminsbestimmung eingereicht war, konnte kein Zweifel darüber obwalten, daß die Bestimmung des Termines sofort und nicht erst später, nach Eingang der nachzubringenden Vollmacht, begehrt wurde." ...

---

56. Kann eine von Eheleuten aus ihrem gütergemeinschaftlichen Vermögen vorgenommene Schenkung nach dem Tode des einen Ehegatten von einem Erben dieses Ehegatten ohne Beistimmung des überlebenden Ehegatten auf Grund des § 1090 A.L.R. I. 11 wirksam widerrufen werden?

IV. Civilsenat. Urt. v. 12. April 1894 i. S. G. (Kl.) w. M. u. Gen. (Bekl.) Rep. IV. 358/94.

I. Landgericht Posen.
II. Oberlandesgericht daselbst.

Die obige Frage ist vom Reichsgerichte verneint worden.

Aus den Gründen:

„Der am 25. November 1891 zu J. verstorbene Ausgedinger M. hat als seine gütergemeinschaftliche Witwe die beklagte Witwe M. und als seine gesetzlichen Erben seine Kinder, nämlich die mitbeklagte Ehefrau T. und die Klägerin hinterlassen. Bei der Auseinandersetzung ist Streit darüber entstanden, ob zur gütergemeinschaftlichen Masse der M.'schen Eheleute eine Anzahl Pfandbriefe der Posener Landschaft im Nennwerte von 21000 ℳ gehört. Die Klägerin behauptet dies. Dagegen machen die Beklagten geltend, die Pfandbriefe seien durch rechtswirksame Schenkung der M.'schen Eheleute in das Eigentum der beklagten Ehefrau T. übergegangen. Demgemäß hat die Klägerin im jetzigen Prozesse die Feststellung begehrt, daß die Wertpapiere zu der gütergemeinschaftlichen Masse der M.'schen Eheleute gehören und dabei zur Teilung zu bringen sind. Die Beklagten haben der Klage widersprochen. Seitens des Landgerichtes ist der Klage stattgegeben. Während der von den Beklagten beschrittenen Berufungsinstanz ist die Beklagte, Witwe M., gestorben. Als ihre testamentarische Alleinerbin ist die Mitbeklagte, Ehefrau T., aufgetreten und vom Berufungsgerichte auf Grund einer bedenkenfreien Auslegung des bezüglichen Testamentes zugelassen. In der Sache selbst hat das Berufungsgericht dann auf Abweisung der Klage erkannt.

Die gegen diese Entscheidung gerichtete Revision der Klägerin erscheint nicht begründet. Die Klage ist in erster Linie darauf gestützt, daß die Mitbeklagte, Ehefrau T., sich kurze Zeit vor dem Tode des M. eigenmächtig in den Besitz der Pfandbriefe gesetzt habe. Das Berufungsgericht erachtet diesen Klagegrund nach dem Ergebnisse der veranlaßten Beweisaufnahme für widerlegt. Diese Annahme ist von der Revision nicht angegriffen und giebt auch zu Bedenken keinen Anlaß. In zweiter Linie macht die Klägerin geltend, daß, sofern die Pfandbriefe der beklagten Ehefrau T. mündlich geschenkt und übergeben sein sollten, die Schenkung von ihr als Miterbin zu dem Nachlasse des Ausgedingers M. noch innerhalb der in § 1090 A.L.R. I. 11 vorgesehenen Frist widerrufen sei. Das Berufungsgericht hat auch diesen Klagegrund verworfen. Es geht von der durch einwandsfreie Beweiswürdigung gewonnenen Feststellung aus, daß die streitigen Pfandbriefe von den M.'schen Eheleuten gemeinschaftlich der beklagten Ehefrau T. mündlich geschenkt und übergeben sind, und nimmt auf Grund dessen zutreffend eine gemäß § 1065 a. a. O. rechtswirksame Schenkung als vorliegend an. Nun hat allerdings der Berufungsrichter weiter festgestellt, daß die Klägerin durch Schreiben vom 13./26. April 1892, zugestellt am 28. desselben Monats, der beklagten Ehefrau T. gegenüber die Schenkung widerrufen hat. Aber er hat dem Widerrufe die rechtliche Wirksamkeit abgesprochen unter der Ausführung, daß derselbe zwar noch den Erben des Ehemannes M. zugestanden, jedoch nur mit Zustimmung der Witwe M. habe ausgeübt werden können. Gegen diese Ausführung richtet sich die

Revisionsbeschwerde. Dem Angriffe kann indes nicht stattgegeben werden. Die in früheren Entscheidungen des Reichsgerichtes,

vgl. Entsch. des R.G.'s in Civils. Bd. 12 S. 289, Bd. 15 S. 227,

bejahte Frage, ob das Widerrufsrecht aus § 1090 a. a. O. vererblich ist, darf vorliegend dahingestellt bleiben, da in jedem Falle die weitere Erwägung des Berufungsgerichtes dessen Urteil trägt. Denn da die Schenkung von den M.'schen Eheleuten gemeinschaftlich aus ihrem gütergemeinschaftlichen Vermögen bewirkt war, so ist auch das Widerrufsrecht nur für sie gemeinschaftlich erwachsen. Durch den Tod des Ehemannes M. ist zwar die Gütergemeinschaft aufgelöst; allein an der gemeinschaftlichen Masse besteht zwischen der überlebenden Witwe und den Erben des verstorbenen Ehemannes bis zur Auseinandersetzung ein Miteigentum im Sinne des Titels 17 des ersten Teiles des Allgemeinen Landrechtes fort (§§ 634. 653 A.L.R. II. 1). Somit würde in jedem Falle das Widerrufsrecht ein Bestandteil dieses gemeinschaftlichen Inbegriffes geworden sein. Als solcher unterliegt es aber gemäß § 10 I. 17 a. a. O. nur der gemeinschaftlichen Verfügung der Miteigentümer. Deshalb konnte es nicht ohne Beistimmung der Witwe M. als einer der Mitberechtigten ausgeübt werden. In wesentlich gleichem Sinne hat sich bereits das vormalige preußische Obertribunal in den in Striethorst's Archiv Bd. 59 S. 265 und Bd. 100 S. 112 abgedruckten Entscheidungen ausgesprochen." ...

---

57. Berechnung des Auflassungsstempels, wenn auf dem Grundstücke vom Erwerber vorher Gebäude errichtet worden waren.

IV. Civilsenat. Urt. v. 16. April 1894 i. S. Fiskus (Bekl.) w. Aktiengesellschaft Cellulosefabrik W. (Kl.) Rep. IV. 375/93.

I. Landgericht Breslau.
II. Oberlandesgericht daselbst.

Aus den Gründen:

„Der Rittergutsbesitzer S. hatte nach der über die Gründung der klagenden Aktiengesellschaft aufgenommenen notariellen Verhandlung vom 14. April 1890 sein Grundstück Nr. 81 W. zu dem festgesetzten Werte von 21000 *M* unter Anrechnung auf eine von ihm zu übernehmende Aktie in die Gesellschaft eingelegt. Die Auflassung erfolgte am 26. Februar 1891, nachdem inzwischen die Klägerin auf dem fraglichen Grundstücke Fabrikgebäude errichtet und letztere mit Maschinen ausgestattet hatte. In dem über die Auflassung aufgenommenen Protokolle wurde diese Bebauung nicht erwähnt, und als Gegenstand der Auflassung war nur das „Grundstück Nr. 81 W." bezeichnet. Von den Beteiligten wurde dabei angegeben, daß eine das Veräußerungsgeschäft enthaltende Urkunde nicht gebildet sei. Nachdem die Klägerin, entsprechend dem bei der Auflassung mit 21000 *M* angegebenen Werte, an Stempelgebühr für die Auflassung zunächst 210 *M* entrichtet hatte, forderte der Beklagte von ihr weitere 6810 *M*, weil der Wert der Fabrik nebst Maschinen im angeblichen Gesamtbetrage von 702000 *M* mit zu versteuern sei. Die Klägerin fordert im vorliegenden Rechtsstreite diesen von ihr am 19. Dezember 1891 unter Vorbehalt gezahlten Betrag von 6810 *M* nebst 5 Prozent Zinsen seit dem Tage der Einzahlung zurück. In den beiden Vorinstanzen ist der Beklagte dementsprechend verurteilt worden. Der erste Richter hatte das entscheidende Gewicht darauf gelegt, daß die von der Klägerin erbaute Fabrik nach § 108 A.L.R. I. 2 die Eigenschaft eines „Pertinenzstückes" des aufgelassenen Grundstückes nicht erlangt habe, da sie nicht dem Eigentümer der Hauptsache gehöre. Dieser Ausführung ist der Berufungsrichter mit dem Bemerken entgegengetreten, daß die Fabrikgebäude nebst Zubehör an sich als Substanzteile des Grundstückes anzusehen sein würden. Er gelangt aber ebenfalls zu dem Ergebnisse, daß nur der Grund und Boden den Gegenstand der Auflassungserklärung gebildet habe, indem er ausführt: da die Fabrikgebäude und die Maschinen niemals Eigentum des Rittergutsbesitzers S. gewesen seien, so liege es auf der Hand, daß bei der Auflassung unter dem „Grundstücke Nr. 81 W." nur der Grund und Boden, nicht auch die darauf errichteten, der Klägerin damals schon gehörenden Gebäude nebst Maschinen, verstanden sein könnten, und daß dementsprechend die Beteiligten die Bezeichnung „Grundstück", nicht „Fabrikgrundstück", absichtlich gewählt hätten. Diese Ausführung ist nicht zu beanstanden. Namentlich kann ein Angriff bezüglich der Tragweite jener Auflassungserklärung nicht damit begründet werden, daß die Fabrikgebäude einen Zuwachs des grundbuchmäßig im Eigentume des Rittergutsbesitzers S. verbliebenen Grundstückes gebildet hätten. Der Satz des römischen Rechtes: „solo cedit, quod solo inaedificatur", beruht allerdings auf dem Gedanken, daß die mit dem Boden festverbundenen Gegenstände für die Dauer dieser Verbindung ihre selbständige Existenz als Rechtsobjekte verlieren und nur als Accessionen des Grundstückes erscheinen, sodaß danach neben dem Eigentume des Grundherrn ein besonderes Eigentum an den Gebäuden nicht bestehen kann. Jener Grundsatz hat aber eine unbedingte Anerkennung im preußischen Rechte nicht gefunden, vielmehr läßt dasselbe ein getrenntes Eigentum am Gebäude und am Grund und Boden zu. Dies ergiebt sich zunächst indirekt aus der Bestimmung des § 30 Eig.-Erw.-Ges. vom 5. Mai 1872, wonach die auf dem Grundstücke befindlichen Gebäude nur dann für die eingetragenen Hypothekenforderungen mithaften, wenn diese Gebäude dem Eigentümer des Grundstückes gehören. Sodann sprechen hierfür auch die Vorschriften des § 98 A.L.R. I. 9 und des § 243 A.L.R. I. 22.

Vgl. Entsch. des R.G.'s in Civils. Bd. 1 S. 178; Jurist. Wochenschrift von 1890 S. 73 Nr. 14, S. 383 Nr. 35 und von 1892 S. 171 Nr. 54; sowie Gruchot, Beiträge Bd. 33 S. 1072.

Was insbesondere die von dem Bauen auf fremdem Grund und Boden handelnden Bestimmungen der §§ 327 flg. A.L.R. I. 9 betrifft, so kann es dahingestellt bleiben, ob in dem Falle, wenn die Bebauung ohne Vorwissen des Grundeigentümers stattgefunden hat, eine Accession im Sinne des römischen Rechtes eintritt, oder ob hier zunächst ein doppeltes Eigentum anzunehmen ist, insofern das Eigentum des Gebäudes wenigstens solange dem Bauenden verbleibt, bis sich der Grundeigentümer in Gemäßheit des § 330 a. a. O. dahin entschieden hat, daß er das Gebäude behalten und bezahlen will. Jedenfalls greift aber jener Gesichtspunkt des römischen Rechtes dann nicht Platz, wenn die Voraussetzungen des § 332 a. a. O. vorliegen, also wenn der Grundeigentümer um den Bau gewußt und der Fortsetzung desselben nicht widersprochen hat. In solchem Falle erwirbt nicht der Grundeigentümer durch Accession das Eigentum des Gebäudes, sondern der Grund und Boden, auf welchem der Bau errichtet worden ist, fällt umgekehrt in das Eigentum des Bauenden, und zwar ohne daß es noch einer besonderen Willenserklärung bedarf, da hier der Eigentumserwerb unmittelbar durch die Bebauung bewirkt wird.

Vgl. Entsch. des R.G.'s in Civils. Bd. 1 S. 180, Bd. 10 S. 245, Bd. 18 S. 279; Jurist. Wochenschr. v. 1883 S. 275 Nr. 40 und v. 1889 S. 29 Nr. 43; sowie Gruchot, Beiträge Bd. 33 S. 872.

Die Vorschrift des § 332 a. a. O. trifft zwar in erster Linie den Fall, wenn sich der Erbauer, ohne einen Erwerbstitel zu haben, in den Besitz des bebauten Areals setzte. Die Anwendbarkeit dieser Bestimmung wird jedoch dadurch nicht ausgeschlossen, daß der Bauende — wie im Streitfalle — sogar einen vertragsmäßigen Anspruch auf Übertragung des Eigentumes hatte.

Vgl. Entsch. des Obertribunales Bd. 30 S. 31, Bd. 38 S. 61 und Bd. 80 S. 51; sowie Striethorst, Archiv Bd. 36 S. 80, Bd. 56 S. 267, Bd. 81 S. 19, Bd. 93 S. 4 und Bd. 99 S. 111.

Waren hiernach die Fabrikgebäude nebst Zubehör nie in das Eigentum des im Grundbuche als Eigentümer der Grundfläche eingetragenen Rittergutsbesitzers S. gelangt, gehörten dieselben vielmehr der Klägerin, so konnten sie durch den Akt der Auflassung der Klägerin überhaupt nicht übereignet werden. Hierdurch würde zwar an sich die Möglichkeit der Beurkundung einer solchen Übereignung nicht ausgeschlossen gewesen sein; das über die Auflassung aufgenommene Protokoll enthält aber eine derartige Erklärung nicht." ...

---

58. Kann derjenige, welcher ein Grundstück durch formgültigen Vertrag gekauft, aber die Auflassung noch nicht erlangt hat, das Eigentum an demselben durch Bebauung (Inädifikation) erwerben?

A.L.R. I. 9 § 332.

V. Civilsenat. Urt. v. 9. Mai 1894 i. S. G. (Kl.) w. R.(genannt W.)'sche Konkursmasse (Bekl.). Rep. V. 39/94.

I. Landgericht Dortmund.
II. Oberlandesgericht Hamm.

Die aufgeworfene Frage ist bejaht aus folgenden

Gründen:

„Über das Vermögen des Gutsbesitzers Philipp R., genannt W.

ist am 29. Februar 1892 der Konkurs eröffnet worden. Er hatte in betreff seiner Besitzung zu Werl, genannt Gottesgabe, mit dem Beklagten vor der Konkurseröffnung zwei Kaufverträge abgeschlossen, nämlich 1. am 15. August 1891 über eine Fläche von 60 Quadratruten für den Preis von 4000 ℳ und 2. am 3. Februar 1892 über die ganze Besitzung (mit Einschluß der 60 Quadratruten) für 40000 ℳ. Infolge dieses zweiten Vertrages war am 20. Februar 1892 für den Beklagten eine Vormerkung zur Erhaltung des Rechtes auf Auflassung in dem Grundbuche der Gottesgabe eingetragen. Mit der Klage verlangte der Konkursverwalter die Verurteilung des Beklagten zur Einwilligung in die Löschung der Vormerkung. Diesem Antrage ist durch rechtskräftig gewordenes Teilurteil des ersten Richters entsprochen. Die Gründe führen aus, daß Vertragserfüllung seitens der Klägerin nicht gefordert sei, und daß dem Beklagten deshalb nur das Recht zustehe, seinen Entschädigungsanspruch im Konkurse zu liquidieren. Vom Beklagten ist Widerklage erhoben. Er forderte prinzipaliter Verurteilung der Klägerin zur Auflassung der im Vertrage vom 3. Februar 1892 gedachten ganzen Besitzung gegen Zahlung von 36000 ℳ, event. zur Auflassung der im Vertrage vom 15. August 1891 verkauften, durch Vermessung und Fortschreibung festzustellenden 60 Quadratruten. Die Zahlung des Kaufpreises für die Fläche hat unstreitig stattgefunden. Zur Begründung des eventuellen Antrages führt Beklagter an, die verkaufte Fläche sei in dem Vertrage ausreichend bestimmt, auch übergeben und durch Pfähle bezeichnet worden. Zudem habe er auf derselben ein Haus erbaut und also die Fläche durch Inädifikation eigentümlich erworben. Die Klägerin hat der Widerklage widersprochen. Sie bestreitet, daß am 15. August 1891 ein gültiger Kaufvertrag geschlossen sei, weil es an genügender Bestimmtheit des Kaufobjektes fehle. Die Abpfählung soll erst nach der Übergabe erfolgt sein.

Der erste Richter hat die Klägerin nach dem eventuellen Widerklagantrage verurteilt, die Mehrforderung des Beklagten dagegen abgewiesen. Er führt aus, der Beklagte habe den Vertrag seinerseits erfüllt. Es müsse deshalb auch die Klägerin erfüllen.

Gegen dieses Urteil hat die Klägerin Berufung eingelegt mit dem Antrage, die Widerklage ganz abzuweisen. Der Beklagte hat Anschlußberufung erhoben und beantragt, die Klägerin zur Anerkennung seines

Eigentums an den 60 Quadratruten, eventuell an der thatsächlich bebauten Grundfläche und eventuell zur Zahlung von 12200 ℳ nebst 5 Prozent Zinsen seit der Beschlagnahme des Grundstückes zu verurteilen. Die Klägerin hat neben ihren früheren Anführungen behauptet, der Beklagte habe eventuell durch den Vertrag vom 15. August 1891 nur ein persönliches Forderungsrecht auf Eigentumsübertragung erworben und könne, da sie die Vertragserfüllung verweigere, das Kaufgeld von 4000 ℳ nur als Konkursforderung liquidieren. Sie bestreitet, daß die Bebauung durch den Beklagten geschehen sei. Nach ihrer Angabe hat der Gemeinschuldner den Bau ausgeführt. Dem gegenüber hat der Beklagte Zeugenbeweis dafür angetreten, daß er mit Wissen und ohne Widerspruch des Gemeinschuldners Wohnhaus, Remise und Ställe erbaut und die Zahlungen geleistet habe. Er führt weiter an, es seien drei Katasterabschnitte der Besitzung des Gemeinschuldners mit den darauf stehenden Gebäulichkeiten in der Zwangsversteigerung für 50000 ℳ verkauft. Davon würden nach einer von ihm überreichten Taxe auf die von ihm errichteten Gebäude nebst Grundfläche 12200 ℳ entfallen. Um diesen Betrag sei die Klägerin ohne Recht bereichert und zur Zahlung desselben als Masseschuld verpflichtet. Die Klägerin hat eventuell nur einen Wert der Baulichkeiten von 11000 ℳ eingeräumt.

Der Berufungsrichter stellt aus den Zwangsversteigerungsakten fest, daß der Antrag des Beklagten in dem Versteigerungsverfahren, auf Grund des in dieser Sache ergangenen Urteiles erster Instanz (vom 1. Dezember 1892) die 60 Quadratruten vom Verkaufe auszuschließen, abgelehnt, und das Zuschlagsurteil (betreffend die drei Katasterabschnitte mit den aufstehenden Gebäuden) am 25. Januar 1893 erlassen, eine Beschwerde gegen dasselbe auch von keiner Seite erhoben ist. Er hat sodann unter Zurückweisung der Anschlußberufung des Beklagten auf die Berufung der Klägerin das erste Urteil dahin geändert, daß die Widerklage abgewiesen wird. In den Gründen ist ausgeführt, der prinzipale Widerklagantrag sei durch das in erster Instanz erlassene Teilurteil und Endurteil erledigt, und es komme in betreff der Widerklage nur auf den eventuellen Antrag an. Die Frage, ob die Urkunde vom 15. August 1891 einen gültigen Vertrag dokumentiert habe, läßt der Berufungsrichter unentschieden, weil eine Klage auf Vertragserfüllung durch die Konkursordnung ausgeschlossen sei. Den vom ersten Richter für begründet erachteten Anspruch auf Auflassung verwirft er, weil Auflassung zum Eigentumserwerbe nur im Falle einer freiwilligen Veräußerung erforderlich und beim Eigentumserwerbe durch Inädifikation nicht geboten sei. In dem weiteren Antrage auf Anerkennung des Eigentums und Zahlung von 12200 ℳ findet der Berufungsrichter eine unzulässige Klagänderung. Es sei der Beklagte unbehindert gewesen, diesen Antrag schon in erster Instanz zu stellen. Das gelte insbesondere auch von der Forderung der 12200 ℳ.

Der Revision ist darin beizustimmen, daß die Entscheidung des Berufungsrichters über den eventuellen Widerklagantrag durch die von ihm gegebenen Gründe nicht getragen wird. Der Beklagte hatte schon in erster Instanz die Widerklage sowohl auf den Kaufvertrag vom 15. August 1891, als auf Inädifikation gestützt, mithin die Vertragsklage mit der Eigentumsklage verbunden. Seine hierauf bezüglichen Behauptungen sind in zweiter Instanz nach dem Thatbestande des Berufungsurteiles wiederholt. Daran wird durch den Umstand nichts geändert, daß der Beklagte in erster Instanz die Auflassung der streitigen 60 Quadratruten gefordert hatte, während es, wenn er durch einen unmittelbaren Erwerbsakt (Inädifikation) Eigentümer geworden war, zur Berichtigung des Grundbuches nur einer Anerkennung seines Eigentumes (also eines Minus) bedurfte. Ueberdies hat der Beklagte in zweiter Instanz den Antrag verbessert und um Anerkennung des Eigentumserwerbes gebeten. Eine Klagänderung kann auch darin nicht gefunden werden, daß Beklagter, weil Klägerin im Laufe des Prozesses das ganze Grundstück „Gottesgabe" verkauft hat, statt der Anerkennung seines Eigentumes an den 60 Quadratruten denjenigen Teil des Kaufgeldes, welcher auf das Trennstück zu rechnen ist, mit 12200 ℳ fordert. Daß die Eigentumsklage, wenn die Sache selbst nicht zurückgegeben werden kann, auf Wertsersatz geht, hat das Reichsgericht schon früher erkannt.

Vgl. Gruchot, Beiträge Bd. 28 S. 445.

Daß aber in solchem Falle eine Klagänderung nicht anzunehmen ist, folgt aus der Vorschrift des § 240 Ziff. 3 C.P.O. Die Bemerkung des Berufungsrichters, der Beklagte habe den eventuellen Anschlußberufungsantrag schon in erster Instanz stellen können, ist thatsächlich unrichtig, da das erste Urteil am 1. Dezember 1892, das Zuschlagsurteil, durch welches der Wert des ganzen Grundstückes bestimmt wurde, am 25. Januar 1893 erlassen ist.

Durch den im zweiten Urteile angeführten Entscheidungsgrund wird hiernach die Zurückweisung des eventuellen Widerklagantrages, auf welchen es in jetziger Instanz allein noch ankommt, nicht gerechtfertigt. Es bedarf vielmehr der Prüfung, ob der Beklagte, wenn seine Behauptungen richtig sind, durch die Bebauung das Eigentum an der ihm durch Vertrag vom 15. August 1891 verkauften Fläche erworben hat. Wird dies angenommen, so steht dem Beklagten ein nach § 35 K.O. verfolgbarer Aussonderungsanspruch zu. Andernfalls kann er vertragsmäßige Rechte nach §§ 15. 21 K.O. nur als Konkursgläubiger geltend machen, und daraus würde die Zurückweisung der von ihm eingelegten Revision folgen.

Die Ansicht, daß nach preußischem Rechte durch Bebauung ein unmittelbarer Eigentumserwerb, und nicht bloß ein Anspruch auf Überlassung der bebauten Fläche gegen den Eigentümer derselben eintritt, hat das Reichsgericht unter näherer Begründung bereits früher ausgesprochen,

vgl. Entsch. desselben in Civils. Bd. 18 S. 279; Turnau, Grundbuchordnung 5. Aufl. Bd. 2 S. 528,

und daran trotz der in der Doktrin geltend gemachten Bedenken,

vgl. Koffka in Gruchot, Beiträge Bd. 27 S. 82 flg., S. 390,

festgehalten.

Vgl. Gruchot, Beiträge Bd. 33 S. 875.

Sie muß auch der Entscheidung in vorliegender Sache zu Grunde gelegt werden. Ob dieser Grundsatz auch dann anzuwenden ist, wenn der Bauende die bebaute Fläche auf Grund eines formgültigen, zum Eigentumserwerbe an sich geeigneten Titels erworben hat, ist in den bisher vom Reichsgerichte entschiedenen Fällen unerörtert geblieben. In der vorliegenden Sache hat der Berufungsrichter die Frage, ob der Revers vom 15. August 1891 einen formgültigen Kaufvertrag enthält, nicht geprüft. Die Frage muß bejaht werden. Der Revers ist von W. und dem Beklagten unterschrieben. In demselben wird das verkaufte Grundstück nach Größe und Lage ausreichend bezeichnet, der Kaufpreis auf 4000 *M* bestimmt, und dessen Berichtigung sowie die Leistung der Übergabe als geschehen anerkannt. Es fehlt also an keinem Erfordernisse eines rechtsgültigen Kaufvertrages, und es bedarf deshalb der Entscheidung, ob der Beklagte durch einen derartigen Vertrag, welcher ihm wegen der ausstehenden Auflassung noch kein Eigentum gewährte, verhindert war, das Eigentum an der gekauften Fläche durch Bebauung zu erwerben.

Das frühere preußische Obertribunal hat sich in mehreren Erkenntnissen,

vgl. Entsch. desselben Bd. 38 S. 61; Striethorst, Archiv Bd. 36 S. 80 u. s. w.,

darüber ausgesprochen, ob derjenige, welcher ein Grundstück mittels rechtsungültigen Vertrages erworben hat, sich auf die Vorschrift des § 332 A.L.R. I. 9 stützen könne. Einer Prüfung, ob dieser Rechtsprechung trotz der in der Litteratur dagegen erhobenen Bedenken beizutreten ist, bedarf es hier nicht.

Das Reichsgericht hat die Befugnis des Beklagten, durch Inädifikation das Eigentum an der von ihm gekauften Fläche zu erwerben, aus folgenden Gründen bejaht. Das Allgemeine Landrecht regelt in den §§ 327—331 I. 9 den Fall, daß jemand auf fremdem Grund und Boden ohne Vorwissen des Eigentümers baut. Hier überwiegt das Recht des Eigentümers an der Fläche. Er kann das Gebäude erhalten oder dessen Wegschaffung verlangen. Wählt er ersteres, so hängt es von seinem Willen ab, ob er — gegen Entschädigung — das Gebäude sich zueignen oder es dem Bauenden überlassen will. Dem § 332 A.L.R. I. 9 liegt dagegen der Gedanke zu Grunde, daß derjenige, welcher auf fremdem Grund und Boden mit Vorwissen des Eigentümers baut, mit dessen Zustimmung handelt. Diese Zustimmung wird angenommen, wenn der Eigentümer nicht sogleich nach erlangter Kenntnis von dem Baue der Fortsetzung desselben widerspricht. In diesem Falle läßt also das Allgemeine Landrecht das Recht des Bauenden überwiegen. Er erwirbt das Eigentum am Grund und Boden gegen die Verpflichtung zur Entschädigung des Eigentümers. Daß derjenige, welcher eine Fläche durch gültigen Veräußerungsvertrag und Übergabe erworben hat, wenn er sie vor der Auflassung bebaut, auf fremdem Grund und Boden baut, unterliegt nach den Vorschriften des Eigentumserwerbsgesetzes vom 5. Mai 1872 keinem Bedenken. Nach der Auffassung, welche der § 332 a.a.O. in der konstanten Rechtsprechung des preußischen Obertribunales erfahren hat, läßt sich nicht sagen, daß seine Anwendung voraussetze, es sei das Grundstück erst durch den Bau in Besitz genommen, und dessen Anwendung ausgeschlossen, wenn der Bauende den Grund und Boden zum Zwecke der Bebauung vom bisherigen Eigentümer zum Besitze erhalten hat. Dies ergiebt sich aus der Geltung des § 332 für die Fälle des Erwerbes mittels formell ungültigen Vertrages. In den Entscheidungen des Obertribunales Bd. 30 S. 31. 36 wird zur Rechtfertigung dieser Geltung ausgeführt: „Es fehlt an einem zureichenden Grunde, aus welchem dem redlichen Besitzer die Vorschrift des § 332 A.L.R. I. 9 nicht zu statten kommen sollte. Darf sich darauf schon derjenige berufen, der ohne Widerspruch des Eigentümers fremden Grund und Boden bebaut, um wieviel mehr muß es von demjenigen geschehen können, der selbst in der Meinung redlich war, daß der Grund und Boden nicht dem anderen, sondern ihm gehöre".

Vgl. Entsch. des Obertrib. Bd. 38 S. 61; Striethorst, Archiv Bd. 36 S. 80.

Der Bauende kann demnach den Besitz, und zwar zum Zwecke des Bauens, einer Besitzveräußerungshandlung des bisherigen Eigentümers verdanken, ohne daß deshalb der § 332 ausgeschlossen ist. Ausgeschlossen wird die Anwendung nur dann sein, wenn der Eigentumserwerb durch den Bau dem Titel zuwiderläuft, auf Grund dessen die Besitzentäußerung seitens des Eigentümers stattgefunden hat, z. B. beim Pachtvertrage.

Vgl. Striethorst, Archiv. Bd. 17 S. 19, Bd. 40 S. 125.

In betreff des Kaufvertrages läßt sich solcher Widerspruch gegen den Eigentumserwerb durch Bebauen lediglich aus dem Grunde, weil gesetzlich zum Eigentumserwerbe es noch einer Mitwirkung des Verkäufers durch Auflassung bedarf, nicht behaupten.

Das Reichsgericht hat deshalb angenommen, daß an sich der Beklagte durch den Vertrag vom 15. August 1891 nicht gehindert wurde, das Eigentum an der ihm verkauften Fläche durch Inädifikation zu erwerben. Mit dieser Entscheidung steht das Urteil des IV. Civilsenates des Reichsgerichtes i. S. Fiskus w. Aktiengesellschaft Cellulosefabrik W. vom 16. April 1894 (Rep. IV. 375/93)[1] in Einklang. Sie wird in der Litteratur namentlich von Dernburg (Preußisches Privatrecht Bd. 1 § 236 Anm. 9 Ziff. 4, 5. Aufl. Bd. 1 S. 569)

[1] In dem vorliegenden Bande unter Nr. 57 S. 249 flg. abgedruckt.

vertreten, dagegen von Koch (Kommentar zum A.L.R. I. 9 § 332 Anm. 76) bekämpft.

Der ausgesprochene Rechtsgrundsatz bedarf jedoch einer Einschränkung. Es kann nicht bezweifelt werden, daß es den Kontrahenten freisteht, bei dem Vertrage über ein Grundstück ihren Willen dahin kund zu geben, daß, trotz einer Einwilligung in die Bekundung desselben, der Eigentumsübergang auf keine andere als die von ihnen angegebene bestimmte Art stattfinden soll. Wenn insbesondere beim Kaufvertrage verabredet wird, daß die Auflassung erst noch von bestimmten Leistungen des Käufers, z. B. der Zahlung von Kaufgeld, abhängig sein soll, so wird in der Regel eine solche Stipulation die Bedeutung haben, daß der Eigentumsübergang nur durch Auflassung bewirkt werden darf, daß der Verkäufer zu deren Gewährung nur verpflichtet ist, wenn die in seinem Interesse versprochenen Leistungen vom Käufer erfüllt sind, und daß der Käufer ohne diese Erfüllung des Vertrages Eigentum nicht beanspruchen darf. Ob ein derartiger Wille der Kontrahenten bestanden hat und im Vertrage zum Ausdrucke gelangt ist, muß im einzelnen Falle durch Auslegung festgestellt werden. Bejaht der Richter das, so würde der Käufer, wenn er Eigentumserwerb auf Grund der Inädifikation in Anspruch nimmt und auf Grund des § 332 A.L.R. I. 9 dem Verkäufer anstatt des bedungenen Kaufpreises als Inädifikant nur eine angemessene Entschädigung für die bebaute Fläche zahlen wollte, vertragswidrig, also dolos handeln. Daß aber das Allgemeine Landrecht einen derartigen Dolus des Käufers nicht hat schützen wollen, wird auch vom früheren preußischen Obertribunale in mehreren Erkenntnissen ausgesprochen.

Vgl. z. B. Entsch. desselben Bd. 38 S. 64.

Es ist deshalb angenommen, daß in solchen Fällen der Bauende nur auf dem im Vertrage bestimmten Wege das Eigentum an der bebauten Fläche erwerben kann.

Hier liegt ein derartiger Ausnahmefall jedoch nicht vor. W. und der Beklagte haben beide durch Übergabe und Berichtigung des Kaufpreises den Vertrag vom 15. August 1891 erfüllt. Die Urkunde redet von der Auflassung überhaupt nicht. Daß die Kontrahenten gewollt haben, Beklagter solle das Eigentum nur durch Auflassung erwerben, und daß sie diesen Rechtsakt im Interesse des Verkäufers W. von irgend welchen Leistungen des Beklagten abhängig machen wollten, ist nicht zum Ausdrucke gebracht und läßt sich nach Lage der Sache nicht annehmen. Bei der Entscheidung muß also davon ausgegangen werden, daß der Beklagte durch den Vertrag vom 15. August 1891 nicht gehindert war, das Eigentum an den ihm verkauften 60 Quadratruten Land durch Bebauung zu erwerben.

Eine definitive Entscheidung kann in jetziger Instanz nicht getroffen werden, da nicht feststeht, ob W. oder der Beklagte den Bau ausgeführt hat." ...

---

59. Kann der Eigentümer vom unredlichen Besitzer Vergütung der fructus percipiendi verlangen, nachdem ihm bereits Vergütung für fructus percepti zugesprochen ist?

A.L.R. I. 7 §§ 223. 229.

V. Civilsenat. Urt. v. 21. April 1894 i. S. J. (Bekl.) w. C. (Kl.) Rep. V. 216/93.

I. Landgericht Graudenz.
II. Oberlandesgericht Marienwerder.

Aus den Gründen:

„Der Kläger verlangt als Eigentümer der Grundstücke N. Bl. 283. 284 seit dem 30. August 1882 vom Beklagten als deren unredlichem Besitzer Schadloshaltung wegen der ihm mit dem Besitze der Grundstücke bis zum 30. April 1886 vorenthaltenen Nutzungen. Nachdem er im Vorprozesse[1] die Vergütung der vom Beklagten thatsächlich genossenen Nutzungen gefordert hat, beansprucht er jetzt Vergütung derjenigen Nutzungen, welche er von den Grundstücken wirtschaftlich hätte genießen können, zu dem Betrage, um welchen der Wert dieser Nutzungen die ihm im Vorprozesse zugesprochene Vergütung der vom Beklagten gezogenen Nutzungen übersteigt. Da den Gegenstand der Entscheidung im Vorprozesse auf Klage und Widerklage lediglich die vom Beklagten gezogenen Nutzungen gebildet haben, so stehen diese Entscheidungen aus dem Gesichtspunkte der Einrede der res judicata dem Anspruche des Klägers auf Vergütung der zu ziehenden Früchte

---

[1] Vgl. Entsch. des R.G.'s in Civils. Bd. 21 S. 313. A. d. E.

nicht entgegen. Die thatsächliche Voraussetzung, an welche im § 229 A.L.R. I. 7 der Anspruch auf die zu ziehenden Früchte gebunden wird, ist in der Feststellung anzutreffen, nach welcher der Beklagte, obwohl er am 30. August 1882 durch die Abweisung seiner Klage auf Auflassung gegen die Erben v. L. erfahren hatte, daß ihm kein wirksamer Titel zum Erwerbe des Eigentumes an den streitigen Grundstücken zur Seite stehe, und obwohl er wußte, daß der Kläger das Eigentum der Grundstücke infolge der ihm von den eingetragenen Eigentümern, den Erben v. L., erteilten Auflassung erworben habe, dem Kläger auf dessen Aufforderung die Grundstücke nicht herausgegeben hat: der Beklagte wußte damals, daß die Grundstücke, welche er als eigene besaß, dem Kläger gehören.

Zweifelhaft ist dagegen, ob und inwieweit der Kläger befugt sei, Vergütung der zu ziehenden Früchte zu verlangen, nachdem ihm bereits die vom Beklagten gezogenen Früchte zugesprocheu sind.

Das Allgemeine Landrecht stellt zwei Systeme auf, nach welchen der Eigentümer gegen den unredlichen Besitzer seinen Anspruch auf Vergütung der ihm vorenthaltenen Nutzungen berechnen kann. Nach § 223 A.L.R. I. 7 muß der unredliche Besitzer die Sache mit allen vorhandenen Früchten und Nutzungen zurückgeben und diejenigen, welche er während seines unredlichen Besitzes genossen hat, vergüten. Hier wird der Erstattungspflicht des unredlichen Besitzers die von diesem thatsächlich geübte Benutzung der Sache zu Grunde gelegt, und dessen Verpflichtung auf die Herausgabe bezw. Vergütung der wirklich gezogenen Früchte beschränkt. Im § 229 A.L.R. I. 7 wird die Erstattungspflicht dessen, der weiß, daß die Sache, die er als eigene besitzt, einem Anderen zugehöre, also des „eigentlich unredlichen Besitzers", wie er im § 241 a. a. O. genannt wird, dahin gesteigert, daß er „auch diejenigen Früchte und Nutzungen, welche der rechtmäßige Eigentümer wirtschaftlich hätte genießen können", vergüten muß. Hier wird die Erstattungspflicht des unredlichen Besitzers nicht nach der wirklich von ihm geübten, sondern nach einer fingierten Benutzung bemessen, nach der, welche der Eigentümer, wenn er im Besitze der Sache gewesen wäre und diese wirtschaftlich genutzt hätte, anwenden konnte. Wie sich aus den Worten im § 229 „auch diejenigen Früchte" ꝛc ergiebt, hat der Eigentümer gegenüber dem eigentlich unredlichen Besitzer die Wahl, ob er seinen Erstattungsanspruch auf die thatsächliche Benutzung gründen, oder ob er als Unterlage dafür die ihm vielleicht vorteilhaftere fingierte Benutzung vorziehen will. Den Ersatz gezogener und versäumter Früchte wird er für denselben Zeitraum nur selten fordern können, da in der Regel die eine Nutzungsart die andere ausschließen wird. Ein Grundstück zum Beispiel, welches durch Verpachtung oder Verkauf genutzt ist, kann, außer vom Pächter oder Käufer, unmöglich gleichzeitig durch Fruchtziehung genutzt worden sein. Undenkbar ist es freilich nicht, daß ein Eigentümer in der Lage gewesen sei, neben den vom Besitzer gezogenen Nutzungen noch andere zu gewinnen. Abgesehen von solchem, hier nicht in Betracht kommenden Falle kann der Eigentümer nur den Ersatz entweder der gezogenen oder der zu ziehenden Früchte von derselben Sache fordern. Die thatsächliche Unmöglichkeit des Nebeneinanderbestehens zweier einander ausschließenden Nutzungsarten führt notwendig zu dieser Beschränkung. Selbstverständlich darf jedoch, wenn die Herausgabe mehrerer Sachen in Frage steht, die Vergütung der Früchte bei den einzelnen Sachen nach dem einen oder dem anderen Systeme gefordert werden. Ebenso ist es nicht unstatthaft, beide Systeme so miteinander zu verbinden, daß in erster Linie die gezogenen Früchte und nur für den Fall des Nichtdurchdringens mit diesem Anspruche der Ersatz der versäumten Früchte verlangt wird, oder umgekehrt; oder daß zur Rechtfertigung der Höhe des geltend gemachten Anspruches beide Berechnungsarten herangezogen werden, und schließlich der Anspruch auf diejenige gestützt wird, welche dem Eigentümer nach dem Ergebnisse der Beweisverhandlungen günstiger ist. Ob im Laufe des Rechtsstreites der mit der Klage geltend gemachte Anspruch auf die gezogenen Früchte nachträglich auch auf die versäumten Früchte gerichtet werden darf, kann unerörtert bleiben; die Entscheidung im Vorprozesse, daß darin eine unzulässige Klagänderung gefunden werden müsse, ist rechtskräftig geworden. So oft durch die eine Nutzungsart die andere ausgeschlossen wird, geschieht dem Erstattungsanspruche des rechtmäßigen Eigentümers dadurch, daß die Klage auf der Grundlage der gewählten Benutzungsart durchdringt, volles Genüge, und es bleibt nichts übrig, was noch geltend gemacht werden könnte. Der Betrag der gezogenen Früchte bildet nicht etwa einen Teil des höheren Wertbetrages der versäumten Früchte, sodaß die Nachforderung der Differenz beider gestattet wäre. Der Anspruch auf beiderlei Früchte ist der nämliche, nur darf er auf zwei verschiedene Berechnungsweisen gegründet werden. Soweit der Kläger mit der einen Berechnungsart zum Ziele gelangt, ist sein Anspruch befriedigt, und für die Anwendung der anderen Berechnungsart ist kein Raum mehr. Dadurch, daß der Anspruch des Eigentümers auf zwei Begründungsweisen gestellt werden kann, folgt nur, daß dem Kläger, soweit er mit der einen Begründung nicht obsiegt, der Weg mit der anderen Begründung gangbar bleibt.

Hiernach kann der Kläger nicht nachträglich Nutzungen von den ihm vorenthaltenen Grundstücken als versäumte qualifizieren, die ihm bereits als gezogene zuerkannt worden sind. Dagegen ist ihm nicht verwehrt, Nutzungen als versäumte für diejenigen Grundstücke und Grundstücksteile und für diejenigen Zeitabschnitte zu verlangen, für welche ihm gezogene Nutzungen noch nicht zugebilligt sind." ...

---

60. Zur Frage der Beweislast im Falle des § 43 A.L.R. I. 5.

V. Civilsenat. Urt. v. 28. April 1894 i. S. Z. (Bekl.) w. Dresdener Bank (Kl.). Rep. V. 368/93.

I. Landgericht I Berlin.
II. Kammergericht daselbst.

Die klagende Bank als Geschäftsführerin und Rechtsnachfolgerin eines im Jahre 1887 „zur Ausbeutung des Bernardos'schen elektrischen Löt- und Schweißverfahrens Elektrohephäst" gebildeten Konsortiums hat gegen den Beklagten, welcher als Leiter der von dem Konsortium eingerichteten Werkstatt fungiert hatte, Kaufgeld eingeklagt, welches derselbe aus einem durch Briefwechsel zustande gekommenen Vertrage für mittels des gedachten Verfahrens hergestellte Fässer (in Höhe von 10914 *M* unstreitig) verschuldet. Der Beklagte erhob gegen die Klage unter anderem den von der Klägerin bestrittenen Einwand, daß bei Abschluß des Vertrages der Vertreter der Klägerin sich verpflichtet habe, ihm, dem Beklagten, — der außer den fabrizierten Fässern gleichzeitig auch die gesamte Einrichtung der Werkstätte nebst Materialien und Halbfabrikaten kaufte, — die Lizenz zur Weiterbenutzung des Bernardos'schen Schweißverfahrens von den in Rußland wohnenden Patentinhabern zu verschaffen, dieser Verpflichtung aber nicht nachgekommen sei, und hat hierauf ferner einen Entschädigungsanspruch in Höhe von 18000 *M* gestützt, den er zur Kompensation stellte.

Aus den Gründen:

(Es wird ausgeführt, nach der Feststellung des Berufungsrichters müsse davon ausgegangen werden, daß nach dem Vertrage die Klägerin die Verpflichtung gehabt habe, um die Beschaffung der Lizenz Bemühungen anzuwenden. Da die Lizenz thatsächlich nicht beschafft sei, so habe die Klägerin darzuthun, daß sie oder ihr Vertreter die versprochenen Bemühungen wirklich angewendet habe. Weiter lauten die Gründe:)

... „Muß also, da die Klägerin den ihr obliegenden Beweis bisher nicht geführt hat, hier zunächst unterstellt werden, daß die versprochenen Bemühungen von seiten der Klägerin nicht angewendet worden sind, so entsteht die weitere Frage, ob der Beklagte, der die seinerseits noch geschuldete Leistung zurückhalten und mit seiner Interesseforderung kompensieren will, zur Begründung dieser Einreden beweisen muß, daß, wenn die Klägerin die versprochenen Bemühungen angewendet hätte, sie die Lizenz durchgesetzt haben würde, oder ob nicht vielmehr die Klägerin das Gegenteil zu beweisen, also darzuthun hat, daß ihre Bemühungen, falls sie solche, um dem Beklagten die Lizenz zu verschaffen, angewendet hätte, doch erfolglos geblieben sein würden. Die Frage der Beweislast in dem hier vorliegenden Falle (§ 43 A.L.R. I. 5) ist bestritten und zweifelhaft.

Vgl. Dernburg, Preuß. Privatrecht Bd. 2 § 27; Koch, Kommentar zu § 43 A.L.R. I. 5.

Der Berufungsrichter hat den Beklagten, also den Promissar, für beweispflichtig erachtet. Für diese Auffassung scheint zu sprechen, daß es sich bei der in Rede stehenden Beweisfrage um den ursächlichen Zusammenhang zwischen dem Schaden des Beklagten und der schuldbaren Unterlassung der Klägerin handelt, und der Nachweis des ursächlichen Zusammenhanges in erster Linie zur Begründung jeder Schadens- oder Interesseforderung gehört (§ 286 A.L.R. I. 5, §§ 2 flg. I. 6). Aber dieser allgemeine Grundsatz schließt nicht aus, daß hinsichtlich einzelner für den ursächlichen Zusammenhang in Betracht kommender Momente die Natur des zu Grunde liegenden Rechtsverhältnisses eine andere Regelung der Beweislast erheischt. Diese Notwendigkeit ergiebt sich in dem Falle, wo über die Handlung eines Dritten in dem Sinne und mit der Wirkung des § 40 a. a. O. I. 5 kontrahiert worden, aus den Grundsätzen über Vertragstreue. Kommen die Kontrahenten überein, daß der eine Teil einen Dritten zu einer Handlung zu Gunsten des anderen Teiles bestimmen soll, so muß, falls nicht das Gegenteil erhellt, angenommen werden, daß die Kontrahenten von der Erreichbarkeit des beabsichtigten Erfolges ausgegangen sind. Hieraus folgt, daß, wenn der Promittent keine Bemühungen angewendet hat, und schon aus diesem Grunde der Erfolg ausbleiben mußte, auch der Promissar bei Liquidierung seines Interesses von dieser Erreichbarkeit, also davon ausgehen darf, daß das Ausbleiben des Erfolges seine Ursache in der Säumigkeit des Promittenten hat, und es ist dann Sache des letzteren, diese Annahme durch den Nachweis zu widerlegen, daß, auch wenn er Bemühungen angewendet hätte, diese den beabsichtigten Erfolg nicht gehabt haben würden. Die schuldbare Nichterfüllung seiner Vertragspflicht bringt ihn in die Lage, die Verantwortung für das Ausbleiben des Erfolges durch den Nachweis von sich abzulehnen, daß der bei der Vertragsschließung als erreichbar vorausgesetzte Erfolg thatsächlich unerreichbar war.

Vgl. Dernburg, a. a. O." ...

---

61. Über die Rechtswirksamkeit eines Schiedsvertrages, nach welchem die Entscheidung von Streitigkeiten durch einen „von beiden Teilen zu ernennenden" Schiedsrichter erfolgen soll.

VI. Civilsenat. Urt. v. 17. Mai 1894 i. S. K. (Kl.) w. L. (Bekl.) Rep. VI. 37/94.

I. Landgericht I Berlin.
II. Kammergericht daselbst.

Auf Grund folgender Bestimmung des zwischen dem Beklagten und dem Cedenten der Klägerin geschlossenen Vertrages vom 14. Juli 1891:

„Bei etwa eintretenden Differenzen ist der Klageweg und die Ausbringung von Vormerkungen ausgeschlossen; vielmehr sollen Differenzen nur von einem von beiden Teilen zu ernennenden Sachverständigen ausgeglichen werden",

erhob der Beklagte die Einrede des Schiedsvertrages. Das Berufungsgericht nahm an, daß die Vertragschließenden mit der Bestimmung einen Schiedsvertrag haben schließen wollen, und daß unter dem „Sachverständigen" ein Schiedsrichter zu verstehen sei. Nach Zurückweisung des hiergegen gerichteten Angriffes der Revision ist über die Rechtswirksamkeit des Schiedsvertrages folgendes ausgeführt in den

Gründen:

... „Das Berufungsgericht erklärt es für ein Erfordernis jedes Schiedsvertrages, daß darin der oder die Schiedsrichter in absoluter oder wenigstens relativer Weise bezeichnet werden. Zwar ergänze § 854 C.P.O. den Schiedsvertrag, wenn eine Bestimmung über die Ernennung der Schiedsrichter darin überhaupt nicht enthalten sei; hier sei jedoch bestimmt worden, daß nur ein einziger, von beiden Teilen gemeinschaftlich zu ernennender Schiedsrichter entscheiden solle, und auf diesen Fall könne § 854 C.P.O. nicht Anwendung finden. Gleichwohl sei es nicht unmöglich, auch bei Nichtwollen der Kontrahenten der Bestimmung gemäß das Schiedsgericht zustande zu bringen. Der § 855 C.P.O. gebe den Weg dazu an. Danach habe die betreibende Partei dem Gegner einen Schiedsrichter in Vorschlag zu bringen; der Gegner sei verpflichtet, wenn er den Vorschlag nicht genehmige, einen anderen Schiedsrichter vorzuschlagen, den wiederum die betreibende Partei annehmen oder ablehnen könne, in welchem letzteren Falle sie neue Vorschläge machen müsse. Komme der Gegner der gedachten Verpflichtung innerhalb der im § 855 C.P.O. bestimmten Frist nicht nach, so habe das Gericht an seiner Stelle die erforderliche Erklärung abzugeben, und die betreibende Partei werde alsdann in der Lage sein, den vom Gericht ernannten Schiedsrichter auch ihrerseits zum Schiedsrichter zu ernennen. Jedenfalls könne kein Teil, ohne irgend welche Versuche zur Ausführung des Schiedsvertrages gemacht zu haben, denselben ignorieren.

Diesen Ausführungen kann hinsichtlich der Anwendbarkeit des § 855 C.P.O. nicht beigetreten werden. Der § 855 trifft ebensowenig, wie der § 854 C.P.O., den vorliegenden Fall. Er hat den anders gearteten Fall im Auge, daß vertragsmäßig oder gesetzlich (§ 854) mehrere Schiedsrichter zu fungieren haben, von denen jeder Teil einen — oder mehrere — zu ernennen, nicht bloß vorzuschlagen, hat. Für diesen Fall sichert das Gesetz das Zustandekommen des Schiedsgerichtes gegen die Säumigkeit oder Weigerung des Gegners dadurch, daß an seiner Stelle das Gericht den oder die Schiedsrichter ernennt. Von einem bloßen Versuche, mit richterlicher Hilfe das Schiedsgericht zustande zu bringen, wenn der Gegner sich nicht erklärt, ist dabei nicht die Rede. Kann, wie das Berufungsgericht zugiebt, der § 855 Abs. 2 auf den vorliegenden Fall nicht in der Art Anwendung finden, daß das Gericht den Schiedsrichter maßgebend für beide Teile ernennt, so kann aus jener Bestimmung noch weniger ein Anhalt dafür gewonnen werden, daß das Gericht sich in irgend welcher Art an den Versuchen zur Einigung über einen von beiden Teilen gemeinschaftlich zu ernennenden Schiedsrichter zu beteiligen habe. Ebensowenig findet die Annahme, daß ein Teil dem anderen, allenfalls wiederholt, einen Schiedsrichter zum Zwecke der Einigung vorzuschlagen habe, im § 855 eine Stütze. Wie lange diese Versuche zur Einigung fortzusetzen seien, ehe die Unausführbarkeit des Schiedsvertrages für dargethan erachtet werden könne, darüber hat das Berufungsgericht sich nicht ausgesprochen. Es dürfte auch vom Standpunkte des Berufungsgerichtes aus die Grenze schwer zu ziehen sein.

Die Bestimmungen der Civilprozeßordnung müssen danach bei der Prüfung der Rechtswirksamkeit des vorliegenden Schiedsvertrages außer Betracht bleiben. Nach sonstigen Grundsätzen gehört es zum Wesen des Schiedsvertrages, daß darin die Schiedsrichter benannt sind, oder der Weg vorgezeichnet ist, wie das Schiedsgericht zustande gebracht werden soll.

Vgl. Entsch. des preuß. Obertribunals Bd. 10 S. 241; Striethorst, Archiv Bd. 6 S. 132, Bd. 93 S. 270; Entsch. des R.O.H.G.'s Bd. 2 S. 271, Bd. 10 S. 5.

Speziell den Fall, daß die Schiedsrichter nach dem Schiedsvertrage bei vorkommenden Streitigkeiten von den Parteien gemeinsam zu ernennen sind, behandeln die Urteile des preußischen Obertribunales vom 2. September 1851 und 23. November 1854.

Vgl. Striethorst, Archiv Bd. 3 S. 48, Bd. 16 S. 33.

Derartige Verträge werden dort für rechtsunwirksam erklärt; in dem letzteren Urteile wird ausgeführt, daß sie nur ein Abkommen über einen künftig zu schließenden Schiedsvertrag enthielten, und daß dieses Abkommen nach § 125 A.L.R. I. 5 der Klagbarkeit entbehre.

Dieser Ansicht hat nun allerdings nicht beigepflichtet werden können. Die Annahme eines bloßen Vorvertrages — pactum de compromittendo — entspricht der Absicht der Kontrahenten nicht, die schon durch den abgeschlossenen Vertrag den gerichtlichen Klageweg haben ausschließen wollen. Der § 125 A.L.R. I. 5 ferner bestimmt zwar, daß ein Vertrag solange nicht perfekt und nicht verbindlich ist, als darin wesentliche Bestimmungen fehlen. Für den Schiedsvertrag ist es aber nicht wesentlich, daß die Schiedsrichter darin schon benannt sind; es genügt, daß der Weg bezeichnet ist, auf welchem das Schiedsgericht zustande kommen kann, und an einer Bezeichnung dieses Weges fehlt es nicht, wenn die Kontrahenten sich dem Schiedsspruche desjenigen Schiedsrichters unterwerfen, über den sie sich einigen werden. Nicht wegen Unvollständigkeit des Schiedsvertrages, sondern wegen seiner Undurchführbarkeit, wenn der Weg — die Einigung der Kontrahenten über den Schiedsrichter — nicht zum Ziele führt, ist der Vertrag als hinfällig anzusehen. Die Undurchführbarkeit liegt aber erst vor, wenn eine Einigung vergeblich versucht ist. Danach rechtfertigt sich die Annahme eines durch die spätere Einigung über die Person des Schiedsrichters b e d i n g t e n Schiedsvertrages. Sache der klagenden Partei ist es, einen nach ihrer Meinung geeigneten, unparteiischen Schiedsrichter in Vorschlag zu bringen. Wird dieser abgelehnt, so ist der gerichtliche Klageweg eröffnet, — unbeschadet ihrer Befugnis, einen etwaigen Gegenvorschlag des anderen Teiles anzunehmen und damit das Schiedsgericht zustande zu bringen. Hiergegen kann nicht geltend gemacht werden, daß die klagende Partei es in der Hand habe, durch offenbar ungeeignete Vorschläge, die der Gegner anzunehmen nicht in der Lage ist, den Schiedsvertrag zu vereiteln. Nicht ernstlich gemeinte und nur auf Umgehung der schiedsrichterlichen Entscheidung abzweckende Vorschläge enthalten keine Erfüllung der nach dem Vertrage dem klagenden Teile obliegenden Verpflichtung, das Seinige zu thun, um die Einigung über den Schiedsrichter herbeizuführen. Dieser Verpflichtung kann allerdings der klagende Teil unter Umständen überhoben werden, insofern er nämlich aus den Erklärungen oder dem sonstigen Verhalten des Gegners die Nutzlosigkeit von Vorschlägen zur Bestimmung des Schiedsrichters mit Sicherheit sollte entnehmen können. Solange dies aber nicht der Fall ist, erscheint die Anrufung des ordentlichen Richters nur nach Ablehnung des vom Kläger vorgeschlagenen, nicht für völlig ungeeignet zu erachtenden Schiedsrichters zulässig." ...

---

62. 1. Ist, um dem Cessionar der Hauptforderung die Rechte aus der Bürgschaft zu übertragen, außer der Cession des Anspruches gegen den Hauptschuldner noch eine ausdrückliche Cession des Anspruches gegen den Bürgen erforderlich?

2. Wie gestaltet sich, wenn der Werkmeister mit Einwilligung des Bestellers die Ausführung des angedungenen Werkes einem Anderen überträgt, und der Besteller das fertige Werk übernimmt, das Rechtsverhältnis zwischen dem Besteller und den beiden Werkmeistern?

Einl. z. A.L.R. § 100. A.L.R. I. 11 §§ 402. 403. 928.

IV. Civilsenat. Urt. v. 4. Juni 1894 i. S. G. (Kl.) w. F. u. G. (Bekl.) Rep. IV. 446/93.

I. Landgericht Erfurt.
II. Oberlandesgericht Naumburg a. S.

Aus den Gründen:

„Der Zimmermeister S. schloß im Jahre 1890 mit dem Ehemanne der beklagten Frau F. einen Werkverdingungsvertrag, nach welchem er die zu dessen Neubaue an der Ecke der Blumenthalstraße in E. erforderlichen Zimmerarbeiten als Werkmeister auf Grund eines Preisverzeichnisses zur Ausführung übernahm. Nachdem er einen Teil der Arbeiten ausgeführt hatte, übertrug er vom 1. Januar 1891 ab sein Geschäft seinem bisherigen Prokuristen, dem Kläger, und setzte hiervon den Ehemann der Beklagten mit dem Bemerken in Kenntnis, daß der Kläger nunmehr den Bau für eigene Rechnung ausführe. Der Kläger führte auch die weiteren Bauarbeiten aus, und der Ehemann der Beklagten nahm seine Leistungen als Vertragserfüllung an, leistete ihm auch, nachdem er ihm bereits in Anrechnung auf die Bauforderung Lieferungen gemacht hatte, noch fernere Abschlagszahlungen. Demnächst geriet der Ehemann der Beklagten in

Konkurs. Auch aus der Konkursmasse wurden dann noch weitere Zahlungen an den Kläger geleistet, sodaß dessen Forderung jetzt noch 5081,68 ℳ beträgt. Die Zahlung dieser Summe fordert der Kläger von der beklagten Ehefrau, während er dem Konkursverwalter gegenüber beantragt, daß dieser verurteilt werde, sich die Zwangsvollstreckung in das Vermögen der beklagten Ehefrau gefallen zu lassen.

Den Zahlungsanspruch gegen die Beklagte gründet der Kläger auf folgenden, von ihr und ihrem Ehemanne am 10. November 1890 ausgestellten Bürgschaftsschein: „Für die zum Neubau Blumenthalstraßenecke anzuliefernden Bauarbeiten (Zimmer- und Tischlerarbeiten), soweit solche den Vereinbarungen und dem zu prüfenden Kubikinhalte entsprechen, sagen die Unterzeichneten hiermit für alle Fälle gut." Der Bürgschaftsschein ist unstreitig dem Zimmermeister S. ausgestellt. Seine Fassung ist jedoch, wie das landgerichtliche Urteil mit Recht hervorhebt, so allgemein, daß aus ihr nicht zu entnehmen ist, daß die Bürgschaft auf die Person dieses Gläubigers beschränkt sein solle. Auch ist der Einwand der Beklagten, daß der Ehemann der beklagten Frau F. dem Kläger erklärt habe, die Bürgschaft seiner Frau gelte dem Kläger gegenüber nicht, und daß der Kläger darauf erwidert habe, er könne dann nichts daran ändern, durch den Eid des Klägers widerlegt worden. Hiernach ist die Frage, ob das Recht aus der dem Zimmermeister S. bestellten Bürgschaft auf den Kläger übergegangen sei, lediglich auf Grund der gesetzlichen Bestimmungen zu entscheiden. Aus diesen folgt nicht, wie das Präjudiz des vormaligen preußischen Obertribunales Nr. 1028 (Präjudiziensammlung S. 86) annimmt, daß außer der Cession des Anspruches gegen den Hauptschuldner noch eine ausdrückliche Cession des Anspruches gegen den Bürgen erforderlich sei, um dem Cessionar der Hauptforderung die Rechte aus der Bürgschaft zu übertragen. Die Bürgschaft ist vielmehr dergestalt ein Accessorium der Hauptforderung, daß sie in ihrer Entstehung und in ihrer Fortdauer von dem Bestande der Hauptschuld abhängig ist, und daß sie wie die Hypothek ohne die Hauptforderung, zu deren Sicherung sie bestellt worden ist, rechtswirksam nicht abgetreten werden kann.

Vgl. Entsch. des R.G.'s in Civils. Bd. 15 S. 280 flg.

Da nun nach § 402 A.L.R. I. 11 durch die Cession der neue Inhaber in alle abgetretenen Rechte des Cedenten tritt, und nach § 403 daselbst auch besondere Vorrechte, welche der cedierten Forderung in Rücksicht ihrer Natur und Beschaffenheit beigelegt sind, selbst ohne ausdrückliche Übertragung auf den neuen Inhaber mit übergehen, endlich nach § 100 Einl. z. A.L.R. von dem, der einem Anderen sein Recht überträgt, vermutet wird, daß er demselben zugleich alle damit verbundenen Vorteile habe übertragen wollen, so ist davon auszugehen, daß nach den Bestimmungen des preußischen Rechtes mit der Abtretung der Hauptforderung in der Regel auch das Recht aus der zur Sicherheit der Hauptforderung bestellten Bürgschaft auf den Cessionar der Hauptforderung übertragen wird. Der § 48 A.L.R. I. 16, auf den sich die Revisionsbeklagten beziehen, steht dieser Auffassung nicht entgegen. Denn die hier getroffene Bestimmung, daß der Zahlende die Rechte des Gläubigers auf eine für die Forderung durch Bürgen oder Pfand bestellte Sicherheit in der Regel nur durch die ausdrückliche Cession derselben erlange, schließt sich an den § 47 an, dessen Wortlaut folgender ist: „Insofern aber der bezahlten Forderung nach ihrer Qualität gewisse Vorrechte beiwohnen, kann der Zahlende sich dieser Vorrechte gegen einen Dritten ohne ausdrückliche Cession in der Regel, und wenn nicht besondere Gesetze ein Anderes vorschreiben, nicht bedienen." Es ergiebt sich hieraus, daß die Wirkungen des durch Zahlung vermittelten Eintrittes in die Rechte des Gläubigers grundsätzlich verschieden von den nach § 403 A.L.R. I. 11 eintretenden Wirkungen einer freiwilligen Cession bestimmt worden sind, so daß eine Schlußfolgerung in Betreff der Anwendbarkeit des § 48 A.L.R. I. 16 auf freiwillige Cessionen nicht zulässig erscheint. Auch in den Lehrbüchern des preußischen Rechtes findet sich übereinstimmend nur die Ansicht vertreten, daß mit der Cession der Hauptforderung auch das Recht aus der Bürgschaft auf den Cessionar übergehe.

Vgl. Bornemann, Preußisches Civilrecht 2. Aufl. Bd. 3 S. 86; Koch, Kommentar zum Allgemeinen Landrecht Anm. 33 zu § 402 I. 11; Dernburg, Preußisches Privatrecht 3. Aufl. Bd. 2 S. 200; Förster-Eccius, Preußisches Privatrecht 5. Aufl. Bd. 1 S. 650; Fischer, Preußisches Privatrecht S. 375.

Für die Beurteilung der Frage, ob dem Kläger das Recht aus der von der beklagten Frau F. gegen den Zimmermeister S. übernommenen Bürgschaft zustehe, kommt es hiernach darauf an, ob das Recht auf die Hauptforderung gegen den Ehemann der Beklagten auf den Kläger übergegangen ist. Das Berufungsgericht verneint diese Frage, weil es die Übertragbarkeit der Hauptforderung mit Rücksicht auf die Bestimmung des § 928 A.L.R. I. 11, „daß in allen Fällen, wo ein Werk einem Werkmeister angedungen worden, der Werkmeister das Geschäft selbst auszuführen verbunden sei und die Ausführung wider den Willen des Bestellers einem Anderen nicht übertragen könne", für ausgeschlossen hält und den mit Genehmigung des Ehemannes der Beklagten erfolgten Eintritt des Klägers in den von jenem mit dem Zimmermeister S. abgeschlossenen Werkverdingungsvertrag als einen neuen, nicht unter die gestellte Bürgschaft fallenden Werkverdingungsvertrag ansieht.

Diese Begründung beruht auf unrichtiger Auslegung des Gesetzes. Nach § 928 A.L.R. I. 11 kann bei einem Werkverdingungsvertrage die Übertragung der Ausführung des angedungenen Werkes wider den Willen des Bestellers an einen Anderen nicht erfolgen. Daß dies auch mit Einwilligung des Bestellers nur mit der Wirkung geschehen könne, daß der alte Vertrag mit dem ersten Werkmeister hinfällig werde, und an dessen Stelle ein neuer Vertrag mit dem neuen Werkmeister trete, ist aus jener Gesetzesbestimmung nicht zu entnehmen. Im Zusammenhange mit den §§ 929 und 930 a. a. O. ist diese vielmehr dahin zu verstehen, daß, wenn der Besteller mit der Übertragung der Ausführung an einen Anderen einverstanden ist, der erste Werkmeister die Handlungen desjenigen, dem er die Ausführung übertragen hat, vertreten muß, jedoch nicht aus dem Vertrage ausscheidet. Die Rechtslage ist in diesem Falle keine andere, wie bei der Übertragung der Rechte aus einem anderen zweiseitigen Vertrage, die auch nicht das Ausscheiden des ursprünglichen Kontrahenten aus seinen vertraglichen Verbindlichkeiten nach sich zieht, den Gegenkontrahenten aber, wenn er die Erfüllung seitens des Cessionars als Erfüllung des ursprünglichen Vertrages angenommen hat, zur Gewährung der vertraglichen Gegenleistung an den Cessionar verpflichtet.

Vgl. Plenarbeschluß des vormaligen preußischen Obertribunales vom 16. Januar 1846, Entsch. des Obertrib. Bd. 12 S. 14; Urteil des R.O.H.G.'s vom 16. Dezember 1873, Entsch. des R.O.H.G.'s Bd. 12 S. 77 flg.; Urteil des R.G.'s vom 23. Februar 1885, Entsch. des R.G.'s in Civils. Bd. 13 S. 12 und 13.

Ist sonach der alte Vertrag, den der Ehemann der beklagten Frau F. mit dem Zimmermeister S. abgeschlossen hatte, durch die mit Einwilligung des ersteren erfolgte Übernahme der Ausführung seitens des Klägers nicht aufgehoben worden, so bleibt allein entscheidend, ob S. in Wirklichkeit dem Kläger seine Rechte aus dem Vertrage abgetreten hat. Eine Feststellung darüber hat das Berufungsgericht nicht getroffen. ... Es war deshalb unter Aufhebung des Berufungsurteiles die Sache zur anderweiten Verhandlung und Entscheidung an das Berufungsgericht zurückzuverweisen." ...

---

63. Wird die durch die Erhebung der Klage bewirkte Unterbrechung der Verjährung durch Zurücknahme der Klage wieder beseitigt?

V. Civilsenat. Urt. v. 4. April 1894 i. S. H. (Kl.) w. Allgemeine Häuserbauaktiengesellschaft (Bekl.). Rep. V. 330/93.

I. Landgericht I Berlin.
II. Kammergericht daselbst.

Die Entscheidung ist unter „Prozeßrecht" Nr. 105 S. 394 abgedruckt.

---

64. Erwirbt der eingetragene Eigentümer eines Landgutes das Eigentum an Zubehörstücken, welche der Käufer desselben vor der Auflassung dem Gutsinventare einfügt?

A.L.R. I. 2 §§ 60. 108.

V. Civilsenat. Urt. v. 23. Mai 1894 i. S. H. (Kl.) w. die Schweidnitz-Jauersche Fürstentumslandschaft (Bekl.). Rep. V. 20/94.

I. Landgericht Liegnitz.
II. Oberlandesgericht Breslau.

Die aufgeworfene Frage ist verneint aus folgenden

Gründen:

„Eigentümer des Gutes Lichtenwaldau Nr. 18 ist der Berginspektor a. D. K. Derselbe hat es am 4. August 1891 an den

Gutsbesitzer H. mit Inventarium verkauft und übergeben. Die Auflassung an H. sollte im Januar 1892 nach Zahlung des Restkaufgeldes geschehen, ist jedoch nicht erfolgt. Die Beklagte, für welche Hypotheken auf dem Gute eingetragen stehen, hat am 20. Oktober 1892 die Zwangsverwaltung desselben eingeleitet und hierbei die in der Klage unter 13 Nummern aufgeführten Gegenstände vorgefunden und in Besitz genommen. Der Kläger behauptet, daß diese Sachen sämtlich dem H. eigentümlich gehören, weil derselbe sie während seiner Besitzzeit teils selbst angeschafft, teils durch Zucht von ihm gehörigem Vieh erworben habe. Dem Kläger sind durch zwei Beschlüsse des Landgerichtes zu Liegnitz vom 31. Oktober 1892 und 16. Februar 1893 die Rechte des H. auf Herausgabe der Sachen im Wege der Zwangsvollstreckung überwiesen. Er klagt mit dem Antrage, die Beklagte zu verurteilen, die Sachen an ihn herauszugeben, eventuell den Zwangsverwalter zur Herausgabe anzuweisen und für den Fall, daß die Sachen verkauft oder verbraucht sind, den Erlös oder Wert derselben zu zahlen.

Die Beklagte hat zunächst den Einwand der mangelnden Passivlegitimation erhoben, weil sie nur als Vollstreckungsbehörde an Stelle des Vollstreckungsgerichtes fungiere, und die von ihr vorgenommenen Handlungen nur im Beschwerdewege angefochten werden könnten. Diesen Einwand hat der erste Richter durch Zwischenurteil mit der Begründung verworfen, daß die Beklagte, wenn sie auch als Behörde fungiere, durch die Zwangsverwaltung nur ihre Rechte als Hypothekengläubigerin wahre. Der Berufungsrichter hat diesen Grund gebilligt.

In der Sache selbst hat die Beklagte das Eigentum des H. an den Sachen bestritten und behauptet, H. habe dieselbe zu Pertinenzen des Gutes gemacht, und als solche gehörten sie dem K. Das Gut sei von K. mit noch größerem Inventar an H. übergeben. Wenn dieser für abgehende Stücke neue eingesetzt habe, so gehörten dieselben zum Inventar des von ihm verwalteten und bewirtschafteten Gutes, und es komme nicht darauf an, wer Eigentümer der eingesetzten Stücke gewesen sei. . . .

Nach einer Beweisaufnahme darüber, ob bei dem Verkaufe K. an H. Sachen der hier fraglichen Art an H. mit verkauft und übergeben habe, ist die Klage vom ersten Richter abgewiesen. In den

Gründen wird ausgeführt, daß, wenn der Besitzer eines Landgutes zum Betriebe der Wirtschaft notwendiges Inventar anschaffe, nicht angenommen werden könne, er habe die Sachen als Eigentum erworben, sondern daß er sie dem Gute, welchem er sie einbrachte, habe zuschlagen wollen. Es wird dann die Pertinenzqualität sämtlicher geforderter Sachen festgestellt.

Die Berufung des Klägers ist vom zweiten Richter zurückgewiesen. Derselbe nimmt an, daß bewegliche, ihrer Natur nach zum Zubehör zu rechnende Sachen, wenn sie ein Dritter zur Bewirtschaftung angeschafft und dem Gute einverleibt hat, hierdurch allein noch nicht Eigentum des Gutseigentümers werden. Dazu gehöre nicht bloß der Wille des Dritten, die Sachen auch rechtlich als Zubehör mit dem Gute zu verbinden, sondern auch der bethätigte Wille des Eigentümers, durch die Disposition des Dritten zu erwerben. Er führt aus, daß diese Erfordernisse im vorliegenden Falle nachgewiesen sind.

Bei der rechtlichen Beurteilung des Klaganspruches ist zunächst zu unterscheiden zwischen denjenigen Beilaßstücken, welche sich zur Zeit des Verkaufes an H. im Eigentume des K. befanden und auf dem Gute verblieben, und den von dem Käufer H. neu eingestellten. Erstere unterlagen dem Pfandrechte der Beklagten, und dieses Pfandrecht erlosch nach § 30 Eig.-Erw.-Ges. durch den Verkauf ohne räumliche Trennung der Sachen von dem Grundstücke nicht. Die Beklagte konnte sie deshalb wegen Befriedigung ihrer hypothekarischen Forderung in Beschlag nehmen, und der Anspruch des Klägers ist insoweit unbegründet. Eine Ermittelung, welche Beilaßstücke von dieser Entscheidung getroffen werden, ist durch den Berufungsrichter noch nicht erfolgt.

In betreff der neu eingestellten Sachen ist dem Berufungsrichter darin beizustimmen, daß die Ausführungen im ersten Urteile unhaltbar sind, wonach die von einem Dritten auf ein Gut gebrachten, ihrer Beschaffenheit nach zum Zubehör desselben dienlichen Gegenstände, auch wenn sie der Dritte zum Zwecke der Bewirtschaftung des Gutes angeschafft hat, durch ihre thatsächliche Einverleibung in das Gutsinventar ohne weiteres in das Eigentum des Gutseigentümers übergehen. Einem solchen Rechtsgrundsatze steht im preußischen Rechte die Vorschrift der §§ 60. 108 A.L.R. I. 2 entgegen, wonach Sachen, welche ihrer Natur nach zwar Pertinenzstücke sind, diese Eigenschaft nicht besitzen, sobald sie einem Anderen als dem Eigentümer der Hauptsache gehören. Er entspricht auch nicht der Entwickelung, welche die Lehre von den Pertinenzen im gemeinen Rechte genommen hat. So führt Unger (Österreichisches Privatrecht Bd. 2 S. 443. 445) aus, daß der Eigentümer der Hauptsache dadurch, daß eine Sache zur Hilfssache gemacht wird, auch nicht mittelbar das Eigentum der Nebensache erwirbt, sondern daß deren Eigentümer sie vindizieren kann. Diese Ansicht billigt Stobbe (Deutsches Privatrecht 2. Aufl. I. § 65 S. 546 Anm. 6) ausdrücklich. Ebenso sagt Kohler (Ihering, Jahrbuch Bd. 26 S. 76) unter Hinweis auf die obengedachten, von ihm gebilligten Vorschriften des Allgemeinen Landrechtes: „Die Folge der Pertinenzierung ist nicht Eigentumserwerb des dominus der Hauptsache." Derselbe Rechtsgrundsatz liegt auch den Urteilen des früheren preußischen Obertribunales,

vgl. Entsch. desselben Bd. 66 S. 4,

und des Reichsgerichtes,

vgl. Entsch. desselben in Civilf. Bd. 9 S. 305,

zu Grunde. Daraus folgt für den hier gegebenen Fall, daß diejenigen Sachen, welche H. nach dem Verkaufe des Grundstückes erworben und in das Gutsinventar eingestellt hat, hierdurch allein noch nicht in das Eigentum des K. übergingen.

Es läßt sich allerdings nicht verkennen, daß die Sachlage sich verändert, wenn jemand eine fremde Sache besitzt und nutzt mit der Verpflichtung, sie nach Beendigung seines Rechtes in demselben Umfange, wie er sie erhalten, namentlich mit allem ihm überlieferten Zubehör an den Eigentümer zurückzugeben. In solchem Falle, z. B. beim Nießbrauche an einem Landgute oder einer Herde, wird in der Doktrin vielfach angenommen, daß aus der Verpflichtung zur Erhaltung der Integrität der Sachengesamtheit der Wille sowohl des Nießbrauchers als des Eigentümers folgt, daß die neu eingestellten Sachen (vermöge constitutum possessorium) an Stelle der abgegangenen in das Eigentum des Eigentümers der Hauptsache treten sollen (Summission). In Übereinstimmung damit steht ein Urteil des II. Strafsenates des Reichsgerichtes. (Vgl. preuß. Just.-Min.-Bl. 1883 S. 23). In dem damals zu entscheidenden Falle hatte der Verpächter sein Gutsinventar dem Pächter als Pachtobjekt nach einer Taxe mit der

Verpflichtung zur Rückgabe nach Beendigung der Pachtzeit überlassen. Aus der dadurch begründeten Vertragspflicht zur Instandhaltung des Inventares wurde gefolgert, daß die von dem Pächter in das Inventar neueingestellten Stücke in das Eigentum des Verpächters übergegangen seien. Aber selbst in Fällen dieser Art nimmt die Doktrin mit Recht an, daß diejenigen Stücke, welche ein bonus paterfamilias bei seiner Wirtschaftsführung neu einstellen muß, dem Eigentümer der Hauptsache zufallen, daß dagegen der Pächter oder Nießbraucher für Verringerung des Inventars durch außergewöhnliche Umstände nicht einzustehen braucht.

Vgl. Kohler in Ihering, Jahrb. Bd. 24 S. 223—227; Wächter, Schwebendes Eigentum S. 12, und für preußisches Recht A.L.R. I. 21 §§ 17. 69. 175.

Auf die jetzt zu entscheidende Streitsache können jedoch die soeben entwickelten Rechtsgrundsätze keine Anwendung finden. H. besaß das Gut nicht unter der Verpflichtung, es mit dem ihm übergebenen Beilaß an K. zurückzugewähren, sondern hatte es durch Kaufvertrag, also durch einen zum Eigentumserwerb geeigneten Titel für sich erworben. Die Auflassung war allerdings vertagt; aber der Berufungsrichter sagt selbst, es sei nicht die Rede davon, daß an eine Wiederaufhebung des Kaufgeschäftes gedacht worden wäre. Unter diesen Umständen muß es hier bei der Regel der §§ 60. 108 A.L.R. I. 2 verbleiben und also davon ausgegangen werden, daß die dem H. gehörigen und von ihm in das Inventar eingestellten Sachen, wenn sie auch ihrer Natur nach Pertinenzstücke sein würden, diese Eigenschaft hier nicht besitzen. Die sogenannte Surrogationstheorie findet im preußischen Rechte, abgesehen von bestimmten gesetzlichen Ausnahmen, keinen Boden.

Vgl. Striethorst, Archiv Bd. 79 S. 64; Eccius, Preuß. Privatrecht Bd. 1 § 22 6. Aufl. S. 120; Rehbein und Reincke, Allgemeines Landrecht I. 2 § 39 Anm. 9.

Wenn der Berufungsrichter, der sich mit diesen Grundsätzen nicht in Widerspruch setzen will, weiter ausführt, zum Eigentumserwerbe für den Eigentümer der Hauptsache bedürfe es einerseits des Willens bei dem Dritten, die betreffenden Gegenstände auch rechtlich als Zubehörstücke mit dem Gute zu verbinden (also sein Eigentum an denselben aufzugeben), und andererseits des Willens beim Eigentümer des Gutes, durch die Disposition des Dritten zu erwerben, sowie einer Bethätigung dieses (beiderseitigen) Willens, so ist dem zwar beizustimmen. Aber die Revision rügt mit Recht, daß es an einer genügenden Begründung der Feststellung, daß diese Erfordernisse hier vorliegen, fehlt." ...

---

65. Muß der Entschädigungsanspruch aus § 109 A.L.R. I. 6 dann als ausgeschlossen gelten, wenn der Getötete zur Zeit seines Todes nicht imstande war, seine unterhaltsberechtigten Verwandten zu unterstützen, und wenn er damals zu solcher Unterstützung nur subsidiär verpflichtet war?

VI. Civilsenat. Urt. v. 21. Juni 1894 i. S. Witwe D. (Kl.) w. 1) W., 2) B. & Co. (Bekl.) Rep. VI. 88/94.

I. Landgericht Magdeburg.
II. Oberlandesgericht Naumburg a. S.

Das Reichsgericht hat die obenstehende Frage verneint aus folgenden

Gründen:

„Der am 20. Mai 1874 geborene Sohn der Klägerin und ihres am 8. März 1891 verstorbenen Ehemannes erlitt am 8. März 1889 den Tod durch den Einsturz eines Gewölbes in der von dem Fabrikdirektor W., dem Beklagten zu 1, geleiteten, der Handelsgesellschaft B. & Co., der Beklagten zu 2, gehörigen Zuckerfabrik, in welcher er damals als Maurerlehrling gegen ein Tagelohn von 1 *M* beschäftigt war. Die Klägerin führt diesen Unfall auf ein von den Beklagten zu vertretendes grobes Versehen zurück und verlangt, daß beide Beklagte solidarisch für verpflichtet erklärt werden, ihr vom 20. Mai 1892 an bis zu ihrem Tode, oder doch solange sie der Unterstützung bedarf, solche zu gewähren und demgemäß an sie eine jährliche Rente von 182,50 *M* für die Zeit vom 20. Mai 1892 bis dahin 1894 und von 365 *M* vom 20. Mai 1894 bis zu ihrem Tode zu zahlen. In erster wie in zweiter Instanz ist jedoch auf Abweisung der Klage erkannt worden. Das Berufungsgericht nimmt an, daß der Beklagte

W. den Tod des Sohnes der Klägerin durch eine Vernachlässigung des § 367 Ziff. 14 St.G.B. verursacht habe und danach an sich, zwar nicht nach §§ 2. 3 des Haftpflichtgesetzes, aber doch nach §§ 26. 109 A.L.R. I. 6, zum Schadensersatze verpflichtet sei. Indem es dahingestellt läßt, ob die mitverklagte Gesellschaft für das Versehen ihres Direktors in Anspruch genommen werden könne, erachtet es die Abweisung der Klage deshalb für geboten, weil der Getötete zur Zeit seines Todes zum Unterhalte der Klägerin nicht verpflichtet gewesen sei. In dieser Beziehung wird folgendes ausgeführt. Das in der Verwandtschaft wurzelnde Alimentationsrecht sei, sowohl nach dem in Sch. — dem Wohnorte der Klägerin und ihres Sohnes zur Zeit seines Ablebens — geltenden gemeinen Rechte wie nach dem Allgemeinen Landrechte, bedingt durch die Hilfsbedürftigkeit auf der einen, die Fähigkeit zur Unterstützung auf der anderen Seite; an diese Voraussetzungen, durch deren Eintritt das Recht erst ins Leben gerufen werde, sei auch der aus § 109 A.L.R. I. 6 hergeleitete Anspruch geknüpft; solange also nicht der eine Verwandte als ein zur Alimentierung fähiger Prinzipalschuldner dem anderen, zu unterstützenden Verwandten gegenüberstehe, sei für diesen kein Recht begründet, in welches rechtswidrig eingegriffen werden könnte; vielmehr sei nur einer auf der Verwandtschaft basierten Erwartung Raum gelassen, der keine Verpflichtung korrespondiere, in welche der entschädigungspflichtige Urheber des Todes succedieren könnte; ob der Ehemann der Klägerin, wie diese behauptet, beim Tode ihres Sohnes nicht mehr imstande war, sie vollständig zu erhalten, könne dahingestellt bleiben; denn jedenfalls sei damals ihr Sohn nicht in der Lage gewesen, seine Eltern von dem zu seinem eigenen Unterhalte erforderlichen Tagelohne von 1 ℳ zu unterstützen, sodaß für ihn eine Alimentationspflicht nicht bestanden habe.

Wenn nun die Revision die Annahme, daß der Sohn der Klägerin bei seinem Tode zur Unterstützung seiner Eltern nicht fähig gewesen sei, für ungenügend begründet erklärt, so kann diese Rüge keinen Erfolg haben." (Dies wird näher ausgeführt.)

„Dagegen wirft die Revision dem Berufungsrichter mit Recht vor, die Bedeutung der §§ 98 flg. 109 A.L.R. I. 6 unrichtig aufgefaßt zu haben. Die hier gegebenen Bestimmungen beruhen nach dem amtlichen Berichte von Suarez (v. Kamptz, Jahrbücher Bd. 81 S. 7) auf dem

Satze, daß, wer einen Menschen tötet, seine Frau und Familie entschädigen müsse, und sind nicht als Abweichungen von dem gemeinen Rechte, sondern nur als Ergänzungen und nähere Bestimmungen desselben anzusehen. Bei solcher Entschädigung aber handelt es sich, wie das Reichsgericht in einem gemeinrechtlichen Falle ausgesprochen hat,

vgl. Entsch. des R.G.'s in Civils. Bd. 7 S. 139 flg. 144,

„nicht sowohl um die stellvertretende Übernahme des den Alimentationsberechtigten vermöge Gesetzes zu gewährenden Unterhaltes oder um die Ausgleichung des durch den frühzeitigen Tod des Familiengliedes erweislich bereits entstandenen Schadens, als vielmehr darum, den Angehörigen vollständigen Ersatz für den Verlust derjenigen Vermögensvorteile zu verschaffen, auf deren Gewährung sie bei nicht eingetretener Tötung nach den Vermögens- und Erwerbsverhältnissen des Verstorbenen mit Sicherheit oder Wahrscheinlichkeit rechnen durften". Damit stimmen die angezogenen Vorschriften des Allgemeinen Landrechtes überein, indem sie nirgends auf eine Succession des Beschädigers in die Unterhaltspflicht des Getöteten hinweisen und die Entschädigungsansprüche der Hinterbliebenen nicht davon abhängig machen, daß die Unterhaltspflicht des Getöteten schon bei dessen Lebzeiten in Wirksamkeit getreten war. Wenn namentlich der hier maßgebende § 109 A.L.R. I. 6 die Ansprüche Personen beilegt, „welche nach den Vorschriften der Gesetze Unterhalt von dem Entleibten zu fordern berechtigt sein würden" (also nicht: „zur Zeit seines Todes zu fordern berechtigt waren"), so scheint schon aus dieser Fassung hervorzugehen, daß es nicht darauf ankommen soll, ob bereits zu Lebzeiten des Entleibten die Voraussetzungen für die Geltendmachung des Unterhaltsanspruches, also die Hilfsbedürftigkeit auf der einen, die Fähigkeit zur Unterstützung auf der anderen Seite, vorhanden waren, daß vielmehr lediglich entscheidend ist, ob zur Zeit der Erhebung des Entschädigungsanspruches eine Hilfsbedürftigkeit des Unterhaltsberechtigten vorliegt, und ob andererseits nach Lage der Vermögens- und Erwerbsverhältnisse, in denen sich der Unterhaltspflichtige zur Zeit seines Todes befand, anzunehmen ist, daß gegen ihn, falls er noch am Leben wäre, der Unterhaltsanspruch mit Erfolg geltend gemacht werden könnte. Sind beide Fragen zu bejahen, so hat der Unterhaltsberechtigte durch den Tod des Unterhaltspflichtigen einen Schaden erlitten, und diesen Schaden muß derjenige, der die Entleibung schuldhafterweise verursacht hat, nach Maßgabe der §§ 10 flg. 98 flg. 109 A.L.R. I. 6 ersetzen.

Mit Unrecht glaubt das Berufungsgericht, sich für seine abweichende Auffassung auf die Rechtsprechung der höchsten Gerichtshöfe bei der Anwendung des § 3 Ziff. 1 des Reichshaftpflichtgesetzes berufen zu können. Von vornherein ist dieser Rechtsprechung eine maßgebende Bedeutung für die Auslegung des § 109 A.L.R. I. 6 nicht beizumessen, da der § 3 Ziff. 1 des Haftpflichtgesetzes die Ersatzforderung ausdrücklich davon abhängig macht, daß der Getötete zur Zeit seines Todes verpflichtet war, einem Anderen Unterhalt zu gewähren, und da er überdies ein Verschulden des ersatzpflichtigen Unternehmers nicht erfordert. Die in Bezug genommene Rechtsprechung steht aber auch der Ansicht der Vorinstanz keineswegs zur Seite. Namentlich hat das Urteil des Reichsgerichtes vom 11. März 1881,

vgl. Entsch. des R.G.'s in Civils. Bd. 4 S. 104,

den Ersatzanspruch aus § 3 Abs. 1 des Haftpflichtgesetzes für begründet erklärt, wenn dem Getöteten zur Zeit seines Todes kraft Gesetzes die Unterhaltspflicht oblag, mochte sie auch in jenem Momente noch nicht praktisch in Wirksamkeit getreten sein. Dabei wurde ausgeführt, daß der Zweck des § 3 sei, die Unterhaltspflicht, welche nach dem Gesetze für den Getöteten bestand, in derselben Weise, wie wenn dieser fortlebte, dem Betriebsunternehmer aufzuerlegen, daß der in jenem Falle getötete Sohn seinen Eltern, falls sie dessen bedurften, (nach dem im wesentlichen mit dem gemeinen und dem preußischen Rechte übereinstimmenden Art. 205 Code civil, vgl. auch Art. 208) Unterhalt schuldig gewesen, und daß der Ersatz für den durch den Tod des Sohnes weggefallenen Anspruch nicht dadurch bedingt erscheine, daß die Hilfsbedürftigkeit der Eltern schon zur Zeit des Todes des Sohnes hervorgetreten sei. Ebenso ist auf der anderen Seite wiederholt ausgesprochen worden, daß für die Beurteilung der Unterstützungsfähigkeit des Getöteten der Zeitpunkt des Todes nicht ausschließlich maßgebend sei. So heißt es in einem Urteile vom 8. Dezember 1880 (Braun und Blum, Annalen Bd. 3 S. 77—79): „Wenn also der Umfang der dem Getöteten zu dem Unterhalt der Familie obliegenden Leistungen im Laufe der Zeit eine größere Ausdehnung erlangt hätte, weil der Getötete voraussichtlich einen größeren

Verdienst gemacht haben würde und deshalb zu höheren Alimentationsbeträgen verpflichtet gewesen wäre, so hat der Haftpflichtige auch Entschädigung für die höheren Beiträge von der Zeit an, wo der Verpflichtete sie hätte gewähren müssen, zu leisten." Und in einem Urteile vom 2. November 1881 (Eger, Eisenbahnrechtliche Entscheidungen Bd. 2 S. 141) wurde der Eisenbahnunternehmer den Unterhaltsberechtigten gegenüber für ersatzverbindlich erklärt, obgleich der Verunglückte zur Zeit seines Todes völlig erwerbslos war, indem angenommen wurde, es sei kein Grund ersichtlich, warum er nicht imstande gewesen sein sollte, später seine Arbeitskraft wieder in einem kaufmännischen Geschäfte zu verwerten. Hiernach würde der Abweisungsgrund der Vorinstanz selbst dann nicht für durchgreifend zu erachten sein, wenn hier der § 3 Ziff. 1 des Haftpflichtgesetzes zur Anwendung käme. Umsoweniger ist dies bei dem aus den §§ 98 flg. 109 A.L.R. I. 6 hergeleiteten Entschädigungsanspruche der Fall. Den Gedanken, der diesen Gesetzesvorschriften zu Grunde liegt, bringt der Entwurf eines bürgerlichen Gesetzbuches für das Deutsche Reich deutlicher zum Ausdrucke, indem er bestimmt (§ 767 Abs. 2 der 2. Lesung, vgl. § 723 der 1. Lesung): „Stand der Getötete zur Zeit der Verletzung zu einem Dritten in einem Verhältnisse, vermöge dessen er ihm gegenüber kraft Gesetzes unterhaltspflichtig war oder unterhaltspflichtig werden konnte, und ist dem Dritten infolge der Tötung das Recht auf den Unterhalt entzogen, so hat der Ersatzpflichtige dem Dritten durch Entrichtung einer Geldrente insoweit Schadensersatz zu leisten, als der Getötete während der mutmaßlichen Dauer seines Lebens zur Gewährung des Unterhalts verpflichtet gewesen sein würde." Dabei wird in den Motiven (Bd. 2 S. 781. 782) unter Bezugnahme auf Entscheidungen des Reichsoberhandelsgerichtes Bd. 23 S. 110 und Entscheidungen des Reichsgerichtes in Civilsachen Bd. 4 Nr. 29, Bd. 7 Nr. 44 ausdrücklich hervorgehoben, daß, „wenn zur Zeit des Todes ein gesetzlicher Anspruch auf Unterhalt noch nicht zur Entstehung gelangt war, — z. B. weil es an der Bedürftigkeit auf seiten des Dritten oder an der Leistungsfähigkeit auf seiten des Getöteten in solchen Fällen fehlte, in welchen der Unterhaltsanspruch gegen den Getöteten von dem Vorhandensein dieser Voraussetzungen abhängig war, oder weil dem Getöteten die Verpflichtung, den Dritten zu unterhalten, gesetzlich nur subsidiär oblag, und der zunächst Verpflichtete leistungsfähig ist, — der Schuldige dem Dritten erst von der Zeit an Schadensersatz zu leisten hat, in welcher der Getötete, wenn er nicht getötet worden wäre, zum Unterhalte des Dritten verpflichtet gewesen sein würde."

Inwiefern die hier vertretene, den Grundsätzen der §§ 10 flg. A.L.R. I. 6 entsprechende Auffassung des Gesetzes zu unhaltbaren Konsequenzen führen könnte, ist aus den Ausführungen des Berufungsgerichtes nicht zu ersehen. Die Klägerin hat ihren Anspruch mit der Behauptung begründet, daß ihr Sohn unter normalen Verhältnissen vom 20. Mai 1892 ab 1,50 ℳ, vom 20. Mai 1894 ab 2,50 bis 3 ℳ täglich verdient haben würde und davon nach Bestreitung seines Unterhaltes zunächst 50 ₰ und dann 1 ℳ zu ihrer Unterstützung hätte abgeben können. Ist dies richtig, und ist die Klägerin zur Zeit hilfsbedürftig, so würde sie die gedachten Beträge von ihrem Sohne, falls dieser nicht getötet wäre, zu fordern berechtigt sein. Die Geltendmachung dieser Forderung ist ihr durch den Tod ihres Sohnes unmöglich geworden. Von der Verpflichtung, den ihr hierdurch entstandenen Schaden zu ersetzen, würden die Beklagten, sofern sie überhaupt wegen eines Verschuldens dafür zu haften haben, auch dann nicht befreit sein, wenn der in erster Reihe zur Unterhaltung der Klägerin verpflichtete Ehemann D. beim Tode ihres Sohnes (was die Klägerin bestreitet und das Berufungsgericht dahingestellt läßt) imstande gewesen wäre, sie vollständig zu erhalten, wenn also damals für den Sohn der Klägerin nur eine subsidiäre Unterhaltspflicht bestanden hätte. Allerdings hat das Reichsoberhandelsgericht,

vgl. Entsch. des R.O.H.G.'s Bd. 23 S. 330. 331,

angenommen, daß die Tötung eines nur subsidiarisch zur Alimentation Verpflichteten nach § 3 des Reichshaftpflichtgesetzes eine Entschädigungspflicht des Eisenbahnunternehmers dann nicht zur Folge habe, wenn zur Zeit der Tötung der Prinzipalverpflichtete noch lebt und seine Pflicht erfüllen kann und erfüllt; allein selbst wenn dieser Annahme mit Rücksicht auf die Fassung des § 3 a. a. O. beizupflichten wäre, würde daraus, wie bereits oben dargelegt worden, für die Auslegung der Vorschriften des 6. Titels des I. Teiles des Allgemeinen Landrechtes nichts zu folgern sein. Ist nach diesen das entscheidende Gewicht darauf zu legen, daß dem Unterhaltsberechtigten durch die Tötung Vorteile entzogen worden sind, die er nach dem gewöhnlichen

Laufe der Dinge vermöge eines schon zur Zeit der Tötung bestehenden Rechtsverhältnisses ohne das Dazwischentreten der Tötung erlangt haben würde, so kann es keinen Unterschied machen, ob die Unterhaltspflicht des Getöteten bereits zur Zeit der Tötung eine prinzipale war oder erst nachträglich zu einer prinzipalen geworden ist."...

---

66. Kann ein Ehegatte, welcher den anderen Ehegatten bei der Polizeibehörde unter Behauptung nicht erweislich wahrer Thatsachen eines gegen einen Dritten begangenen Diebstahles beschuldigt hat, der hierauf gestützten Ehescheidungsklage rechtswirksam den Einwand entgegensetzen, daß er die Beschuldigung zur Wahrnehmung berechtigter Interessen erhoben habe?

A.L.R. II. 1 §§ 705. 706.
St.G.B. §§ 164. 186. 187. 193.

IV. Civilsenat. Urt. v. 5. April 1894 i. S. W. (Bekl.) w. W. (Kl.) Rep. IV. 335/93.

I. Landgericht Breslau.
II. Oberlandesgericht daselbst.

Aus den Gründen:

„Das Berufungsgericht hat den auf § 706 A.L.R. II. 1 gestützten Ehescheidungsgrund für vorliegend erachtet. Dieser Annahme liegt das aus den Akten der Staatsanwaltschaft geschöpfte Ergebnis zu Grunde. Danach erachtet das Berufungsgericht folgendes für erwiesen: Die Beklagte hat ihren Ehemann, in seiner Eigenschaft als Wagenrevisor bei der Oberschlesischen Eisenbahn, wegen Diebstahles von Gläsern, Bindfaden, eines Badeschwammes u. s. w. bei der Polizeibehörde angezeigt. Das Eisenbahnbetriebsamt erklärte aber, es lägen Verdachtsgründe nicht vor, Gegenstände, wie die in der Denunziation bezeichneten, seien nicht abhanden gekommen, und auch die sonstigen Ermittelungen hätten ein entsprechendes Resultat nicht ergeben. Hierauf hat die Staatsanwaltschaft von der Einleitung eines Strafverfahrens gegen den Kläger Abstand genommen und die Beklagte ablehnend beschieden. Im Anschluß an diese thatsächliche Feststellung führt das

Berufungsgericht aus: Die von der Beklagten in ihrer Denunziation aufgestellte Behauptung stelle sich als die Behauptung einer nicht erweislich wahren Thatsache im Sinne des § 186 St.G.B. dar, also (da der Beklagten, als Ehefrau, nicht der § 193 St.G.B. zur Seite stehe), zugleich als eine vorsätzliche unerlaubte Handlung, welche den Kläger offenbar in Gefahr brachte, Ehre und Amt zu verlieren (§ 706 A.L.R. II. 1). Ob die Beklagte hierbei wider besseres Wissen gehandelt, sei gegenüber dieser thatsächlichen und rechtlichen Qualifikation ihrer Handlung gleichgültig. Der Kläger sei auch dann, wenn die Beklagte die in der Denunziation aufgestellten Behauptungen für wahr halte, nach § 706 a. a. O. berechtigt, die Ehetrennung zu verlangen. —

Diese Entscheidung ist nicht gerechtfertigt. Dem Berufungsgerichte ist allerdings darin beizutreten, daß die in § 186 St.G.B. bezeichnete ehrenrührige Nachrede, welche auch in der Anzeige bei einer Behörde bestehen kann, an sich geeignet ist, eine vorsätzliche unerlaubte Handlung im Sinne des § 706 A.L.R. II. 1 darzustellen. Denn eines Handelns wider besseres Wissen, wie solches im Falle der verleumderischen Beleidigung (§ 187 St.G.B.) oder der falschen Anschuldigung (§ 164 St.G.B.) vorliegt und zum Vorhandensein des in § 705 A.L.R. II. 1 vorgesehenen Ehescheidungsgrundes erfordert wird, bedarf es nicht, um die Voraussetzungen des § 706 daselbst zu erfüllen. Das Berufungsgericht gelangt aber zu der Annahme, daß die Beklagte eine nach § 186 St.G.B. strafbare und deshalb im Sinne des § 706 A.L.R. II. 1 unerlaubte Handlung begangen habe, mittels der Erwägung, daß der Beklagten als Ehefrau der § 193 St.G.B. nicht zur Seite stehe, und diese Erwägung ist, so allgemein, wie sie das Berufungsgericht aufstellt, als rechtsnormverletzend zu bezeichnen.

Die Anzeige strafbarer Handlungen, zum Zwecke ihrer Verfolgung, bei den zuständigen Behörden stellt sich auf seiten desjenigen, der an die Wahrheit seiner Anzeige glaubt, als die Wahrnehmung des berechtigten Interesses an der Aufrechterhaltung der öffentlichen Rechtsordnung dar. Zur Wahrnehmung dieses Interesses, welches auch nicht schon dadurch, daß sich demnächst die Unrichtigkeit der Anzeige herausstellt, zu einem unberechtigten wird, ist ein jeder befugt, nicht bloß derjenige, dem eine besondere Denunziationspflicht obliegt, oder der von der angezeigten Handlung unmittelbar betroffen wird.

Vgl. Entsch. des R.G.'s in Straff. Bd. 1 S. 80, Bd. 15 S. 17, Bd. 20 S. 164, Bd. 23 S. 146; Rechtspr. des R.G.'s in Straff. Bd. 9 S. 148.

Von dieser allgemeinen Befugnis besteht an sich keine Ausnahme für die Ehefrau in betreff strafbarer Handlungen ihres Ehemannes. Vielmehr steht auch ihr, wenn sie dergleichen im Glauben an die Wahrheit ihrer Angaben bei der Behörde anzeigt, der Schutz des § 193 St.G.B. zur Seite, insofern das Vorhandensein einer Beleidigung nicht aus der Form der Äußerung oder aus den Umständen, unter welchen sie geschah, hervorgeht. Welches Gewicht hierbei auf das eheliche Verhältnis zu legen ist, unterliegt der thatsächlichen Beurteilung, die nach der im vorliegenden Falle in dieser Richtung bisher noch nicht erörterten besonderen Sachlage zu treffen ist." ...

---

67. 1. **Tragweite der §§ 113. 114 A.L.R. I. 16.**

2. **Fällt der in Schenkungsabsicht erfolgte Erlaß einer Kapitalsschuld unter die nach § 328 A.L.R. II. 2 zur Ausgleichung zu bringenden Schenkungen?**

IV. Civilsenat. Urt. v. 11. Juni 1894 i. S. St. u. Gen. (Kl.) w. L. (Bekl.) Rep. IV. 7/94.

I. Landgericht Breslau.
II. Oberlandesgericht daselbst.

Der Bauerngutsbesitzer J. S. L. ist auf Grund seines Testamentes von seiner Ehefrau E., geborenen St., zur einen Hälfte und von drei Kindern, nämlich den beiden Klägerinnen und einem Sohne W. L., zur anderen Hälfte beerbt worden. Zum Nachlasse gehörten zwei Grundstücke. Diese sind dem W. L. von den Miterben durch notariellen Vertrag vom 27. Juni 1870 zum Alleineigentum übertragen worden, indem ihm — wie sich der Vertrag ausdrückt — die Witwe L. die ihr an den Grundstücken zustehende Hälfte für 7500 Thaler und die beiden Schwestern ihre Anteile für je 2500 Thaler „verkauft" haben, während der eigene Anteil des Übernehmers ebenfalls zu 2500 Thalern geschätzt wurde. Bezüglich der Berichtigung jener 7500 Thaler der Witwe L. findet sich in dem Vertrage folgende Erklärung: „Die verwitwete L.... bekennt hiermit, das erwähnte Kaufgeld per 7500 Thaler von ihrem genannten Sohne nach stattgefundener Berechnung in der Nachlaßregulierung ihres Mannes erhalten zu haben und quittiert hierüber ohne Vorbehalt." Am 6. Oktober 1873 ist sodann die Witwe L. gestorben und hat als gesetzliche Erben ihre genannten drei Kinder hinterlassen. Im Jahre 1886 ist auch der Sohn W. L. gestorben, dessen alleinige Erbin die Beklagte, seine Ehefrau, geworden ist. Darauf erst ist die gerichtliche Regulierung des Nachlasses der Witwe L. und demnächst auch die des Nachlasses des vorher verstorbenen J. S. L. beantragt worden. Diese Nachlaßregulierungen haben Veranlassung zu der vorliegenden, von den Schwestern des W. L. wider dessen Witwe erhobenen Klage gegeben, mit der verlangt wird, festzustellen, daß die Beklagte schuldig sei, 7500 Thaler = 22500 ℳ in den Nachlaß des J. S. L., eventuell in den Nachlaß der verwitweten E. L. geborenen N. einzuzahlen, bezw. sich verrechnen zu lassen, eventuell zu konferieren. Die Klägerinnen haben behauptet, daß die Forderung der Witwe L. von 7500 Thalern aus dem Vertrage vom 27. Juni 1870, trotz der darin abgegebenen Quittungserklärung, noch bestehe. Bei der Regulierung des Nachlasses des J. S. L. könne eine Aufrechnung nicht erfolgt sein, weil diese Nachlaßregulierung noch nicht stattgefunden habe. Nach der Fassung der Quittungserklärung müsse übrigens angenommen werden, daß über eine Barzahlung habe quittiert werden sollen. Durch eine Zahlung in barem Gelde sei jedoch die Tilgung jedenfalls nicht bewirkt worden. Auch ein Erlaß liege nicht vor, eventuell würde aber in solchem Falle eine kollationspflichtige Schenkung anzunehmen sein.

Das Landgericht hat die Klägerinnen mit der Klage abgewiesen. Die gegen diese Entscheidung eingelegte Berufung hat keinen Erfolg gehabt. Die Revision ist ebenfalls zurückgewiesen worden.

Aus den Gründen:

„Der Berufungsrichter hat zur Begründung seiner abweisenden Entscheidung ausgeführt: Aus der von der Witwe L. im Vertrage vom 27. Juni 1870 ausgestellten Quittung gehe zur Genüge hervor, daß die Tilgung der mütterlichen Kaufgelderforderung nicht durch Zahlung erfolgt sei.... Die von den Klägerinnen versuchte Interpretation, daß durch die Quittungserklärung habe gesagt werden sollen, nachdem eine Berechnung in der Nachlaßregulierung erfolgt sei, habe die Mutter das Geld erhalten, sei nicht haltbar, weil kein Grund dafür ersichtlich sein würde, weshalb ein Vermerk dieser Art in der Urkunde gemacht sein sollte, wenn die Kontrahenten beabsichtigt hätten, eine Tilgung durch Zahlung zum Ausdrucke zu bringen. Den Klägerinnen müsse allerdings zugegeben werden, daß eine Regulierung des Nachlasses des S. L. nicht stattgefunden habe. Das schließe aber nicht aus, daß zwischen Mutter und Sohn über Teile des väterlichen Nachlasses, namentlich die Grundstücke, unter Heranziehung anderer Vermögensobjekte Verrechnungen stattgefunden haben könnten.... Ein Anhalt dafür, daß die Tilgung gerade durch Zahlung erfolgt sei, ergebe sich aus der Quittung nicht. Aus dem Worte „erhalten" auf eine Zahlung zu schließen, sei nicht gerechtfertigt. Gehe aber aus der Quittung selbst hervor, daß die Tilgung der in Rede stehenden Verbindlichkeit nicht durch Zahlung erfolgt sei, so müsse nach § 113 A.L.R. I. 16 das der Quittung zu Grunde liegende Geschäft ausgemittelt, und, im Falle solche Ermittelung resultatlos bliebe, die Quittung zufolge der Vorschrift des § 114 ebenda nach den Regeln von der Entsagung beurteilt werden. Im Streitfalle habe das der Quittung zu Grunde liegende Rechtsgeschäft nicht ermittelt werden können.... Danach müsse zu Gunsten der Beklagten angenommen werden, daß die Kaufgelderschuld von 7500 Thalern dem W. L. erlassen worden sei. Solcher Erlaß sei nicht als die Schenkung eines ausstehenden Kapitales im Sinne des § 328 A.L.R. II. 2 anzusehen, und es könne deshalb die Beklagte auch nicht verpflichtet erscheinen, die 7500 Thaler zu konferieren.

Die gegen diese Ausführungen erhobenen Angriffe der Revision sind nicht begründet. Die zunächst in Betracht kommenden §§ 113. 114 A.L.R. I. 16 lauten dahin: „Erhellet aus der Quittung, daß die darin bescheinigte Aufhebung der Verbindlichkeit nicht durch Zahlung erfolgt sei, so muß das anderweitig zwischen dem Gläubiger und Schuldner vorgefallene Geschäft, aus welchem die Quittung entstanden ist, näher ausgemittelt werden. Findet diese Ausmittelung nicht statt, so ist dergleichen Quittung nach den Regeln von Entsagung der Rechte zu beurteilen." Der Revision ist zuzugeben, daß diese Bestimmungen nach der Fassung des § 113 a. a. O. nur in dem Falle anwendbar sind, wenn aus der Quittung selbst hervorgeht, daß die Tilgung nicht durch Barzahlung erfolgt ist.

Vgl. Entsch. des vormaligen preuß. Obertribunales Bd. 41 S. 117; Striethorst, Archiv Bd. 12 S. 272, Bd. 85 S. 312; Entsch. des R.O.H.G.'s Bd. 14 S. 340; Entsch. des R.G.'s in Civils. Bd. 3 S. 25 (I. Hilfssenat).

Diese Bedeutung des § 113 a. a. O. ist jedoch vom Berufungsrichter nicht verkannt worden, vielmehr ergeben seine Ausführungen, daß er sich jener Voraussetzung bewußt gewesen ist. Es erhellt dies insbesondere aus den Eingangsworten des zweiten, die Anwendbarkeit der fraglichen Gesetzesvorschriften begründenden Satzes, sowie aus dem an die Spitze gestellten Ausspruche: aus der Quittung gehe hervor, daß die Tilgung nicht durch Zahlung erfolgt sei, während die sich hier anschließenden Erwägungen nur gegen die von den Klägerinnen versuchte abweichende Auslegung der Quittungserklärung gerichtet sind.

Nicht zu beanstanden ist ferner die Annahme des Berufungsrichters, daß das der Quittung zu Grunde liegende Rechtsgeschäft nach dem Ergebnisse der Beweisaufnahme nicht hat ausgemittelt werden können." (Wird näher ausgeführt; dann heißt es weiter:) „Diese Erwägung ist thatsächlicher Art und läßt eine Rechtsnormverletzung nicht erkennen.

Bei solcher Sachlage hat der Berufungsrichter mit Recht die Vorschrift des § 114 a. a. O. für anwendbar erklärt, nach welcher eine Quittung, aus deren Inhalt sich ergiebt, daß die Tilgung nicht durch Zahlung erfolgt ist, beim Mangel des Nachweises eines anderweiten Tilgungsgeschäftes die Wirkung einer Entsagungserklärung haben soll.

Vgl. Entsch. des vormaligen preuß. Obertribunales Bd. 18 S. 269 und Bd. 24 S. 329. 333, sowie Striethorst, Archiv Bd. 14 S. 127.

Hiernach erscheint auch die Annahme des Berufungsrichters gerechtfertigt, daß die Witwe L. ihrem Sohne die Schuld von 7500 Thalern erlassen habe. Insofern dieser Erlaß unentgeltlich geschah, ist derselbe zwar nach § 393 A.L.R. I. 16 einer Schenkung gleich zu achten; da aber die Übertragung eines Rechtes auf den beschenkten Sohn nicht stattfand, sondern der letztere durch das Aufgeben des persönlichen Forderungsrechtes seitens der Mutter lediglich von einer Zahlungsverpflichtung entbunden worden ist, so muß dem Berufungsrichter darin beigetreten werden, daß im Streitfalle die Schenkung eines ausstehenden Kapitales, welche nach § 328 A.L.R. II. 2 kollationspflichtig sein würde, nicht vorliegt.

Vgl. Entsch. des vormaligen preuß. Obertribunales Bd. 44 S. 182; Striethorst, Archiv Bd. 39 S. 89, sowie Gruchot, Erbrecht Bd. 3 S. 39; Dernburg, Preußisches Privatrecht Bd. 3 § 243 Anm. 13, und Förster-Eccius, Theorie und Praxis Bd. 4 § 274 Anm. 55." ...

---

68. Anspruch auf Schadensersatz gegen einen Gerichtsvollzieher, der eine Forderung unter Nichtbeachtung eines ihm vom Schuldner vorgelegten Gerichtsbeschlusses, durch den die einzuziehende Forderung wegen einer Gegenforderung gepfändet und dem Schuldner überwiesen worden ist, vom Schuldner eingezogen hat.

IV. Civilsenat. Urt. v. 18. Juni 1894 i. S. Ko. (Kl.) w. Ku. (Bekl.) Rep. IV. 51/94.

I. Landgericht Lyck.
II. Oberlandesgericht Königsberg.

Aus den Gründen:

„Durch den Kostenfestsetzungsbeschluß des Landgerichtes Lyck vom 2. Dezember 1891 ist für die Karl Ku.'schen Eheleute in N. gegen die jetzt klagenden Eheleute Johann und Marie Ko. eine Kostenforderung in Höhe von 77,20 ℳ zur Erstattung festgesetzt worden. Demnächst haben die klagenden Eheleute gegen die Ku.'schen Eheleute zufolge Kostenfestsetzungsbeschlusses vom 5. Januar 1892 ebenfalls eine vollstreckbare Forderung in Höhe von 88,30 ℳ erlangt. Wegen dieser Gegenforderung der Kläger und zugleich wegen 6,50 ℳ weiterer Kosten und Gebühren ist jene Forderung der Ku.'schen Eheleute durch Beschluß des Amtsgerichtes Lyck vom 29. April 1892 im Wege der Zwangsvollstreckung gepfändet und den Klägern zur Einziehung überwiesen worden. Die Zustellung dieses Pfändungs- und Überweisungsbeschlusses hat an die Kläger, als Drittschuldner, am 5. Mai 1892 und an die Ku.'schen Eheleute am 9. Mai 1892 stattgefunden. Trotzdem haben die Ku.'schen Eheleute auf Grund des in ihren Händen belassenen Kostenfestsetzungsbeschlusses vom 2. Dezember 1891 eine Zwangsvollstreckung vornehmen lassen. Der beklagte Gerichtsvollzieher hat dieselbe gegen die Kläger am 5. September 1892 mittels Pfändung baren Geldes in Höhe von 86,90 ℳ zur Ausführung gebracht, obwohl ihm dabei unstreitig der Pfändungs- und Überweisungsbeschluß vom 29. April 1892 in einer zu den Akten überreichten beglaubigten Abschrift vorgelegt worden ist, deren Einsicht er jedoch nach der Behauptung der Kläger abgelehnt haben soll. Diese Abschrift, welche von dem Rechtsanwalte W. beglaubigt worden ist, trägt überdies den Vermerk des Gerichtsvollziehers B. vom 4. Mai 1892, daß das fragliche Schriftstück behufs Zustellung an die Wirtsfrau Marie Ko. (die mitklagende Ehefrau) der Postanstalt zu L. übergeben worden sei. Die entsprechende Postzustellungsurkunde fehlt aber jetzt. Ob dieselbe zur Zeit jener Zwangsvollstreckung noch vorhanden war und dem Beklagten mitvorgelegt worden ist, wie die Kläger behaupten, ist streitig geblieben. Das gepfändete und vom Beklagten an die Ku.'schen Eheleute abgelieferte Geld kann von den letzteren wegen ihrer Vermögenslosigkeit nicht zurückerlangt werden. Die Kläger haben deshalb den Beklagten auf Höhe des von ihm gepfändeten Geldbetrages in Anspruch genommen; sie sind jedoch in der Berufungsinstanz mit ihrem dieserhalb erhobenen Klagantrage abgewiesen worden.

Die gegen diese Entscheidung eingelegte Revision muß für begründet erachtet werden. Die Zulässigkeit und Rechtswirksamkeit des Pfändungs- und Überweisungsbeschlusses vom 29. April 1892, dessen Zustellung nach § 730 Abs. 2 und § 736 Abs. 3 C.P.O. ordnungsmäßig erfolgt ist, unterliegt an sich keinem Bedenken.

Vgl. Entsch. des R.G.'s in Civils. Bd. 7 S. 331 und Bd. 20 S. 368 flg.

Ausweislich dieses Beschlusses ist vom Vollstreckungsgerichte in Gemäßheit der Vorschrift des § 730 Abs. 1 C.P.O. die doppelte Anordnung getroffen worden, daß die gepfändete Forderung von den Klägern als Drittschuldnern an die Ku.'schen Eheleute nicht mehr gezahlt werden dürfe, und daß die letzteren sich jeder Verfügung über diese

Forderung, insbesondere durch Einziehung derselben, zu enthalten hätten. Hiermit war ausgesprochen, daß jede Einziehung für die Ku.'schen Eheleute, also auch eine Beitreibung im Wege der Zwangsvollstreckung, zu unterbleiben habe. Der fragliche Beschluß, welcher nur durch sofortige Beschwerde hätte angegriffen werden können, ist mithin als eine vollstreckbare Entscheidung im Sinne des § 691 Ziff. 1 C.P.O. anzusehen, aus welcher sich ergiebt, daß die Zwangsvollstreckung für die Ku.'schen Eheleute auf Grund des Kostenfestsetzungsbeschlusses vom 2. Dezember 1891 fernerhin nicht mehr zulässig sein sollte. Überdies läßt der Inhalt des Beschlusses keinen Zweifel darüber, daß die Forderung der Ku.'schen Eheleute zur Zeit der vom Beklagten ausgeführten Zwangsvollstreckung durch Aufrechnung getilgt worden war; denn da sich die Kläger wegen ihrer höheren Gegenforderung diejenige Forderung haben überweisen lassen, welche ihren Schuldnern ihnen selbst gegenüber zustand, so können die Kläger damit nur die Herbeiführung einer Kompensation beabsichtigt haben, welche demgemäß infolge der erlangten Überweisung ohne weiteres eingetreten ist.

Hiernach haben die Voraussetzungen des § 691 Ziff. 1. 4 C.P.O. vorgelegen, wenn dem Beklagten bei der Pfändung am 5. September 1892 nicht nur die zum Zwecke der Zustellung gefertigte beglaubigte Abschrift des Pfändungs- und Überweisungsbeschlusses in ihrer jetzigen Gestalt, sondern auch die dazu gehörige, eine ordnungsmäßige Zustellung des Beschlusses erkennbar machende Postzustellungsurkunde vorgelegt worden ist. In solchem Falle hätte daher der Beklagte die Zwangsvollstreckung einstellen müssen. Die Ansicht des Berufungsrichters, daß die Zwangsvollstreckung vom Beklagten auf Verlangen seiner Auftraggeber auch im Falle des § 691 Ziff. 4 C.P.O. fortzusetzen gewesen wäre, steht mit den Eingangsworten des § 691 a. a. O. im Widerspruche und findet auch in der Vorschrift des § 692 a. a. O. keine Stütze. Unzutreffend erscheint endlich auch die Ausführung des Berufungsrichters, welche dahin geht: Das Reichsgericht habe zwar die Frage, ob die Pfändung einer dem Schuldner gegen den betreibenden Gläubiger zustehenden Geldforderung auf Grund des § 730 C.P.O. zulässig sei, bejaht, es herrsche jedoch hierüber unter den Kommentatoren der Civilprozeßordnung Streit, und von einem Gerichtsvollzieher könne nicht verlangt werden, daß er stets über die reichsgerichtliche Judikatur informiert sei. Überdies setze die Würdigung der rechtlichen Bedeutung des vorliegenden Pfändungs- und Überweisungsbeschlusses derartige Rechtskenntnisse voraus, wie man solche von einem Gerichtsvollzieher nicht erwarten könne. — Eine Nachprüfung der Frage, ob der Pfändungs- und Überweisungsbeschluß vom Vollstreckungsgerichte hätte erlassen werden dürfen, stand dem Beklagten überhaupt nicht zu, und ebensowenig kann sich derselbe auf einen Rechtsirrtum bezüglich der Bedeutung und der Tragweite dieses Beschlusses berufen, wenn er die Einsicht und Prüfung der ihm vorgelegten Urkunde abgelehnt hat.

Aus vorstehenden Darlegungen ergiebt sich, daß das Berufungsurteil aufgehoben, und die Sache zu anderweiter Verhandlung und Entscheidung in die Vorinstanz zurückverwiesen werden muß."

---

69. 1. Kann ein fideikommissarisch substituierter Erbe vor dem Eintritte des Substitutionsfalles die Erbschaft wirksam verkaufen?
2. Steht dem Miterben gegen den Erbschaftskäufer ein gesetzliches Vorkaufsrecht zu?

IV. Civilsenat. Urt. v. 25. Juni 1894 i. S. L. u. Gen. (Kl. u. Nebenintervenienten) w. B. u. Gen. (Bekl.) Rep. IV. 92/94.

I. Landgericht Naumburg a. S.
II. Oberlandesgericht daselbst.

Das Reichsgericht hat die oben aufgestellten Fragen bejaht.

Aus den Gründen:

„In dem wechselseitigen Testamente der R.'schen Eheleute vom 13. Juni 1870 und in den hierzu errichteten Nachträgen vom 16. September 1874 und 8. Februar 1875 hat der Rentner R. seine Ehefrau und seine Kinder und Kindeskinder erster Ehe mit der Bestimmung zu Erben eingesetzt, daß die Ehefrau im ungestörten Besitze und Genusse des ganzen Vermögens ohne Sicherheitsbestellung und Rechnungslegung verbleiben soll, und daß die Kinder und Enkel sich mit dem begnügen müssen, was nach dem Tode der Ehefrau noch vorhanden sein wird. Der Rentner R. ist am 11. Juni 1884 verstorben, und die hinterbliebene Witwe in den Besitz des Nachlasses getreten. Von den Kindern hat der Sohn Paul R. durch den notariellen Vertrag vom 21./25. Mai 1889 „sein ganzes Erbschaftsrecht, wie ihm solches am Nachlasse seines Vaters zusteht, in dem Zustande, in welchem sich das Erbschaftsrecht am Tage des Vertragsschlusses befunden", an den jetzigen Kläger für 6000 ℳ verkauft. Auf den Kaufpreis sind 4000 ℳ bar an den Verkäufer gezahlt, und der Rest von 2000 ℳ soll entrichtet werden, sobald die Teilung des Nachlasses nach dem Tode der Ehefrau des Erblassers erfolgt ist. Nachdem die Witwe R. am 11. Juli 1893 gestorben war, machte Kläger bei der Nachlaßregulierung auf Grund des vorgenannten Vertrages geltend, daß er an Stelle des Paul R. als Erbe getreten sei, und hat, da die beiden anderen Erben diesen Anspruch bestritten, nunmehr klagend beantragt, dieselben zu verurteilen, anzuerkennen, daß ihm — dem Kläger — ein Erbrecht in Höhe von einem Drittel an dem Nachlasse des Rentners R. zustehe. Die Beklagten haben dem Antrage widersprochen, indem sie einwenden, daß ihnen als Miteigentümern ein gesetzliches Vorkaufsrecht zustehe, und daß sie gegenüber dem Erbschaftskaufvertrage vom 21./25. Mai 1889 von diesem Vorkaufsrechte Gebrauch gemacht hätten. Paul R. ist nach erfolgter Streitverkündung als Nebenintervenient der Klage beigetreten.

Der erste Richter hat die Beklagten nach dem Klagantrage verurteilt, der Berufungsrichter dagegen die Klage abgewiesen. Die gegen letztere Entscheidung von dem Kläger eingelegte Revision muß für begründet erachtet werden.

Mit Rücksicht auf den oben wiedergegebenen Inhalt des wechselseitigen Testamentes der R.'schen Eheleute und der Nachträge zu demselben geht der Berufungsrichter zunächst davon aus, daß hinsichts des in Frage stehenden Nachlasses des Rentners R. ein Fideikommiß auf den Überrest vorliege. Die Richtigkeit dieser Annahme wird durch den klaren Wortlaut der testamentarischen Bestimmungen bestätigt und unterliegt keinem rechtlichen Bedenken; die Ehefrau R. ist als Fiduziarerbin eingesetzt, und es sind die nach Namen und Alter benannten Kinder ausdrücklich als fideikommissarische Erben mit der Maßgabe berufen worden, daß diese Substitution sich nur auf das erstrecken solle, was beim Tode der Ehefrau R. vom Nachlasse noch vorhanden sein werde. Der Berufungsrichter hat sodann aber die

Frage, ob der fideikommissarische Erbe vor Eintritt des Substitutionsfalles befugt sei, sein aus der Substitution erwachsenes Recht im Wege des Erbschaftskaufes zu veräußern, verneint. Der Berufungsrichter bemerkt, daß von der Praxis diese Frage in einigen Entscheidungen, in denen es sich aber nicht um ein Fideikommiß auf den Überrest gehandelt habe, bejaht worden sei. Er erachtet jedoch die Gründe jener Entscheidungen nicht für überzeugend, schließt sich vielmehr der entgegengesetzten, von Förster-Eccius (Theorie und Praxis Bd. 4 S. 630 6. Aufl.) dahin aufgestellten Ansicht an, daß der fideikommissarische Erbe durch einen solchen Vertrag zwar sich und seine Erben zum demnächstigen Erbschaftsverkaufe verpflichten, dieser letztere aber mit seinen dinglichen Wirkungen erst nach Eintritt des Substitutionsfalles geschlossen werden könne, und führt aus, daß unter dem Erbanfalle der §§ 367. 368 A.L.R. I. 9 der Zeitpunkt zu verstehen sei, an welchem der Erbe das Eigentum der Erbschaft erwerbe, und unter einer „wirklich angefallenen" Erbschaft die erworbene Erbschaft, daß der fideikommissarische Erbe, namentlich derjenige, welcher auf den Überrest eingesetzt sei, aber die Erbschaft noch nicht erworben habe, daß sie ihm nicht „wirklich angefallen" sei, und daß er somit einen wirklichen Erbschaftsverkauf nicht abschließen könne.

Gerade diese Ausführungen sind bei einem mit dem Streitfalle ganz gleich liegenden Sachverhalte, wo es sich ebenfalls um ein Fideikommiß auf den Überrest handelte, in dem Urteile des Obertribunales vom 5. März 1877,

vgl. Striethorst, Archiv Bd. 96 S. 368,

einer eingehenden und erschöpfenden Prüfung unterzogen worden. Der dortige Richter zweiter Instanz hatte gleichfalls angenommen, daß dem fideikommissarischen Erben die Erbschaft erst mit dem Tode des Fiduziarerben anfalle, und das Obertribunal hat mit Recht diese Ansicht als eine irrige und auf einer Verwechselung des Anfalles einer Erbschaft mit dem Erwerbe einer Erbschaft beruhende erachtet. Es wird des näheren ausgeführt, daß derjenige, welcher unter einer aufschiebenden Bedingung oder nur von einem gewissen Tage an zum Erben eingesetzt ist, mit dem Eintritte der Bedingung oder des Tages die Erbschaft erwirbt, ohne daß es weiter einer Besitzergreifung bedarf (§§ 367. 368. 370 A.L.R. I. 9, §§ 478 flg. I. 12), und daß das dem in dieser Weise eingesetzten Erben zugedachte Erbrecht auf dessen

Erben übergeht und als ein bedingtes oder betagtes Recht ein Gegenstand freier Verfügung des Erben ist (§ 370 A.L.R. I. 9, §§ 485. 486 I. 12). Weiter wird dargelegt, daß diese Grundsätze auch im Falle der fideikommissarischen Substitution Anwendung finden. Denn das dem fideikommissarischen Erben zustehende Recht gehe auf seine Erben über und sei ein Gegenstand seiner freien Verfügung. Durch die Vorschriften der §§ 445. 446 A.L.R. I. 11 werde nur der Verkauf einer noch nicht angefallenen und nicht freien Erbschaft untersagt. Die Erbschaft sei aber dem fideikommissarischen Erben angefallen, und sie sei auch im Sinne des Gesetzes eine freie, weil unter einer nicht freien Erbschaft nur eine dem gemeinen Erbrechte entzogene Erbschaft, also ein ex pacto et providentia majorum sich ableitendes Successionsrecht verstanden werde. Der fideikommissarische Erbe könne natürlich die ihm angefallene Erbschaft nur in der Weise verkaufen, wie sie ihm zustehe, nämlich als eine Erbschaft, welche er erst mit dem Eintritte des Substitutionsfalles erwerbe. Daß eine angefallene, aber noch nicht erworbene Erbschaft Gegenstand eines Erbschaftskaufes sein könne, ergebe sich aus den §§ 495. 498. 499 A.L.R. I. 11, welche Bestimmungen unmöglich hätten getroffen werden können, wenn die Veräußerung einer angefallenen, aber noch nicht erworbenen Erbschaft unzulässig wäre. Endlich wird noch ausgeführt, daß der in dem Urteile des Obertribunales in Striethorst, Archiv Bd. 65 S. 41, ausgesprochene Satz: „Hat der Fideikommissar überhaupt kein dingliches Recht, sondern nur einen Titel dazu, nämlich ein Forderungsrecht an den Fiduziar oder dessen Erben, so gilt dies umsomehr von einem fideicommissum in id, quod supererit" ohne Bedeutung für die vorliegende Frage sei; denn jener Satz enthalte nur eine Erläuterung des § 467 A.L.R. I. 12, es werde durch denselben nur ausgedrückt, daß der fideikommissarische Erbe im Verhältnisse zum Fiduziarerben nur einen persönlichen Anspruch auf Restitution habe, keineswegs aber, daß der fideikommissarische Erbe, wenn er vor dem Eintritte des Substitutionsfalles sterbe, kein Erbrecht transmittieren, sondern nur jenen persönlichen Anspruch erwerben könne.

Unter Billigung dieser Ausführungen und von gleichen Voraussetzungen ausgehend, hat auch das Reichsgericht wiederholt und namentlich in den Urteilen des IV. Civilsenates vom 4. Juni 1885 und vom 4. Juni 1886 (abgedruckt bei Gruchot, Beiträge Bd. 29 S. 914,

Bd. 31 S. 955) den Grundsatz ausgesprochen, daß mit dem Tode des Erblassers das erbschaftliche Recht dem fideikommissarischen Erben anfällt, und daß letzterer dasselbe schon vor Eintritt des Substitutionsfalles gültig verkaufen kann. Es ist dabei unter Hinweisung auf §§ 164. 165 A.L.R. I. 4, § 486 I. 12 und § 447 I. 11 ausgeführt worden, daß das Recht des fideikommissarischen Erben richtiger Ansicht nach sich nicht in einem persönlichen Anspruche an den Fiduziar erschöpfe, sondern ein betagtes Erbrecht sei. Von diesem Grundsatze abzugehen, bietet der Streitfall keine Veranlassung, und die Erwägungen, auf welchen derselbe beruht, werden durch die Ausführungen des Berufungsrichters, die im wesentlichen auf die bereits in dem Urteile vom 5. März 1877 widerlegte Ansicht von Förster-Eccius gestützt sind, nicht erschüttert. Der fideikommissarische Erbe ist mit dem Tode des Erblassers zur Erbschaft berufen; er hat mit diesem Zeitpunkte das erbschaftliche Recht vollständig erworben, welches auf seine Erben übergeht (§§ 164. 165 A.L.R. I. 4, §§ 486. 467 I. 12), und die entgegenstehende Auffassung des Berufungsrichters geht von einer zu engen Auslegung des Begriffes „Anfall" aus, verwechselt auch den Anfall einer Erbschaft mit dem Erwerbe einer Erbschaft.

Ist aber nach vorstehenden Erwägungen der Vertrag vom 21./25. Mai 1889 als ein gültiger Erbschaftskauf zu erachten, so fällt damit die Entscheidung des Berufungsrichters. Es ist alsdann davon auszugehen, daß der Klaganspruch auf einen rechtsgültigen Erbschaftskauf gestützt, und nun der Rechtsbehelf der Beklagten zu erörtern ist, daß ihnen ein gesetzliches Vorkaufsrecht zustehe, und daß sie dasselbe in gehöriger Weise ausgeübt haben. Bei der Cession eines Forderungsrechtes steht den Miterben ein Vorkaufsrecht nicht zu;

vgl. Entsch. des Obertrib. Bd. 69 S. 149; Entsch. des R.G.'s in Civils. Bd. 17 S. 228, Bd. 19 S. 290;

wohl aber findet ein gesetzliches Vorkaufsrecht der Miteigentümer aus § 65 A.L.R. I. 17 dann statt, wenn ein Miterbe sein Erbschaftsrecht an einen Fremden verkauft hat, wie dies in den Urteilen des Obertribunales vom 31. Oktober 1856,

vgl. die Urteile des Obertribunals vom 31. Oktober 1856 (Entsch. des Obertrib. Bd. 34 S. 146 und vom 4. Juni 1869 (Striethorst, Archiv Bd. 75 S. 120, sowie das Urteil des Reichsgerichtes, IV. Civilsenates, vom 14. Juni 1882 (Gruchot, Beiträge Bd. 27 S. 939), angenommen worden ist. Der gedachte Einwand der Beklagten ist daher an sich rechtlich begründet, und es bleibt zu prüfen, ob auch die erforderlichen thatsächlichen Voraussetzungen vorhanden sind. Eine Erörterung der in dieser Richtung von beiden Teilen aufgestellten und gegenseitig bestrittenen Behauptungen hat in der Berufungsinstanz jedoch nicht stattgefunden, und es mußte daher unter Aufhebung des Berufungsurteiles die Sache zur anderweiten Verhandlung über jene Behauptungen und zur demnächstigen ferneren Entscheidung in die vorige Instanz zurückverwiesen werden."

---

70. Konvaleszziert eine Hypothek, wenn die dadurch gesicherte Forderung des in der Zwangsversteigerung liquidierenden Gläubigers zwar schon vor dem Zuschlagsurteile begründet, die Cession an ihn aber erst nach dem Zuschlagsurteile erfolgt ist?

A.L.R. I. 20 §§ 12. 13.

V. Civilsenat. Urt. v. 16. Juni 1894 i. S. M. (Kl.) w. L. (Bekl.) Rep. V. 37/94.

I. Landgericht I Berlin.
II. Kammergericht daselbst.

Die aufgeworfene Frage ist bejaht aus folgenden

Gründen:

... „Das dem Maurermeister T. gehörig gewesene, in Berlin Klosterstr. 44 belegene Hausgrundstück ist zur Zwangsversteigerung gelangt und am 8. September 1891 dem Kläger zugeschlagen. Auf demselben stand Abt. III Nr. 25 eine Hypothek von 280000 ℳ für die Süddeutsche Bodenkreditbank in München verzinslich eingetragen. Von dieser Hypothek liquidierte im Kaufgelderbelegungstermine am 22. Oktober 1891 der Beklagte auf Grund einer Cession der Bank vom 10. September 1891 den Teilbetrag von 15000 ℳ nebst Zinsen. Das Kaufgeld reichte zur Deckung dieses Liquidates aus. Der Kläger, welcher mit einer später eingetragenen Hypothek von 35954,15 ℳ nur im Betrage von 259,22 ℳ befriedigt werden konnte, widersprach der Auszahlung des Kaufgeldes an den Beklagten. Infolgedessen wurde von der Hebung des Beklagten der Betrag von 17328,75 ℳ als Streitmasse in Verwahrung genommen. Hiervon verlangt der Kläger jetzt nur noch die Auszahlung von 15078,75 ℳ an ihn, während der Beklagte widerklagend denselben Betrag für sich in Anspruch nimmt. Der Kläger stützt sein angeblich besseres Recht auf die Streitsumme auf folgenden Sachverhalt. Vor dem Maurermeister T. war der Beklagte Eigentümer des versteigerten Grundstückes. Er hatte auf demselben die Darlehnshypothek von 280000 ℳ für die Süddeutsche Bodenkreditbank eintragen lassen, jedoch von diesem (Baugelder-) Darlehn bis zum März 1889 erst 130000 ℳ erhalten. Am 19. März 1889 bot er dem T. das Grundstück für 225000 ℳ zum Kaufe an, erklärte sich auch zugleich bereit, demselben auf Wunsch ein Baugeld von 100000 ℳ gegen eine Provision von 5000 ℳ herzugeben. Der Kaufpreis der 225000 ℳ sollte in der Art belegt werden, daß T. bis spätestens zum 1. April 1889 eine Anzahlung von 5000 ℳ leistete und ferner von den eingetragenen 280000 ℳ den Betrag von 220000 ℳ nebst Zinsen seit 1. April 1889 auf das Kaufgeld übernahm. Dann heißt es weiter in dem Schreiben des Beklagten an T.: „Die restierenden 60000 ℳ verzinsen Sie erst von dem Tage ab, an welchem die Süddeutsche Bodenkreditbank diesen Betrag zahlt.... Die Auflassung soll im April geschehen. Falls Sie von mir eine Finanzierung derart wünschen, daß ich Ihnen 100000 ℳ Baugeld (inkl. der von der Bank zu zahlenden 60000 ℳ) gebe und Ihnen hinter den 280000 ℳ 45000 ℳ ein Jahr mit 5 Prozent stehen lasse, so haben Sie mir hierfür 5000 ℳ extra zu zahlen, und haben Sie dies bis zum 1. April d. J. mir schriftlich mitzuteilen. Die von mir zu zahlenden Baugelder verzinsen Sie mir mit 6 Prozent, und zwar immer vom ersten Tage des Monats ab, in dem die Zahlung erfolgt." T. nahm mittels Schreibens vom 29. März 1889 die ihm „proponierte Finanzierung" an. Am 3. April 1889 wurde der Kaufvertrag über das Grundstück zwischen ihm und dem Beklagten abgeschlossen. In § 2 wird in betreff der Kaufgelderbelegung gesagt, daß die Anzahlung von 5000 ℳ erfolgt sei. Dann heißt es weiter: „Auf dem verkauften Grundstücke haftet für die Süddeutsche Bodenkreditbank in München ein Hypothekenkapital von 280000 ℳ, welches in Höhe von 220000 ℳ seit dem 1. April d. J. und von 60000 ℳ vom Tage der noch zu erfolgenden Zahlung ab mit 4½ Prozent jährlich zu verzinsen ist. Die Hypothek ist seitens der genannten Bank bis jetzt erst in Höhe von 130000 ℳ gezahlt worden; von den noch restierenden 150000 ℳ überweist Käufer dem Verkäufer den Betrag von 90000 ℳ und übernimmt die eingetragene Hypothek von 280000 ℳ nebst den oben angegebenen Zinsen als Selbstschuldner; der übrige noch verbleibende Betrag von 60000 ℳ wird für die Gläubigerin erst nach Fertigstellung des auf dem Grundstücke zu errichtenden Neubaues fällig und ist alsdann an den Käufer zahlbar." T. ersuchte ferner mittels Schreibens vom 29. April 1889 die gedachte Bank, diejenigen 150000 ℳ, welche als restierender Teil der Hypothek von 280000 ℳ noch zu zahlen waren, an Herrn Paul L. (Beklagten) zu zahlen. Hinter den 280000 ℳ unter Nr. 26 wurden sodann für den Beklagten 45000 ℳ (an Baugeldern und Provision) eingetragen. Unstreitig hat der Beklagte dem T. bis zum 1. Oktober 1890 im Ganzen 102288 ℳ Baugelder gewährt. Dagegen hat die Bank von den für sie eingetragenen 280000 ℳ an den Beklagten und an T. im ganzen nur 265000 ℳ gezahlt und den Mehrbetrag von 15000 ℳ am 10. September 1891 dem Beklagten cediert.

Der Kläger führt aus, die Hypothek von 15000 ℳ sei ungültig, weil der Bank die Forderung, zu deren Sicherung sie dienen sollte, niemals zugestanden habe, und weil eine nachträgliche Begründung der Hypothek, nachdem T. durch das Zuschlagsurteil vom 8. September 1891 das Eigentum an dem Pfandgrundstücke verloren hatte, nicht mehr möglich gewesen sei. Der Beklagte ist dagegen der Ansicht, daß durch die von ihm geleisteten Zahlungen an T. die Forderung begründet, und die Hypothek rechtswirksam geworden sei, und daß die ihm nach dem Zuschlage von der Bank erteilte Cession nur zum Nachweise seiner Legitimation gedient habe.

Der erste Richter hat zu Gunsten des Klägers, der zweite zu Gunsten des Beklagten erkannt. In den Gründen des Berufungsurteiles wird ausgeführt, nach dem Kaufvertrage vom 3. April 1889 und der Korrespondenz vom 19. und 29. März 1889 sei es der Wille sowohl des T. als des Beklagten gewesen, daß die noch nicht validierende, gleichwohl aber von T. übernommene Hypothek (von 280000 ℳ) insoweit für den Beklagten in Kraft treten sollte, als dieser die dem T. versprochenen Baugelder nicht durch Vermittelung der Bank (für welche alsdann die Hypothek konvaleszierte), sondern aus eigenen Mitteln gewähren würde. Da Beklagter die an dem Nominalbetrage der Hypothek von der Bank nicht gewährten 15000 ℳ kraft der von ihm übernommenen Verpflichtung bis zum 1. Oktober 1890 an T. gezahlt hat, so erachtet der Berufungsrichter die Bank für verpflichtet, dem Beklagten den durch ihre Zahlungen nicht gedeckten Betrag der Hypothek schon vor dem Zuschlage zu übertragen, und sieht in der Cession vom 10. September 1891 nicht einen rechtsbegründenden, sondern nur einen die Legitimation des Beklagten klarstellenden Akt.

Die Revision des Klägers greift zunächst die Feststellung des Berufungsrichters in betreff des Abkommens zwischen T. und dem Beklagten an. Die Beschwerde kann jedoch nicht für begründet erachtet werden.

Der Berufungsrichter geht bei seiner Entscheidung davon aus, daß T. dem Beklagten über den durch das Kaufgeld nicht gedeckten Betrag der Hypothek Nr. 25, also über 220000 ℳ hinaus mit dem Grundstücke nicht haftete, und daß er, wenn er die Valuta der von ihm dennoch übernommenen 60000 ℳ nicht erhielt, von dem Beklagten die Befreiung des Grundstückes von diesem Teile der Hypothek Nr. 25 fordern konnte. Er nimmt aber weiter an, daß in diesem Rechtszustande dadurch eine Änderung eingetreten ist, daß der Beklagte sich in dem sog. Finanzierungsvertrage verpflichtete, dem T. gegen 5000 ℳ Provision 100000 ℳ Baugelder zu zahlen. Der Zusatz in dem Schreiben des Beklagten vom 19. März 1889: „inkl. der von der Bank zu zahlenden 60000 ℳ" beweist, wie der Berufungsrichter mit Recht sagt, daß der Beklagte dem T. gegenüber persönlich für die Zahlung der von letzterem übernommenen, durch das Kaufgeld nicht gedeckten 60000 ℳ und weiterer 40000 ℳ haften wollte. In diesem Versprechen, in der Anweisung der Bank durch T. vom 29. April 1889 und in dem Umstande, daß nur für den die 60000 ℳ übersteigenden Betrag der vom Beklagten versprochenen Baugelder, also für 45000 ℳ einschließlich der Provision, die Eintragung einer gleich hohen Hypothek unter Nr. 26 verabredet wurde, findet der Berufungsrichter den Willen beider damaliger Kontrahenten zum Ausdrucke gebracht, daß die für die 60000 ℳ der Bank bereits bestellte Hypothek, sofern nicht sie, sondern der Beklagte die Valuta zahlen würde, dem Beklagten als reale Sicherheit dienen sollte. — Die Versuche des Klägers, dem Kaufvertrage und der Korrespondenz eine andere Bedeutung unterzulegen, können in jetziger Instanz gemäß § 524 C.P.O. keinen Erfolg haben. Es erscheint auch kaum glaubhaft, daß der Beklagte sich nur für die 45000 ℳ und nicht auch für die weiter versprochenen 60000 ℳ eine reale Sicherheit hat bedingen wollen. Geht man aber von dieser thatsächlichen Grundlage aus, so versagen die von dem Kläger gegen das zweite Urteil erhobenen Beschwerden.

Das Reichsgericht hat in dem Erkenntnisse vom 24. September 1890,

vgl. Entsch. des R.G.'s in Civils. Bd. 27 S. 169,

den Grundsatz ausgesprochen, daß eine Hypothek nach den Vorschriften der §§ 12. 13 A.L.R. I. 20 zwar konvaleszziert, wenn die Forderung, zu deren Sicherheit sie dient, nach der Eintragung durch den in der Eintragung genannten Gläubiger oder dessen Rechtsnachfolger zur Existenz gebracht wird, daß diese Rechtswirkung jedoch nicht eintritt, wenn der Schuldner zur Zeit der Begründung der Forderung nicht mehr Eigentümer der Pfandsache und also zur Belastung derselben nicht mehr berechtigt ist. An diesem Grundsatze muß zwar festgehalten werden; er findet jedoch im gegenwärtigen Falle, weil die thatsächliche Lage eine andere ist, keine Anwendung. Der Beklagte hatte hier der Bank eine Kaufgelderhypothek, also eine bedingte, in ihrer Gültigkeit von dem Empfange des Baugeldes abhängige Hypothek,

vgl. das Urteil des Reichsgerichtes in Gruchot, Beiträge Bd. 32 S. 140,

bestellt. Nachdem das Pfandgrundstück von T. eigentümlich erworben war, verpflichtete sich der Beklagte ihm gegenüber, für den Fall, daß die Bank das Baugelderdarlehn nicht zum Nominalbetrage der Hypothek hergeben würde, seinerseits dasselbe zu zahlen. T. nahm dies Erbieten an und versprach reale Sicherung des Beklagten durch die damals noch nicht validierende, der Bank bestellte Hypothek. Der Beklagte ist seiner hierdurch übernommenen Verpflichtung nachgekommen und hat die von der Bank nicht gewährten 15000 ℳ vor Einleitung der Subhastation, also zu einer Zeit, als T. zur Verfügung über das Grundstück berechtigt war, an diesen gezahlt. Der vorliegende Fall unterscheidet sich danach von dem in dem Urteile vom 24. September 1890 entschiedenen insofern, als hier bereits vor dem Zuschlagsurteile der Grundstückseigentümer die erfolgte Konvaleszenz der Hypothek in der Hand des Beklagten anzuerkennen verbunden war, sofern nur der Beklagte für sich die Cession seitens der Bank, als der nominellen Eigentümerin der Hypothek, beschaffte. Handlungen oder Erklärungen des T. waren nicht mehr erforderlich. Ob die Bank durch berechtigte Weigerung, statt bloßen Aufgebens ihrer Rechte aus der Hypothek eine Übertragungserklärung auf den Beklagten auszustellen, in der Lage gewesen wäre, die Übertragung zu vereiteln, bedarf keiner Erwägung; denn die Bank hat die Cession erteilt. Daß dies erst nach dem Zuschlage geschehen ist, erscheint unerheblich. Denn die Bedeutung des Zuschlages in der hier in Betracht kommenden Richtung beruht in der Beseitigung der Möglichkeit weiterer Dispositionen des Subhastaten. Dagegen bewirkt nicht etwa die Einleitung der Subhastation zu Gunsten aller, auch der dem betreibenden Gläubiger nachstehenden Hypothekengläubiger eine Festlegung des das Grundstück betreffenden Rechtszustandes in dem Sinne, daß nunmehr eine Konvaleszenz eingetragener Hypotheken wegen noch erforderlicher formaler Übertragungsakte verhindert wäre." ...

---

71. **Enteignung. Ist die Entschädigung niedriger als auf den vollen Wert (§ 8 des Gesetzes vom 11. Juni 1874) zu bemessen, wenn das enteignete Grundstück mit Servituten belastet ist? Verringerung der Nutzungsfähigkeit des Grundstückes durch dessen thatsächliche Verwendung.**

V. Civilsenat. Urt. v. 11. Juli 1894 i. S. preuß. Fiskus (Kl.) w. Stadtgemeinde B. (Bekl.) Rep. V. 82/94.

I. Landgericht I Berlin.
II. Kammergericht daselbst.

Es handelt sich um Festsetzung des Entschädigungsbetrages, den der preußische Fiskus (Kläger) als Eigentümer des Grundstückes Bd. 2 Nr. 42 des Grundbuches von den einzelnen Parzellen unter dem

Amtsgerichte I in Berlin für den im Jahre 1890 auf den Antrag der beklagten Stadtgemeinde zur Verbreiterung der Straße Altmoabit enteigneten Streifen von 1497 Quadratmetern Flächeninhalt zu beanspruchen hat. Der Kläger verlangt, weil es sich um Bauland handle, 90 ℳ für das Quadratmeter, während ihm im Enteignungsverfahren durch Beschluß des Polizeipräsidiums vom 9./20. Juni 1890 nur 30 ℳ zugesprochen worden sind. Er hat deshalb Klage erhoben mit dem Antrage, ihm weitere (60 ℳ für das Quadratmeter gleich) 89820 ℳ nebst Zinsen zuzuerkennen.

Daß das Grundstück einschließlich der enteigneten Fläche an und für sich die Eigenschaft von Bauland habe, ist trotz Widerspruches der Beklagten in allen Instanzen angenommen; dagegen ist dort der Beklagten darin beigetreten worden, daß folgender Umstand als wertmindernd in Betracht komme. In den Jahren 1832 und 1839 ist durch Allerhöchste Kabinetsordern genehmigt worden, daß dieses Grundstück, ein Teil des sog. kleinen Tiergartens, unter Vorbehalt des fiskalischen Eigentumes für die Kirche St. Johannis zu Moabit sowie zur Dotation der Pfarre und Schule daselbst auf die Dauer des Bestehens der Kirche, Pfarre und Schule abgetreten werde; seitdem sind dann auf dem Grundstücke die St. Johanniskirche, die Pfarrgebäude und eine Schule erbaut, sowie ein Begräbnisplatz und Gartenanlagen hergerichtet worden. Die Schule befindet sich seit der Einverleibung Moabits (1864) im Eigentume der beklagten Stadtgemeinde, auf deren Antrag als Nebenberechtigter im Beschlusse des Polizeipräsidiums festgesetzt wurde, daß der Anteil der Schule an der Entschädigungssumme 14000 ℳ betrage, die darum dem Kläger abgezogen sind; das Anteilsverhältnis von Kirche und Pfarre ist dagegen mangels eines desfallsigen Antrages (§ 29 Abs. 2 des Enteignungsgesetzes) nicht festgesetzt worden. Die Beklagte ist nun der Ansicht, daß das hiernach dem Fiskus nur noch verbliebene nackte Eigentum und das den genannten Instituten zustehende superfiziarische Nutzungsrecht zusammen mit 30 ℳ für das Quadratmeter genügend bezahlt seien, da eine Bebauung des Grundstückes mit Profanbauten auch den Nutzungsberechtigten nicht gestattet sei.

Der Kläger bestreitet, daß der ihm zu ersetzende volle Wert des enteigneten Grundstückes (§ 8 des Gesetzes) durch die der Kirche, Pfarre und Schule eingeräumten Nutzungsbefugnisse oder durch die infolgedavon jetzt thatsächlich bestehende Verwendung des Grundstückes irgendwie beeinflußt werde.

In erster Instanz sind dem Kläger noch weitere 9000 ℳ zuerkannt worden, weil im Enteignungsverfahren übersehen worden sei, daß die Frontlänge des Grundstückes an der Wilsnackerstraße (einer Seitenstraße der Straße Altmoabit) eine Verkürzung erfahre.

In zweiter Instanz sind dagegen dem Kläger noch (im ganzen) 37 722 ℳ zugesprochen worden. Auch der Berufungsrichter hat mit der Beklagten nur eine beschränkte Benutzungsfähigkeit des enteigneten Grundstückes angenommen, aber den Wert höher als 30 ℳ für das Quadratmeter eingeschätzt.

Auf Revision des Klägers ist das Berufungsurteil aufgehoben worden.

Gründe:

„Der Berufungsrichter führt aus, daß er den Wert der enteigneten Fläche, da sie an und für sich mit dem ganzen Grundstücke die Eigenschaft von Bauland besitze, sogar auf 102 ℳ für das Quadratmeter, also höher, als der Kläger verlangt, annehmen würde, wenn sie unbeschränkt ausgenutzt werden könnte. Dies sei aber infolge der den Kirchen- und Schulinstituten eingeräumten Nutzungsrechte nicht der Fall. Die Sache liege hier anders als in dem in den Entsch. des R.G.'s in Civils. Bd. 30 S. 176 flg. mitgeteilten Falle, denn hier sei eine Benutzung des Grundstückes zu anderen Zwecken als denen jener Institute auf die Dauer des Bestehens der Kirche und Schule, also auf unabsehbare Zeiten, deren Dauer einer immerwährenden gleichzuachten sei, ausgeschlossen. Diese Beschränkung der Nutzungsfähigkeit vermindere den Wert des Grundstückes, und zwar, wie mit dem vernommenen Sachverständigen angenommen werde, um die Hälfte. Bei der Abschätzung des dem Eigentümer zu erstattenden Wertes sei nun aber überdies der thatsächliche Zustand zu berücksichtigen, worin der enteignete Grundstücksteil sich infolge der auf dem Grundstücke aufgeführten Bauten befinde, und wodurch eine weitere Beschränkung seiner Benutzungsfähigkeit eingetreten sein könnte. Dies wird dann für die einzelnen Teile des enteigneten Streifens, die vor der Schule, vor der Kirche und vor dem Pfarrhause liegen, geprüft, und danach gelangt der Berufungsrichter zu einer geringfügigen Herabsetzung des vorhin gedachten halben Wertes von 82647 ℳ auf 82632 ℳ.

1. Der Ausgangspunkt des Berufungsrichters, daß schon die rechtliche Belastung des Grundstückes mit den Nutzungsrechten zu Kirchen- und Schulzwecken eine bei Bemessung der Enteignungsentschädigung zu berücksichtigende Wertsverminderung bewirke, wird von der Revision mit Recht angegriffen. Das Reichsgericht hat bereits in dem erwähnten Falle,

vgl. Entsch. des R.G.'s in Civils. Bd. 30 S. 176 flg.,

und ebenso in der Sache Faber w. Groß-Salze u. Gen. Rep. V. 173/92 (Urteil vom 19. November 1892) entschieden, daß eine privatrechtliche Belastung des enteigneten Grundstückes nicht geeignet sei, den dem Eigentümer zu ersetzenden Wert herabzumindern. Der Grund ist der, daß dem Eigentümer nach § 8 des Enteignungsgesetzes der volle Wert des abzutretenden Grundstückes ersetzt werden soll, daß dingliche Lasten zwar den Ertrag und die Verwertbarkeit des Grundstückes für den Eigentümer beeinträchtigen können, jedoch den Wert des Grundstückes an sich nicht ändern, und daß in allen Fällen, wo nicht eine noch über den vollen Wert des Grundstückes hinausgehende besondere Entschädigung für die Nutzungsberechtigten zu leisten ist (§ 11 des Gesetzes), der dem Eigentümer zu ersetzende Wert auch die Entschädigung der Nutzungsberechtigten, mit denen der Eigentümer sich auseinanderzusetzen hat, mit einschließt, also auch aus diesem Grunde den vollen Wert des Grundstückes umfassen muß und soll. Das Verhältnis zwischen dem Eigentümer und den Nutzungsberechtigten ist eine den Unternehmer der Enteignung nicht berührende Angelegenheit dritter Personen, es kann wieder beseitigt werden, und sobald es beseitigt wird, hört auch die gegenwärtige Beschränkung des Eigentümers im vollen Gebrauche seines Eigentumes wieder auf. Müßte der Eigentümer sich mit einer Abfindung für den Gebrauchswert begnügen, den gegenwärtig das enteignete Grundstück für ihn und für den Nutzungsberechtigten besitzt, so erhielte er also nicht den vollen Wert des Grundstückes, den das Gesetz ihm gewährleistet hat; andererseits erhielte aber der Unternehmer in dem fortan lastenfreien Grundstücke dessen vollen Wert, ohne daß er diesen voll zu bezahlen brauchte.

Es kann nicht zugegeben werden, daß der vorliegende Fall sich von den früher entschiedenen für die zu lösende Frage irgendwie wesentlich unterscheide. Damals handelte es sich um die Enteignung von Flächen, die mit einer als Grundgerechtigkeit begründeten Wegeservitut belastet waren, hier um ein Nutzungsrecht von vermutlich für immer bestehenden Korporationen an dem enteigneten Grundstücke; dort wie hier standen also Nutzungsrechte von an sich unbeschränkter Dauer in Frage. Um eine privatrechtliche Belastung handelt es sich auch im vorliegenden Falle nur; daß die Berechtigten öffentlich-rechtliche Institute sind, ändert nichts an dem privatrechtlichen Charakter der von ihnen erworbenen, an sich dem Privatrechte angehörigen Nutzungsrechte, und daß, wie die Revisionsbeklagte hervorhebt, zu einer Beseitigung dieser Nutzungsrechte die Genehmigung der Aufsichtsbehörden erforderlich sein würde, ist nur ein Umstand, der solche Beseitigung thatsächlich erschwert, nicht aber rechtlich ausschließt. Auch darin liegt nichts Abweichendes, daß während des Bestehens der Nutzungsrechte von Kirche und Schule weder der Eigentümer (Fiskus), noch diese Institute das Grundstück durch Errichtung von Profanbauten nutzbar machen können; auch in den früheren Fällen verhinderte die Wegeservitut eine Bebauung der Fläche sowohl für den Eigentümer als für den Servitutberechtigten.

Freilich scheint es auf den ersten Blick unbillig zu sein, daß für den enteigneten Streifen Landes, an dem der Fiskus thatsächlich nur das nackte Eigentumsrecht ohne alle Nutzung besitzt, und durch dessen Entziehung auch für die Kirche und die Schule keine wesentliche Beeinträchtigung ihrer Gebrauchszwecke entsteht, eine dem vollen Werte eines rechtlich unbelasteten Grundstückes entsprechende Entschädigung gezahlt werden soll. Aber die Unbilligkeit verschwindet, wenn man erwägt, daß die Enteigneten ein Stück Land hergegeben haben, für das sie sich einen Ersatz nur unter Aufwendung einer dem vollen Werte gleichkommenden Summe wiederverschaffen könnten, und wenn man sich vergegenwärtigt, in welche Lage der Fiskus und die Kirche und Schule nach dieser Richtung geraten sein würden, wenn die Enteignung nicht bloß den jetzt enteigneten Streifen, sondern das ganze Grundstück betroffen hätte.

Demnach kann die vom Berufungsrichter aus der dinglichen Belastung des Grundstückes als solcher abgeleitete Wertsverringerung nicht gebilligt werden.

2. Richtig ist es dagegen, daß der Berufungsrichter bei Abschätzung des Wertes auf die Beeinträchtigung der Nutzungsfähigkeit Rücksicht nimmt, die aus dem thatsächlichen Zustande des Grundstückes entspringt. Der Eigentümer kann selbstverständlich eine Entschädigung nur für eine Nutzungsfähigkeit verlangen, die thatsächlich vorhanden war und ihm entzogen ist; ein Stück Land, das thatsächlich nicht bebaut werden konnte, ist kein Bauland, und es darf folglich dafür auch nicht Bezahlung als für Bauland verlangt werden. Es läßt sich auch nicht bestreiten, daß der Eigentümer durch die Verwendung, die er seinem Grundstücke thatsächlich gegeben oder durch Andere hat geben lassen, sich selbst außer stand setzen kann, eine andere Verwendung eintreten zu lassen, daß also die bisherige Benutzungsart eine Verminderung der Benutzungsfähigkeit nach sich ziehen kann. Darum war es richtig, wenn der Berufungsrichter zur Frage stellte, ob durch die thatsächliche Verwendung des Grundstückes zum Baue einer Schule, einer Kirche und eines Pfarrhauses die Benutzungs- und insbesondere die Bebauungsfähigkeit der zwischen der Straße Altmoabit und diesen Gebäuden liegen gebliebenen Fläche, von der der jetzt enteignete Streifen abgenommen ist, unverändert geblieben sei. Daß nicht der Eigentümer selbst die Gebäude errichtet hat, kann dabei keinen Unterschied machen, weil der Eigentümer bei etwaigen Bebauungsprojekten für die bezeichnete Fläche mit der Thatsache des Daseins jener Gebäude zu rechnen hätte, gleichviel wie sie dahin gekommen sind, wenn dies nur mit seinem Willen geschehen ist, und er nicht etwa die unentgeltliche Fortnahme verlangen kann.

Der Berufungsrichter hat nun eine Untersuchung der Bebauungsfähigkeit gesondert für die vor der Schule, der Kirche und dem Pfarrgebäude liegenden Teile der enteigneten Landfläche vorgenommen. Bedenkenfrei ist jedoch das dabei gewonnene Resultat nur für die Fläche vor dem Kirchengebäude; denn dafür stellt der Berufungsrichter fest, daß sie als Vorhof für die Kirche notwendig sei und deshalb keinenfalls irgendwie habe bebaut werden können. Dies ist eine thatsächliche Feststellung, die für die Revision keine Angriffspunkte bietet. Dagegen ist der Berufungsrichter bei den beiden anderen Teilflächen dem von ihm aufgestellten Grundsatze nicht völlig gerecht geworden. Bei dem Streifen vor der Schule und ebenso bei derjenigen Hälfte des Streifens vor dem Pfarrgrundstücke, die direkt vor dem Gebäude liegt, hat keine Untersuchung darüber stattgefunden, ob hier thatsächlich — unbeschadet des Zweckes der dahinter stehenden Schule und Pfarre — hätte gebaut werden können, und für die andere Hälfte des Streifens vor dem Pfarrgrundstücke ist sogar eine Bebauungsfähigkeit angenommen worden; aber hier hat sich dann der Berufungsrichter, ebenso wie auch bei der Einschätzung des Wertes der übrigen Teile, wiederum von der vorstehend unter 1 zurückgewiesenen Ansicht leiten lassen, daß schon die rechtliche Belastnng des Grundstückes dessen Wert um die Hälfte herabmindere. Aus diesem Grunde hat eine Aufhebung des Berufungsurteiles erfolgen, und die Sache in die Berufungsinstanz zurückverwiesen werden müssen, damit die Prüfung der Bebaubarkeit bei den bezeichneten Teilflächen vervollständigt, und eine Wertsberechnung für die ganze enteignete Fläche, ohne Rücksicht auf die dingliche Belastung an sich, vorgenommen werde."

---

72. Voraussetzungen der Wechselvindikation gegen den civilrechtlich legitimierten Wechselbesitzer. Unter welchen Voraussetzungen kann der Wechselbesitzer, dem die Wechselforderung unter Übergabe des Wechsels cediert ist, von dem wahren Eigentümer zur Herausgabe des Wechsels angehalten werden?

W.O. Artt. 10. 14. 36. 48. 55. 74. 82.

A.L.R. I. 15 §§ 24 flg., I. 20 §§ 80 flg. 91.

I. Civilsenat. Urt. v. 14. Juli 1894 i. S. L. (Kl.) w. Dr. (Bekl). Rep. I. 147/94.

I. Landgericht I Berlin.
II. Kammergericht daselbst.

Die Entscheidung ist oben unter „Reichsrecht" Nr. 31 S. 143 abgedruckt.

---

73. Kann der Schuldner unter den Voraussetzungen des § 222 A.L.R. I. 16 die schuldige Summe mit befreiender Wirkung auch dann noch deponieren, wenn ihm bereits die Klage eines die Zahlung beanspruchenden Gläubigers zugestellt worden ist?

VI. Civilsenat. Urt. v. 9. Juli 1894 i. S. S. (Kl.) w. Gemeinde Gr.=L. (Bekl.) Rep. VI. 156/94.

I. Landgericht II Berlin.
II. Kammergericht daselbst.

Das Reichsgericht hat die oben gestellte Frage bejaht.

Aus den Gründen:

„Der Architekt G. hat durch Ausführung von Bauarbeiten gegen die Beklagte eine Forderung erworben, die sich Ende Februar 1892 nach Abzug der geleisteten Zahlungen und einer einbehaltenen Kaution auf noch 6224,33 ℳ belief. Von der gedachten Forderung trat G. durch Urkunde vom 16. August 1890 den Betrag von 1900 ℳ an die Klägerin ab. Nachdem diese mit ihrer — der Beklagten am 4. März 1891 zugestellten — Klage einen Teil des cedierten Betrages von 300 ℳ nebst Prozeßzinsen eingeklagt hatte, hinterlegte die Beklagte unter dem 10./31. März 1891 ihre Gesamtschuld von 6224,33 ℳ mit Rücksicht darauf, daß die Forderung des G. ihr gegenüber von verschiedenen Personen auf Grund von Cessionen des G. und gegen ihn ausgebrachten Pfändungen in Höhe von 8394,63 ℳ in Anspruch genommen war. Die Klägerin erweiterte demnächst ihren Antrag auf die Summe von 1900 ℳ nebst Prozeßzinsen, und dieser Erweiterung entsprechend wurde die Beklagte in erster Instanz verurteilt. Dagegen hat das Kammergericht auf Abweisung der Klägerin erkannt.

Die nunmehr eingelegte Revision kann einen Erfolg nicht erzielen. Daß die Motivierung des Berufungsurteiles an einem Widerspruche leidet, ist nicht zu verkennen. Während zuerst unter Hinweis auf Förster=Eccius, Preußisches Privatrecht 5. Aufl. Bd. 1 § 92 S. 587 (6. Aufl. S. 585. 586) ausgeführt wird, daß die Beklagte, trotz der Berechtigung ihrer Zweifel an der Legitimation der Klägerin, nach Zustellung der Klage zur Hinterlegung nicht mehr befugt gewesen sei, sich vielmehr in diesem Rechtsstreite die Feststellung des

Rechtes der Klägerin, von ihr Zahlung zu fordern, gefallen lassen müsse, läuft die weitere Begründung darauf hinaus, daß doch wegen der Zweifelhaftigkeit des Vorrechtes der Klägerin die erfolgte Hinterlegung als rechtmäßig anzusehen, und dadurch die Beklagte von ihrer Verbindlichkeit dem G. und der Klägerin gegenüber befreit sei. Aus diesem Widerspruche läßt sich indessen ein Grund zur Aufhebung des Urteiles nicht herleiten. Denn die von Eccius a. a. O. vertretene Ansicht, es sei eine gerichtliche Deposition auf Grund des § 222 A.L.R. I. 16 nur so lange statthaft, bis der Schuldner von einem Gläubiger, der seine Legitimation ihm gegenüber darzuthun bereit ist, verklagt wird, findet weder in dem § 222 selbst noch in sonstigen Gesetzesvorschriften eine Stütze. Zur Streitverkündung an Dritte, welche die geltend gemachte Forderung für sich in Anspruch nehmen, ist der Schuldner nach § 72 C.P.O. zwar berechtigt, aber nicht verpflichtet.

Vgl. Gruchot, Beiträge Bd. 24 S. 553.

Sind seine Zweifel an der Legitimation des klagenden Gläubigers noch nach dem Empfange der Klage für gerechtfertigt zu erachten, so kann ihm angesichts der §§ 213 flg. A.L.R. I. 16 nicht zugemutet werden, bis zur Beendigung des Rechtsstreites die Gefahr der niederzulegenden Sache und die Folgen des Verzuges zu tragen (vgl. §§ 228. 229 a. a. O.). Hiergegen darf sich die Revision auf das Urteil des erkennenden Senates vom 19. Juni 1893, Rep. VI. 92/93,

vgl. Juristische Wochenschrift S. 435 Nr. 41,

nicht berufen, da in jenem Falle eine Deposition überhaupt nicht erfolgt war, und das Berufungsgericht den Kläger ohne Gesetzesverletzung als legitimiert angesehen hatte. Selbst wenn übrigens der Ansicht von Eccius beizupflichten wäre, könnte im vorliegenden Falle der Deposition die befreiende Wirkung nur zur Höhe von 300 *M* abgesprochen werden, da wegen des weitergehenden Anspruches von 1600 *M* zur Zeit der Hinterlegung die Klage noch nicht erhoben war." ...

74. Ist der Gläubiger, der eine Arrestpfändung auf eine Forderung seines Schuldners erwirkt hat, berechtigt, eine der Pfändung vorangegangene Cession der Forderung wegen Simulation anzufechten?

VI. Civilsenat. Urt. v. 12. Juli 1894 i. S. H. (Kl.) w. H. (Bekl.) Rep. VI. 100/94.

I. Landgericht I Berlin.
II. Kammergericht daselbst.

Aus den Gründen:

... „Die Klage bezweckt den Schutz des von der Klägerin auf Grund des § 810 C.P.O. beanspruchten Pfandrechtes an den für sie im Wege des Arrestes gepfändeten Forderungen ihres Ehemannes, dessen Entstehung von der Beklagten als Cessionarin des Ehemannes bestritten wird. Die dingliche Natur des Arrestpfandrechtes und die Berechtigung des Pfandgläubigers zum Gebrauche der im materiellen Rechte begründeten Klagerechte zum Schutze des Pfandrechtes auch Dritten gegenüber kann nicht bezweifelt werden. Prozessualisch erscheint die Klage als Feststellungsklage nach § 231 C.P.O., bei welcher das rechtliche Interesse des Klägers an der alsbaldigen Feststellung durch das beanspruchte Pfandrecht gegeben ist, wenn ohne solche Feststellung die Gefahr einer Vereitelung des Rechtes der Klägerin eintreten müßte. Daß, wie das Berufungsgericht hervorhebt, der Arrest nur die Sicherung der künftigen Zwangsvollstreckung bezweckt, also für sich allein noch nicht zu einer Verwertung der gepfändeten Sachen und zur Befriedigung des Gläubigers führen kann, hat das Gesetz nicht gehindert, dem Gläubiger mit der Arrestpfändung ein schon gegenwärtiges und im übrigen wirksames Pfandrecht beizulegen. Aus jenem Zwecke des Arrestes und der dadurch bedingten Einschränkung der Wirkungen des Pfandrechtes ergiebt sich wohl, daß, solange die künftige Zwangsvollstreckung in die gepfändeten Sachen nicht durch die drohende Entziehung derselben aus der Verstrickung gefährdet erscheint, der Streit über die von Dritten erhobenen, dem Pfandrechte entgegenstehenden Ansprüche vertagt werden kann, daß insoweit dem Kläger ein Interesse an der alsbaldigen Feststellung fehlt. Diesem Gesichtspunkte ist in der vom Berufungsgerichte in

Bezug genommenen Entscheidung des erkennenden Senates vom 9. November 1893,

vgl. Entsch. des R.G.'s in Civils. Bd. 32 S. 230,

bei welcher es sich um die Anfechtung eines Erbschaftskaufvertrages handelte, Rechnung getragen. Dagegen läßt sich der allgemeine Satz nicht aufstellen und ist dort auch nicht aufgestellt worden, daß der Arrestpfandgläubiger, solange er keinen vollstreckbaren Titel erlangt habe, niemals befugt sei, die seinem Pfandrechte entgegenstehenden Ansprüche Dritter durch Klage, insbesondere nicht durch Anfechtung des Erwerbsaktes des Dritten wegen Simulation, zu beseitigen. Es ist vielmehr im Einzelfalle zu untersuchen, ob dem Pfandrechte des Arrestgläubigers und dem darin liegenden bedingten Rechte, aus der gepfändeten Sache seine — künftige — Befriedigung zu suchen, eine durch die Klage zu beseitigende Gefahr der Vereitelung droht.

Dies ist nun aber stets der Fall, wenn die gepfändete Sache eine Forderung ist, und das Pfandrecht mit einer älteren — angeblich simulierten — Cession der Forderung in Kollision kommt. Der Cessionar ist nicht, wie der Erwerber einer später im Besitze des Schuldners gepfändeten körperlichen Sache, genötigt, auf Freigabe der Sache zu klagen, um darüber verfügen zu können; seine Cession berechtigt ihn, der späteren Pfändung ungeachtet, zur Einziehung der Forderung, und der Schuldner derselben — der Drittschuldner — darf ohne Gefahr der nochmaligen Zahlung an ihn zahlen, ist dazu unter Umständen sogar verpflichtet.

Vgl. Entsch. des Obertribunals Bd. 63 S. 99; Juristische Wochenschrift von 1890 S. 52 Ziff. 22.

Man kann daher dem Arrestpfandgläubiger in diesem Falle nicht zumuten, die Klage des Cessionars abzuwarten, um dieser gegenüber sein Pfandrecht durch den Einwand der Simulation der Cession zu verteidigen. Da er nicht durch den Besitz des Pfandes gesichert ist, so muß es ihm freistehen, der Gefahr einer Einziehung der Forderung durch den Cessionar mit einer Klage auf Feststellung der Simulation zu begegnen. Wird die Simulation festgestellt, so bildet das Urteil dem Drittschuldner gegenüber den Nachweis, daß die Cession, wenngleich sie früheren Datums ist, die Entstehung des Pfandrechtes nicht gehindert hat; der Drittschuldner kann dann nicht mehr mit Sicherheit an den Cessionar zahlen.

Gegen die Zulässigkeit der Klage läßt sich nicht mit Grund geltend machen, daß der Prozeß sich als unnütz erweist, wenn der Arrestgläubiger keinen vollstreckbaren Titel erwirbt. Dies ist zwar richtig, kann aber nicht dazu führen, dem Arrestgläubiger die Mittel zum Schutze des durch die Arrestpfändung erworbenen gegenwärtigen Pfandrechtes zu versagen.

Nicht im Widerspruche mit der Zulassung der Klage stehen die Entscheidungen, die dem Gläubiger, der einen vollstreckbaren Titel besitzt, die Befugnis zur Anfechtung von Veräußerungen des Schuldners wegen Simulation zusprechen.

Vgl. Entsch. des R.G.'s in Civils. Bd. 4 S. 253; Juristische Wochenschrift von 1891 S. 149 Ziff. 12.

Diese Entscheidungen haben es nicht mit den Wirkungen eines Arrestpfandrechtes zu thun." ...

---

75. Kann ein Hausbesitzer von den Erben eines in seinem Hause verstorbenen Wohnungsinhabers zur Aufstellung eines eidlich zu bestärkenden Verzeichnisses der beweglichen Gegenstände angehalten werden, welche zum Nachlasse dieses Wohnungsinhabers gehören?

A.G.O. I. 22 §§ 28. 29. 32, I. 46 § 7.
Einführungsgesetz zur Civilprozeßordnung § 16 Ziff. 3.
A.L.R. I. 2 §§ 10. 32, I. 9 §§ 350. 367. 382, I. 21 § 395.

IV. Civilsenat. Urt. v. 24. Mai 1894 i. S. Ru. (Kl.) w. Ro. (Bekl.) Rep. IV. 437/93.

I. Landgericht Neuruppin.
II. Kammergericht Berlin.

Aus den Gründen:

„Der Privatmann Karl Wilhelm Ru., welcher von dem Kläger und dem minderjährigen Friedrich Ferdinand Ludwig Ru. beerbt worden ist, hat jahrelang bis zu seinem am 15. Oktober 1890 eingetretenen Tode im Hause des Beklagten gelebt. Letzterer behauptet, daß er für dem Verstorbenen gewährte Wohnung, Kost und Pflege und nach dessen Tode gemachte Auslagen Forderungen zu erheben habe, und er hält wegen dieser angeblichen Forderungen die dem Verstorbenen gehörig gewesenen Vermögensstücke, soweit sie sich in seinem Hause befinden, zurück.

Der Klagantrag geht nach der in dem Thatbestande des angefochtenen Urteiles aufgenommenen Fassung, welche der Kläger demselben in der Berufungsinstanz gegeben hat, dahin, den Beklagten unter Auferlegung der Kosten zu verurteilen: a) über diejenigen Gegenstände, welche der am 15. Oktober 1890 verstorbene Privatmann Karl Wilhelm Ru. zur Zeit seines Todes besessen hat, und welche sich beim Tode des Ru. in der Gewahrsam des Beklagten oder in dessen Wohnung befunden haben oder nach dem Tode des Ru. dorthin gelangt und auf einem dieser Wege in die Gewahrsam des Beklagten gekommen sind, ein Verzeichnis aufzustellen, b) diese Gegenstände zu einer anzulegenden Karl Wilhelm Ru.'schen Nachlaßmasse oder an die Erben des Ru. herauszugeben, c) über das Verzeichnis den Offenbarungseid in näher bezeichneter Norm zu leisten....

Das Berufungsgericht hält ... die mit den Anträgen des Klägers verfolgten Ansprüche nicht für gerechtfertigt, und diese Annahme erweist sich ... als nicht begründet.

Bezüglich der Anträge zu a und c ist allerdings mit dem Berufungsgerichte davon auszugehen, daß in § 7 A.G.O. I. 46 eine Stütze für diese Anträge nicht zu finden ist. Denn wenn auch nach dieser Vorschrift, wie in dem Urteile des erkennenden Senates vom 25. April 1892 (Rep. IV. 62/92, Juristische Wochenschrift 1892 S. 282 Nr. 47) dem Wortlaute des Gesetzes entsprechend anerkannt ist, jeder Besitzer der Erbschaft, mag er ein Dritter oder ein Erbe sein, auf Andringen der Erben oder Miterben zur Vorlegung eines Nachlaßinventares verpflichtet ist, so fehlt es doch im vorliegenden Falle an der in dem Besitze der Erbschaft liegenden Voraussetzung dieser Verpflichtung. Denn als Besitzer von Nachlaßgegenständen ist der Beklagte noch nicht Besitzer der Erbschaft. Er ist weder Erbe oder Miterbe, noch ist er als solcher aufgetreten. Nichts spricht dafür, daß er den Besitz der Erbschaft, als des Inbegriffes aller von dem Erblasser hinterlassenen Sachen, Rechte und Pflichten (§ 350 A.L.R. I. 9) ergriffen hat.

Dagegen sind die fraglichen Anträge auf Grund des § 28 A.G.O. I. 22, welcher durch § 16 Ziff. 3 Einf.-Ges. zur C.P.O. aufrecht erhalten ist, gerechtfertigt. Der § 28 setzt gewisse allgemeine Voraussetzungen fest, an welche das Recht, die Leistung des Offenbarungseides zu fordern, geknüpft ist, während der § 29 a. a. O. dazu einzelne, jedoch nicht erschöpfende Fälle bezeichnet, deren keiner hier vorliegt. Ob ein Fall vorhanden ist, auf welchen die allgemeinen Voraussetzungen des § 28 zutreffen, ist nach den anderweitigen Bestimmungen des bürgerlichen Rechtes zu beurteilen.

Vgl. Entsch. des R.G.'s in Civils. Bd. 9 S. 269.

In dieser Hinsicht kommt in Betracht, daß nach § 28 a. a. O. der Offenbarungseid gefordert werden kann, wenn jemand einen Inbegriff von Sachen herausgeben soll, und aus § 32 a. a. O. ergiebt sich, daß der Leistung des Eides die Aufstellung und Vorlegung eines Verzeichnisses vorhergehen muß. Daß der Kläger an sich (insbesondere abgesehen von dem seitens des Beklagten in Anspruch genommenen Zurückbehaltungsrechte und dem gemäß § 395 A.L.R. I. 21 dem Beklagten wegen rückständigen Mietzinses u. s. w. etwa zustehenden Pfandrechte) berechtigt ist, die Herausgabe der zum Nachlasse gehörigen Gegenstände zu verlangen, folgt aus seinem durch §§ 367. 382 A.L.R. I. 9 begründeten Miteigentume an der Erbschaft, und der Kläger erscheint auch ohne Beitritt seines Miterben legitimiert, die Herausgabe in der beantragten Weise (zur Nachlaßmasse oder an beide Erben) zu verlangen, da er nur die im Interesse beider Erben liegende Erhaltung und Sicherstellung der zum Nachlasse gehörigen Gegenstände verfolgt. Dem Kläger steht also die mit dem Antrage zu b in Wirklichkeit auch erhobene Vindikationsklage zu, und diesem Klagerechte entspricht die Verpflichtung des Beklagten zur Herausgabe der Nachlaßgegenstände. Hiernach liegen die in den oben erwähnten Bestimmungen der §§ 28. 32 a. a. O. bezeichneten Voraussetzungen vor, welche den Kläger berechtigen, die Vorlegung eines Verzeichnisses und die Leistung des Offenbarungseides zu verlangen, insofern die Gesamtheit der herauszugebenden Gegenstände als ein Inbegriff im gesetzlichen Sinne bezeichnet werden muß. Denn wenn der Beklagte nach dem bürgerlichen Rechte, wie vorstehend dargelegt ist, zur Herausgabe dieser Gesamtheit von Sachen verpflichtet ist, so ist damit, insofern diese Gesamtheit einen Inbegriff darstellt, nach Vorschrift der

§§ 28. 32 a. a. O. auch seine Verpflichtung zur Aufstellung des Verzeichnisses und zur Leistung des Offenbarungseides begründet.

Das Berufungsgericht meint aber, daß es sich hier um einen Inbegriff nicht handele, weil der Beklagte nur einzelne Nachlaßgegenstände, nicht aber die ganze Verlassenschaft des Erblassers, oder eine Quote davon hinter sich habe. Dieser Annahme ist nicht beizutreten. Was unter einem Inbegriffe zu verstehen, ist in § 32 A.L.R. I. 2 bestimmt. Danach machen mehrere besondere Sachen, welche mit einem gemeinschaftlichen Namen bezeichnet zu werden pflegen, einen Inbegriff von Sachen aus. Das hiermit aufgestellte Erfordernis eines Inbegriffes erweist sich für die einzelnen beweglichen Sachen, welche der Erblasser besessen und hinterlassen hat, als zutreffend, da diese Sachen in ihrer Gesamtheit nach der allgemein üblichen Bezeichnung, wie auch nach der Begriffsbestimmung des § 10 A.L.R. I. 2 das Mobiliar- oder bewegliche Vermögen des Erblassers darstellen und mit diesem gemeinschaftlichen Namen zu bezeichnen sind.

Hiernach ist die Abweisung der Anträge a, b und c nicht gerechtfertigt." ...

---

76. Hat bei der Auseinandersetzung geschiedener Eheleute, welche in getrennten Güterverhältnissen gelebt haben, die Ehefrau in jedem Falle die Hälfte von einem auf den Namen beider Eheleute gemeinschaftlich ausgeliehenen Kapitale zu beanspruchen?

A.L.R. II. 1 §§ 550. 557. 558, I. 17 § 2.

IV. Civilsenat. Urt. v. 4. Juni 1894 i. S. K. (Bekl.) w. K. (Kl.) Rep. IV. 396/93.

I. Landgericht Breslau.
II. Oberlandesgericht daselbst.

Der Rechtsstreit bezweckt die nach dem für getrennte eheliche Güterverhältnisse geltenden Rechte zwischen den geschiedenen Eheleuten Ernst K. und Anna K. zu bewirkende Vermögensauseinandersetzung. Die Klägerin, Ehefrau Anna K., beansprucht unter anderem von der auf zwei Grundstücken in Breslau zur Gesamthaft für beide Eheleute gemeinschaftlich eingetragenen Hypothekenforderung von 24000 *M* einen Anteil von 12000 *M*. Diesen Anspruch hat der Beklagte Ernst K. bestritten. Über diesen Streitpunkt ist folgendes ausgeführt in den

Gründen:

„Die für die K.'schen Eheleute gemeinschaftlich eingetragene Hypothekenforderung von 24000 *M* nimmt die Klägerin für sich zur Hälfte, der Ernst K. in ihrem vollen Betrage für sich allein in Anspruch, indem er behauptet, daß er dieselbe aus seinem eigenen Vermögen erworben habe. Das Landgericht hat den Anspruch der Klägerin nach §§ 557. 558. 550 A.L.R. II. 1 für gerechtfertigt erachtet. Dieser Annahme ist das Berufungsgericht beigetreten. Dasselbe stellt zwar auf Grund der eidlichen Bekundung des Zeugen R. fest, daß der Beklagte in der Zeit vom 13. Februar bis zum 19. Juni 1889 nach und nach 47800 *M* bei dem Schlesischen Bankverein auf seinen Namen eingezahlte Beträge erhoben hat, und daß die Hypothek von 24000 *M* innerhalb jenes Zeitraumes, und zwar durch Cession vom 1. April 1889, auf die K.'schen Eheleute übergegangen ist. Hierdurch und durch die sonstigen in dieser Beziehung von Ernst K. unter Beweis gestellten Thatsachen ... erachtet aber das Berufungsgericht einen Grund zur Nichtanwendung der §§ 557. 558 A.L.R. II. 1 nicht für gegeben. Es führt unter Bezugnahme auf das Erkenntnis des Obertribunales Bd. 20 S. 250 der Entscheidungen aus, daß die Anwendung jener Bestimmungen nur dann versage, wenn feststehe, daß von den Geldern der Frau zu dem betreffenden Kapitale gar nichts verwendet worden sei, und daß der Beklagte K. diesen ihm obliegenden Nachweis nicht erbracht habe. Insbesondere wird von dem Berufungsgerichte auch nicht der Beweis, daß die Klägerin wegen Mangels an eigenen Mitteln außer stande gewesen sei, zum Erwerbe der Hypothek etwas beizutragen, für geführt, es wird im Gegenteil für erwiesen erachtet, daß die Klägerin außer den ihr von ihrem geschiedenen Ehemanne geschuldeten Forderungen auch noch ein Vermögen von mehr als 16000 *M* besessen hat.

Diese Ausführungen konnten nicht für zutreffend erachtet werden. Dieselben gehen von der Anschauung aus, daß mit Rücksicht auf die §§ 557. 558 a. a. O. der Frau von einem auf den Namen beider Eheleute ausstehenden Kapitale die Hälfte schon dann ohne weiteres zustehe, wenn sie nur etwas, gleichviel welchen Betrag ihres eigenen Vermögens, zur Anlegung verwendet habe. Diese Ansicht geht fehl, sie wird auch nicht in dem von dem Berufungsgerichte in Bezug genommenen Erkenntnisse des Obertribunales vertreten. In dem diesem Erkenntnisse zu Grunde liegenden Falle war zu mehreren im Laufe der Ehe für beide Eheleute eingetragenen Hypothekenkapitalien aus dem Vermögen der Ehefrau nichts verwendet, und das Obertribunal erachtete den nach Scheidung der Ehe bei der Auseinandersetzung geltend gemachten Anspruch des Ehemannes auf sein Alleineigentum an den Kapitalien für gerechtfertigt, ohne jedoch daran die weitere Annahme zu knüpfen, daß, wenn die Frau zu dem Erwerbe der Kapitalien überhaupt etwas beigetragen hätte, ihr die Hälfte derselben zustehen würde. Eine solche, der im vorliegenden Falle von dem Berufungsgerichte vertretenen Rechtsanschauung entsprechende Annahme läßt sich, weil sie mit dem Wesen getrennter ehelicher Güterverhältnisse, um welche es sich vorliegend handelt, im Widerspruche steht, nicht rechtfertigen, und auch der Wortlaut der §§ 557. 558 a. a. O. nötigt nicht zu der diesen Bestimmungen von dem Berufungsgerichte gegebenen Auslegung. Denn wenn es in § 557 heißt, daß beide Eheleute als Miteigentümer der auf ihren Namen gemeinschaftlich ausgeliehenen Kapitalien anzusehen sind, so ist damit nicht gesagt, daß dies Miteigentum ein solches zu gleichen Anteilen sein soll, und wenn alsdann im § 558 vorgeschrieben ist, daß von der „Hälfte der Frau“ eben das gelten soll, was wegen eines ganzen auf ihren alleinigen Namen ausgeliehenen Kapitales verordnet ist, so folgt auch daraus nicht, daß die Ehefrau unter allen Umständen als Miteigentümerin zur Hälfte zu betrachten ist. Vielmehr ist die Vorschrift des § 558 in Verbindung mit § 2 A.L.R. I. 17 in dem Sinne zu verstehen, daß die Vermutung für ein Miteigentum beider Eheleute je zur Hälfte sprechen soll, und daß diese Vermutung gilt, bis sie durch Gegenbeweis entkräftet ist, daß also die in § 558 erwähnte Hälfte den bis zur Führung des Gegenbeweises aus der Hälfte bestehenden Anteil der Ehefrau darstellt, der aber nach dem Ergebnisse des Gegenbeweises mehr oder weniger als die Hälfte betragen kann.

Vgl. auch Förster-Eccius, Preußisches Privatrecht 6. Aufl. Bd. 4 § 211 S. 86 Anm. 18; Rehbein, Entsch. des Obertribunales Bd. 4 S. 244. 245 Anm. 2.

Hiernach durfte dem Beklagten K. der Beweis seiner Behauptung, daß er das Hypothekenkapital von 24 000 *M* aus seinen eigenen Mitteln erworben habe, nicht abgeschnitten werden. Vielmehr war in dieser Beziehung eine nähere Erörterung, nötigenfalls unter Ausübung des Fragerechtes, und eventuell die Erhebung des Beweises erforderlich. Dabei würde allerdings auch in Betracht zu ziehen gewesen sein, aus welchen Mitteln K. die von ihm bei dem Bankvereine eingezahlten 47 800 *M*, welche er zum Teil zur Erwerbung des Hypothekenkapitales verwendet haben will, sich beschafft hat, da der Umstand, daß K. die Einzahlung bei dem Bankvereine bewirkt hat, für sich allein noch nicht genügt, ihn als Eigentümer der 47 800 *M* erscheinen zu lassen." ...

---

77. Welcher Zeitpunkt des Einganges eines Gesuches gilt als der die Reihenfolge der Eintragungen im Grundbuche bestimmende, wenn die Eintragung auf mehrere, zu den Geschäftsbezirken verschiedener Amtsrichter gehörende Grundstücke begehrt wird? Behandlung unvollständiger Gesuche.

Grundbuchordnung vom 5. Mai 1872 § 45.
Preuß. Ausführungsgesetz zum deutschen Gerichtsverfassungsgesetze vom 24. April 1878 §§ 12. 23. 31.

V. Civilsenat. Urt. v. 7. Juli 1894 i. S. H. u. L. (Kl.) w. L. (Bekl.) Rep. V. 94/94.

I. Landgericht I Berlin.
II. Kammergericht daselbst.

Kläger haben das Grundstück Bd. 18 Bl. 1350 des Grundbuches von der Königsstadt in Berlin von dessen eingetragenem Eigentümer M. für 370 000 *M* gekauft und das Kaufgeld durch die Übernahme der darauf zu gleich hohem Betrage eingetragenen Hypotheken berichtigt. Am 28. April 1891 haben die Kläger vor dem Grundbuchamte die Auflassung erhalten, und am 5. Mai 1891 sind sie als Eigentümer eingetragen, nachdem inzwischen für den Kaufmann L. am

30. April 1891 eine Vormerkung in Höhe von 14 000 ℳ eingetragen war.

Die Kläger sind der Meinung, durch die ihnen erteilte Auflassung seien weitere Eintragungen gegen M. ausgeschlossen worden, und haben beantragt, die Beklagten zur Bewilligung der Löschung jener Vormerkung zu verurteilen. Die Klage ist ab-, die Berufung der Kläger zurückgewiesen. Kläger haben Revision eingelegt. Die Revision ist zurückgewiesen aus folgenden

Gründen:

„Der Prozeßbevollmächtigte des L., Rechtsanwalt S., hat die vollstreckbare Ausfertigung eines gegen M. ergangenen Urteiles beim Amtsgerichte I in Berlin am 28. März 1891 zu den Grundakten über vier Grundstücke des M., darunter die Grundstücke Königsstadt Bd. 18 Bl. 1350 und Friedrichstadt Bd. 32 Bl. 2085, eingereicht mit dem Antrage auf Eintragung der streitigen Vormerkung auf die vier Grundstücke des M. Der diese vier Grundstücke betreffende eine Antrag ist lediglich bei den Grundakten von Friedrichstadt Bd. 32 Bl. 2085 mit dem Vermerke „zur Gerichtsschreiberei am 28. März 1891 nachmittags 12 Uhr 45 Minuten" präsentiert. Der Präsentationsvermerk ist aber sowohl von dem als Grundbuchführer für Friedrichstadt Bd. 32 Bl. 2085 fungierenden Sekretär B. als von dem als Grundbuchführer für Königsstadt Bd. 18 Bl. 1350 fungierenden Kanzleidirektor D. unterzeichnet. Nachdem zunächst die Beibringung der Prozeßvollmacht des Rechtsanwaltes S. gefordert, und die Vollmacht zu den Akten Friedrichstadt überreicht war, hat der Amtsrichter M. als Grundbuchführer für das Grundstück Friedrichstadt in den Grundakten für dieses Grundstück die Eintragung der Vormerkung zur Gesamthaft auf die Grundstücke Friedrichstadt Bd. 32 Bl. 2085 und Königsstadt Bd. 18 Bl. 1350 und auf ein drittes Grundstück verfügt und die Verfügung von dem Grundbuchrichter für das Grundstück Königsstadt mitunterzeichnen lassen. Nachdem dies geschehen, ist die Eintragung am 30. April 1891 in dem Grundbuche von der Königsstadt erfolgt. Zu den Grundakten Königsstadt Bd. 18 Bl. 1350, zu welchen am 28. April die Auflassung stattgefunden hatte, ist erst am 2. Mai 1891 eine beglaubigte Abschrift der Eintragungsverfügung vom 28. April gekommen, sodaß bei diesen Grundakten zur Zeit der Auflassung von dem Antrage auf Eintragung der Vormerkung nichts bekannt war....

Nach § 45 G.B.O. erfolgt die Eintragung aus mehreren Eintragungsgesuchen für dasselbe Grundstück in der durch den Zeitpunkt der Vorlegung der Gesuche bei dem Grundbuchamte bestimmten Reihenfolge. Dieser materiellrechtliche Grundsatz ist so allgemein gefaßt und so sehr in der Natur der Sache begründet, daß darin eine für die Lösung aller Kollisionsfälle maßgebende Regel gefunden werden muß. Er muß daher Anwendung finden ohne Unterschied, welche Art der Eintragung begehrt wird: ob das eine Gesuch die Eintragung des Eigentumsüberganges, das andere die Eintragung einer Hypothek oder Grundschuld oder eines anderen dinglichen Rechtes, oder ob das eine oder andere Gesuch die Eintragung der eine endgültige Eintragung vorbereitenden Vormerkung betrifft.

Vgl. Entsch. des vormal. Obertrib. Bd. 19 S. 28; Entsch. des R.G.'s in Civils. Bd. 28 S. 349.

Seit dem 1. Oktober 1879 bestehen Grundbuchämter nicht mehr. Seitdem werden die Geschäfte des Grundbuchrichters von dem Amtsrichter und die Geschäfte des Grundbuchführers von dem Gerichtsschreiber wahrgenommen (Ausführungsgesetz vom 24. April 1878 zum deutschen Gerichtsverfassungsgesetze § 12 Ziff. 2, 4, 5. § 31). Damit ist auch das Geschäft, die Anträge und Urkunden genau mit dem Zeitpunkte des Einganges zu bezeichnen, welches nach § 42 G.B.O. dem Grundbuchrichter oder dem Gerichtsschreiber oblag, auf den Amtsrichter und den Gerichtsschreiber übergegangen. Aus dem Grundgedanken, auf welchem die Organisation der Amtsgerichte beruht, daß bei den mit mehreren Richtern besetzten Amtsgerichten jeder einzelne Amtsrichter die Zuständigkeit des Amtsgerichtes voll repräsentiert, und daß die instruktionelle Verteilung der Geschäfte unter die mehreren Amtsrichter von keinem Einflusse auf die Zuständigkeit des einzelnen Richters ist (Ausführungsgesetz vom 24. April 1878 § 23), folgt allerdings, daß ein jeder Amtsrichter mit voller rechtlicher Wirksamkeit alle vorkommenden Grundbuchgeschäfte bearbeiten kann, ohne Rücksicht darauf, ob ihm diese durch die Geschäftsverteilung übertragen sind oder nicht. Diese Regel erleidet jedoch eine Ausnahme, da neben der allgemeinen Zuständigkeit des Amtsgerichtes in Grundbuchsachen eine besondere Zuständigkeit der einzelnen Amtsrichter und Gerichtsschreiber, die mit der Bearbeitung der Grundbuchsachen beauftragt sind, hergestellt ist. Der § 31 des Ausführungsgesetzes vom 24. April 1878 bestimmt nämlich im Abs. 2: „Als Zeitpunkt des Einganges eines Gesuches um Eintragung im Grundbuche gilt derjenige Zeitpunkt, in welchem das Gesuch dem mit den Geschäften des Grundbuchrichters oder Grundbuchführers hinsichtlich des betreffenden Grundstückes beauftragten Richter oder Gerichtsschreiber vorgelegt wird.“ Nur die hier bestimmten Amtsrichter und Gerichtsschreiber sind somit befähigt und berechtigt, die Anträge und Urkunden mit dem Zeitpunkte des Einganges zu bezeichnen; nur deren Präsentatum ist nach § 45 G.B.O. für die Reihenfolge der Eintragungen maßgebend. Solange das Präsentatum dieser Beamten fehlt, ist keine Bezeichnung der Eingangszeit vorhanden, nach welcher beim Vorliegen mehrerer Eintragungsgesuche die Reihenfolge der Eintragungen bestimmt werden könnte, mag auch von anderer Hand die Eingangszeit auf den Gesuchen angegeben sein. Sobald aber die Eingangszeit auf dem Gesuche von dem dazu berufenen Beamten vermerkt ist, tritt für die weitere Erledigung des Gesuches die Regel wieder in ihr Recht, daß die Gültigkeit der Handlung eines Amtsrichters dadurch nicht berührt wird, daß die Handlung nach der Geschäftsverteilung von einem anderen Amtsrichter vorzunehmen gewesen wäre (Ausführungsgesetz vom 24. April 1878 § 23 Abs. 2). Hieraus ergiebt sich, daß ein Gesuch, mit welchem um Eintragung auf mehrere Grundstücke gebeten wird, die in den Geschäftskreisen verschiedener Amtsrichter und Gerichtsschreiber liegen, erst dann mit Wirksamkeit für die Reihenfolge der Eintragungen präsentiert ist, wenn darauf der Zeitpunkt des Einganges von den mehreren für diesen Akt ausschließlich zuständigen Beamten vermerkt ist.

Diese Voraussetzung trifft bei dem Eintragungsgesuche des L. vom 26. März 1891 zu. Auf demselben ist der Vermerk der Eingangszeit nicht nur von dem einen für das Grundstück Friedrichstadt Bd. 32 Bl. 2085, sondern auch von dem anderen für das Grundstück Königsstadt Bd. 18 Bl. 1350 zuständigen Gerichtsschreiber unterzeichnet. Der dadurch als Eingangszeit fixierte 28. März 1891 war also maßgebend für die Reihenfolge der Eintragungen, und die von L. begehrte Eintragung der Vormerkung war der erst am 28. April 1891 von den Klägern mit der Auflassung vor dem zuständigen Amtsrichter beantragten Eintragung des Eigentumsüberganges in der Reihenfolge vorzustellen.

Die Rüge der Kläger, es sei nicht ersichtlich, ob D. den Eingangsvermerk als Kanzleidirektor oder als Grundbuchführer für das Grundstück Königsstadt Bd. 18 Bl. 1350 mitunterzeichnet habe, erscheint nicht berechtigt. Sind einem Beamten mehrere Funktionen bei demselben Gerichte übertragen, so bewegt er sich innerhalb seiner Zuständigkeit, so oft er Arbeiten aus dem einen oder dem anderen der ihm zugewiesenen Geschäftskreise ausführt, und es braucht nicht ersichtlich gemacht zu werden, daß er die betreffende Arbeit gerade in Ausübung der ihm für diese Arbeit beigelegten Zuständigkeit verrichtet hat. Insbesondere erledigt der Gerichtsschreiber die ihm, neben anderen Geschäften, für einen bestimmten Geschäftsbezirk obliegenden Grundbuchgeschäfte stets in seiner Eigenschaft als Grundbuchführer, ohne daß es der Hervorhebung dieser Eigenschaft bei seiner Unterschrift bedarf.

Den Klägern kann auch darin nicht beigetreten werden, daß die Vorlegung eines Gesuches um Eintragung im Grundbuche im Sinne des § 31 des Ausführungsgesetzes vom 24. April 1878 erst dann als erfolgt angenommen werden dürfe, wenn das Gesuch zu den betreffenden **Grundakten** gebracht und dem Richter zur Verfügung vorgelegt worden sei. Nicht bloß zweckmäßig, sondern, wie der gegenwärtige Rechtsstreit zeigt, geradezu notwendig im Interesse der Rechtssicherheit ist allerdings, daß von einem die Eintragung auf mehrere Grundstücke betreffenden Gesuche sofort zu allen bei der Eintragung beteiligten Grundakten Nachricht gegeben wird, und es kann ein Verfahren nicht gebilligt werden, in welchem sich der Grundbuchführer beim Eingange eines derartigen Gesuches darauf beschränkt, auf dem Gesuche, das zu den Grundakten eines zum Geschäftskreise eines anderen Grundbuchführers gehörigen Grundstückes genommen ist, den Vermerk der Eingangszeit mitzuunterschreiben. In der Grundbuchordnung ist für solche Fälle das Verfahren nicht vorgeschrieben; es bleibt deshalb der Geschäftsanweisung, eventuell dem vernünftigen Ermessen des Beamten vorbehalten, zu bestimmen, wie am richtigsten, weil die Interessen der Parteien am meisten fördernd, zu verfahren sei. Das weitere Verfahren ist aber von der Bezeichnung der Eingangszeit und deren Folgen unabhängig. Welcher Zeitpunkt als Zeitpunkt des Einganges gelten soll, ist im § 31 des Ausführungsgesetzes vom 24. April 1878 bestimmt vorgeschrieben. Darin ist die Anforderung nicht enthalten, daß das Gesuch zu den Grundakten genommen sein müsse, bevor es als vorgelegt gelte. Es könnte die Vorlegung beim Grundbuchrichter oder Grundbuchführer nicht einmal an die gleichzeitige Vorlegung der Grundakten geknüpft werden, wenn nicht die so wichtige Bestimmung der Eingangszeit Zufälligkeiten preisgegeben werden soll. Sehr oft sind die betreffenden Grundakten nicht zur Hand, oder sie sind als Beweisstücke versandt oder zu auswärtigen Gerichtstagen mitgenommen. Sollte in solchen Fällen die Eingangszeit des Gesuches erst nach dem Zeitpunkte des Wiederauffindens oder des Wiedereinganges der Akten bestimmt werden, so würde den Beteiligten jede Einwirkung auf die Bestimmung der Eingangszeit entzogen sein. Das Präjudiz Nr. 653 des Obertribunales (Präj.-Samml. Bd. 1 S. 273): „Der Tag und die Stunde des Einganges eines Eintragungsgesuches beim Gerichte bestimmt ohne Rücksicht darauf, wann dasselbe zu den Grundakten gekommen, die Präsentation. Wenn daher eine Ingrossation auf mehrere Grundstücke in einer Vorstellung gesucht wird, so ist sie bei allen Grundstücken zugleich präsentiert, wenn sie auch bei den Grundakten des einen früher allein zum Vortrage gelangt" — ist, soweit es die Wirkung der Vorlegung des Eintragungsgesuches bei den Grundakten betrifft, auch gegenüber der veränderten Gesetzgebung noch richtig und anwendbar.

Endlich meinen die Kläger, es komme nur darauf an, wem der vervollständigte Antrag vorgelegt worden sei; die zur Vervollständigung erforderte Vollmacht sei aber dem Grundbuchführer des Grundstückes Königsstadt Nr. 1350 nicht vorgelegt. Es ist nämlich so verfahren: Als der Antrag für L. am 28. März 1891 einging, ist darauf nicht sofort die Eintragung verfügt, sondern es ist vom Antragsteller, Rechtsanwalt S., die Nachbringung der Prozeßvollmacht gefordert, und erst als diese zu den Grundakten Friedrichstadt am 24. April 1891 überreicht war, ist am 28. April 1891 die Eintragung vom Grundbuchrichter für Friedrichstadt verfügt. Der Antrag des Rechtsanwaltes S. vom 26. März 1891 ist jedoch nicht etwa zurückgewiesen, sondern auf diesen Antrag ist später die Eintragung erfolgt.

Auch dieser Angriff ist nach Lage der Sache nicht begründet.

Über die Beantwortung der Frage, wie der Grundbuchrichter Anträge zu behandeln hat, für welche die nötigen Unterlagen nicht beigebracht sind, sodaß die sofortige Eintragung nicht erfolgen kann: ob er solche Anträge bis zu ihrer Vervollständigung bei den Grundakten behalten und ihnen dadurch das Vorrecht des früheren Einganges sichern, oder ob er sie unter Angabe der Anstände zurückzuweisen habe, gehen die Ansichten in der Litteratur auseinander.

Vgl. Turnau, Grundbuchordnung 5. Aufl. Bd. 1 S. 140 flg.

Wie das Kammergericht als letzte Instanz für Beschwerden in Grundbuchsachen bezeugt, hat sich die Praxis der Gerichte dahin befestigt, daß zwar eine Verpflichtung des Grundbuchrichters, temporisierende Zwischenverfügungen zu erlassen, nicht anzuerkennen sei, daß aber ihre Zulässigkeit nach Bewandtnis der Umstände des einzelnen Falles nicht bezweifelt werden könne.

Vgl. Johow, Jahrb. der Entsch. des Kammergerichtes Bd. 12 S. 140 flg.

Das vormalige Kammergericht hat einmal die definitive Zurückweisung eines Antrages auf Eintragung einer Hypothek für eine Handelsgesellschaft, welche Zurückweisung darauf beruhte, daß ein Attest des Handelsgerichtes über die Eintragung der Gesellschaft ins Handelsregister nicht beigebracht war, nicht gebilligt, weil eine Beanstandung bis zur Vervollständigung des urkundlichen Materiales hingereicht, und der § 46 G.B.O. eine Änderung in Bezug auf die bisherigen Zwischenverfügungen nicht herbeigeführt habe.

Vgl. Johow, Jahrb. für endgültige Entsch. der Appellationsgerichte Bd. 4 S. 150.

Bei Beratung des § 17 Eig.-Erw.-Ges. im Abgeordnetenhause ist allerdings vom Regierungskommissar auf Anfrage für selbstverständlich erachtet, daß bei gleichzeitiger Vorlegung zweier Anträge, von welchen der eine nicht zur Eintragung führen kann, weil er unbegründet ist, und der andere zur Eintragung sich eignet, weil er begründet ist, der letztere Antrag vorgehe, und der andere zurückgewiesen werde.

Vgl. Turnau, a. a. O.

Indes ist eine Bestimmung, nach welcher ein Antrag zurückzuweisen ist, der nicht sofort zur Eintragung führen kann, in die Grundbuchgesetze nicht aufgenommen. Und es läßt sich auch aus anderweiten

Bestimmungen dieser Gesetze ein Satz nicht herleiten, wie er z. B. in § 48 des für das Deutsche Reich ausgearbeiteten Entwurfes einer Grundbuchordnung unter Mißbilligung des milderen Verfahrens aufgenommen ist: „Ein nicht gerechtfertigter Antrag ist mit Angabe der Gründe zurückzuweisen. Im Falle der nachträglichen Beibringung der fehlenden Erfordernisse ist der Antrag als zur Zeit dieser Beibringung gestellt anzusehen" (vgl. die Motive dazu S. 86 flg.). Namentlich wird in den §§ 41. 46 G.B.O. nicht vorgeschrieben, daß ein Eintragungsgesuch, wenn seiner Erledigung ein Hindernis entgegensteht, zurückgewiesen werden muß, sondern es wird dort nur angeordnet, daß der Anstand dem Antragsteller bekannt zu machen ist. Hiernach kann es nicht für gesetzwidrig erachtet werden, wenn der Grundbuchrichter einen Antrag, zu dessen Ergänzung es der Beibringung einer Urkunde bedarf, nicht endgültig zurückweist, sondern dessen Vervollständigung fordert und dadurch der beantragten und später wirklich erfolgenden Eintragung das durch den Zeitpunkt der ersten Vorlegung des Antrages erworbene Vorrecht erhält. Nur dann, wenn der unvollständige Antrag zurückgewiesen wird, geht dieses Vorrecht verloren; und wird der Antrag demnächst nach Beseitigung des Anstandes wiederholt, so ist für die Reihenfolge der Eintragungen der Zeitpunkt des Einganges des wiederholten Antrages maßgebend. Es hängt also von dem Verfahren des Grundbuchrichters ab, ob für einen der Ergänzung bedürfenden Antrag das durch dessen Vorlegung beim Grundbuchamte begründete Vorrecht erhalten wird oder nicht.

Vgl. auch Johow, Jahrb. der Entsch. des Kammergerichtes Bd. 10 S. 98 flg., Bd. 12 S. 96 flg.

Da der Eintragungsantrag für L. vom 26. März 1891 nicht zurückgewiesen ist, es also keines neuen Antrages, sondern nur der Beibringung der Prozeßvollmacht des Rechtsanwaltes S. zur Eintragung der Vormerkung bedurfte, so wurde dem Antrage vom 26. März das durch seinen Eingang am 28. März erworbene Vorrecht erhalten. Einer nochmaligen Vorlegung des in Kraft gebliebenen Antrages vom 26. März 1891 unter Beifügung der nachgebrachten Vollmacht bei dem mit der Bearbeitung der Grundbuchgeschäfte für das Grundstück Königsstadt Bd. 18 Bl. 1350 beauftragten Amtsrichter oder Gerichtsschreiber bedurfte es nicht. Die gleichzeitige Vorlegung von Legitimationsurkunden wird zur Feststellung des Zeitpunktes des Einganges eines Eintragungsgesuches nicht gefordert; vielmehr ist es gleichgültig, wo diese Urkunden sich befinden; es genügt, daß sie dem Grundbuchrichter zum Zwecke der Prüfung des Gesuches zugänglich sind." ...

---

78. 1. Berechnung der Erbschaftssteuer von einem Nachlasse, an dem der Nießbrauch einem Dritten vermacht ist, wenn der Nießbrauch selbst einer Erbschaftssteuer nicht unterliegt, und die Aussetzung der Versteuerung der Substanz bis zur Vereinigung der Nutzung mit der Substanz (§ 25 des Erbschaftssteuergesetzes vom 30. Mai 1873) nicht beantragt wird.

2. Nach welchen Grundsätzen sind bei Berechnung des von dem Werte der Substanz in Abzug zu bringenden Wertes des Nießbrauches die dem Nießbraucher zur Last fallenden Zinsen der auf den Nachlaßgrundstücken haftenden Hypotheken und der sonstigen Schulden zu berücksichtigen?

IV. Civilsenat. Urt. v. 11. Juni 1894 i. S. Steuerfiskus (Bekl.) w. D. (Kl.) Rep. IV. 17/94.

I. Landgericht Magdeburg.
II. Oberlandesgericht Naumburg a. S.

Aus den Gründen:

... „1. Der Streit der Parteien betrifft in erster Reihe den von der steuerpflichtigen Masse nach § 14 des Erbschaftssteuergesetzes vom 30. Mai 1873 (G.S. S. 329) in Abzug zu bringenden Wert des der Witwe des Erblassers vermachten lebenslänglichen Nießbrauches am Nachlasse. Das am 1. Juli 1891 in Kraft getretene Gesetz, betreffend Abänderung des Erbschaftssteuergesetzes, vom 19. Mai 1891 (G.S. S. 72), nach welchem der Wert des Nießbrauchsrechtes zu höheren Beträgen abzurechnen sein würde, als nach dem Erbschaftssteuergesetze in der früheren Fassung, ist von den Vorderrichtern mit Recht außer Anwendung gelassen. Die Revision hat Verletzung der §§ 12—17 und des § 25 des Erbschaftssteuergesetzes gerügt. Der Angriff ist unbegründet.

Der § 25 des Gesetzes vom 30. Mai 1873 behandelt die Fälle, in welchen einem Erben Vermögen angefallen ist, dessen Nutzung einem Dritten zusteht. Das Gesetz unterscheidet zwei Fälle: 1. Der Erwerber der Substanz bewirkt die Versteuerung bei dem Anfall. 2. Er beantragt, die Versteuerung der Substanz bis zur Vereinigung der Nutzung mit der Substanz auszusetzen. In dem ersten Falle wird das angefallene Vermögen um den nach Vorschrift der §§ 13 flg. berechneten Wert der Nutzung geringer angeschlagen. In dem zweiten Falle findet dieser Abzug nicht statt, vielmehr erfolgt die Besteuerung nach Maßgabe der bei der Beendigung der Nutznießung des Dritten obwaltenden Verhältnisse. Nach diesem klaren Wortlaute des Gesetzes enthält der § 25 materielle Normen für die Berechnung der Steuer, nicht aber eine Zeitbestimmung für die Zahlung des Steuerbetrages. Es kann daher davon keine Rede sein, daß für die Berechnung der Steuer nach § 25 ein anderer Zeitpunkt als der des Anfalles der Erbschaft zu Grunde gelegt werde. Das Berufungsgericht hat vielmehr mit Recht das Verlangen der Steuerbehörde für unzulässig erklärt, daß die Zeit vom Erbanfalle (dem 27. Dezember 1888) bis zur Festsetzung der Versteuerung (dem 17. September 1892) vom Lebensalter der Witwe des Erblassers zur Zeit des Erbanfalles gekürzt, und dementsprechend die Erbschaftssteuer nach § 14 des Gesetzes erhöht werde.

Bestimmungen über Feststellung der Erbschaftssteuer enthält § 39. Danach tritt eine Verpflichtung zur Entrichtung der Erbschaftssteuer erst ein, nachdem das Erbschaftssteueramt eine Bescheinigung, welche den Betrag der steuerpflichtigen Masse, die einzelnen Anfälle, das Verwandtschaftsverhältnis, die Beträge der von den einzelnen Steuerpflichtigen zu entrichtenden Steuer angiebt und zugleich die Anweisung zur Entrichtung der Steuer enthält. Verfehlt ist dagegen die Bezugnahme des Beklagten auf die Motive des Gesetzes. Es wird hier bemerkt: „Die anderweite, im § 13 des Entwurfes (§ 14 des Gesetzes) vorgeschlagene Wertbestimmung der lebenslänglichen Nutzung ebnet den Weg, um den einfachen Grundsatz durchzuführen, daß bei sofortiger Versteuerung der für die Nutzung berechnete Wert von dem vollen Werte des Gegenstandes in Abzug gebracht, und nur für den Rest von dem Substanzerben die Steuer zu entrichten ist." Es ist offenbar, daß in dem Gegensatze „sofortige Versteuerung der Substanz ohne Nutzung" zu der „Aussetzung der Versteuerung der Substanz bis zur Vereinigung der Nutzung mit der Substanz" (§ 25 des Gesetzes) die beiden Zeitpunkte des „Anfalles" und der „Vereinigung der Nutzung mit der Substanz" einander entgegengesetzt werden; nicht aber ist eine Zeitbestimmung in dem Sinne gemeint, daß die Folgen der Zögerung dann einzutreten hätten, wenn nicht am Tage des Anfalles die Steuer entrichtet werde. Der § 25 macht weder ausdrücklich noch nach dem Zusammenhange der Bestimmungen des Gesetzes die Abzugsfähigkeit des Nutzungswertes von der „sofortigen" Versteuerung der Substanz in dem von der Revision gemeinten Sinne abhängig.

Das Berufungsgericht hat sonach mit Recht für unzulässig erklärt, den in dem ersten Satze des § 25 des Erbschaftssteuergesetzes vorgeschriebenen Abzug des Wertes der Nutzung von der Substanz in der von dem Beklagten begehrten Weise zu kürzen, vielmehr richtig angenommen, daß der Wert des jährlichen Nießbrauches der Witwe des Erblassers auf das zwölfundeinhalbfache, nicht auf das zehnfache der einjährigen Nutzung zu schätzen sei, und daß nur durch den Verzug des Klägers etwa herbeigeführte Schadensansprüche des Fiskus in Frage kommen könnten. Ein solcher Anspruch ist nicht erhoben. Die in dieser Richtung in dem Berufungsurteile enthaltenen Bemerkungen und die darauf sich beziehende Ausführung des Revisionsklägers sind daher für die Revisionsinstanz gegenstandslos.

2. Zur Feststellung des von dem Kläger zu versteuernden Anfalles sind von dem gemeinen Werte der Aktiva in Abzug gebracht der gemeine Wert der von dem Kläger mitübernommenen Nachlaßschulden und Geldlegate und ferner der Wert des der Witwe des Erblassers vermachten lebenslänglichen Nießbrauches an der dem Kläger als Erben zugefallenen Masse. Dies ist an sich richtig und von den Vorderrichtern nicht beanstandet. Es hat aber ferner die Steuerbehörde bei Berechnung dieses von dem Anfalle abzuziehenden Wertes des Nießbrauches der Witwe des Erblassers — welche ihrerseits von der Erbschaftssteuer befreit ist — von dem unbeanstandet auf 29500 ℳ angenommenen Werte der einjährigen Nutzungen der dem Nießbrauche unterworfenen Grundstücke in Abzug gebracht 4 Prozent aller auf dem Nachlasse haftenden Hypotheken und sonstigen Schulden im Betrage von 216000 ℳ, und also auch 4 Prozent der-

jenigen Hypothek von 180000 *M*, welche thatsächlich, und zwar schon zur Zeit des Todes des Erblassers, nur mit $3^1/_2$ Prozent zu verzinsen war und ist. Dies hat die Wirkung, daß der Wert des Nießbrauches der Witwe des Erblassers, deren Anfall steuerfrei ist, um den Kapitalbetrag der Zinsendifferenz sich verringert, dagegen der zu versteuernde Wert des Anfalles an den Kläger um den entsprechenden Kapitalbetrag sich erhöht. Den Vorderrichtern ist darin beizutreten, daß dieses Verlangen des Beklagten unberechtigt ist. Die darauf in Höhe von 538 *M* gegründete Kompensationseinrede des Beklagten ist daher mit Recht verworfen. Es ist offenbar, daß bei Feststellung des von dem Anfalle an den Substanzerben abzurechnenden Kapitalwertes des Nießbrauches der Kapitalwert einer dem Nießbraucher obliegenden Zinsverpflichtung nicht anders zu berechnen ist, als in Höhe der rechtsverbindlich bestehenden Zinsenschuld. Der § 17 des Erbschaftssteuergesetzes, welcher von der Veranschlagung der Nutzungen eines Kapitales handelt, kann hierbei nicht in Frage kommen. Denn nicht hierüber, sondern über die Abrechnung einer Zinsenschuld streiten die Parteien bei diesem Punkte. Daher ist auch die Bezugnahme der Revision auf die Urteile des Reichsgerichtes in Sachen des preußischen Steuerfiskus wider Peters vom 2. Februar 1880 (Rep. IV. 106/79) und in Sachen Fiskus wider v. Stade vom 19. September 1881 (Rep. IV. 674/81) unzutreffend. Beide Entscheidungen betrafen Fälle, in welchen die Veranschlagung der Nutzungen eines Kapitales in Frage stand. Dies aber ist nach Vorstehendem nicht der Streit der Parteien bei diesem Punkte.

Die Revision war daher zurückzuweisen."

---

79. Wieweit findet der Rechtsweg vor den ordentlichen Gerichten statt in Bezug auf das nach § 5 Abs. 2 des Gesetzes vom 20. August 1883, betr. die Befugnisse der Strombauverwaltung, dem Staate zustehende Recht, in den Besitz und die Nutzung der der weiteren Ausbildung bedürftigen Anlandungen zu treten?

V. Civilsenat. Urt. v. 14. Juli 1894 i. S. M. (Bekl.) w. preuß. Strombaufiskus (Kl.). Rep. V. 77/94.

I. Landgericht Thorn.
II. Oberlandesgericht Marienwerder.

Aus den Gründen:

... „Die Königl. preußische Strombauverwaltung hat durch Verfügung des zuständigen Lokalbaubeamten vom 11. Februar 1886 auf Grund des § 5 des Gesetzes vom 20. August 1883, betreffend die Befugnisse der Strombauverwaltung, diejenigen Anlandungen für den Staat in Besitz und Nutzung genommen, welche sich, angeblich infolge der durch den Staat ausgeführten Buhnenarbeiten, in der Weichsel vorlängs des Gutes des Beklagten gebildet haben. Der Beklagte hat im Jahre 1892 von diesen Anlandungen Weidengesträuch im Werte von 174,30 ℳ entnommen und sich angeeignet, auch im Herbste 1892 die fiskalischen Arbeiter von den Anlandungen vertrieben. Deshalb hat der Strombaufiskus mit dem Antrage geklagt, den Beklagten zu verurteilen: 1. ihm 174,30 ℳ nebst Zinsen seit der Klagezustellung zu zahlen; 2. sich jeder Störung des Klägers im Besitze und in der Nutzung der Anlandungen bei Strafe zu enthalten. Das Gericht erster Instanz hat die Klage wegen unzulässiger Verbindung der Besitzklage mit der Klage aus dem Rechte selbst (§ 232 C.P.O.) abgewiesen; das Berufungsgericht hat ganz nach dem Klagantrage erkannt.

1. Den aus der Verbindung der Anträge 1 und 2 entnommenen Abweisungsgrund des Gerichtes erster Instanz, auf welchen die Revision zurückgreift, hat das Berufungsgericht mit Recht verworfen. Nicht nur hätte dieser Grund in keinem Falle zur Abweisung der beiden Anträge führen dürfen, solange nicht dem Kläger durch Hinweisung auf die für unzulässig erachtete Verbindung beider Anträge seitens des Gerichtes Veranlassung gegeben war, einen der beiden Anträge für den jetzigen Prozeß zurückzuziehen (§ 130 C.P.O.); sondern es liegt auch überhaupt der Fall des § 232 Abs. 2 C.P.O. nicht vor. Wenn diese Vorschrift die Verbindung der Besitzklage mit derjenigen Klage untersagt, durch welche das Recht selbst geltend gemacht wird, so ist dabei notwendig vorausgesetzt, daß die Besitzklage, mit welcher jene andere Klage nicht verbunden werden darf, eine solche ist, welcher eine davon unterscheidbare Klage auf Geltendmachung des Rechtes selbst gegenübersteht.

Vgl. die Quelle der fraglichen Vorschrift, den Art. 25 des Code de procéd. civ.: „Le possessoire et le pétitoire ne seront jamais cumulés".

Das trifft bei der vorliegenden „Besitzklage" (Klagantrag 2) nicht zu, wie sich aus folgenden Erwägungen ergiebt.

Nach § 5 Abs. 2 des Gesetzes vom 20. August 1883 ist die Strombauverwaltung berechtigt, die künstlich erzeugten Anlandungen, auch soweit sie schon früher entstanden sind, auszubilden und bis zu einem bestimmten Maße zu befestigen. „Zu diesem Zwecke tritt der Staat in den Besitz und in die Nutzung derselben", obwohl (Abs. 1 das.) das Eigentum auch der künstlich erzeugten Anlandungen schon von ihrer Entstehung an (vgl. §§ 225—227 A.L.R. I. 9) demjenigen zusteht, an dessen Ufer sie sich angesetzt haben. Der seiner Dauer nach durch den Zweck der vollständigen Ausbildung der Anlandungen bestimmte Besitz und die gleichzeitige Nutzung, auf deren Schutz der Klagantrag 2 hinzielt, bilden somit das einzige Recht, das dem Staate an den Anlandungen zusteht. Durch welchen Akt und in welchem Zeitpunkte der Eintritt des Staates in den Besitz und die Nutzung der Anlandungen sich vollzieht, läßt das Gesetz unausgesprochen. Der Ansicht Mahraun's (Das Strombauverwaltungsgesetz, Berlin 1887 S. 24), daß mit dem Augenblicke der Rechtskraft des Gesetzes durch das Gesetz selbst der Besitz der Anlandungen dem Staate übergeben sei, steht die Erwägung entgegen, daß nach dem Gesetze nur diejenigen künstlichen Anlandungen in Besitz und Nutzung des Staates übergehen, welche und soweit sie einer weiteren Ausbildung für bedürftig erachtet werden, und daß es einer Entschließung der Strombauverwaltung bedarf, ob dieses Bedürfnis hinsichtlich der einzelnen, ganz oder teilweise schon entstandenen Anlandung als vorhanden anzusehen sei. Mindestens muß also, wenn der Staat zu dem vom Gesetze bezeichneten Zwecke in den Besitz und die Nutzung einer bestimmten vorhandenen Anlandung treten soll, die Erklärung der Strombauverwaltung vorliegen, daß diese Anlandung nach den Vorschriften des Gesetzes behandelt werden solle. Der weiteren Ausführung Mahraun's, daß es für den Staat einer besonderen Besitzergreifung nicht bedürfe, kann deshalb nur zugegeben werden, daß mit der Erklärung der Strombauverwaltung, eine bestimmte Anlandung weiter ausbilden zu wollen, nicht nur das Recht des Staates auf den Besitz und die Nutzung dieser Anlandung erworben ist, sondern auch — ohne daß zu jener Erklärung noch eine den Erfordernissen des § 51 A.L.R. I. 7 entsprechende (sog. körperliche) Besitzergreifung hinzuzutreten braucht — dem Eigentümer der Anlandung gegenüber der Staat als thatsächlich in den Besitz eingetreten erachtet werden muß. Darauf, daß im vorliegenden Falle eine solche Erklärung der Strombauverwaltung dem Beklagten gegenüber erfolgt sei, ist denn auch die Klage gestützt. Ist aber solchergestalt die Besitznahme einer Anlandung zu den Zwecken des Gesetzes eine von den der Strombauverwaltung im Gesetze beigelegten Befugnissen, so findet auf deren Ausübung durch den Lokalbaubeamten der § 13 des Gesetzes Anwendung; es findet also auch gegen diese Anordnung des Lokalbaubeamten der Beschwerdeweg, in letzter Instanz die Beschwerde an den zuständigen Minister oder die Klage bei dem Oberverwaltungsgerichte statt. Durch diese Ordnung der Rechtsmittel wird die Zuständigkeit der ordentlichen Gerichte ausgeschlossen (§ 13 G.V.G.). Diese haben, soweit sie überhaupt zu einer Entscheidung berufen sind, die Besitznahmeerklärung des Lokalbaubeamten, mag dagegen der Weg der Beschwerde nicht eingeschlagen oder der Instanzenzug erschöpft sein, als ihrer Beurteilung nicht unterliegende, unanfechtbare Grundlage ihrer Entscheidung zu betrachten. Den ordentlichen Gerichten gegenüber ist also durch die Behauptung und den Nachweis, daß der Lokalbaubeamte die Besitznahmeerklärung der Anlandung gegen den Eigentümer ausgesprochen habe, zugleich dasjenige Recht, das dem Staate an der Anlandung zusteht, behauptet und erwiesen. Daraus folgt weiter, daß eine auf Grund der Besitznahmeerklärung beim ordentlichen Gerichte erhobene Klage immer nur ununterscheidbar auf den Besitz des Staates und auf sein Recht zum Besitze zugleich gestützt sein kann, daß somit der jetzigen Klage (Antrag 2), wenn sie zulässig wäre, eine neue, auf Anerkennung des Rechtes des Staates an der Anlandung gerichtete Klage nicht würde folgen können, und daraus ergiebt sich dann, daß auf diese Klage das Verbot, weitere Klagen mit ihr zu verbinden, nicht Anwendung leidet. Es bedarf somit nicht noch der Prüfung, ob der Klagantrag 1 seinem Inhalte nach ein solcher ist, der mit einer rein possessorischen Klage nach § 232 Abs. 2 C.P.O. nicht verbunden werden darf.

2. Die Klage auf Schutz des Staates in dem auf Grund des § 5 des Gesetzes vom 20. August 1883 erworbenen Besitze einer An-

landung und der damit verbundenen Befugnis zur Nutzung der Anlandung ist aber nicht für zulässig zu erachten.

Die Strombauverwaltung hat in Handhabung des bezeichneten Gesetzes vorwiegend polizeiliche Funktionen; insbesondere erfolgt die Ausbildung der Anlandungen nicht in der Absicht, dem Staate einen Vermögensgewinn zu verschaffen, und der dem Uferbesitzer erwachsende Vorteil, den Besitz des gewonnenen Landes gegen Ersatz der vom Staate aufgewendeten Kosten oder gegen Erstattung des Wertes des Landes, wenn dieser geringer ist, antreten zu dürfen (§ 6 des Gesetzes), ist nicht der Zweck der vom Staate anzulegenden Stromregulierungswerke; dieser Zweck ist vielmehr die Stromregulierung selbst, und deshalb ist auch das Ziel der durch jene Werke gebildeten Anlandungen das, einen Zustand herzustellen, in welchem (§ 5) die Anlandungen „ohne Nachteil für den Strom benutzt werden können". Zu diesem Zwecke, also zu strompolizeilichen Zwecken, tritt auch der Staat in den Besitz und in die Nutzung der Anlandungen, nicht etwa bloß, um sich den Ersatz seiner Aufwendungen mittels des Zurückbehaltungsrechtes zu sichern. Ist aber diesem nach die Besitznahme der Anlandungen für den Staat durch die Strombauverwaltung eine strompolizeiliche Thätigkeit, so ist die Störung im Besitze seitens desjenigen, welchem gegenüber die Besitznahme erklärt wird (des Eigentümers der Anlandung), ein Zuwiderhandeln gegen eine polizeiliche Anordnung; und zur Abwehr der Störung sind daher die zur Durchführung polizeilicher Anordnungen gegebenen Zwangsmittel anwendbar, wobei es nichts verschlagen kann, ob die Befugnis zu deren Anwendung dem Lokalbaubeamten selbst oder nur dessen Vorgesetzten zusteht. Es steht mit der Abgrenzung der Zuständigkeit der die verschiedenen Zweige der Staatsgewalt handhabenden Behörden in Widerspruch, wenn das Berufungsgericht annimmt, daß zur Abwehr der Besitzstörung in der vorliegenden Gestalt neben den administrativen Zwangsmitteln auch der ordentliche Rechtsweg offen stehe; es ist vielmehr auch hier an dem Grundsatze festzuhalten, daß die eine Staatsbehörde (hier die Strompolizeibehörde) dann nicht die Mitwirkung der anderen (hier die des Gerichtes) in Anspruch zu nehmen hat, wenn ihr eigene Mittel zur Erfüllung ihrer Aufgabe zu Gebote stehen. Die Unzulässigkeit einer Abweichung hiervon erweist sich am deutlichsten aus ihren praktischen Folgen. Während nach dem zu 1 Gesagten dem Beklagten ein

Einwand gegen die Zulässigkeit der Besitznahme des von der Strompolizeibehörde als ausbildungsbedürftige Anlandung angesehenen Landes vor den ordentlichen Gerichten nicht zustehen würde, würde andererseits die gleichwohl mit der Klage vor dem ordentlichen Gerichte (etwa weil eine Besitzstörung nicht als dargethan erachtet würde) abgewiesene Staatsbehörde nicht behindert sein, zu dem mit der Klage vergebens verfolgten Ziele den polizeilichen Zwang anzuwenden, und es würde dadurch, je nach der Beurteilung der Sach- und Rechtslage seitens der zur Entscheidung über die Zulässigkeit dieses letzteren Mittels berufenen Behörden, das abweisende Urteil des ordentlichen Gerichtes vollständig bedeutungslos gemacht werden können, was weder mit der Stellung der Gerichte, noch mit der diesen wie den Verwaltungs- und Verwaltungsgerichtsbehörden in gleicher Weise obliegenden Aufgabe, gesicherte Rechtszustände herbeizuführen, vereinbar sein würde.

Zu dem gleichen Resultate kommt Mahraun in dem oben angezogenen Kommentare zu dem Gesetze vom 20. August 1883 (S. 58), wesentlich an der Hand der Erwägungen des Reichsgerichtes in dem Urteile vom 31. März 1886 zur Sache H. wider den Fiskus. Die in der Ministerialanweisung vom 7. September 1883 (Mahraun, S. 76) zu § 5 des Gesetzes ausgesprochene Ansicht, daß etwaigen besitzstörenden Handlungen der Uferbesitzer mit der Possessorienklage entgegenzutreten sein werde, ist dort ohne Begründung hingestellt und kann als maßgebend nicht erachtet werden.

3. Dagegen war die Klage auf Wertsersatz des vom Beklagten von der streitigen Anlandung entnommenen Strauchwerkes als zulässig anzusehen. Wenn auch der Zweck, zu welchem das Gesetz den Staat, wie in den Besitz, so auch in die Nutzung der ausbildungsbedürftigen Anlandungen treten läßt, der strompolizeiliche der möglichsten Sicherung der Anlandungen gegen nachteilige Einwirkungen der Uferbesitzer ist, so wird dadurch doch nebensächlich dem Staate auch der Vermögensvorteil der Nutzung zugewendet, und der Anspruch auf Ersatz des Wertes der dem Staate entzogenen Erträgnisse erscheint, wenn auch das Recht auf die Erträgnisse in öffentlich-rechtlichen Verhältnissen wurzelt, als ein dem Gebiete des Privatrechtes angehöriger und nach privatrechtlichen Normen zu beurteilender Anspruch des Staates als Subjektes von Vermögensrechten, des Fiskus, wie denn auch nur

in Beziehung auf diesen Anspruch die Bezeichnung des Klägers als Strombaufiskus vollständig zutrifft. Zur Geltendmachung seiner vermögensrechtlichen Ansprüche steht dem Fiskus die Anrufung der Polizeigewalt nicht zu; der Wertsersatz für entzogene Nutzungen fällt auch, weil dem Grunde und dem Betrage nach nicht auf der Entscheidung oder Anordnung einer Verwaltungsbehörde beruhend, nicht unter diejenigen Geldbeträge, welche im Verwaltungszwangsverfahren eingezogen werden können (Gesetz vom 7. September 1879 § 1). In Bezug auf diesen Anspruch ist somit dem Fiskus der ordentliche Rechtsweg nicht verschlossen. Der Anspruch ist aber auch begründet. In dem privatrechtlichen Verhältnisse zwischen dem Fiskus und dem Beklagten ist die von dem letzteren gemäß § 13 des Gesetzes vom 20. August 1883 nicht angefochtene Anordnung der Strompolizeibehörde, daß der Staat in die Nutzung der Anlandung einzutreten habe, für beide Teile gleich bindend. Durch dieselbe ist, solange sie besteht, das Recht des Fiskus, die Erträgnisse der Anlandung sich anzueignen, gegeben, und die Verpflichtung des Beklagten, den Wert der von ihm gezogenen Nutzungen zu erstatten, ergiebt sich von selbst aus dem durch ihn geschehenen Eingriffe in das Recht des Fiskus, ohne daß es der seitens des Berufungsgerichtes geschehenen Heranziehung der Deliktsnatur der Besitzstörung bedarf. Der Betrag des zu erstattenden Wertes ist nicht streitig." ...

---

80. Ist eine Bürgschaft nichtig, welche gegen das Versprechen des Gläubigers übernommen ist, den Schuldner wegen Unterschlagungen gegen den Gläubiger nicht zur Anzeige zu bringen?

A.L.R. I. 4 §§ 7. 8, I. 16 § 416.

I. Civilsenat. Urt. v. 20. Juni 1894 i. S. H. (Kl.) w. W. (Bekl.) Rep. I. 111/94.

I. Landgericht Danzig.
II. Oberlandesgericht Marienwerder.

B. hatte im Dienste des Klägers erhebliche Summen unterschlagen, und der Beklagte, welcher Gläubiger des B. und dabei interessiert war, daß derselbe auf freien Füßen bleibe, dem Kläger gegenüber für einen Teil der unterschlagenen Beträge Bürgschaft übernommen und sein Wechselaccept gegeben, während der Kläger sich verpflichtete, den B.

wegen der Unterschlagungen nicht zur Anzeige zu bringen. Aus dem Accepte in Anspruch genommen, bestritt der Beklagte deshalb die Rechtsgültigkeit der Bürgschaft und des Acceptes. Die Klage ist in beiden Instanzen abgewiesen, auf die Revision des Klägers aber das Berufungsurteil aufgehoben, und der Beklagte nach dem Klagantrage verurteilt worden aus folgenden

Gründen:

... „Dagegen verletzt das Berufungsgericht allerdings, wie ihm die Revision des Klägers ferner vorwirft, den § 8 A.L.R. I. 4 und den § 416 I. 16 durch die Annahme, daß die hier fraglichen, bei dem Bürgschaftsvertrage vom 14. September 1892 getroffenen Abmachungen nach diesen gesetzlichen Bestimmungen rechtsunwirksam seien, weil der übereinstimmende Vertragswille der Parteien gewesen sei, die — nicht zu den Antragsdelikten gehörigen, sondern von Amts wegen zu verfolgenden — strafbaren Handlungen des B. durch die Verpflichtung des Klägers zur Nichtanzeige zu verheimlichen. Denn der Begriff der Verheimlichung eines Verbrechens setzt eine auf Verhütung der Entdeckung gerichtete positive Thätigkeit voraus. Das bloße Versprechen der Verschwiegenheit, welches von dem durch eine strafbare Handlung Beschädigten in einem mit dem Beschädiger über das dem ersteren aus dem verübten Verbrechen erwachsene Privatinteresse abgeschlossenen Vergleiche erteilt ist, macht daher diesen Vergleich nicht rechtsunwirksam.

Vgl. Koch, Kommentar Anm. 7 zu § 416 A.L.R. I. 16 und Strietharst, Archiv Bd. 12 S. 18.

Ob aber die Verpflichtung zur Nichtanzeige eines Verbrechens dem Thäter gegenüber oder — wie es hier der Fall — in einem zwischen mehreren durch den Thäter geschädigten Personen abgeschlossenen Vertrage eingegangen ist, muß an sich für unerheblich erachtet werden. Eine Verpflichtung des öffentlichen Rechtes zur Anzeige lag weder dem Kläger noch dem Beklagten ob. Auch machten sich die Kontrahenten durch ihre Vereinbarung nicht etwa des Vergehens der Begünstigung oder Hehlerei im Sinne der §§ 257. 258 St.G.B. schuldig, da der Zweck der Nichtanzeige nicht darin bestand, den Thäter der Bestrafung zu entziehen oder ihm die Vorteile seines Verbrechens zu sichern, sondern vielmehr unstreitig nur dahin ging, den Thäter in die Lage zu versetzen, die den Paciscenten durch seine strafbaren Handlungen verursachten Vermögensbeschädigungen wieder auszugleichen.

Vgl. Entsch. des R.G.'s in Straff. Bd. 23 S. 105.

Die Kontrahenten verfolgten nur ein erlaubtes Privatinteresse und waren nicht verpflichtet, dieses dem öffentlichen Interesse daran, daß begangene Vergehen nicht unbestraft bleiben, hintanzusetzen und unterzuordnen.

Das Berufungsgericht gründet seine Entscheidung dann freilich noch auf § 7 A.L.R. I. 4, indem es meint, daß die hier fragliche Abmachung jedenfalls gegen die Sittlichkeit und Ehrbarkeit verstoße. Aber auch diese Begründung ist von der Revision mit Recht als eine rechtsirrtümliche angegriffen. Die von dem Berufungsgerichte angezogene Entscheidung des Reichsoberhandelsgerichtes,

vgl. Entsch. desselben Bd. 23 S. 226,

bezieht sich auf einen ganz anders gearteten Fall, indem es sich dort um die Rechtsgültigkeit des Versprechens handelte, eine unbegründete Denunziation nicht verfolgen zu wollen, was allerdings mit Recht als gegen die Ehrbarkeit und die guten Sitten verstoßend angesehen wurde. Hier wäre dagegen, wie unter den Parteien unstreitig ist, die Denunziation des B. begründet gewesen, und es lag auch nicht etwa der Fall einer Erpressung vor, da die vom Beklagten behauptete Drohung des Klägers mit der Anzeige durch die Eidesweigerung des Beklagten ihre Widerlegung gefunden hat. Wenn dann am Schlusse jener Entscheidung allerdings anscheinend ganz allgemein das Paktieren darüber, ob vom Verfolgen oder Zurücknehmen einer Denunziation wegen einer ohne Antrag zu verfolgenden strafbaren Handlung ein Vermögensvorteil abhängig zu machen sei, als nach der Auffassung des Allgemeinen Landrechtes gegen die Ehrbarkeit verstoßend und somit nicht als ein gültiger Vertrag angenommen wird, so verdient dies keine Billigung. Vielmehr kann in einer Vereinbarung der vorliegenden Art ebensowenig die Verletzung einer sittlichen Pflicht als einer Rechtspflicht, noch auch eine verwerfliche Gesinnung auf seiten des einen oder anderen Kontrahenten gefunden werden.

Hat hiernach das Berufungsgericht die Rechtsgültigkeit des dem eingeklagten Wechsel zum Grunde liegenden Begebungsvertrages mit Unrecht beanstandet, so war das angefochtene Urteil aufzuheben." . . .

IV. Rheinisches Recht.

81. 1. Steht dem Hypothekargläubiger das Recht zu, in dem über die Verteilung von Immobiliarpreisen des Schuldners eingeleiteten Verfahren die rückständigen Zinsen seiner Forderung zum vollen Betrage anzumelden?

Code civil Art. 2151.

Preuß.-rhein. Gesetz über das Verfahren bei Verteilung von Immobiliarpreisen vom 18. April 1887.

2. Setzt die Vorschrift des Art. 2247 Code civil, nach welcher die Unterbrechung der Verjährung, die durch die Anstellung der Klage eingetreten ist, mit der Abweisung der letzteren — si la demande est rejetée — erlischt, eine definitive Abweisung voraus?

II. Civilsenat. Urt. v. 20. Februar 1894 i. S. Witwe H. (Bekl.) w. J. (Kl.) Rep. II. 2/94.

I. Landgericht Trier.
II. Oberlandesgericht Köln.

Die beiden vorstehenden Fragen sind gegen die Annahme der Vorinstanz vom Reichsgerichte verneint worden aus folgenden

Gründen:

„Zunächst erwägt das Berufungsurteil, daß der Cedent des Klägers berechtigt gewesen sei, die sämtlichen rückständigen Zinsen, für welche Schuldner und Bürge hafteten — auch soweit denselben die lediglich das Rangverhältnis unter den Hypothekargläubigern regelnde Vorschrift des Art. 2151 Code civil nicht zur Seite stehe — in dem früheren Verteilungsverfahren anzumelden. Dabei ist aber übersehen, daß es sich dort nicht —

wie im Konkurse — um eine allgemeine Anmeldung der Gläubiger dem Schuldner gegenüber handelte, daß jenes Verfahren vielmehr eine besondere, nach bestimmten gesetzlichen Regeln unter die Hypothekargläubiger zu verteilende Immobiliarmasse zum Gegenstande hatte. Gemäß der Vorschrift des Art. 2151 Code civil steht nun aber einem solchen Gläubiger im Verteilungsverfahren nur das Recht zu, Zinsen seines Kapitales für zwei Jahre und das laufende in gleichem Range mit dem Kapitale zu verlangen, und daraus folgt, daß ein weitergehender Zinsenanspruch in diesem Verfahren als eine ungerechtfertigte, vom Richter zurückzuweisende Forderung sich darstellt. Das Oberlandesgericht geht in dieser Beziehung zu Unrecht von einer entgegengesetzten Auffassung aus und gelangt so, indem es weiter irrtümlich erwägt, daß hier die Zurückweisung des streitigen, „an sich gerechtfertigten" Zinsenanspruches wegen Unzulänglichkeit der Masse erfolgt sei, zu der Folgerung, daß einer solchen Zurückweisung die Wirkung einer Klageverwerfung im Sinne des Art. 2247 Code civil nicht beigelegt werden könne. Auch dem ist nicht zuzustimmen. Die Ladung vor Gericht — der die Anmeldung im Verteilungsverfahren in dieser Beziehung gleichsteht — hat nach Art. 2244 Code civil die Wirkung, die Verjährung zu unterbrechen, und diese Wirkung dauert so lange fort, bis die mit der Ladung eröffnete Instanz durch Peremtion oder Abstandnahme — welche beide dem früheren Prozeßrechte angehören — oder endlich durch Abweisung der Klage — si la demande est rejetée — erloschen ist (Art. 2247 Code civil). Diese letztere Voraussetzung liegt aber nun sowohl in dem Falle einer definitiven als bei einer bloß vorläufigen Abweisung, welche letztere, wie die Peremtion und Abstandnahme, das Klagerecht unberührt läßt, vor, und es ist anzunehmen, daß die bezogene Bestimmung gerade in Fällen der letzteren Art Bedeutung hat, da, wenn eine Abweisung dem Grunde nach erfolgt ist, dem Beklagten ohnehin die Einrede der abgeurteilten Sache zusteht. Die hier erörterte Auffassung des Art. 2247 Code civil ist denn auch in der rheinisch-französischen Rechtslehre die herrschende,

vgl. Zachariä-Dreyer, Bd. 1 S. 600 und Anm. 16; Aubry und Rau, Bd. 2 S. 349 Anm. 16; Laurent, Bd. 31 N. 101 und die Angeführten; abweichend Troplong, Prescription Bd. 2 N. 568;

und in gleichem Sinne spricht sich die Judikatur des Pariser Kassationshofes aus.

Vgl. Sirey, Bd. 69, I. 420 und Anm.; Bd. 77, I. 147." ...

---

82. Verliert der Minderjährige, welcher eine Erbschaft mit dem Vorbehalte der Rechtswohlthat des Inventariums angetreten hat, nach dem Eintritte der Volljährigkeit die Eigenschaft als Benefiziarerbe, wenn er die von seinem Vormunde bei dem Erbschaftsantritte versäumten Vorschriften der Artt. 793. 794 B.G.B. nicht nachträglich erfüllt?

II. Civilsenat. Urt. v. 2. März 1894 i. S. Witwe Joh. A. (Kl.) w. R. A. (Bekl.) Rep. II. 8/94.

I. Landgericht Koblenz.
II. Oberlandesgericht Köln.

Die Beklagte Rosa A., eine Tochter des im Jahre 1885 verstorbenen Kaufmannes Johann A. aus dessen erster Ehe mit der bereits im Jahre 1868 verstorbenen Margaretha geb. N., stand als Erbin ihrer Mutter mit der Witwe zweiter Ehe des Johann A. und deren beiden Kindern in Teilungsverhandlungen wegen der Gütergemeinschaft erster Ehe. Die hierzu gehörigen Immobilien wurden im Jahre 1884 versteigert, und der Erlös bei einem Notar hinterlegt. Diesen Ausstand ließ die Beklagte im Jahre 1892 für eine ihr als Erbin ihres Großvaters B. N. gegen die Gütergemeinschaft erster Ehe ihrer Eltern zustehende, bei den Teilungsverhandlungen vom 18. Oktober 1874 überwiesene Forderung pfänden. Witwe A. erhob jedoch im eigenen Namen und als Vormünderin ihrer minderjährigen Kinder Klage auf Aufhebung der Pfändung, indem sie behauptete, daß die erwähnte Forderung der Beklagten durch Konfusion erloschen sei. Die Klägerin mußte anerkennen, daß die Beklagte auf die Erbschaft ihres Vaters verzichtet, und daß sie die Erbschaft ihrer Mutter unter der Rechtswohlthat des Nachlaßverzeichnisses angetreten habe, machte aber in letzterer Beziehung verschiedene Gründe dafür geltend, daß die Beklagte gleichwohl als unbedingte Erbin zu behandeln sei, u. a. deshalb, weil bei Antretung der mütterlichen Erbschaft von seiten ihres Vormundes die Formvorschriften der Artt. 793. 794 B.G.B. nicht beobachtet und auch von ihr selbst nach erreichter Volljährigkeit nicht nachgeholt worden seien.

Aus den Gründen:

„Die Forderung der Beklagten, welche ihr als Erbin des B. N., des Vaters ihrer vorverstorbenen Mutter, bei den Teilungsverhandlungen vom 18. Oktober 1874 überwiesen worden ist, würde zu drei Achteln durch Konfusion erloschen sein, wenn die Beklagte als vorbehaltlose Erbin ihrer Mutter zu betrachten ist, da letztere, wie festgestellt, für die genannte Schuld des Johann A. als Teilhaberin der ehelichen Gütergemeinschaft mitverpflichtet war. Das Oberlandesgericht hat jedoch den von den Klägern behaupteten Eintritt der Konfusion zu Gunsten der Beklagten deshalb nicht angenommen, weil letztere die mütterliche Erbschaft mit dem Vorbehalte der Rechtswohlthat des Erbverzeichnisses angetreten habe, wodurch nach Art. 802 Ziff. 2 B.G.B. die Vermischung des dem Erben persönlich gehörigen Vermögens mit der Erbschaftsmasse verhindert, und dem Erben das Recht gewahrt wird, seine Forderung gegen die Erbschaftsmasse geltend zu machen und zur Vollstreckung zu bringen.

Gegen diese Entscheidung sind von dem Vertreter der Revision Angriffe unter verschiedenen Gesichtspunkten gerichtet worden.

Zunächst wurde gerügt, daß der von klägerischer Seite gemachte Einwand, es fehle an den Formen, welche das Gesetz zur Erlangung der Eigenschaft eines Benefiziarerben vorschreibe (Artt. 793. 794 B.G.B.), insbesondere an einem in öffentlicher Form errichteten Inventare, mit Unrecht aus dem Grunde der Minderjährigkeit der Beklagten bei Antritt der mütterlichen Erbschaft verworfen worden sei.

Bei den in Frage stehenden Streitigkeiten ist davon auszugehen, daß der vormundschaftliche Vertreter der Beklagten, welche sich bei dem am 11. August 1868 eingetretenen Erbanfalle noch im Kindesalter befand, die Erbschaft der Mutter unter der Rechtswohlthat des Erbverzeichnisses angetreten hat. Nach dem auf diesen Erbanfall unmittelbar in Anwendung kommenden Art. 461 B.G.B. konnte die Annahme nur unter dem Vorbehalte der Rechtswohlthat des Nachlaßverzeichnisses geschehen; die Formvorschriften für den Erbschaftsantritt mit diesem Vorbehalte im allgemeinen sind in den Artt. 793. 794 B.G.B. gegeben. Daß diese zum Schutze der Gläubiger wie der Erben gereichenden Formvorschriften auf den Erbschaftsantritt Minderjähriger nicht anwendbar seien, läßt sich aus dem Gesetze nicht entnehmen; wohl aber ist der Vorschrift des Art. 461 B.G.B. in ihrer absoluten Fassung die Bedeutung beizulegen, daß der Minderjährige durch Handlungen oder Unterlassungen des Vormundes der Rechtswohlthat des Inventares nicht verlustig gehen kann, daß der antretende minderjährige Erbe von Rechts wegen Benefiziarerbe ist. Im Einklange hiermit befindet sich die Vorschrift des § 50 der preußischen Vormundschaftsordnung vom 5. Juli 1875, daß der Mündel der Rechtswohlthat des Nachlaßverzeichnisses bei einer ihm angefallenen Erbschaft durch Handlungen oder Unterlassungen des Vormundes nicht verlustig werde.

Es fragt sich aber, ob die Beklagte die Eigenschaft einer Benefiziarerbin nicht mit der Großjährigkeit, welche sie im Jahre 1888 erreichte, verloren habe. Mehrere Schriftsteller (Aubry und Rau, Cours de droit civ. franc. Bd. 6 § 612 S. 406; Demolombe, C. de Code Nap. Bd. 14 Nr. 337) sind der Ansicht, welche auch in einem neueren Urteile des französischen Kassationshofes (bei Dalloz 1888, I. S. 345; Sirey 1888, I. S. 366) Annahme gefunden hat, daß mit dem Aufhören der Minderjährigkeit oder Interdiktion auch dieses Privileg wegfalle, sodaß dann der Erbe die während seiner Minderjährigkeit bezw. Interdiktion vernachlässigten formellen Erfordernisse des Benefiziums nachzuholen hätte, um der Behandlung als unbedingter Erbe zu entgehen, wozu ihm bald eine dreißigjährige Frist, bald nur die Fristen des Art. 795 B.G.B. und nach Art. 798 a. a. O. nachgesuchte neue Fristen zugestanden werden. Dieser Rechtsansicht kann für den hier allein zur Erörterung stehenden Fall eines während der Minderjährigkeit des Erben mit dem Vorbehalte der Rechtswohlthat des Nachlaßverzeichnisses bereits erfolgten Erbschaftsantrittes nicht beigetreten werden. Die Bestimmung des Art. 461 B.G.B., daß der Vormund eine dem Minderjährigen angefallene Erbschaft nur mit dem Vorbehalte der Rechtswohlthat des Inventariums annehmen könne, schützt den Minderjährigen nicht bloß während der Minderjährigkeit gegen die Folgen von Unterlassungen des Vormundes in Beziehung auf die Vorschriften der Artt. 793. 794 B.G.B., sondern hat die Bedeutung, daß der Minderjährige überhaupt nicht unbedingter Erbe werden kann, wobei hier dahingestellt zu bleiben hat, welche Wirkung einem Urteile zukäme, welches einen Minderjährigen gleichwohl als unbedingten Erben verurteilt hätte. Wenn aber zu Gunsten des Minderjährigen der von seinem Vormunde unter der Rechtswohlthat des Inventares erklärte Erbschaftsantritt, als dem gesetzlichen Auftrage entsprechend, somit unter den vorgeschriebenen Formen vollzogen gilt, der Minderjährige also wirklicher Benefiziarerbe geworden ist, so kann auch nicht angenommen werden, daß diese Eigenschaft mit dem Zeitpunkte der Volljährigkeit ihr Ende erreiche, oder daß der Erbe ihrem Verluste nur durch Nachholung der Formvorschriften entgehen könne. Der Mündel ist nicht in bedingter Weise, sondern definitiver Benefiziarerbe geworden und verliert diese Eigenschaft nach erlangter Volljährigkeit außer dem Falle des Art. 801 B.G.B. nur durch ausdrücklichen oder stillschweigenden Verzicht (Artt. 778. 800 B.G.B.") . . .

---

83. Ist eine voreheliche von einem der zukünftigen Ehegatten an den anderen zu Gunsten der Ehe gemachte Schenkung nur dann von dem Widerrufe wegen nachgeborener Kinder gemäß Art. 960 B.G.B. ausgeschlossen, wenn sie im Ehevertrage gemacht ist?

II. Civilsenat. Urt. v. 17. April 1894 i. S. A. (Bekl.) w. A. (Kl.) Rep. II. 53/94.

I. Landgericht Aachen.
II. Oberlandesgericht Köln.

Aus den Gründen:

. . . „In zweiter Linie macht die Revision geltend, daß das Oberlandesgericht den Art. 960 B.G.B. verletzt habe, indem es annehme, daß die in Rede stehende Schenkung durch die Geburt der aus der Ehe der Parteien hervorgegangenen Kinder nicht von Rechts wegen widerrufen sei. Der genannte Artikel bestimme, daß auch die zu

Gunsten einer Ehe gemachten Schenkungen dem Widerrufe wegen nachgeborener Kinder unterliegen, es sei denn, daß die Schenkungen von Ascendenten an die Ehegatten oder von den Ehegatten unter sich gemacht worden seien. Diese Ausnahme beziehe sich, wie allgemein angenommen werde, nur auf die im Ehevertrage selbst gemachten Schenkungen. Eine solche Schenkung liege aber nicht vor, indem das fragliche Handgeschenk vor Abschluß des Ehevertrages stattgefunden haben solle.

Bezüglich dieser Rüge ist zunächst zu bemerken, daß der Art. 960 nicht besagt, daß eine vor der Ehe von einem der zukünftigen Ehegatten an den anderen gemachte Schenkung im Ehevertrage gemacht sein müsse, um sie dem Widerrufe wegen nachgeborener Kinder zu entziehen; das Erfordernis, um diesen Erfolg herbeizuführen, besteht allein darin, daß die Schenkung en faveur de mariage, d. h. zu Gunsten der zwischen dem Schenkenden und dem Beschenkten abzuschließenden Ehe, geschehen sei. Auch der mit dem Art. 960 fast wörtlich übereinstimmende Art. 39 der Ordonnanz von 1731, aus welcher die Vorschriften des Bürgerlichen Gesetzbuches über die Widerruflichkeit der Schenkungen wegen nachgeborener Kinder geschöpft sind, enthält nichts davon, daß eine derartige Schenkung im Ehevertrage gemacht sein müsse.

Vgl. Coin-Delisle, Donations et testaments, zu Artt. 960 und 961 Nr. 3 flg. S. 297.

Die Bestimmung des Art. 960 beruht auf der Anschauung: es müsse vermutet werden, daß ein Schenker, welcher noch nicht Vater sei, nicht gewollt habe, daß ein Fremder in Ansehung seines Vermögens seiner dereinstigen Nachkommenschaft vorgezogen werde. Deshalb werden alle Schenkungen, selbst die zu Gunsten einer Ehe von fremden Personen gemachten, für widerruflich erklärt. Die beiden gemachten Ausnahmen sind dadurch zu erklären, daß bei denselben die obenerwähnte, dem Gesetze zu Grunde liegende Vermutung nicht Platz greifen kann. Der Fall der Schenkung eines Ascendenten ist hier nicht weiter zu erörtern. Bei der Schenkung des einen zukünftigen Ehegatten an den anderen ist der Gedanke des Gesetzes schon dadurch ausgeschlossen, daß es ja die zukünftigen eigenen Kinder des Schenkers sind, welche mittelbar durch die Schenkung bevorzugt werden. Auch derjenige Teil des Vermögens, den der Schenker seiner demnächstigen Ehefrau zuwendet, wird voraussichtlich durch Vermittelung der letzteren den aus der Ehe hervorgehenden Kindern zufallen, und dem Schenker sowie den Kindern kann es gleichgültig sein, ob diese das Vermögen dereinst von dem Schenker oder von seiner Ehefrau erhalten werden. Derartige Schenkungen zu Gunsten der Ehe unter zukünftigen Ehegatten werden der Regel nach in dem von letzteren abzuschließenden Ehevertrage gemacht werden, und dann bedarf es keines weiteren Beweises, daß sie gerade zu Gunsten dieser Ehe gemacht sind. Aber es ist nach Zweck und Inhalt des Gesetzes nicht ausgeschlossen, daß eine solche Schenkung auch außerhalb des Ehevertrages gemacht werden könne. In diesem Falle bedarf es, um die Schenkung unter den Ausnahmefall zu befassen, des Beweises, daß sie gerade wegen und zu Gunsten der bevorstehenden Ehe der betreffenden beiden Personen erfolgt sei. Mit Unrecht verlangt daher Zachariä (IV. § 709), daß voreheliche Schenkungen unter zukünftigen Ehegatten im Heiratsvertrage gemacht sein müßten, um unter die Ausnahme zu fallen.

Vgl. jedoch Zachariä-Dreyer, Anm. 7 zu § 709.

Die französische Praxis hat auch eine derartige Einschränkung niemals anerkannt. In dem von hervorragenden französischen Autoren bei Besprechung der in Rede stehenden Materie angezogenen und gebilligten Urteile des Appellhofes zu Bordeaux vom 30. November 1857 (Sirey, 1860 II. S. 491) lag der Fall zur Entscheidung, daß ein zum Militärdienste Einberufener einer Demoiselle C. durch besonderen Akt sein ganzes Vermögen geschenkt hatte mit der Stipulation, daß die Schenkung nichtig sein solle, wenn die Beschenkte bei Lebzeiten des Schenkers eine Ehe mit einem Anderen als dem Schenker eingehen würde. Der Schenker kehrte bald darauf zurück und heiratete die Demoiselle C., nachdem er vorher mit derselben einen Ehevertrag, in welchem jener Schenkungsakt nur historisch erwähnt wurde, geschlossen hatte. Zwei aus der Ehe hervorgegangene Kinder starben, und darauf starb der Vater derselben. Die Brüder des letzteren klagten gegen die Witwe auf Herausgabe des ihr von ihrem verstorbenen Ehemanne geschenkten Vermögens, weil die Schenkung durch die Geburt der beiden Kinder widerrufen sei. Die erste Instanz wies die Klage ab, weil die Schenkung „en faveur du mariage projeté entre eux“ abgeschlossen sei. Der Appellhof dagegen erkannte zu Gunsten der Kläger, indem er erwog, daß nur zu fragen sei, ob die vor Abschluß des Ehevertrages gemachte Schenkung als zu Gunsten der zwischen den beiden Personen abzuschließenden Ehe gemacht anzusehen sei, daß diese Frage aber verneint werden müsse, indem die bloße für die Wirksamkeit der Schenkung gesetzte Bedingung, daß die Beschenkte bei Lebzeiten des Schenkers keinen Anderen heiraten würde, nicht genügen könne, um der Schenkung den vorgedachten Charakter aufzudrücken, was im einzelnen in dem Urteile noch näher ausgeführt wird.

Vgl. hierzu Demolombe, XX N. 774 und 774 bis; Aubry und Rau, VII. § 709 Anm. 16 und Text; Duranton, VIII. N. 574 Anm. 4.

Es ist thatsächliche Frage, ob eine vor Abschluß des Ehevertrages unter zukünftigen Ehegatten zustande gekommene Schenkung als zu Gunsten der Ehe derselben abgeschlossen anzusehen sei. Im vorliegenden Falle hat das Oberlandesgericht diese Frage bejaht und unter Bezugnahme auf die zutreffenden Ausführungen des ersten Richters die Bejahung auch genügend begründet. Der aus dem Art. 960 B.G.B. entnommene Einwand des Beklagten konnte daher ebenfalls nicht für zutreffend erachtet werden."

---

84. 1. Haften bei civilrechtlichen Delikten (Artt. 1382. 1383 Code civil) die mehreren Teilnehmer solidarisch?

Code civil Art. 1202.

2. Steht dem Vater, welcher zum Ersatze des durch ein Delikt seines minderjährigen Sohnes entstandenen Schadens verurteilt worden (Art. 1384 Code civil), gegen einen etwaigen Miturheber des letzteren der Anspruch auf Erstattung des Gezahlten zu?

II. Civilsenat. Urt. v. 8. Mai 1894 i. S. F. (Kl.) w. J. (Bekl.) Rep. II. 77/94.

I. Landgericht Düsseldorf.
II. Oberlandesgericht Köln.

Die inzwischen verstorbene Witwe B., deren alleiniger Universalerbe der Beklagte geworden ist, hat im November 1888 an den damals elfjährigen Schüler H. für 25 ₰ Schießpulver abgegeben. Sie soll damit nach der Behauptung des Klägers gegen eine am 29. November 1879 für den Regierungsbezirk D. erlassene Polizeiverordnung gefehlt haben. H. hat das Pulver im Auftrage und für Rechnung des damals 13 Jahre alten Karl F., Sohnes des Klägers, gekauft. Dieser hat einen Teil des Pulvers in ein Fläschchen geschüttet und dieses, während der elfjährige Schulknabe Richard L. dasselbe in der Hand hielt, durch ein brennendes Streichhölzchen zum Explodieren gebracht. Dabei hat Richard L. ein Auge verloren. Vom Vater des letzteren verklagt, ist der jetzige Kläger auf Grund des Art. 1384 Code civil in zwei Vorprozessen, in welchen er der Witwe B. bezw. dem jetzt Beklagten den Streit verkündet hatte, verurteilt worden, eine Entschädigung von 1286,25 ℳ zu zahlen. An Prozeßkosten sind dem Kläger 550,55 ℳ entstanden. Kläger hat dem Vater des Richard L. jene Urteilssumme bezahlt, auch die Kosten der Vorprocesse berichtigt bezw. erstattet. Er verlangt im gegenwärtigen Rechtsstreite Erstattung der 1836,80 ℳ nebst 5 Prozent Zinsen seit dem Tage der Klagezustellung, indem er darzuthun sucht, daß für den durch die Pulverexplosion entstandenen Schaden in erster Linie die Witwe B. verantwortlich sei, da diese durch das verbotswidrige Abgeben des Pulvers dem Karl F. die Möglichkeit zu seinem unvorsichtigen Handeln geboten habe.

Durch Urteil des Landgerichtes ist der Beklagte dem klägerischen Antrage gemäß verurteilt. Auf die Berufung des Beklagten hat das Oberlandesgericht die Klage abgewiesen. Die Revision des Klägers ist zurückgewiesen worden.

Aus den Gründen:

„Wie das Oberlandesgericht thatsächlich feststellt, handelt es sich hier um den Vermögensschaden, der durch die von dem Sohne des Klägers herbeigeführte körperliche Verletzung des R. L. entstanden ist, und der Kläger, der zu dessen Ersatze auf Grund des Art. 1384 Code civil verurteilt worden, hat nun seinerseits, gestützt auf die Behauptung, daß die Witwe B. wegen ihres verbotswidrigen Handelns als die eigentliche Urheberin für jenen Schaden haftbar sei, die Erstattung des Gezahlten von dem Beklagten, deren Erben, gefordert. Die so erhobene Klage ist dann vom Oberlandesgerichte als ein Rückgriffsanspruch aufgefaßt und mit der Begründung, daß dem Kläger ein Recht des Rückgriffes gegen die Witwe B. nicht zustehe, als ungerechtfertigt abgewiesen. Dabei wird im wesentlichen ausgeführt, daß es zwischen denselben an jedem gesetzlichen oder vertraglichen Bande, auf welches die Annahme eines solchen Rückgriffsrechtes sich stützen lasse, mangele, daß ein solches namentlich auch nicht aus einem zwischen ihnen bestehenden Solidaritätsverhältnisse (Artt. 1200 flg. Code civil) hergeleitet werden könne, da das Gesetz bei Civildelikten eine solidarische Haftung mehrerer Teilnehmer nicht ausspreche, und angesichts der imperativen Vorschrift des Art. 1202 Code civil, sowie gegenüber der Bestimmung des Art. XXVII § 1 des Einführungsgesetzes zum preußischen Strafgesetzbuche eine solche Haftung als vom Gesetzgeber gewollt nicht anzuerkennen sei. Die Begründung entspricht, was die Frage der Solidarität in den Fällen der Artt. 1382 und 1383 Code civil betrifft, der Judikatur des Reichsgerichtes,

vgl. Entsch. desselben in Civils. Bd. 23 S. 319,

und beruht auch sonst auf einer zutreffenden Rechtsauffassung. Wie dabei hervorzuheben, läßt sich namentlich auch nicht etwa mit Demolombe (Bd. 26 N. 308) die Annahme eines Rückgriffsrechtes hier auf die Motivierung stützen, daß demjenigen von mehreren für den ganzen Schaden haftenden Teilnehmern eines Deliktes, durch dessen Ersatzleistung die übrigen befreit worden, der Anspruch aus nützlicher Geschäftsführung zustehe, und daß auch der allgemeine Rechtsgrundsatz, daß niemand mit dem Schaden eines Anderen sich bereichern dürfe, zu Gunsten desselben in Betracht komme, da zunächst in einem solchen Falle der zahlende Mitverpflichtete seine eigene Schuld tilgt, nicht aber fremde Geschäfte führt, und ebenso die Voraussetzungen einer ungerechtfertigten Bereicherung der Mitverpflichteten, welche die Grundlage für einen Ersatzanspruch bilden könnte, nicht vorliegen. Es ist denn auch gegen die Entscheidung des Oberlandesgerichtes, soweit dieselbe das Rückgriffsrecht des Klägers verneint hat, ein Revisionsangriff nicht erhoben worden.

Zur Begründung des Rechtsmittels ist vielmehr nur geltend gemacht, daß die angestellte Klage vom Oberlandesgerichte zu Unrecht aus dem Gesichtspunkte eines Rückgriffsanspruches aufgefaßt und als solche abgewiesen sei. In dieser Beziehung wird ausgeführt, daß das verbotswidrige Handeln der Witwe B. verursacht habe, daß R. L. verletzt und infolgedessen die Verurteilung des Klägers zum Ersatze des Schadens ausgesprochen sei, die Witwe B. daher nach Artt. 1382. 1383 Code civil für letzteren haftbar erscheine. Ein Verschulden des Klägers bezüglich der Verletzung des L. stehe nicht fest, und wenn man auch ein solches mit dem Oberlandesgerichte auf Grund des Art. 1384 Code civil annehmen wolle, so sei doch immerhin nach dem Vorgange des ersten Richters zu prüfen gewesen, ob dieses Verschulden oder das konkurrierende Verschulden der Witwe B. als die wirkende Ursache des in Rede stehenden Schadens zu erachten sei. Die vorstehende Ausführung geht nun aber von Annahmen aus, die mit den Feststellungen des Oberlandesgerichtes nicht im Einklange stehen, und erscheint grundsätzlich verfehlt.

Die erhobene Klage ist nicht so begründet, daß der Kläger als der durch das unerlaubte Handeln der Witwe B. **unmittelbar** Verletzte auftritt und den Ersatz des ihm zugefügten Schadens von derselben als Urheberin fordert. Nach Vorstehendem handelt es sich vielmehr um den durch die Körperverletzung des R. L. entstandenen Schaden, und es ist der zu dessen Ersatze wegen eigenen Verschuldens verurteilte Kläger, welcher hier die Erstattung des Gezahlten mit der oben angeführten Motivierung gegen den Beklagten als Erben der Witwe B. verfolgt. Wenn daher vom Oberlandesgerichte angenommen worden ist, daß hier nicht ein direkter Ersatzanspruch des Klägers der Witwe T. gegenüber aus Artt. 1382. 1383 Code civil in Frage stehe, daß derselbe vielmehr als Mitverpflichteter einen Rückgriffsanspruch gegen die seiner Behauptung nach in erster Linie Verantwortliche geltend mache, so beruht das auf einer durchaus richtigen thatsächlichen und juristischen Auffassung. Entbehrte aber jener Anspruch, wie das Oberlandesgericht zutreffend angenommen hat, der erforderlichen rechtlichen Unterlage, so war auch das bestrittene Verschulden der Wittwe B. nicht weiter zu erörtern. Damit erledigt sich der von der Revision allein erhobene Angriff." ...

85. Beweislast, wenn der wegen Körperverletzung erhobenen Schadensersatzklage der Einwand der Notwehr entgegengesetzt wird?

II. Civilsenat. Urt. v. 8. Mai 1894 i. S. M. (Kl.) w. R. (Bekl.) Rep. II. 80/94.

I. Landgericht Zabern i. E.
II. Oberlandesgericht Kolmar.

Gründe:

„Der Berufungsrichter spricht, obwohl er für festgestellt erachtet, daß der Beklagte R. dem Kläger mit einem Stocke einen Schlag über den Kopf versetzte und dadurch eine Verletzung zufügte, dennoch Abweisung der Schadensersatzklage des Verletzten aus, indem er erwägt: „Da als wahrscheinlich anzunehmen sei, daß Beklagter im Stande der Notwehr gehandelt habe, so stelle sich sein Handeln nicht als ein schuldhaftes dar; jedenfalls habe der Kläger den ihm obliegenden Beweis eines schuldhaften Verhaltens des Beklagten nicht geführt." Hätte der Berufungsrichter den mit „jedenfalls" beginnenden Teil seiner Ausführung weggelassen, so würde seine Schlußfolgerung, daß das Handeln des Beklagten sich nicht als ein schuldhaftes darstelle, gehöriger Begründung entbehren; denn nur durch eine wirklich erwiesene Notwehr, nicht schon durch die Wahrscheinlichkeit einer solchen wird einer vorsätzlich verübten Körperverletzung der Charakter einer rechtswidrigen That entzogen; daß aber der Beklagte den verletzenden Schlag vorsätzlich geführt hat, ist vom Berufungsrichter festgestellt, wenn auch nicht unter Gebrauch des Wortes „vorsätzlich". Es ist also weiter zu prüfen, ob der Satz der Entscheidungsgründe: „Jedenfalls hat der Kläger den ihm obliegenden Beweis nicht erbracht", die Entscheidung tragen kann. Dies ist aber nicht der Fall.

Unter dem dem Kläger obliegenden Beweise versteht der Richter den Beweis eines schuldhaften Thuns und mit Rücksicht auf den zur Entscheidung vorliegenden Fall den Beweis, daß der Beklagte den Schlag nicht in Notwehr geführt habe; letzteres aber verstößt, wie der Revisionskläger mit Recht geltend macht, gegen die Grundsätze von der Beweislast, welche für den Civilrichter maßgebend sein sollen. Nach diesen Grundsätzen hat jeder der streitenden Teile die zur Begründung seiner Anträge dienenden Thatsachen, soweit nicht das Gesetz durch Aufstellung von Vermutungen oder der Gegner durch Geständnis ihn davon befreit, zu beweisen. Derjenige, welcher auf Grund der Artt. 1382. 1383 Code civil wegen einer erlittenen Körperverletzung Schadensersatz verlangt, hat deshalb zu beweisen, daß der Beklagte die Verletzung schuldhaft, d. h. vorsätzlich oder fahrlässig, verübt hat, während der Beklagte, welcher behauptet, die verletzende Handlung in berechtigter Weise zum Zwecke der Verteidigung gegen einen rechtswidrigen Angriff ausgeführt zu haben, diesen Entschuldigungsbeweis führen muß. Allerdings schließt Notwehr ein Verschulden des sich Verteidigenden aus; allein die Behauptung der Notwehr ist nicht reine Verneinung der vom Kläger behaupteten Thatsachen, sondern zugleich die Aufstellung anderer Thatsachen, insbesondere der Thatsache des rechtswidrigen Angriffes, auf deren vom Beklagten zu führenden Beweis es ankommt, sobald der Kläger den ihm obliegenden Beweis einer vorsätzlich vom Beklagten bewirkten Körperverletzung geführt hat. Hiervon abweichend geht der Berufungsrichter von Grundsätzen aus, welche im Strafverfahren bei Aburteilung strafbarer Körperverletzungen für maßgebend erachtet werden. Nach diesen Grundsätzen kann, wenn einmal der Angeklagte die Behauptung aufgestellt hat, daß er im Stande der Notwehr gehandelt habe, der Strafrichter allerdings ein Schuldig wegen vorsätzlicher Körperverletzung nur dann aussprechen, wenn jene Behauptung durch die Beweisaufnahme widerlegt ist, und er wird auf Freisprechung erkennen müssen, solange ihm die behauptete Notwehr wahrscheinlich oder auch nur möglich erscheint. Es folgt dies einmal aus der Vorschrift des § 53 St.G.B., wonach eine strafbare Handlung nicht vorhanden ist, wenn die Handlung durch Notwehr geboten war, und ferner aus dem Grundsatze, daß die Strafe nur den Schuldigen treffen soll, mit welchem Grundsatze es unvereinbar sein würde, wenn der Richter den Angeklagten der vorsätzlichen Körperverletzung für schuldig erklären wollte, obwohl er zugleich anerkennen muß, daß die That wahrscheinlicher- oder möglicherweise durch Notwehr geboten war.

Vgl. Entsch. des R.G.'s in Straff. Bd. 21 S. 135; Rechtspr. des R.G.'s in Straff. Bd. 7 S. 664.

Für den Civilrichter können die gleichen Grundsätze nicht maßgebend sein. Zwar ist die freie Beweiswürdigung in § 259 C.P.O. auch dem Civilrichter eingeräumt und zur Pflicht gemacht, allein gerade eine Vergleichung dieses § 259 mit dem entsprechenden § 260 St.P.O. läßt den Unterschied zwischen der Aufgabe des Civilrichters und der des Strafrichters deutlich in die Augen springen. Während § 260 St.P.O. bestimmt: „Über das Ergebnis der Beweisaufnahme entscheidet das Gericht nach seiner freien, aus dem Inbegriffe der Verhandlung geschöpften Überzeugung“, sagt § 259 C.P.O.: „Das Gericht hat unter Berücksichtigung des gesamten Inhaltes der Verhandlungen und des Ergebnisses einer etwaigen Beweisaufnahme nach freier Überzeugung zu entscheiden, ob eine thatsächliche Behauptung für wahr oder nicht wahr zu erachten sei.“ Die Aufgabe des Civilrichters besteht hiernach darin, mit freiem Ermessen zu prüfen, ob das Vorbringen der Parteien, soweit es für die Entscheidung der Sache erheblich, wahr ist oder nicht, und zwar lediglich auf Grund der von den Parteien vorgebrachten Beweismittel und unter Berücksichtigung der sich aus dem Civilrechte ergebenden Regeln von der Beweislast. Während also der Strafrichter, durch Regeln der letzteren Art nicht beschränkt, unter Benutzung aller ihm zugänglichen Beweismittel mit freiem Ermessen prüft, ob der Angeklagte einer Strafthat schuldig sei, hat der Civilrichter sein freies Ermessen nur auf die Frage zu richten, ob jede der Parteien durch die von ihr und dem Gegner vorgebrachten Beweismittel diejenigen rechtserheblichen Behauptungen, die sie aufgestellt hat, und deren Beweis ihr obliegt, bewiesen hat oder nicht. Gelingt also dem wegen Körperverletzung Klagenden der Beweis einer ihm vorsätzlich zugefügten Verletzung, dem Beklagten aber der Beweis der Notwehr nur bis zum Grade der Wahrscheinlichkeit, so kann nach § 259 C.P.O. der Richter nur entscheiden, daß die Behauptung der Notwehr für nicht wahr zu erachten sei, sofern er nicht Veranlassung hat, nach Maßgabe des § 437 C.P.O. von Auferlegung eines richterlichen Eides Gebrauch zu machen. In den Fällen, in denen dem Strafrichter zugleich die Entscheidung über eine an den Verletzten zu entrichtende Buße zufällt (z. B. §§ 188. 231 St.G.B., § 18 des Gesetzes über Urheberrecht vom 11. Juni 1870, § 15 des Gesetzes über den Markenschutz vom 30. November 1874), hat zwar der Gesetzgeber durch die Bestimmung, daß die Buße nur „neben der Strafe“ ausgesprochen werden kann, dafür gesorgt, daß nicht gleichzeitig Freisprechung von Strafe und Verurteilung zu Buße eintreten können. Hieraus kann jedoch für diejenigen Fälle, in denen die Entschädigung wegen einer strafbaren Handlung vor dem Civilgerichte verfolgt wird, eine Folgerung nicht gezogen werden; vielmehr bleibt für diese die Möglichkeit bestehen, daß die verschiedenartigen Grundsätze des Verfahrens — unter denen noch die über die Wirksamkeit eines Geständnisses hervorgehoben sein mögen — auch verschiedenartige Entscheidungen herbeiführen.

Das angefochtene Urteil war hiernach aufzuheben, und die Sache zu anderweiter Verhandlung und Entscheidung in die Berufungsinstanz zurückzuverweisen."

V. Prozeßrecht.

86. Begriff des Prozeßgerichtes in § 686 C.P.O.

I. Civilsenat. Beschl. v. 13. Dezember 1893 i. S. F. T. (Kl.) w. W. B. (Bekl.) Beschw.-Rep. I. 109/93.

I. Landgericht I Berlin.
II. Kammergericht daselbst.

Ein unter dem Vorbehalte der Rechtswohlthat des Inventars verurteilter Erbe, bei welchem im Wege der Zwangsvollstreckung Mobiliargegenstände gepfändet worden waren, hatte mit der Behauptung, daß die Pfandstücke nicht zum Nachlasse seines Erblassers gehörten, unter gleichzeitiger Erhebung der Klage gegen den pfändenden Gläubiger, gestützt auf die §§ 696. 686. 688 C.P.O. bei dem Landgerichte I in Berlin, dessen zweite Kammer für Handelssachen in dem Hauptprozesse erkannt hatte, die einstweilige Einstellung der Zwangsvollstreckung beantragt. Diesem Antrage ist durch Beschluß der II. Civilkammer des Landgerichtes I stattgegeben worden. Auf sofortige Beschwerde des Gläubigers ist dieser Beschluß von dem Kammergerichte aufgehoben worden, weil zu der beantragten Anordnung ausschließlich die Kammer für Handelssachen, welche im Hauptprozesse in erster Instanz erkannt habe, nicht aber eine Civilkammer zuständig gewesen sei. Die gegen diese Entscheidung eingelegte weitere Beschwerde ist zurückgewiesen worden.

Aus den Gründen:

... „Der § 686 C.P.O. schreibt vor, daß Einwendungen, welche den durch das Urteil festgestellten Anspruch selbst betreffen, von dem

Schuldner im Wege der Klage bei dem Prozeßgerichte erster Instanz geltend zu machen seien. Zu den in dieser Weise geltend zu machenden Einwendungen gehören auch die des Benefizialerben in Bezug auf eine gegen ihn begonnene Zwangsvollstreckung (§ 696 Abs. 3 a. a. O.). Nach § 688 a. a. O. hat das durch den § 686 bezeichnete Prozeßgericht über Anträge auf einstweilige Einstellung der Zwangsvollstreckung zu befinden, sofern nicht in dringenden Fällen eine vorläufige Anordnung des Vollstreckungsgerichtes begehrt wird.

Wäre nun anzunehmen, daß die Vorschrift des § 686 Abs. 1 C.P.O. nur im gewöhnlichen Sinne die Bestimmungen eines Gerichtsstandes für die behufs Geltendmachung seiner Einwendungen von dem Schuldner zu erhebende Klage enthielte, so würde die Beschwerde des Klägers begründet sein; denn allgemein wird durch die Bestimmung eines Gerichtsstandes nur ein Gericht als Ganzes, ohne Rücksicht auf seine Gliederung in einzelnen Abteilungen (Kammern, Senate), als zuständig für die Behandlung gewisser Rechtssachen bezeichnet. Die Bestimmung derjenigen Abteilung des zuständigen Gerichtes, welche im einzelnen Falle in Thätigkeit zu treten hat, ist Gegenstand der Geschäftsverteilung, welche nur interne Bedeutung für das Gericht hat, sodaß ihre Verletzung nicht als Grund für die Anfechtung einer erlassenen Entscheidung dienen kann.

Der Vorschrift des § 686 Abs. 1 C.P.O. ist jedoch die weitergehende Bedeutung beizulegen, daß die Entscheidung über die von dem Schuldner erhobenen Einwendungen dem Richter des Hauptprozesses übertragen wird. Dafür spricht zunächst der gewählte Ausdruck „Prozeßgericht", welchen die Civilprozeßordnung regelmäßig zur Bezeichnung des mit einer bestimmten Rechtssache befaßten Richters (Einzelrichters oder Richterkollegiums) gebraucht,

vgl. z. B. die §§ 124. 171. 187. 189. 223. 258. 313. 320. 337. 341. 353. 363. 369. 539. 615 u. a. m.,

wenngleich mit demselben auch ein weiterer Begriff verbunden wird. Es geht aber auch aus der Begründung des Entwurfes zur Civilprozeßordnung (S. 408) hervor, daß die Vorschrift des § 686 Abs. 1 wegen des Zusammenhanges mit dem vorausgegangenen Rechtsstreite und der formellen Selbständigkeit des neuen Streites getroffen worden ist. Das Verfahren über die erhobenen Einwendungen soll, wie in den analogen Fällen der §§ 667. 547, obgleich es formell als ein neuer Rechtsstreit behandelt wird, vor dem Richter des Hauptprozesses stattfinden, weil es sich materiell gewissermassen als eine Fortsetzung des Hauptprozesses darstellt. Der Zweck, den Zusammenhang mit dem vorausgegangenen Hauptprozesse zu wahren, würde mit Sicherheit nicht erreicht werden, wenn durch § 686 Abs. 1 nur der Gerichtsstand vor dem Gerichte des Hauptprozesses bestimmt, die Zuweisung des entstehenden neuen Rechtsstreites an eine Abteilung des Gerichtes aber der Geschäftsverteilung überlassen wäre. Deshalb muß angenommen werden, daß das Gesetz für eine Einwirkung der Geschäftsverteilung keinen Raum lassen, sondern anordnen will, daß die behufs Geltendmachung von Einwendungen gegen einen durch Urteil festgestellten Anspruch zu erhebende Klage ohne weiteres bei demjenigen Richter erster Instanz (Amtsrichter, Kammer des Landgerichtes) anhängig zu machen sei, welcher das Urteil im Hauptprozesse erlassen habe. Daß dies auch in solchen Fällen gilt, in welchen im Hauptprozesse eine Kammer für Handelssachen erkannt hat, obgleich von den Kammern für Handelssachen übrigens nur die im § 101 G.V.G. bezeichneten Rechtsstreitigkeiten zu erledigen sind, folgt schon daraus, daß das Gesetz eine Ausnahme bezüglich der Kammern für Handelssachen nicht statuiert hat. Die Begründung des Entwurfes zur Civilprozeßordnung ergiebt aber auch (S. 408), daß den im Entwurfe des Gerichtsverfassungsgesetzes vorgesehenen Handelsgerichten, an deren Stelle die Kammern für Handelssachen getreten sind, trotz der Beschränkung ihrer Zuständigkeit auf Rechtsstreitigkeiten aus gewissen Rechtsverhältnissen die Entscheidung über Einwendungen des Schuldners gegen den durch Urteil festgestellten Anspruch in gleicher Weise, wie den übrigen Gerichten zugewiesen werden sollte. Die Anwendung der §§ 102 flg. G.V.G. wird durch die Vorschrift des § 686 Abs. 1 C.P.O. ausgeschlossen, weil die Anhängigkeit des neuen Rechtsstreites bei der Kammer für Handelssachen lediglich durch die Thatsache, daß diese in dem Vorprozesse in erster Instanz erkannt hat, bestimmt wird, sodaß den Anträgen der Parteien oder einem von Amts wegen zu fassenden Beschlusse der Kammer eine Einwirkung in dieser Beziehung nicht mehr zusteht. Damit erledigen sich die Bedenken des Beschwerdeführers, welche auf die Möglichkeit der Verweisung des neuen Rechtsstreites an eine andere Kammer infolge von Parteianträgen gestützt sind. Daß infolge von Änderungen der inneren Organisation des

Gerichtes oder infolge anderweiter Besetzung der in Rede stehenden Kammer der Zweck des Gesetzes im Einzelfalle nur unvollkommen erreicht wird, ist möglich, steht aber der hier vertretenen Auffassung der gesetzlichen Vorschrift nicht im Wege." ...

---

87. Kann die Einrede, daß die zur Erneuerung des Rechtsstreites erforderliche Erstattung der Kosten des früheren Verfahrens noch nicht erfolgt sei (§ 247 Ziff. 5 C.P.O.), auch dann geltend gemacht werden, wenn die von neuem angestellte Klage nicht von dem früheren Kläger, sondern von einem Gläubiger desselben, welchem die Forderung gemäß § 736 C.P.O. zur Einziehung überwiesen worden, erhoben ist?

IV. Civilsenat. Urt. v. 22. Februar 1894 i. S. S. (Bekl.) w. H. (Kl.) Rep. IV. 305/93.

I. Landgericht I Berlin.
II. Kammergericht daselbst.

Gründe:

„Der Beklagte hat im Auftrage des Zimmergesellen B. wegen einer vollstreckbaren Forderung desselben gegen den Zimmermeister K. im Wege der Zwangsvollstreckung eine Pfändung bewirkt, demnächst einen der gepfändeten Gegenstände, einen Richtebaum, verkauft und den Erlös mit 37,80 ℳ an den Gläubiger B. abgeführt. Auf die von der Handlung K. & Co. gegen den Gläubiger B. erhobene Interventionsklage ist dieser zur Rückzahlung der 37,80 ℳ nebst Zinsen verurteilt worden. Die Zwangsvollstreckung gegen ihn ist jedoch fruchtlos ausgefallen. Hierauf hat die Handlung K. & Co. eine Regreßklage gegen den Beklagten in Höhe der 37,80 ℳ erhoben, jedoch die Klage wieder zurückgenommen und ist in die Kosten des Rechtsstreites verurteilt worden. Für den Kläger, den Rechtsanwalt H., ist wegen eines Teilbetrages von 45 ℳ seiner Gebührenforderung an die Handlung K. & Co. der dieser gegen den Beklagten angeblich zustehende Regreßanspruch von 37,80 ℳ gepfändet und ihm zur Einziehung überwiesen worden. Er hat nunmehr für seine Person auf

Grund dieser Pfändung und Überweisung dieselbe Regreßklage auf Zahlung von 37,80 M nebst 5 Prozent Zinsen seit dem 19. September 1891 gegen den Beklagten angestrengt.

Der Beklagte hat die prozeßhindernde Einrede erhoben, die Erstattung der Kosten des früheren Verfahrens sei noch nicht erfolgt. Das Landgericht hat durch Zwischenurteil vom 6. Februar 1893 erkannt: die Einrede des Beklagten, daß die zur Erneuerung des Rechtsstreites erforderliche Erstattung der Kosten des früheren Verfahrens in Sachen K. & Co. gegen B. noch nicht erfolgt sei, wird verworfen. Die Berufung des Beklagten gegen dieses Urteil ist zurückgewiesen. Die gegen das Berufungsurteil eingelegte Revision war für begründet zu erachten.

Nach § 243 C.P.O. kann der Beklagte, wenn die Klage nach erfolgter Zurücknahme von neuem angestellt wird, die Einlassung verweigern, bis die Kostenerstattung erfolgt ist, und § 247 rechnet demgemäß zu den prozeßhindernden Einreden unter Ziff. 5 die Einrede, daß die zur Erneuerung des Rechtsstreites erforderliche Erstattung der Kosten des früheren Verfahrens noch nicht erfolgt sei. Das Berufungsgericht hält diese Vorschrift in folgender Begründung für unanwendbar: zwar müsse der Gläubiger bei der Einklagung einer ihm zur Einziehung überwiesenen Forderung die dem Drittschuldner gegen den Schuldner zustehenden Einreden sich entgegensetzen lassen; allein dies gelte nur von „materiellen Einwendungen, die das geltend gemachte Recht selbst betreffen". Dagegen wirkten die „prozessualischen Einreden" nur gegen denjenigen, dem gegenüber sie unmittelbar begründet seien; denn sie seien nicht sowohl gegen den geltend gemachten Anspruch, als vielmehr gegen die prozessualische Geltendmachung des Rechtes gerichtet. Dieser für die Cession anzuerkennende Grundsatz müsse bei der Pfändung und Überweisung einer Forderung zur Einziehung analoge Anwendung finden. Denn wenngleich der Pfändungsgläubiger, welchem die gepfändete Forderung zur Einziehung überwiesen ist, nicht Rechtsnachfolger des Exequenden, sondern zur Einziehung der Forderung ermächtigt sei, so handle er doch kraft Gesetzes in eigenem Namen und für eigene Rechnung, nicht als Vertreter des Exequenden, und darum erscheine die analoge Anwendung der für die Cession aufgestellten Rechtsgrundsätze auf das vorliegende Rechtsverhältnis geboten.

Diese Begründung ist rechtsirrtümlich. Sie verkennt Inhalt und Zweck der prozeßhindernden Einrede des § 247 Ziff. 5. Die Vorschrift des § 243 Abs. 4 und die entsprechende Vorschrift des § 247 Ziff. 5 bezwecken, „den Beklagten vor Vexationen des Klägers zu schützen" (Begründung des Entwurfes zur Civilprozeßordnung S. 192). Sie würden aber diesen Zweck nur unvollkommen erfüllen, wenn die Einrede des § 247 Ziff. 5 dem Beklagten versagt wäre, obgleich die „von neuem angestellte" Klage — genau so, wie § 243 Abs. 4 die Befugnis zur Verweigerung der Einlassung seitens des Beklagten normiert — die zurückgenommene ist, zwar nicht von dem Kläger selbst erhoben, sondern von dem Gläubiger desselben, aber vermöge einer richterlichen Überweisung, die nach dem Gesetze (§ 737 C.P.O.) „die förmlichen Erklärungen des Schuldners ersetzt, von welchem nach den Vorschriften des bürgerlichen Rechtes die Berechtigung zur Einziehung der Forderung abhängig ist". Eine über diese Berechtigung, die Forderung des Schuldners einzuziehen, hinausgehende Wirkung hat die Überweisung einer gepfändeten Forderung zur Einziehung nach § 737 C.P.O. nicht. Die dem Beklagten als Drittschuldner gegenüber der Handlung K. & Co. als der Schuldnerin nach § 247 Ziff. 5 zustehende Einrede, daß die zur Erneuerung des Rechtsstreites erforderliche Erstattung der Kosten des früheren Verfahrens noch nicht erfolgt sei, steht daher auch dem auf Grund der erlangten Überweisung zur Einziehung klagenden Gläubiger der Handlung K. & Co., d. i. dem Kläger, entgegen, und gleichgültig ist, ob die Klage vor oder nach der Überweisung zurückgenommen ist. Das Berufungsgericht hat die Bedeutung und die Wirkungen, welche das Gesetz in den §§ 736. 737 C.P.O. der Überweisung zur Einziehung beilegt, verkannt und ist hierdurch zur Verwerfung der Einrede des § 247 Ziff. 5 gelangt. Die auf Verletzung dieser Rechtsnormen beruhende Entscheidung war daher aufzuheben und unter Abänderung des landgerichtlichen Urteiles die Klage auf Grund der nach vorstehendem begründeten prozeßhindernden Einrede abzuweisen.

88. Unter welchen Voraussetzungen ist die Geheimhaltung von Thatsachen, auf welche nach § 348 Ziff. 5 C.P.O. bei Ablegung eines Zeugnisses die Verpflichtung der Verschwiegenheit sich bezieht, durch die Natur der Thatsachen geboten?

IV. Civilsenat. Beschl. v. 26. Februar 1894 i. S. v. M. (Kl.) w. v. J. (Bekl.) Beschw.-Rep. IV. 34/94.

I. Landgericht Posen.
II. Oberlandesgericht daselbst.

Gründe:

„Die Kläger haben als Patrone der katholischen Kirche zu S. gegen den Beklagten als derzeitigen Pfarrer dieser Kirche mit dem Antrage Klage erhoben, den Beklagten zu verurteilen, anzuerkennen, daß Kläger zu den auf dem Pfarrvorwerke T. erforderlichen Neubauten nichts beizutragen haben, solche Neubauten vielmehr von dem Beklagten allein auszuführen seien. Sie stützen diesen Anspruch auf Befreiung von der Baulast auf Observanz. Nachdem das Landgericht zu P. über die Behauptung der Kläger, daß der Propst W. in den Jahren 1839 bis 1872 auf dem Vorwerke T. verschiedene Gebäude aus eigenen Mitteln aufgeführt habe, zunächst die Vorlegung der betreffenden Akten des erzbischöflichen Konsistoriums zu P. angeordnet, letzteres aber die Mitteilung dieser Akten abgelehnt hatte, hat das Landgericht am 26. September 1893 beschlossen, den Weihbischof Dr. L. und den Domherrn v. Sz. als Zeugen über die Behauptung der Kläger zu vernehmen, daß alle Bauten und Reparaturen, welche nach den Akten des erzbischöflichen Konsistoriums seit dem Jahre 1784 auf dem Vorwerke T. notwendig geworden sind, von dem Propste W. und dessen Amtsvorgängern aus eigenen Mitteln ausgeführt worden seien, und daß der Propst W. seinen Vorgesetzten gegenüber auch wiederholt anerkannt habe, daß er die Bauten und Reparaturen für das Vorwerk T. aus eigenen Mitteln ausgeführt, sowie daß er dies gethan habe, weil er sich dazu für verpflichtet gehalten habe. Beide Zeugen haben jedoch unter Berufung auf § 348 Ziff. 5 C.P.O. ihr Zeugnis verweigert, weil sie von dem Inhalte der Akten des erzbischöflichen Konsistoriums lediglich in ihrer Eigenschaft als Mitglieder dieser Behörde Kenntnis erlangt hätten und sich zur

Amtsverschwiegenheit verpflichtet fühlten. Durch das Zwischenurteil des Landgerichtes vom 23. November 1893 ist die Zeugnisverweigerung für begründet erachtet worden unter der Erwägung, daß die Pflicht zur Amtsverschwiegenheit der Zeugen sich auf die Thatsachen erstrecke, über welche die Zeugen vernommen werden sollen, und daß die Geheimhaltung jener Thatsachen durch ihre Natur geboten sei, weil die Pflicht zur Geheimhaltung des Aktenmateriales einer Behörde seitens ihrer Beamten in der Natur der Sache liege. Auf die Beschwerde der Kläger hat das Oberlandesgericht durch Beschluß vom 17. Januar 1894 das Zwischenurteil aufgehoben und die Zeugnisverweigerung nicht für rechtmäßig erklärt. Das Oberlandesgericht nimmt zwar gleichfalls an, daß die beiden Zeugen als Mitglieder des erzbischöflichen Konsistoriums zur Verschwiegenheit über Thatsachen verpflichtet seien, von denen sie kraft ihres Amtes Kenntnis erlangt hätten, sowie daß sie von den Thatsachen, über welche sie vernommen werden sollten, kraft ihres Amtes Kenntnis erlangt haben, wenn ihnen dieselben lediglich aus den Akten des erzbischöflichen Konsistoriums bekannt geworden seien; dagegen erachtet es die Annahme des Landgerichtes, daß, weil sich die Pflicht zur Amtsverschwiegenheit auf diese Thatsachen erstrecke, die Geheimhaltung durch die Natur derselben geboten sei, nicht für zutreffend und begründet dies durch folgende Erwägung:

Nicht jede Thatsache, über welche Amtsverschwiegenheit beobachtet werden müsse, sei deshalb schon ihrer Natur nach geheim zu halten; vielmehr müsse sie sich ihrem Inhalte nach als eine solche darstellen, daß deren Kenntnis nur für gewisse Personen bestimmt erscheine. Dies treffe im vorliegenden Falle nicht zu. Die Thatsachen, über welche die Zeugen vernommen werden sollen, seien solche, welche bei einem Rechtsstreite zwischen dem Patrone und dem Pfarrer über die Baulast der auf dem Propsteivorwerke T. auszuführenden Bauten von erheblicher Bedeutung seien, und es sei nicht ersichtlich, daß ihre Natur ihre Geheimhaltung erfordere. Auch stehe der Umstand, daß die Zeugen in Widerstreit mit ihrer Pflicht zur Amtsverschwiegenheit geraten würden, nicht entgegen, da diese Verpflichtung in der allgemeinen staatsbürgerlichen Pflicht zur Zeugnisablegung ihre Grenze finde. Die Vorschrift des § 341 C.P.O., nach welcher öffentliche Beamte über Thatsachen, auf die sich ihre Pflicht zur Amtsverschwiegenheit beziehe, nur mit Genehmigung ihrer vorgesetzten Dienstbehörde vernommen werden dürfen, sei für öffentliche Beamte im Interesse des Staatswohles gegeben. Zu den öffentlichen Beamten gehörten aber die Mitglieder des erzbischöflichen Konsistoriums nicht; sie seien als solche Beamte der katholischen Kirche, und für kirchliche Beamte sei eine gleiche Vorschrift nicht getroffen. Es befreie daher die Zeugen ihre Verpflichtung zur Amtsverschwiegenheit nicht von der Verpflichtung zur Zeugnisablegung.

Die von den Zeugen gegen diesen Beschluß eingelegte sofortige Beschwerde kann für begründet nicht erachtet werden; vielmehr sind die Ausführungen in dem angefochtenen Beschlusse für zutreffend zu erachten. Personen, welchen kraft ihres Amtes Thatsachen anvertraut sind, deren Geheimhaltung durch die Natur derselben oder durch gesetzliche Vorschrift geboten ist, sind nach § 348 Ziff. 5 C.P.O. zur Verweigerung des Zeugnisses in betreff der Thatsachen berechtigt, auf welche die Verpflichtung zur Verschwiegenheit sich bezieht. Daß eine gesetzliche Vorschrift nicht besteht, welche im vorliegenden Falle die Geheimhaltung der Thatsachen gebietet, über welche die Zeugen vernommen werden sollen, ist zweifellos; es handelt sich also nur darum, ob die Notwendigkeit der Geheimhaltung durch die Natur jener Thatsachen bedingt ist. Letzteres ist aber in Übereinstimmung mit dem angefochtenen Beschlusse zu verneinen. Von der richtigen Erwägung ausgehend, daß die Prüfung der gedachten Notwendigkeit in jedem einzelnen Falle nach der betreffenden Sachlage durch den Richter zu erfolgen habe, ist das Oberlandesgericht in eine Prüfung der konkreten Umstände eingetreten und auf Grund derselben zu der Annahme gelangt, daß die Natur der zu bekundenden Thatsachen ihre Geheimhaltung nicht erfordere. Die desfallsigen Erwägungen sind zutreffend und machen die in ihnen von den Beschwerdeführern gefundene Verkennung der in § 348 Ziff. 5 C.P.O. getroffenen Bestimmung nicht ersichtlich. Wenn von den Beschwerdeführern geltend gemacht wird, daß, sofern die Kläger mit ihrem Anspruche auf Befreiung von der Baulast durchdringen, die Einkünfte der Pfarre zu S. eine sehr erhebliche Schmälerung erleiden würden, und daß das Konsistorium, welches auch berufen sei, über den Bestand des Kirchenvermögens der Diözese zu wachen, somit ein wesentliches Interesse daran habe, daß den Klägern der Beweis der behaupteten Observanz nicht gelinge, so wird der aus diesem Interesse der Kirchenbehörde hergeleitete Schluß, daß die Geheimhaltung der von den Klägern behaupteten Thatsachen durch deren Natur geboten sei, in keiner Weise gerechtfertigt. Die Thatsachen, daß die früheren Pfarrer v. S. die Bauten und Reparaturen auf dem Pfarrvorwerke T. aus eigenen Mitteln ausgeführt haben, und daß der Propst W. seine Verpflichtung hierzu seinen Vorgesetzten gegenüber wiederholt anerkannt habe, sind für den zwischen dem Patron und dem Pfarrer bezüglich der Baulast schwebenden Prozeß von der erheblichsten Bedeutung, und es ist, wie das Oberlandesgericht mit Recht annimmt, kein Grund ersichtlich, daß deren Natur ihre Geheimhaltung erfordere. Nachdem seitens des erzbischöflichen Konsistoriums die Mitteilung der die Verpachtung des Propsteivorwerkes T. betreffenden Akten abgelehnt worden ist, hinsichts welcher Ablehnung hier nicht zu prüfen ist, ob dieselbe gegenüber den Bestimmungen der §§ 397. 387. 394 C.P.O. für gerechtfertigt erachtet werden kann, bleibt den Klägern nur übrig, sich auf das Zeugnis derjenigen Personen zu berufen, welche von dem Inhalte jener Akten Kenntnis haben.

Die Beschwerdeführer können sich hiernach der Ablegung ihres Zeugnisses nicht entziehen, und es steht ihnen auch die Vorschrift des § 341 C.P.O. nicht zur Seite, da die Voraussetzung derselben, daß die Abgabe des Zeugnisses dem Wohle des Reiches oder eines Bundesstaates Nachteile bereiten würde, nicht vorliegt. Die Beschwerde war somit zurückzuweisen." ...

---

89. Ist die Beglaubigung eines von der Staatsanwaltschaft zugestellten Schriftstückes formell genügend, wenn sie nicht vom Staatsanwalte, sondern von dessen Aktuar bewirkt ist?

III. Civilsenat. Urt. v. 16. März 1894 i. S. M. (Kl.) w. Staatsanwaltschaft zu R. u. M. (Bekl.) Rep. III. 301/93.

I. Landgericht Rostock.
II. Oberlandesgericht daselbst.

Aus den Gründen:

... „Auch die eventuelle Revisionsbeschwerde des Klägers ist nicht begründet. Derselbe hat ausgeführt, daß das erste Urteil nicht in gesetzlicher Form zugestellt sei, also der Lauf der Notfrist zur Einlegung der Berufung noch nicht begonnen habe, und folgeweise die eingelegte Berufung nicht als unzulässig, sondern als verfrüht und deshalb wirkungslos zu verwerfen sei. Den behaupteten Mangel der Zustellung findet der Kläger darin, daß das ihm von der Staatsanwaltschaft zugestellte landgerichtliche Urteil von einem bei der Staatsanwaltschaft beschäftigten Gerichtsschreibergehilfen unter Beifügung des Dienststempels beglaubigt sei, während hierzu nur der Staatsanwalt selbst befugt erscheine, falls überhaupt eine Beglaubigung der zuzustellenden Schriftstücke durch die Beamten der Staatsanwaltschaft mit dem § 156 C.P.O. zu vereinbaren sein sollte. Es ist jedoch bereits in der Entscheidung des Reichsgerichtes vom 8. Januar 1888,

vgl. Juristische Wochenschrift Jahrgang 1888 S. 67 Nr. 5,

ausgeführt, daß die Beifügung des Dienststempels des Staatsanwaltes zur Herstellung einer rechtswirksamen Beglaubigung ausreicht, und in der Entscheidung des Reichsgerichtes vom 26. September 1892,

vgl. Bolze, Praxis Bd. 15 Nr. 591,

daß auch die Beglaubigung, die der Staatsanwalt durch den ihm nach der Organisation der staatsanwaltschaftlichen Behörden untergebenen Sekretär ausführen läßt, genügend sei. Nach Maßgabe dieser Entscheidungen, welchen der erkennende Senat gefolgt ist, kann in der Art der hier stattgehabten Beglaubigung ein die Rechtswirksamkeit der Zustellung beeinträchtigender Mangel nicht gefunden werden. Die Frist zur Einlegung der Berufung ist mithin in Lauf gesetzt und verstrichen, sodaß auch deren erneute Erhebung ausgeschlossen ist." . . .

---

90. Sind die Vorschriften der Civilprozeßordnung über Bewilligung des Armenrechtes (§§ 106 flg.) über den Kreis einzelner physischer Personen hinaus anwendbar?

V. Civilsenat. Beschl. v. 4. April 1894 i. S. des Hospitales S. C. u. A. (Kl.) w. G.'sche Konkursmasse (Bekl.). Beschw.-Rep. V. 55/94.

I. Oberlandesgericht Naumburg a. S.

Die Beschwerde des Konkursverwalters über Versagung des Armenrechtes ist zurückgewiesen worden.

Gründe:

„Das Reichsgericht tritt der in der Litteratur und Rechtsprechung meistverbreiteten Auffassung bei, daß die Civilprozeßordnung das Armenrecht nur physischen Personen zugesteht. Die Vorbedingung für die Bewilligung des Armenrechtes (§ 106), der Mangel an Mitteln, die Prozeßkosten „ohne Beeinträchtigung des für den Nachsuchenden und seine Familie notwendigen Unterhaltes" zu bestreiten, kann nur bei solchen zutreffen; ebenso ist im § 109 C.P.O. nur für solche der über das Unvermögen zur Bestreitung der Prozeßkosten zu erbringende Nachweis geordnet, und nur für solche paßt auch die Bestimmung im § 113 das. über das Erlöschen des Armenrechtes. Daß diesen besonderen Vorschriften ein allgemeiner Rechtsgedanke zu Grunde liege, der eine ausdehnende Interpretation gestattete, ist nicht erkennbar, am wenigsten aus den Motiven zur Civilprozeßordnung (S. 123), welche es bestimmt aussprechen, daß das Gesetz nur das Armenrecht einzelner physischer Personen regle, und welche daneben nur noch auf die einen vollen Ersatz für das Armenrecht allerdings nicht bietende, landesgesetzlich zu regelnde Gebührenfreiheit gewisser juristischer Personen hinweisen. Es möchte sich auch für die Verhältnisse von juristischen Personen, Personenvereinen und Vermögensmassen oder deren Vertretern, wie solche außer den einzelnen physischen Personen als Prozeßparteien zugelassen werden, eine befriedigende Analogie hinsichtlich des für die physischen Personen im Gesetze aufgestellten Kriteriums der Bedürftigkeit kaum finden lassen.

Die entgegengesetzte Meinung ist, soviel zu ermitteln war, nur vertreten in dem bei Busch (Zeitschrift für deutschen Civilprozeß Bd. 13 S. 368) veröffentlichten Beschlusse des preußischen Kammergerichtes und von Scherer (Rheinisches Recht und Reichsgesetzgebung Bd. 2 S. 144 § 198), wesentlich unter Berufung auf das für die Ausdehnung des Armenrechtes über den Kreis der einzelnen physischen Personen hinaus bestehende Bedürfnis. Dieser Grund allein berechtigt aber die Gerichte nicht zur Ergänzung des Gesetzes; überdies wird gerade für die vom Kammergerichte besonders hervorgehobenen unvermögenden Kirchen und Schulen das Bedürfnis kaum anzuerkennen sein, da diesen zur Ergänzung ihrer Einkünfte die Besteuerung der Gemeindeglieder zu Gebote steht.

Für den vorliegenden Fall einer prozeßführenden Konkursmasse sucht die Beschwerde darzulegen, daß in der That eine physische Person in Frage stehe, da es sich im Prozesse immer um die Rechte des Gemeinschuldners handle. Allein das Interesse, welches der Gemeinschuldner an dem Ausgange des, während des schwebenden Konkurses vom Konkursverwalter zu führenden Prozesses hat, macht jenen nicht selbst zur Prozeßpartei; er ist zur Zahlung von Prozeßkosten solange, als der Konkursverwalter den Prozeß führt, nicht verpflichtet und darum auch des Armenrechtes nicht bedürftig. Eben weil er nicht Partei ist, ist im vorliegenden Falle der Gemeinschuldner als Nebenintervenient dem Prozesse beigetreten; das Armenrecht ist aber nicht für den Nebenintervenienten unter Begründung aus dessen Bedürftigkeit nachgesucht worden, sondern für die Konkursmasse unter Hinweis auf deren jetzt und voraussichtlich in Zukunft unbedeutenden Barbestand."

---

91. Voraussetzungen der Regreßklage der Berufsgenossenschaften aus § 96 des Gesetzes vom 6. Juli 1884 und § 117 des Gesetzes vom 5. Mai 1886. Darf der Civilrichter trotz strafgerichtlicher Verurteilung des Beklagten dessen Entschädigungspflicht wegen mangelnden Verschuldens oder wegen konkurrierenden Verschuldens des Verletzten nach den Grundsätzen des Civilrechtes verneinen?

VI. Civilsenat. Urt. v. 9. April 1894 i. S. Cr. (Bekl.) w. landwirtschaftliche Berufsgenossenschaft der Provinz Sachsen (Kl.). Rep. VI. 416/93.

I. Landgericht Halle a. S.
II. Oberlandesgericht Naumburg a. S.

Die Entscheidung ist oben unter „Reichsrecht" Nr. 19 S. 88 abgedruckt.

---

92. Inwieweit liegt einem wegen böslicher Verlassung auf Scheidung klagenden Ehegatten, wenn an und für sich die bösliche Verlassung feststeht, noch der Nachweis anderweitiger Klagevoraussetzungen, bezw. die Ableistung von Eiden ob?

VI. Civilsenat. Urt. v. 19. April 1894 i. S. R. (Bekl. u. Widerkl.) w. seine Ehefrau (Kl. u. Widerbekl.). Rep. VI. 41/94.

I. Landgericht Hamburg.
II. Oberlandesgericht daselbst.

Die Entscheidung ist oben unter „Gemeines Recht" Nr. 37 S. 171 abgedruckt.

---

93. Wird der Rechtsanwalt der nach § 50 der Gebührenordnung vom 7. Juli 1879 zu bemessenden Gebühren dadurch verlustig, daß er im Laufe der Instanz seine Zulassung bei dem Prozeßgerichte freiwillig (wegen Übertrittes in eine andere Stellung) aufgiebt?

V. Civilsenat. Beschl. v. 5. Mai 1894 i. S. E. (Kl.) w. S. (Bekl.) Beschw.-Rep. V. 169/93.

I. Landgericht Essen.
II. Oberlandesgericht Hamm.

Die Klägerin ist in erster Instanz der Reihe nach durch die drei Rechtsanwälte B., F. und K. vertreten worden, welche an Gebühren zusammen 536 ℳ liquidiert haben. Die Beklagte, welche einen Teil der Prozeßkosten erster Instanz zu tragen hat, ist der Ansicht, daß ihr gegenüber statt dieser 536 ℳ nur diejenigen 300 ℳ in Rechnung gestellt werden dürften, welche an Anwaltsgebühren entstanden sein würden, wenn die Vertretung der Klägerin durch einen Rechtsanwalt geschehen wäre. Die Rechtsanwälte B. und F. haben das Mandat vor Beendigung der Instanz niedergelegt, als sie in der Liste der beim Landgerichte zugelassenen Rechtsanwälte gelöscht worden sind. Die Beklagte erachtet deren Gebührenanspruch gegen die Auftraggeberin und deshalb auch den Erstattungsanspruch der letzteren (soweit dadurch die von einem Anwalte für die ganze Instanz zu liquidierende Gebühr überschritten wird) für unbegründet, weil die Löschung in der Liste wegen freiwilligen Übertrittes der Anwälte in den Kommunaldienst erfolgt, und deshalb auch die durch die Löschung notwendig gewordene Mandatsniederlegung als eine freiwillige anzusehen sei. Diese Auffassung ist nicht gebilligt worden.

Aus den Gründen:

... „Nach § 50 der Geb.-Ordn. für Rechtsanwälte vom 7. Juli 1879 stehen dem Rechtsanwalte, wenn der ihm erteilte Auftrag vor Beendigung der Instanz aufgehoben wird, die Gebühren in gleicher Weise zu, als wenn die Instanz zur Zeit der Aufhebung des Auftrages durch Zurücknahme der gestellten Anträge erledigt wäre. Einen Unterschied, je nachdem der Grund für die Aufhebung des Auftrages in der Person des Anwaltes oder des Auftraggebers liegt, macht das Gesetz nicht. Nur die civilrechtlichen Folgen eines Verschuldens (sei es des Anwaltes, sei es des Auftraggebers) sind ausdrücklich vorbehalten. Im übrigen ist, wie die Motive zu jener Vorschrift richtig ausführen, die Frage, ob nach dem Anlasse, aus welchem der Auftrag aufgehoben wird, der Gebührenanspruch des Anwaltes überhaupt besteht, oder ob eine Herabsetzung der im § 50 a. a. O. bezeichneten Gebührenbeträge mit Rücksicht auf die durch die Bestellung eines anderen Anwaltes dem Auftraggeber entstehenden Mehrkosten gefordert werden kann, nach den Vorschriften des bürgerlichen Rechtes zu beantworten. Aber auch nach diesen kann die Entscheidung nicht ohne Rücksicht auf die besondere Natur des Auftrages zur Prozeßführung und auf die öffentlichrechtliche Stellung des Rechtsanwaltes getroffen werden, und wenn dies geschieht, so ist nicht anzunehmen, daß schon die Freiwilligkeit der Mandatsniederlegung genügt, um den Gebührenanspruch des Anwaltes zu vernichten oder zu vermindern. So z. B. wird dem Anwalte der Anspruch auf die vollen, im § 50 a. a. O. bezeichneten Gebühren nicht versagt werden können, wenn er im Laufe der Instanz kündigt, weil er die Überzeugung gewinnt, daß die Rechtsverfolgung seines Auftraggebers aussichtslos, also nach den durch seine Amtsstellung begründeten Verpflichtungen die Möglichkeit, den Prozeß im Interesse des Auftraggebers fortzuführen, für ihn nicht mehr vorhanden ist. Ebensowenig aber kann der freiwilligen Aufgabe der Zulassung bei dem Prozeßgerichte jene Wirkung in Bezug auf die sämtlichen, zur Zeit der Aufgabe der Zulassung von dem Anwalte geführten Prozesse unbedingt beigelegt werden. Es kann bei der Erteilung wie bei der Übernahme des Prozeßauftrages nicht als der Vertragswille der Beteiligten angesehen werden, daß der Anwalt die Vertretung unter allen Umständen bis zur Beendigung der Instanz durchführe. Das verbietet sich von der einen Seite dadurch, daß dem Anwalte auf die Dauer der Prozeßinstanz nur eine beschränkte Einwirkung zusteht, andererseits dadurch, daß ihm der Auftrag erteilt und von ihm übernommen wird wegen seiner Stellung als Anwalt bei dem Prozeßgerichte, im Zweifel also auch nur für die Zeit, während welcher er ohnehin diese Stellung einnimmt, nicht aber umgekehrt mit der Verpflichtung, diese Stellung beizubehalten, um den Auftrag zu Ende führen zu können. Es kann daher auch nicht als ein vertragswidriges Verhalten des Rechtsanwaltes angesehen werden, wenn er aus Gründen, deren Würdigung nur seiner eigenen Erwägung überlassen bleiben kann, seine Stellung aufgiebt und deshalb die bis dahin geführten Prozesse unerledigt läßt, dies wenigstens solange nicht, als nicht besondere Umstände konkurrieren, welche ein Verschulden des Anwaltes darstellen, z. B. Übernahme eines Auftrages unter Verschweigen der schon bestehenden Absicht, die Stellung aufzugeben. Daraus folgt dann aber, daß der Regel nach die freiwillige Aufgabe der Zulassung bei dem Prozeßgerichte den Anwalt des Anspruches auf die nach § 50 Geb.-Ordn. zu bemessenden Gebühren nicht beraubt. Grundsätzlich ging denn auch die Gesetzgebung schon vor Erlaß der jetzt geltenden Gebührenordnung von der gleichen Auffassung aus. Wie die Motive zu der letzteren an der angeführten Stelle mitteilen, bewilligten diejenigen Gebührenordnungen der deutschen Staaten, welche nicht die einzelnen Handlungen des Anwaltes honorierten, sondern das Pauschalsystem angenommen hatten, entweder dem im Laufe der Instanz ausscheidenden Anwalte schlechthin eine Quote der ganzen Instanzgebühr, obwohl dadurch die Gesamtkosten der Instanz für die Partei sich erhöhten (so der Regel nach das preußische Gesetz vom 10. Mai 1851 § 5 Ziff. 7 zwei Drittel der ganzen Instanzgebühr), oder sie gaben nur dem Gerichte ein Moderationsrecht zur Ausgleichung der, je nach den Gründen des Ausscheidens möglichen, Unbilligkeiten. Daß die Gebührenordnung vom 7. Juli 1879 diesen Standpunkt habe verlassen wollen, ist nicht ausgesprochen und nicht anzunehmen." ...

94. 1. Pflichtwidrigkeit eines Richters bei Behandlung einer zur Terminsbestimmung vorgelegten Klageschrift.

2. Finden § 70 Abs. 3 G.V.G. und § 39 Abs. 3 des preußischen Ausführungsgesetzes zum Gerichtsverfassungsgesetze Anwendung auf Klagen gegen Beamte, welche vor der Klagezustellung die Beamteneigenschaft verloren haben?

IV. Civilsenat. Urt. v. 12. März 1894 i. S. Sch. (Bekl.) w. Sch. (Kl.) Rep. IV. 368/93.

I. Landgericht II Berlin.
II. Kammergericht daselbst.

Die Entscheidung ist oben unter „Preußisches Recht" Nr. 55 S. 244 abgedruckt.

---

95. Ist die rechtswirksame Ausübung des Rügerechtes im Sinne des § 267 C.P.O. dadurch bedingt, daß die Partei, die die Verletzung einer Prozeßvorschrift bei der nächsten mündlichen Verhandlung gerügt hat, die Rüge in der mündlichen Schlußverhandlung wiederholt?

IV. Civilsenat. Urt. v. 16. April 1894 i. S. L. (Bekl.) w. Frau G. u. Ehemann (Kl.). Rep. IV. 377/93.

I. Landgericht Kottbus.
II. Kammergericht Berlin.

Der Ehemann der Klägerin ist der von dieser erhobenen Klage in der mündlichen Verhandlung vom 26. Februar 1892 als Prozeßpartei beigetreten. Der Beklagte hat nach Ausweis des Sitzungsprotokolles dem Beitritte widersprochen. Der erste Richter hat den Widerspruch unbeachtet gelassen und durch Beweisbeschluß von dem Ehemanne der Klägerin einen ihm von dem Beklagten über den Empfang von Zahlungen zugeschobenen Eid erfordert, welchen Eid der Ehemann der Klägerin auch geleistet hat. Beide Instanzrichter haben den Zahlungseinwand auf Grund der Eidesleistung für erwiesen angenommen. Die Revision des Beklagten ist verworfen worden.

Aus den Gründen:

... „Der Beklagte hat den von ihm in der mündlichen Verhandlung erster Instanz vom 26. Februar 1892 erhobenen Widerspruch gegen die Zulassung des Ehemannes G. als Mitklägers in der mündlichen Verhandlung zweiter Instanz auf eine von dem Vorsitzenden an ihn gerichtete Frage wiederholt. Der Berufungsrichter hat anerkannt, daß, soweit die Beitrittserklärung die Erhebung der Klage seitens des Ehemannes G. ersetzen und ihm die Parteirolle als Mitkläger und Streitgenossen seiner Ehefrau geben sollte, die gewählte Form nicht den Vorschriften der Prozeßordnung entsprochen habe, und deshalb die alsbald erklärte Rüge des Beklagten eine berechtigte gewesen sei. Er hat jedoch angenommen: der Beklagte habe sich zwar mit seinem Widerspruche das Rügerecht für den weiteren Verlauf des Rechtsstreites gewahrt und hätte deshalb die Rüge vor der danach unzulässigen Abnahme eines Parteieides vom Ehemanne, wie auch in der der Urteilsfällung vorausgehenden Verhandlung wiederholen können; da er dies aber unterlassen habe, sei er gemäß § 267 C.P.O. des Rügerechtes verlustig gegangen; denn aus dieser Vorschrift sei nicht der Schluß zu ziehen, daß ein einmal erklärter Widerspruch nicht mehr wiederholt zu werden brauche, sondern in späteren Verhandlungen, selbst vor einem anders zusammengesetzten Gerichte, von Amts wegen nach dem Akteninhalte zu berücksichtigen sei; die Entscheidung ergehe vielmehr nur auf Grund der mündlichen Verhandlung, und das Gericht könne einen in derselben nicht vorgebrachten Widerspruch nicht in Betracht ziehen; damit sei derselbe aber auch für später verloren.

Diese Erwägungen werden von der Revision mit Recht als gegen das Gesetz verstoßend angegriffen. Es ist zwar die Annahme, daß die Verletzung einer das Verfahren betreffenden Vorschrift, auf deren Beobachtung eine Partei wirksam verzichten kann, in Frage steht, und daß insofern die Voraussetzung für die Anwendung des § 267 C.P.O. gegeben ist, nicht zu beanstanden. Dagegen ist dem Berufungsrichter darin nicht beizutreten, daß der Beklagte seinen in der Verhandlung vom 26. Februar 1892 erklärten Widerspruch bei der späteren mündlichen Verhandlung erster Instanz hätte wiederholen müssen, und daß er, weil er dies unterlassen hat, des Rügerechtes verlustig gegangen ist. Der § 267 C.P.O. bestimmt, daß die Verletzung einer das Verfahren und insbesondere die Form einer Prozeßhandlung betreffenden Vorschrift nicht mehr gerügt werden könne, wenn die Partei auf die Befolgung der Vorschrift verzichtet habe, oder wenn sie bei der nächsten mündlichen Verhandlung, welche auf Grund des betreffenden Verfahrens stattgefunden hat, oder in welcher auf dasselbe Bezug genommen ist, den Mangel nicht gerügt habe. Entscheidend ist hiernach, daß die Verletzung in der — bezeichneten — nächsten mündlichen Verhandlung gerügt werden muß. Diesem Erfordernisse des Gesetzes hat der Beklagte im vorliegenden Falle entsprochen, indem er seinen Widerspruch gegen die Zulassung des Ehemannes der Klägerin als Prozeßpartei, wie durch die Aufnahme in das Sitzungsprotokoll festgestellt ist, noch in derselben mündlichen Verhandlung erklärt hat, in welcher der Beitritt des Ehemannes zur Klage erfolgt ist. Durch die rechtzeitige Rüge des Mangels hat sich nun aber die Partei nicht, wie der Berufungsrichter annimmt, nur das Rügerecht für den weiteren Verlauf des Prozesses gewahrt, sondern das Rügerecht selbst rechtswirksam ausgeübt, sodaß die Notwendigkeit der Wiederholung der Rüge nicht in Frage treten kann. Richtig ist es zwar, daß das erkennende Gericht aus der vor ihm geführten mündlichen Verhandlung von der erfolgten Ausübung des Rügerechtes Kenntnis erlangen muß. Damit dies geschehe, bedarf es aber nicht einer nochmaligen formellen Ausübung des Rügerechtes, vielmehr genügt eine Erwähnung der bereits erfolgten Ausübung, und wenn die Partei selbst diese Erwähnung in der maßgebenden letzten mündlichen Verhandlung unterläßt, so ist es gemäß §§ 127. 130 C.P.O. die Pflicht des Vorsitzenden (welcher Pflicht der Vorsitzende des Berufungsgerichtes auch entsprochen hat), durch Mitteilung des Inhaltes des die geschehene Ausübung des Rügerechtes beurkundenden Protokolles auf die erschöpfende Erörterung der Sache sowie des Ganges des Prozesses hinzuwirken. — Wenngleich nun hiernach die Entscheidungsgründe eine Gesetzesverletzung ergeben, so stellt sich doch die Entscheidung selbst bei diesem Punkte aus einem anderen Grunde als richtig dar. Der Beklagte ist trotz seines Widerspruches gegen die Zulassung des Ehemannes der Klägerin als Prozeßpartei in die Verhandlung mit diesem eingetreten; er hat ihm über geleistete Zahlungen den Eid angetragen und gegen die Abnahme des Eides Erinnerungen nicht erhoben. In diesem Verhalten des Beklagten ist ein Widerruf der ursprünglich erklärten Rüge und ein nachträglicher Verzicht auf die Beobachtung der verletzten Vorschrift des Verfahrens zu finden, sodaß sich insoweit die Anwendung des § 267 C.P.O. rechtfertigt." ...

---

96. Beweislast, wenn der wegen Körperverletzung erhobenen Schadensersatzklage der Einwand der Notwehr entgegengesetzt wird?

II. Civilsenat. Urt. v. 8. Mai 1894 i. S. M. (Kl.) w. R. (Bekl.) Rep. II. 80/94.

I. Landgericht Zabern.
II. Oberlandesgericht Kolmar.

Die Entscheidung ist oben unter „Rheinisches Recht" Nr. 85 S. 352 abgedruckt.

---

97. Ist in Ehesachen, wenn der Beklagte und Widerkläger die Revision, und die Klägerin und Widerbeklagte innerhalb der Notfrist die Anschlußrevision eingelegt haben, von jeder der Parteien der Gebührenvorschuß für die Revisionsinstanz zu entrichten, oder ist ein solcher nur einmal, und zwar vom Ehemanne zu erfordern?

IV. Civilsenat. Beschl. v. 17. Mai 1894 i. S. H. (Bekl.) w. H. (Kl.) Beschw.-Rep. IV. 373/93.

I. Kammergericht Berlin.

Das Reichsgericht hat die zweite der oben aufgestellten Fragen bejaht.

Gründe:

„Durch das Berufungsurteil ist die Klage der Ehefrau abgewiesen, und auf die Widerklage des Ehemannes die Ehe der Parteien getrennt, und der beklagte Ehemann für den allein schuldigen Teil erklärt worden. Gegen dieses Urteil haben der Beklagte und Widerkläger die Revision, und die Klägerin und Widerbeklagte innerhalb der Notfrist die Anschlußrevision eingelegt. Der Wert des Streitgegenstandes ist in beiden Vorinstanzen auf 2000 ℳ festgesetzt.

Die Frage, ob bei der so gearteten Sachlage jede der Parteien den Gebührenvorschuß für die Revisionsinstanz zu entrichten hat, oder ob ein solcher nur einmal, und zwar vom Ehemanne zu erfordern ist, muß in letzterem Sinne entschieden werden. Nach § 81 Abs. 1 G.K.G. ist in bürgerlichen Rechtsstreitigkeiten ein Gebührenvorschuß für jede Instanz von dem Antragsteller zu zahlen; der Vorschuß beträgt soviel wie die höchste Gebühr, welche für einen Akt der Instanz zum Ansatze kommen kann. Nach § 82 Abs. 2 a. a. O. besteht diese Verpflichtung auch für den Widerkläger und im Falle wechselseitig eingelegter Rechtsmittel für jede Partei, in beiden Fällen unter getrennter Berechnung der Streitgegenstände. Hiernach hat zwar im Falle der Widerklage oder wechselseitig eingelegter Rechtsmittel jede der den bezüglichen Anspruch erhebenden Parteien einen Vorschuß nach Maßgabe des § 81 a. a. O. zu zahlen. Die Vorschrift des § 11 des Gerichtskostengesetzes aber, nach welcher, soweit Klage und Widerklage, die nicht in getrennten Prozessen verhandelt werden, denselben Streitgegenstand betreffen, die Gebühren nach dem einfachen Werte dieses Gegenstandes zu berechnen sind, und ein gleiches auch für wechselseitig eingelegte Rechtsmittel gilt, ist auf § 81, in welchem es sich um die Vorschußpflicht handelt, nicht anwendbar, sodaß der Vorschußbetrag unter getrennter Berechnung der Streitgegenstände zu erheben ist. Dieser Grundsatz kommt jedoch in Ehesachen insofern nicht zur Geltung, als hier der Streitgegenstand nicht geteilt werden kann, vielmehr der gesamte einheitliche Wert desselben maßgebend sein muß. Dieser einheitliche, im vorliegenden Falle auf 2000 ℳ festgesetzte Betrag bildet den Wert des gesamten Streitgegenstandes, und hieraus folgt, daß der Gebührenvorschuß von diesem einheitlichen Werte nur einmal erhoben werden kann, wie demnächst auch bei Berechnung der Gebühren selbst nur der einheitliche Wert von 2000 ℳ in Ansatz kommt."

98. Ist das Beschwerdegericht, dessen Entscheidung angefochten wird, dadurch behindert, der von ihm für begründet erachteten weiteren einfachen Beschwerde abzuhelfen, daß bereits zwei gleichförmige Entscheidungen ergangen sind?

C.P.O. §§ 534. 531 Abs. 2.

V. Civilsenat. Beschl. v. 19. Mai 1894 i. S. H. (Kl.) w. S. (Bekl.) Beschw.-Rep. V. 44/94.

I. Landgericht I Berlin.
II. Kammergericht daselbst.

Aus den Gründen:

„Die Parteien streiten über die Höhe des Streitwertes. Durch Beschluß des Landgerichtes I zu Berlin vom 31. Januar 1893 ist der Wert des Streitgegenstandes auf 9000 ℳ festgesetzt. Die Beschwerde des Klägers, mit welcher begehrt wurde, den Streitwert auf 2100 ℳ herabzusetzen, ist zunächst durch Beschluß des IX. Civilsenates des Kammergerichtes vom 7. April 1893 zurückgewiesen. Als dann der Kläger weitere Beschwerde einlegte mit dem Antrage, den Streitwert auf 2500 ℳ festzusetzen, hat der XII. Civilsenat des Kammergerichtes durch den jetzt angegriffenen Beschluß in Anwendung des § 534 C.P.O., unter Aufhebung der früheren Beschlüsse, den Wert des Streitgegenstandes auf 2500 ℳ festgesetzt. Hiergegen ist vom Beklagten und dessen beiden Prozeßbevollmächtigten weitere Beschwerde erhoben. In erster Linie ist beantragt, die weitere Beschwerde gegen den Beschluß vom 7. April 1893 als unzulässig zu verwerfen, weil dieser einen neuen selbständigen Beschwerdegrund nicht enthalte....

Die weitere Beschwerde ist zurückgewiesen.

Durch § 534 C.P.O. ist das Gericht, dessen Entscheidung angefochten wird, ermächtigt, der Beschwerde abzuhelfen, falls es sie für begründet hält. Von dieser Befugnis hat der XII. Civilsenat des Kammergerichtes Gebrauch gemacht, als er auf Grund der vom Kläger beigebrachten neuen Nachweise den Beschluß des IX. Civilsenates des Kammergerichtes erneuter Erwägung unterzog und abänderte. Die weitere Beschwerde des Klägers ist deshalb nicht an das Reichsgericht gelangt und hat nicht als solche, sondern als Gegenvorstellung Erfolg gehabt. Da nicht eine Entscheidung auf weitere Beschwerde in Frage kam, war auch eine Prüfung der Zulässigkeit der weiteren Beschwerde nach dem Gesichtspunkte, ob in der Entscheidung des IX. Civilsenates ein neuer selbständiger Beschwerdegrund enthalten sei (§ 531 Abs. 2 C.P.O.), ausgeschlossen. Hiermit erledigt sich der prinzipale Antrag des Beschwerdeführers." ...

---

99. Gehört die Berufung auf das beneficium competentiae zu den in § 686 C.P.O. gedachten Einwendungen, welche den durch das Urteil festgestellten Anspruch selbst betreffen?

III. Civilsenat. Urt. v. 1. Mai 1894 i. S. S. (Kl.) w. R. (Bekl.) Rep. III. 46/94.

I. Landgericht Dessau.
II. Oberlandesgericht Naumburg a. S.

Der jetzige Kläger G. S. ist im Vorprozesse verurteilt worden, dem jetzigen Beklagten und damaligen Kläger, seinem Schwiegersohne R., als Mitgift seiner Tochter Minna, der Ehefrau R.'s, 1800 ℳ nebst Zinsen zu 5 Prozent seit dem 5. März 1891 zu zahlen und die Prozeßkosten zu erstatten. Nachdem R. hierauf eine Kapital- und eine Rentenforderung seines Schwiegervaters hatte pfänden lassen, hat dieser die gegenwärtige, auf das beneficium competentiae gestützte Klage gegen R. erhoben und die Aufhebung der Pfändungs- und Überweisungsbeschlüsse beantragt. Das Landgericht hat die Klage abgewiesen, und das Oberlandesgericht die Berufung des Klägers zurückgewiesen, weil das beneficium competentiae im Vorprozesse habe geltend gemacht werden müssen.

Die Revision des Klägers ist zurückgewiesen worden.

Gründe:

„Nach § 686 C.P.O. können Einwendungen, welche den durch das Urteil festgestellten Anspruch selbst betreffen, im Wege der Klage bei dem Prozeßgerichte erster Instanz geltend gemacht werden, wenn die Gründe, auf welchen sie beruhen, erst nach dem Schlusse derjenigen mündlichen Verhandlung, in welcher Einwendungen nach den Bestimmungen der Civilprozeßordnung spätestens hätten geltend gemacht werden müssen, entstanden sind und durch Einspruch nicht mehr geltend gemacht werden können. Nun hat sich zwar die Vermögenslage des Klägers nach Erlaß des bedingten Endurteiles im Vorprozesse durch Einziehung einer Forderung von 1200 ℳ etwas geändert. Das Berufungsgericht hat jedoch in thatsächlichen, der Nachprüfung nicht unterliegenden Erwägungen ausgeführt, daß diese geringe Vermögensverminderung nicht geeignet ist, das beneficium competentiae, sofern es bis dahin nicht begründet war, nunmehr als begründet erscheinen zu lassen. Der Fall der nachträglichen Entstehung liegt also nicht vor, und die zur Frage stehende Einwendung selbst muß das Revisionsgericht mit den Vorinstanzen für eine Einwendung halten, welche den Anspruch selbst betrifft. Die Kompetenzeinrede greift allerdings das Forderungsrecht des Klägers nicht in seinem rechtlichen Bestande an, schiebt vielmehr nur die Verwirklichung des Forderungsrechtes ganz oder teilweise einstweilen hinaus. Es fehlt jedoch an jedem Anhalte für die Annahme, daß das Gesetz mit den Worten „welche den durch das Urteil festgestellten Anspruch selbst betreffen" nur solche Einwendungen bezielt habe, welche das ihnen gegenüberstehende Recht in seiner Existenz angreifen, mithin nicht auch solche, welche im Gegensatze zu den ipso jure wirkenden Verteidigungsgründen das ihnen gegenüberstehende Recht nur unwirksam machen, sei es für immer, sei es zur Zeit. Ist aber von dem allgemeinen Begriffe der Einrede auszugehen, und unter Einwendungen, welche den Anspruch selbst betreffen, jede Einwendung zu verstehen, welche geeignet ist, die Klagebitte für immer oder zur Zeit zu beseitigen, so gehört die Kompetenzeinrede nicht anders als die Stundungseinrede zu den Einwendungen, welche im Prozesse selbst geltend gemacht werden müssen und im Wege des § 686 a. a. O. nur im Falle nachträglicher Entstehung geltend gemacht werden können. Die Kompetenzeinrede ist auch schon im römischen Rechte als exceptio behandelt, wenn sie auch nicht in der gewöhnlichen Form, sondern als Beschränkung der condemnatio der Formel eingefügt wurde. Gleich anderen privilegierten Einreden konnte sie jedoch auch noch der actio judicati gegenüber geltend gemacht werden. Der gemeinrechtliche Prozeß hat sie daher auch noch in der Exekutionsinstanz zugelassen, im übrigen aber ihre rechtliche Natur nicht verändert und sie bei Geltendmachung im Prozesse selbst ganz als Einrede im gemeinrechtlichen Sinne behandelt. Nach § 686 C.P.O.

hat jetzt allein das Prozeßgericht über die Kompetenzeinrede zu entscheiden, und die nachträgliche Geltendmachung der Einrede durch Klage bei dem Prozeßgerichte erster Instanz ist nur im Falle des § 686 Abs. 2 zulässig."

---

100. Über die Rechtswirksamkeit eines Schiedsvertrages, nach welchem die Entscheidung von Streitigkeiten durch einen „von beiden Teilen zu ernennenden" Schiedsrichter erfolgen soll.

VI. Civilsenat. Urt. v. 17. Mai 1894 i. S. K. (Kl.) w. L. (Bekl.) Rep. VI. 37/94.

I. Landgericht I Berlin.
II. Kammergericht daselbst.

Die Entscheidung ist oben unter „Preußisches Recht" Nr. 61 S. 265 abgedruckt.

---

101. Kann die Spolienklage mit der Klage aus einem Vertrage auf Gewährung der Sache oder des Besitzes oder der Detention verbunden werden?

III. Civilsenat. Urt. v. 5. Juni 1894 i. S. Schw. (Kl.) w. Graf v. B. (Bekl.) Rep. III. 85/94.

I. Landgericht Rostock.
II. Oberlandesgericht daselbst.

Der Klägerin sind nach dem Tode ihres Ehemannes vom Beklagten Wohnung und andere Naturalemolumente gewährt worden. Letztere hat ihr der Beklagte 1892 entzogen, und aus der seit acht Jahren innegehabten Wohnung will die Klägerin am 19. Oktober 1892 durch den Inspektor des Beklagten gewaltsam entsetzt worden sein. Die Klägerin fordert Wiedereinräumung der Wohnung, Wiedergewährung der anderen Emolumente und Schadensersatz und stützt ihre

Klage in erster Linie auf Vertrag, daneben bezüglich der Wohnung auch auf spolium. Die Vorinstanzen haben die Vertragsklage als unbegründet abgewiesen, und insoweit ist auch die Revision der Klägerin ohne Erfolg geblieben. Die Spolienklage hat das Landgericht als sachlich unbegründet, das Berufungsgericht ohne materielle Prüfung aus § 232 Abs. 2 C.P.O. als prozessualisch unzulässig zurückgewiesen. Diese Entscheidung des Berufungsgerichtes ist auf die Revision der Klägerin aufgehoben worden aus folgenden

Gründen:

... „Nach § 232 Abs. 2 C.P.O. können die Besitzklage und die Klage, durch welche das Recht selbst geltend gemacht wird, nicht in einer Klage verbunden werden. Die Motive anerkennen, daß die Verbindung der Besitzklagen mit den Klagen aus dem Rechte selbst an sich statthaft sein würde, weil die Civilprozeßordnung einen Besitzprozeß als besondere Prozeßart nicht kennt; gleichwohl ist jede derartige Verbindung untersagt, „um das in weiten Gebieten geltende Recht bei Bestand zu lassen". Der Code de procédure civile (Art. 25) bestimmt „le possessoire et le pétitoire ne seront jamais cumulés", und nach den Prozeßordnungen von Bayern (Art. 585), von Baden (§ 669), von Württemberg (Art. 321), von Hannover (§ 505) kann die Besitzklage mit der Klage, durch welche „das Recht selbst" verfolgt wird, nicht verbunden werden. Diesen Rechtsgrundsatz hat die Civilprozeßordnung aufrechthalten wollen im Gegensatze zum gemeinen Civilprozesse, welcher die Zulässigkeit der Verbindung der remedia recuperandae et adipiscendae possessionis mit der petitorischen Klage anerkennt und selbst die Verbindung der remedia retinendae possessionis mit der petitorischen Klage nicht verwirft, vielmehr den Richter nur verpflichtet, bei Verbindung beider Klagen zu einem Verfahren den Vorrang des Possessoriums innerhalb dieses Verfahrens zur Geltung zu bringen.

Vgl. Wetzell, Civilprozeß 3. Aufl. § 64.

Daß nun im Bereiche jener Prozeßordnungen die Judikatur oder Litteratur die Untersagung der Verbindung der Besitzklage mit der Klage aus dem Rechte selbst über die Verbindung des possessorium und petitorium hinaus auch auf die Verbindung der possessorischen Klage mit der Klage aus einem obligatorischen Anspruche auf Gewährung der Sache oder des Besitzes oder der Detention erstreckt habe, hat sich nicht ermitteln lassen, wie denn auch insoweit die Zulässigkeit der Verbindung im gemeinen Civilprozesse niemals bezweifelt worden ist. Jedenfalls bietet aber die Fassung der gegenwärtigen reichsgesetzlichen Bestimmungen keinen Anhalt für die Annahme, daß auch die Verbindung der Besitzklage mit der Klage aus einem obligatorischen Anspruche gedachter Art hat untersagt sein sollen. Die Gegenüberstellung der „Besitzklage" und der Klage, „durch welche das Recht selbst geltend gemacht wird", weist vielmehr bestimmt darauf hin, daß das Gesetz unter „Recht selbst" solche Rechte versteht, welchen gegenüber die thatsächliche Herrschaft als Besitz, Sach- oder Rechtsbesitz, anerkannt und geschützt ist. Die gleichzeitige Verfolgung des Sach- oder Rechtsbesitzes und des diesem Besitze entsprechenden Rechtes in derselben Klage ist untersagt. Die Verbindung der Besitzklagen mit Klagen aus rein obligatorischen Ansprüchen wird also im Gebiete des gemeinen Rechtes durch § 232 Abs. 2 C.P.O. nicht getroffen, weil das gemeine Recht die thatsächliche Ausübung eines obligatorischen Rechtes, von hier nicht zutreffenden Ausnahmen abgesehen, als Besitz nicht anerkennt und durch Besitzrechtsmittel nicht schützt. Allerdings hat der eigenmächtig vom Verpächter entsetzte Pächter die Spolienklage; diese steht ihm aber nicht auf Grund der thatsächlichen Ausübung seines kontraktlichen Anspruches aus dem Gesichtspunkte des Rechtsbesitzes, sondern wegen der gegen ihn geübten Eigenmacht und dadurch begangenen unrechten That zu und gebührt nach heutigem gemeinem Rechte jedem, der aus einer im eigenen Interesse ausgeübten Detention eigenmächtig entsetzt worden ist. In vorliegender Sache war daher die Verbindung der Vertrags- und der Spolienklage prozessualisch zulässig. Die Entscheidung über die Vertragsklage absorbiert auch keineswegs die Entscheidung über die Spolienklage. Denn nicht nur, daß die Klägerin, wenn die Voraussetzungen der Spolienklage vorliegen, in die Detention zunächst wieder eingesetzt werden muß, so würde auch die begründete Spolienklage den accessorisch geltend gemachten Schadensersatzanspruch rechtfertigen." ...

102. Kann gegen ein zur Erfüllung einer streitigen Verpflichtung verurteilendes Erkenntnis die Berufung eingelegt werden, nachdem das, was als Erfüllung gefordert war, sich thatsächlich erledigt hat?

C.P.O. § 94.

I. Civilsenat. Urt. v. 6. Juni 1894 i. S. G. (Bekl.) w. Aktiengesellschaft Rhederei vereinigter Schiffer zu Br. (Kl.) Rep. I. 87/94.

I. Landgericht Breslau.
II. Oberlandesgericht daselbst.

Der Beklagte hatte für die Klägerin Hafer zum Transport von Breslau nach Berlin in seinen Kahn geladen, konnte aber wegen niedrigen Wasserstandes nicht abfahren. Die Klägerin verlangte, daß er leichtere und mit dem Rest der Ladung fahre, und der Beklagte wurde auf ihre Klage vom Landgerichte am 20. Juli 1893 bei Strafe verurteilt, zu leichtern, soviel erforderlich, und sofort abzufahren. Am 19. oder 20. Juli früh war der Beklagte inzwischen, da genügender Wasserstand eingetreten, mit der vollen Ladung abgefahren. Seine Berufung gegen das erste Urteil ist vom Berufungsgerichte als unzulässig verworfen, dies Urteil auf seine Revision aber aufgehoben aus folgenden

Gründen:

„Die Entscheidung des Berufungsgerichtes beruht auf rechtsirrtümlicher Anwendung des § 94 C.P.O. und auf mißverständlicher Auffassung des in den Entscheidungsgründen in Bezug genommenen Urteiles des Reichsgerichtes vom 25. Oktober 1890.

Vgl. Entsch. des R.G.'s in Civils. Bd. 27 S. 365 flg.

In den Gründen des letztgedachten Urteiles findet sich (S. 367) folgende Ausführung: ... „Nur das Vorhandensein eines streitigen Rechtsverhältnisses, nicht aber das wirkliche Bestehen des verfolgten Anspruches, gehört zu den prozeßrechtlichen Voraussetzungen, von welchen die Zulässigkeit eines Rechtsmittels abhängt; ob der mit demselben verfolgte Anspruch besteht, darüber ist eben nach Zulassung des Rechtsmittels zu entscheiden; besteht der Anspruch nicht, so wird das Rechtsmittel als unbegründet zurückgewiesen. Ob dies letztere zu geschehen hat, weil der klagend verfolgte Anspruch nie bestanden hat, oder weil er durch einen wirksamen Einwand beseitigt ist, und letzteren Falles, ob der Einwand auf eine vor Entstehung des Rechtsstreites liegende oder auf eine später ... eingetretene Thatsache gestützt wird, macht keinen Unterschied. In allen diesen Fällen haben die in der ersten Instanz abgewiesenen Kläger prozeßrechtlich die Befugnis, ihren Anspruch aufrecht zu erhalten, die Einrede in rechtlicher wie thatsächlicher Richtung zu bestreiten und darüber gehört zu werden." Wäre das Berufungsgericht diesen durchaus zu billigenden Erwägungen, welche, wie in demselben Urteile weiterhin dargelegt ist, mit der sonstigen Judikatur des Reichsgerichtes in Übereinstimmung stehen, unter Anpassung derselben an das vorliegende Parteiverhältnis gefolgt, so hätte es nicht zu der getroffenen Entscheidung gelangen können. Der Beklagte war nach dem Klagantrage verurteilt worden, obgleich er denselben für unbegründet erklärt und Abweisung der Klage verlangt hatte. Danach kann seine prozessuale Berechtigung, durch Einlegung der Berufung auf Beseitigung dieses Urteiles hinzuwirken, nicht in Zweifel gezogen werden. Ob von der Klägerin der in der Klage erhobene Anspruch noch aufrecht erhalten werden konnte, nachdem der Beklagte die ganze eingenommene Ladung an den Bestimmungsort transportiert hatte, kam für die Zulässigkeit des von dem Beklagten eingelegten Rechtsmittels nicht in Betracht. Diese Erfüllungshandlung des Beklagten konnte dahin führen, daß in Abänderung des Urteiles erster Instanz der Klaganspruch für erledigt erklärt oder die Klage abgewiesen wurde; der Einlegung der Berufung steht sie nicht im Wege, denn das Streitverhältnis der Parteien war dadurch nicht erledigt. Die Parteien hatten bis zum Schlusse der ersten Instanz ihre einander entgegenstehenden Anträge aufrecht erhalten, und auch nach Erlassung des Urteiles hatte eine prozeßrechtliche Erledigung des Streites bis zur Einlegung des Rechtsmittels nicht stattgefunden. Daß die Klägerin später, im Laufe der Berufungsinstanz, ihren Anspruch für erledigt erklärt hat, ist für die Zulässigkeit der Einlegung des Rechtsmittels ohne Belang. Es kann deshalb dahingestellt bleiben, ob diese Erklärung dem Antrage des Beklagten, die Klage abzuweisen, entgegensteht.

Muß hiernach die Zulässigkeit der Anfechtung des ersten Urteiles zur Hauptsache durch den Beklagten bejaht werden, so kann der § 94 C.P.O. nicht als Grundlage dienen, um die Berufung, welche auch gegen die in der Hauptsache getroffene Entscheidung gerichtet ist, für unzulässig zu erklären. Das Berufungsurteil war deshalb aufzuheben, und der Prozeß zur Verhandlung und Entscheidung in der Sache selbst an das Berufungsgericht zurückzuverweisen." ...

---

103. **Können die in §§ 688 Abs. 1. 710 Abs. 4 C.P.O. bezeichneten Anträge, wenn das Gericht erster Instanz im Urteile die zuvor getroffenen Anordnungen aufgehoben hat (C.P.O. § 689), in der Berufungsinstanz wiederholt werden? Ist Voraussetzung für die Entscheidung hierüber der Nachweis der Einlegung der Berufung in der Hauptsache?**

VI. Civilsenat. Beschl. v. 5. März 1894 i. S. R. (Bekl.) w. Sch. (Kl.) Beschw.=Rep. VI. 25/94.

I. Landgericht Ulm.
II. Oberlandesgericht Stuttgart.

Aus den Gründen:

„Der Bankier Sch. in G., Unterpfandsgläubiger der Firma Fr. daselbst, hat gegen mehrere Gläubiger dieser Firma, welche eine große Zahl nach der Behauptung Sch.'s (gemäß dem württembergischen Pfandgesetze vom 15. April 1825 Artt. 3. 51) in seinem Unterpfandsrechte begriffener Fahrnisgegenstände pfänden ließen, nach § 710 C.P.O. Klage auf vorzugsweise Befriedigung aus dem Erlöse der gepfändeten Gegenstände bei dem Landgerichte U. erhoben. Gleichzeitig beantragte er, die Hinterlegung des Erlöses anzuordnen. Das Landgericht willfahrte diesem Antrage durch mehrere Beschlüsse (§ 710 Abs. 4. § 688 C.P.O.). In der Folge hat es die Klage aus Rechtsgründen abgewiesen und durch das Urteil in Gemäßheit der § 710 Abs. 4. § 689 jene einstweiligen Anordnungen wieder aufgehoben. Am 3. Februar 1894 hat Kläger bei dem Oberlandesgerichte zu St. einen Berufungsschriftsatz zum Zwecke der Terminsbestimmung behufs Einlegung der Berufung gegen das ihm nach seiner Behauptung am 13. Januar desselben Jahres zugestellte Urteil erster Instanz — gegenüber sämtlichen Beklagten — eingereicht; die Terminsbestimmung ist erfolgt. Am gleichen Tage beantragte Kläger in besonderem Schriftsatze bei dem Oberlandesgerichte die Erlassung einer einstweiligen Anordnung (und zwar ohne mündliche Verhandlung) dahin, daß die von ihm in Anspruch genommenen Erlöse aus den betreffenden gepfändeten Gegenständen bei der Hofbank in St., woselbst sie zufolge der Anordnungen des Landgerichtes hinterlegt worden sind, hinterlegt bleiben. Zur Begründung dieses Antrages und zur Glaubhaftmachung seines Klaganspruches wies er unter anderem darauf hin, daß die von ihm aus den Entscheidungsgründen des Gerichtes erster Instanz mitgeteilte Rechtsanschauung dieses Gerichtes, auf welcher die Klagabweisung beruhe, sich in bewußten Gegensatz zu der in Präjudizien niedergelegten Ansicht des Oberlandesgerichtes bezüglich der maßgebenden Rechtsfrage stelle. Das Oberlandesgericht hat auf diesen Antrag (ohne vorausgegangene mündliche Verhandlung) am 15. Februar in Gemäßheit des § 710 Abs. 4 beschlossen, daß die genannten Erlöse auch ferner bei der Hofbank hinterlegt zu bleiben haben, die Vollziehung dieses Beschlusses aber durch den Nachweis der Erhebung der Berufung (der Zustellung des Berufungsschriftsatzes) bedingt sei.

Gegen diesen Beschluß hat einer der Beklagten, U. R., ordnungsmäßig die sofortige Beschwerde eingelegt. Dieselbe ist zwar nach § 710 Abs. 4. § 688 Abs. 3 und § 701 zulässig,[1] jedoch nicht begründet. Beschwerdeführer ist der Ansicht: der in § 710 Abs. 4 vorgesehene Beschluß könne nur von dem Gerichte erster Instanz erlassen werden; nachdem dieses in seinem Urteile gemäß § 689 C.P.O. den die Hinterlegung anordnenden Beschluß aufgehoben habe, dürfe diese im Urteile enthaltene vorläufig vollstreckbare Anordnung nur in Gemäßheit des in § 689 in Bezug genommenen § 656 C.P.O. aufgehoben oder abgeändert werden; hiernach sei der angefochtene Beschluß als unzulässig aufzuheben. Dieser Ansicht kann nicht beigetreten werden. Der § 710 Abs. 4, welcher im Falle der Glaubhaftmachung des nach § 710 Abs. 1 erhobenen Anspruches die Anordnung der Hinterlegung des Erlöses „durch das Gericht" zuläßt, bestimmt, daß hierbei die Vorschriften der §§ 688. 689 entsprechende

[1] Das Reichsgericht ist hierbei davon ausgegangen, daß das Oberlandesgericht hier nicht als Berufungsgericht, sondern als Prozeßgericht in Betracht komme, und daß daher § 656 Abs. 3 C.P.O. hier nicht anwendbar sei. D. E.

Anwendung finden. Nach § 688 kann das für die Entscheidung über die in §§ 686. 687 bezeichneten Einwendungen zuständige Prozeßgericht auf Antrag ohne mündliche Verhandlung „bis zur Erlassung des Urteils" (in der Hauptsache) durch bestimmte Anordnungen zu Gunsten des Schuldners in die gegen diesen begonnene Zwangsvollstreckung eingreifen. Gemäß § 689 aber soll das Prozeßgericht in dem Urteile über die Hauptsache auch darüber Entscheidung treffen, ob die von ihm zuvor nach § 688 erlassenen Anordnungen aufzuheben, abzuändern oder zu bestätigen seien, und in betreff der Anfechtung einer solchen Entscheidung werden (§ 689 Satz 2) die Vorschriften des § 656 für entsprechend anwendbar erklärt. Es kann nicht wohl bezweifelt werden, daß mit der in § 710 Abs. 4 enthaltenen Verweisung auf die Vorschriften der §§ 688. 689 auch die sinngemäße Anwendbarkeit der Vorschriften des § 656 gemeint ist. Allein obwohl auch anzuerkennen ist, daß die in dem Urteile über die Hauptsache getroffene Entscheidung über die in § 688 und in § 710 Abs. 4 bezeichneten Maßregeln ein Bestandteil des Urteiles ist, darf hieraus doch, wie die vergleichende Berücksichtigung der maßgebenden Vorschriften der Civilprozeßordnung ergiebt, nicht gefolgert werden, daß die durch jene Entscheidung betroffene Partei zur Abhilfe immer ausschließlich auf den Weg der Berufung gegen die Entscheidung verwiesen wäre. Die Motive des Gesetzes gewähren kaum einen sicheren Anhalt für die Deutung in dem einen oder anderen Sinne. Zu § 689 (Entwurf § 638) sprechen sie sich ... nur dahin aus, das erlassene kontradiktorische bezw. Versäumnisurteil unterliege in betreff der Hauptsache dem Angriffe nach allgemeinen Grundsätzen, soweit es jedoch Vollstreckungsanordnungen treffe, wegen der sich darbietenden Parallele mit einem über die vorläufige Vollstreckbarkeit geführten Streite nicht über die Berufungsinstanz hinaus (Entwurf § 608, jetzt § 656). Der zweite Satz des § 710 Abs. 4, welcher die Vorschriften der §§ 688. 689 für entsprechend anwendbar erklärt, wurde erst von der Redaktionskommission der Reichsjustizkommission beigefügt, um möglichst Einklang mit § 690 Abs. 3 herzustellen, woselbst (Entwurf § 639) sich die gleiche Verweisung findet. Die Motive zu § 690 schweigen zu diesem Punkte. Von den Kommentatoren der Civilprozeßordnung erklären die einen das Urteil, auch soweit es die zuvor erlassenen Anordnungen aufhebt, allgemein für berufungsfähig, während andere im Anschlusse an den Wortlaut der Motive zu § 689 die in dem Urteile getroffenen Vollstreckungsanordnungen als berufungsfähig bezeichnen. Ob hierbei der Gedanke an eine Beschränkung der Berufungsfähigkeit mit unterläuft, läßt sich nicht ersehen. Immerhin könnte man in Anwendung auf § 710 sagen, eine Vollstreckungsanordnung werde auch, nämlich zu Gunsten des Beklagten, durch das die früher angeordnete Hinterlegung aufhebende Urteil getroffen. Ausschlaggebend — gegen den von dem Beschwerdeführer den Bestimmungen in §§ 689. 710 untergelegten Sinn — ist aber die verschiedene Struktur des Verfahrens in den Fällen, auf welche sich § 656 direkt bezieht, und in den §§ 688. 689 und § 710 behandelten Fällen, sowie die besonderen Kompetenzbestimmungen in den letzteren Vorschriften. Der § 656 spricht (abweichend vom norddeutschen Entwurfe § 892) nicht unmittelbar aus, daß das Urteil in Ansehung seiner Verfügung über die vorläufige Vollstreckbarkeit ausschließlich mit der Berufung angegriffen werden könne, trifft vielmehr nur Maßnahmen für die rasche Verhandlung und Entscheidung über die betreffs der vorläufigen Vollstreckbarkeit eingelegte Berufung und schließt die Anfechtung der in der Berufungsinstanz in dieser Richtung ergangenen Entscheidung aus. Daß in der That das Urteil erster Instanz auch insoweit nur mit der Berufung angegriffen werden kann, folgt aber nach allgemeinen Grundsätzen über die Rechtsmittel mit Notwendigkeit daraus, daß die Entscheidung über die vorläufige Vollstreckbarkeit immer lediglich auf Grund mündlicher Verhandlung durch das Urteil erfolgen kann; die auf die vorläufige Vollstreckbarkeit oder auf deren Abwendung abzielenden Anträge insbesondere bilden gleich der Hauptsache einen Gegenstand der mündlichen Verhandlung und des hierauf zu erlassenden Urteiles (§§ 648 flg. 653. 654). Die Civilprozeßordnung läßt auch vor dem Berufungsgerichte keinen Antrag im Sinne des § 688 zu, um zur vorläufigen Vollstreckbarkeit des Urteiles erster Instanz zu gelangen. Nur soweit sich in der Verhandlung vor dem Berufungsgerichte herausstellt, daß das nicht schon für vorläufig vollstreckbar erklärte Urteil erster Instanz durch die Berufungsanträge nicht angefochten wird, ist dasselbe auf den in der mündlichen Verhandlung gestellten Antrag von dem Berufungsgerichte für vorläufig vollstreckbar zu erklären (§ 496). Ganz anders verhält es sich in den in §§ 688. 689. 710 behandelten Fällen. Hier kann das

Prozeßgericht auf Antrag ohne vorgängige mündliche Verhandlung (durch Beschluß) vor dem Urteile über die Hauptsache die daselbst bezeichneten Maßregeln, im Falle des § 710 — bedingt oder unbedingt — die Hinterlegung des Erlöses anordnen. Diese Anordnungen sind nur als provisorische gedacht; sie ergehen nach § 688 „bis zur Erlassung des Urteils" in der Hauptsache (in der Instanz), durch welches über das Bestehenbleiben, die Abänderung oder Aufhebung der angeordneten Maßnahmen entschieden werden soll. Dementsprechend sprechen die Motive zu § 689 ... die Voraussetzung aus, daß das Urteil regelmäßig über die vorläufig angeordneten Maßregeln in wesentlicher Übereinstimmung mit der Entscheidung der Hauptsache Bestimmung treffen werde. Allein die Annahme, daß in den fraglichen Fällen, zumal in einem Falle der vorliegenden Art, die Partei nur im Wege der Berufung, also auf Grund mündlicher Verhandlung mittels Abänderung des Urteiles erster Instanz, eine ihr günstige Anordnung wieder erlangen könnte, widerspricht zunächst schon dem gekennzeichneten provisorischen Charakter der Anordnungen. Ist von dem Prozeßgerichte durch sein Urteil in der Hauptsache die zuvor getroffene vorläufige Anordnung aufgehoben, so existiert diese Anordnung nicht mehr; in den Fällen des § 688 kann der Gläubiger auf Grund dieser Aufhebung die Zwangsvollstreckung weiter betreiben; im Falle des § 710 kann der Gläubiger, welcher gepfändet hatte, ohne weiteres den Erlös für sich erheben. Wird aber Berufung in der Hauptsache eingelegt, so wird hierdurch vor dem Berufungsgerichte ein novum judicium eröffnet, und es ist dieses Gericht auch auf entsprechende Anträge in der Lage, darüber zu befinden, ob für die vor ihm eröffnete Instanz Anlaß zu einer provisorischen Anordnung der in §§ 688. 710 bezeichneten Art bezw. die Voraussetzungen einer solchen vorliegen. Demgemäß spricht auch § 688 allgemein die Zuständigkeit des Prozeßgerichtes zur Erlassung der provisorischen Anordnungen aus. Hierunter ist zu verstehen das mit der Hauptsache in der Instanz befaßte Gericht.

So auch Förster, Kommentar zur Civilprozeßordnung Bd. 2 S. 416 zu § 688.

Weder aus dem Inhalte der Vorschriften, noch aus den Motiven ist zu entnehmen, daß „Prozeßgericht" hier nicht in diesem natürlichen Sinne, sondern als Gericht erster Instanz zu verstehen wäre. Wo die Civilprozeßordnung bei einer Kompetenzbestimmung das Gericht erster Instanz meint, ist dies regelmäßig auch hervorgehoben. So wird z. B. gerade für die nach §§ 686. 687 vom Schuldner zu erhebenden Klagen das Prozeßgericht erster Instanz für zuständig erklärt. Daß aber hieraus nicht entnommen werden darf, auch in den Fällen der §§ 688. 689 sei nur das Prozeßgericht erster Instanz gemeint, zeigt sich klar daran, daß, worüber ein Zweifel gar nicht bestehen kann, die Anträge auf Erlassung einer Anordnung im Sinne des § 688, wenn in der Hauptsache Berufung eingelegt ist, auch erst in der Berufungsinstanz gestellt werden können. Dies alles gilt auch von dem § 710, sofern derselbe in Abs. 4 dem „Gerichte" (ohne Beschränkung auf die erste Instanz) die Befugnis zur Anordnung der Hinterlegung des Erlöses zuspricht und hierbei im allgemeinen auf §§ 688. 689 verweist. Daneben nur wird für dringende Fälle die Angehung des Vollstreckungsgerichtes unter einer besonderen Kautel gestattet (§ 688 Abs. 2). Andererseits ist noch darauf hinzuweisen, daß, wenn gegen ein für vorläufig vollstreckbar erklärtes Urteil die Berufung eingelegt wird, gemäß § 657 C.P.O. doch auch das Berufungsgericht auf Antrag ohne vorgängige mündliche Verhandlung zu Gunsten des Schuldners durch eine der in § 647 bezeichneten Anordnungen in die Zwangsvollstreckung eingreifen kann, ähnlich also wie dem Ausgeführten zufolge nach §§ 688. 689. Die vorläufige Vollstreckung des Urteiles kann allerdings der Kläger auf diesem Wege nicht erlangen; er muß vielmehr die Berufung einlegen und ist (abgesehen von dem Falle des § 496) zu seiner Sicherung auf die allgemeinen Rechtsbehelfe (§§ 796 flg. 814 flg.) angewiesen. Dies ist aber, wie gezeigt, die notwendige Folge des Verfahrens, welches für den vorliegenden Fall (im Gegensatze zur vorläufigen Vollstreckbarkeit) dem Kläger auch für die Berufungsinstanz den Weg der einstweiligen Anordnung eröffnet. Hierdurch allein kann unter Umständen das Interesse der Partei in einfacher und rascher Weise gewahrt werden. Die in § 689 enthaltene Verweisung auf § 656 kann hiernach doch auch für den Kläger noch von Bedeutung sein, wie der nicht ausgeschlossene Fall zeigt, wenn in der ersten Instanz in der Hauptsache zu seinen Gunsten erkannt, dennoch aber die zuvor zu seinen Gunsten getroffene Anordnung aufgehoben oder beschränkt würde.

Nach der Lage des vorliegenden Falles fragt sich weiter, ob ein Antrag nach §§ 710 Abs. 4. 688 schon vor Erhebung der Berufung zulässig ist, bezw. einem solchen Antrage durch das Berufungsgericht schon vorher entsprochen werden darf. In der Theorie besteht hierüber Streit, indem einerseits vorgängige förmliche Klagerhebung erfordert, andererseits bloße „Anbringung der Klage bei Gericht" für genügend erachtet wird, während von dritter Seite aus der Bestimmung in § 688 Abs. 2 gefolgert wird, daß auch vor förmlicher Erhebung der Klage der Antrag bei dem Prozeßgerichte gestellt und von diesem entsprechender Beschluß gefaßt werden könne.

Vgl. Wilmowski-Levy und Gaupp zu § 688.

Der Wortlaut des § 688 steht dieser Ansicht nicht entgegen. Ausschlaggebend sind hier Gründe des praktischen Bedürfnisses und der Zweckmäßigkeit. In Rücksicht hierauf hat sich das Reichsgericht im Anschlusse an die letztgenannte Ansicht schon dahin ausgesprochen, daß die Stellung eines Antrages im Sinne des § 688 und die Entscheidung hierüber auch vor der Klagerhebung zulässig, jedoch der Vollzug der Anordnung vom Nachweise der erfolgten Zustellung der Klage abhängig zu machen sei.

Vgl. Entsch. des R.G.'s in Civils. Bd. 10 S. 314 flg.

Gilt dies im Falle des § 688 und für die erste Instanz als zulässig, so muß es auch für den Fall des § 710 und für die Berufungsinstanz als zulässig angesehen werden. In solcher Weise ist das Oberlandesgericht vorliegenden Falles vorgegangen." ...

---

104. Festsetzung der Prozeßkosten im Ausgleichsverfahren gemäß § 100 C.P.O. Ist der Beschwerderichter befugt, auch die nicht angegriffene Entscheidung über die Kostenberechnung des Beschwerdeführers nachzuprüfen?

V. Civilsenat. Beschl. v. 2. Juni 1894 i. S. K. (Kl.) w. J. (Bekl.) Beschw.-Rep. V. 85/94.

I. Landgericht Ratibor.
II. Oberlandesgericht Breslau.

Die Frage ist verneint aus folgenden

Gründen:

„Durch Urteil des Landgerichtes zu Ratibor vom 27. November 1893 sind die Kosten des Rechtsstreites den Klägern zu $^4/_{13}$, den Beklagten zu $^{9}/_{13}$ auferlegt. Nach der Rechtskraft des Urteiles haben beide Teile die Berechnung ihrer Kosten dem Prozeßgerichte überreicht. In der Berechnung der Kläger sind für den Korrespondenzanwalt G. in C. 49,15 ℳ, in derjenigen der Beklagten für den Korrespondenzanwalt B. in C. 43,65 ℳ in Ansatz gebracht. Das Landgericht hat mittels Beschlusses vom 19. März 1894 die Ansätze für beide Korrespondenzanwälte gebilligt, die Kosten der Kläger auf 133,40 ℳ, diejenigen der Beklagten auf 69 ℳ festgesetzt und in Anwendung des § 100 C.P.O. entschieden, daß nach den im Urteile festgesetzten Quoten die Beklagten den Klägern 71,10 ℳ zu erstatten haben. Gegen diesen Beschluß ist von den Beklagten Beschwerde erhoben, weil die Gebühren des klägerischen Korrespondenzanwaltes G. für erstattungsfähig erachtet sind, und der Antrag gestellt, die von den Beklagten den Klägern zu erstattenden Kosten auf 36,35 ℳ zu ermäßigen. Das Oberlandesgericht hat in dem angefochtenen Beschlusse die von den Beklagten zu erstattenden Kosten auf 49,96 ℳ festgesetzt. In den Gründen wird ausgeführt, es sei durch den von den Klägern nicht angefochtenen landgerichtlichen Beschluß eine relative Rechtskraft zu Gunsten der Beklagten nicht eingetreten, es unterliege daher die beiderseitige Berechnung der Kosten einer erneuten Prüfung, und diese ergebe, daß die von beiden Teilen geforderten Gebühren ihrer Korrespondenzanwälte nicht erstattungspflichtig seien. Unter Anwendung dieses Grundsatzes ist der von den Beklagten zu erstattende Betrag festgesetzt.

Die gegen diesen Beschluß von den Beklagten erhobene Beschwerde muß für begründet erachtet werden.

In dem gemäß § 100 C.P.O. stattfindenden Ausgleichsverfahren hat der Richter, wenn ihm von beiden Parteien eine Kostenliquidation überreicht wird, über jede derselben zu entscheiden. Das ist hier auch vom Landgerichte gethan. Es entspricht ferner dem Gesetze, daß der Richter gleichzeitig auf Grund dieser Entscheidungen darüber befindet, welchen Betrag nach den im Urteile festgestellten Quoten die zu einer höheren Quote verurteilte Partei ihrem Gegner zu erstatten hat. Die Ansicht des Oberlandesgerichtes, daß nur diese letztere Entscheidung über den zu erstattenden Betrag rechtskräftig werde, und daß bei einem Angriffe gegen dieselbe die beiderseits überreichten Berechnungen einer Nachprüfung des Beschwerderichters unterliegen, kann nicht gebilligt werden. Denn die Festsetzung des zu erstattenden Betrages beruht nur auf einer Rechenoperation, bei welcher die einzelnen vom Richter festgesetzten Liquidationen die maßgebende Grundlage bilden. Die Entscheidung über letztere betrifft aber zwei gesonderte, voneinander unabhängige Kostenforderungen. Wird gegen eine derselben keine sofortige Beschwerde eingelegt, so geht sie in Rechtskraft über.

Für diese Ansicht spricht, daß nach § 100 a. a. O., wenn auf die Aufforderung der einen Partei die andere es unterläßt, innerhalb einer Woche dem Richter ihre Liquidation zu überreichen, die Entscheidung des Richters nur die Festsetzung der ihm vorgelegten Rechnung betrifft. Wird alsdann von dem säumigen Teile nachträglich ein Erstattungsantrag geltend gemacht, so ist vom Richter auch über diesen zu entscheiden. Daß aber in solchem Falle zwei voneinander unabhängige Entscheidungen vorhanden sind, gegen welche jede Gegenpartei selbständig Beschwerde erheben kann, und daß, wenn die eine Partei Beschwerde erhebt, bei dieser nicht zu ihrem Nachteile eine Zuvielforderung in ihrer eigenen, vom Gegner nicht angefochtenen Liquidation berücksichtigt werden darf, unterliegt keinem Bedenken.

Dem Oberlandesgerichte kann zugegeben werden, daß die einzelnen Positionen der angefochtenen Berechnung Faktoren sind, welche die geforderte Gesamtsumme bedingen und als solche bei der Entscheidung über die Beschwerde sämtlich nachgeprüft werden können. Daraus läßt sich aber nicht der Grundsatz folgern, daß der Beschwerderichter die nicht angefochtene eigene Liquidation des Beschwerdeführers mit in Betracht ziehen und unrichtige Ansätze derselben zu Ungunsten des Beschwerdeführers berücksichtigen darf. Das Reichsgericht nimmt vielmehr an, daß die in dem Ausgleichsverfahren des § 100 C.P.O. über die einzelnen Berechnungen der Parteien getroffenen Entscheidungen, sofern sie nicht gemäß § 99 a. a. O. durch sofortige Beschwerde angefochten werden, in Rechtskraft übergehen. Da das Oberlandesgericht gegen diesen Rechtsgrundsatz verstoßen hat, so war der Beschluß desselben, soweit er die Absetzung der Gebühren des Korrespondenzanwaltes der Beklagten betrifft, aufzuheben, und demgemäß der von den Beklagten zu erstattende Betrag anderweit festzusetzen."

105. Wird die durch die Erhebung der Klage bewirkte Unterbrechung der Verjährung durch Zurücknahme der Klage wieder beseitigt? C.P.O. §§ 239. 243.

V. Civilsenat. Urt. v. 4. April 1894 i. S. H. (Kl.) w. Allgemeine Häuserbauaktiengesellschaft (Bekl.). Rep. V. 330/93.

I. Landgericht I Berlin.
II. Kammergericht daselbst.

Aus den Gründen:

... „Kläger hat sich bemüht, eine Unterbrechung der Verjährung durch die Behauptung zu begründen, daß er am 20. Mai 1892 die Wandelungsklage gegen die Beklagte angestellt habe. Der Berufungsrichter erachtet diese Unterbrechung für beseitigt, weil jene Klage noch vor der ersten mündlichen Verhandlung zurückgenommen ist. Er geht davon aus, daß nach § 239 C.P.O. die Unterbrechung der Verjährung zu den Wirkungen der Rechtshängigkeit gehört und deshalb nach § 243 Abs. 3 C.P.O. durch die Zurücknahme der Klage mit der Rechtshängigkeit wieder beseitigt wird.

Die Frage ist nicht unbestritten.

Nach § 551 A.L.R. I. 9 wird die Verjährung durch Nichtgebrauch mit dem Augenblicke unterbrochen, da jemand seine Klage bei dem gehörigen Richter anmeldet; nach § 554 a. a. O. fängt, falls die angemeldete Klage nicht nach Vorschrift der Gesetze verfolgt wird, eine neue Verjährung von dem Tage an, wo der Kläger die Sache hätte fortsetzen können und sollen.

Es fragt sich, welchen Einfluß die vorgedachten Vorschriften der Civilprozeßordnung auf den nach dem Allgemeinen Landrechte geltenden Rechtszustand haben. Nach § 235 C.P.O. wird die Rechtshängigkeit durch die Erhebung der Klage begründet. Sie hat teils prozessuale Wirkungen, welche im § 235 Abs. 2 unter Ziff. 1—3 aufgeführt sind, teils materiellrechtliche. Letztere werden, abgesehen von den besonderen Vorschriften der §§ 236—238, von der Civilprozeßordnung nicht näher bestimmt, vielmehr bleiben nach Satz 1 des § 239 die Vorschriften des bürgerlichen Rechtes über die sonstigen Wirkungen der Rechtshängigkeit unberührt. Satz 2 des § 239 lautet dann wörtlich: „Diese Wirkungen, sowie alle Wirkungen, welche durch die Vorschriften des bürgerlichen Rechtes an die Anstellung, Mitteilung oder gerichtliche Anmeldung der Klage, an die Ladung oder Einlassung des Beklagten geknüpft werden, treten unbeschadet der Vorschrift des § 190 mit der Erhebung der Klage ein." Durch diesen Satz wird auch in materieller Beziehung neues einheitliches Recht insofern geschaffen, als diejenigen Wirkungen, die nach den verschiedenen Gesetzgebungen an einzelne den Beginn des Prozesses bezeichnende Akte geknüpft werden, einheitlich mit der Erhebung der Klage eintreten. Ob damit diese Wirkungen als Wirkungen der Rechtshängigkeit hingestellt sind, ob auch ihre weitere Bedeutung, nicht bloß ihr Eintritt mit der Rechtshängigkeit verknüpft ist, läßt sich aus dem Wortlaute des Gesetzes nicht mit voller Sicherheit entnehmen. Die Eingangsworte: „Diese Wirkungen, sowie alle Wirkungen" lassen jedenfalls einen Gegensatz zwischen den Wirkungen der Rechtshängigkeit und denjenigen Wirkungen zu, welche nach den Vorschriften des bürgerlichen Rechtes an die einzeln aufgezählten Akte des Prozeßbeginnes geknüpft waren, ferner aber ebenfalls unterschiedlos mit der — zugleich die Rechtshängigkeit begründenden — Erhebung der Klage eintreten sollen. Dieser Gegensatz kommt noch schärfer in den Motiven zum Ausdrucke, in welchen der Inhalt des § 239 dahin wiedergegeben wird, „daß nicht nur diese Wirkungen (nämlich die materiellen Wirkungen der Rechtshängigkeit), sondern auch alle Wirkungen, welche durch das bürgerliche Recht an die Anstellung zc geknüpft werden, mit der Erhebung der Klage eintreten sollen.

Das Reichsgericht hat sich schon in zwei Entscheidungen mit der Frage beschäftigt. Der I. Civilsenat hat in einem Urteile vom 7. Juni 1874 zwar ausgesprochen, daß zu den Wirkungen der Rechtshängigkeit auch „im allgemeinen" die Unterbrechung der Klageverjährung zu zählen sei.

Vgl. Entsch. des R.G.'s in Civils. Bd. 14 S. 32.

Er ist indes auf diesen Punkt nicht näher eingegangen, seine Entscheidung beruht auch nicht auf diesem Satze, sondern auf Art. 80 W.O., welcher, wie S. 33 a. a. O. näher ausgeführt wird, die Anwendung entgegenstehender Vorschriften der Civilprozeßordnung ausschließt. Der II. Civilsenat konnte deshalb, ohne daß es der Verweisung der Sache an die vereinigten Civilsenate bedurfte, in seinem Urteile vom 2. März 1894, vgl. Entsch. des R.G.'s in Civils. Bd. 32 S. 354,

zu einer abweichenden Entscheidung gelangen. Er folgert aus dem Wortlaute und aus der Entstehungsgeschichte des Gesetzes, daß nicht alle Wirkungen, welche das bürgerliche Gesetz mit Anstellung der Klage rc verknüpft, und die nun mit Erhebung der Klage eintreten, als Wirkungen der Rechtshängigkeit anzusehen sind, daß dies vielmehr im einzelnen Falle auf Grund des bürgerlichen Rechtes zu entscheiden ist.

Vgl. auch Schwalbach im Archiv für civilistische Praxis Bd. 64 S. 266 und Aschrott in Gruchot, Beiträge Bd. 28 S. 628 flg.

Dieser Auffassung ist beizutreten. Dieselbe führte in dem vom II. Civilsenate entschiedenen Falle dazu, auf das Ruhenlassen des Prozesses nicht die Vorschrift des § 228 C.P.O., nach welchem der Prozeß anhängig bleibt, sondern den § 554 A.L.R. I. 9 anzuwenden, nach welchem mit der Säumnis des Klägers eine neue Verjährung anfängt.

Der gegenwärtige Fall liegt insofern anders, als kein Ruhenlassen des Prozesses, sondern eine ausdrückliche Zurücknahme der Klage vorliegt. Diese hat nach § 243 Abs. 3 C.P.O. zur Folge, „daß der Rechtsstreit als nicht anhängig geworden anzusehen ist". Es hören mit der Zurücknahme der Klage also nicht bloß diejenigen Wirkungen auf, welche als Wirkungen der Rechtshängigkeit im Gesetze ausdrücklich bezeichnet sind, sondern die Sache wird, wie die Motive zu § 243 sagen, durch die Zurücknahme der Klage „kraft Gesetzes in die Lage zurückversetzt, in welcher sie sich vor Erhebung der Klage befand". Daß das Anhängigmachen und Anhängigwerden von der Wirkung desselben, der Rechtshängigkeit, zu unterscheiden ist, ergiebt sich aus § 235 Abs. 2 Ziff. 1, welcher den Fall behandelt, daß während der Dauer der Rechtshängigkeit die Streitsache anderweit anhängig gemacht wird. Das Anhängigmachen deckt sich mit der Erhebung der Klage, bezeichnet diejenige Prozeßhandlung, durch welche der eine gewisse Dauer in sich tragende Zustand der Rechtshängigkeit begründet wird (§ 235), mit welcher aber auch alle diejenigen Wirkungen eintreten, welche sonst durch die Vorschriften des bürgerlichen Rechtes an die Anstellung rc der Klage geknüpft waren (§ 239). Die Zurücknahme der Klage hat deshalb nicht bloß das Aufhören der Rechtshängigkeit, sondern auch den Fortfall der letztgedachten

Wirkungen zur Folge, so als ob die Klage überhaupt nicht erhoben wäre. Daß dies insbesondere auch von der durch Erhebung der Klage bewirkten Unterbrechung der Verjährung gilt, ist in den Motiven zu § 243 ausdrücklich anerkannt. Ein Vorbehalt zu Gunsten etwaiger abweichender Vorschriften des bürgerlichen Rechtes, wie solcher im § 239 vorgesehen ist, ist im § 243 nicht gemacht. Es kann deshalb dahingestellt bleiben, ob das Landrecht für den hier allein in Betracht kommenden Fall der ausdrücklichen Zurücknahme der Klage abweichende Vorschriften enthält.

Die vorstehend entwickelte Auffassung, daß mit der Zurücknahme der Klage die durch Erhebung derselben eingetretene Unterbrechung der Verjährung als nicht geschehen anzusehen ist, daß dies auch insbesondere für das preußische Recht gilt, wird in ihrem Schlußergebnisse nicht nur von den meisten Kommentatoren der Civilprozeßordnung,

vgl. Bülow, Anm. 3 zu § 243; Gaupp, Anm. III zu § 235, V, 3 zu § 243; Reincke, Anm. I zu § 239, IV, 1 zu § 243; Seuffert, Anm. 5 zu § 243; Struckmann und Koch, Anm. 6 zu § 243; Wilmowski und Levy, Anm. 4 zu § 243,

sondern auch von Förster-Eccius (Preuß. Privatrecht Bd. 1 § 57 Anm. 63), von Mandry (Civilrechtlicher Inhalt der Reichsgesetze § 23 II. III, 4), von Planck (Lehrbuch des Civilprozeßrechtes § 54 a. E. § 59 a. E.), und von Wach (Präklusion und Kontumaz S. 14. 15) geteilt.

Anderer Meinung sind Förster (Anm. 6 zu § 243 C.P.O.), Dernburg (Privatrecht Bd. 1 § 168 Nr. 3 und Anm. 20 dazu) und Rehbein (Entsch. des Obertribunales Bd. 1 S. 993). Soweit diese Schriftsteller übereinstimmend davon ausgehen, daß die Unterbrechung der Verjährung nicht eine Wirkung der Rechtshängigkeit, sondern eine von dieser verschiedene Wirkung der Klagerhebung sei, ist ihrer Auffassung in der vorher angezogenen Entscheidung des II. Civilsenates und in den vorangehenden Ausführungen beigetreten. Daraus folgt indes nichts gegen die vorstehend aus § 243 C.P.O. gezogene Folgerung, daß die mit der Klagerhebung eingetretene Unterbrechung der Verjährung durch die Zurücknahme der Klage wieder beseitigt werde. Wenn Dernburg die Unterbrechung der Verjährung fortdauern läßt wegen des in der Klagerhebung liegenden „Momentes der Protestation“, so ist demgegenüber schon von Eccius a. a. O. mit Recht darauf hingewiesen, daß das Landrecht die Protestation nur als Mittel, die Ersitzung zu unterbrechen, bei der Verjährung durch Nichtgebrauch überhaupt nicht erwähnt. Aber auch bei der Verjährung durch Besitz, für welche § 603 A.L.R. I. 9 der Klaganmeldung und der Protestation die gleiche unterbrechende Kraft beilegt, wird nach § 605 — ohne Rücksicht auf das in der Klaganmeldung liegende „Moment der Protestation" — der Zurücknahme der Klage die Wirkung beigelegt, daß die Verjährung für nicht unterbrochen zu achten.

Vgl. auch Entsch. des Obertribunales Bd. 58 S. 72.

Wenn nun auch eine sinngemäße Anwendung des § 605 auf die Verjährung durch Nichtgebrauch mit dem Reichsoberhandelsgerichte,

vgl. Entsch. desselben Bd. 23 S. 407,

für unstatthaft zu erachten ist, so kann doch andererseits auch aus diesem Grunde der in der Klage liegende Charakter der Protestation nicht gegen die Ansicht verwertet werden, daß durch die Zurücknahme der Klage die durch deren Erhebung eingetretene Unterbrechung der Verjährung wieder beseitigt werde.

Diese Ansicht findet neuerdings nicht nur in dem Entwurfe eines bürgerlichen Gesetzbuches für das Deutsche Reich vom gesetzgeberischen Standpunkte aus, sondern auch in den Motiven desselben vom Standpunkte des geltenden Rechtes eine Bestätigung. Nach § 170 des Entwurfes (1. Lesung) wird die Verjährung durch Erhebung der Klage unterbrochen; nach § 171 Abs. 1 gilt diese Unterbrechung als nicht erfolgt, wenn der Berechtigte die Klage zurücknimmt; nach § 174 endigt die Unterbrechung und tritt eine neue Verjährung ein, wenn der Prozeß — wie in dem vom II. Civilsenate entschiedenen Falle — in Stillstand gerät. Die Motive rechtfertigen die Bestimmung des § 171, ohne irgend welcher Abweichungen des in den einzelnen deutschen Rechtsgebieten geltenden bürgerlichen Rechtes zu gedenken, damit, daß sie dem § 243 Abs. 3 C.P.O. entspricht, wogegen sie zu § 174 die in dem bestehenden Rechte stattfindende verschiedene Behandlung des Stillstandes des Prozesses eingehend erörtern und die Berechtigung eines Gegensatzes zwischen den Prozeßgrundsätzen und den materiellen Vorschriften anerkennen. Sie lassen dabei ausdrücklich erkennen, daß sie bei Feststellung des Endes der Unterbrechung auf den Zeitpunkt des eingetretenen Stillstandes dem § 554 A.L.R. I. 9 gefolgt sind (Motive Bd. 1 S. 330 flg.). Es geht hieraus hervor, daß die Verfasser des Entwurfes die Wirkung der Klagezurücknahme als durch § 243 C.P.O. einheitlich entschieden betrachtet und einfach in den Entwurf übernommen, die Wirkung des Prozeßstillstandes aber unter Berücksichtigung der bestehenden Rechte neu festgestellt haben, daß sie insbesondere den § 554 nur in letzterer Beziehung als noch geltend angesehen haben.

Aus allen diesen Gründen ist dem Berufungsrichter darin beizutreten, daß, wenn auch durch Anstellung der Wandelungsklage die Verjährung der gegenwärtigen Minderungsklage unterbrochen sein mag, durch Zurücknahme der Wandelungsklage diese Unterbrechung jedenfalls derart beseitigt ist, als ob die Wandelungsklage überhaupt nicht erhoben wäre." ...

---

106. Ist die Berufung ordnungsmäßig eingelegt, wenn die Beglaubigung der zugestellten Abschrift der Berufungsschrift nicht von dem die Zustellung betreibenden Prozeßbevollmächtigten des Berufungsklägers, sondern von einem hierzu nicht ermächtigten anderen Rechtsanwalte vorgenommen ist?

C.P.O. §§ 156. 479.

VI. Civilsenat. Urt. v. 4. Juni 1894 i. S. K. (Bekl.) w. Sch. & V. (Kl.) Rep. VI. 65/94.

I. Landgericht Tübingen.
II. Oberlandesgericht Stuttgart.

Gründe:

„Der in erster Instanz von dem Landgerichte zu Tübingen klagegemäß verurteilten Beklagten wurde von dem Oberlandesgerichte der bei diesem zugelassene Rechtsanwalt Regierungsrat J. J. als Armenanwalt beigeordnet. Regierungsrat J. J. betreibt die Rechtspraxis in Gemeinschaft mit seinem nur bei dem Landgerichte zu Stuttgart zugelassenen Sohne, dem Rechtsanwalte Dr. L. J. Die von der Beklagten für die Berufungsinstanz ausgestellte Prozeßvollmacht lautet: „In der Rechtssache ... erteile ich den Rechtsanwälten Regierungsrat J. J. und Dr. L. J. in Stuttgart Vollmacht, beiden zusammen und jedem einzeln. Insbesondere wird, soweit der Rechtsstreit bei dem Königlichen Landgerichte zu führen ist, Rechtsanwalt Dr. L. J., insoweit er bei dem Königlichen Oberlandesgerichte daselbst zu führen ist, Rechtsanwalt Regierungsrat J. J. als Prozeßbevollmächtigter bestellt." Die dem klägerischen Prozeßbevollmächtigten erster Instanz (innerhalb der Berufungsfrist) zwecks Einlegung der Berufung zugestellte Abschrift der Berufungsschrift des Rechtsanwaltes J. J., deren Urschrift von letzterem unterzeichnet ist, ist nicht von ihm, sondern vom Rechtsanwalt Dr. L. J. beglaubigt. Die Beglaubigung der für das Berufungsgericht bestimmten Abschrift hat dagegen Rechtsanwalt J. J. vorgenommen. Klägerin rügte, daß die Berufung wegen Verstoßes gegen § 156 Abs. 2 C.P.O. nicht ordnungsmäßig erfolgt sei. Das Berufungsgericht hat die Berufung als unzulässig verworfen.

Der Revision der Beklagten kann nicht stattgegeben werden. Den Ausführungen des Berufungsgerichtes ist vielmehr auf dem Boden des Gesetzes durchaus beizutreten.

Die Einlegung der Berufung erfolgt nach § 479 C.P.O. durch die Zustellung eines Schriftsatzes, welcher hinsichtlich seines Inhaltes den daselbst aufgeführten Erfordernissen entsprechen muß. Auf diese Zustellung finden die Vorschriften des § 156 C.P.O. Anwendung. Hiernach besteht dieselbe in der Übergabe einer beglaubigten Abschrift der Berufungsschrift. Die ordnungsmäßige Beglaubigung ist ein wesentliches Erfordernis der Rechtswirksamkeit der Zustellung.

Vgl. Entsch. des R.G.'s in Civils. Bd. 6 S. 361, Bd. 8 S. 346; Jurist. Wochenschr. 1891 S. 294 Nr. 4.

Ist die behufs Zustellung übergebene Abschrift der Berufungsschrift nicht ordnungsmäßig beglaubigt, so ist hiernach die Zustellung unwirksam, also die Berufung nicht in der vom Gesetze für wesentlich erklärten Form eingelegt. Darüber, wer zur Beglaubigung befugt ist, bestimmt der § 156 Abs. 2: die Befugnis ist beigelegt nur dem Gerichtsvollzieher, bei den auf Betreiben von Rechtsanwälten oder in Anwaltsprozessen zuzustellenden Schriftstücken dem Anwalte. Hiermit ist nicht den Gerichtsvollziehern oder den Rechtsanwälten im allgemeinen für die Beglaubigung zuzustellender Schriftstücke, unangesehen, wer die Zustellung besorgt oder betreibt, öffentlicher Glaube beigelegt. Gemeint ist der die Zustellung besorgende, für die einzelne Zustellung als Zustellungsbeamter thätige Gerichtsvollzieher, der als Bevollmächtigter der Partei oder für sich selbst als Partei die Zustellung betreibende oder ohne Vermittelung einer Urkundsperson (nach § 181 C.P.O.) die Zustellung besorgende Rechtsanwalt. Auch den Rechtsanwälten ist die Beglaubigungsbefugnis nur beigelegt für die Schriftstücke, welche sie zustellen lassen oder nach § 181 zustellen. Die Berufung kann nur durch einen bei dem Berufungsgerichte zugelassenen Rechtsanwalt eingelegt werden. Die Berufungsschrift muß daher auch die Unterschrift eines solchen Rechtsanwaltes tragen (Jurist. Wochenschrift 1891 S. 130), und die zuzustellende Abschrift der Berufungsschrift regelmäßig von diesem Rechtsanwalte beglaubigt sein. Im vorliegenden Falle hatte also Rechtsanwalt J. J., welcher, wie von dem Berufungsgerichte in Übereinstimmung mit der Zustellungsurkunde festgestellt ist, die Zustellung betrieben hat, die Abschrift der Berufungsschrift zu beglaubigen. Die Beglaubigung durch den Rechtsanwalt Dr. L. J. würde genügen, wenn Rechtsanwalt J. J. ihn mit der Betreibung der Zustellung beauftragt hätte; in solcher Beauftragung läge auch die Befugnis zur Vertretung in Ansehung der Beglaubigung (§ 77 C.P.O.). Wäre ein solcher Auftrag bewiesen, so müßte die Berufungsbeklagte auch die von dem beauftragten Rechtsanwalte ausgegangene Beglaubigung gegen sich gelten lassen.

Vgl. Entsch. des R.G.'s in Civils. Bd. 17 S. 411, Bd. 24 S. 418; Jurist. Wochenschr. 1886 S. 294 Nr. 4.

Andererseits könnte, wenn Rechtsanwalt Dr. L. J. die Zustellung (ohne Auftrag) betrieben hätte, in Frage kommen, ob Rechtsanwalt J. J. diese Zustellung einschließlich der Beglaubigung genehmigt hätte, und die Berufungsbeklagte deshalb die Berufung als gegen sie wirksam eingelegt anerkennen müßte. Von alledem liegt aber nichts vor. Das Berufungsgericht hat insbesondere ohne Rechtsirrtum angenommen, daß die Behauptung des Rechtsanwaltes J. J., er habe dem Rechtsanwalte Dr. L. J. überhaupt und speziell im gegenwärtigen Falle die Befugnis eingeräumt, alle Handlungen für ihn vorzunehmen, welche nicht von ihm als dem bei dem Berufungsgerichte zugelassenen Rechtsanwalte vorgenommen werden müssen, in Ermangelung eines hierfür angetretenen Beweises durch den Umstand allein, daß die beiden Anwälte, Vater und Sohn, die Rechtspraxis gemeinschaftlich ausüben, nicht als erwiesen angesehen werden könne. Der Beweis ist auch aus der von den Beklagten ausgestellten Prozeßvollmacht nicht zu entnehmen. Abgesehen davon, daß die Beklagte inhaltlich derselben ausdrücklich, soweit der Rechtsstreit bei dem Oberlandesgerichte zu führen war, dem Rechtsanwalte J. J. Prozeßvollmacht erteilte, konnte die Beklagte selbst dem Rechtsanwalte Dr. L. J. (welcher überhaupt als bei dem Landgerichte Stuttgart zugelassener Rechtsanwalt bei Führung dieses Rechtsstreites nicht in Frage kam) nicht zu der Beglaubigung der zuzustellenden Abschrift der Berufungsschrift ermächtigen. Jene Behauptung ist überdies, was die Beauftragung mit der Betreibung der Zustellung betrifft, durch die erwähnte Feststellung des Berufungsgerichtes und den Inhalt der Zustellungsurkunde widerlegt, in Ansehung der Befugnis zur Beglaubigung für sich aber unerheblich. Würde man auch die Vertretung lediglich in Ansehung der Beglaubigung zulassen, so käme man zu dem sowohl dem Wortlaute als dem Sinne und Zwecke des Gesetzes (§ 156 Abs. 2) widersprechenden Satze, daß nicht notwendig derjenige Rechtsanwalt, welcher die Zustellung betreibt (oder besorgt), die Beglaubigung vornehmen müsse. Es würde hiermit, entgegen dem Gesetze, für die Zustellungen überhaupt den Rechtsanwälten, wie Notaren, öffentlicher Glaube beigelegt,

vgl. Jurist. Wochenschr. 1891 S. 178 Nr. 2.

Nicht zutreffend ist deshalb auch die Hinweisung der Revisionsklägerin auf das in den Entscheidungen Bd. 24 S. 418 mitgeteilte Urteil des IV. Civilsenates. Denn dieses beruhte auf der thatsächlich festgestellten Voraussetzung, daß der Anwalt, welcher die Beglaubigung vorgenommen hatte, von dem Prozeßbevollmächtigten mit dem Betriebe der Zustellung betraut war (§ 77 C.P.O.). Auch daraus, daß die Beglaubigung der Abschrift eines im Anwaltsprozesse zugestellten Schriftstückes durch den im Auftrage des bevollmächtigten Anwaltes die Zustellung besorgenden Gerichtsvollzieher (anstatt durch diesen Anwalt) für genügend erachtet worden ist,

vgl. Entsch. des R.G.'s in Civils. Bd. 8 S. 346 flg.,

kann nichts zu Gunsten der Beklagten gefolgert werden. Denn die Zulässigkeit solcher Beglaubigung wurde lediglich auf Grund einer für den vorliegenden Fall nicht maßgebenden Auslegung des § 156 Abs. 2 angenommen, und immerhin war der Gerichtsvollzieher in jenem Falle als Zustellungsbeamter thätig.

Nach dem Ausgeführten muß allerdings die Berufung als nicht in der ordnungsmäßigen Form eingelegt angesehen werden. Dieses Ergebnis mag als ein wenig befriedigendes erscheinen; es beruht aber auf den Vorschriften der Civilprozeßordnung, insofern nach denselben auch die Berufung nur durch Zustellung eines Schriftsatzes an den Gegner, nicht unmittelbar bei Gericht einzulegen, damit aber die Einlegung an die Formvorschriften über die Zustellung gebunden ist." ...

---

107. Begriff der nichtkontradiktorischen Verhandlung im Sinne des § 16 der Gebührenordnung für Rechtsanwälte. G.K.G. § 19.

VI. Civilsenat. Beschl. v. 14. Juni 1894 i. S. H. (Kl.) w. D. (Bekl.) Beschw.-Rep. VI. 69/94.

I. Landgericht Zwickau.
II. Oberlandesgericht Dresden.

Gründe:

„Der Handelsmann D. in Werdau hat auf Grund eines im Wechselprozesse erlangten Urteiles gegen den H. in Wiesenburg eine diesem gegen seine Ehefrau zustehende Forderung pfänden und zur Einziehung sich überweisen lassen. In der Folge erhob der für H. bestellte Zustandsvormund gegen D., welcher gleichfalls unter Vormundschaft gestellt worden ist, bei dem Landgerichte Zwickau gesonderte Klagen auf Einstellung der Zwangsvollstreckung und Aufhebung der bereits verfügten Vollstreckungsmaßregeln sowie auf Herausgabe des fraglichen Wechsels. In beiden Sachen fand am 3. Juni 1892 die mündliche Verhandlung statt. Nach dem Sitzungsprotokolle verlas in ersterer Sache (Nr. 160/90) der klägerische Anwalt den Klagantrag aus der Klageschrift, der Anwalt des Beklagten nur den Antrag, dem Kläger die Kosten des Rechtsstreites aufzuerlegen. Das Protokoll lautet weiter: „Parteien verhandelten zur Sache. Als Termin zur Vorlegung der Legitimation des Zustandsvormundes des Beklagten wurde der 28. Juni 1892 bestimmt." In der Klagesache auf Herausgabe des Wechsels (Nr. 181/90) verlasen dagegen nach dem Sitzungsprotokolle der klägerische Anwalt den Klagantrag, derjenige des Beklagten den Antrag auf Klagabweisung. Im übrigen hat das Protokoll den gleichen Inhalt wie dasjenige in Sachen Nr. 160/90 („Parteien — bestimmt"). Im Termine vom 28. Juni 1892 legte der Anwalt des Beklagten in beiden Sachen zum Nachweise der vermißten Legitimation das betreffende amtsgerichtliche Dekret vor. In den Sitzungsprotokollen heißt es dann weiter: „Parteien verhandelten zur Sache und vereinbarten Ruhen des Rechtsstreites bis auf weiteren Antrag." Im Termine vom 12. Mai 1893 schlossen die Parteien (nach den Sitzungsprotokollen) folgenden Vergleich ab: „Kläger nimmt die erhobenen Klagen zurück. Kläger trägt die in Sachen 181/90, Beklagter die in Sachen 160/90 aufgelaufenen Kosten allein." In dem hierauf in Sachen Nr. 160/90 von dem Anwalte des Klägers gemäß § 98 C.P.O. bei dem Landgerichte eingereichten Kostenverzeichnisse sind angesetzt eine volle Verhandlungsgebühr (aus einem Streitwerte von 5400—6700 ℳ) mit 56 ℳ, die halbe Vergleichsgebühr mit 28 ℳ. Im Festsetzungsbeschlusse strich das Landgericht an der Verhandlungsgebühr den Betrag von 14 ℳ, weil nach Ausweis der Sitzungsprotokolle in den Terminen vom 3. und 28. Juni kontradiktorisch nur über die Prozeßkosten verhandelt worden, und daher lediglich zu berechnen sei: Gebühr für eine nicht kontradiktorische Verhandlung in der Hauptsache mit 28 ℳ und eine solche für eine kontradiktorische Verhandlung über die Prozeßkosten (300—450 ℳ) mit 14 ℳ. Hiernach würde sich zwar, ist weiter gesagt, die Kostenrechnung des Klägers im Gesamtbetrage mindern. Allein da er nur die halbe Vergleichsgebühr berechnet habe, während ihm nach § 13 Ziff. 3. § 18 der Gebührenordnung für Rechtsanwälte die volle Vergleichsgebühr mit 56 ℳ zukäme, müsse der Gesamtbetrag ungemindert bleiben. Auf die sofortige Beschwerde des Beklagten strich das Oberlandesgericht die vom Landgerichte zugebilligte halbe Verhandlungsgebühr von 28 ℳ ganz und setzte die Vergleichsgebühr auf den Betrag von 7 ℳ herab. Das Oberlandesgericht nahm nach Lage der Sache an, daß, als die Parteien am 3. Juni 1892 miteinander verhandelten, Beklagter den Kläger in Bezug auf die Hauptsache schon klaglos gestellt gehabt habe, sodaß, worauf auch das Sitzungsprotokoll hinweise, in jenem Termine nur noch über die Kosten des Rechtsstreites zu verhandeln gewesen sei, insoweit aber eine kontradiktorische Verhandlung stattgefunden habe.

Die hiergegen von dem Kläger verfolgte sofortige Beschwerde erscheint begründet. Nach § 16 der Gebührenordnung für Rechtsanwälte steht dem Rechtsanwalte für eine nicht kontradiktorische Verhandlung die Verhandlungsgebühr nur zu fünf Zehnteilen zu. Nach § 19 G.K.G., worauf in § 16 verwiesen ist, gilt die Verhandlung als kontradiktorisch, soweit in derselben von beiden Parteien einander widersprechende Anträge gestellt werden. In den Motiven zu § 16 der Gebührenordnung ist nur als Beispiel einer nicht kontradiktorischen Verhandlung „nach dem regelmäßigen Prozeßgange" angeführt der Antrag auf Erlassung des Versäumnisurteiles im Falle des Ausbleibens einer Partei in dem Verhandlungstermine. Die Motive zu § 19 G.K.G. heben hervor, wo die Voraussetzung, daß beide Teile verhandeln, und dem Antrage einer Partei ein Antrag der Gegenpartei widerspreche, nur für einen Teil des Streitgegenstandes zutreffe, sei die Verhandlungsgebühr nach dem Werte dieses Teiles zu berechnen. Dies muß auch gelten, wenn nur hinsichtlich der Prozeßkosten kontradiktorisch verhandelt wird, d. h. Antrag und Gegenantrag sich gegenüberstehen (arg. § 10 der Gebührenordnung für Rechtsanwälte, vgl. mit §§ 12. 13 G.K.G.). Nach dem Sitzungsprotokolle vom 3. Juni 1892, welches allein förmliche Anträge der Parteien enthält, wurde nun in Sachen Nr. 160/90 nur über die Prozeßkosten kontradiktorisch verhandelt; denn nur insoweit standen die Anträge der Parteien einander gegenüber (vgl. dagegen das Protokoll in Sachen Nr. 181/90), und nach § 19 G.K.G. ist der Inhalt der Parteianträge ausschließlich maßgebend. Mit Recht hat deshalb das Landgericht dem Kläger zunächst eine volle Verhandlungsgebühr aus dem Wertsbetrage der Prozeßkosten angesetzt. In Frage steht, ob dem Kläger daneben für eine nicht kontradiktorische Verhandlung zur Hauptsache nach § 16 der Gebührenordnung für Rechtsanwälte eine Gebühr zu fünf Zehnteilen zukommt. Nach den Erklärungen der Parteien in den Beschwerdeinstanzen und den beigebrachten Belägen ist davon auszugehen, daß der Beklagte in dem Verhandlungstermine vom 3. Juni 1892 in Sachen Nr. 160/90 geltend machte, er habe den Kläger schon vor dem Termine insofern klaglos gestellt, als er gemäß § 742 C.P.O. auf die Zwangsvollstreckung und die dadurch erworbenen Rechte verzichtet habe, daß aber über die Rechtswirksamkeit dieses Verzichtes gestritten worden ist, weil Beklagter die Verzichtserklärung zwar dem Kläger H. und der Ehefrau desselben (als Drittschuldnerin), nicht aber auch dem Zustandsvormunde des Klägers zugestellt hatte. Außerdem stand die Legitimation des Zustandsvormundes des Beklagten noch in Frage. Beklagter hat auch die Zustellung der Verzichtserklärung an den Zustandsvormund des Klägers nachgeholt, wie später im Verhandlungstermine vom 28. Juni die Frage der Legitimation des Vormundes des Beklagten bereinigt worden ist. Es mag nun zugegeben werden, daß allgemeine Erörterungen der Parteien über die zwischen ihnen obwaltenden Streitpunkte ohne entsprechende auf die Entscheidung oder mindestens die weitere Fortführung des Rechtsstreites abzielende Anträge als eine Verhandlung im Sinne des allein maßgebenden § 16 der Gebührenordnung für Rechtsanwälte nicht anzusehen sind. Im vorliegenden Falle kann aber nach dem Angeführten nicht bezweifelt werden, daß die Parteien im Termine vom 3. Juni zur Hauptsache wirklich verhandelt haben; sie haben, abgesehen von dem erwähnten Legitimationspunkte, darüber gestritten, ob die erwähnte Verzichtserklärung des Beklagten, welche sich auf die Hauptsache bezog, rechtswirksam sei, und augenscheinlich hat deshalb Kläger auch seinen Antrag zur Sache selbst gestellt und aufrecht gehalten. Es fehlt also nicht an einem Antrage zur Hauptsache. Darauf, daß Beklagter nicht auch einen solchen Antrag stellte, oder daß vielleicht die Parteien überhaupt sachgemäßere Anträge hätten stellen können, kann es bei der Entscheidung der Frage, ob nach Lage der Sache der Ansatz einer Verhandlungsgebühr aus dem Hauptstreitgegenstande (für Kläger) gerechtfertigt ist, umsoweniger ankommen, als angenommen werden muß, daß im Sinne und auf Anregung der Parteien die Anberaumung des weiteren Termines vom 28. Juni auch stattfand, um dem Beklagten die Bewirkung einer rechtswirksamen Zustellung seiner Verzichtserklärung, nämlich an den Vormund des Klägers, offen zu halten und eventuell in dem weiteren Termine über diese Zustellung zu verhandeln. Mit Recht hat demnach das Landgericht, welchem ja der Gang der Verhandlungen bekannt war, an der Hand des Sitzungsprotokolles vom 3. Juni 1892 angenommen, daß an diesem Tage neben einer kontradiktorischen Verhandlung über die Prozeßkosten auch eine nicht kontradiktorische Verhandlung in der

Sache selbst stattgefunden habe. Ob im Termine vom 28. Juni 1892 der Nachweis jener Zustellung an den Vormund des Klägers schon erbracht worden ist, wie das Oberlandesgericht anzunehmen scheint, konnte dahingestellt bleiben. In dem Sitzungsprotokolle ist jedoch hierüber nichts festgestellt, vielmehr haben die Parteien wieder zur Sache verhandelt und das Ruhen des Rechtsstreites bis auf Wiederanrufen vereinbart. Demzufolge erscheint die Beurteilung als gerechtfertigt, daß noch am 28. Juni der zwischen den Parteien bestandene Streit über die Rechtswirksamkeit des die Sache selbst betreffenden Verzichtes des Beklagten sich nicht erledigt hatte. Wäre dieser Streit erledigt worden, so hätte — nach Vereinigung der erwähnten Legitimationsfrage — die Vereinbarung des Ruhens des Rechtsstreites kaum einen Sinn gehabt. Dem Landgerichte muß deshalb auch darin beigepflichtet werden, daß dem Kläger neben der vollen Verhandlungsgebühr aus den Prozeßkosten eine halbe Verhandlungsgebühr aus dem Hauptstreitgegenstande zuzubilligen ist. Eine andere Auffassung wäre nur begründet, wenn man mit dem Oberlandesgerichte den § 16 der Gebührenordnung für Rechtsanwälte nur im Versäumnisverfahren für anwendbar erachten dürfte. Dies widerspräche jedoch dem Wortlaute und dem Sinne des § 16, wie den Motiven; eine solche beschränkte Bedeutung hätte im Gesetze unzweideutig zum Ausdrucke gebracht werden müssen und können. — Nach dem Ausgeführten wie nach dem Inhalte des Protokolles vom 12. Mai 1893 ist endlich auch ein Zweifel darüber ausgeschlossen, daß der an diesem Tage abgeschlossene Vergleich nicht bloß die Prozeßkosten, sondern die Hauptsache selbst betroffen hat, wonach der Anwalt des Klägers allerdings gemäß §§ 13. 18 der Gebührenordnung für Rechtsanwälte die volle Vergleichsgebühr aus dem Werte des Hauptstreitgegenstandes berechnen konnte. Nach alledem mußte der Beschluß des Oberlandesgerichtes aufgehoben, und in der Sache die sofortige Beschwerde des Beklagten gegen den Kostenfestsetzungsbeschluß des Landgerichtes als unbegründet zurückgewiesen werden." ...

108. Ist die eigene Provision, welche der Verkäufer für Bewirkung des Selbsthilfeverkaufes fordert, bei Berechnung des Wertes des Streitgegenstandes und der Revisionssumme hinzuzurechnen?

I. Civilsenat. Urt. v. 23. Juni 1894 i. S. C. & R. (Kl.) w. N. L. (Bekl.) Rep. I. 129/94.

I. Landgericht I Berlin.
II. Kammergericht daselbst.

Die Klägerin hat durch einen vereideten Makler Mehl verkaufen lassen, dessen Abnahme und Bezahlung der Beklagte als Käufer verweigert haben soll. Mit der erhobenen Klage fordert sie den Unterschied zwischen Kaufpreis und Erlös von 1457,25 ℳ und 25,20 ℳ Courtage des Maklers, zusammen also 1482,45 ℳ nebst Zinsen. Der erste Richter hat die Klage abgewiesen.

Die Klägerin hat Berufung eingelegt und die Klageforderung um 25,20 ℳ auf 1507,65 ℳ erhöht. Diese 25,20 ℳ beansprucht sie als eigene Provision von 1 Prozent des Erlöses. Die Berufung ist zurückgewiesen, und die Revision als unzulässig verworfen worden aus nachfolgenden

Gründen:

„Die von Amts wegen zu prüfende Frage, ob die Revisionssumme vorhanden sei (§§ 497. 529. 508 C.P.O.), war zu verneinen. Zu einem den Betrag von 1500 ℳ übersteigenden Anspruche ist die Klägerin dadurch gelangt, daß sie in der Berufungsinstanz zu den ursprünglich eingeklagten 1482,45 ℳ noch weitere 25,20 ℳ eigene Provision gefordert hat. Diese eigene Provision stellt sich aber (Art. 290 H.G.B.) als eine Entschädigung für die eigene Mühewaltung dar und hat analoge Bedeutung mit der nach Art. 50 Ziff. 3 W.O. dem Inhaber eines Wechsels gebührenden Provision. Demnach handelt es sich um einen neben der Hauptforderung erhobenen Anspruch auf Schadensersatz. Ein solcher bleibt aber, wie bezüglich des Provisionsanspruches des Wechselklägers das Reichsgericht wiederholt ausgesprochen hat,

vgl. Entsch. des R.G.'s in Civils. Bd. 1 S. 228, Bd. 29 S. 332, Bd. 32 S. 75, bei Berechnung des Wertes der Streitsumme (§ 4 C.P.O.) und folgeweise auch bei Bestimmung der Revisionssumme (§ 508 Abs. 2 C.P.O.) unberücksichtigt." . . .

---

109. Ist die Revision ohne Rücksicht auf den Wert des Beschwerdegegenstandes für Ansprüche eines pensionierten Offiziers gegen den Reichsmilitärfiskus auf Zahlung eines zurückbehaltenen Pensionsbetrages zulässig?

IV. Civilsenat. Urt. v. 21. Mai 1894 i. S. Reichsmilitärfiskus (Bekl. u. Widerkl.) w. v. E. (Kl. u. Widerbekl.) Rep. IV. 431/93.

I. Landgericht I Berlin.
II. Kammergericht daselbst.

Das Reichsgericht hat die obige Frage verneint.

Aus den Gründen:

„Der Kläger ist seit dem 18. August 1885 als Premierlieutnant mit einer jährlichen Pension von 567 ℳ verabschiedet. Seit dem 1. April 1891 ist er bei dem Königlichen Statistischen Bureau zu Berlin als Hilfskraft beschäftigt. Nach den maßgebenden „Bestimmungen über die Annahme, Einstellung und Entlassung der beim Königlichen Statistischen Bureau gegen Zeit- und Stücklohn beschäftigten Hilfskräfte" wird er entweder gegen Zeitlohn (4 ℳ werktäglich) beschäftigt, oder er erhält Hausarbeit gegen Stücklohn, bei welcher sich die Hilfskräfte der Hilfe ihrer Familienangehörigen bedienen dürfen. In der Zeit vom 1. Oktober 1891 bis Ende März 1892 hat er an Zeitlohn und Entschädigung für Hausarbeit 851,12 ℳ bezogen.

Die Militärpension für die Zeit vom 1. April bis 30. September 1891 ist dem Kläger unverkürzt gezahlt worden, dagegen die Pension für die Zeit vom 1. Oktober 1891 bis 31. März 1892 nicht, wie in den Vorjahren, in Höhe von 283,50 ℳ, sondern nur in Höhe von 211,88 ℳ. Die übrigen 71,62 ℳ sind von der Militärpensionskasse teils zurückbehalten, teils wieder eingezogen worden, weil in Anwendung der §§ 37 Abs. 2 und 33c des Militärpensionsgesetzes vom 27. Juni 1871 die erwähnte Beschäftigung bei dem Statistischen Bureau als eine Beschäftigung im Staatsdienste gegen Gewährung eines Diensteinkommens angesehen, und demzufolge die Pension nach Maßgabe jener Bestimmungen des Gesetzes gekürzt ist. Der Kläger hat gegen den Fiskus des Deutschen Reiches Klage auf Zahlung des zurückbehaltenen Pensionsbetrages von 71,62 ℳ nebst 5 Prozent Zinsen seit dem 1. November 1892 erhoben. Der Beklagte hat Abweisung der Klage beantragt und Widerklage mit dem Antrage erhoben, den Widerbeklagten zu verurteilen, anzuerkennen, daß er sich den Bezug aus dem Beschäftigungsverhältnisse beim Königlichen Statistischen Bureau während der ganzen Dauer dieser Beschäftigung gemäß §§ 33. 37 Abs. 2 des Militärpensionsgesetzes vom 27. Juni 1871 auf seine Militärpension anrechnen lassen müsse.

Das Landgericht hat den Beklagten nach dem Klagantrage zur Zahlung der geforderten 71,62 ℳ nebst 5 Prozent Zinsen seit dem 1. November 1892 verurteilt und die Widerklage abgewiesen. Der Beklagte hat Berufung eingelegt und beantragt, unter Aufhebung des ersten Urteiles die Klage abzuweisen, den Kläger jedoch zu verurteilen, anzuerkennen, daß er sich den Bezug aus dem Beschäftigungsverhältnisse bei dem Königlichen Statistischen Bureau während der Dauer dieses Verhältnisses bis zum 1. April 1893 gemäß §§ 33 und 37 Abs. 2 des Militärpensionsgesetzes vom 27. Juni 1871 auf seine Militärpension anrechnen lassen müsse. Das Kammergericht hat die Berufung des Beklagten und Widerklägers zurückgewiesen.

Da die Rechtsstreitigkeit einen vermögensrechtlichen Anspruch betrifft, so ist die Zulässigkeit der von dem Beklagten eingelegten Revision durch einen den Betrag von 1500 ℳ übersteigenden Wert des Beschwerdegegenstandes bedingt, insoweit nicht ein Anspruch vorliegt, für welchen die Landgerichte ohne Rücksicht auf den Wert des Streitgegenstandes ausschließlich zuständig sind (§§ 508. 509 Ziff. 2 C.P.O.). Nach § 70 Abs. 2 Ziff. 1 G.V.G. aber sind die Landgerichte für die Ansprüche, welche auf Grund des Gesetzes über die Rechtsverhältnisse der Reichsbeamten vom 31. März 1873 gegen den Reichsfiskus erhoben werden, ausschließlich zuständig. Nun ist zwar der vorliegende Anspruch gegen den Reichsfiskus erhoben; aber er kann nicht auf das angeführte Gesetz vom 31. März 1873 gegründet werden; denn auf

Personen des Soldatenstandes findet dieses Gesetz nach § 157 nur in den besonderen Bestimmungen über die Defekte der Beamten (§§ 134 bis 148) Anwendung. Es hat auch der Revisionskläger die Zulässigkeit der Revision nicht auf jene Bestimmung des Gerichtsverfassungsgesetzes gegründet, sondern auf § 70 Abs. 3 G.V.G. und § 39 Ziff. 1 des preußischen Ausführungsgesetzes zum Gerichtsverfassungsgesetze vom 24. April 1878 (G.S. S. 230) Bezug genommen. Aber auch diese Vorschriften, soweit sie an sich hier in Frage kommen könnten, sind unanwendbar.

Der § 70 Abs. 3 G.V.G. überläßt es der Landesgesetzgebung, Ansprüche der Staatsbeamten gegen den Staat aus ihrem Dienstverhältnisse ohne Rücksicht auf den Wert des Streitgegenstandes den Landgerichten ausschließlich zuzuweisen, und nach § 39 Ziff. 1 des preußischen Ausführungsgesetzes zum deutschen Gerichtsverfassungsgesetze vom 24. April 1878 sind die Landgerichte in bürgerlichen Rechtsstreitigkeiten ohne Rücksicht auf den Wert des Streitgegenstandes ausschließlich zuständig für die Ansprüche der Staatsbeamten gegen den Landesfiskus aus ihrem Dienstverhältnisse. Allein nicht gegen den Landesfiskus, sondern gegen den Reichsfiskus ist der vorliegende Anspruch erhoben. Der Kläger fordert als verabschiedeter Offizier des Reichsheeres die gesetzliche Pension auf Grund der Bestimmungen des Reichsgesetzes vom 27. Juni 1871 (vgl. § 2 dieses Gesetzes).

Es steht sonach dem Beklagten keine der Bestimmungen zur Seite, nach welchen die Revision ohne Rücksicht auf den Wert des Beschwerdegegenstandes statthaft ist.

Es ist daher weiter zu prüfen, ob der Wert des Beschwerdegegenstandes 1500 *M* übersteigt." (Es folgt die Ausführung, daß der Wert des Beschwerdegegenstandes hinter dem Betrage, den das Gesetz für erforderlich erklärt, zurückbleibt.)

„Hiernach war die Revision als unzulässig zu verwerfen."

110. Darf der Gerichtsvollzieher die Zwangsvollstreckung fortsetzen, wenn ihm der Schuldner einen Gerichtsbeschluß vorlegt, durch den die einzuziehende Forderung wegen einer Gegenforderung gepfändet und dem Schuldner überwiesen worden ist?

IV. Civilsenat. Urt. v. 18. Juni 1894 i. S. Kom. (Kl.) w. Kol. (Bekl.) Rep. VI. 51/94.

I. Landgericht Lyck.
II. Oberlandesgericht Königsberg.

Die Entscheidung ist oben unter „Preußisches Recht" Nr. 68 S. 290 abgedruckt.

---

111. Zur Bestimmung der Voraussetzungen, unter welchen gemäß §§ 219. 223 C.P.O. die Unterbrechung des Verfahrens wegen Wegfalles des gesetzlichen Vertreters eintritt.

IV. Civilsenat. Beschl. v. 9. Juli 1894 i. S. J. (Kl.) w. P. u. Gen. (Bekl.) Beschw.-Rep. IV. 106/94.

I. Kammergericht Berlin.

Aus den Gründen:

„Der Kläger hat die Beklagten als Rechtsnachfolger der Rentier P.'schen Eheleute wegen einer Forderung von 131622,96 ℳ nebst Zinsen in Anspruch genommen. Die Erblasser haben in ihrem wechselseitigen Testamente vom 30. November 1878 sich gegenseitig und ihre beiden Kinder, den inzwischen verstorbenen Ehemann der Beklagten zu 1 und die Beklagte zu 2, zu Erben mit der Bestimmung eingesetzt, daß nach dem Tode des Überlebenden von ihnen der beiderseitige Nachlaß den letzteren zu gleichen Teilen zufallen solle, und ferner verordnet, daß die Hälfte des Anteiles der Tochter für deren Kinder aus der Ehe mit dem Kaufmann Theodor N., die damals schon am Leben befindlichen Geschwister Katharina, Klara und Theodor N., die Beklagten zu 3, 4 und 5, sowie die Kinder, die in der Ehe noch geboren werden würden, als Erbteil erhalten werden solle, die Eltern von der Disposition über diesen Erbteil auszuschließen seien, die Verwaltung desselben einem durch das Gericht zu bestellenden Pfleger zu übertragen, und auch den Kindern die freie Verfügung über das Erbe erst mit dem vollendeten fünfundzwanzigsten Lebensjahre einzuräumen sei. Mit Rücksicht auf diese testamentarischen Bestimmungen hat das Amtsgericht I zu Berlin, nachdem zuerst der Rentier P. und dann im Jahre 1892 die Witwe verstorben war, eine Pflegschaft über die Beklagten zu 3, 4 und 5 und die etwaige spätere Descendenz der N.'schen Eheleute eingeleitet. Inzwischen ist der Ehemann N. gestorben, und die Beklagten zu 3, 4 und 5 haben die Großjährigkeit erlangt. Den von der Beklagten zu 2 im Anschlusse an diese Thatsachen in Verbindung mit der Behauptung, daß aus ihrer Ehe mit N. andere Kinder nicht hervorgegangen und auch nicht zu erwarten seien, gestellten Antrag, die Pflegschaft anfzuheben, hat das Amtsgericht zurückgewiesen. Auf die Beschwerde der Antragstellerin ist jedoch dem Antrage durch Beschluß des Landgerichtes I zu Berlin vom 2. August 1893 stattgegeben, indem erwogen worden ist, daß, nachdem die sämtlichen in Betracht kommenden Mitglieder der Descendenz großjährig und damit handlungsfähig geworden seien, es der getroffenen testamentarischen Verfügung gegenüber an einem gesetzlichen Grunde für die Einleitung oder die Fortführung einer Pflegschaft fehle. Das Königliche Kammergericht hat nunmehr als das mit der Streitsache in der Berufungsinstanz befaßte Prozeßgericht auf Grund der §§ 219. 223 C.P.O. das Verfahren für unterbrochen erklärt, weil für den Beklagten zu 5, Theodor N., der das fünfundzwanzigste Lebensjahr noch nicht zurückgelegt hat und in der Berufungsinstanz mit einem Prozeßbevollmächtigten nicht versehen ist, die gesetzliche Vertretung weggefallen sei. Es ist angenommen worden: der Eintritt der Großjährigkeit des Beklagten zu 5 habe zwar die allgemeine Handlungsfähigkeit desselben bewirkt, aber nichts in seiner, durch das Testament beschränkten Verfügungsbefugnis über sein Großelternerbe geändert; in Bezug auf dieses sei er nach wie vor an eigener Wahrnehmung seiner Rechte und Interessen gehindert, also relativ geschäftsunfähig und folglich, da der Kläger das Großelternerbe in Anspruch genommen habe, für den gegenwärtigen Rechtsstreit prozeßunfähig; die Vorschrift des § 90 der Vormundschaftsordnung treffe Vorsorge für derartige Fälle rechtlicher Verhinderung und lege der Vormundschaftsbehörde die Verpflichtung auf, auch in diesem Sinne hilflosen Personen nach Bedürfnis einen Pfleger zu bestellen. Mit der gegen diese Entscheidung erhobenen Beschwerde ist geltend gemacht: der Beschluß des Landgerichtes als Vormundschaftsbehörde sei unbedingt maßgebend und auch materiell begründet, die testamentarische Verfügung sei wirkungslos, weil ihre Ausführung nicht durch Anordnung einer Testamentsvollstreckung gesichert sei.

Der Beschwerde war stattzugeben. Es kann unentschieden bleiben, ob die von den Erblassern getroffene Bestimmung nach der Richtung rechtliche Wirksamkeit hat, daß durch dieselbe die N.'sche Descendenz, und also auch der in Betracht kommende Beklagte Theodor N. in der Verfügungsbefugnis über das Großelternerbe bis zum vollendeten fünfundzwanzigsten Lebensjahre beschränkt worden ist. Die Frage nach der Verfügungs*befugnis* über den Streitgegenstand betrifft die Sachlegitimation der Partei und ist durch den Prozeßrichter nach den Grundsätzen des materiellen Rechtes zu beurteilen. Es kann aber auch unerörtert bleiben, ob durch jene Bestimmung die Verfügungs*fähigkeit* des Beklagten und damit seine Prozeßfähigkeit, soweit es sich um einen Rechtsstreit über das Großelternerbe handelt, beeinträchtigt worden ist. Der Beklagte Theodor N. ist, nachdem er die Großjährigkeit erlangt hat, an sich verfügungsfähig und also auch prozeßfähig. Das Kammergericht hat die *Aussetzung* des Verfahrens *lediglich aus dem Grunde* angeordnet, weil die *Pflegschaft* über den Beklagten *aufgehoben* sei, und es *deshalb* an einer gesetzlichen *Vertretung* desselben *fehle*. Es hat jedoch die Vormundschaftsbehörde dahin entschieden, daß unter den bestehenden Verhältnissen die gesetzlichen Voraussetzungen für die Bestellung eines gesetzlichen Vertreters des Beklagten und folglich auch für die Einsetzung oder Fortführung einer Pflegschaft nicht gegeben seien. Die Vormundschaftsbehörde ist für eine solche Entscheidung die zuständige Behörde, und die von ihr in diesem Falle getroffene Entscheidung ist endgültig ergangen. *Bei solcher Sachlage* gewähren aber die Vorschriften der §§ 219. 223 C.P.O. dem *Prozeßrichter keine Grundlage* für die Anordnung, daß das Verfahren wegen des Wegfalles der gesetzlichen Vertretung des Beklagten auszusetzen sei."

---

112. Ist der Gläubiger, der eine Arrestpfändung auf eine Forderung seines Schuldners erwirkt hat, berechtigt, eine der Pfändung vorangegangene Cession der Forderung wegen Simulation anzufechten?

VI. Civilsenat. Urt. v. 12. Juli 1894 i. S. H. (Kl.) w. H. (Bekl.) Rep. VI. 100/94.

I. Landgericht I Berlin.
II. Kammergericht daselbst.

Die Entscheidung ist oben unter „Preußisches Recht" Nr. 74 S. 312 abgedruckt.

---

113. Kann, nachdem eine einstweilige Verfügung durch rechtskräftiges Urteil wegen ungenügender Glaubhaftmachung aufgehoben worden ist, dem Antrage auf Erlaß einer neuen, aber mit der aufgehobenen inhaltlich übereinstimmenden einstweiligen Verfügung, wenn dieser Antrag auf die schon in dem früheren Gesuche angeführten Thatsachen, aber unter Glaubhaftmachung derselben gestützt wird, wirksam die Einrede der rechtskräftig entschiedenen Sache entgegengesetzt werden?
C.P.O. §§ 796. 800. 807. 814. 815. 819.

IV. Civilsenat. Urt. v. 28. Juni 1894 i. S. Sch. (Bekl.) w. Sch. (Kl.) Rep. IV. 153/94.

I. Landgericht I Berlin.
II. Kammergericht daselbst.

Aus den Gründen:

„Zwischen den seit dem 29. November 1890 miteinander verheirateten Parteien schwebt seit dem September 1892 ein Ehescheidungsprozeß. Die Klägerin hat aber auch den Antrag gestellt, ihr während der Dauer des Ehescheidungsprozesses zu gestatten, von ihrem Ehemanne getrennt zu leben und die am 23. September 1891 geborene Tochter der Parteien, Anna Maria Pauline Elisabeth, in ihre Obhut und Verpflegung zu nehmen. In dem die hierauf erlassene einstweilige Verfügung betreffenden Verfahren ist durch Urteil des Kammergerichtes vom 6. September 1892 unter Abänderung der erstinstanzlichen Entscheidung die dem Antrage der Klägerin stattgebende einstweilige Verfügung vom 14. Mai 1892 aufgehoben worden. Die gegen dieses Erkenntnis eingelegte Revision der Klägerin ist vom Reichsgerichte durch Urteil vom 15. Dezember 1892 zurückgewiesen.

Mittels Gesuches vom 16. September 1893 hat die Klägerin einen neuen Antrag auf Erlaß einer einstweiligen Verfügung gestellt. Infolgedessen hat das Landgericht durch einstweilige Verfügung vom 27. September 1893 angeordnet: 1. der Klägerin wird gestattet, bis zur Entscheidung des Eheprozesses vom Beklagten getrennt zu leben, 2. der Klägerin wird die Aufsicht und Pflege des Kindes der Parteien übertragen, und dem Beklagten die Herausgabe des Kindes an die Klägerin aufgegeben.

Nachdem der Beklagte gegen diesen Beschluß Widerspruch erhoben hatte, ist von dem Gerichte erster Instanz das Verfahren über die einstweilige Verfügung mit dem Ehescheidungsprozesse verbunden, und dem Antrage der Klägerin gemäß auf Trennung der Ehe unter Erklärung des Beklagten für den allein schuldigen Teil und auf Bestätigung der einstweiligen Verfügung vom 27. September 1893 erkannt worden.

Das gegenwärtig angefochtene, die Berufung des Beklagten hinsichtlich der Entscheidung über die einstweilige Verfügung zurückweisende Urteil ist auf die Annahme gestützt, daß die Klägerin mehrere gesundheitsgefährliche Mißhandlungen glaubhaft gemacht hat, welche sie von dem Beklagten erlitten zu haben behauptet, und wegen welcher von ihr die Ehescheidung beantragt ist. Dieselben Mißhandlungen sind bereits in dem die einstweilige Verfügung vom 14. Mai 1892 betreffenden Rechtsstreite Gegenstand der Erörterung gewesen. In dem rechtskräftigen Berufungsurteile dieses Vorprozesses vom 6. September 1892 ist ausgeführt, daß, falls die von der Klägerin behaupteten Mißhandlungen für dargethan zu erachten wären, das Recht der Klägerin, von ihrem Ehemanne getrennt zu leben, nach § 724

A.L.R. II. 1 keinem Bedenken unterliegen könnte, daß aber die behaupteten Thatsachen nicht für genügend glaubhaft gemacht zu erachten seien, deshalb der Klägerin nicht gestattet werden könne, von ihrem Ehemanne getrennt zu leben, und daher auch das Verlangen der Klägerin in betreff der Pflege und Erziehung des Kindes hinfällig sei. Behufs der Glaubhaftmachung ihrer Angaben hatte die Klägerin in dem Vorprozesse eidesstattliche Versicherungen verschiedener Personen beigebracht. Nach Beendigung des Vorprozesses sind über die in diesem geltend gemachten Mißhandlungen Zeugen in dem Ehescheidungsverfahren vernommen worden. Auf die gerichtlichen, zum Teil eidlichen Aussagen solcher Zeugen, deren eidesstattliche Versicherungen in dem Vorprozesse nicht für ausreichend erachtet worden sind, ist die auf den Antrag der Klägerin anderweit erlassene einstweilige Verfügung vom 27. September 1893 gestützt. Der Beklagte hat gegen diese einstweilige Verfügung und das dieselbe bestätigende Urteil den Einwand erhoben, daß die dieser einstweiligen Verfügung zu Grunde liegenden Thatsachen in dem rechtskräftig entschiedenen Vorprozesse bereits gewürdigt seien, und der Klägerin daher die Einrede der rechtskräftig entschiedenen Sache entgegenstehe. Diese Einrede hat das Berufungsgericht für unbegründet erachtet, indem es ausführt, daß, da die Entscheidung des Vorprozesses darauf beruhe, daß die von der Klägerin behaupteten Mißhandlungen nicht hinreichend glaubhaft gemacht seien, diese Entscheidung dem Erlasse einer neuen gleichlautenden einstweiligen Verfügung im Laufe des Ehescheidungsprozesses nicht entgegenstehe, wenn inzwischen Umstände eingetreten seien, welche die grundlegenden Thatsachen nunmehr ausreichend glaubhaft erscheinen ließen. Diese Voraussetzung treffe im gegenwärtigen Falle zu, weil, während im Vorprozesse die eidesstattlichen Versicherungen der Zeugen vorgelegen hätten, nunmehr durch eine richterliche, teilweise eidliche Vernehmung der Zeugen in dem Ehescheidungsprozesse auch der Sachverhalt der der einstweiligen Verfügung zu Grunde liegenden Thatsachen klargestellt, d. h. wie weiterhin dargelegt wird, glaubhaft gemacht sei.

In diesen Ausführungen erblickt die Revision eine Verletzung der die Rechtskraft betreffenden Grundsätze. Sie meint, die Auffassung des Berufungsgerichtes würde dahin führen, daß derselbe Rechtsstreit immer von neuem zugelassen werden müßte, wenn nur neue Beweismittel ausfindig gemacht worden seien.

Dieser Angriff beruht auf einer Verkennung der rechtlichen Natur einer einstweiligen Verfügung.

Der nach § 796 C.P.O. zur Sicherung einer künftigen Zwangsvollstreckung bestimmte Arrest sowohl, wie auch die nach §§ 814 flg. 819 daselbst zur Sicherung des Streitgegenstandes oder zur Regelung eines einstweiligen Zustandes dienenden einstweiligen Verfügungen sind, auch wenn sie durch rechtskräftiges Urteil angeordnet oder bestätigt werden, doch immer nur Maßregeln von vorübergehender Bedeutung. Sie bezwecken von vornherein nicht die Schaffung eines definitiven Rechtszustandes, haben vielmehr gerade die Fortdauer eines streitigen Rechtsverhältnisses zur Voraussetzung. Wie daher Arrestanlegungen und einstweilige Verfügungen an sich nur vorläufige Maßnahmen sind, so haben auch die sie anordnenden oder auf Widerspruch entweder aufhebenden oder bestätigenden Urteile nur die Beurteilung der betreffenden vorläufigen Maßnahmen zum Gegenstande. Nach diesem Gesichtspunkte sind auch die Wirkungen der materiellen Rechtskraft solcher Urteile zu bemessen. Diese erstreckt sich lediglich auf die stattgehabte Beurteilung der im Wege des Arrestes oder der einstweiligen Verfügung getroffenen Anordnungen, als vorläufiger Maßnahmen, also auf die Entscheidung der Frage, ob diese Anordnungen vorläufig für statthaft zu erachten waren, oder nicht. Mit dieser Auffassung steht im Einklange die nach § 815 C.P.O. bei einstweiligen Verfügungen entsprechend anzuwendende Bestimmung des § 807 daselbst, wonach auch nach der Bestätigung des Arrestes die Aufhebung desselben wegen veränderter Umstände beantragt werden kann. Hinsichtlich eines aufgehobenen Arrestes enthielt der Entwurf einer Civilprozeßordnung für den Norddeutschen Bund im § 717 die Bestimmung, daß durch die Aufhebung (durch Urteil) das Recht des Arrestklägers nicht ausgeschlossen werde, wegen veränderter Umstände ein neues Arrestgesuch anzubringen. Wenngleich diese Vorschrift in die Reichscivilprozeßordnung nicht aufgenommen ist, so gelangt man doch, wenn es sich um einen neuen Antrag handelt, welcher auf eine bessere Glaubhaftmachung der zur Begründung des früheren Gesuches angeführten, in dem Urteile für nicht hinreichend glaubhaft gemacht erachteten Thatsachen gestützt ist, zu dem Ergebnisse der Zulässigkeit dieses Antrages mit Rücksicht auf die beschränkte Tragweite der materiellen Rechtskraft des den Arrest oder die einstweilige Verfügung aufhebenden Urteiles.

Denn wenn diese sich nur darauf erstreckt, daß die aufgehobenen Anordnungen vorläufig nicht statthaft waren, so ist damit zwar die Statthaftigkeit eines mit dem früheren Gesuche inhaltlich völlig übereinstimmenden Gesuches ausgeschlossen. Nicht aber steht einem den früheren Antrag wiederholenden, auf die in dem früheren Gesuche vorgebrachten Thatsachen gestützten neuen Gesuche der Einwand der rechtskräftig entschiedenen Sache dann entgegen, wenn diese Thatsachen, wegen deren ungenügender Glaubhaftmachung die früheren Anordnungen für nicht gerechtfertigt erachtet worden, in anderer Weise glaubhaft gemacht sind. Denn die rechtskräftige Verneinung der Rechtmäßigkeit der früher getroffenen Anordnungen berührt die Frage nicht, ob es infolge besserer Glaubhaftmachung nunmehr gerechtfertigt erscheint, die betreffenden Anordnungen, selbstverständlich auch nur wieder als vorläufige Maßnahmen, zu treffen.

Mit dieser Auffassung stimmt auch die für einstweilige Verfügungen entsprechend geltende Bestimmung des § 800 C.P.O. überein, nach deren Abs. 1 das Arrestgesuch die Bezeichnung des Anspruches und des Arrestgrundes enthalten soll, während in Abs. 2 vorgeschrieben ist, daß der Anspruch und der Arrestgrund glaubhaft zu machen sind. Diese Glaubhaftmachung gehört hiernach zur Begründung des Gesuches. Ein auf andere Glaubhaftmachung gestütztes Gesuch ist daher als ein auf neuer Begründung beruhendes Gesuch anzusehen, dem gegenüber aus dem, auf der unzureichenden Glaubhaftmachung fußenden früheren Urteile der Einwand der rechtskräftig entschiedenen Sache nicht hergeleitet werden kann.

Aus dieser prozessualen Bedeutung der Glaubhaftmachung für die Begründung des Antrages auf Anlegung eines Arrestes oder einer einstweiligen Verfügung ergiebt sich, daß diese Glaubhaftmachung dem Beweisantritte und der Beweiserhebung in Rechtsstreiten, welche die definitive Entscheidung über einen Anspruch bezwecken, nicht gleichsteht, weil die Beweismittel keinen Bestandteil des Klagegrundes bilden. Durch diesen Umstand wird die Ansicht der Revision widerlegt, es müsse die Auffassung des Berufungsgerichtes zu der ungerechtfertigten Annahme führen, daß die wiederholte Anstrengung eines (rechtskräftig entschiedenen) Rechtsstreites lediglich auf Grund neuer Beweismittel erfolgen könne.

Daß auf Grund eines das Arrestbegehren für nicht begründet

erklärenden Erkenntnisses einem mit besseren Mitteln der Glaubhaftmachung angebrachten neuen Arrestgesuche die Einrede der abgeurteilten Sache nicht entgegensteht, wird ausdrücklich anerkannt von Seuffert (Kommentar zur Civilprozeßordnung 6. Aufl. S. 957). In wesentlich gleichem Sinne äußert sich Merkel (Über Arrest und einstweilige Verfügungen S. 158. 175, vgl. auch S. 238) unter Bezugnahme auf § 717 des Entwurfes einer Civilprozeßordnung für den Norddeutschen Bund. Ferner wollen v. Wilmowski und Levy (Civilprozeßordnung 6. Aufl. S. 1073, unter Hinweis auf § 717 a. a. O.), Gaupp (Civilprozeßordnung 2. Aufl. Bd. 2 S. 563. 564. 565. 571 ebenfalls unter Hinweis auf § 717 a. a. O.), Endemann (Der deutsche Civilprozeß Bd. 3 S. 369) nach Zurückweisung eines Arrestgesuches oder Aufhebung eines Arrestes, offenbar auch, wenn diese durch Urteil geschehen, ein besser begründetes Arrestgesuch zulassen. Förster (Civilprozeßordnung Bd. 2 S. 625) nimmt an, daß einem erneuten, in gleicher Weise fundamentierten Arrestgesuche betreffs desselben Anspruches aus dem früheren Urteile die Einrede der Rechtskraft entgegensteht. Wird von der oben entwickelten Annahme ausgegangen, daß die Glaubhaftmachung zur Begründung des Gesuches gehört, so erscheint auch nach Ansicht dieser Schriftsteller eine bessere Glaubhaftmachung ausreichend, um der Einrede der rechtskräftig entschiedenen Sache zu begegnen. Der gleichen Ansicht scheint auch Petersen (Civilprozeßordnung 2. Aufl. S. 1110) zu sein, der sich unter Bezugnahme auf Endemann, Merkel und Gaupp dahin äußert, daß der Gläubiger durch die Aufhebung des Arrestes nicht gehindert ist, neuerdings Arrestanlage zu beantragen. Von Struckmann und Koch (Civilprozeßordnung 5. Aufl. S. 890) wird unter Bezugnahme auf § 717 a. a. O. bemerkt, daß die Anbringung eines neuen Arrestgesuches wegen veränderter Umstände nach Analogie des § 807 C.P.O. nicht ausgeschlossen sei, womit jedenfalls der oben entwickelten Auffassung nicht entgegengetreten wird. Dasselbe gilt von der Ausführung in dem reichsgerichtlichen Urteile vom 24. Oktober 1882,

vgl. Entsch. des R.G.'s in Civils. Bd. 8 S. 360,

daß das einen Arrest aufhebende Urteil gegen ein erneutes, auf den früheren Grund betreffs desselben Gegenstandes angebrachtes Arrestgesuch die Rechtskraft begründe. Nach Lage des damals entschiedenen Falles kam eine bessere Glaubhaftmachung überhaupt nicht in Frage.

Was in den vorstehend in Bezug genommenen Bemerkungen von Arresten gesagt ist, wird auch von einstweiligen Verfügungen gelten sollen. Die lediglich vorübergehende Bedeutung einer einstweiligen Verfügung wird auch in dem Urteile des Reichsgerichtes vom 4. Juli 1889,

vgl. Entsch. des R.G.'s in Civils. Bd. 24 S. 371,

zur Geltung gebracht.

Daß eine von der früheren verschiedene Glaubhaftmachung vorliegt, wenn an Stelle der eidesstattlichen Versicherungen von Zeugen die gerichtlichen Aussagen dieser Zeugen treten, kann keinem begründeten Bedenken unterliegen." ...

---

114. Kann eine arrestweise gepfändete Forderung der Partei, welche den Arrest erwirkt hat, zur Einziehung mit der Wirkung überwiesen werden, daß der Drittschuldner den Schuldbetrag hinterlege?

C.P.O. § 810.

VI. Civilsenat. Beschl. v. 5. Juli 1894 i. S. R. (Kl.) w. Th. (Bekl.) Beschw.-Rep. VI. 87/94.

I. Oberlandesgericht Dresden.

Aus den Gründen:

„Die Klägerin beantragte am 16. Mai 1894, daß die dem Beklagten gegen G. B. zuständigen Geldforderungen, welche für sie durch Beschluß des Oberlandesgerichtes Dr. vom 16. April 1894 arrestweise gepfändet worden waren, ihr zur Einziehung überwiesen würden. Diesem Antrage konnte schlechthin jedenfalls nicht stattgegeben werden. Der Arrest findet nur zur Sicherung der Zwangsvollstreckung statt (§ 796 C.P.O.). Die Vollziehung des Arrestes darf deshalb nie bis zur Befriedigung des Gläubigers ausgedehnt werden, sondern führt höchstens zu einer den Gläubiger sicherstellenden Maßnahme. Mit der Überweisung gepfändeter Forderungen zur Einziehung würde aber der Gläubiger in die Lage kommen, seinen Anspruch aus den beschlagnahmten Forderungen zu decken. Gerade deshalb bezeichnen die

Motive zu §§ 754—758 des Entwurfes der C.P.O. (S. 456) die Überweisung einer mit Arrest belegten Forderung als unstatthaft.

Dagegen fragt es sich, ob nicht die gepfändeten Geldforderungen dem Gläubiger zur Einziehung überwiesen werden können, wenigstens mit der Wirkung, daß der Drittschuldner den Schuldbetrag hinterlege. Die Zulässigkeit einer solchen Überweisung wird von einigen angenommen, auch in § 738 C.P.O. beim Zwangsvollstreckungsverfahren für einen Fall anerkannt, welcher hier nicht vorliegt. Das Reichsgericht hält indessen auch eine so beschränkte Überweisung bloß arrestierter Geldforderungen für ausgeschlossen.

Vorschriften über die Vollziehung des Arrestes in bewegliches Vermögen trifft der § 810 C.P.O. Im dritten Satze des ersten Absatzes wird eine Zuständigkeitsnorm für die Pfändung von Forderungen gegeben, im zweiten und dritten Absatze aber näheres bestimmt über das Gebaren mit gepfändeten Geldern und den im Verteilungsverfahren auf den Gläubiger fallenden Betrag des Erlöses, sowie über bewegliche körperliche Sachen, welche der Entwertung ausgesetzt sind oder sich schwer aufbewahren lassen. Über die weitere Behandlung gepfändeter Forderungen ist jedoch nichts vorgesehen. Hiernach muß angenommen werden, daß das Gesetz von deren Überweisung überhaupt absehen wollte. Auch die Überweisung nur mit der Wirkung, daß der Drittschuldner den Schuldbetrag hinterlege, liegt also nicht in der Absicht des Gesetzes. Es fehlt eben an einer Vorschrift, welche den Richter hierzu ermächtigte, und die entsprechende Anwendung der Vorschriften über die Zwangsvollstreckung (§ 808 C.P.O.) fällt um deswillen bedenklich, weil der § 810 die Vollziehung des Arrestes erschöpfend regelt, ohne die Überweisung gepfändeter Forderungen anzuordnen. Die Pfändung bleibt somit die einzige Maßnahme, welche im Arrestverfahren möglich ist. Der Drittschuldner wird durch das an ihn ergangene Verbot behindert, an den Schuldner mit befreiender Wirkung zu zahlen. Damit hat sich der Gläubiger einstweilen zu begnügen. Will er die Überweisung der Forderung erlangen, so ist die vorerstige Auswirkung eines vollstreckbaren Schuldtitels für seinen Anspruch erforderlich.

Erscheint hiernach die Überweisung der gepfändeten Forderungen an sich unzulässig, so bedarf es keines näheren Eingehens auf die in dem angefochtenen Beschlusse zunächst erörterte Frage nach der Zuständigkeit des Arrestgerichtes für die beantragte Überweisung.

Auf Grund vorstehender Erwägungen war der eingelegten Beschwerde Erfolg zu versagen." ...

---

115. Rechtshilfe der Gerichte dem Patentamte gegenüber. Wie sind die in Patentnichtigkeitsprozessen von dem Patentamte und dem Reichsgerichte erlassenen Kostenfestsetzungsbeschlüsse zur Vollstreckung zu bringen?

Patentgesetz §§ 31. 32. 33.

Gesetz, betreffend die Gewährung der Rechtshilfe, vom 21. Juni 1869 §§ 3—6. 7. 10.

C.P.O. §§ 98. 662.

G.V.G. §§ 157 flg.

I. Civilsenat. Beschl. v. 19. September 1894 i. S. Berliner Akkumulatorenwerke E. C. & Co. (Kl.) w. E. P. St. Co. Lim. (Bekl.) Beschw.-Rep. I. 28/92.

I. Amtsgericht Charlottenburg.
II. Kammergericht Berlin.

Aus den Gründen:

„Das Patentamt hat das Amtsgericht zu Charlottenburg in vorliegender Sache ersucht, die Ausfertigungen der Beschlüsse, durch welche die den Beklagten erwachsenen Kosten festgestellt waren, mit der Vollstreckungsklausel zu versehen. Das Amtsgericht hat die Rechtshilfe abgelehnt, das Kammergericht die dagegen erhobene Beschwerde für unzulässig erklärt. Die gegen den Beschluß des Kammergerichtes erhobene Beschwerde erscheint begründet.

Nach dem Patentgesetze vom 7. April 1891 § 32 sind die Gerichte verpflichtet, dem Patentamte Rechtshilfe zu leisten. Wenn bei dieser Vorschrift auch zunächst daran gedacht sein mag, daß die Rechtshilfe zu den Zwecken der Beweiserhebung zu leisten sei, so hat eine Einschränkung auf diese Zwecke doch im Gesetze keinen Ausdruck gefunden; das Gesetz ist deshalb auch umsoweniger eingeschränkt auszulegen, als ein Bedürfnis weiterer Anwendung der gesetzlichen Anordnung besteht. Wenn nun auch das Patentgesetz selbst nicht den Weg vorgezeichnet hat, auf dem die Rechtshilfe zu gewähren sei, so ergiebt sich dieser Weg von selbst aus den Vorschriften, welche für die Gerichte bei Vornahme ihrer amtlichen Handlungen maßgebend sind. Auf diesen Weg hat auch die Gesetzgebung die Gerichte verwiesen. Nach dem Gesetze, betreffend die Gewährung der Rechtshilfe, vom 21. Juni 1869 § 7 erfolgt eine im Wege der Rechtshilfe zu bewirkende Zwangsvollstreckung nach den am Orte der Vollstreckung geltenden, also für das ersuchte Gericht maßgebenden Vorschriften. Aus den Weisungen der §§ 3 bis 6 und 10 ergiebt sich, wie bei den verschiedenen Systemen, welche in dieser Beziehung für das ersuchende und für das ersuchte Gericht maßgebend sind, das ersuchte Gericht an den bei dem ersuchenden Gerichte ergangenen Titel, welcher durch die Zwangsvollstreckung zu realisieren ist, sein Verfahren anzupassen hat. Nachdem das positive Recht selbst für den Fall der Requisition von Gericht zu Gericht diesen Weg vorgeschrieben hat, ergiebt es sich von selbst, daß, wenn dasselbe für den anderen Fall, daß das Patentamt ein Gericht um Rechtshilfe ersucht, die Verpflichtung des Gerichtes, Rechtshilfe zu leisten, vorgeschrieben hat, ohne besondere Ausführungsbestimmungen zu erlassen, nach der für solche Fälle maßgebenden Analogie die für das ersuchte Gericht sonst erlassenen Vorschriften in entsprechender Weise dem vorliegenden Falle angepaßt werden. Nach §§ 98. 662 C.P.O. kann der Anspruch auf Erstattung der Prozeßkosten nur auf Grund eines zur Zwangsvollstreckung geeigneten Titels, speziell auf Grund einer mit der von dem Gerichtsschreiber auszustellenden Vollstreckungsklausel versehenen Ausfertigung geltend gemacht und realisiert werden. Da nach dem Patentgesetze (§§ 31 und 33) das Patentamt in seiner Entscheidung im Nichtigkeitsprozesse und das Reichsgericht in dem Berufungsurteile auch über die Kosten des Verfahrens zu entscheiden haben, so versteht es sich von selbst, daß diese Entscheidungen über die Kosten mit ihrer Rechtskraft auch einen zur Zwangsvollstreckung innerhalb des Deutschen Reiches geeigneten Titel bilden, daß also das ersuchte Gericht, welches die Rechtshilfe zu gewähren hat, auch nach der für dieses Gericht maßgebenden Vorschrift die Vollstreckungsklausel zu erteilen hat.

Über die Zuständigkeit des ersuchten Gerichtes trifft das Gerichtsverfassungsgesetz in den §§ 157 flg. Bestimmung. Sind dieselben auch zunächst nur für die Fälle erlassen, daß die Gerichte einander in bürgerlichen Rechtsstreitigkeiten Rechtshilfe zu leisten haben, so dürfen dieselben doch mit Rücksicht darauf, daß das Patentgesetz, ohne besondere Ausführungsbestimmungen zu treffen, die Gerichte verpflichtet hat, Rechtshilfe zu gewähren, und die Entscheidung über die Kosten in einem Patentnichtigkeitsprozesse keine wesentlich andere Bedeutung hat als die gleiche Entscheidung in einem Civilprozesse, auf das Ersuchen des Patentamtes um Rechtshilfe behufs der Zwangsvollstreckung wegen einer derartigen Entscheidung über die Kosten entsprechend angewendet werden.

Allerdings hat das Reichsgericht, IV. Civilsenat, in dem Beschlusse Beschw.-Rep. 132/89 vom 19. Dezember 1889,

vgl. Entsch. des R.G.'s in Civils. Bd. 25 Nr. 82,

ausgesprochen, es liege ein Fall der richterlichen Rechtshilfe im Sinne der §§ 157 flg. G.V.G. dann nicht vor, wenn ein Amtsgericht das andere um eine Zwangsvollstreckung behufs Einziehung einer erkannten Geldstrafe ersucht. Dies ist aber nur ausgesprochen, weil nach der Annahme des beschließenden Senates ein Bedürfnis des ersuchenden Amtsgerichtes, die Rechtshilfe des ersuchten Amtsgerichtes in Anspruch zu nehmen, nicht vorliege, da dasselbe durch § 161 a. a. O. ermächtigt sei, die Herbeiführung der zum Zwecke der Vollstreckung erforderlichen Handlung vorzunehmen auch über die Grenzen des Bundesstaates hinaus, dem das Amtsgericht angehört, und deshalb in der Lage sei, selbst einen Gerichtsvollzieher zu beauftragen. Der Beschluß trifft also einen Fall nicht, in welchem, wie hier, ein solches Bedürfnis besteht, weil das Gesetz die ersuchende Behörde nicht ermächtigt hat, die betreffende Handlung vorzunehmen.

Das Patentamt hat sich mit seinem Ersuchen um Rechtshilfe an das nach dem Gerichtsverfassungsgesetze zuständige Amtsgericht Charlottenburg gewendet. Dasselbe durfte das Ersuchen nicht ablehnen (§ 159 G.V.G.).

Nach § 160 entscheidet das Oberlandesgericht, zu dessen Bezirke das ersuchte Gericht gehört, wenn das Ersuchen abgelehnt wird. Zwar hat der I. Strafsenat des Reichsgerichtes in dem Beschlusse Rep. 4536/89 vom 9. Dezember 1889,

vgl. Entsch. des R.G.'s in Straff. Bd. 20 Nr. 33,

ausgesprochen, daß dieser § 160 dann keine Anwendung findet, wenn ein um Vollstreckung einer Strafe von einem anderen Amtsgerichte ersuchtes Amtsgericht die Rechtshilfe verweigere, weil die Strafvollstreckung keine von dem Gerichte als solchem vorzunehmende Handlung, sondern ein prinzipiell der Staatsanwaltschaft zugewiesener Akt der Administrativrechtspflege sei. Im vorliegenden Falle handelt es sich aber um einen Akt, den das ersuchte Gericht innerhalb seiner Zuständigkeit nach der Civilprozeßordnung vorzunehmen hat. Und wenn das Kammergericht jenem Beschlusse nach seiner Begründung eine weitergehende Auslegung zu teil werden lassen will, welche sich auch auf die Funktion der ersuchenden Behörde beziehe, so vermag der jetzt beschließende Senat dieser eine analoge Anwendung ausschließenden Auslegung nicht zu folgen. Wäre selbst anzunehmen, daß die Begründung jenes Beschlusses des I. Strafsenates so zu verstehen sei, so würde der beschließende Senat nicht behindert sein, ohne Verweisung der Rechtsfrage an das Plenum des Reichsgerichtes von jener Begründung abzuweichen, da der angezogene Beschluß selbst einen Fall betrifft, welcher sich mit dem vorliegenden nicht deckt.

Die Beschwerde des Patentamtes war also nicht unzulässig. Nach § 160 G.V.G. findet eine Anfechtung der Entscheidung des Oberlandesgerichtes durch Beschwerde an das Reichsgericht statt, wenn das Oberlandesgericht die Rechtshilfe für unzulässig erklärt, und das ersuchte und das ersuchende Gericht den Bezirken verschiedener Oberlandesgerichte angehören. Nach dem dieser Bestimmung zu Grunde liegenden Gedanken ist dieselbe dahin zu verstehen, daß die Beschwerde ausgeschlossen bleiben soll, wenn das Oberlandesgericht unter Abänderung des erstinstanzlichen Beschlusses dem Ersuchen stattgiebt, oder wenn das ersuchende und das ersuchte Gericht unter demselben Oberlandesgerichte stehen. Keiner dieser Fälle liegt hier vor. Es kann auch nicht die Absicht des Gesetzgebers gewesen sein, der Ausführung des § 31 des Patentgesetzes dadurch Schwierigkeiten zu bereiten, daß es die sonst zulässige Beschwerde an das Reichsgericht für den Fall ausschließen wollte, daß das Patentamt, welches als Reichsbehörde dem Kammergerichtsbezirke nicht angehört, und welches dem Kammergerichte nicht unterstellt ist, ein dem Kammergerichte untergeordnetes Amtsgericht ohne Erfolg um Rechtshilfe ersucht, und das angerufene Kammergericht, statt die Beschwerde als unbegründet abzuweisen, in welchem Falle die Beschwerde an das Reichsgericht zulässig sein würde, die Beschwerde dem wahren Sinne der gesetzlichen Bestimmungen zuwider als unzulässig zurückweist. Die Beschwerde an das Reichsgericht war also zulässig und, wie sich aus dem Vorstehenden ergiebt, auch begründet.

Danach war unter Aufhebung des Beschlusses des Kammergerichtes der ablehnende Beschluß des Amtsgerichtes Charlottenburg entsprechend abzuändern." ...

---

116. Wie ist der Streitwert zu berechnen, wenn unter Miterben darüber gestritten wird, ob einer der Miterben den Wert einer bestimmten Sache, eventuell die Sache selbst zur Teilung zu bringen habe?

IV. Civilsenat. Beschl. v. 12. Juli 1894 i. S. W. u. K. (Kl.) w. K. (Bekl.) Beschw.-Rep. IV. 102/94.

I. Kammergericht Berlin.

Gründe:

„Die beiden Kläger und der Beklagte sind zu gleichen Teilen gesetzliche Erben des am 27. September 1873 verstorbenen Rittergutsbesitzers K. Die Kläger haben im jetzigen Rechtsstreite beantragt, den Beklagten zu verurteilen, daß er den Wert eines Grundstückes zur Nachlaßmasse des gemeinschaftlichen Erblassers einwerfe, eventuell das Grundstück zur Nachlaßmasse herausgebe. Der Wert des Grundstückes beträgt, wie nicht bestritten ist, 30000 ℳ. Bei dieser Sachlage ist in erster Instanz der Wert des Streitgegenstandes ohne richterliche Festsetzung auf 20000 ℳ angenommen. Für die nur von der Klägerin zu 1 beschrittene Berufungsinstanz hat das Kammergericht durch Beschluß vom 11. Mai 1894 den Wert des Beschwerdegegenstandes auf 10000 ℳ festgesetzt. Hiergegen richtet sich die vorliegende Beschwerde der Staatskasse. Dieselbe begehrt, daß der Wert des Streitgegenstandes für die erste und die zweite Instanz auf 30000 ℳ festgesetzt werde.

Die Beschwerde erscheint indes nicht begründet. Für die Wertsfestsetzung ist in vorliegendem Rechtsfalle die Regel des § 3 C.P.O.

maßgebend. Die Festsetzung erfolgt also nach freiem Ermessen. Nun ist der Klagantrag allerdings darauf gerichtet, daß der Beklagte zur Nachlaßmasse des Erblassers der Parteien den Wert des Grundstückes einwerfe, eventuell das Grundstück selbst herausgebe. Aber mit diesem Antrage verfolgen die klagenden Miterben lediglich die Realisierung ihres Anspruches auf Teilung der Nachlaßmasse und auf Befriedigung ihrer Erbquoten mit Bezug auf ein einzelnes Nachlaßobjekt. Von diesem Gesichtspunkte aus läßt sich, da die Parteien Miterben zu gleichen Quoten sind, nur annehmen, daß die Kläger je zu einem dieser Quote entsprechenden Anteile aus dem Werte oder aus der Verwertung des zur Nachlaßmasse einzuwerfenden oder herauszugebenden Grundstückes befriedigt werden wollen. Da nun der Wert des Grundstückes mit 30000 *M* zu Grunde zu legen ist, so ergiebt sich als Wert des geltend gemachten Anspruches für jeden Kläger ein Drittel des Grundstückswertes mit 10000 *M*, wie auch vom Kammergerichte angenommen ist. Für diese Schätzung ist der von der Beschwerde hervorgehobene Rechtssatz des preußischen Allgemeinen Landrechtes, wonach den Miterben vor der Teilung nur ein Anteil am ganzen Nachlasse, nicht eine bestimmte Eigentumsquote an den einzelnen Nachlaßobjekten zusteht, ohne wesentliche Bedeutung. Wenn der jetzt entscheidende Senat in früheren Fällen zum Teil eine andere Auffassung vertreten hat, so hat er auf Grund nochmaliger Erwägung von derselben abgehen zu sollen geglaubt.

Hiernach ist der Beschwerde der Erfolg zu versagen." ...

---

117. Ist, wenn am Erfüllungsorte des Arbeitsvertrages ein Gewerbegericht nicht errichtet ist, das am Wohnsitze des Arbeitgebers errichtete Gewerbegericht für den von dem Arbeiter aus dem Arbeitsvertrage erhobenen Anspruch ausschließlich zuständig, und die Zuständigkeit des ordentlichen Gerichtes am Wohnsitze des Arbeitgebers ausgeschlossen?

Gesetz vom 29. Juli 1890 §§ 1. 5. 6. 24. 25. 71.

I. Civilsenat. Urt. v. 19. September 1894 i. S. L.'er P.-C.-Fabrik E. L. & Co. (Bekl.) w. B. (Kl.) Rep. I. 230/94.

I. Landgericht Hamburg.
II. Oberlandesgericht daselbst.

B. war von der Beklagten, welche in Hamburg domiziliert und in Lägerdorf eine Fabrik betreibt, für diese Fabrik als Brenner engagiert und nach einigen Tagen ohne Kündigung entlassen. Seiner auf Entschädigung bei dem Landgerichte Hamburg erhobenen Klage setzte die Beklagte die Einrede der Unzuständigkeit entgegen, weil die Klage bei dem Hamburger Gewerbegerichte habe erhoben werden müssen, obwohl für Lägerdorf ein Gewerbegericht nicht besteht. Der erste Richter hat die Klage wegen Unzuständigkeit abgewiesen, das Berufungsgericht die Einrede verworfen. Die Revision der Beklagten ist zurückgewiesen aus folgenden

Gründen:

„Im Gegensatze zum § 120a der Gewerbeordnung (Redaktion vom 1. Juli 1883) geht das Gesetz vom 29. Juli 1890 nicht davon aus, daß gewerbliche Streitigkeiten von besonderen Behörden, in Ermangelung solcher durch die Gemeindebehörde entschieden werden müssen; vielmehr giebt der § 71 beim Nichtvorhandensein eines zuständigen Gewerbegerichtes den Parteien nur die Befugnis, die vorläufige Entscheidung durch den Ortsvorsteher der Gemeinde nachzusuchen, erkennt also für diesen Fall die Zuständigkeit der ordentlichen Gerichte an. Die Gewerbegerichte sind keine Gerichte, welche notwendig und überall zur Entscheidung gewerblicher Streitigkeiten bestehen müssen, sie können vielmehr nur auf Antrag der Gemeinden und Kommunalverbände, sowie auf Antrag beteiligter Arbeitgeber und Arbeiter durch Anordnung der Landeszentralbehörden errichtet werden (§ 1 des Gesetzes vom 29. Juli 1890). Gemäß § 6 dieses Gesetzes ist es sogar zulässig, ihre Zuständigkeit auf bestimmte Teile des Gemeindebezirkes zu beschränken, und es ist also nicht ausgeschlossen, daß innerhalb desselben Gemeindebezirkes sowohl die ordentlichen als die Gewerbegerichte über gewerbliche Streitigkeiten entscheiden. Daraus folgt, daß die Bestimmung in § 5 des Gesetzes, daß durch die Zuständigkeit „eines" Gewerbegerichtes die Zuständigkeit der ordentlichen Gerichte ausgeschlossen wird, nur die Voraussetzung ausdrücken soll, daß eben die hierzu Berufenen die Errichtung eines Gewerbegerichtes herbeigeführt haben, daß er aber nicht zur Entscheidung der Fälle herbeigezogen werden kann, wenn sowohl am Wohnsitze des zu

Verklagenden als auch am Orte der Erfüllung oder, wenn nur am Wohnsitze, nicht aber auch am Orte der Erfüllung ein Gewerbegericht besteht. Über die örtliche Zuständigkeit entscheidet der § 25. Dieser Paragraph kann nicht aus § 24 ergänzt werden, denn § 24 erklärt nur die für das amtsgerichtliche Verfahren geltenden Vorschriften (also die §§ 456 flg. C.P.O.) für entsprechend anwendbar, bezieht sich also gar nicht auf die Bestimmungen über den Gerichtsstand (§§ 12 flg. C.P.O.). Müßte man annehmen, daß diese Bestimmungen schlechthin für die Gewerbegerichte gelten, so wäre die Anwendung des § 29 C.P.O. selbstverständlich, und nicht einzusehen, weshalb im § 25 des Gesetzes vom 29. Juli 1890 das Gewerbegericht am Orte der Erfüllung ohne irgend welche Bezugnahme auf ein Gewerbegericht im Bezirke des Wohnsitzes besonders für zuständig erklärt wird. Der § 25 hat nur dann Bedeutung, wenn auf Grund desselben in dem Falle, daß am Wohnsitze des zu Verklagenden und am Orte der Erfüllung Gewerbegerichte bestehen, einer von dem ersteren Gerichte erhobenen Klage mit Erfolg die Einrede der Unzuständigkeit entgegengesetzt werden kann. Will man nun auch annehmen, daß die in § 25 normierte Zuständigkeit keine ausschließliche in dem Sinne sei, daß nicht durch Vereinbarung der Parteien auch das Gewerbegericht am Wohnsitze zuständig gemacht werden könnte, so würde daraus doch nichts für den Fall gefolgert werden können, wenn am Erfüllungsorte kein Gewerbegericht, wohl aber ein solches am Wohnsitze des zu Verklagenden vorhanden ist. Weder der § 5 noch der § 25 berechtigen zu dem Schlusse, daß, weil kein nach § 25 zuständiges Gewerbegericht gebildet worden, nunmehr der Streitfall bei dem am Wohnsitze bestehenden Gewerbegerichte und nicht vor dem ordentlichen Gerichte des Wohnsitzes oder des Erfüllungsortes zu entscheiden sei. Der § 5 berührt, wie dargethan, diese Frage überhaupt nicht, und der § 25 giebt keinen Anhalt dafür, daß das Gewerbegericht am Wohnsitze, welches, wie gezeigt, unzuständig wäre, wenn am Erfüllungsorte ein solches bestehen würde, deshalb zuständig sein soll, weil im letzteren Bezirke ein Gewerbegericht nicht errichtet ist. Die Bestimmung im § 25 beruht darauf, daß demjenigen Gerichte die Zuständigkeit beigelegt werden sollte, welches mit dem für die Beurteilung des streitigen Arbeitsverhältnisses maßgebenden Zuständen am meisten vertraut erscheint. Dabei ist nicht ohne Bedeutung, daß das Gewerbegericht aus der Wahl der Arbeitgeber und Arbeiter hervorgeht, und nach § 13 des Gesetzes nur derjenige zur Teilnahme an den Wahlen berechtigt ist, der seit mindestens einem Jahre in dem Bezirke des Gewerbegerichtes Wohnung oder Beschäftigung hat. Es wäre mit diesem Willen des Gesetzgebers nicht vereinbar, daß in Ermangelung eines Gewerbegerichtes am Orte der Erfüllung das möglicherweise hiervon weit entlegene Gewerbegericht am Wohnsitze entscheiden solle, dem die am Orte der Erfüllung bestehenden Verhältnisse unbekannt sind, und von dessen Erwählung beide Teile oder doch einer ausgeschlossen waren. Wenn der durch ein besonderes Gericht vom Gesetzgeber gewollte Zweck, die Entscheidung des Streitfalles auf Grund besonderer Kenntnisse der Richter, nicht erreicht werden kann, so muß die Regel, die Entscheidung durch die ordentlichen Gerichte, eintreten. Auch die Eingangsworte des § 71 „ist ein zuständiges Gericht nicht vorhanden" weisen offenbar auf den § 25 hin.

Was die Annahme des Berufungsgerichtes betrifft, daß die streitige Verpflichtung in L. zu erfüllen sei, so beruht dieselbe auf der im Revisionsverfahren nicht nachzuprüfenden Anwendung und Auslegung des § 38 des Hamburger Einführungsgesetzes zum Handelsgesetzbuche.

Die Revision war hiernach zurückzuweisen."

---

118. Ist das Rechtsmittel der Beschwerde zulässig, wenn über die prozeßhindernde Einrede der mangelnden Sicherheit für die Prozeßkosten zu Gunsten des Beklagten durch Beschluß entschieden worden ist?

H.G.B. Artt. 190a. 222.

C.P.O. §§ 247. 248. 105.

I. Civilsenat. Beschl. v. 26. September 1894 i. S. F. Th. (Kl.) w. L. B. u. Gen. (Bekl.) Beschw.-Rep. I. 66/94.

I. Kammergericht Berlin.

Aus den Gründen:

„Der Kläger hat einen Beschluß der Generalversammlung der Aktiengesellschaft, deren Vorstand und Aufsichtsrat die Beklagten bilden, angefochten. Die Beklagten haben auf Grund der Artt. 190a. 222 H.G.B. prozeßhindernd die Einrede der mangelnden Sicherheitsleistung vorgeschützt. Im Termine vom 14. Juni 1894 wurde nur über diese Einrede verhandelt und sodann beschlossen und verkündet:

1. Der Wert des Streitgegenstandes wird auf 80000 ℳ festgesetzt. 2. Die vom Kläger in Gemäßheit des Art. 190a H.G.B. zu leistende Sicherheit wird auf 10000 ℳ festgesetzt. Zugleich wurde ein Termin zum Nachweise der Leistung dieser Sicherheit festgesetzt. Gegen diesen Beschluß hat der Kläger Beschwerde mit dem Antrage erhoben: das Streitobjekt auf 2000 ℳ, die Sicherheit auf einen diesem Streitobjekte entsprechenden Betrag herabzusetzen. Durch den jetzt angefochtenen Beschluß hat das Kammergericht abgeändert, den Wert des Streitgegenstandes auf 120—200 ℳ festgesetzt und angeordnet, daß die vom Kläger zu hinterlegende Aktie als die in Gemäßheit der Artt. 190a. 222 H.G.B. zu leistende Sicherheit diene.

Die gegen diesen Beschluß, soweit er über die Einrede der mangelnden Sicherheitsleistung entscheidet, erhobene Beschwerde ist begründet.

Die Einrede war gemäß § 247 Ziff. 4 C.P.O. als prozeßhindernde vorgeschützt; es war daher gemäß § 248 C.P.O. darüber besonders zu verhandeln und durch Urteil zu entscheiden. Die Entscheidung durch Beschluß kann also nicht als Erledigung der Einrede und als Grundlage für das weiter nach Art. 190a H.G.B. und § 105 C.P.O. einzuhaltende Verfahren gelten, der Kläger hatte vielmehr den Antrag auf Erlassung eines Zwischenurteiles zu stellen, und gegen die Ablehnung dieses Antrages wäre die Beschwerde statthaft gewesen. Wollte man aber auch davon ausgehen, daß das Landgericht, wenn auch in ungenügender Form, ein Zwischenurteil erlassen habe, so war auch hiergegen die Beschwerde unstatthaft, da auf Zwischenurteile der § 530 C.P.O. Anwendung nicht findet. Der Kläger mußte vielmehr, wenn er die Sicherheit in der festgesetzten Höhe nicht leistete, in der weiter nach § 105 C.P.O. stattfindenden Verhandlung über einen etwaigen Antrag der Beklagten entscheiden lassen, daß seine Klage für zurückgenommen erklärt werde, und gegen dieses Urteil stand ihm die Berufung zu.

Hiernach mußte der Beschluß des Kammergerichtes, weil durch denselben die Beschwerde, auch soweit sie bezüglich der prozeßhindernden Einrede erhoben war, mit Unrecht für statthaft erachtet worden ist, abgeändert werden." (Die Abänderung besteht darin, daß die Beschwerde gegen den Beschluß des Landgerichtes als unzulässig verworfen wurde.)

Register.

Die beigesetzten Zahlen beziehen sich auf die Seiten.

A. Sachregister.

A

F

Q

R

W

Z

B. Gesetzesregister.

1. Reichsgesetze.

2. Gemeines Recht.

a. Institutionen.

b. Pandekten.

c. Codex.

d. Novellen.

e. Kanonisches Recht.

3. Landesrecht.

Preußen.

A. Altländisches Recht.

a. Allgemeines Landrecht.

b. Allgemeine Gerichtsordnung.

B. Rheinisches Recht.

C. Einzelne Gesetze und Verordnungen.

Baden.

C. Chronologische Zusammenstellung der Entscheidungen.

Zusammenstellung
der
im dreiunddreißigsten Band
mitgeteilten Entscheidungen
nach
Oberlandesgerichtsbezirken.

Berichtigungen.

Sechsundzwanzigster Band.

S. 183 Z. 17 v. u. statt „Dig. de leg. I. 30“ lies „Dig. de leg. I. 3“.
„ 457 Spalte 2 Z. 12 v. u. hinter „Pandekten“ einzuschalten:
„L. 1 Tit. 3 de leg. l. l. 29. 30 . . . 183“
„ 458 „ 1 Z. 24 und 25 v. o. sind zu streichen.

Zweiunddreißigster Band.

S. 89 Z. 4 v. o. statt „Kinder“ lies „Kunden“.
„ 404 „ 11 v. o. „ „Anfechtung“ lies „Anheftung“.

Dreiunddreißigster Band.

S. 9 Z. 8 v. o. statt „14. Juni“ lies „4. Juni“.
„ 58 „ 15 v. o. „ „daselbst“ „ „Breslau“.

FSC
www.fsc.org
MIX
Papier | Fördert gute Waldnutzung
FSC® C083411

Kolibri 360 GmbH
Ferdinand-Jühlke-Straße 7
99095 Erfurt, Deutschland
produktsicherheit@kolibri360.de